Kabinets=Bibliothek der neüesten Reisen.

Erster Band.

Kabinets=Bibliothek

der

neüesten Reisen

und

Forschungen im Gebiete der Länder= Völker= und Staatenkunde.

Herausgegeben

von

Dr. Heinrich Berghaus,
Professor an der Königl. Allgemeinen Bau=Schule zu Berlin und mehrerer Gesellschaften Mitgliede.

Erster Band.

Berlin.
Gedruckt und verlegt bei G. Reimer.
1834.

Ausgewählte Schriften

der

Königlichen geographischen Gesellschaft

zu

London.

Erster Theil.

Berlin.
Gedruckt und verlegt bei G. Reimer.
1834.

Inhalt.

* * *

Königliche geographische Gesellschaft.

In einer zahlreichen Versammlung von Mitgliedern des Raleigh Traveller's Klub's und mehreren andern Herren, welche im Thatched House, am Montag den 24sten Mai 1831 Statt fand, und bei der

John Barrow, Esq., den Vorsitz führte,

wurde darauf aufmerksam gemacht, daß unter den vielen literarischen und wissenschaftlichen Gesellschaften, welche in der britischen Hauptstadt errichtet worden, eine noch immer fehle, deren alleiniger Zweck in der Beförderung und Verbreitung eines der wichtigsten und unterhaltenden Zweige des Wissens bestehe, — nämlich der Geographie. Es wurde dieserhalb darauf angetragen: —

Daß eine neüe und nützliche Societät gebildet werden möge, unter dem Namen der geographischen Gesellschaft von London. Nächstdem wurde bemerkt: —

Daß die Theilnahme, welche dieser Zweig der Wissenschaft erregt, allgemein gefühlt werde; und die Vortheile, welche er gewährt, für das Menschengeschlecht im Allgemeinen von der größten Wichtigkeit sei, insbesondere für eine seefahrende Nation, wie die britische, die so zahlreiche und ausgedehnte Besitzungen in der Fremde habe.

Daß der entschiedene Nutzen, welcher aus der Aufsammlung richtiger und bestimmter Begriffe von den physischen und politischen Verhältnissen unserer Erde entsteht, Jedermann einleüchtend sein müsse; um so mehr, als diese Art der Kenntniß ohne große Schwierigkeit zu erlangen sei, wärend sie zu gleicher Zeit eine füllreiche Quelle verständiger Unterhaltung gewähre.

Daß, obwol ein großer Vorrath geographischer Nachrichten in Groß-Britannien vorhanden ist, dieser doch zu zerstreüt und vereinzelt sei, entweder in großen Büchern, welche nicht Jedermann zugänglich sind, oder in den Archiven der öffentlichen Behörden, oder in den Sammlungen von Privaten, um dem großen Publikum wahren Nutzen zu gewähren.

Die Gegenstände, womit sich die in Vorschlag gebrachte Gesellschaft zu beschäftigen haben wird, bestehen daher

1. In der Auffsammlung, Registrirung, Anordnung und Bekanntmachung durch den Druck zum Gebrauch für die Mitglieder und das gesammte Publikum in einer bequemen Form und in bestimmten Zwischenraümen von denjenigen neüen, interessanten und nützlichen Thatsachen und Entdeckungen, welche die Gesellschaft im Besitz hat und von Zeit zu Zeit erwerben wird.

2. In der nach und nach zu bewirkenden Anlage einer Bibliothek von den besten Büchern über die Geographie, — einer Sammlung der besten See- und Landreisen, — einer vollständigen Sammlung von Land- und Seekarten, von der früheßten Periode roher geographischer Zeichnungen bis zu den vollkommenen der gegenwärtigen Zeit; nicht minder auch aller der Dokumente und Materialien, welche Personen, die fremde Länder besuchen wollen, als Leitfaden dienen können, indem es einem Reisenden vor seinem Aufbruch den größten Nutzen gewährt, das zu wissen, was in den Ländern, die er zu bereisen gedenkt, bereits geschehen ist und was zu thun übrig bleibt.

3. In der Beschaffung von Probeexemplaren solcher Instrumente, welche die Erfahrung als die nutzbarsten und für einen Reisenden bequemsten erwiesen hat, damit er sich an diesen Exemplaren mit dem Gebrauch der Werkzeüge vertraut mache.

4. In der Ausarbeitung kurzer Instruktionen für diejenigen Personen, welche eine Forschungsreise unternehmen wollen. Es soll in diesen Instruktionen auf die Gegenden merksam gemacht werden, deren Untersuchung am wünschenswerthesten ist; auf die besten und bequemsten Wege, dahin zu gelangen; auf das Wesentlichste, was daselbst zu verrichten ist; die Naturerscheinungen, welche zu beobachten sind; die Gegenstände der Naturgeschichte, deren Beschaffung am wünschenswerthesten ist; überhaupt auf all' die Nachrichten, welche zur Ausdehnung unseres geographischen Wissens dienen können. Und es wird gehofft, daß die

Societät vermittelst ihres Vermögens dereinst im Stande sein werde, Reisende, welche es wünschen mögten, mit Geldmitteln zu unterstützen, um die Gewinnung irgend eines speciellen Gegenstandes der Untersuchung zu erleichtern.

5. In dem schriftlichen Verkehr mit ähnlichen Gesellschaften, welche in verschiedenen Gegenden der Erde errichtet werden mögten; mit Individuen des Auslandes, die sich mit geographischen Untersuchungen beschäftigen, und mit den intelligentesten britischen Bewohnern der fernen Niederlassungen des Reichs.

6. In der Eröffnung eines Verkehrs mit allen naturwissenschaftlichen und literarischen Gesellschaften, deren Bestrebungen mit der Geographie verwandt sind; denn da alle — Hülfsarbeiter in den verschiedenen Abtheilungen desselben Weinberges sind, so kann es nicht fehlen, daß ihre vereinigten Anstrengungen sich gegenseitig unterstützen.

Die Versammlung schritt darauf zur Ernennung eines provisorischen Committé, um Resolutionen zu berathschlagen, welche einer General-Versammlung vorgelegt werden sollen.

* * *

In einer Versammlung der geographischen Societät zu London, welche in den Gemächern der Gartenbau-Gesellschaft, in der Regent's Straße, am Freitag den 16ten Juli 1831 unter dem Vorsitze von

John Barrow, Esq.

Statt fand, wurden folgende Beschlüsse gefaßt:

1. Die Gesellschaft, mit dem gnädigsten Patronat und der Erlaubniß Seiner Majestät beehrt, wird den Namen „Königliche geographische Gesellschaft von London" führen.

2. Die Zahl der ordentlichen Mitglieder ist nicht beschränkt, wol aber die der auswärtigen Ehrenmitglieder, wie künftig bestimmt werden soll.

3. Der Vorstand (council) der Gesellschaft besteht aus einem Präsidenten, vier Vice-Präsidenten, einem Schatzmeister, zwei Sekretaren, und ein und zwanzig andern Mitgliedern, zur Führung der Geschäfte der Societät.

4. Die Wahl des genannten Vorstandes und der Beamten wird jährlich Statt finden.

5. Das Amt des Präsidenten kann von derselben Person nur wärend zwei aufeinander folgender Jahre bekleidet, doch kann sie nach Verlauf eines Jahres wieder erwählt werden.

6. Einer der vier Vice-Präsidenten scheidet jährlich aus; indess ist er nach Verlauf eines Jahres ebenfalls wieder wählbar; der Schatzmeister und die Sekretare können in jedem Jahre wieder gewählt werden.

7. Sieben der ein und zwanzig Mitglieder, welche zum Vorstande gehören, treten jährlich, zur Zeit, wenn die allgemeine Wahl der Gesellschafts-Beamten Statt findet, aus.

8. Die Eintritts-Gebühren sind auf 3 Liv. Sterl. festgesetzt, und der jährliche Beitrag auf 2 Liv.; beide können mit einer einmaligen Leistung von 30 Liv. abgelöst werden.

9. Derjenige Theil des Fonds der Gesellschaft, welcher von den laufenden Ausgaben übrig bleibt, wird auf öffentliche Sicherheit angelegt, und im Namen dreier Kuratoren verwaltet, die künftig vom Präsidenten und dem Vorstande ernannt werden.

* * *

In der Sitzung des Vorstandes vom 23sten Juli 1831 wurde eine Mittheilung vom Sekretar der afrikanischen Association vorgelesen, der zu Folge die Mitglieder dieser Gesellschaft Willens sind, den in Händen habenden Überschuß ihrer Fonds der Königlichen geographischen Gesellschaft zu überliefern, und somit beide Gesellschaften zu vereinigen, unter der Bedingung, daß diejenigen Theilnehmer der Association, welche noch nicht Mitglieder der Königlichen geographischen Gesellschaft sind, in dieselbe ohne Ballotement aufgenommen werden, gegen Zahlung der gewöhnlichen Antrittsgebühren und Jahresbeiträge. Der Vorstand nahm diesen Antrag der afrikanischen Association einstimmig an, unter Vorbehalt, daß er der Gesellschaft in ihrer ersten gewöhnlichen Versammlung im nächsten November Monat zur Genehmigung vorgelegt werde.

* * *

Da es Seiner Majestät dem Könige gnädigst gefallen hat, der Gesellschaft einen jährlichen Beitrag von Fünfzig Guineen zu überweisen, um als Prämie zu dienen für die Aufmunterung und Beförderung der geographischen Wissenschaften und Entdeckungen, so haben Präsident und Vorstand die in Rede seiende Prämie für das Jahr 1831 dem Herrn Richard Lander verliehen, als Anerkenntniß der wichtigen Dienste, welche er sich bei Bestimmung des Laufes und Endes des Quorra, oder Niger, erworben hat.

Für das Jahr 1832 wird die Prämie der besten Abfassung eines Werkes folgenden Inhalts zuerkannt werden: —

„Ein Handbuch für Reisende — enthaltend eine klare und bestimmte Aufzählung der Gegenstände, auf welche eines Geographen Aufmerksamkeit vorzugsweise gerichtet sein muß; eine Zusammenstellung derjenigen Hülfsmittel, vermöge deren man die gewünschte Belehrung in jedem Zweige am schnellsten erlangen kann; eine Liste der besten Instrumente zur Bestimmung der Ortspositionen, zur Messung der Höhen und Entfernungen, zur Beobachtung der magnetischen Erscheinungen, zur Ausmittelung der Temperatur, des Klima, u. s. w.; eine Anleitung zur Berichtigung der Instrumente, zur Registrirung der Beobachtungen, Formeln zur Berechnung der Resultate; — hierbei ist nicht allein auf den Reisenden im Allgemeinen sondern auch auf denjenigen insbesondre Rücksicht zu nehmen, der, Barbaren-Länder untersuchend, genöthigt ist, seine Werkzeüge selbst zu tragen und oft in der Lage sich befindet, sie zu verheimlichen."

Nächstdem wurden folgende Preis-Gegenstände in Vorschlag gebracht: —

„Ein Versuch über den gegenwärtigen Zustand der Geographie nach jedem einzelnen ihrer Zweige, in dem das Bekannte von dem Unbekannten unterschieden und gezeigt wird, was bereits geschehen ist, und was zu thun übrig bleibt, um sie zu einer genauen Wissenschaft zu erheben; überdem müssen die besten Mittel angegeben werden, vermöge deren man die verschiedenen Erfordernisse erlangen kann."

„Eine umfassende Reihe geographischer Tafeln, in denen, mit Angabe der Quellen, die verschiedenen Namen nach der Landessprache und den Landesschriftzeichen aufgezeichnet sind, unter welchen dieselben Örter in verschiedenen Ländern und in den verschiedenen Zeitabschnitten der Geschichte bekannt gewesen sind."

„Die besten mechanischen Erfindungen, welche die Erlangung geographischer Kenntnisse erleichtern und dieselben für das Publikum nützlicher machen. Hierher gehören: Vereinfachung der Instrumente, — kürzere Methoden zur Ortsbestimmung, — und alle Verbesserungen in der Kunst des Zeichnens und Stechens der Karten, wodurch ihre Schärfe und Bestimmtheit im Ausdruck vermehrt und dem, was man topographische Sprache nennt, größerer Spielraum gegeben werden kann."

* * *

Schreiben des Sekretars der geographischen Gesellschaft zu Bombay an den Sekretar der Königlichen geographischen Gesellschaft zu London.

Eingegangen den 2ten Mai 1833.

[Unmittelbar nach Empfang der nachstehenden Mittheilung beschloß der Vorstand, sie in dem Journale der Gesellschaft bekannt zu machen, um als Beispiel zu dienen, welches in einem der wichtigsten Nebenländer von Großbritannien gegeben worden ist und hoffentlich mehrseitig Nachahmer finden wird. Die Eröffnung eines lebhaften Briefwechsels zwischen den Zweig-Gesellschaften in unsern fern liegenden Kolonien und der Muttergesellschaft wird ohne Zweifel die wohlthätigsten Folgen für die Fortschritte der geographischen Entdeckungen haben, uud die Mittheilungen können sowol in handschriftlicher, als gedruckter Form gemacht werden, um sie dem Journal der Central-Societät als Anhang beizufügen. Dadurch würden aus der günstigen Stellung Englands für die Ausbreitung der geographischen Wissenschaften große Vortheile erwachsen; und das Verdienst, welches jetzt den Stiftern der Bombay-Gesellschaft darum gebührt, daß sie auf diesem erwünschten Pfade die Bahn gebrochen haben, werden diejenigen theilen, welche sich beeilen, ihrem Beispiele zu folgen.]

Mein Herr,

Von dem Präsidenten und den Mitgliedern der geographischen Gesellschaft hierselbst bin ich beauftragt, Sie zu ersuchen, die Königliche geographische Gesellschaft zu London bei erster Gelegenheit zu benachrichtigen, daß ein Institut ähnlicher Art neüerlich in Bombay gestiftet worden ist, welches die Aufklärung der Geographie des westlichen Indiens und der umliegenden Länder zum Gegenstand gewählt hat.

Der Präsident und die Mitglieder der geographischen Gesellschaft glauben die Überzeügung haben zu dürfen, daß eine derartige Benachrichtigung, sie möge aus einem Theile der Welt kommen, aus welchem sie wolle, von der Königlichen geographischen Gesellschaft mit Vergnügen und beifällig aufgenommen werde; doch schmeicheln sie sich insbesondere, daß, da die Nachricht aus einer Gegend kommt, die in jeder Beziehung so viel Interessantes darbietet, sie von der Gesellschaft vorzugsweise gern empfangen, und diese die Schwester-Societät mit ihrer Aufmerksamkeit und Aufmunterung beehren werde.

Kaum ist es nöthig zu erwähnen, wie günstig die Lage von Bombay für den Anbau der geographischen Wissenschaft ist, nicht allein in Beziehung auf Hindustan, sondern auch auf all' die verschiedenen Regionen und Inseln, welche gewöhnlich unter der allgemeinen Benennung „Indien" verstanden werden. Unmittelbar westlich von unsrer Präsidentschaft liegen die persischen und arabischen Gebiete, deren Zugang verhältnißmäßig leicht ist, vermöge des Meerbusens, der sich längs der Gestade des zuerst genannten Landes erstreckt, und der verschiedenen Meere, welche drei Viertheile des zuletzt genannten umschließen. Gegen Norden gränzt an uns das Malwa Land, der Standort der berühmten Städte Oudjein, Mandhow und Palebothrae; und weiterhin in derselben Richtung dehnen sich die unerforschten Wüsteneien der Tatarei bis an die südlichen Gränzen des russischen Reiches aus. Wendet man den Blick ostwärts, so befinden wir uns in der Nachbarschaft von Tübet, China, der malaischen Halbinsel und des weitlaüfigen Archipelagus des großen indischen Oceans. Fast mit allen diesen Regionen steht Bombay entweder in direktem, oder indirektem

Verkehr, und sein Hafen ist der Schauplatz eines Handels, der die Bewohner und die Schiffe vieler verschiedener und weit getrennter Länder zusammenführt.

Doch bei Aufzählung der Gegenstände geographischen Interesses, welche sich in der Nachbarschaft der Bombay-Präsidentschaft darbieten, will die Gesellschaft nicht dahin verstanden sein, daß sie schon jetzt die Mittel besitze, alle, oder nur einen großen Theil dieser Gegenstände zu verfolgen und zu umspannen. Nichts desto weniger erfreut sie sich mancher Erleichterungen, die, geeigneter Maßen und verständig benutzt, zu wichtigen und werthvollen Resultaten führen können. Bei der Ausdehnung, welche die Herrschaft der ehrenwerthen Ostindischen Kompagnie erlangt hat, finden sich europäische Offiziere, vom Militair- sowol als Civilstande, über einen großen Strich Landes verbreitet, und können jede Gelegenheit benutzen, sich eine vollkommene Lokalkenntniß von ihren verschiedenen Distrikten zu verschaffen, theils durch persönliche Wahrnehmung, theils durch Mittheilung der Ingebornen, deren Sprache sie durchgängig verstehen. Andrer Seits kreuzen die Kriegsschiffe der ehrenwerthen Kompagnie im arabischen und im persischen Golf, und im indischen Ocean; ja die Seemänner, welche hier den Befehl führen, haben, durch ihre Vermessungen und Karten, der Geographie bereits wichtige Dienste geleistet, und sind im Stande noch mehr auf diesem Wege zu vollbringen. Die geographische Gesellschaft zu Bombay hat bei der hiesigen Regierung die Erlaubniß nachgesucht, die Archive des See-Departements einsehen zu dürfen; da diese aber ohne Zustimmung des Direktoren-Hofes nicht gegeben werden kann, so muß erst die Antwort der zuletzt genannten Behörde abgewartet werden, — eine Entscheidung, welche ohne Zweifel günstig ausfallen wird, da die ehrenwerthe Kompagnie allezeit bereit gewesen ist, den wissenschaftlichen Unternehmungen ihrer Diener in Indien Aufmunterung angedeihen zu lassen.

Im Besitz dieser, schon wirklichen und noch zu erwartenden Vortheile wünscht die geographische Gesellschaft zu Bombay, eine Verbindung mit der zu London zu Stande zu bringen und als eine Abzweigung der letztern angesehen zu werden, nicht allein, um ihr eigenes Bestehen zu sichern, sondern auch, um durch das Patronat und die Rathschläge des europäischen Instituts mehr Nutzen zu stiften und Kraft zu gewinnen. In Gemäßheit dieser Ansichten bin ich von der hiesigen geographischen Gesellschaft beauftragt, die Erlaubniß nachzusuchen, daß sie sich an die Londoner anschließen dürfe, und sofort ein Briefwechsel zwischen den zwei Gesellschaften eröffnet werde, welcher die Beförderung ihrer gemeinschaftlichen Zwecke zum Zielpunkt habe.

Der Bombay-Zweig wird sich glücklich schätzen von der Londoner Societät Instruktionen in Beziehung auf den allgemeinen Plan der zu verfolgenden Operationen entgegen zu nehmen; jede geographische Frage, welche letztere an ihn richten wird, soll mit gebührender Aufmerksamkeit beachtet und in möglichst kürzester Zeit beantwortet werden. Ein unlängst erlassenes Umlaufschreiben der hiesigen geographischen Gesellschaft ist beigefügt, um die Ansichten und Zwecke der Societät näher zu erlaütern; es wird als eine Begünstigung angesehen werden, wenn das Londoner Institut seiner Schwester-Anstalt in dieser Präsidentschaft irgend eine Schrift mittheilen will, welche etwa in analoger Absicht bekannt gemacht sein und als Leitfaden dienen könnte für die Beförderer der geographischen Wissenschaft im westlichen Indien.

Ich habe die Ehre zu sein,

Mein Herr

Ihr

ganz gehorsamer Diener

J. Fraser Heddle, Sekretar.

Bombay, den 6ten Juni 1832.

Geographische Gesellschaft zu Bombay.

Bei Ankündigung der in Bombay bewirkten Errichtung einer geographischen Gesellschaft scheint es angemessen, die Aufmerksamkeit des Publikums auf die eigenthümlichen Gegenstände derselben zu lenken und die Art und Weise anzudeüten, wie selbige am besten befördert und erlangt werden. Doch müssen wir zunächst der allgemeinen herrschenden Meinung gedenken, daß die Geographie, in ihrem strengsten Sinne genommen, blos eine Kenntniß von der

Gestalt der Erde und ihrer verschiedenen Abtheilungen, dann von den Breiten und Längen der verschiedenen Orte, mit einer Beschreibung der Seen, Häfen, Küsten und Gebirgsketten, in sich fasse. Diese irrige Ansicht veranlaßt viele Leute zu glauben, daß das in Rede seiende Studium ein trockenes und wenig anziehendes sei, wärend in der Wirklichkeit die Gegenstände, welche es umfaßt, an Zahl, Manchfaltigkeit und Reiz diejenigen übertrifft, die innerhalb der Gränzen jeder andern Wissenschaft fallen; Niemand ist davon ausgeschlossen, dieses Studium mit Vergnügen und Erfolg zu betreiben, weil er den Gebrauch eines Sextanten nicht kennt, oder außer Stande ist, eine Insel, eine Bucht zu vermessen, oder die Lage irgend eines bestimmten Punkts auf der Erdoberfläche zu bestimmen; denn Eigenschaften dieser Art sind beim Anbau nur einer einzigen Abtheilung der Geographie erforderlich, statt das Wesen der Kenntniß zu bilden, welche das Ganze der Wissenschaft ausmacht.

Die Geographie, in ihrer eigentlichsten und ausgedehntesten Bedeütung, besteht aus drei großen Abtheilungen, nämlich der mathematischen, physikalischen und politischen. — Die mathematische Geographie umfaßt die Bestimmung von Längen und Breiten, die trigonometrischen Aufnahmen von Inseln und Küsten, die Kunst des Höhenmessens der Berge, die Verfertigung von Land- und Seekarten, und eben so verschiedene Gegenstände, die mit der Navigation und der Erforschung unbekannter Länder zusammen hangen. Wir halten es für überflüssig, weitlaüfig von dem ausgedehnten Felde zu sprechen, das sich dem Anbau dieses Theils der Wissenschaft in unsrer unmittelbaren Nähe eröffnet, und das zu besuchen und zu besichtigen wir die günstigsten Gelegenheiten haben; auch wollen wir nicht mehr als nur anspielen auf die Personen, in deren Provinz der in Rede seiende Gegenstand vorhanden ist. Das Littorale und die Eilande des rothen Meeres und des persischen Busens, und die Inselgruppen längs der Malabarküste, sind in unsern Seekarten noch nicht genau niedergelegt [1]; und ein großer Theil der Inselchen, welche die genannten Gruppen ausmachen, bleiben noch unbesucht und unbekannt, wärend die

[1] Beim persischen Golf und den Laccadiven ist dies doch der Fall. — B.

den Küsten von Arabia Felix angewiesenen Richtungslinien einer Prüfung des nautischen Geographen bedürfen. Voll Vertrauen blicken wir auf die Offiziere der indischen Flotte Hinsichts der nach und nach zu bewirkenden Ausfüllung dieser Lücken; und ihre Beiträge in diesem Zweige der Wissenschaft werden, wir haben allen Grund es zu hoffen, die ergiebigsten und werthvollsten unter den Materialien bilden, welche die Bombayer geographische Gesellschaft von ihren Mitgliedern und Gönnern zu empfangen die Erwartung hegt. Eine Unterstützung ähnlicher Art hoffen wir auch von einer andern Seite zu finden. Die Befehlshaber vieler von den Kauffarteischiffen, welche den hiesigen Hafen besuchen, können oft nützliche Nachrichten mittheilen, wenn sie die Einsicht in ihre Logbücher gestatten wollen, um über fragliche Punkte ihre nautischen Bemerkungen mit denen zu vergleichen, die man schon früher von andern Personen hatte. Die Gesellschaft wird gleichmäßig wesentliche Unterstützung in den Beobachtungen derjenigen Reisenden finden, die, das Innere von Indien besuchend, astronomische Kenntnisse genug besitzen, um die Breite und Länge von Orten auf ihrem Wege bestimmen zu können. Allgemein ist es bekannt, daß selbst die größten Karten von Hindustan außerordentlich mangelhaft, nnd die meisten Orte minderer Bedeütung ungenau niedergelegt sind [1]. Darum wird jeder Reisender, wenn er auch nur die allgemeine und relative Richtung der Städte und Dörfer, und ihre gegenseitige Entfernung mißt, der Geographie einen wichtigen Dienst leisten, und unsere Lokalkenntniß von den Binnen-Distrikten Indien's wesentlich vermehren. Zur mathematischen Abtheilung der Wissenschaft etwas beizutragen, ist leichter, als die meisten Leüte zuzugeben geneigt sind; und ein einfaches, aber genaues Itinerar ist in vielen Fällen dem Geographen schätzbarer und werthvoller, als eine theoretische Abhandlung voll Gelehrsamkeit.

Wir wollen nun mit wenig Worten die Gegenstände erlaütern, welche die zweite, oder physikalische, Abtheilung der Wissenschaft ausmachen. Dahin gehört die Geschichte der Produkte der

[1] Diese Bemerkung kann auf den indischen Atlas, dessen Herausgabe die Kompagnie seit einigen Jahren angeordnet hat, nicht Anwendung finden. — B.

Erde, der belebten und unbelebten, in so fern es die Ausdehnung ihrer Verbreitung und die Ursachen betrifft, welche dahin wirken, sie auf besondere Länder zu beschränken; der Einfluß, welchen das Klima auf ihre Eigenschaften und ihren äußern Karakter ausübt; die Wanderung der Vierfüßer von einer Region nach der andern; die Geschichte der Einführung der Gramineen und Cerealien in Länder, wo sie nicht inheimisch sind; die verschiedenen physischen Eigenthümlichkeiten des Menschengeschlechts, als Farbe, Gesichts- und Körpergestalt, und die Ursachen dieser Verschiedenheit; kurz, alle Arten von Forschungen und Beobachtungen, welche darauf berechnet sind, uns mit der Lokal-Verbreitung des animalischen und vegetabilischen Lebens bekannt zu machen und die geographischen Gränzen genau zu bestimmen, innerhalb deren die verschiedenen Geschlechter der Thier- und Pflanzenwelt eingeschlossen sind. Die Länder, welche uns umgeben, liefern Spielraum genug für neüe Beobachtungen über unsre eignen Species, indem viele von den merkwürdigen Volksstämmen Indiens und seiner Inseln bisher fast unbekannt, oder wenigstens höchst unvollkommen beschrieben sind. Die Nomaden-Gemeinden, welche in den Dickichten Mysore's ein Wanderleben führen, die Ingebornen der Andaman-Inseln, die Battas, eine Kannibalen-Horde im Innern von Sumatra, die Papuas des östlichen Archipelagus, und verschiedene andere Nationen, erheischen die Aufmerksamkeit des physikalischen Geographen vor allen Dingen, weil sie aller Wahrscheinlichkeit nach früher oder später erlöschen, oder mindestens ihre Eigenthümlichkeit, durch Vermischung mit andern Volksraçen, nach und nach einbüßen werden. Die Wanderzüge und Einfälle verschiedener Nationen gehören ebenfalls in diese Abtheilung unsrer Wissenschaft, nicht minder auch Untersuchungen über den Zeitpunkt, seit wann irgend ein fremdes Volk ein gewisses Land besuchte. So läßt sich z. B. die Frage aufwerfen, wie lang es her sei, daß die Araber zum ersten Mal nach den östlichen Inseln kamen, wo der Islam durch sie so schnelle Fortschritte machte und jetzt eine so große Verbreitung erlangt hat. Da die meisten der großen Inseln im östlichen Archipelagus von zwei verschiedenen Menschenraçen bewohnt sind, von denen die eine die Küsten besetzt hält, und die andere im Innern des Insellandes hauset, so wird es für die, welche sich der erforderlichen Gelegenheit erfreuen können, interessant sein, die Ursachen dieser Anomalie zu studiren, und die physischen Eigenthümlichkeiten eines jeden Stammes zu untersuchen, um daraus ihren gegenseitigen Ursprung abzuleiten und zu bestimmen, welcher von beiden auf dem Boden entsprossen ist.

Die dritte Abtheilung unsrer Wissenschaft ist die politische, oder, mit andern Worten, die Geographie des menschlichen Geistes. Ihre Hauptgegenstände bestehen in der Untersuchung des Einflusses, welchen Klima, Grund und Boden auf den Karakter der Nationen und Volksverbande ausüben; in der Wahrnehmung, wie weit die verschiedenen Produkte der Erde auf die Sitten und Gebraüche derjenigen einwirken, von denen sie gebaut und verbraucht werden, und in der Beurtheilung des Effekts der geographischen Lage auf die Verschiedenheit der Regierungsform und der politischen Einrichtungen der in gesellschaftlichem Verbande lebenden Menschen. Eine Bekanntschaft mit den Jahrbüchern, Überlieferungen, Religionssystemen, aberglaübigen Ansichten und Sprachen verschiedener Länder ist für die Fortschritte der politischen Geographie wesentlich; und wer immer eine Belehrung dieser Art, so gering sie auch scheinen möge, beisteüert, wird die Zwecke der geographischen Gesellschaft fördern, und vielleicht ein nicht geahndetes Licht auf irgend einen dunkeln Theil in der Geschichte unsrer Species werfen.

Möge sich Niemand durch die Menge von Objekten, welche wir, als zur geographischen Wissenschaft gehörend, aufgezählt haben, stutzig machen lassen. Es wird weder erwartet, noch ist es möglich, daß Ein Geist (außer der eines Alexander v. Humboldt) sie alle umfassen könne; doch läßt's sich mit Gewißheit erwarten, daß ein Jeder im Stande sein werde aus der vorgelegten Manchfaltigkeit das auszuwählen, was seinem persönlichen Geschmack entspricht und zu dessen Beobachtung ihm die Gelegenheit sich darbietet; und wenn er dies, es möge nun sein, welches es wolle, zu seinem eifrigen Studium machen will und das Resultat der Geographischen Societät mitzutheilen geneigt ist, so thut er alles, was die wärmsten Förderer der Gesellschaft nur immer hoffen und wünschen. Die Schwierigkeiten, auf welche die Gelehrten Europa's bei Bereicherung der geographischen Wissenschaft stoßen, fallen hier weg, denn ein weites nnd unbetretenes Feld der Untersuchung, das die höchste Theilnahme erweckt, liegt rund um uns her; und wie oberflächlich wir auch seinen Boden beackern mögen, doch können wir sicher sein, eine Belohnung für unsre Mühen zu finden. Wir bitten daher die Civil- und Militairbeamten dieser und der Schwester-Präsidentschaften uns bei Erreichung unsrer Absichten alle nur mögliche Hülfe zu gewähren und uns ohne Verzug Mittheilungen zu machen, indem wir ihnen die Wahl der Gegenstände, so wie den Zweig der geographischen Wissenschaft, zu dem sie gehören, überlassen; und sie zugleich ersuchen, Hinsichts der Form der Mittheilungen nicht zu ängstlich, oder so mißtrauisch gegen sich selbst zu sein, um zu glauben, daß ihre Beiträge, wenn sie auch klein sein mögten, der Gesellschaft nicht als höchst schätzbar und annehmlich erscheinen werden.

Indeß muß daran erinnert werden, daß ein Institut derjeni- Art, für das wir die Unterstützung des Publikums in Anspruch genommen haben, weder fest noch thätig werden kann, bevor es nicht bestimmte Materialien besitzt, welche als Grundlage für seine ersten Arbeiten dienen können, und als Anknüpfungspunkt, der darauf berechnet ist, die Aufmerksamkeit der Reisenden auf diejenigen Punkte zu lenken, von denen wir wünschen, daß sie sich ihrer Untersuchung widmen mögten. Dieserhalb wird die Bombayer geographische Gesellschaft zur Anlage einer Bibliothek keine Zeit verlieren, nicht minder auch in diese Sammlung Land- und Seekarten aufzunehmen, welche die Untersuchungen der Mitglieder fördern können; allein da die Mittel der Gesellschaft zum Ankaufen dieser Art für jetzt zu beschränkt sind, so werden Gaben an Büchern, u. s. w. von den Personen, die zum Institut gehören, oder an seinem Gedeihen Interesse nehmen, freündlich erbeten. Bücher, die von ihren Eigenthümern oft durchgelesen worden, und für diese daher fast nutzlos sind, werden von der Gesellschaft dankbar entgegen genommen werden, eben so auch Seekarten, Atlanten, Globen, u. s. w., sie mögen neü oder alt, in großem oder kleinem Maaßstabe sein.

Die geographische Gesellschaft hat auch die Absicht, ein Kabinet von astronomisch-physikalischen Instrumenten anzulegen für den Gebrauch derjenigen ihrer Mitglieder und des Publikums überhaupt, welche es vorziehen, sie zur Anstellung von Beobachtungen zu borgen. Da wenige der erforderlichen Werkzeüge in Indien zu beschaffen sind, so hat das General-Verwaltungs-Committe 400 Rupis auf die Gesellschaftskasse angewiesen, um dafür, bei einem geschickten Mechaniker in Europa, Reisebarometer, Hygrometer u. s. w. anzukaufen.

Bombay, den 9ten Juni 1832.

* * *

Im Juni 1833, kurz nach Empfang der vorstehenden Mittheilung aus Bombay, hielt die Londoner geographische Gesellschaft eine außerordentliche General-Versammlung, in welcher folgende Beschlüsse einstimmig angenommen wurden:

1. Denjenigen geographischen Gesellschaften in den britischen Kolonien oder Nebenländern, welche den Wunsch äußern, als Zweige der Königlichen Geographischen Gesellschaft zu London in dieselbe aufgenommen zu werden, kann dieses Verlangen Seitens des Vorstandes gewährt werden.

2. Die Mitglieder aller dieser Societäten, welche mit der Mutter-Gesellschaft in brieflichem Verkehr stehen, und ihr Berichte für ihre Verhandlungen einschicken, sollen, für die Dauer ihrer Abwesenheit von England, als korrespondirende Mitglieder der Gesellschaft angesehen werden, und bei ihrer Rückkehr in die Heimath durch Ballotement als ordentliche Mitglieder wählbar sein, ohne zur Zahlung der Antritts-Gebühren Verpflichtung zu haben.

3. Ein Exemplar von jedem Bande, oder von jeder Abtheilung eines Bandes des Journals der Gesellschaft wird, je nach dem Erscheinen, jeder Zweig-Gesellschaft für ihre Bibliothek zugeschickt; mit noch andern Exemplaren für die Verfasser der Mittheilungen, welche in den Bänden des Journals erscheinen mögten; außerdem werden die etwa bestellten Exemplare in England für zwei Drittel des Verkaufspreises an jeden gehörig bevollmächtigten Agenten verabfolgt.

* * *

In einer General-Versammlung der Palästina-Association, welche am 28sten Januar 1834 in den Gemächern der Königlichen geographischen Gesellschaft, unter dem Vorsitze von B. Frere, Esq.

gehalten wurde, faßte man, — auf den Bericht des Sekretars, daß seit dem 24. April 1805 keine Versammlung der Association Statt gefunden habe, — und seit dem Jahre 1809 keine weitere Schritte zur Fortsetzung der Untersuchungen in Palästina geschehen seien, — so wie daß sich jetzt in den Händen der H. H. Coutts die Summe von 135 Liv. 9 S. 8 D. befinde, welche der Association gehöre:

Folgende Beschlüsse, —

1. Da die genannte Summe unzureichend ist, um die Association zur Verfolgung der bei ihrer Stiftung zum Grunde gelegten Zwecke zu befähigen, ohne die Mitglieder zu neüen Beiträgen aufzufordern, —

2. Dies aber seit der Stiftung der Königlichen geographischen Gesellschaft, welche Zwecke ähnlicher Art verfolgt, für die die Palästina-Association errichtet wurde, nicht als wünschenswerth erscheint, — so werden

3. Unter den obwaltenden Umständen Schatzmeister und Sekretar ermächtigt, die nöthigen Schritte zu thun, um die gedachte Summe von 135 Liv. 9 S. 8 D. der Königlichen geographischen Gesellschaft als Bestandtheil ihres Vermögens zu überweisen, indem man es dem Vorstande dieser Gesellschaft überläßt, sie zur Förderung geographischer Entdeckungen zu verwenden.

4. Alle Papiere, Bücher, u. s. w., die jetzt der Palästina-Association gehören, sollen gleichzeitig an die Königliche geographische abgegeben werden.

5. Die obigen Beschlüsse werden den Mitgliedern der Palästina-Association zugefertigt, und die Versammlung bis zum 11ten Februar vertagt, wo die definitive Beschlußnahme gefaßt werden soll.

W. R. Hamilton, Sekretar.

Die einmüthige Genehmigung obiger Beschlüsse fand in der Sitzung vom 4ten März 1834 Statt, in Folge dessen die Palästina-Association aufgelöst und ihr Eigenthum mit dem der Königlichen geographischen Societät vereinigt worden ist.

Abhandlungen,

gelesen in der

Königlichen geographischen Gesellschaft.

I. — Über den Zustand der Kolonie am Schwan Fluß, am 1sten Januar 1830. Hauptsächlich nach Berichten des Kapitains Stirling. Von John Barrow, Esq., M. d. K. G. Gelesen den 22sten November 1830.

In der Kindheit der Königlichen geographischen Gesellschaft, und auf dieser ersten Stufe unserer Verhandlungen, ist das Committée vielleicht nicht abgeneigt, Mittheilungen entgegen zu nehmen, die, wenn sie gleich nützliche Nachrichten verbreiten, denjenigen Grad strenger Genauigkeit entbehren, welcher von der Verhandlungen der Gesellschaft in ihrem gereiftern Zustande erwartet werden darf, wenn die höhern Gegenstände, für welche sie gestiftet worden ist, eine lebhaftere Aufmerksamkeit in Anspruch nehmen, und ihre Ansichten in der Heimath wie in der Fremde allgemeiner bekannt geworden sind.

Diese Gefühle haben mich veranlaßt, der Gesellschaft eine Abhandlung vorzulegen, die, aus einer glaubwürdigen Quelle geschöpft, den Zustand der Kolonie am Schwan Fluß, im Anfange des Jahres 1830, ungefähr sechs Monate nach ihrer Errichtung, schildert. Der Gegenstand dürfte überdem nicht unwichtig sein, in einem Augenblicke, wo so viele widersprechende Behauptungen und Meinungen in Umlauf gebracht worden sind, Gerüchte, die sich dazu eignen, Personen, welche nach jener Weltgegend auszuwandern Neigung haben, über die zu treffenden Schritte in Ungewißheit zu erhalten.

Noch andere Ursachen machen es wünschenswerth, Nachrichten über Neu Holland, oder wie es jetzt allgemeiner genannt wird, —

Australia, — zu sammeln und zu verbreiten. Bisher ist ein Land, das mit Europa gleiche Größe hat, auf unsern Karten fast wie ein Blanket dargestellt worden. Allein da dieses ausgedehnte Gebiet, aller Wahrscheinlichkeit nach, im Verlauf der Zeit eine zahlreiche Bevölkerung, ein aus Britannien abstammendes Geschlecht, ernähren und die Mittel darbieten wird, England's Sprache, Gesetze und Einrichtungen über einen großen Theil der östlichen Inselwelt zu verbreiten, so darf wol gemuthmaßt werden, daß jeder, auch noch so geringe, Beitrag zur Kenntniß der geographischen Beschaffenheit jenes Ländergebiets von unsrer Gesellschaft wohlwollend aufgenommen werde.

Es gab eine Zeit, wo über die Gestaltung dieses ausgedehnten Landes seltsame Ansichten im Schwunge waren. Als man die blauen Berge hinter Sydney zum ersten Mal überstiegen hatte, was wenige Jahre nach der Stiftung der Kolonie Statt fand, und es sich ergab, daß die Wasser daselbst in westlicher Richtung abfließen, schloß man, daß dieses neüe Land, — nach Einigen eine neüe Schöpfung, — auf allen Seiten eine Abdachung oder Versenkung gegen die Mitte hin haben, und alles Wasser von der umgebenden Bergkette, wie von dem Rande eines Beckens, in ein mittelländisches Meer, oder eine Reihe von Morästen oder Marschen fallen müsse. Und die unbestimmten Küsten-Aufnahmen, aus denen die Entdeckung irgend eines großen Flusses nicht hervorging, begünstigten diese Meinung. Neüere Untersuchungen indessen und namentlich die des Kapt. Sturt, haben gezeigt, daß sich das Land, wie in den meisten andern Ländern, von den innern Gegenden gegen die Küsten hin senkt, und die Gewässer, wie es bei den meisten Flüssen der Fall ist, ins Meer sich ergießen. In dieser Beziehung kann ich einen Brief vom Obrist-Lieutenant Dumaresq, dem Gouvernements-Sekretair von Neü Süd Wales, anführen.

‚Es wird,' sagt dieser Offizier, ‚für Sie vielleicht nicht uninter-‚essant sein, zu vernehmen, daß, gleichzeitig mit Kap. Sturt's ‚Entdeckungen, die das Problem der Konstruktion dieses Vestlandes ‚gelöst haben, die Hypothese einer post-diluvianischen Bildung Au-‚stralia's für eben so grundlos erkannt worden ist, wie die seiner ‚absorbirenden Binnen-Sümpfe.

‚Einige Höhlen in der Nachbarschaft von Wellington Valley, ‚welche unlängst untersucht worden sind, enthalten eine unzählige ‚Menge fossiler Knochen, die in Stalagmit (Tropfstein) oder ver-‚härteten Thon tief eingebettet sind. Ich habe einige dieser Kno-‚chen gesehen; sie müssen Thieren angehört haben, die gegenwärtig ‚hier nicht existiren, und sie sind größer als die des Rhinoceros ‚oder Büffels. Zähne, wie es scheint denjenigen ähnlich, welche ‚Buckland beschrieben hat, sind ebenfalls gefunden worden; außer-‚dem haben wir jetzt viele andere Beweise, daß dieses Land einst

‚von Raubthieren bewohnt war, und es mit dem übrigen Theile ‚der Erde von gleichem Alter ist.

‚Das Land in der Nachbarschaft von Wellington Valley ge‚hört zur Kalkstein Formation, deren Bergketten von zahlreichen ‚unterirdischen Höhlen durchlöchert sind, die sich nach verschiedenen ‚Richtungen verzweigen. Andere existiren in den Shoal Haven Gul‚lies (eine Landschaft, die an merkwürdiger Bildung vielleicht auf ‚der ganzen Erde nicht ihres Gleichen hat), und enthalten wahr‚scheinlich ähnliche diluvianische Überreste.

‚Diesen physiologischen Thatsachen kann ich noch hinzufügen, ‚daß Kapt. Sturt es nicht für unwahrscheinlich zu halten scheint, ‚es gebe eine Öffnung vom Alexandria See in den Meerbusen von ‚St. Vincent; überdem ist er der Meinung, daß der ganze dortige ‚Landstrich eine Alluvial-Ablagerung des weiten Binnenlandes sei, ‚durch welches die Flüsse Murray, Darling, Castlereagh und Peel ‚ihren Lauf nehmen; und eben so, daß der Darling einer der läng‚sten Ströme der Erde sein dürfte.

‚Neüerlich haben wir Gewißheit darüber erlangt, daß der ‚schönste Landstrich gegen Süden, unmittelbar jenseits unserer ge‚genwärtigen Gränze, gelegen, und reichlich von Strömen bewässert ‚ist, die in Schneegebirgen entspringen sollen. Diese Thatsachen ‚lassen mich glauben, daß es zweckmäßig sei, den Gedanken, unsere ‚Niederlassungen weiter nach dem Innern hin auszudehnen, gegen‚wärtig aufzugeben, und wir einen Kolonisations-Gürtel längs der ‚Nord- und Südküsten bilden müssen. Die Verbindung zu Wasser ‚würde Seeleüten Beschäftigung geben und ein Mittel darbieten, ‚die Kolonie-Jugend zu Matrosen zu erziehen, welche im Fall des ‚Bedarfs zur Bemannung der Flotten des Mutterlandes beitragen ‚können.'

Soweit Oberst Dumaresq. Was die Entdeckung von Kno‚chen anbelangt, so schreibt Major Mitchell, der General-Landmes‚ser von Neü Süd Wales, folgendes an Herrn Hay: — ‚End‚lich ist eine ungeheüre Menge von Überresten antediluvianischer ‚Thiere entdeckt worden, genau in derselben Lage, wie sie Professor ‚Buckland beschrieben hat. Dabei ist es höchst merkwürdig, daß, ‚soweit ich entdecken kann, keine Verwandtschaft zwischen diesen ‚Knochen und denen der Höhlen in Europa obwaltet, obschon einige ‚derselben sehr groß sind. Ein Knochen, die Ulma irgend eines un‚geheüern Thiers, gleicht in etwa der eines Ochsen, aber sie ist vier ‚Mal größer.'

Oberst Dumaresq's Bemerkung, daß die schönsten Landstriche gegen die Südküste dieses großen Kontinents gefunden würden, wird, in Absicht auf den westlichen Theil der nämlichen Südküste, völlig bestätigt durch die Entdeckungen, welche Dr. Wilson, von der Flotte, in einer Entfernung von achtzig oder neünzig Meilen nördlich über König Georg's Sund, der unlängst der Kolonie am Schwan Fluß beigelegt worden ist, gemacht hat. Von dieser Reise enthält der folgende Bericht einen kurzen Abriß. Aber unsere Kenntniß dieser südlichen Küste vom Kap Leeuwin bis Port Philip, — eine Erstreckung von mindestens fünfzehnhundert geographischen Meilen, — ist weit davon entfernt genau zu sein; sonst hätte eine Bucht von sechszig Meilen Länge und dreißig bis vierzig Meilen Breite, der Beobachtung nicht entschlüpfen können, bis sie vom Innern her entdeckt worden ist; und unsere Bekanntschaft mit andern Theilen der Küste ist wo möglich noch mangelhafter. So z. B. giebt es auf der West-Seite, vom Nordwest Kap, in Lat. 22°, bis Clarence Straße, in Lat. 12½°, eine Entfernung von mehr als tausend Meilen, zahlreiche, bisher nicht untersuchte, große Öffnungen, an deren Eingang kein Land nach dem Innern hin sichtbar ist, und durch welche Flüsse von der ersten Größe ihre Wasser, ungesehen und unbekannt, entladen können. Diese ganze Küste ist mit unzähligen Inseln bespickt, mit tiefen Kanälen zwischen ihnen, durch welche, um sich eines Ausdrucks des Kapt. King zu bedienen, ‚Ebbe und Fluth mit furchtbarer Geschwindigkeit rauschen.' Er muthmaßt, daß die große Masse Landes, welche Dampiers Land genannt wird, und von Kap Levèque bis zur Spitze Gantheaume sich erstreckt, eine Insel sei, hinter der eine Öffnung von mindestens acht Meilen Breite liege; und hier, wie in Buccaneer's Archipelagus, fand er das Steigen und Fallen der Fluth sechs und dreißig Fuß, während dieses in andern Gegenden der Küste nicht acht oder neun Fuß überstieg. Dieses Phänomen bringt Kapitain King auf denselben Schluß, welchen schon der unvergleichliche alte Seefahrer Dampier gefaßt hatte. ‚Alles, sagt er, was von dieser merkwürdigen Öffnung gegenwärtig bekannt ist, reicht hin, die größte Theilnahme zu erwecken, denn es muß sich, nach der Ausdehnung der Öffnung, der Schnelligkeit des Stroms und dem großen Steigen und Fallen der Gezeiten zu urtheilen, daselbst ein Busen von äußerst beträchtlichem Umfange befinden, völlig verschieden von dem was bisher gesehen worden ist.' Aber in so gefahrvollen Küstengegenden kann keine Aufnahme gemacht werden, es sei denn, daß es auf Booten, oder zu Lande, längs des Gestades, geschehe.

* * *

‚Es dürfte überflüssig für mich sein,' sagt Kapitain Stirling, in seinen offiziellen Berichten an die Regierung, ‚all' die Widerwärtigkeiten zu wiederholen, mit denen wir bei unsrer ersten Ankunft zu kämpfen hatten. Die winterliche Jahreszeit, die Einsamkeit unsrer Lage, unsre Unbekanntschaft mit dem Lande und der Küsten-Schifffahrt, und unsere Besorgniß, ob das Unternehmen

„mit Erfolg gekrönt sein werde, oder nicht, gaben Anlaß zu einer „Unbehaglichkeit, die wir glücklicher Weise überwunden haben. Unser gegenwärtiger Zustand wird Sie mehr interessiren, und auf diesen „will ich mich denn auch jetzt beschränken!

Das erste was bei der Ankunft am Schwan Fluß vorgenommen wurde, war die Ausmittelung der Lage zweier Städte, von denen die eine, dicht an der Mündung des Flusses gelegen, den Namen Freemantle, und die andere, welche neun Meilen stromaufwärts am rechten, oder nördlichen Ufer liegt, den Namen Perth erhalten hat. Im August, 1829, fingen die Ansiedler an, sich daselbst einzurichten, und schritten, nachdem ein Jeder seinen Antheil an Land überwiesen erhalten hatte, an die Errichtung temporärer Gebaüde. Im November war das Uferland des Schwan- und des Canningflusses, so weit es in dem Raume zwischen der See und den Bergen liegt, zum Anbau eröffnet. Viele ließen sich zusammen auf ihren Ländereien nieder, ohne auf irgend eine Gefahr von den Ingebornen Rücksicht zu nehmen, die sich in der That so harmlos zeigten, daß selbst einzelne Personen, die im Lande, und besonders in den Bergen umherstreiften, niemals einen Aufenthalt von ihrer Seite, oder irgend eine Beleidigung erfahren hatten.

Da gegen das Ende des Jahres Ansiedler Haufen Weise ankamen, so sah sich Kapitain Stirling genöthigt, das Land weiter hin zu untersuchen, als es bisher geschehen war; dies verschaffte ihm eine Kenntniß der Küste siebenzig Meilen nördlich von Rottenest, und neunzig Meilen südlich von dieser Insel. Die einzigen Entdeckungen von Belang auf dieser Küstenerstreckung waren sechs Flüsse von geringer Größe und ein Barr-Hafen, der nur Boote aufnehmen kann. Nordwärts war das Land von leidlicher Beschaffenheit, während das südwärts gelegene um so mehr an Fruchtbarkeit gewann, je weiter man in dieser Richtung vorschritt. Einer von den Ansiedlern war von der Fruchtbarkeit des Bodens um Port Leschenault so entzückt, daß er sich sofort entschloß, seinen Wohnplatz daselbst aufzuschlagen. Seiner Beschreibung nach übertrifft diese Bucht die von Melville Water im Schwanfluß sowol an Größe als Schönheit der Ufer. Sie nimmt zwei Flüsse auf, die von der Darling Kette herabkommen, welche hier ungefähr eben so weit von der Seeküste entfernt ist, als am Schwan Fluß. Einer dieser Flüsse, der Collie, hat eine Barre vor seiner Mündung, aber bis sechszehn oder achtzehn Meilen weit behält er eine Tiefe von sechs bis zwei Faden; dort wird auch sein Wasser vollkommen süß. Die Ebenen sind mit Bauholz gut bewaldet und das ganze Land hat das Ansehen eines englischen Gartens. Port Leschenault kann nur kleine Fahrzeuge aufnehmen, denn es liegt im Eingange eine Barre von nicht mehr als drei oder vier Fuß und innerhalb hat das Wasser blos zwei Faden Tiefe.

Die Beschaffenheit des Bodens in dem hier erwähnten Landstriche ist von verschiedener Art. An der Seeküste, längs der eine zusammenhangende Kalkstein-Reihe zieht, findet man keine Gräser; wol aber sproßen mehrere Species stauden- oder kräuterartiger Pflanzen auf der sandigen Oberfläche hervor, die dem Schaaf- und Hornvieh das ganze Jahr hindurch ein gutes Nahrungsmittel darbieten. Nächst dieser Kalk-Formation laüft eine Parallel-Breite von einem etwas sandigen Boden, der hochstämmiges Bauholz, und gutes, doch ziemlich knappes Futter für Schaaf- und Rindvieh trägt. An diesen Distrikt von leichtem Sandboden gränzt eine beträchtliche Weite rothen Landes, die sich bis an den Fuß der Darling Berge erstreckt, und deren Boden zwischen rothem sandigen Mergel und dem ergiebigsten rothen Mergel und Thon, der für alle landwirthschaftlichen Zwecke geeignet zu sein scheint, manchfaltig abwechselt. Die vierte Bodenstufe ist die unebene Oberfläche der Gebirgskette, welche der Granit- und der Trapp-Formation angehört. Die Thäler dieser Kette sind außerordentlich üppig und grünend, und die Berge selbst, obschon zuweilen rauh und wegen des Zutagegehens der Felsen unwegsam, liefern herrliches Zimmerholz und die vortrefflichsten Schaaf-Weiden. Die ganze Breite dieser Gebirgskette ist noch nicht überstiegen [1], obschon sie bis zu der Entfernung von fünf und zwanzig Meilen von der Westkante untersucht worden ist. Umherschweifende Haufen Ingeborner wurden hin und wieder angetroffen, und an einer und zwei Stellen waren Hütten, von Gras und Zweigen aufgeführt; sie sind sehr klein, und gleichen der Form nach der Hälfte eines lothrecht zerschnittenen Bienenkorbes. Die Männer und Kinder gingen nackt; Weiber sah man nicht. Sie schienen gutartige, arglose Leute zu sein. In mehreren Thälern sind Dümpel und Wasserriesel. Die fünfte und letzte Bodenstufe ist die, welche an den Ufern der Flüsse und Bäche gefunden wird. Es ist ein Alluvial-Boden und durchgängig sehr ergiebig, denn er trägt guten inheimischen Flachs, der wild wächst, viele eßbare Wurzeln, und dreißig bis vierzig Gras-Arten. Diese Beschaffenheit des Landes bezieht sich insbesondere auf den Strich, welcher sich ungefähr vierzig Meilen südlich vom Schwan Fluß erstreckt; weiter südwärts verschwindet die Sand-Breite, und der Felsenboden geht weniger zu Tage; das Klima ist daselbst kühler und die Oberfläche scheint darauf hinzudeüten, daß Regen daselbst haüfiger ist.

Die Beschwerden, welche ein großer Theil der Ansiedler aus Mangel an Wohnungen und dadurch erfuhr, daß sie Wochen lang die Nacht über unter freiem Himmel zubringen mußten, waren sehr mä-

[1] Siehe über diesen Gegenstand S. 17, wo fernerer Entdeckungen Erwähnung geschieht.

ßig, und haben darum die Meinung allgemein werden lassen, daß das Klima der Gesundheit in ungewöhnlichem Grade günstig sei. Kapitain Stirling bemerkt: es sei für zweckdienlich erachtet worden, die Handwerksleüte zwei oder drei Sommer-Monate hindurch, zwischen zehn und drei Uhr, der Sonne ausgesetzt, nicht arbeiten zu lassen; zu andern Zeiten mit großer Anstrengung gearbeitet, habe keine sonderliche Ermüdung zur Folge gehabt; und, fügt er hinzu, mit Ausnahme von zehn oder zwölf Tagen, sei die Sommer-Wärme durch südliche Winde gemildert, und dieserhalb sehr angenehm gewesen. Drei Monate lang war kein Regen gefallen; doch ereignete sich diese Trockniß glücklicher Weise während der Erntezeit. Und obwol die Gräser und anderes Kräutig durch die brennende Sonnenhitze ungemein litt, so ist es nichts desto weniger sehr merkwürdig, daß auf sandigem Boden die Pflanzen der Wärme besser widerstehen als auf dem Thon. Keine von denjenigen Pflanzen, die nahe an der Oberfläche wurzeln, kann den Wirkungen des Backens entschlüpfen, welchem diese letztere Boden-Art ausgesetzt ist.

Kapitain Stirling spricht mit großer Behutsamkeit von der Triebkraft der verschiedenen Bodenstufen, und den Modifikationen, die sie durch klimatische Verhältnisse erleidet. ‚Die erfahrensten un-‚ter den Landleüten, die aus England gekommen sind, bekennen selbst ‚in Verlegenheit zu sein, um ein Urtheil hier zu fällen, indem der ‚Vegetations-Prozeß vor ihren Augen vor sich geht, selbst auf blo-‚ßem Sand, was sie mit ihren frühern Begriffen und Urtheilswei-‚sen nicht zusammenreimen können. Ich glaube indessen,' fährt er fort, ‚sicher zu gehen, wenn ich anführe, daß der Boden längs der ‚Seeküste ein staudenartiges Futterkraut hervorbringt, von dem ‚Hornvieh, Pferde und Schaafe während der heißesten wie der käl-‚testen Jahreszeit gelebt haben; daß der rothe lehmige Boden zwi-‚schen der Küste und dem Fuß der Berge Korn und künstliches ‚Futterkraut tragen werde; daß die Ufer der Flüsse und zahlreichen ‚Bäche den üppigsten Alluvial-Lehm darbieten; und die Berge selbst, ‚obschon sie bisweilen sehr steil sind, eine gute Schaafweide gewäh-‚ren werden, denn der Boden auf ihren Abhängen ist, wo sich ‚Dammerde findet, überall vortrefflich, und ruht auf Granit.' Er sagt, daß Wasser für Menschen und Vieh in Überfluß vorhanden sei, und daß die Flüsse, obschon sie sich nicht durch Größe auszeichnen, durch ihre Eigenschaft, als eben so viele Kanäle für die Boot-Schifffahrt zu dienen, großen Werth haben. Seen, Bäche und Quellen findet man nach allen Seiten, und selbst am See-Gestade hat man Brunnen selten vergeblich gegraben. Diese Fülle an Wasser, und die bedeütende Menge Futterkraut, welche das Gebiet zu besitzen scheint, führen den Kapt. Stirling auf den Gedanken, daß Viehzucht mit größerm Vortheil getrieben werden könne als Ackerbau, und jener Zweig der Landwirthschaft von den meisten Ansiedlern erwählt werden dürfte.

Es würde zu voreilig sein, schon jetzt eine Schätzung von der Zahl des Rindviehs, der Pferde und der Schaafe aufzustellen, die auf einer gegebenen Landfläche gehalten werden kann; daß dies aber eine bedeútende Menge sein müsse leúchtet aus der Thatsache ein, daß in der trockensten Jahreszeit, wenn es drei Monate hindurch nicht geregnet hat, Futter und Wasser in Überfluß vorhanden ist. Dieses Faktum ist höchst wichtig, indem die Fähigkeit, jene Hausthiere ohne künstliches Futter zu erhalten, nicht allein den Eignern einen klaren Gewinn sichern, sondern auch einen Vorrath an animalischer Speise für den Verbrauch der Kolonie darbieten wird. Das Vieh, welches eingeführt worden ist, soll in den meisten Fällen von der besten Qualität sein, und hat, mit sehr wenigen Ausnahmen, die hauptsächlich durch Nachlässigkeit entstanden sind, guten Fortgang gehabt. Ochsen und Schaafe mästen sich, selbst während der trocknen Jahreszeit, auf der Weide von Gras und Kraútern. Die aus England eingeführten Pferde haben nicht so gutes Gedeihen gehabt, aber auch sie haben sich von der Weide, ohne Stallfütterung, erhalten. ‚Kurz, bemerkt Kapt. Stirling, ‚es freút ‚mich sagen zu können, daß wir, in Bezug auf Grasung, mit dem ‚Resultat unsrer bis auf den heútigen Tag gemachten Erfahrungen ‚in jeder Beziehung zufrieden sind.'

Diejenigen Ansiedler, welche den Ackerbau im Auge haben, sind bisher auf einen Ertrag an Korn und Gartenfrüchten für ihren eigenen Verbrauch beschränkt geblieben. Der Getreidebau scheint nicht im Großen betrieben werden zu können, denn Korn läßt sich aus Djava, und den benachbarten Kolonien, von Neú Süd Wales und Van Diemens Land zu wohlfeileren Preisen einführen, als es in der neúen Ansiedlung, wenigstens in der ersten Zeit, erzeúgt werden kann. Kapitain Stirling glaubt indessen, daß Flachs von vorzüglichster Güte, und eine Hanfart, die beide wild wachsen, mit Vortheil zu kultiviren sein dürften; daß Bauholz, dessen es in Überfluß giebt, einen Gewinn versprechenden Markt finden, und Wein, Oliven, Feigen, Opium und Taback als Artikel einer künftigen Ausfuhr zu betrachten sein werden; daß aber diese und andere Artikel die Zeit abwarten müssen, wo die Subsistenz und Behaglichkeit der Ansiedler und ein Vorrath an Lebensbedürfnissen gesichert sein wird.

Viele von den Kolonisten in Perth und Freemantle haben selbst Boote gezimmert, um damit ihre Güter auf den Flüssen zu verschiffen. Es sind ihrer nicht weniger denn vierzig. Einige Ansiedler beschäftigen sich mit der Fischerei und ziehen nicht geringen Vortheil daraus; Kapt. Stirling hat Ursache zu glauben, daß die Niederlassung bald im Stande sein werde, eingesalzene Fische nach Djava auszuführen. Wallfische giebt es längs der Küste in großer Menge; auf ihren Fang ist die Aufmerksamkeit der Ansiedler gelenkt worden, und es kann nicht fehlen, daß die in dieser Hinsicht getroffenen Vorkehrungen mit Erfolg gekrönt sein werden. Cockburn Sund ist ein sicherer und geraümiger Ankerplatz; die Einfahrt in denselben ist gegenwärtig durch Bojen, welche man zur Bezeichnung des Fahrwassers gelegt hat, erleichtert worden; und keine Stelle kann zur Errichtung eines See-Arsenals besser gelegen sein als die Ostküste von Buache oder Garden Insel, wo Werften zum Kalfatern und Kielholen der Schiffe mit unbedeütenden Kosten angelegt werden können.

Die vortheilhafte Stellung dieses Theils der Küste von Neü Holland, in Beziehung auf den Handel der östlichen Meere, bemerkt Kapt. Stirling, hat sich gewisser Maaßen schon durch die Ankunft von Schiffen aus verschiedenen Gegenden der Erde kund gegeben, die sich, in den sieben ersten Monaten, welche seit Errichtung der Kolonie verflossen sind, auf mehr als dreißig belaufen. Mehrere von denen, welche aus England gekommen sind, haben ihre Ladungen hier gelandet; doch hat der größere Theil hier nur vorgesprochen und ist, nachdem die an Bord befindlichen Passagiere und die ihnen gehörige Ladung ans Land gesetzt worden sind, weiter gesegelt. Zwei Schiffe hat man nach den Malaischen Inseln geschickt und vier kleine Fahrzeüge sollen auf dieser und andern Handelslinien gebraucht werden, so daß der Schwan Fluß schon als ein Centrum betrachtet werden kann, von dem aus Handelsreisen in divergirenden Richtungen unternommen werden. Es wird sich mithin bald entscheiden, ob die Lage dieser Kolonie günstig sei für den Vertrieb Britischer Manufaktur-Waaren nach den östlichsten der Malaischen Inseln.

Bei der Bildung neüer Kolonien ist es gleichsam eine Nothwendigkeit, einen großen Theil der ersten Abenteürer zu finden, die sich durch Gefühle von Mißbehagen und Taüschung ruchtbar machen. Immer sind viele dieser Abenteürer Leüte von schwankenden Ansichten, unmäßig in ihren Erwartungen und durchaus unfähig den Hindernissen zu begegnen, die in der Kindheit einer Kolonie unvermeidlich sind; und daß Personen dieser Art getaüscht und mißvergnügt werden, und ihrem Untergange entgegen gehen, liegt ganz in der Natur der Dinge. So giebt es unter den zahlreichen Ansiedlern, die sich Haufen Weise nach dem Schwan Flusse begeben haben, nicht wenige, deren moralische und physische Eigenschaften sie unfähig machen, den Kämpfen und Trübsalen zu begegnen, welche die unvermeidlichen Begleiter einen neüen Niederlassung sind. ‚Viele, wenn nicht alle,' sagt Kapt. Stirling, ‚sind auf ‚diese Weise bei ihrer Ankunft mehr oder minder getaüscht worden, ‚entweder durch den Stand der Dinge, wie er sich hier gestaltete, ‚oder durch ihren eignen Mangel an Energie, die Hindernisse zu ‚überwinden, die den Ansiedler rings umgeben, — die indessen nicht ‚größer sind, als in den Anfängen einer jeden neüen Kolonie gleich-

‚sam zur Nothwendigkeit geworden;' und, läßt sich hinzufügen, einen bei weitem mildern Karakter an sich tragen, als die Hindernisse, welche die amerikanischen Kolonisten, oder diejenigen zu bekämpfen hatten, welche sich auf der entgegengesetzten Seite von Australia niedergelassen haben. Kapt. Stirling bemerkt indessen, ‚daß sich die Thätigen und Muthigen unter den Ansiedlern von ‚diesem Zustande der Niedergeschlagenheit erholt; und da zehn bis ‚zwölf von denjenigen, welche gleichsam den Ton angaben, ihre Län‚dereien in Kultur gesetzt, uns erklärt haben, mit der Beschaffenheit ‚des Bodens und dem Zustande ihres Viehs vollkommen zufrieden ‚zu sein, so halte ich das Unternehmen für gesichert gegen die Wir‚kungen eines allgemeinen Kleinmuths, der zu einer Zeit die An‚sichten, welche die Königliche Regierung für diesen Winkel der Erde ‚gefaßt hat, zu zerstören drohte.'

Unter den Familien-Häuptern besteht die große Mehrheit aus höchst achtbaren und unabhangigen Personen; in der Handwerker-Klasse herrscht große Manchfaltigkeit. Einige Meister sind in der Wahl ihrer Dienerschaft und Gesellen sehr vorsichtig zu Werke gegangen; doch hat der größere Theil den Auswurf des Volks engagirt, oder Menschen ohne allen Karakter mitgebracht, — Menschen, die in der Heimath ihr Fortkommen nicht gefunden, noch weniger in einer neüen Niederlassung Aussicht haben auf Erfüllung ihrer grundlosen und übertriebenen Erwartungen. ‚Wenn es möglich ist,' sagt Kapt. Stirling, ‚einen Theil des Volks zu entmuthigen, und ‚einen andern aufzumuntern, so wird es ernstlich erforderlich, den ‚hülflosen und nichts thuenden aus der Niederlassung zu entfernen, ‚indeß dem arbeitsamen, gewerbfleißigen und umsichtigen die zuver‚sichtliche Bürgschaft einer schönen Belohnung seiner Mühen entsteht.'

Der Bestand der Kolonie war, den offiziellen Listen zufolge, am Ende des Jahres 1829, oder sechs Monate nach der ersten Ankunft der Kolonisten, folgender: —

Zahl der Seßhaften 850. Nicht-Seßhafte 440. Werth des Eigenthums, welches auf Bewilligung von Grundbesitz Anspruch giebt, 41,550 Liv. Strl. Ländereien, welche zugetheilt sind: 525,000 Acres. Zahl der angelegten Wirthschaften 39. Viehstand: Rindvieh 204, Pferde 57, Schaafe 1096, Schweine 106. Zahl der Schiffe, die vom Juni bis Dezember eingelaufen sind 25.

Obschon, streng genommen, im Schwan Fluß oder in dessen Nähe kein Hafen ist, so wird dieser Mangel in einem gewissen Grade durch den geraümigen Ankerplatz in Cockburn Sund ersetzt, der, wie Kapt. Stirling berichtet, an tausend Schiffen volle Sicherheit gewähren kann. Da der Eingang ausgebujet ist, so hat die Einfahrt großer Schiffe keine Schwierigkeit; ohne die Bujen wird die Einfahrt unmöglich, denn der Sund ist mit Klippen wie übersäet. In diesem großen Wasserbecken kann jede Zahl von Schiffen in völliger Sicherheit vor einem feindlichen Geschwader liegen, denn der mittlere Theil liegt außerhalb des Bereichs der Bomben, sowol von der See- als Landseite. Ein Hafen, wie dieser, wenn er sich in den Händen eines Feindes befände, würde bei einem etwaigen Kriege dem britischen Handel zehn Mal verderblicher werden, als es selbst Isle de France während des letzten Krieges war.

Keinen andern Hafen giebt es an dieser Küste, mit Ausnahme des Port Leschenault, der aber, wie schon erwähnt, nur für Boote zugänglich ist. Die große Geographen-Bai, deren Gestalt und Lage, in Beziehung auf die Kompaßstriche, genau die der Tafel Bai am Vorgebirge der guten Hoffnung entspricht, gewährt nur dann einen sichern Ankerplatz, wenn der Wind aus Osten, Süden oder Südwesten weht. Aber auf der Südküste von Australia, ungefähr hundert und fünfzig Meilen östlich vom Kap Leeuwin, ist die sichere und vortreffliche Reedestelle von König Georg's Sund, mit der zwei Häfen in Verbindung stehen, die vor allen Winden geschützt und vom Lande rings umgeben sind, der Prinzeß Royal Hafen gegen Nordosten, und der Oyster (Auster) Hafen gegen Norstwesten [1]; ersterer hat einen Eingang und einen Binnen-Ankerplatz für die größten Schiffe; aber der Eingang des letztern hat nur vierzehn oder fünfzehn Fuß bei hohem Wasser. Holz und gutes Wasser giebt es in jedem der zwei Häfen, und eben so im Sunde. Die Lage, dicht an der Kurslinie aller Schiffe, welche nach Neu Süd Wales bestimmt sind, und die bequeme Gelegenheit, wozu beide Häfen einladen, veranlaßte die Regierung vor einigen Jahren, Besitz von ihnen zu ergreifen, und unter der Leitung des Generals Darling einen kleinen Militair-Posten daselbst zu errichten. Jetzt ist diese Gegend aber geeigneter Maßen unter den Befehl des Kapt. Stirling gestellt worden, als ein Theil der Schwan Fluß Kolonie, und wird wahrscheinlicher Weise binnen Kurzem die Hauptstation der Niederlassung werden. Dr. Wilson, von der Flotte, ein eben so intelligenter als unternehmender Reisender, der ganz Australia von der Raffles' Bai im Norden bis König Georg's Sund im Süden besucht hat, hat von dem angränzenden Lande des letztern eine kurze Beschreibung gegeben. Mit zwei Begleitern, unter denen sich ein zum Posten gehöriger civilisirter und verständiger Ingeborner befand, reis'te er achtzig Meilen weit ins Innere nordwärts vom König Georg's Sunde und kam auf einem westlicheren Wege zurück, so daß er ungefähr zweihundert Meilen durch ein bisher unerforschtes Land zurücklegte. Da ein jeder von der Gesellschaft seine Decke, Lebensmittel und Wasser mitführen mußte (letzteres fand man indessen als überflüssig), so dauerte die Exkursion eilf

[1] Nach Flinders' und Freycinet's Karten vom König Georg's Sunde gelten diese Benennungen gerade für die umgekehrten Häfen. — B.

Tage; aber so trefflich ist das Klima dieses Landes zu jeder Jahreszeit, doch vorzüglich angenehm während der Sommer-Monate, daß die Reisenden auch nicht die mindeste Unbequemlichkeit vom Schlafen auf der Erde in freier Luft erfuhren, oder sonst eine Entbehrung von Belang erduldeten.

Obwol das Land in der unmittelbaren Nähe von König Georg's Sund sandig ist und ein wenig versprechendes Ansehen hat, so ist dagegen im Innern kein Mangel an guten Weide-Ebenen, großen Waldbaümen, Flüssen, Seen, und Behältern mit gutem frischen Wasser überall, wohin Dr. Wilson auf seiner Streiferei gelangte. Er sagt in der That, ‚das Land sei so gut mit Wasser versehen, daß diejenigen seiner Gefährten, welche es wünschten, ‚wenigstens ein Mal des Tages, die Annehmlichkeit eines kalten ‚Bades genießen konnten, ausgenommen an einem Tage.' Die Landschaft, durch welche die Reise ging, bestand hauptsächlich aus schönen Ebenen und üppigen Thälern, abwechselnd mit Bergreihen, die mit Staudenpflanzen bekleidet sind; von den Ebenen ist ein großer Theil zum Ackerbau geeignet, wärend der Überrest eine gute Weide für Schaaf- und Rindvieh darbietet. Auf den Ketten der höheren Berge sind Holzungen großer Waldbaüme. In den ödesten Landstrichen kommen verschiedene Arten von Banksia vor, die verbuttete Moor-Eiche, der Grasbaum und andere Gewächse, ähnlich denen, welche auf dem gleichartigen Boden in Neü Süd Wales wachsen. Auf den Alluvial-Flächen längs der Flüsse und Bäche war der Pflanzenwuchs außerordentlich üppig. In den Bergschluchten herrschten der blaue Gummi-, der Terpentin-, der Buchs- und der wilde Apfel-Baum vor; und viele von ihnen maßen zwanzig bis dreißig Fuß im Gurt, und funfzig bis sechszig Fuß Stammhöhe frei von Zweigen. Hier, wie in den meisten Gegenden von Neü Süd Wales, ist Eucalyptus das vorwaltende Genus, aber nur wenige Species gewähren Nutzholz. Hin und wieder sah man die grüne Flechte; außerordentlich üppig blüht sie auf den Höhen in der Nachbarschaft von Mount Lindsey. Dieser Berg [1] wird als ein Gipfel beschrieben, der sich aus einer Gebirgsreihe bis zur Höhe von fünf oder sechs tausend Fuß erhebt und in einer quadratförmigen Koppe von ungefähr dreißig Yards Seite endigt, einer Koppe die vollkommen eben und mit kleinen Quarzstückchen wie gepflastert ist, indeß in jeder Ecke des Gevierts ein ungeheürer Granitfels steht.

Aus derselben Bergkette, welche nahe in Meridian-Richtung streicht, springen drei andere Piks hervor, welche die Namen Roe, Mitchell und Frankland erhalten haben. Zwischen dieser und einer östlichern Parallel-Kette zieht, wie Dr. Wilson nach eigener Wahr-

[1] Er liegt nach Dr. Wilson 45 Meilen NW. gegen W. von König Georg's Sund. 18 Meilen von der nächsten Seeküste. — B.

nehmung und nach den Aussagen von Ingebornen, mit denen er zusammen traf, berichtet, ein Strich gutes Land in die ursprünglich angenommenen Gränzen der Schwan Fluß Kolonie hinüber, von der er jetzt einen Theil ausmacht; und Dr. Wilson bemerkt: ‚mißt ‚man den Erzählungen der Ingebornen Glauben bei, was ich nach ‚ihrer richtigen Beschreibung der Natur des gegen Osten gelegenen ‚Landes, so wie nach ihrer durchgängigen Intelligenz zu thun be‚rechtigt bin, so findet sich gegen Nordosten, jenseits der zweiten ‚Bergkette, vortreffliches Land. Ich nehme,' fügt er hinzu, ‚keinen ‚Anstand zu behaupten, ohne fürchten zu müssen, künftig widerspro‚chen zu werden, daß der Raum, über welchen meine Reise ging, ‚eben so viel, wenn nicht mehr, für alle landwirthschaftlichen Zwecke ‚geeignetes Land enthalte, als irgend eine Gegend von gleicher Aus‚dehnung in Neû Sûd Wales.'

Zahlreiche Lagunen oder Süßwasser-Seen finden sich in dem erforschten Landstrich. Eine dieser Lagunen, welche Loch Katrine genannt worden ist, hat sieben bis acht Meilen im Umfang und ist von unzähligen Volks schwarzer Schwäne, wilder Enten und anderer Wasservögel belebt. Der Bergströme, welche in den beiden Ketten, östlich und westlich des Weges, entspringen, giebt es ebenfalls eine große Menge; und drei von ihnen, der Denmark, der Hay und der Sleeman, sind von bedeûtender Größe, denn sie haben an verschiedenen Stellen an hundert Yards Breite und sind theilweise tief genug, um Schiffe von zwei bis drei hundert Tonnen zu tragen. Alle Ströme haben eine südliche Direktion und die drei genannten ergießen sich in ein geraûmiges Haff, das sich mit der See vermittelst eines Kanals verbindet, dessen Ufer aus losem kalkartigen Sandstein bestehen und der landwärts siebenhundert Yards, seewärts aber nur dreißig bis vierzig Yards breit ist, dennoch aber Tiefe genug hat, um Boote zuzulassen. Bei einem nachmaligen Besuch des Berges Lindsey, Seitens des Kapitains und Residenten Barker, der den, zum Posten von Frederikton gehörigen, intelligenten Ingebornen zum Begleiter hatte, wurde ein anderes großes Haff gesehen, ungefähr dreißig Meilen westlicher als jenes, zwischen Kap Chatham und der Nuyts Spitze gelegen; nach der Meinung der Ingebornen können Schiffe von bedeûtender Größe in diese Lagune fahren. Kapitain Barker sowol als Dr. Wilson bezeûgen die große Genauigkeit der Beschreibungen, welche die Urbewohner geben; doch bemerkt er auch, daß, da sie weder schwimmen können noch irgend eine Art von Fahrzeûg besitzen, ihre Angaben über die Tiefe des Wassers, sobald dieses nicht mehr zu durchwaten ist, sehr unvollständig sind.

Da der, zwischen dem Kap Leeuwin und dem König Georg's Sund liegende, Abschnitt der Südküste nicht aufgenommen worden ist, außer daß beim Vorüberfahren die Lage einiger Zugänge (inlets),

Klippen und vorspringender Landspitzen bestimmt wurde, so dürfte es nicht unwahrscheinlich sein, daß bei einer genauern Untersuchung dieser Küstenlinie viele Haffe ähnlicher Art gefunden werden, in denen die strömenden Wasser sich entladen. In der That kündigt sich die Mündung eines Flusses in der, auf den Karten angegebenen großen Öffnung an, die ein wenig östlich vom Kap Leeuwin, im Hintergrunde einer offnen Bucht liegt, welche Dangerous Bight (Gefährliche Bai) genannt wird[1]; und erwägt man, daß die letzte Expedition des Kapitains Sturt die Existenz eines Stroms von nicht weniger denn funfzehn hundert Meilen Länge ans Licht gebracht hat, daß dieser Strom einen sechszig Meilen langen und dreißig bis vierzig Meilen breiten Meerbusen oder See bildet, vermittelst dessen er seine Wasser durch die Encounter Bai in den Ocean entladet; daß Flinders das westliche Landhorn dieser Bucht, welches er Kap Jervis nannte, aufgenommen hat; daß Baudin, der sie rings umfuhr, eine ununterbrochene Küstenlinie zeichnete, und beiden Seefahrern ein Fluß oder Haff unbekannt blieb, — so ist der Schluß wol nicht zu gewagt, daß viele Flüsse und Haffe an dieser, und in der That, an jeder andern Küste von Australia, die in ihrer Gesammtheit einen Umfang von sechs bis sieben tausend geographischen Meilen mißt, zu entdecken übrig bleiben.

* * *

Seit Abfassung der vorstehenden Bemerkungen ist ein neüer Bericht des Kapitains Stirling eingelaufen, der bis Ende Oktobers 1830 reicht. In diesem Berichte heißt es, daß ‚die Fortschritte der ‚Niederlassung wärend des laufenden Jahres, troß vieler Wider‚wärtigkeiten, so rasch gewesen sind, als nur immer erwartet oder ge‚wünscht werden konnte.‘ Kapt. Stirling sagt in der That, ‚ein größerer ‚Zuwachs an Schiffen, Personen und Eigenthum, als Statt gefunden ‚hat, würde wahrscheinlicher Weise dem Gedeihen der Niederlassung, ‚während der Kämpfe ihrer Kindheit, nachtheilig gewesen sein;‘ und er fügt hinzu ‚daß, obwol Einzelne bei der Unternehmung gelitten ‚haben mögen, die Kolonie gegenwärtig auf sichern Füßen steht und ‚ihr künftiges Gedeihen nicht länger zweifelhaft bleibt. Allerdings ‚muß viel geschehen, um ihr Fortschreiten sicher zu stellen und wahr‚scheinlich wird so Mancher in seinen individuellen Interessen ge‚taüscht und verkümmert werden; allein mit einem gesunden Klima, ‚mit Überfluß an gutem Lande, mit einer für den Handel vortheil‚haften Lage und mehreren werthvollen inheimischen Produkten, ‚dürfte der Ausgang der Unternehmung nichts weniger als eine ‚Taüschung allgemeiner Erwartung zur Folge haben.‘

[1] Siehe unten Seite 16.

Um mit der Beschaffenheit des südwärts gelegenen Landes besser bekannt zu werden, schiffte sich der Lieutenant-Gouverneur mit dem General-Landmesser und einigen andern Personen an Bord eines Schoners ein; untersuchte die Geographen-Bai ihrem ganzen Umfange nach und drang daselbst eine Strecke landeinwärts vor; die Gegend ist uneben; sie erhebt sich zu hohen Granit-Bergen, von denen die meisten an ihren Gipfeln felsig oder sandig sind, wogegen die Thäler vortrefflichen Boden in bedeûtender Erstreckung enthalten.

Der nächste Punkt welcher untersucht wurde, ist der Vasse Fluß; die Wanderung ging drei bis vier Meilen von der Küste, gab aber kein befriedigendes Resultat, denn man fand den Boden zu leicht und sandig; obwol das schlanke und kräftige Wachsthum der Baûme der scheinbaren Armuth des Bodens zu widersprechen schien. Frisches Wasser fand man in diesem Distrikte in hinreichender Menge.

Darauf ankerten sie vor der Bärre des Port Leschenault, wo die Landschaft ein so günstiges Ansehen hat, daß ein Detaschement vom 36sten Regiment, sammt Ammunition und Proviant, zur bessern Unterstützung der Ansiedler gelandet wurde; diese Truppen fanden Bau-Material in größter Menge, dergestalt, daß wenige Tage hinreichend waren, sich in häuslicher Behaglichkeit einzurichten und gegen den nahenden Winter zu schützen.

Von hier brach eine Partei auf zur Erforschung des Landes bis zu den Gipfeln der Darling Kette. Diese ganze Gebirgsreihe besteht aus gut bewaldeten Bergen und fruchtbaren Thälern, die denselben Karakter gegen Osten hin so weit beibehalten als das Auge reicht. Das allgemeine Resultat dieser Untersuchungen läßt sich folgender Maßen kurz zusammen fassen: Das Bassin, welches den kleinen Hafen Leschenault bildet, nimmt drei Flüsse auf, von denen der eine aus Südosten herkommt und Preston genannt worden ist; der zweite kommt von Osten und hat den Namen Collie erhalten; der dritte vereinigt sich von Nordosten her mit dem Collie und scheint nicht benannt worden zu sein. Die Ufer aller dieser Flüsse bestehen aus ergiebigem Alluvial-Boden. Der Preston ist für die größten Boote schiffbar bis auf fünf Meilen von seiner Mündung und ist an diesem Punkt ein fließender Strom von gutem frischen Wasser. Das angränzende Land ist mit Bauholz gut besetzt. Der Collie ist, zehn oder zwölf Meilen weit, bis nahe an die erste Stufe des Berglandes schiffbar. Anfänglich sind seine Ufer sandig, aber von der Vereinigung des nördlichen Stromes an verbessert sich der Boden beträchtlich und wird von der trefflichsten Beschaffenheit. Überhaupt genommen scheint der Bezirk um Port Leschenault für eine Ansiedlung so günstig zu sein, daß Kapt. Stirling sich veranlaßt sah, die oben erwähnte Truppen-

Abtheilung zum Schutz der bereits sich eingefundenen Kolonisten und derjenigen zurück zu lassen, welche nachkommen würden, um Theil zu nehmen an der Land-Bewilligung, welche der Lieutenant-Gouverneur vorbereitet hatte. Das Klima soll um vieles kühler sein als am Schwan Fluß; und nach der Menge Gras, so wie nach dem üppigen Grün des Laubes zu urtheilen, scheint dieser Distrikt einer Trockniß besser widerstehen zu können, als die nördlicheren Bezirke; auch scheint die trockne Jahreszeit hier nicht von so langer Dauer zu sein als dort. Bemerkenswerth war es ferner, daß man auf allen Exkursionen hier herum keinen Ingebornen antraf, obschon bestimmte Spuren derselben an verschiedenen Orten in zahlreicher Menge gefunden wurden.

Auf einer zweiten Exkursion, welche der Lieutenant-Gouverneur in Begleitung des Kapt. Currie, von der Flotte, und des General-Landmessers, Lieutenant Roe, nach dem Süden unternahm, dublirten die Reisenden Kap Leeuwin und ankerten vor der Mündung eines Haffs, welches mit der See in Verbindung steht im nordwestlichen Winkel der großen Bai, die mit dem Kap beginnt und sich ostwärts bis zum Black Point (Schwarzen Spitze) von Flinders erstreckt. Auf den Karten heißt sie ‚Dangerous Bight,' aber sie kann nur für gefährlich gelten, wenn südliche Winde wehen. Diese Entdeckung eines Haffs und eines Flusses an dieser vortheilhaft gelegenen Stelle ist gerade die, welche in dem ersten Theile des gegenwärtigen Berichts vermuthet worden ist. Hier beschloß man eine Stadt zu gründen und sie ‚Augusta' zu nennen, da, wo ein Fluß, der den Namen ‚Blackwood' erhielt, ins Haff fällt; und mehrere Ansiedler, funfzig an der Zahl, darunter drei Familienhaüpter, mit ihren Kindern und ihrer Dienerschaft, schifften sich zusammen aus, und eben so ein Detaschement Soldaten zu ihrer Beschützung. Folgendes ist eine gedrängte Übersicht des Berichts, welchen der General-Landmesser erstattet hat: —

‚Der auf dieser Exkursion beobachtete Theil der Südküste leitet, in Verbindung gebracht mit unsern frühern Kenntnissen, auf ‚den Glauben, daß es drei abgesonderte Parallel-Ketten primitiver ‚Gebirge giebt, welche den an der Seeküste gelegenen Theil des Gebiets von West-Australia in der Richtung von Norden nach Süden durchziehen. Die höchste und östlichste dieser Ketten hat ihr ‚südliches Ende in der Nähe von König Georg's Sund; die zweite ‚endigt am Kap Chatham und ist die, von der General Darling's ‚Reihe hinterm Schwan Fluß einen Theil ausmacht; Kap Leeuwin ‚ist der südliche Endpunkt der dritten Reihe, welche den beiden ‚andern an Höhe sowol als Ausdehnung nachsteht, denn sie verschwindet am Kap Naturaliste und zeigt sich erst wieder an „Moresby's Flat-topped Range" (Moresby's flachgipflige Reihe), ungefähr auf halbem Wege zwischen dem Schwan Fluß und der Hay-

fisch

‚fisch (Shark's) Bai, oder dreihundert Meilen nördlich vom Kap ‚Leeuwin, aber auf gleichem Meridian mit diesem.

‚Auf den Bergketten und in den zwischenliegenden Thälern ‚wechselt die Beschaffenheit des Bodens nach der Lage und der Höhe. ‚Auf den Gebirgen und den höhern Bergen ist die Oberfläche un- ‚eben und steinig; an den niedern Abhängen beider ist der ‚Boden vortrefflich; aber in den Hauptthälern und den tiefern ‚Gründen, wo die Sandstein-Formation vorherrscht, ist er von sehr ‚untergeordneter Beschaffenheit, ausgenommen da, wo die Alluvial- ‚Ablagerungen der Flüsse ihm einen verschiedenen Karakter geben. ‚Diese allgemeinen Gesetze werden in der Nachbarschaft der neü ‚gegründeten Stadt Augusta durch Beispiele belägt, und lassen sich ‚als allgemein gültig für alle andern Gegenden des Gebiets anneh- ‚men, außer längs der Seeküste, wo die regelmäßigen Formationen ‚durch fremdartige Substanzen, meistens von kalkartiger Beschaffen- ‚heit, verdrängt oder modifizirt worden sind.

‚Die Gegend, welche zur Anlage der neüen Stadt gewählt wurde, ‚besitzt die Vortheile eines vortrefflichen Bodens, guten Wassers in ‚hinreichender Menge, einer anmuthigen Landschaft und des leichten ‚Zugangs zum Ankerplatz bei mäßigem Wetter, und zum Binnen- ‚lande. Das Haff ist von beträchtlichem Umfange, und führt zu ‚dem Flusse, den wir „Blackwood" genannt haben; er hat eine ‚südliche Direktion fünfzehn Meilen weit, und eine westliche andere ‚zehn Meilen, bevor er aufhört, für Boote schiffbar zu sein. Seine ‚Ufer sind mit gutem Bauholze des faserrindigen und Roth-Gum- ‚mi-Baumes bedeckt; aber der Boden ist ein leichter sandiger Lehm, ‚der für eine erfolgreiche Kultur selten kräftig genug ist. Den be- ‚sten Boden, das schönste Blau-Gummi-Holz, und ziemlich gute ‚Weide findet man meistens auf bergigem Lande; aber im Allgemei- ‚nen findet sich auf der Oberfläche gewöhnlich Futter für Rindvieh, ‚und gute Schaafweide auf den Dünen, welche die Küste einfassen. ‚Der Ankerplatz ist vor den gewöhnlichen Winterstürmen geschützt, ‚offen dagegen den Winden, welche aus dem südlichen bis ost-süd- ‚östlichem Quartiere wehen. Vermöge seiner Lage, in Beziehung ‚auf die Navigation dieser Meere und die Beschaffenheit des um- ‚liegenden Landes, eignet sich Augusta zu einem Anlegungsort für ‚alle Schiffe, welche aus den östlichen Kolonien nach England, In- ‚dien und dem Kap fahren; und diese Gründe geben der Hoffnung ‚großes Gewicht, daß dieser Ort des baldigsten zu einer hohen ‚Stufe kommerzieller Wohlfahrt emporsteigen werde.'

Eine andere Entdeckung ist vom Fähnrich Dale und einer kleinen Reisegesellschaft auf der Ostseite der Darling's Kette, bis zu einer Entfernung von funfzig Meilen, gerade Ost von Perth, ge- macht worden. Am östlichen Fuße der genannten Bergkette ange- langt, fanden die Reisenden, daß die strömenden Wasser eine östliche Richtung nahmen und sich in einen Fluß von bedeütender Größe ergossen, der nordwestlich fließt, ungefähr sechszig Yards breit, und sehr tief ist, und ein starkes Gefälle hat. Dieser Fluß fällt wahrscheinlicher Weise in irgend ein Haff an der Küste, vielleicht in einer Gegend der unerforschten Küste von Shark's Bai, — obschon Kapt. King zu der Vermuthung geneigt ist, daß die Mündung eher irgend wo in der Gegend von ‚Moresby's Flat-topped Range' liegen könne, wo er, beim Vorübersegeln, Spalten in den Bergen wahrnahm und ein schön bewaldetes Land bis an den Sandstrand herab. Die Berge der Darling Kette hatten durchgängig eine Dammerde von rothem Lehm, der gutes Gras und wilde Wicken hervorbringt. Das Holz besteht hauptsächlich aus Mahagoni-Baümen, von sehr kräftigem Wuchs, dem Blau- und Roth-Gummi-Baum, und einigen Banksias. Da, wo die strömenden Wasser zuerst einen östlichen Lauf annehmen, fand man vorzugsweise den Blau-Gummi-Baum, Casuarina, und schwarze Flechte, und einen Baum, der dem Wuchse nach mit dem Apfelbaum Ähnlichkeit hat, und eine Frucht trägt, welche Hinsichts der Gestalt einer unreifen Hagendorn-Beere gleicht, obwol sie weit größer als diese ist. Das Holz dieses Baumes hat einen aüßerst angenehmen Geruch und die Rinde eine zarte Nelkenfarbe. Herr Dale sagt, ‚eine Probe welche wir mitgebracht haben, ist von Ken-‚nern für eine Species des Sandelholzes erkannt worden.'

Außer drei Männern, welche man auf der Rückkehr traf, und die sehr freündlich und begierig waren, sich den Reisenden nützlich zu erweisen, sah man keine Ingebornen, aber viele Spuren von ihnen wurden wahrgenommen; und beim Verfolgen des großen Flusses aufwärts, ungefähr vier und zwanzig Meilen weit bis zu einer Stelle, wo die Berge einen romantischen Felsen-Karakter annehmen, wurde unter einer großen Granitmasse eine Höhle entdeckt, deren Inneres gewölbt war und ganz den Anschein einer alten Ruine hatte. ‚Auf einer Seite,' bemerkt Hr. Dale, ‚war in ‚plumpen Umrissen etwas eingegraben, was offenbar ein Bild der ‚Sonne vorstellen sollte; es war ein Kreis von ungefähr achtzehn ‚Zoll im Durchmesser, der nach der linken Seite Strahlen auswarf ‚und innerhalb der Cirkelfläche Linien hatte, welche unter rechten ‚Winkeln zusammentrafen. Dicht bei dieser Abbildung der Sonne ‚befanden sich die Eindrücke eines Arms und mehrerer Hände.' Von diesen Höhen soll der Blick, ostwärts gerichtet, auf zwanzig bis dreißig Meilen weit, über ein wellenförmiges, gut bewaldetes Land schweifen.

* * *

[Hier endigt zwar die Mittheilung des Hrn. Barrow, deren zweiter Theil offenbar in einer spätern Sitzung der Gesellschaft vorgetragen worden ist, als die Uiberschrift dieses Artikels bemerkt; doch hält es der deûtsche Herausgeber für angemessen, die neûeren Nachrichten unmittelbar folgen zu lassen, welche der K. G. S. über den Zustand der Kolonie am Schwan Fluß zugegangen sind.]

Privatschreiben des Gouverneurs Stirling an Hrn. Barrow.

,West Australia, März 31, 1831.

,Mein werther Herr, — Durch ein Schiff, welches vor einigen Tagen hier angelangt ist, habe ich Ihre sehr erfreûlichen Bemerkungen vom Juni und Juli v. J. zu empfangen das Vergnügen gehabt, in denen ich die Theilnahme wieder ausgedrückt finde, welche Sie für die Stiftung und das Gedeihen dieser Kolonie immer gezeigt haben. Es wird mir zur wahren Freude gereichen, Ihnen eine statistische Beschreibung derselben, in der Art wie Sie selbige wünschen, zu übersenden, ja ich würde sie schon mit der gegenwärtigen Gelegenheit nach Eûropa gelangen lassen, wäre es nicht nothwendig auf die Vollendung einer, jetzt in Arbeit begriffenen Generalkarte des Gebietes, und auf die Register der meteorologischen Beobachtungen zu warten, die wärend des verflossenen Jahres in König Georg's Sund und auf Garden Insel angestellt worden sind. Sobald alle Materialien zu einer vollständigen und genauen Beschreibung dieses Landes in Ordnung gebracht werden können, werde ich Sie um die Erlaubniß bitten, selbige Ihnen vorlegen zu dürfen.

,Unter guten und schlechten Verhältnissen sind wir jetzt fast zum Schluß des zweiten Jahres gelangt; und ich bin stolz darauf, sagen zu können, daß unsere Aussichten glänzender und besser als je gesichert sind. Seit meinem letzten Schreiben sind wir häufig auf dem Punkt eines völligen Mißlingens gewesen, aus Ursachen, die sich, wie ich glaube, stets bei ähnlichen Unternehmungen kund geben. Es war mein Bestreben, diesem durch fernere Erforschung des Landes entgegenzuarbeiten; und das allgemeine Resultat dieser Untersuchung geht dahin, daß die künftige Wohlfahrt der Niederlassung von keinem Vernünftigen bezweifelt werden kann. Um Ihnen einen Begriff von den Fortschritten unsrer Entdeckungen zu geben, will ich sie mit wenig Worten in der Folge nachweisen, in welcher sie gemacht worden sind. Zwei Versuche, jenseits des Gebirges vorzudringen, sind ohne Erfolg geblieben; ich nahm darum die Seeküste wärend der nassen sowol als trocknen Jahreszeit vor.

,Bei Port Leschenault fanden wir im Monat März, etwas gutes Land; bevor es aber von Ansiedlern besetzt werden konnte vernahm ich, daß es bei Kap Leeuwin einen guten Standort gebe. Im Mai ging ich dahin und errichtete eine kleine Niederlassung an einer schönen und fruchtbaren Stelle, drei Meilen östlich von dem Vorgebirge in Flinders ‚Dangerous Bight,' wo sich indessen jetzt keine Gefahr befindet [1]. Etwa hundert Personen wetteifern, diesen kleinen Ort in Aufnahme zu bringen; hier können sich Schiffe binnen wenig Minuten mit vortrefflichem Wasser, Holz und Gemüse versehen.

‚Im August war der dritte Versuch, welcher zum Vordringen jenseits des Gebirges gemacht wurde, mit Erfolg gekrönt. Ein junger Officier vom 63sten Regiment, der Hrn. Beachman, einen ausgezeichneten, erfahrenen Landmann zum Begleiter hatte, überstieg das Gebirge und fand die, von Norden nach Süden ziehende und fast immer zusammenhangende Bergkette ungefähr sechs und dreißig Meilen breit. Jenseits dieser Kette gegen Osten hin liegt ein wellenförmiges Land von manchfaltigem Karakter und durchgängig schöner Beschaffenheit. Die Thäler oder Ebenen zwischen den Bergen, womit es besetzt ist, sind immer gut, und mit Gras bedeckt, und der Boden bietet, obwol er verschiedenartig ist, ein Verhältniß von gutem Lande zur Ausdehnung, von einem drittel der ersten Qualität. Die Reisenden mußten das weitere Vordringen auf ein Paar Meilen jenseits des Gebirgsfußes beschränken, weil ein gegen Norden strömender Fluß zu einer ungestümen Wassermasse angeschwollen war, denn es war in der Regenzeit. Nachdem sie etwa zwanzig Meilen seinen Ufern gegen Süden hin gefolgt waren, kehrten sie mit der angenehmen Neuigkeit nach Perth zurück.

‚Im Oktober ging ich in Gesellschaft des Entdeckers des erwähnten Landes, Hrn. Dale, und mehrerer erfahrener Landbauer über das Gebirge und suchte, nachdem ich das Land einige Tage lang durchkreüzt hatte, die Stelle für eine zukünftige Grafschafts-Stadt aus. Hierauf kehrte ich zu meinen übrigen Geschäften zurück, nahm aber die Gelegenheit wahr, Hrn. Dale mit noch einigen andern Personen weiter gegen Osten auszusenden. Sie drangen bis zu einer Entfernung von hundert Meilen von der Küste vor, gerade östlich von Perth, und brachten einen sehr günstigen Bericht über die Beschaffenheit des Landes mit heim.

‚Im December ging ich abermals nach der Südküste. Unsere Entdeckungen wurden durch Umstände verhindert, und nachdem ich die Niederlassung am Kap Leeuwin besucht hatte, kehrten wir über König Georg's Sund nach Perth zurück. Um dieselbe Zeit als ich zu Schiffe ging brach eine, von mir lange vorbereitete, Expedition unter Befehl des Kapitain Bannister zu Lande von Perth nach König Georg's Sund auf. Dieser Offizier kreüzte die Berge

[1] Darum hat man ihren bisherigen Namen auch gegen den von Flinders Bai vertauscht. — B.

am Ursprung des Canning, nachdem er fünfunddreißig Meilen weit innerhalb ihres Bezirks gewesen war. Dann ging es zehn Meilen weiter durch ein Land, wo guter und schlechter Boden in gleichem Verhältniß abwechselten. Auf diese fünf und vierzig Meilen folgte das schönste Land, das er jemals gesehen; er beschreibt es als tüchtig zur Nutzung bei der Viehzucht sowol als zum Ackerbau. In diesem schönen Bezirk reis'te er acht und achtzig bis neünzig Meilen weit in einer S. gen O. Richtung; dann gelangte er in ein Bergland, das hin und wieder felsig war, oft aber sehr guten Boden zur Viehweide und zum Landbau hatte. Vom Gipfel einer dieser Höhen glaubten die Reisenden einen ungeheüren, weit über die Wolken sich erhebenden Berg in östlicher Richtung zu erkennen, den der Feldmesser, welcher sich bei der Expedition befand, zu zehn tausend Fuß Höhe schätzte. In diesem Berglande blieben sie bis sie bei Kap Chatham die Südküste erreichten, längs der die Reise weiter nach König Georg's Sund ging, wo sie, nach den größten Mühseligkeiten und Entbehrungen an Lebensmitteln, jeder Art, im Februar anlangten. Die Wichtigkeit dieser Entdeckungen wird Ihnen einleüchten. Sie haben es bewirkt, daß alle Zweifel über den Erfolg der Kolonie bei dem hiesigen Publikum verschwunden sind. Der Fluß jenseits der Berge ist wärend der Winterszeit ein mächtiger Strom, und bildet den Hauptkanal dieses Landes, so weit wir es bis jetzt kennen. Seine Quelle und sein fernerer Lauf jenseits des kleinen Stücks, welches wir gesehen haben, sind uns zur Zeit unbekannt, und, — ich muß es hinzufügen, — bieten aller Muthmaßung Trotz; denn eine neüerliche Erforschung der Küste bis zur Breite von 28° 40′ hat uns belehrt, daß kein Fluß, kein Haff in dieser Gegend existirt. Dieser interessante Punkt soll, wie es billig ist, nicht lange mehr in Dunkelheit bleiben.

‚Da die kleine Niederlassung am König Georg's Sunde jetzt dem hiesigen Gouvernement untergeben worden ist, so lasse ich einige von denjenigen Personen, welche hier nicht fortkommen können, dahin überfahren, um dort ihr Glück zu versuchen. Jetzt geht mein Bestreben, nicht allein eine Waldstraße nach König Georg's Sund anzulegen, die Bannister's schönen Landstrich durchschneiden wird, sondern auch einige kleine Schiffe zur Küstenfahrt anzuschaffen, um auch auf dem Seewege die Verbindung mit jener Niederlassung zu unterhalten.

‚N. S. Wir stehen im Begriff einen botanischen Garten in Perth einzurichten, wo wir hoffen, neben einer Sammlung von inheimischen Pflanzen, Versuche über die Akklimatisirung fremder Gewächse anstellen zu können.'

* * *

Die nachstehende Depesche des Lieutenant-Gouverneurs Stirling ist der Königlichen geographischen Societät auf Befehl des Viscount Goderich, ihres Präsidenten, mitgetheilt worden.

‚Schwan Fluß, April 2, 1832.

. . . . ‚Ich will mich bemühen, eine allgemeine Skizze von den Kenntnissen zu geben, welche wir gegenwärtig über die Beschaffenheit des Bodens, der Oberfläche, des Wasservorraths, des Klima und über die inheimischen Produkte des Landes besitzen.

‚Die Küste von der Gantheaume Bai im Westen bis zur Doubtful Island Bai im Süden zeigt, mit Einschluß der verschiedenen kleinen Eilande und Klippen, jene merkwürdige kalkartige Substanz, von der man geglaubt hat, daß sie nur an den Küsten von Neû Holland und an denen von Sicilien vorkomme. Obschon sie in diesem Theile des Kontinents im allgemeinen als eine Art Rand auftritt, so ist sie nichts desto weniger zuweilen von Granit und Trapp durchbrochen, und an einigen Stellen mit Sand bedeckt. Die offnen Dünen, welche sie hin und wieder bildet, gewähren eine gute Schaafweide und geben sehr schönen Kalk, im Durchschnitt aber ist der Boden auf dieser Kalkstein-Kontour von geringem Werth. Hinter dieser Küsten-Kette, die sich bisweilen zu einer Höhe von 800 Fuß erhebt, und zwei oder drei Meilen breit ist, liegt ein niedriger Sand-Distrikt, der einen diluvianischen Ursprung gehabt zu haben scheint, denn man findet auf ihm hie und da Rollsteine von älteren Felsarten und er wechselt von bloßem Sande bis Mergel und Thon. An verschiedenen Stellen hat dieser Sand-Distrikt sehr schönen Boden und nirgends ist er völlig unfruchtbar. Die Ufer der ihn bewässernden Flüsse haben den ergiebigsten Boden, und obwol ein großer Theil desselben, wenn er zum Ackerbau benutzt würde, das Arbeitslohn, in seinem gegenwärtigen Stande nicht vergüten dürfte, so ist er doch geeignet zur Viehweide. Auf dieser Sandebene erheben sich hin und wieder Bergreihen und einzelne Berge, die zur primitiven Formation gehören; unter ihnen ist die ausgedehnteste die, welche die Ebene auf der Ost- oder Landseite begränzt und von der Südküste zwischen Kap D'Entrecasteaux und Wilson's Inlet nordwärts bis zum 30sten Grad der Breite streicht. Die höchste Höhe, welche diese primitiven Berge erreichen, beträgt etwa 3500 Fuß; es ist dies die Höhe, welche dem Roi Kyncriff, hinter König Georg's Sund beigelegt wird; die mittlere Höhe indessen kann zu ungefähr 1000 Fuß angenommen werden. Östlich von der bedeûtendsten dieser Ketten liegt eine Binnenlandschaft, deren Formation verschieden ist von der an der Küste, denn sie trägt den Karakter des rothen Mergelthons (red loam). Der niedrigste Punkt dieser Stufe scheint sich 500 Fuß über das Niveau des Meeres zu erheben, und alle ihre

Wasser strömen west- oder südwärts, indem sie die vorgenannte Bergkette durchbrechen. Einige dieser Ströme fließen beständig, und können selbst in den trockensten Monaten Wasser in Menge liefern; überhaupt läßt sich sagen, daß weder diese Binnenlandschaft noch die Küstengegend schlecht bewässert sei.

„Dies ist die unvollkommene Skizze, welche ich über die Oberflächengestalt des Landes zu geben im Stande bin. Was die Beschaffenheit des Bodens betrifft, so ist sie äußerst manchfaltig; aber es giebt, wie aus den Untersuchungen der Herren Bannister, Dale und vieler andern Exploratoren hervorgeht, große Landflächen von der besten Bodenart. Von der großen Wichtigkeit durchdrungen, genaue Kenntniß zu erlangen, ob es auch eine hinreichende Menge fruchtbaren Landes gebe, habe ich diesem Gegenstande meine volle Aufmerksamkeit gewidmet, so daß ich jetzt, nach den Berichten Anderer sowol als nach meiner eignen Beobachtung die Überzeugung aussprechen kann, es sei Überfluß daran vorhanden und in der That in so großem Verhältniß als bei so ausgedehnten Landflächen gewöhnlich wahrgenommen wird.

„Die einzigen Produkte des Landes von Werth sind: Bauholz, das unerschöpflich und von bester Qualität ist, und die Weiden, welche ein vorzügliches Futter für Schaafvieh, Pferde und Rindvieh gewähren. Dann giebt es auch eine gute Art Taback und perrenirenden Flachs, der mit dem europäischen Ähnlichkeit hat; doch haben diese beiden Gewächse bis jetzt nur in so fern Werth, als sie Anzeichen von den Fähigkeiten des Bodens darbieten.

„Seit einiger Zeit sind in König Georg's Sund und in Perth Witterungs-Beobachtungen angestellt worden. Sie werden die Mittel gewähren zu einer richtigen Beurtheilung und Vergleichung des Wechsels der Temperatur, des atmosphärischen Drucks und des Feuchtigkeits-Grades dieser Distrikte mit den analogen Erscheinungen in andern Ländern. Nach einer dreijährigen Erfahrung läßt sich über das Klima des Schwan Flusses bis jetzt so viel sagen, daß nur allein die Monate Januar, Februar und März eine ungünstige Witterung haben; denn alsdann sind Hitze und Trockniß so unangenehm, wie sie nur sein können, ohne indeß auf die Gesundheit schädlich einzuwirken. Der Distrikt von König Georg's Sund, der im Sommer den südlichen Winden ausgesetzt ist und häufig von Regenschauern heimgesucht wird, hat ein Klima, das vielleicht nirgends in der Welt so gleichförmig angetroffen wird; zugleich ist es das mildeste. Längs der Westküste ist die Hitze zwar drückend, und die Moskitos, von denen es daselbst im Sommer wimmelt, sind allerdings ein so ernstes Übel, daß man diesen Theil des Landes nicht wol als Wohnplatz zu wählen geneigt sein mögte; doch, trotz dieser und anderer lokalen und gewöhnlichen Hindernisse, sind das Klima, die Hafenstellen und die Ausdehnung des Landes von einer Beschaffenheit, um es zum Sitz einer blühenden und volkreichen Kron-Besitzung geeignet zu machen; und ich fühle mich berechtigt zu sagen, daß keine natürliche Untüchtigkeit des Bodens vorhanden ist, jener Aussicht entgegen zu arbeiten.'

II. — Allgemeine Übersicht der Flora in der Nachbarschaft des Schwan Flusses. Von R. Brown, Esq., M. d. K. S. Gelesen den 22sten November 1830.

Die Vegetation an den Ufern des Schwan Flusses und im südlich angränzenden Lande kennen wir gegenwärtig hauptsächlich nach dem Bericht des Botanikers Hrn. Charles Fraser, der den Kapt. Stirling bei der Untersuchung dieses Distrikts, im Jahre 1827, begleitete, und nach den Herbarien, welche bei dieser Gelegenheit gesammelt wurden.

Zwei dieser Sammlungen habe ich besichtigt und theilweise untersucht; die eine empfing ich von Hrn. Fraser selbst, durch Vermittelung meines Freundes Alexander Macleay, Esq., Sekretairs der Kolonie von Neu Süd Wales; für die zweite bin ich dem Kapt. Mangles verpflichtet.

Die Zahl der Species in beiden Sammlungen geht nicht über hundert und fünfzig hinaus; und verschiedene dicotyledonische Kräuter-Familien sowol als Gräser, Cyperaceae und Orchideae fehlen darin ganz.

Mit so beschränkten Mitteln lassen sich nur ganz allgemeine Betrachtungen über die Vegetation dieses Theils der Südwest-Küste von Neu-Holland wagen.

Die vornehmsten Pflanzen-Familien, die sich in den Sammlungen befinden, sind Proteaceae; Myrtaceae; Leguminosae, insbesondere solche welche zu Papilionaceae und den blattlosen Acaciae gehören; Epacrideae; Goodenoviae und Compositae. Die ansehnlichsten Pflanzen, die zu keiner dieser Familien gehören, und zum Karakter der Landschaft wesentlich beitragen, sind Kingia Australis, eine Species von Xanthorrhaea; eine Zamia, die der Z. spiralis der Ostküste sehr nahe steht, und vielleicht nicht verschieden von ihr ist, obschon sie häufig eine Größe von dreißig Fuß erreichen soll; eine Spezies von Callitris; eine oder zwei von Casuarina; ein Exocarpus, der wahrscheinlich von E. cupressiformis nicht verschieden ist; und Nuytsia floribunda [1], eine Pflanze, welche bisher zu Loranthus gerechnet wurde, obschon sie sich der Textur und Form ihrer Frucht nach hinreichend unterscheidet, und jetzt zum Gedächtniß des Entdeckers jenes Küstenstrichs genannt worden ist, auf den dieser sehr merkwürdige Baum fast beschränkt ist.

Wenn blos auf Grund der Einsicht dieser Sammlungen eine Meinung über die Natur des Landes abgegeben werden soll, so kann sie, was die Beschaffenheit des Bodens anbelangt, nur höchst ungünstig ausfallen; denn nicht allein stimmen die bereits aufgezählten herrschenden Familien, sondern auch sämmtliche Genera dieser Familien, und selbst viele ihrer Species mit denjenigen überein, welche an den Gestaden von König Georg's Sund gefunden worden sind, die, mit Ausnahme einiger wenigen Stellen von sehr geringer Ausdehnung, zum Anbau durchaus unfähig zu sein scheinen.

Die so gebildete Ansicht wird indessen nothwendiger Weise zu modifiziren sein, in Betracht des, in den Sammlungen herrschenden Mangels an Geschlechtern, deren Existenz in dem untersuchten Landstrich vorausgesetzt werden muß, einige selbst nach beträchtlichem Verhältniß; rechnet man nämlich auf die ungünstige Jahreszeit, in welcher das Herbarium gesammelt wurde; nimmt man ferner die Angaben in Hrn. Fraser's Bericht an, die sich auf die Fülle und Üppigkeit von Anthistiria australis, — dem Känguru-Gras von Neû Süd Wales beziehen; und berücksichtigt man die, in demselben Bericht enthaltene Beschreibung von der außerordentlichen Größe einiger Baum-Species von Banksia, die in der Nachbarschaft von König Georg's Sund, durchgängig nur kleine Baûme bilden; endlich, wenn man auf die wichtige Thatsache Rücksicht nimmt, welche Kapt. Stirling in seiner an die Regierung gerichteten Depesche berichtet, daß nämlich der Viehstand nicht allein wärend der ganzen trocknen Jahreszeit sein Futter gefunden, sondern auch die meisten Vieharten an dem natürlichen Kraûtig des Landes sich gemästet haben.

Von diesen allgemeineren Betrachtungen gehe ich zu einem Paar Bemerkungen über, die sich hauptsächlich auf die geographische Verbreitung einiger der, theils im Herbarium enthaltenen, theils in dem Bericht des Hrn. Fraser besonders hervorgehobenen Familien oder interessanteren Species beziehen.

Die auffallende Ähnlichkeit, dem allgemeinen Karakter nach, und die Identität vieler Species mit denen am König Georg's Sunde, ist bereits erwähnt worden. Doch diese Gegend des Gestadelandes von Neû Holland, die sich vom Schwan Fluß, an der Westküste, bis zur Middle Insel in Long. 123° 10′ O. Grw., an der Südküste, erstreckt, enthält, wie sich nicht verkennen läßt, dem

[1] Loranthus floribundus. — Labill. Nov. Holl. I, 87, 113.

größten Verhältniß nach, diejenigen Genera, welche die Haupt-Eigenthümlichkeiten der neuholländischen Vegetation ausmachen.

Vergleicht man die Flora des Distrikts am Schwan Fluß mit entferntern Regionen desselben Kontinents, so bemerkt man, daß wahrscheinlich nicht mehr als vier oder fünf Species diesem Theile der Westküste und demselben Parallel auf der Ostküste von Neu Holland gemeinschaftlich sind; und daß sogar die Existenz einiger dieser Species am Schwan Fluß nicht ein Mal völlig gewiß ist.

In den Sammlungen, welche ich untersucht habe, befindet sich kein Exemplar von Anthistiria australis, oder Känguru-Gras von Neu Süd Wales; allein da dieses werthvolle Gras dem botanischen Sammler wohl bekannt sein mußte, und es vielleicht die allgemeinste Pflanze in Neu Holland ist, so stehe ich keinen Augenblick an, seine Existenz, auf Hrn. Fraser's Bericht gestützt, als ausgemacht anzunehmen.

Mesembryanthemum aequilaterale ist weder im Herbarium enthalten, noch vom Sammler erwähnt worden. In einem der Briefe vom Schwan Fluß, welche Hr. Croß bekannt gemacht hat, finde ich indessen einer Pflanze, als eines Küchengewächses, Erwähnung geschehen, die, nach der Beschreibung des Verfassers zu urtheilen, wahrscheinlich diese Pflanze sein dürfte, welche, nächst Anthistiria australis, vielleicht die am weitesten verbreitete Species in der Flora von Neu Holland ist.

Die dritte Species ist Pteris esculenta, das einzige Farnkraut, welches Hr. Fraser gefunden hat, und das in den, jenseits des Wendekreises gelegenen Gegenden von Neu Holland, so wie in Van Diemen's Land nicht allein allgemein, sondern auch in größter Menge vorkommt.

Die schon erwähnte Zamia wird, wenn sie von spiralis nicht wesentlich verschieden ist, ein anderes Beispiel von einer Pflanze darbieten, die Neu Holland eigenthümlich ist und in den extra-tropischen Gegenden dieses Vestlandes sehr allgemein gefunden wird. Ich selbst habe indessen an der Südküste eine Zamia von mindestens zehn Fuß Höhe wahrgenommen, die ich für verschieden von Z. spiralis der Nachbarschaft Port Jackson's halten mögte, und die sich wahrscheinlich mit der vom Schwan Fluß identisch zeigt.

Der Exocarpus des Schwan Flusses kann möglicher Weise von cupressiformis abweichen, obschon nichts in den Exemplaren für die Wahrscheinlichkeit einer wesentlichen Unterscheidung spricht. Exocarpus cupressiformis findet sich aber sehr allgemein, nicht allein in den südlichen Gegenden von Neu Holland und in Van Diemen's Land, sondern auch innerhalb des Wendekreises.

Die letzte Pflanze in der Sammlung, deren Verbreitung sehr ausgedehnt ist, bleibt zu erwähnen übrig; ich bin nicht im Stande gewesen, sie von Arenaria marina der eüropäischen Gestade zu unterscheiden.

Von den Familien, welche in der Nähe des Schwan Flusses existiren, ist die auffallendste und ausgedehnteste, Proteaceae, eine Ordnung, die nach ihrer allgemeinen Verbreitung, und den merkwürdigen Formen ihrer zahlreichen Genera und Species, viele von den Haupt-Eigenthümlichkeiten der Vegetation Neü Hollands in sich schließt.

In Hrn. Fraser's Sammlung sind die Haupt-Genera dieser Ordnung, Petrophila, Isopogon, Hakea und Banksia; und diese sind auch die zahlreichsten in den Distrikten von König Georg's Sund und Lucky Bai. Die Stückzahl der zwei zuerst genannten Genera bestätigt die Bemerkung im botanischen Anhange zu Kapt. Flinders' Reise, die nämlich, daß in Neü Holland, am westlichen Ende des Breiten-Parallels, unter welchem die große Masse dieser Pflanzen-Ordnung gefunden wird, eine größere Aehnlichkeit mit der südafrikanischen Abtheilung der Ordnung als an der Ostküste wahrgenommen werde, wo die mit der amerikanischen Abtheilung in Verwandtschaft stehenden Genera hauptsächlich vorkommen.

Es ist hier nicht der Ort in eine besondere Beschreibung der neüen Species dieser, in den Sammlungen vom Schwan Fluß vorhandenen Familien einzugehen. Ich will indessen bemerken, daß ihre Zahl bedeütend ist und ihre specifischen Karaktere neüerlich bekannt gemacht worden sind [1].

Die Myrtaceae des Schwan Flusses gehören hauptsächlich zu Melaleuca, Beaufortia, Calothamnus, Calythrix, Billotia [2], und Eucalyptus.

Die einzige Species, welche sich von Eucalyptus in der Sammlung befindet, ist zuerst auf Kapt. Flinders' Reise in König Georg's Sund entdeckt worden, an dessen Gestaden er der einzige Nutzholz-Baum war, obwol er daselbst nur von mäßiger Höhe wächst. Ich habe sie Eucalyptus calophylla genannt. Nach Hrn. Fraser's Beschreibung ist sie an den Schwan-Ufern ein großer Waldbaum; irriger Weise zählt er sie der Angophora, einem Genus, bei, welches auf die Ostküste von Neü Holland beschränkt ist. Anderer Species von Eucalyptus, die das Nutzholz des Landes ausmachen, ist im Berichte Erwähnung geschehen, und werden als identisch mit einigen der gemeinen Gummibaüme von Port Jackson betrachtet, von denen sie aber, wie ich nicht zweifle, verschieden sein werden; denn ich kenne keine Species dieses Genus, die der Ost- und Südküste von Neü Holland gemeinschaftlich wäre.

[1] Suppl. I. Prodr. Flor. Nov. Holl.

[2] Ein besonderes Genus von Leptospermum, zu denen die wenigen bisher bekannt gewordenen Species, namentlich B. marginata, flexuoso und linearifolia gerechnet worden sind.

Ich schließe mit einer Bemerkung, welche sich eben sowol auf das Genus Eucalyptus als auf die blattlosen Acaciae bezieht, von denen sich verschiedene Species in der Sammlung befinden. Diese Bemerkung habe ich schon früher in dem Appendix zu Kapt. Flinders' Reise in folgenden Worten beigebracht: ‚Jene beiden Genera ‚sind nicht allein am weitesten verbreitet, sondern auch die ausge- ‚dehntesten im Australlande, indem schon ungefähr hundert von je- ‚dem beobachtet worden sind; faßt man sie zusammen und betrach- ‚tet sie nach der aus der Größe und Zahl der Individuen berech- ‚neten Masse vegetabilischer Materie, die sie enthalten, so stehen sie ‚mit allen andern Pflanzen dieses Kontinents vielleicht in nahe ‚gleichem Verhältniß. Sehr allgemein stimmen sie, obwol zu ver- ‚schiedenen Familien gehörend, auch in einem Zweige ihrer Ökono- ‚mie überein, was einiger Maßen zu dem eigenthümlichen Karakter ‚der australischen Wälder beiträgt, — nämlich in ihren Blättern, ‚oder denjenigen Theilen, welche die Funktionen von Blättern ver- ‚richten; denn diese stehen vertikal oder richten ihre Kante, und nicht ‚die Oberfläche, gegen den Stamm, so daß beide Oberflächen glei- ‚ches Verhältniß zum Licht haben.

‚Diese Ökonomie, welche bei den Acaciae unveränderlich Statt ‚findet, ist bei ihnen eine Folge der lothrechten Ausdehnung des ‚Blattstiels; während sie beim Eucalyptus, wo sie zwar sehr allge- ‚mein, doch bei weitem nicht beständig vorkommt, von der gewun- ‚denen Beschaffenheit des Stengels herrührt.'

Dieser Stelle läßt sich hinzufügen, daß jene zwei Genera noch gleichförmiger in der Ähnlichkeit der entgegengesetzten Oberflächen ihrer Blätter übereinstimmen. Allein diese Gleichartigkeit verkündet eine wichtigere Thatsache, — nämlich die, auf beiden Oberflächen des Blatts gleichmäßig vorhandene Existenz derjenigen Organe, für die ich, da ich sie im Allgemeinen für uneingebohrt halte, den Namen Hautdrüsen (cutaneous glands) angenommen habe, obwol die meisten Botaniker sie Poren, oder stomata der Epidermis nennen.

Auf Blättern, besonders von Baümen und Straüchern, finden sich diese Drüsen allgemein nur an der untern Oberfläche; wärend sie unter baumartigen Pflanzen in sehr wenig Fällen, wie bei verschiedenen Coniferae, auf die obere Fläche beschränkt sind.

Außer den hier erwähnten zwei ausgedehnten neüholländischen Ordnungen giebt es viele andere Fälle, in denen diese Organe beide paginae einnehmen; und ich bin geneigt zu glauben, daß solche Fälle in diesem Kontinent haüfiger vorkommen, als in irgend einem andern Theile der Welt. Es ist wenigstens gewiß, daß von diesem mikroskopischen Karakter der gleichen Existenz von Hautdrüsen auf beiden Oberflächen des Blattes, der Mangel an Glanz herrührt, der in den Wäldern von Neü Holland so auffallend ist.

III. — Schilderung der Ingebornen am König Georg's Sund (Schwan Fluß Kolonie) und der umliegenden Gegend. Verfaßt von Hrn. Scott Nind, und mitgetheilt von R. Brown, Esq., M. d. K. S. Gelesen den 14ten Februar 1831.

[Die folgenden Bemerkungen über die Urbewohner in der Nachbarschaft von König Georg's Sund, die sich wahrscheinlich auf alle in der unmittelbaren Nähe unserer neüen Kolonie wohnenden Aboriginer beziehen lassen, sind mir von Hrn. Nind mitgetheilt worden, welcher als Medicinal-Beamter den kleinen Posten begleitete, der im Jahre 1827 an den Gestaden dieses Hafens errichtet wurde, und wo er sich bis zum Oktober 1829 aufgehalten hat.

Die sanfte Gemüthsart und die haüfigen Besuche der Ingebornen wärend des größern Theils dieser Periode, Gelegenheiten, die sich nur selten darbieten, gaben Veranlassung, interessante Nachrichten einzuziehen über ihre Gebraüche und Lebensweise, besonders von mehreren jener intelligenteren Individuen, die sich zuletzt ganz in der Ansiedlung niederließen

Diese Gelegenheiten hat Hr. Nind so fleißig zu benutzen verstanden, daß die nachstehenden Resultate seiner Beobachtungen als ein wichtiger Beitrag zur Geschichte der Race zu betrachten sind. Eine kurze Beschreibung der Niederlassung, bei der er angestellt war, so wie der umliegenden Landschaft, schickt der Verfasser voraus. — R. Brown.]

König Georg's Sund, dessen Eingang in Lat. 35° 6′ 20″ S., Long. 118° 1′ O. Greenwich liegt [1], ist an der südlichen Küste, doch sehr nahe an dem Südwest-Ende, von Neü Holland gelegen.

Durch seine sehr bequeme Lage eignet er sich zum Erfrischungs- und Ausbesserungs-Ort für Schiffe, die nach Neü Süd Wales und Van Diemens Land bestimmt sind; und erhöht wird seine Wichtigkeit durch die neüerliche Errichtung der Schwan Fluß Kolonie, der er den

[1] Kapt. Flinders bestimmte die Lage des Punktes am Prinzeß Royal Hafen, wo er seine Zelte aufgeschlagen hatte, in Lat. 35° 2′ 5″ S., vermittelst Meridian-Höhen der Sonne, die mit dem Ramsdenschen Universal-Theodoliten beobachtet wurden, und in Long. 117° 53′ 9″,9 O. Grw., durch ein und dreißig Reihen von Abständen der Sonne Ost und West vom Monde, nach Berichtung des Fehlers der Tafeln. Bald Head die südöstliche Landspitze am Eingange des König Georg's Sundes, setzt er in Lat. 35° 6′ 15″ S., Long. 118° 0′ 45″ O.; diese Position ist es, welche der Verf. oben beibringt. Auf Baudin's Expedition wurde die Lage des Observatoriums, welches die französischen Astronomen innerhalb des Sundes, auf der sandigen Landzunge errichtet hatten, die das aüßere oder Haupt-Bassin von dem Binnen-Hafen Prinzeß Royal Harbour scheidet, in Lat. 35° 3′ 30″ S., Long. 115° 38′ 6″ O. Paris, oder 117° 58′ 21″ O. Grw. bestimmt. — B.

größten Nutzen zu versprechen scheint, indem er eine vortreffliche Hafenstelle darbietet, — vielleicht, in der That, die einzige wirklich gute in der Nachbarschaft dieser neüen Ansiedlung.

König Georg's Sund wurde im Jahr 1792 vom Kapt. Vancouver entdeckt; später besuchten ihn Kapt. Flinders und die französische Entdeckungs-Expedition unter Commodore Baudin, neüerlichst Kapt. King; und seit der Zeit haben sich hier haüfig Robbenfänger eingefunden, denn die benachbarte Küste gegen Osten hin ist von einer Menge Klippen und Eilande eingefaßt, an denen viele Robben von der schwarzen Art gefunden worden sind.

Den Hafen hat Kapt. Flinders sorgfältig und genau beschrieben, und ein richtiger Plan des Sundes ist von diesem Seefahrer in dem Atlas zu seiner Reise gegeben worden [1].

Die Lage und vorzügliche Beschaffenheit des Hafens, so wie die sanguinische Hoffnung im Innern ein gutes Land zu finden, veranlaßte die Regierung von Neü Süd Wales eine Niederlassung daselbst zu errichten; zu welchem Endzweck gegen den Schluß des Jahres 1826 eine Partei, die im Ganzen aus zwei und fünfzig Personen bestand, unter Kommando des Majors Lockyer, vom Königl. 67sten Regiment, dahin abgefertigt wurde. Die kleine Expedition ging am 7ten November 1826 unter Segel und kam, nach einer langwierigen Fahrt, am 25sten des folgenden Monats, am Ort ihrer Bestimmung an.

Aus Kapt. Flinder's Beschreibung dieser Küstengegend [2] ist es bekannt, daß es, außer dem äußern Sunde noch zwei Binnen-Bassins oder Häfen giebt, welche auf allen Seiten landumschlossen sind und den Schiffen jede Sicherheit gewähren. Der nördliche, Oyster (Auster) Hafen, ist von einer Sandbarre gesperrt, auf der die Tiefe bei Hochwasser nur dreizehn und einen halben Fuß beträgt; inner-

[1] Eben so auch vom Kapt. Freycinet in Peron's und seiner Beschreibung der baudinschen Expedition; doch ist der Plan (Taf. II. des Atlasses in der zweiten Ausg. von 1824) durch ein Versehen falsch orientirt worden. — B.

[2] Bald Head (d. h. das kahle Haupt) ist der Endpunkt einer Reihe nackter Felsenberge, von denen Vancouver sagt, sie sähen aus, als wären sie polirt; der Berg ist zwölf bis vierzehn Seemeilen weit vom Meere aus sichtbar. Ein anderer Landkennungs-Punkt ist Mount Gardner, nach Flinders' in Lat. 35° 0′ 30″ S., Long. 118° 10′ O. Grw.; man erblickt ihn, wie Peron berichtet, zwanzig Seemeilen weit, und zeigt sich als die Spitze eines ungeheüern Kegels der auf dem Wasser schwimmt. Je näher man kommt, desto mehr entwickelt er sich, und dehnt sich aus; er gewinnt auf seiner Grundfläche an Breite, seine Abhänge verlängern sich und er bleibt isolirt, wie eine gigantische Insel. Dieser Berg ist in seinem ganzen Umfange so jäh, daß er unersteiglich zu sein scheint; doch unterscheidet man hin und wieder einige Spuren sich manchfaltig durchkreüzender Furchen, die vielleicht eben so viele tiefe Spatlen sind. Uiberdem zeigt der Gardner Berg

halb ist er mit Klippen so angefüllt, — außer an der Mündung und in der Nähe von Green Insel, wo kleine Fahrzeuge sicher vor Anker liegen oder am Lande befestigt werden können, — daß kaum Wassertiefe genug für ein Boot vorhanden ist, um an den Strand zu fahren; der größte Theil bildet eine Bank, die bei der Ebbe ganz, oder fast ganz trocken liegt, ausgenommen in den Rinnen zweier kleinen Flüsse, die sich im Hintergrund des Hafens in denselben ergießen, und einige Meilen hinauf für kleine Boote fahrbar sind.

In der Mitte von Oyster Hafen liegt Green (die grüne) Insel, ein kleines Eiland, auf welchem Voncouver viele Garten-Gewächse säete [1], die aber, wenn sie auch aufgegangen sind, von Würmern zerstört sein müssen, denn spätere Reisenden haben keine Spur davon vorgefunden.

Da der seichte Karakter der Gestade dieses Hafens für die neüen Kolonisten nichts weniger als zu einer Niederlassung einladend sein konnte, so entschieden sie sich für den Prinzeß Royal Hafen, der auf der Rück- oder Westseite des Sundes gelegen und für Schiffe von beträchtlicher Größe zugänglich ist, nicht minder auch als Ankerplatz, der dicht am Lande gewählt werden kann, völlige Sicherheit darbietet [2].

Die Partei schlug demzufolge ihr Lager am Fuß einer Höhe auf, der späterhin der Name Mount Melville beigelegt wurde. Sie liegt an der Nordseite des Hafens, ungefähr eine Meile von dessen Mündung, und dicht an der Stelle, wo Kapt. Flinders, im Jahre 1801 verweilte [3]. In mancher Beziehung erwies sich diese

ein Bild der schrecklichsten Oede; nirgends erblickt man auf seinen Steilwänden einen Baum, einen Strauch, in finsterer Starrheit erhebt er sein Haupt. Zwei Meilen NNO. von Bald Head liegt das Eiland Break-Sea, das von Osten nach Westen, eine und eine viertel Meile lang ist. Ein ähnliches Eiland, Namens Michaelmas, liegt in paralleler Richtung ungefähr dreiviertel einer Meile nördlicher. Der Kanal zwischen Bald Head und Break Sea Eiland ist gut, bei einer Tiefe von 30 bis 15 Faden. Drei Meilen WSW. von Break Sea liegt ein kleines Granit-Inselchen, welches den Namen Seal Isle führt, und zwei Meilen weiter gegen Westen, unmittelbar an der oben erwähnten Landzunge, ein viertes Inselchen, welches die Franzosen Isle de l'Observatoire genannt haben, weil ihr Beobachtungsort ihm gegenüber lag. — B.

[1] Weshalb er sie auch Garden Island nannte. — B.

[2] Flinders lothete in der Mündung von Prinzeß Royal Hafen 4 Faden Tiefe, und im Hafen selbst an der Nordseite 7 bis 4, 3 und 2½ Faden. Hier lag der Investigator vor Anker, und die Zelte waren nördlich vom Schiff aufgeschlagen. Die Fluth steigt nur ein Mal innerhalb vier und zwanzig Stunden, zwischen sechs Uhr Abends und Mitternacht, von 2 Fuß 8 Zoll bis 3 Fuß 2 Zoll senkrechter Höhe. — B.

[3] Die Zahl der Kolonisten, welche sich anfangs auf nur zwei und funfzig Personen beliefen, hat, bis zu der Zeit wo der Verfasser dieser

Lage als günstig; im wesentlichsten Punkte aber, gutes Wasser nämlich als sehr mangelhaft [1]. Auch fand sich in der Nähe kein Nutzholz, das zur Errichtung von Gebaüden geeignet gewesen wäre. Und der Mangel dieser zwei wichtigen Artikel war eine große Erschwerung für die Niederlassung, besonders in ihren ersten Tagen.

Bald zeigte es sich auch, daß der Boden in der unmittelbaren Nachbarschaft des Lagerplatzes höchst unfruchtbar sei, denn als man bis auf ein paar Zoll unter der Oberfläche grub, fand man nichts als reinen weißen Sand. In den Sümpfen oder Morästen waren die untern Bodenschichten von torfartiger Beschaffenheit. Da auf diese Weise die Armuth des Bodens der Kultur pflänzlicher Nahrungsmittel große Schwierigkeiten entgegen stellte, so wurden zu diesem Zweck andere Stellen aufgesucht, unter denen sich das kleine Green Eiland im Oyster Hafen, so klein es auch ist, als die bei weitem ergiebigste auswies.

Das Klima aber ist dem Pflanzenwuchs so günstig, daß, wo nur etwas Dünger erlangt werden konnte, die Ernten nicht allein sicher sondern auch ergiebig waren. Die Vegetabilien, welche man gebaut hat, sind Erbsen, Kartoffeln, Blumenkohl, Kohl, Gurken, u. s. w.; Melonen, Kürbisse, Wasser-Melonen und Mais gediehen auch ohne Dünger, wenn die Witterung warm war, doch konnte man sich auf diese nicht immer verlassen.

Abhandlung, im Oktober 1829, die Kolonie verließ, sehr wenig zugenommen. Die Niederlassung besteht nur aus acht oder zehn Gebaüden, unter denen einige von rohen Steinen, andere von Rasen, aufgeführt, und noch andere bloße Einzaünungen sind. Die Dächer sind von Binsen oder grobem Grase. Anfangs erhielt sie den Namen Frederick Town; allein da diese Benennung nicht in den offiziellen Dokumenten angenommen worden ist, so bleibt es ungewiß, ob sie von Dauer sein wird *). Es gab eine Periode wo man erwartete, daß die Niederlassung aufgegeben werden würde; allein die neuerliche Entdeckung von gutem Lande an der Geographen Bai, und der günstige Bericht, welchen Dr. Wilson über das Innere abgestattet hat macht dies für jetzt unwahrscheinlich.

*) Auf den schönen Karten, welche den Titel führen: Western Australia, from the latest Documents received in the Colonial Office, 1832, — und Western Australia, containing the Settlements of Swan River and King George's Sound, from the recent Surveys sent to the Colonial Office, London published 1. April 1833; — heißt die Niederlassung: Albany. — B.

[1] Péron erwähnt des Vorkommens von frischem Wasser im Pr. Roy. Haf. und dessen unmittelbarer Nähe an zwei Stellen; außer einer Menge kleiner Quellen ergießen sich drei Bäche in das genannte Bassin, unter denen der südlichste wegen des Volumens und der Reinheit des Wassers höchst ausgezeichnet ist; dann befinden sich auf der Landzunge, welche den Hafen von der Reede trennt, mehrere Süßwasser-Teiche die sehr tief sind, und eine, diesen Gestaden eigenthümliche, Krebs-Art enthalten. — B.

Die im Sunde gelegene Insel erzeugt Saudisteln, Pappeln, und wilden Selleri, welcher von den Kolonisten bei scorbutischen Anfällen gebraucht wurde, und sich als sehr heilsam erwies. Die Saudisteln und der Selleri wachsen auch am Seegestade [1].

Im Allgemeinen genommen hat das Land, trotz seiner unfruchtbaren Beschaffenheit, ein sehr malerisches Ansehen. Die Berge hinter der Niederlassung sind auf ihren Gipfeln mit ungeheüren Granitblöcken verziert und mit der größten Manchfaltigkeit schönen Strauchholzes bekleidet, unter denen die prächtigen Banksiae eine bedeütende Größe erreichen, und die Kingia und Xanthorrhoea, oder Grasbaum, sehr zahlreich sind.

In einigen Gegenden ist der Boden von röthlicher Farbe, und auf diesem sind die Baüme zahlreicher und größer. Sie bestehen aus verschiedenen Arten von Eucalyptus und Casuarina (wie die Mooreiche von Port Jackson). Allgemein indessen welken die Baüme am Kern und eignen sich deshalb nicht als Bau-Material.

Wendet man den Blick gegen Norden, so schweift er über ein, dem Anschein nach, flaches Land, das aber in der Wirklichkeit aus bewaldeten Höhen besteht, welche durch sumpfige Ebenen von einander getrennt sind. Auf diesen Höhen bildet das Geisblatt (ein Kolonial-Name für eine kleine Species Banksia) die große Mehrzahl.

Die Ebenen sind mit grobem Kraütig bedeckt, aber kein Gras wächst auf ihnen. In einer Entfernung von etwa zwanzig Meilen liegt eine Bergkette, welche die Ingebornen Borringorrup nennen; sie ist bewaldet und liefert Nutzholz von guter Qualität. Der Grund ist ziemlich felsig, die Dammerde aber mächtig und gut, und bringt Gras hervor. Ungefähr zwanzig Meilen jenseits der Borringorrup Kette zieht eine andere, Cordjernurruf genannt, die sehr ungangbar zu sein scheint. Die Ingebornen beschreiben das Land als ungemein öde und wüst, voll von Salzwasser-Lagunen.

Gegen Westen und Nordwesten scheint das Land einen mehr wellenförmigen Karakter zu haben, und besser bewaldet zu sein. Nach den Aussagen der Ingebornen kommt hier auch der Känguru haüfiger vor, und minder vorherrschend ist die Banksia, oder der Grasbaum. Der Boden soll roth und das ganze Land mit kurzem Grase bedeckt sein.

Zwischen den Häfen Prinzeß Royal und Eclipse besteht das Land aus wellenförmigen Dünen, die hie und da mit Baumgruppen besetzt sind. Bald ist die Bodendecke dünn und roth, aber

[1] Eine Species von Petersilie (apium prostratum) und eine andere von Melde (atriplex halimus, Brown Prod.) wurden von meinen Leüten gebraucht. Letztere insbesondere war eine gute Stellvertreterin von Küchengewächsen. Selleri fanden wir nicht; und es dürfte nicht unwahrscheinlich sein, daß der oben erwähnte wilde Selleri die hier beschriebene Pflanze sei. — P. P. K(ing).

nicht von klebriger Beschaffenheit, bald besteht sie aus schwarzer vegetabilischer Materie, die mit reinem weißen Sande vermischt ist. Stellen Weise findet man eine Art Queckengras, im Allgemeinen aber besteht die Trift aus Binsen und Heidekraut.

Überall im Lande findet man Wasser-Lachen, von denen mehrere sehr groß sind. Stets ist das Wasser von dunkler Farbe und mit einem unangenehmen vegetabilischen Geruch stark gesättigt. Einige dieser Seen sind brackisch, alle aber sind der Aufenthaltsort von Enten, Kriechenten und Schwänen.

Das vorherrschende Gestein in der Nachbarschaft der Niederlassung ist Granit; die gegen Norden liegenden Bergketten — Borringorrup und Cordjernurruf — sollen derselben Formation angehören. Kalkstein findet sich an der Seeküste; und auf den niedrigen Höhen, besonders gegen Westen hin, hauptsächlich ein hartes, rauhes und eisenhaltiges Gestein, das durchgängig eine röthliche Dammerde, doch nur in sehr dünner Schicht trägt. Der Kalkstein Distrikt besteht, seiner Oberflächengestalt nach, größtentheils aus Dünen [1].

Schwierig ist es, eine Beschreibung von den Winden oder Jahreszeiten zu geben, denn sie sind nichts weniger als gleichför-

[1] Unter den Mineralien, die dem primitiven Gestein, (welches längs der ganzen Nuyts-Küste vorherrscht) am König Georg's Sunde eigenthümlich zu sein scheinen, erwähnt Péron u. a. 1) einer Granit-Art, welche mit Granaten erfüllt ist; 2) einer Substanz, die für Blei-Erz gehalten wurde; 3) eines Gesteins, welches so reich an Eisen ist, daß die Magnetnadel bei der Aufnahme, besonders in der Gegend von Bald Head, ihre Dienste versagte; in geringen Entfernungen von einander beobachtet schwankte ihre Abweichung um 15 bis 20 Grad. Mit diesem Vorkommen von Eisenstein erklären sich auch wol die verschiedenen Angaben bei Flinders, über die Deklination des Kompasses. Im Mittel aus den am Lande angestellten Beobachtungen fand er 6° 42', und an Bord des Schiffs 7° 12', wofür er im Durchschnitt 7° W. annimmt; auf der Granitplatte an der südlichen Seite des Sundes wurde sie aber, vermittelst zweier Theodoliten, nur 4° 1' W. gefunden. In Beziehung auf den geologischen Karakter wird es nicht unzweckmäßig sein, an folgende Stelle in Vancouver's Bericht (Th. I, S. 77) zu erinnern: ‚das Land,' sagt er, ‚ist hauptsächlich von Korallen gebildet, und es scheint, daß seine Erhebung über die Meeresfläche aus neurer Zeit sich herschreibt; denn nicht allein die Gestade und die Bank, welche vor der Küste liegt, bestehen im allgemeinen aus Korallen, weil unser Senkblei stets deren heraufbrachte, sondern man findet sie auch auf den höchsten Anhöhen, die wir erstiegen haben, namentlich auf dem Gipfel des Bald Head, der sich so hoch über das Meer erhebt, daß er in der Entfernung von zwölf oder vierzehn Seemeilen erblickt werden kann. Die Koralle war hier in ihrem primitiven Zustande, insbesondere aber auf einem ungefähr acht Acker enthaltenden Felde, wo, in dem Sande, der es bedeckte, nicht der geringste Grashalm wuchs, aber aus dem Korallen-Aeste hervorblickten, durchaus ähnlich denjenigen, welche unter der Meeresfläche wahrgenommen werden, mit Verzweigungen von ver-

nig. Die Ostwinde fangen gemeiniglich im December an und dauern wärend der Monate Januar, Februar und März; diese vier Monate können als die Sommerzeit angesehen werden. Beim Beginnen der östlichen Winde sind sie oft heftig und das Wetter ist regnig; je weiter die Jahreszeit vorrückt, um so mehr lassen sich nördliche Winde oder Windstillen mit schönem warmen Wetter erwarten, wärend dessen der Wärmemesser auf 98° (29°,5 R.) steigt[1]. Dies dauert gewöhnlich den März und April hindurch; dann werden die West-Winde herrschend, die in den Monaten Juni und Juli sehr konstant sind. Im August und September traten oft Südost-Winde ein. Die Monate Oktober und December sind durchgängig schön, nur dann und wann von Regen unterbrochen.

Der heiße Nord-Wind, welcher in Sydney vorherrscht, wird zuweilen auch in König Georg's Sund empfunden, und wärend der Sommer-Monate herrschen viele Gewitter. Im allgemeinen genommen ist das Klima ohne Zweifel sehr schön, und mit einer hinreichenden Regenmenge dem Pflanzenwuchs zuträglich.

Die Ingebornen am König Georg's Sund gleichen in der Hauptsache den Aboriginern der Nachbarschaft von Sydney. Sie sind von mittler Statur, doch schlankem Gliederbau, oft mit vorstehendem Unterleib.

Das einzige Kleidungsstück, dessen sie sich bedienen, ist ein Mantel von Känguru-Fell, der fast bis aufs Knie reicht; er wird

schiedener Größe; die einen von weniger als einem halben Zoll, andere von vier bis fünf Zoll im Umfange. Es giebt mehrere dieser Korallen-Felder, auf denen man eine große Menge Seemuscheln wahrnimmt; bald im vollkommenen Zustande, mit der Koralle noch zusammenhangend, bald im Zustande der Auflösung nach verschiedenen Stufen. Die Koralle war mehr oder minder zerreiblich; die Enden der Aeste, von denen einige an vier Fuß aus dem Sande hervorragten, ließen sich leicht in Staub verwandeln. Die Theile, welche dicht an oder über der Oberfläche waren, erforderten einen gewissen Grad von Kraftaufwand, um sie von dem Felsen, aus dem sie hervorzuspringen schienen, abzulösen. In vielen Ländern habe ich Korallen in großer Entfernung vom Meere gesehen, aber nirgends in so hoher Lage und so vollkommen erhalten gefunden.' — B.

1 Wärend des Aufenthalts der baudinschen Expedition im König Georg's Sund (vom 15ten Februar bis 8ten März 1803) wehten SW., SSW., und besonders WSW. Winde mit großer Heftigkeit. Oft schleppten sie die Schiffe an den Ankern, und die Wogen gingen in See so hoch, daß die kleine Insel Break-Sea hinter den Schaum-Strömen, die sich bis zu ihrem Gipfel erhoben, dem Blicke entschwand. Das Wetter war immer bedeckt, wolkig und selbst nebelig, häufig mit Regenschauern. Das Barometer schwankte zwischen 28 Zoll 3 bis 4 Linien und 27 Zoll 10 bis 11 Linien; das Thermometer erhob sich von 12 und 13 Grad bis auf 22 und selbst 24 Grad, und das Hygrometer wechselte von 63 bis 100 Grad. — B.

über die Schultern geschlagen und auf der rechten Schulter mit einer Binse befestigt, wodurch der rechte Arm frei bleibt. Selten sieht man sie ohne diese Mäntel, die bei Regenwetter mit der rauhen Seite nach außen getragen werden; oft indessen ist dieses Kleidungsstück so winzig, daß der Träger fast im Zustande der Nacktheit erscheint; was besonders bei den Kindern der Fall ist, deren Mäntel aus kaum mehr als einem Streifen Fell bestehen. Die größern Haûte, welche die männlichen Kängurus liefern, fallen den Weibern zu.

Die Art und Weise der Zubereitung dieser Mäntel ist folgende: — Die Haûte werden auf dem Boden zum Trocknen ausgebreitet, und mit einem scharfen Stein in die gehörige Form zugeschnitten; mit demselben Werkzeûg krazt man die innere Fläche so lange, bis sie weich und biegsam wird; dann schmiert man sie mit Fett ein, und einer Art röthlich-ockriger Erde, die auch zum Anmalen des Körpers gebraucht wird; worauf die auf diese Weise zubereiteten Haûte mit den Sehnen des Thieres, welche man aus dem Schwanze nimmt, zusammengenäht werden.

Andere Kleidungsstücke sind der Nudle-bul, oder Gürtel, Armbänder und Kopfputz. Der Nudle-bul ist ein langes aus dem Pelz des Opossums gesponnenes Garn, welches viele hundert Mal um den Leib geschlagen wird. Ein ähnliches Band wird zuweilen auch um den linken Arm und den Kopf gefunden.

Die Männer, welche Man-djah-lies heißen, verzieren den Kopf mit Federn, Hundsschwänzen, und andern ähnlichen Artikeln, und tragen zuweilen das Haar lang, indem es rund um den Kopf gewunden wird. Die Weiber gebrauchen weder Zierrathen noch Nudle-buls und tragen das Haar kurz abgeschnitten; bei den Mädchen sieht man jedoch bisweilen ein Garn um den Nacken, das Wurtill genannt wird. Beide Geschlechter schmieren sich den Leib mit rother Farbe (Paloil), welche mit Fett vermengt ist, ein, was ihnen einen unangenehmen Geruch giebt. Dies, sagen sie, geschieht, um sich rein zu halten und vor der Sonne und dem Regen zu schützen. Oft wird das Haar mit derselben Farbe eingerieben. Frisch gemalt haben sie über den ganzen Leib eine Farbe wie die von Ziegelstein-Mehl, wodurch sie ein gar seltsames Ansehen erhalten.

Zum Zeichen der Trauer malen sie einen weißen Streifen (Kaingin) über die Stirn und die Backenknochen. Die Weiber tragen die weiße Farbe in großen Flecken auf.

Die Bemalung des Körpers gilt bei den Ingebornen dieses Theils des Landes nicht, wie in Neû Süd Wales, als Kriegs-Zeichen; man betrachtet sie blos als eine Verzierung, die niemals bei Tanzfesten vergessen wird, oder wenn benachbarte Volksstämme besucht werden. Ganz allgemein herrscht dieser Gebrauch wärend derjenigen Jahreszeiten, wo man sich Fett von Fischen oder vierfüßigen Thieren verschaffen kann; doch giebt es, wie wir bemerkt haben, einige Individuen, die davon selten Gebrauch machen.

Wie in Sydney so herrscht auch hier der Gebrauch, daß sich die Ingebornen Wunden beibringen und die Narben hoch auswachsen lassen. Hauptsächlich geschieht dies auf den Schultern und der Brust, und dient als Unterscheidungszeichen verschiedener Tribus, zugleich als Merkmal der Auszeichnung. Der Nasenknorpel wird durchbohrt und eine Feder oder irgend etwas Anderes hineingesteckt. Verzierung im Kleide wird indessen nicht als ein Zeichen der Autorität betrachtet, denn man findet sie nur bei jungen Leuten. Die vernarbten Wunden am Körper sind das Kennzeichen des Vorzugs, und selbst diese sind, wie gesagt, mehr auf Stämme, als auf Individuen berechnet.

Geht ein Individuum eines Stammes auf Reisen, oder entfernt es sich bis zu einer gewissen Weite von seinem Lagerplatz, so wird jedes Mal ein Kienspan mitgenommen, um Feuer anmachen zu können, ja im Winter sieht man sie selten ohne einen Span unter dem Mantel zu haben, welcher der Wärme wegen getragen wird. Gemeiniglich ist es ein Tannzapfen von Banksia grandis, der die Eigenschaft hat, lange Zeit brennend zu bleiben. Verfaulte Borke, oder Zunderholz, wird gleichfalls zu demselben Zweck gebraucht. Sorgfältig bewahren sie es, und machen dann und wann (durch Friction, oder auf andere Weise) ein Feuer an, um den Zunder ausdrücklich wieder zu beleben.

Ihre Waffen bestehen in Speeren, deren es zwei oder drei Arten giebt, welche mit einem Wurfstock (Meara) geschleudert werden. Auch haben sie ein Messer, einen Steinhammer, und eine Curl, oder krumme flache Waffe, die der Bumerang der Ingebornen von Neu Süd Wales ähnlich ist [1].

Die Speere (Keit) sind lange dünne Stöcke, von der Stärke etwa eines Fingers; schwer und zähe, werden sie fein zugespitzt und im Feuer gehärtet und gerade gemacht. Die, welche zur Jagd und Fischerei bestimmt sind, und Maungull genannt werden, haben einen hölzernen Widerhaken, welcher mit Känguru Sehnen (Prat) nett und fest angebunden wird, wärend dieses Band einen Überzug vom Gummi des Grasbaumes (Xanthorrhoea) erhält. Sie sind ungefähr acht Fuß lang. Die Kriegs-Lanzen sind länger und schwerer, und fünf oder sechs Zoll von der Spitze mit, durch Gummi befestigten, scharfen Steinstücken versehen, die wie die Zähne einer Säge aussehen, da die Steine von der Spitze aus an Größe zunehmen. Jeder Mann führt zwei bis fünf Speere mit sich.

[1] Wegen der nähern Beschreibung und Abbildung der oben erwähnten Waffen vergl. King's Australia, Vol. I. p. 355; Vol. II. p. 138 u. ff.

Der Wurfstock (Meara) unterscheidet sich der Gestalt nach merklich von dem, welcher in Sydney üblich ist, denn er ist viel breiter. Er ist ungefähr zwei Fuß lang und vier Zoll breit, und laüft nach jedem Ende schmal zu. Am Griff ist ein Stück Gummi (Wank) angebracht, in welches ein scharfkantiger Stein (Tockil) gesteckt wird, der zum schärfen der Lanzenspitze dient, wenn sie durch den Gebrauch stumpf geworden ist. Am aüßersten Ende des Meara befindet sich ein kleiner Wirbel (Mert), welcher in das Loch am Ende des Speers gesteckt, und vermittelst dessen dieser fortgeschleüdert wird. Der Meara wird auch im Handgemenge als Schlagwaffe gebraucht.

Der Hammer (Koit) besteht aus einem Gummi Klumpen, in welchen zwei Steine eingelassen sind; und an einen kurzen Stock gesteckt dient er zum Erklimmen der Baüme, zum Schlachten der Thiere, zum Fällen der Grasbaüme und zu den gewöhnlichen Zwecken eines Hammers oder einer Axt.

Das Messer (Tāāp) ist ein Stock, an dessen Ende und zwei oder drei Zoll abwärts scharfkantige Steine in einer Gummi-Hülle befestigt sind, so daß es ein sägeartiges Werkzeüg bildet.

Einen kurzen Stock, welcher Towk genannt wird, gebrauchen die Jngebornen zum Erlegen kleiner Thiere, entweder durch Wurf oder Schlag, wohin der Quernde und Tamur gehören; das zuerst genannte Thier gleicht dem Bandicut, letzteres dem Walloby oder Busch-Känguru von Neü Süd Wales.

Der Curl, oder Bumerang, wird von den Jngebornen selten als Waffe gebraucht, auch wissen sie nicht so geschickt damit umzugehen als die Schwarzen von Neü Süd Wales. Diese Jnstrumente sollen im Binnenlande gebraüchlicher sein, sie dienen zum Abhaüten der Kängurus, zugleich aber auch als Spielzeüg.

Jhre Hütten[1] (Tourloits) bestehen aus einem Paar Zweigen, die in den Boden gesteckt und in Gestalt eines Gewölbes zusammen gebunden werden; sie sind ungefähr vier Fuß hoch und fünf

[1] Die Hütten der Neühollånder weichen nach den verschiedenen Stämmen sehr von einander ab. Gemeiniglich sind sie von sehr roher und einfacher Konstruktion. Jn Port Jackson bestehen sie blos aus einem Streifen Borke, die über ein, mit dem Dach eines Hauses Aehnlichkeit habendes, Gestell gespannt und kaum groß genug ist, den Leib zu bedecken. Jn Port Macquarie dagegen haben sie eine ähnliche Gestalt wie die oben beschriebene, doch sind sie größer und vielleicht auch hübscher. Die Form der Hütten muß nothwendiger Weise von den Erzeügnissen des Landes abhangig sein Wo man die faserige Borke, die beste zu diesem Zweck, leicht haben kann, wie es in Port Jackson und an der Südost-Küste der Fall ist, da findet man Wohnungen, welche Schutz und Wärme gewähren und für den Regen undurchdringlich sind. Die Kolonisten von Neü Süd Wales haben den Nutzen dieser Borke anerkannt; alle ihre Schoppen sind damit bedacht, und viele damit ganz bekleidet. — P. P. K.

oder sechs Fuß breit. Zuweilen sind zwei mit einander verbunden. Das Material zur leichten Bedachung dieser Hütten sind Blätter des Grasbaums. Bei Regenwetter werden Borken darauf gelegt und diese mit Steinen geschwert, damit sie nicht herabgeweht werden; doch gewähren sie einen nur schlechten Schutz gegen die Witterung. Gemeiniglich werden sie an einem geschützten Ort in der Nähe von Wasser so aufgeführt, daß die Hinterseite gegen den herrschenden Wind gerichtet ist; indeß an der Vorderseite beständig ein Feüer brennt. Eine Hütte wird von mehreren Personen bewohnt, die, in ihre Mäntel gehüllt, regellos und vollgepfropft neben einander liegen, und ihren Hunden einen Theil ihres Lagers abtreten.

Ein Lagerplatz besteht selten aus mehr als sieben oder acht Hütten; denn, mit Ausnahme der Zeit des Fischfangs und der warmen Jahreszeit, wo große Haufen zusammen kommen, ist die Zahl klein, so daß zwei oder drei Hütten ausreichen. Die Zahl der Individuen übersteigt in den meisten Fällen niemals funfzig. Die Hütten sind so eingerichtet, daß keine die andere überragt. Die Männer haben eine Hütte für sich, indeß die Kinder mit den Weibern in einer großen Hütte in der Nähe des Familienvaters schlafen. In diesen Lagerplätzen wohnen gewöhnlich nur nahe Verwandten, weshalb sie mehr den Namen einer Familie als eines Stammes verdienen.

Diejenigen Familien, welche an der Seeküste Wohnplätze haben, wandern wärend des Winters ins Binnenland, indeß die Bewohner des Binnenlandes in der Fischerei-Zeit Besüche an der Küste abstatten. Außer diesen Zeiten haben die Ingebornen, welche zusammen leben, das ausschließliche Recht der Fischerei und der Jagd auf den ihnen benachbarten Ländereien, die, in der That, in Privat-Besitzungen eingetheilt sind, so daß jedes Individuum einen sehr bedeütenden Grundbesitz hat. Doch ist er nicht ausschließlich sein Eigenthum; auch andere Glieder der Familie haben gewisse Rechte daran, dergestalt, daß der Grundbesitz als theilweises Eigenthum des Stammes betrachtet werden kann. So steht allen das Recht zu, Grasbaüme zu schlagen, Bandicuts, Eidechsen und andere Thiere zu erlegen, und Wurzeln auszureißen; indessen erachtet man die Gegenwart des Eigenthümers für nothwendig, wenn dessen Grund und Boden der Jagd wegen angezündet wird. Da das Land eben keinen Überfluß an Nahrungsmitteln darbietet, so bleiben die Ingebornen selten an einem Orte; sie wandern vielmehr, je nach der Jahreszeit in diejenigen Gegenden, welche die, ihr entsprechenden, Lebensmittel hervorbringen. Im Winter und Frühling sind sie weit zerstreüt; mit zunehmendem Sommer aber vereinigen sie sich zu größern Haufen.

In dieser Jahreszeit finden die größten Jagden Statt. Man jagt, indem man Unterholz und Gras in Brand steckt, das bei der

Dürre schnell in Flammen ausbricht. Das Verfahren dabei ist Folgendes: —

Mit einer Art Fackel von den trocknen Blättern des Grasbaums wird an den Seiten der Umzaünung, vermöge deren das Wild so eingeschlossen ist, daß es nicht entschlüpfen kann, Feüer angelegt. Die Jäger, vom Rauch verborgen, stehen auf den Pfaden, welche die Thiere meist zu kommen pflegen, so daß es leicht ist, sie beim Vorüberlaufen zu erlegen. Bei diesen Gelegenheiten kommt eine große Menge Thiere ums Leben. Das Feüer ist oft sehr heftig und erstreckt sich über viele Meilen Landes; doch geht man in so fern vorsichtig um, daß man meistens nur Portionen Weise Feüer anlegt. Auch die Weiber stellen auf diese Weise Jagden an, aber nur auf Bandicuts; zuweilen begleiten sie auch die Männer bei dem größern Treibjagen auf Kängurus oder Walloby.

Sobald das Feüer verlöscht ist, wird die Asche aufgewühlt, um Eidechsen und Schlangen zu suchen, deren eine große Menge getödtet wird; nichts bleibt verschont, selbst die, welche in ihre Löcher entschlüpft sind, werden bis dahin verfolgt.

Beim Treiben bedienen sich die Jäger der Hunde; jung werden sie eingefangen und gezähmt, und auf ihr Abrichten zur Jagd große Mühe verwendet. Diese Hunde scheinen eine sehr scharfe Witterung zu haben und ihr Wild wie ein Wachtelhund aufzuspüren; haben sie die Spur, so springen sie auf das Wild los, oder jagen es vor sich her. Von großem Nutzen sind sie beim Treiben der Bandicuts, des kleinen Busch-Känguru und des Opossums, aber für das Emu und den großen Känguru sind sie nicht flüchtig genug. Von dem Eigenthümer eines Hunds heißt es, daß er Toört-a-din sei; überdem hat er Anspruch auf einen größern Antheil des erlegten Wildes. Oft werden die Hunde auch, gegen einen Antheil am Ertrage der Jagd, verliehen.

Das Futter der Hunde besteht großen Theils aus Vegetabilien, gerösteten und gestampften Wurzeln, den Eingeweiden von Thieren und solchen Knochen, welche für die Zähne der Ingebornen zu hart sind. Zu Zeiten ist das Futter so knapp, daß der Hund genöthigt ist, seinen Herrn zu verlassen und für sich selbst zu sorgen; doch kehrt er meistentheils nach einigen Tagen zu ihm zurück.

Will Jemand seinen Hund nicht mitnehmen, so bindet er ihm eine der Vorderpfoten vermittelst eines Binsenstricks an den Hals fest, und läßt ihn an einer schattigen Stelle liegen. Oft sieht man die Hunde auf den Schultern tragen. Junge Hunde bis zu einem Alter von einem halben oder einem ganzen Jahre nennt man Djimmung, und sind der Pflege der Weiber überlassen. Vor zurückgelegtem ersten Jahre werden sie bei der Jagd auf Eidechsen und Bandicuts gebraucht. Selten bellen die Hunde, aber scharf ist ihr Biß, indem sie schnappen wie ein Fuchs; sie sind vortreffliche Wächter, die keinen Fremden unangegriffen vorüber gehen lassen.

Im wilden Zustande werden sie zuweilen von den Ingebornen erschlagen und gegessen, indeß die Haut unbenutzt bleibt [1]. Findet man ein Nest mit Jungen, so werden gewöhnlich zwei oder drei zum Aufziehen mitgenommen. In diesem Falle ereignet es sich oft, daß die Hündin die Spur verfolgt und die Ingebornen angreift, was, da es ein großes und sehr starkes Thier ist, in seinen Folgen wol zu fürchten steht. Im allgemeinen indessen begnügt sich die beraubte Mutter damit, einige Augenblicke stille zu stehen und sich umzusehen, worauf sie sich gemächlich zurückzieht.

Die Känguru-Jagd geschieht entweder in kleinen Partien, oder einzeln. Die Ingebornen wählen eine Zeit wo der Regen in Strömen gießt, oder der Wind heftig weht, um zu verhüten, daß sie nicht gehört werden, denn der Känguru hat ein sehr scharfes Gehör und ist stets auf seiner Hut. Der Jäger schleicht mit größter Behutsamkeit heran und ist meistentheils so glücklich, sein Wild unbemerkt zu überraschen. Er geht, wo möglich immer, dem Winde entgegen; und ist er dennoch bemerkt worden, so legt er seinen Mantel ab und lauert, ob das Thier sich bückt und ihm den Rükken zuwendet, um diesen Moment zu benutzen, sich hinter einem Busch zu verstecken. Nähert sich der Jäger seiner Beúte, so geschieht es sehr hurtig in lauernder Stellung und nur dann, wenn der Wind den Schall seiner Tritte entführt. Sollte der Känguru sich umdrehen und ihn wahrnehmen, so bleibt er augenblicklich und durchaus bewegungslos stehen, bis das Thier wieder an seine Grasung geht. Auf diese Weise nähert sich der Jäger seiner Beúte bis auf wenige Yards und wirft in dieser Entfernung seinen Speer auf dieselbe ab. Augenblücklich springt er darauf los, um dem gefallenen Wilde durch Schläge auf den Kopf mit dem Hammer den Garaus zu versetzen. Das erste ist, die zwei Schneidezähne des Unterkiefers auszuziehen, die zum Schärfen der Lanzenspitzen gebraucht werden; dann ergreift der Jäger den Schwanz, nimmt das Ende in die Zähne, beißt die Spitze ab, und zieht die Sehnen, die sich in demselben befinden, heraus; diese werden um einen Stock gewickelt, damit sie trocknen, um demnächst beim Nähen der Mäntel, oder zur Befestigung der Widerhaken an den Lanzen gebraucht zu werden.

Eine andere Weise der Känguru-Jagd, wenn der Jäger viele zusammen sind, besteht darin, daß man das Wild umzingelt und ihm nach und nach so nähert, daß es mit Sicherheit gespießt werden kann.

[1] Der Schwanz wird häufig als Zierde des Arms oder Handgelenks gebraucht. — Siehe King's Australia, Band II. S. 143.

Zuweilen werden diese Thiere auch in Woits erlegt, aber diese Art der Jagd ist mehr beim kleinen oder Busch-Känguru üblich. Ein Theil des Holzes wird umgeben und jede Person, welche an der Jagd Theil nimmt, beginnt damit, das Reisig abzubrechen und niederzutreten, so daß ringsumher ein Weg entsteht, wobei auf die Fährten der Thiere sorgfältig Acht gegeben wird. Ein oder zwei Jäger gehen nun mit ihren Hunden ins Dickicht hinein, wo es ihnen ein Leichtes ist, das eingeschüchterte Wild, das nirgends einen Ausweg erblickt, durch Schläge auf den Kopf zu erlegen. Auf diese Weise ist der Ertrag der Jagd bisweilen sehr bedeútend; fast immer wendet man sie im Frühling vor der Brennzeit an; aber sie erfordert eine Menge Theilnehmer, und alle Männer des Stammes sind in der Regel dabei gegenwärtig.

Der große sowol als kleine Känguru wird in Gruben-Fallen gefangen, welche an feúchten Orten angelegt werden. Diese Gruben-Fallen bedeckt man, wie die Jngebornen erzählen, mit Strauchwerk und einer leichten Erd-Decke; eine Methode, welche im Binnenlande allgemein im Gebrauch ist.

Auf den Emu wird hauptsächlich im Winter, wenn er Eier legt, Jagd gemacht. Jst ein Nest gefunden worden, so verbirgt sich der Jäger in der Nähe desselben hinter einem Busch und bemüht sich zuerst den männlichen Vogel zu erlegen. Des Weibchens ist er ziemlich gewiß, es sei denn, daß es aufgestört worden und sein Nest verlassen habe. Emus werden indeß von den Jngebornen nicht oft gejagt, obgleich sie, nebst dem Känguru, als Speise sehr geschätzt sind. Eidechsen geben ebenfalls ein leckeres Mahl, und liefern wärend gewisser Zeiten des Jahres, die Hauptspeise. Es giebt drei Arten, welche gegessen werden; — die größte, welche Manäar heißt, scheint mit der Jguana von Sydney Ähnlichkeit zu haben, sie ist lang und durchgängig sehr mager und schmächtig. Jn einer Jahreszeit indessen ist sie fett und ein sehr schmackhaftes Essen. Sie macht ein Loch in dem Nest einer Ameisen-Species, das ein Erdhaufen von vier bis fünf Fuß Höhe ist und inwendig aus Zellen besteht, welche aus einer mit Erde gemischten sehr harten Gummi-Substanz aufgeführt sind; doch wühlt der Manäar von der Spitze bis fast auf den Grund und legt da seine Eier, die von der Gestalt eines großen Tauben-Ei's, und mit einem dikken Haútchen bedeckt sind, welches sich wie Pergament anfühlt. Die Eier belaufen sich auf zehn oder zwölf an der Zahl und hangen zusammen. Die Ameisen bessern das Loch, welches der Manäar gemacht hat, bald wieder aus, und die Wärme des Nests reicht zum Ausbrüten der Eier vollkommen hin. Diese Eier haben einen öligen Geschmack und lassen sich nicht leicht mit Wasser, weder warmem noch kaltem, vermengen; nichts desto weniger sind sie ein sehr schmackhaftes Essen.

Die zweite Eidechsen-Art, Wandie genannt, ist von sehr dunkler Farbe, und hat einen langen, runden Schwanz. Sie wird meistentheils zwischen Felsen gefunden, unter denen sie sich verkriecht; auch bewohnt sie hohle Baüme und Erdlöcher; sie ist ein sehr lebhaftes Thier und hurtig in ihren Bewegungen.

Die dritte Species, oder kurz geschwänzte Youern, hat einen großen Kopf und ein ungeheüres Maul, das, wenn das Thier angegriffen wird, offen steht und eine purpurfarbige Zunge zeigt. Der Leib ist mit großen Schuppen bedeckt, die von grauer Farbe sind, jedoch Querflecken von brauner Farbe haben. Diese Eidechse ist sehr träge und wühlt sich nicht in Löcher ein, sondern verbirgt sich in langem Grase. Haüfig findet man sie Paar Weise. Das Weibchen hat, wenn es trächtig ist, zwei Eier, aber nie habe ich es legen sehen. Die Ingebornen sagen, daß es seine Eier in der Erde, dicht unter der Oberfläche, verscharre, und der Sonne das Geschäft des Brütens überlasse. Diese Youerns findet man oft in Ameisenhaufen, die von Stroh oder Blättern, mit kleinen Sandtheilchen, aufgeführt sind. Unbekannt ist es mir indessen, ob sie ihre Eier hier legen, oder ob sie von den Ameisen leben.

Der Schlangen, welche von den Ingebornen gegessen werden, giebt es mehrere Arten, nämlich die Wackul, Norne, Docat, u. s. w. Die Wackul ist die gemeine Diamant-Schlange von Neü Süd Wales und nicht giftig. Die Norne und Docat sind sich einander sehr ähnlich, dunkelfarbig, sechs bis sieben Fuß lang, und ihr Biß ist meistens gefährlich. Es giebt noch eine andere Art, die nicht so groß und von Sienna-Farbe ist, und deren Biß, obschon er giftig ist, selten den Tod herbeiführt. Noch andere kleine Arten werden nicht gegessen.

Wenn die Ingebornen eine Schlange tödten, so geht ihre erste Sorge dahin, ihr den Kopf zu zerschlagen, bevor sie selbige aufnehmen; dann untersuchen sie, ob sie kürzlich etwas genossen hat; und finden sie unverdaute Speise im Magen, so werfen sie das Thier weg, weil, wenn sie es äßen, ein heftiges Erbrechen die Folge sein soll.

Im Frühjahr leben die Ingebornen hauptsächlich von den Eiern der Vögel und ihren Jungen, besonders von denen des Papageien Geschlechts, aber auch von den Falken, Enten, Schwänen, Tauben, u. s. w. Sie sind außerordentlich geschickt im Klettern, was sie dadurch bewerkstelligen, daß sie in der Borke des Baumes mit ihrem Hammer Kerbe einschlagen, gerade so wie es in Port Jackson üblich ist. Auf diese Weise fangen sie Opossums (Beütelthiere), die sie bis in ihre Löcher, der Spur nach, verfolgen, welche die Klauen in der Borke zurücklassen. Es giebt zwei Arten Beütelthiere, die gewöhnliche mit Ringel-Schwanz, Nworra genannt, und eine andere, welche Comal heißt. Man findet sie oft in denselben Distrikten, denn der Comal lebt meistens in dicken Hochwäldern, wärend das Ringelschwänzige häufig in Morästen und dem niedrigen Gebüsch gefunden wird, welches jene umgiebt. Der Comal ist größer und von lichterer Farbe, mit einem braunen buschigen Schwanze; er ist auch fetter; der Schwanz ist länger, von weißer Farbe, das Haar desselben wird von den Ingebornen zu einer Art Garn versponnen, das Peteru heißt, und aus dem die Nudle-Buls verfertigt werden. Das Haar des ringelschwänzigen Beútelthiers wird nicht benutzt; leicht ist es bei beiden Species den Pelz abzubalgen.

Auf den Comal wird oft mit Hunden bei Mondschein Jagd gemacht, wobei er entweder auf der Flucht gespießt oder in seine Höhle in irgend einem hohlen Baum getrieben wird. Im letzten Falle machen die Ingebornen ein Loch und ziehen ihn heraus; sollte dies aber zu schwierig oder mühsam sein, so wird eine Fackel von Grasbaum-Blättern angezündet und in die Höhlung gesteckt, wobei das Thier, beim Versuch zu entschlüpfen, leicht gefangen wird.

Die Ingeboren erwähnen noch anderer Thiere, die auf Baumen leben und im Binnenlande sehr zahlreich sind. Nach der Beschreibung zu urtheilen, muß eines derselben der fliegende Fuchs oder Vampir sein; doch kommt dies Thier nicht in der Nachbarschaft der Kolonie vor.

Wärend der Sommer- und Herbst-Monate leben die Ingebornen größtentheils von Fischen. Sie haben weder Kanoes [1], noch können sie schwimmen; in welchen Punkten sie sich von den Ingebornen aller übrigen Gegenden des australischen Vestlandes, mit denen wir bis jetzt bekannt sind, wesentlich unterscheiden. Sie sind darum auch nur im Stande solche Fische zu fangen, welche sich dem Gestade nähern, oder in seichtes Wasser kommen; dabei kennen sie weder Netze noch Angeln, und die einzige Waffe, deren sie sich bedienen ist der Speer, den sie indessen sehr geschickt zu führen wissen. In den Mündungen der Flüsse und Bergströme werden

[1] Der Mangel an geeignetem Material für die Zimmerung von Kanoes ist möglicher Weise die Ursache, daß die Anwohner des König Georg's Sunds keine Mittel zur Schifffahrt besitzen. Bei der seichten Beschaffenheit des Prinzeß Royal Hafens und des Oyster Hafens ist dies von nicht so großem Einfluß, da sie in den meisten Theilen durchwatbar sind; doch würden bei der Knappheit der Lebensmittel Besuche auf den Inseln des Sundes, wo Robben in großer Menge sind, von großem Nutzen sein; und es ist daher bei der Anlage, welche die australischen Indier zur Schifffahrt haben, merkwürdig, daß sie nicht irgend ein Mittel besitzen, sich über das Wasser zu bewegen. Die Bäume von König Georg's Sund eignen sich ganz und gar nicht zum Kanoe-Bau, denn sie liefern keine Rinde, die gebraucht werden könnte, und ihr Holz ist zu hart, um ausgebrannt oder ausgehöhlt werden zu können. Die Ingebornen der Westküste haben keine Kanoes, und in einer nördlichen Richtung von Kap Leeuwin aus sind

große Quantitäten gefangen, vermittelst Faschinen (weirs made of bushes); doch bleibt die gewöhnlichste Methode die, die Fische ins seichte Wasser zu verfolgen und sie aufzuspießen, oder wenn sie sich an der Oberfläche des Wassers sonnen. Wärend Windstillen gehen die Ingebornen über die Schlamm- und Sandbänke, um Plattfische zu suchen, die leicht aufgespürt werden können, wenn selbige auf dem Grunde liegen. Nachts gebraucht man außerdem Fackeln vom Grasbaum dazu, vermöge deren die Fische, scheinbar im Schlafe, leicht wahrgenommen, und schnell gespießt werden. Auf diese Weise fängt man große Quantitäten, doch kann sie blos bei Todtstillen in Anwendung kommen. Eine andere sehr gewöhnliche Methode ist, auf einem Felsen bewegungslos zu sitzen, und dann und wann Stücke der Teller- oder einer andern Muschel ins Wasser zu werfen, und den Spieß unterm Wasser zu halten, bis der Köder vom Fisch erschnappt wird, was er fast immer mit dem Leben büßen muß.

Wenn, im Herbst, die kleinern Fisch-Arten sich in großen Haufen dem Gestade nähern, so werden sie von den Ingebornen umzingelt und in das seichte Wasser auf die Plaaten getrieben, bis die Ebbe eintritt und diese die Bänke trocken legt. Hierbei wird ein ganz kurzer Speer, ohne Widerhaken, gebraucht und mit der Hand geworfen; sollte es sich zutragen, daß die Fluth nicht tief genug fällt, um die Fische auf die angedeütete Weise zu fangen, so werden Büsche dicht neben einander gesteckt und die Fische hierdurch eingeschlossen, wo sie dann mit aller Muße gespießt werden, und nur wenige entschlüpfen können.

Da es sehr viele Fische giebt, so werden oft mehr gefangen, als für den Bedarf des Augenblicks erforderlich sind; in diesem Falle werden sie geröstet, und das Fleisch, nachdem es in großen Stücken von den Gräten abgeschält worden, in weiche Baumrinde sorgfältig verpackt, auf welche Weise es mehrere Tage gut bleibt.

erst in Dampier's Archipelagus welche bemerkt worden, wo der Mangelbaum den Indiern dieses Theils der Nordwestküste ein Mittel zur Schifffahrt darbietet. Es ist ein bloßer Stamm, der zwei oder auch mehr Menschen tragen kann. (Siehe King's Australia, Vol. I, p. 43; und den Holzschnitt auf dem Titelblatt des ersten Bandes.) Weiter gegen Osten, in der Hannover Bai, ist der Mangelbaum das einzige Material, welches in Gestalt eines Floßes gebraucht wird. (Siehe Bd. II, S. 69.) Aber an der Nordost- und Südostküste werden die Kanoes aus der Borke des Eucalyptus verfertigt, sind jedoch von verschiedener Konstruktion. An der Nordostküste, zwischen Kap Flinders und den Cumberland Inseln sind die Kanoes ein ausgehöhlter Stamm von einem weichen, markigen Baum (Erythrina Indica) und mit einem Ausleger versehen. Dieses Kanoe ist im I. Bande, S. 220 u. 225 beschrieben; noch anderer Kanoes erwähnt King im I. Bande, S. 90, 200 und 202.

Gleich nach dem Fang großer Fische werden sie geöffnet und die Eingeweide herausgenommen; ist etwas Fett darunter, so wird es sorgfältig abgesondert: Gedärme, Leber, u. s. w. dienen, gekocht, zur Speise.

Trotz der großen Menge von Hayfischen, fürchten sich die Ingebornen ganz und gar nicht vor ihnen und behaupten, daß sie niemals von ihnen angegriffen würden.[1] Zuweilen machen sie Jagd auf dieselben, genießen aber nie von ihrem Fleische. Stechrochen und Jungferrochen sind ebenfalls sehr gewöhnlich; doch auch sie dienen nicht zur Speise und werden zuweilen nur zum Vergnügen gefangen. In einer Gegend der Küste wird der Stechrochen zum Schärfen der Spieße gebraucht.

Austern und andere eßbare Schaalthiere finden sich in großer Menge; aber keine Art, wurde in frühern Zeiten von den Ingebornen zur Speise benutzt; erst seit Stiftung der Kolonie haben sie sie essen gelernt, und zwar gekocht; und seitdem betrachtet man sie als ein sehr gutes Nahrungsmittel.

Nicht selten ereignet es sich, daß ein kranker Wallfisch auf die Küste geworfen wird; gierig fallen die Ingebornen darüber her und verwahren das Speck in großen Quantitäten. Dann und wann wird auch ein Seehund gefangen; das Fleisch desselben schätzen die Ingebornen ungemein, und in der That, von jungen Thieren ist es keinesweges unschmackhaft.

Die Süßwasser-Sümpfe haben Überfluß an einer Art Krebse, welche Tschallows genannt werden, und den englischen Bachkrebsen sehr ähnlich sind. Sie zu fangen ist ein Geschäft der Weiber. In den Sommer-Monaten, wenn die Sümpfe zum Theil ausgetrocknet sind, findet man sie in Höhlen, die einen Fuß und darüber tief sind und eine enge Öffnung haben, kaum weit genug, um mit dem Arm hineinzulangen. Mit Salz gekocht sind diese Krebse ein schmackhaftes Essen; die Ingebornen rösten sie in Asche und essen in großer Menge davon.

Auch die Süßwasser-Schildkröte, Kilon genannt, wird gegessen, nicht minder große Quantitäten ihrer Eier, die das Thier am Gestade, gemeiniglich auf einer Bank, in einer Entfernung von zwanzig bis hundert Yards vom Wasser, in einem kleinen Loche legt, das von ihm sorgfältig verdeckt wird.

Frösche (Cuyah), von denen es zwei oder drei Arten giebt, ißt man vorzüglich in der Laich-Zeit.

Wärend einer gewissen Zeit des Jahres hauen oder brechen die Ingebornen die Grasbäume ab, auf denen, wenn sie gefallen

[1] Obwol man die Hayfische in dem seichten Wasser der beiden Häfen nicht fürchtet, so ist man doch äußerst furchtsam in dem Fluß, welcher die Seen mit der Eclipse Bai verbindet, so daß sich Niemand auf die den Ufern überhangenden Bäume wagt.

sind, eine Art Kammkäfer (Pāāluck) seine Eier legt, aus denen große milchweiße Raupen entstehen; diese werden gegessen, entweder roh, oder leicht geröstet. Überdem giebt es noch andere Arten (Tschangut), von denen einige viel größer als jene sind, und auf verfaulten Baumstämmen, im Viehmist u. s. w. leben; alle sind weiß.

Mit ihren Pāālucks sind die Ingebornen sehr karg; der, welcher den Baum fällt, hat das Recht auf den Ertrag. Werden Diebereien dieser Art entdeckt, so kommt der Thäter nie ohne Strafe davon. Auch herrscht der Glaube, daß gestohlene Pāālucks Unwohlsein und Erbrechen verursachen. Treibt indessen der Hunger, so macht sich Einer kein Gewissen daraus, zum Grasbaum seines nicht gegenwärtigen Freündes seine Zuflucht zu nehmen; dann aber bricht er einen kleinen Ast oder einen Zweig ab, und steckt ihn in der Nähe des Baums, in den Grund. Dies heißt ‚Keit a Borringerra', und hat den Zweck, Verdruß oder andere üble Folgen zu verhüten.

Ameisen-Eier bilden ebenfalls ein Nahrungsmittel.

Von Vegetabilien, welche die Ingebornen am König Georg's Sund genießen, sind nur wenige Arten bekannt. Die folgenden indeß werden mehr als alle andere gebraucht und lassen sich als Haupt-Artikel ihrer Kost betrachten. Sie heißen Mirnes, Tuboc, Tschocket nnd Tunedong. Die Mirnes,[1] welche die Hauptspeise ausmachen, sind Scharlach Wurzeln, in Gestalt und Größe den Tulpen-Wurzeln nicht ungleich. Geröstet sind sie mehlig, jedoch von beißendem, unangenehmen Geschmack. Man röstet sie in Asche und zermalmt sie zwischen zwei platten Steinen, die mit einem Ballen Erde eingerieben werden, damit sich die Wurzel nicht anhänge. So zubereitet ist sie schleimig und von glänzend schwarzer Farbe. Bei den Anwohnern des Sundes vertritt sie die Stelle des Brodes; im Binnenlande wird sie aber nicht gefunden.

Die Tuboc gehört zu den Orchideae;[2] geröstet, ist diese Wurzel ein sehr angenehmes Essen. In der ersten Zeit des Lenzes schießt sie einen einfachen Stengel, der hohl und dem der Zwiebel ähnlich ist; aber er ist schleimig und von angenehmen Geschmack. Auch dieser wird gegessen. Bevor die junge Wurzel zur Reife gelangt, heißt sie Tschokera, und wird roh genossen; die ausgewachsene nennt man Nāānk[3].

Die Tschocket ist die kleine knollige Wurzel einer Binse; sie ist sehr faserig, und kann nur zu einer gewissen Zeit des Jahres gegessen werden.

[1] Haemodorum spicatum. Brown Prodr. p. 300. [2] Wahrscheinlich eine Species von Thelymitra. [3] Nāānk bedeütet ‚sie', oder ‚weiblich'.

Auch die Wurzeln von Farnkraut, Riethgras und andern Pflanzen werden als Lebensmittel benutzt; nicht minder zwei Species der Pilze und eine andere Schwamm-Art.

In der ersten Blüthezeit der verschiedenen Species von Banksia sammeln die Ingebornen von den Blüthen eine große Menge Honig, den sie außerordentlich lieben, und pflücken in eben so großer Menge die Blüthen (Moncat), um sie auszusaugen. Er kann aber nicht immer gewonnen werden; die beste Zeit ist Morgens, wenn viel Thau gefallen ist, oder bei wolkigem, doch nicht feuchtem Wetter.

Im Innern soll es verschiedene Arten eßbarer Wurzeln geben. Eine Species nennen die Ingebornen Yoke und beschreiben sie als ähnlich mit unsrer Kartoffel; sie sei eben so groß und gleich schmackhaft; aber sie hat nur ein Auge zu einem Krautstengel und weicht auch in ihrem Blatt, so wie im Ansehen überhaupt, von unsrer Frucht ab.

Eine andere Wurzel hat die Form der Möhre. Reis nennen die Ingebornen Kioc; sie sagen, er wüchse in großer Fülle, an einer kleinen Staude, und sei von röthlicher Farbe; man schüttelt die Körner auf dem Mantel aus und genießt sie ungekocht.

Brod nennen sie Quannert, oder Marrin; beide Namen bezeichnen, wie ich vermuthe, eßbare Substanzen, die nur im Innern des Landes gefunden werden.

Bienen giebt es am König Georg's Sund. Nie habe ich in der Nähe der Ansiedlung einen Stock gesehen; die Ingebornen sagen aber, daß sie zuweilen welche fänden und den Honig verzehrten.

In der Beschreibung der Nahrungsmittel bin ich so ausführlich gewesen, weil ich der Meinung bin, daß aus ihnen, bei wilden Volksstämmen, die meisten Eigenthümlichkeiten in den Sitten und Gebraüchen entspringen. Am König Georg's Sund lebt das Volk von den Erzeügnissen der Natur, die, von keiner Kunst unterstützt, anders nach den verschiedenen Jahreszeiten und in den verschiedenen Distrikten, der Qualität nach schlecht, und oft knapp sind, und darum die Ingebornen zu einem unstäten Leben nöthigen. Die Bevölkerung ist eben deshalb nichts weniger als zahlreich und wechselt im Äußern wie in den Gebraüchen nach der Beschaffenheit der Nahrung innerhalb ihres Bezirks. Dies verursacht natürlich zahlreiche Unterabtheilungen in Stämme und Klassen; wir finden in der That daß dies in einem ungewöhnlichen Grade der Fall ist; nur ein geringes Band der Vereinigung scheint unter ihnen zu bestehen, — sie führen denselben Namen und bewohnen denselben Bezirk, aber nichts weiter ist ihnen gemeinsam; denn, wenn sie auch in gutem Vernehmen stehen, so treten sie doch selten zu einer Gesellschaft zusammen, und ihre Kriege scheinen mehr zwischen Individuen, oder Familien, als zwischen Volksstämmen und Distrikten

Statt

Statt zu finden. Sie haben keinen allgemeinen Lagerplatz oder Versammlungsort, erkennen kein gemeinsames Haupt an, und gesellen sich zu, oder zerstreüen sich von einander, je nachdem Jahreszeit oder Neigung sie dazu treiben. Wie im Binnenlande ihre Zusammenkünfte beschaffen seien, ist mir unbekannt; zuweilen mögen sie vielleicht zahlreich besucht sein; indessen glaube ich, daß sie wärend der Winterszeit, (wenn die Küstenbewohner ins Innere wandern) in kleine Partien sehr zerstreüt leben, und sich von Beütelthieren, Bandicuts und Kängurus, u. s. w. ernähren. Im September oder Oktober kehren sie nach der Küste zurück, und erhalten sich in dieser Jahreszeit hauptsächlich von Wurzeln und Fischen, wenn sonst ruhiges Wetter die Fischerei begünstigt.

Rückt die Jahreszeit vor, so leben sie von jungen Vögeln und Eiern, und ihre Zahl nimmt zu. Gegen Weihnachten fangen sie an, den Grund, der Jagd wegen, anzuzünden, und die Familien, welche sich wärend des Winters über das Land zerstreüt hatten, kommen wieder zusammen. Die größten Versammlungen aber finden im Herbste (Pourner) Statt, wenn der Fischfang am ergiebigsten ist. Gegen das Ende des Herbstes werden auch Kängurus vermittelst Treibjagden gefangen.

In Zeiten der Dürre wandert man des Wassermangels wegen, aus ganzen Distrikten aus. Die Ingebornen sprechen viel davon, daß sie auf Baüme kletterten, ihren Durst zu stillen, doch weiß ich nicht, ob dies geschieht, um sich Wasser aus den Baumlöchern zu verschaffen, oder um den Saft abzuzapfen. Ich vermuthe, daß sie mit ihrem Hammer ein Loch in den Baum schlagen und den Saft einschlürfen oder in ihren Mantel auffangen, und dann die Öffnung sorgfältig wieder verschließen. In diesen Distrikten klettern auch die Weiber auf Baüme, was an der Küste nicht der Fall ist.

Die karg zugemessene Nahrung hat verschiedene andere, merkwürdige und karakteristische Gebraüche hervorgebracht. Männer und Weiber gehen in abgesonderten Partieen ihren gegenseitigen Beschäftigungen nach; gemeiniglich wird früh am Morgen aufgebrochen, in Gesellschaften von zwei oder drei: die Weiber um Wurzeln zu sammeln und Krebse (Tschallows) zu fangen, und die Männer mit ihren Spießen, Fische oder Wildpret zu erlegen. Die Weiber führen einen Waug mit sich, d. i.: einen langen spitzen Stock, womit sie die Wurzeln aufgraben, und der bisweilen auch als Waffe dient. Auf dem Rücken tragen sie einen Sack (Cote) von Känguru-Haut, worin sie die gewonnenen Lebensmittel heimführen; ein Kienspan gehört ebenfalls zu ihrer Ausrüstung.

Ein Theil der Wurzeln oder sonstiger Artikel kochen und essen sie unter Weges; den andern Theil heben sie für die Kinder und Männer auf, um von diesen bei der Rückkehr verzehrt zu werden.

Auch suchen sie Eidechsen, Schlangen und Bandicuts, und zünden in der warmen Jahreszeit den Boden an.

Die ganze Partei kocht und ißt zusammen. Durchgängig besuchen sie offene Dünen- oder Sumpf-Gegenden.

Die Männer gehen ebenfalls zu zwei oder drei, es sei denn, daß sie irgend einen besondern Zweck im Auge haben. Man findet sie haüfiger am Strande mit Fischerei, oder in den Wäldern mit dem Nestersuchen oder der Jagd auf Bandicuts, Beütelthieren, Kängurus, beschäftigt. Sind sie in der Jagd glücklich, so machen sie sofort ein Feüer an und verzehren einen Theil ihres Fangs. Die verheiratheten Männer heben in der Regel einen Antheil für ihre Weiber auf. Wegen ihres Mahls sind sie außerordentlich besorgt, still und im geheimen betrachten und verzehren sie es; sind aber andere Personen gegenwärtig, so geben sie diesen gewöhnlich einen kleinen Theil ab; sie erzählten mir, daß sie die Speisen zur Hälfte verzehrten und mit ihren Gefährten theilten, indeß die andere Hälfte für die Nacht aufgehoben würde. Auch die Männer suchen Wurzeln und zuweilen Tschallows, verlassen sich aber Hinsichts dieser meistentheils auf ihre Weiber. Ich glaube, daß die Klassen, welche Erniung und Tāā-man heißen, sich mehr für sich halten.

Unter den Ingebornen herrschen einige abergläubische Begriffe in Beziehung auf besondere Speisen für verschiedenes Alter und Geschlecht. So essen Mädchen, nach dem eilften oder zwölften Jahre, selten Bandicuts, weil man diese als nachtheilig für die Empfängniß betrachtet; junge Männer genießen keine Nailots oder Warlits (Schwarzadler), denn sie glauben, sonst keinen schönen Bart zu bekommen; diese Speise hat auch Einfluß auf den Erfolg der Jagd, giebt es gleich Kängurus in Menge, so erblicken sie, von jener Speise etwas genossen, doch selten einen, und verfehlen ihn stets, wenn sie den Wurfspieß auf ihn schwingen. Ich glaube, daß sie erst im dreißigsten Jahre mit der Speise nicht mehr wählig sind.

Wachteln (Pourriock oder Pourrha) sind ein Gericht für alte Männer. Viel Känguru Fleisch genossen soll die Weiber zur Schwangerschaft empfänglicher machen.

Ihre Kinder scheinen die Ingebornen zärtlich zu lieben und sie selten zu strafen; die Behandlung der Weiber ist aber nicht immer freündlich, und viele von ihnen haben Stichwunden in den Schenkeln, die ihnen von ihren Männern beigebracht sind.

Das Weib ist dem Manne sehr nützlich, nicht allein durch Anschaffung von Lebensmitteln, sondern auch in der Anfertigung der Mäntel, der Erbauung der Hütten und der Verrichtung anderer haüslichen Geschäfte. Der Hausrath ist sehr gering und von der rohesten Arbeit; ein Stück weiche Borke, das an beiden Enden zugespitzt ist, dient zur Trinkschaale; die Klaue eines Känguru wird als Nadel gebraucht; und durch eine hohle Binse oder den Flügelknochen eines Vogels (Nweil) saugt man das Wasser ein, wenn es mit dem Munde bequem erreicht werden kann.

Polygamie ist ein unter ihnen allgemein herrschender Gebrauch; ein Mann hat bisweilen viele Weiber. Ihre Gebräuche in Absicht auf die Weiber sind indessen nicht allein sehr seltsam, sondern auch so verwickelt und mit so vielen scheinbaren Widersprüchen und Sonderbarkeiten vermengt, daß wir manche derselben wahrscheinlicher Weise nicht recht begriffen haben.

Alle Ingebornen sind in zwei Klassen eingetheilt, Erniung und Tam oder Tāāman; und das Haupt-Gesetz ist, daß zwischen diesen Klassen Wechselheirathen Statt finden müssen, d. h.: ein Erniung nimmt eine Tāāman. Diejenigen, welche dieses Gesetz verletzen, heißen Yure-Dangers, und unterliegen schwerer Strafe. Die Kinder folgen immer der Benennung der Mutter. So sind die Kinder eines Mannes, welcher Erniung ist, sämmtlich Tāāman, indeß die Kinder seiner Schwester zur Klasse Erniung gehören. Dieser Gebrauch findet sich bei allen benachbarten Volksstämmen, außer bei den Murram.

Über die Mädchen scheint der Vater das Recht der Verfügung zu haben; durchgängig werden sie in ihrer Kindheit versprochen; ja, es giebt Beispiele, wo sie schon vor der Geburt verlobt wurden, in so fern es sich bei dieser auswies, daß das Kind zum weiblichen Geschlecht gehörte.

Einige besondere Bestimmungen scheinen Statt zu finden, allein, worin sie eigentlich bestehen, konnte nicht ermittelt werden. In gewissen Fällen ist der Tausch gegenseitig. Die Personen, denen junge Mädchen verlobt werden, sind nicht selten Männer von mittlerem oder vorgerücktem Alter, die bereits mehrere Weiber haben. Oft indessen sind die Brautleute von einem gleichförmigern Alter.

Ein anderer, unter den Ingebornen herrschender, Gebrauch wird Cotertie genannt; er ist auf Knaben beschränkt und läßt sich mit unsern Pathen vergleichen; denn es scheint ein Versprechen auf Schutz und Hülfe, und eben so auf Adoptirung als Schwiegersohn zu sein.

Ich glaube nicht, daß sie bei Heirathen irgend eine Feierlichkeit begehen. Das Mädchen wird, wie gesagt, in sehr frühem Alter seinem künftigen Mann zugebracht. Aufmerksamkeiten und Geschenke werden mehr dem Vater als der Braut selbst dargebracht; in der That werden die Kleinigkeiten, welche diese empfangen soll, jenem übergeben; sie bestehen in Wildpret und andern Lebensmitteln, indeß dem Vater ein Mantel, ein Wurfspieß und anderes Geräth bestimmt ist. Im eilften oder zwölften Jahr wird das Mädchen dem Manne übergeben. Wenn ein Mädchen auf diese Weise von seinem Vater gleichsam verkauft ist, so sagt man, der Ehemann sei

Parn Yockar. Die, welche ihre Weiber rauben, — ein Gebrauch, der unter ihnen sehr gewöhnlich ist, — müssen dem Weibe mehr Aufmerksamkeit erweisen. Bisweilen wird Gewalt gebraucht und das Mädchen gegen seinen Willen entführt; meistentheils jedoch ist in diesen Fällen das Weib die Frau irgend eines alten Mannes, und das junge Paar entlaüft aus gegenseitiger Neigung; ja zuweilen weiß der ganze Stamm um die Entführung. Einige Zeit halten sich die Flüchtigen fern und gehen für den ersten Augenblick so weit als möglich vom Lagerplatz, stets ihren Aufenthalt verändernd, indem sie es nicht wagen, sich unter den Freünden des beleidigten Ehemanns blicken zu lassen, der alle Mittel anwendet, sein Weib wieder zu erlangen, und die Beleidigung zu rächen. Entschlüpft das Paar der Verfolgung, und lebt es so lange zusammen, bis das Weib schwanger wird, so treten gegenseitige Freünde ins Mittel; Geschenke werden dem Ehemann dargeboten und die Frau ihrer ersten Verbindlichkeit enthoben. Dieses Entlaufen mit einem Weibe heißt Marr-in-Colata. Am haüfigsten jedoch ereignet es sich, daß die Frau wieder eingefangen wird, wo ihrer schwere Schläge warten, oder der Mann ihr einen Schenkel mit dem Speer durchbohrt, eine Strafe welche in den meisten Fällen Statt findet.

Untreüe ist keinesweges ungewöhnlich. Der Ehemann hält voll Eifersucht ein wachsames Auge auf sein Weib, das bei dem leisesten Verdacht strenge bestraft wird. Die meisten Männer bleiben bis zum dreißigsten Jahre, oder noch länger, ledig. Die alten Männer haben nicht allein mehrere Weiber, sondern auch von jedem Alter.

Diesem Zustande der Dinge wird einiger Maßen das Gleichgewicht gehalten durch eine Einrichtung, welche Tarramanaccarrack heißt, und die darin besteht, daß einem Weibe bei Lebzeiten ihres Mannes der Hof gemacht, und es, im Einverständniß mit beiden Parteien, nach dem Tode des Mannes die Frau des Liebhabers wird. In diesem Falle macht der Liebhaber sowol dem Manne als der Frau Geschenke; allein was diese empfängt, theilt sie meistentheils mit jenem. Dieser Gebrauch wird offen getrieben und ist erlaubt; doch muß dabei ganz anständig zu Werke gegangen werden, damit kein Ärgerniß entstehe oder die Eifersucht des Ehemanns geweckt werde.

Stirbt ein Mann, so wohnen seine jüngere Frauen wärend der Trauerzeit bei dem Stamme ihrer Väter, in welcher Zeit sie nur wenig Zeichen von Aufmerksamkeit von den Männern empfangen, denen sie künftig angehören werden; sollten sie mit diesen unmittelbar nach dem Tode des Mannes zusammen leben, so wartet ihrer schwere Strafe. Entlaufen die Parteien aber später, so wird davon weiter keine Notiz genommen. Nicht selten begiebt sich die

Frau zu den nächsten Verwandten ihres Mannes, ein Verfahren, welches ihr für die ganze Lebenszeit hoch angerechnet wird.

Gleich andern wilden Völkern leiden die Frauen beim Geschäft des Gebärens so wenig, daß sie bereits am Tage nach der Entbindung an ihre gewöhnlichen Verrichtungen gehen können. Die Zeit der Kindheit ist in viele Stufen eingetheilt, deren Benennungen ich mich nicht erinnere. Die ersten Paar Wochen wird das Neügeborne auf dem linken Arm in einer Falte des Mantels getragen, später aber auf die Schultern gehängt. So lange die Kinder nicht allein laufen können, bleiben sie unbekleidet. Bei Zwillingen wird eines der Neügebornen umgebracht; sind sie von verschiedenem Geschlecht, so bleibt das weibliche am Leben. Die Ursache, welche die Ingebornen für diesen barbarischen Gebrauch angeben, ist, daß eine Frau nicht Milch genug für zwei Kinder habe, und sie auf den Wanderungen nach Lebensmitteln nicht mitnehmen könne. Die Mutter saügt ihr Kind bis zum vierten oder fünften Jahre, gewöhnt es aber schon weit früher daran, sich einen Theil seiner Nahrung selbst zu suchen.

Ein Mädchen von neün oder zehn Jahren hat die Aufsicht über diejenigen kleinen Kinder, welche laufen können; und treibt sie mit einem Stocke aus, um in der Nähe des Lagerplatzes Wurzeln zu suchen. Erblicken sie einen Fremden, so verbergen sie sich augenblicklich im Kraütig und liegen maüschenstill. Werden sie älter, so begleiten sie die Weiber, die sie auf den Schultern reitend mit sich führen.

Ihre Tänze haben die Ingebornen, um uns Vergnügen zu machen, in der Kolonie oft aufgeführt. Gewöhnlich erscheinen sie dabei ganz nackt; vor uns aber befestigten sie den Mantel um die Lenden und ließen nur den Oberleib entblößt. Das Gesicht war roth angemalt, und Arme und Körper mit verschiedenen Figuren, in weißer Farbe verziert. Weiße Farbe ist gewöhnlich ein Zeichen der Trauer, aber sie wird bei den Tänzen gebraucht, weil sie Nachts am deütlichsten ist. Ihre Mulgarradocks (Gelehrten), und die alten Männer tanzen niemals.

Auf einem freien Platz wird ein Feüer angezündet; hinter dasselbe setzt sich ein alter Mann, wärend der Tanz auf der Vorderseite beginnt, gleichsam auf jenen zu. Takt wird gehalten und zuweilen darin abgewechselt; dann und wann bücken sich die Tänzer, grunzen und bewegen den Kopf nach der Seite, alles in den groteskesten Formen.

Ich glaube, daß sie mit ihren Tänzen abwechseln, und diese in gewissen Fällen eine Jagd oder das Erschlagen von Thieren vorstellen sollen; denn zu Zeiten rufen sie wärend des Tanzes Warre, Wait, Toort, u. s. w. aus. Beim Tanze halten sie grüne Äste in den Händen, die bei einer Vorwärts-Wendung dem Alten hinterm Feüer zu Füßen gelegt werden. Bei einigen Tänzen haben sie ihre Speere, und thun, bei einem gewissen Takt, als erstächen sie einen von der Tanzgesellschaft; worauf die Speere, wie die grünen Äste, dem alten Manne überliefert werden, der die ganze Zeit über auf der Erde sitzen bleibt, gar ernsthaft aussieht, und dann und wann eine Kopfwendung macht, als beaufsichtige er die Tänzer und gebe ihnen Befehle, wobei er bald mit der einen Hand, bald mit der andern an seinem Barte zieht, oder ihn streichelt.

Weder Zierlichkeit nach Behendigkeit giebt sich in diesen Tänzen kund; im Gegentheil, sie sind possirlich und mögen vielleicht symbolisch sein. Ich glaube nicht, daß die Weiber mit den Männern tanzen; demnächst bin ich meiner Sache nicht ganz gewiß, ob sie überhaupt tanzen; obwol mich einige von den Ingebornen versichert haben, daß es, und zwar um ihre eignen Feüer, geschähe. Der Lärm, welcher beim Tanz gemacht wird, kann nicht als musikalisch betrachtet werden; jeder Tänzer wiederholt bei jedem Sprung die Worte Wow, Wow, deren Bedeütung ich nicht erklären kann. Wird Wildpret aüs einem Dickicht mit Stöcken und Getöse aufgejagt, so nennen sie dies Wow-e-niā-tur; das Wort Wow wird also auch hier gebraucht. Von Zeit zu Zeit bleiben sie ruhig stehen, und stoßen dabei einen lauten Schrei aus.

Diese Tänze finden nur Statt, wenn viele Personen versammelt sind, und sie mit einander in Frieden leben. In Kriegszeiten würde man sich einem feindlichen Überfalle aussetzen, denn der Ort des Lagerplatzes wäre dadurch blos gestellt.

Bei der ersten Bildung der Kolonie bemühten wir uns auszumitteln, ob die Ingebornen keine Haüptlinge haben, und lange Zeit glaubten wir, daß es der Fall sei; wir hatten wirklich zwei oder drei Individuen ausgewählt, von denen wir muthmaßten, daß ihnen jener Rang gebühre. Es waren schöne, schlanke, lebhafte Leüte, stark bemalt und verziert. Sie hießen Naikennon, Gnewitt, Warti und Eringool; allein in der Folge entdeckten wir, daß sie ledigen Standes seien, was der Grund zu ihrem stets verzierten Anzuge war. Der Einfluß, den sie auf die übrigen Ingebornen ausübten, mußte aus andern Verhältnissen entspringen; und kein Individuum konnten wir herausfinden, dem sie eine Obergewalt einraümten. Naikennon indessen gab eine Zeit lang vor, daß er König und Anführer der Schwarzen sei. Lange dauerte es, ehe er überredet werden konnte, uns zu besuchen, und als er endlich kam, wurde er von seinen Gefährten förmlich eingeführt, die sich viel mit ihm unterhielten, und ihn als ihren Obern zu betrachten schienen. Er war unter allen der schönste Mann; das Haar trug er in einem Knopf nach hinten zusammengebunden, und auf dem Kopf einen Busch weißer Federn, eine ähnliche Verzierung um den linken Arm. Brust und Schultern waren voll Narben (Umbin), und in seinen Gebärden gab sich eine gewisse Eigenthümlichkeit kund. Er sprach wenig, fragte selten nach Etwas, und wollte, lange Zeit hindurch, weder an unseren Jagdpartien Theil nehmen, noch uns die mindeste Hülfe gewähren, die wir von andern Personen seines Stammes anzunehmen gewöhnt waren. Nach einiger Zeit indessen wurden er und sein Bruder, Mawcurrin, umgänglicher, und zuletzt mit unsern Leüten so vertraulich, daß sie nur selten das Lager verließen. Wir hatten deshalb eine schöne Gelegenheit uns zu überzeügen, daß keiner von ihnen irgend eine Gewalt über seine Landsleüte besitzt.

Den meisten Einfluß haben die Mulgarradocks, oder Gelehrten. Von diesen giebt es verschiedene Grade, die in der Beschaffenheit und Ausdehnung ihrer Gewalt, welche sie, gleich andern Wilden, übernatürlichen Kräften zuschreiben, wesentlich von einander abweichen.

Ein Mulgarradock besitzt, so glaubt man, die Macht Wind und Regen zu vertreiben, und Blitz und Donner, und Krankheit auf alles das herabzubeschwören, was seinen oder Anderer Groll hervorgebracht hat. Um Sturm und Unwetter zu vertreiben, stellt er sich ins freie Feld, schwenkt seine Waffen, schüttelt seinen Mantel, und macht die heftigsten Gebärden, womit er lange Zeit, unter Zwischenraümen, fortfährt, wenn sein Mühen ohne Erfolg bleibt. Fast auf ähnliche Weise verfährt er, wenn Krankheiten beschworen werden sollen; doch macht er alsdann nicht so viel Geraüsch und bringt durch Friktion zweier grüner Zweige, die vorher am Feüer gewärmt sind, einen leisen Knall hervor, als wenn er das Übel hinwegblase.

Die Hand des Mulgarradock soll, so glaubt man ebenfalls, Stärke und Gewandtheit verleihen können; die Ingebornen nehmen in dieser Beziehung seine Hülfe oft in Anspruch. Die Operation besteht in einem einfachen, doch wiederholten Streichen des Arms, mit festerem Druck, von der Schulter abwärts bis zu den Fingern, die er darauf so ausstreckt, daß die Gelenke knacken müssen.

Doch wenden sie Reibungen nicht ohne Unterschied an. Bei der rothen Ruhr z. B.:, der die Ingebornen sehr ausgesetzt sind, bringen sie dem Kranken Gummi vom Grasbaum, und zuweilen die grünen Stengel von den Mirnes (der oben erwähnten rothen Wurzel) bei. Wahrscheinlich haben sie noch viele andere Mittel, denn sie scheinen für Arzneien große Vorliebe zu haben, und verschlucken die ekelhafteste Dosis bis auf den Bodensatz. Die Krankheiten, denen sie am meisten unterworfen sind, entspringen aus Erkältung; am haüfigsten leiden sie an Hals- und Unterleibs-Übeln, die oft, und besonders bei den Kindern, mit dem Tode endigen.

Ein junger Mann, der eines Tages, wie es schien, bei guter Gesundheit an meinem Feüer stand, fiel plötzlich bewußtlos hin, mit konvulsivischen Zuckungen im Gesicht, im Nacken und auf den Armen. Ich richtete ihn auf; nach einigen Minuten hatte er sich erholt und verlangte von mir, ihm Arznei zu geben. Er erzählte mir, daß dergleichen Anfälle unter den Ingebornen nicht ungewöhnlich, und wünschte zu wissen, ob wir ihnen auch unterworfen seien. Von Ausschlag nnd Schwären habe ich sehr wenig Fälle gesehen. Taubheit und Blindheit kommen zwar vor, doch sind sie selten. Im Ganzen genommen, scheinen sie wenig Krankheiten zu haben. Die Praxis der Mulgarradocks ist hauptsächlich auf das Kuriren von Stichwunden beschränkt, denen sie indessen wenig Aufmerksamkeit schenken. Sehr geschickt sind sie im Herausziehen des Speers, worauf sie etwas Staub anwenden, ähnlich demjenigen, welcher zur Farbe gebraucht wird, und dann die Wunde mit weicher Borke fest verbinden. In der Diät des Kranken sind sie sehr eigen; die Stufen der Genesung werden durch die Speisen bezeichnet, welche sie zu genießen erlauben. Zuerst gestatten sie nur Wurzelwerk, später Eidechsen, dann Fische, u. s. w. Fälle von Verunstaltung haben wir bei den Ingebornen nicht wahrgenommen. Ohnmachten werden nicht beachtet. Sie erblickten einstmals einige von unsern Leuten im Zustande der Trunkenheit, von denen einer kaum im Stande war, sich aufrecht zu erhalten; voll Unruhe kamen sie zu mir gelaufen, und gaben durch Zeichen zu verstehen, der Kranke werde kaum den andern Morgen erleben, hinzufügend, die Schwarzen hätten zuweilen einen ähnlichen Anfall, und müßten daran sterben. Ich bemühte mich, die Beschaffenheit dieser Krankheit auszumitteln, und glaube daß sie den Sonnenstich gemeint haben.

Die Behandlung, welche sie beim Schlangenbiß anwenden, ist einfach und vernünftig. Sie legen eine Matte auf die verwundete Stelle, erweitern die Wunde mit einem Känguru-Nagel oder einer Lanzenspitze, saugen sie dann aus und spülen sie, so wie den Mund, häufig mit Wasser aus. Wenn man nicht Wasser haben kann, so wird das Aussaugen der Wunde für gefährlich gehalten. Einer von den Ingebornen (Wannua) war am Finger gebissen worden; einen oder zwei Tage lag er krank, und war eine Zeit lang abgemagert und von ungesundem Ansehen.

Was die Abtheilungen und Unterabtheilungen der Tribus anbelangt, so besteht eine so große Verwickelung, daß es lange dauern wird, bevor man sie recht verstehen kann. Die Klassen Erniung und Tam sind in der Nähe des Sundes allgemein; aber diese Unterscheidungen gelten für generelle, nicht tribuelle Verhältnisse. Eine andere, fast eben so allgemeine Eintheilung ist die in Mancalon und Torndirrup; gleichwol giebt es Einige, welche keiner von beiden angehören. Diese können kaum als Tribus unterschieden werden, und verschwinden unter den andern fast ganz. Die Mancalon wohnen hauptsächlich ostwärts von unsrer Niederlassung, und die Torndirrup westwärts. Sie verheirathen sich unter einander, und haben wiederum ihre Unterabtheilungs-Bezeichnungen, von denen einige speciell, andere generell sind, zu diesen gehören die Opperheip, Cambien, Mahnur, u. s. w.

Richtiger lassen sich aber wol diejenigen als Tribus betrachten, welche einen allgemeinen Namen führen, uud einen allgemeinen Bezirk inne haben, obwol sie aus Torndirrup oder Mancalon, entweder abgesondert, oder vermischt, bestehen können. Diese werden, wie ich glaube, in gewisser Beziehung, nach der Art des Wildprets oder der Lebensmittel genannt, die am meisten im betreffenden Distrikt vorkommen. Die Anwohner des Sundes und der unmittelbaren Nachbarschaft heißen Meananger, eine Name, der wahrscheinlich abgeleitet ist von Mearn, (der oben erwähnten Wurzel (S. 49.) und anger, essen. In diesem Bezirk ist die Mearn das vornehmste Nahrungsmittel; entferntere Stämme dagegen essen sie nicht und beklagen sich sehr über die buschige Beschaffenheit des Landes [1], — daß sie sich im Gestrüppig die Beine zerkrazten. Känguruus von der großen Art sind hier knapp, der kleine Busch-Känguru hauset aber in großer Menge, und der Grasbaum und Banksia giebt es sehr viele, eben so Fische, in der rechten Jahreszeit.

Die Ingebornen, welche zur Rechten längs der Küste bis zum Nordwest Kap wohnen, heißen Murram. Dieser Landstrich soll fruchtbarer sein und verschiedene Arten eßbarer Wurzeln hervorbringen. Er enthält auch mehr stehendes Wasser, mehr Geflügel und Emus.

Diese Stämme sind allgemein in Erniung und Tam eingetheilt, und übertreten oft das Gesetz. Daran gränzt, landeinwärts, das Yobberore. Dieses Land scheint bergiger und bewaldeter zu sein; doch haben wir mit den Bewohnern desselben wenig Verkehr gehabt. Darauf kommt der Distrikt Will oder Weil, ein Lieblings-Aufenthalt der Ingebornen, der seinen Namen vielleicht von Weil oder Weit (Ameisen-Eier) führt. In diesem Lande soll ein großer und tiefer Fluß sein, über dessen ferneren Lauf die Ingebornen keine Kenntniß haben; nur an einer Stelle kann man hinüber kommen, und zwar vermittelst eines umgestürzten großen Baumes.

Auf den Weil Distrikt folgt zunächst der Bezirk Warrangle oder Warranger, von Warre (Känguru) so genannt; er scheint mit jenem von gleicher Beschaffenheit zu sein, meist ein offenes Waldland, mit kurzem Graswuchs, sehr ergiebig vn Kängurus, Opossums und andern Thieren, nicht minder an Vögeln, welche längs der Küste nicht vorkommen.

[1] Dies deütet auf eine freiere Beschaffenheit des Landes und auf guten Boden, denn schlechter Boden ist stets mit einem ärmlichen Strauchwerk bedeckt, und für die Zwecke der Viehzucht und des Ackerbaus völlig nutzlos. — P. P. K.

Der Distrikt Corine, — ein Name, der von Qūur (was, wie ich glaube, der Busch-Känguru ist) abgeleitet werden kann, einem Thiere, welches ich niemals gesehen habe, — soll ein sehr offenes und fast waldloses Land sein, viel Farnkraut haben und verschiedene Salzwasser-Seen enthalten. Jenseits Corine ist ein durchwatbarer Fluß, der sich ins Meer ergießt.

Obwol jedes Individuum uns seinen Tribus- und Landschafts-Namen angab, so sind wir doch nicht im Stande gewesen, irgend eine regelmäßige Ordnung der Abstammung aufzuspüren. Der Sohn folgt seiner Mutter als Erniung oder Tam, und seinem Vater als Torndirrup oder Mancalon. Über diese Verhältnisse hinaus konnten wir nicht vordringen, denn Halb-Brüder sind nicht selten verschieden. Dies entsteht wahrscheinlich aus Kreüz-Heirathen. Aus derselben Ursache sind ihre Verwandtschafts-Abtheilungen sehr zahlreich. Eicher, Mutter; — Cunikur, Vater; — Mourert, Bruder oder Schwester; — Koek oder Coek, Oheim; — u. s. w.

Bei Heirathen giebts weiter keine Einschränkung als in Hinsicht auf die Tribus; doch hält man es fürs Beste, ein Weib aus möglichst größter Ferne zu holen. Die Söhne haben das Recht, in dem Lande zu jagen, woher ihre Mutter gekommen ist.

Um Einbrüche in ihr Eigenthum sind die Ingebornen sehr besorgt; das Land ist in Bezirke eingetheilt, das Eigenthum von Familien oder Individuen. In gewissen Jahreszeiten indessen besuchen die jungen Leüte ihre Nachbarn, Haufen Weise, und legen zu diesem Endzweck oft Reisen von vierzig bis funfzig Meilen zurück. Ihre Tagemärsche sind sehr kurz.

Diese Besuche finden jedoch nur zwischen Parteien Statt, die in Freündschaft leben; ja es ist mit ihnen eine Ceremonie verknüpft, welche Frieden bedeütet. Durchgängig erfolgt die Ankunft des Besuchs kurz vor, oder bald nach Mittag.

Als ich einst mit Mawcurrin, dem oben erwähnten Ingebornen, und fünf oder sechs seiner Landsleüte auf der Jagd war, hörten wir das Geschrei ‚Coo-whie, Coō-whie-cā-cā', worauf mein Gefährte plötzlich stehen blieb, und mir sagte, daß fremde, schwarze, ‚nicht gute' Leüte in der Nähe seien, und er wünsche, ich mögte sie mit angreifen helfen. Bald gaben sie sich aber als Freünde kund; es waren ihrer fünf oder sechs vom Murram Stamm, und tanzten uns auf dem Pfade entgegen.

Einer von ihnen trug die Speere und Mearas, oder Wurfstöcke aller Übrigen. Sie waren über den ganzen Körper angemalt und beschmiert, und jeder trug um die Stirn ein Band, in welches Grasbaum-Blätter gesteckt waren, die über das Gesicht herabhingen. Jeder von ihnen trug auch einen grünen Ast in der Hand.

Als wir zusammenkamen, machten sie verschiedene Bewegungen in der Runde und umarmten sich mehrere Mal, indem sie ihrem

Freünd die Arme um den Leib schlugen, ihn etwas in die Höhe hoben, ihm die Hand küßten, u. dgl. m., was alles erwiedert wurde. Dann fing der Tanz aufs Neüe an und wurde in Zwischenraümen fortgesetzt; später verließ ich sie. Der grüne Zweig scheint stets ein Zeichen des Friedens zu sein und wird viel bei den Tänzen gebraucht.

Erhebt sich zwischen zwei Personen ein Streit, so wird er von den gegenseitigen Familien beigelegt.

Wenn ein Mensch erschlagen ist, so bricht der Stamm, zu dem er gehört, sofort auf, seinen Tod zu rächen, wobei es gleich ist, ob an dem Todtschläger selbst, oder an irgend einem Andern desselben Stammes, Rache genommen wird. Dieses Gefühl der Wiedervergeltung wird indessen noch weiter ausgedehnt, denn ist Jemand durch Zufall umgekommen, durch Herabstürzen von einem Baume, durch Ertrinken in der See, oder auf irgend eine andere Weise, so messen die Freünde des Verunglückten einem Mulgarradock eines Gegner-Stammes die Schuld bei, und erschlagen zur Wiedervergeltung ein Individuum, das zu diesem Stamme gehört. So bemüht sich auch derjenige, welcher gefährlich krank ist und wähnt, nicht wieder hergestellt zu werden, irgend Jemand umzubringen, in der Hoffnung dadurch zu genesen.

In ihren persönlichen Kämpfen gebrauchen sie ihre Hammer, Wurfstöcke und Towks; die damit versetzten Streiche laufen ohne Zweifel haüfig unglücklich ab; indessen scheinen sie nicht im Stande zu sein, heftige Schläge auszutheilen, ihr Schlagen gleicht mehr der Weiber-Art. Schilder gebrauchen sie nicht, doch sind sie aüßerst behende im Ausweichen der Speerstiche.

Die meisten Streitigkeiten entstehen wegen der Weiber. Bei Beeinträchtigungen des Grundbesitzes, oder bei irgend einer andern Kleinigkeit begnügt man sich dem Beleidiger eine Stichwunde im Beine beizubringen, ohne es auf sein Leben abzusehen; und sobald eine der Parteien eine Wunde bekommen hat, ist die Sache abgemacht.

In einigen Gegenden von Australia werden, des Kampfes wegen, regelmäßige Kriegs-Versammlungen gehalten; am König Georg's Sund ist dies aber nicht der Fall. Ihre Angriffe, sollen sie für den Feind unglücklich ablaufen, werden haüfig Nachts, und stets verstohlener Weise unternommen. Mehr als ein Mal sind wir Zeüge ihrer Treffen gewesen. Sobald sich der Feind blicken läßt, wird ein Kriegsgeschrei erhoben, alle stürzen mit ihren Speeren bewaffnet auf den Kampfplatz, unter wildem Gebrüll, den Bart in den Mund gesteckt, und die scheüßlichsten Grimassen schneidend, gleichsam als wären sie toll und rasend. Selten binden mehr als einer oder zwei von jeder Partei mit einander an, und wärend des Gefechts bemühen sich die Andern oft, die Kämpfenden auseinander zu bringen, so daß ein gar wildes Umherlaufen Statt findet. Ein Raum von nur wenigen Schritten trennt die Streitenden, wobei es in der That bewundernswürdig ist, mit welchem Geschick sie den Speer-Würfen auszuweichen wissen, obwol sie selten den Standplatz verlassen, so daß haüfig viele Speere geworfen werden müssen, bevor einer der Kämpfenden getroffen ist.

In Kriegszeiten verlassen die Ingebornen entweder ihre Wohnsitze und begeben sich nach entfernten Orten, um ihre Weiber und Kinder in Sicherheit zu bringen, oder sie kommen in großer Zahl, zum gegenseitigen Schutz, zusammen. Dann machen sie selten Feüer an, ausgenommen zum Kochen ihrer Speisen, und verändern oft den Lagerplatz, treffen überhaupt alle nur mögliche Vorsichtsmaaßregeln zur Verheimlichung. Die ledigen Männer sind am haüfigsten die Kämpfer oder Angreifenden. In kleinen Abtheilungen von drei oder vier Mann marschiren sie und bemühen sich eine so geringe Spur als nur immer möglich von ihrem Marsche zurückzulassen, indem sie die regelmäßigen Pfade vermeiden, damit ihre Fußtapfen nicht entdeckt werden; denn, gleich andern Wilden, sind die Australier außerordentlich scharfsinnig im Verfolgen der Spur nach den Eindrücken des Fußes. Wenn der Lagerplatz des Feindes gefunden ist, so erwarten sie die Nacht, wo sie sich, auf Händen und Füßen kriechend, vorsichtig nähern, und den heraus wählen, den sie suchen, um ihn sofort mit dem Speere zu durchbohren. Die überrumpelte Partei begiebt sich augenblicklich auf die Flucht, ohne an Widerstand zu denken; denn in der Dunkelheit der Nacht können sie den Freünd nicht vom Feinde unterscheiden, und das Licht ihrer Feüer dient nur dazu, sie den feindlichen Speeren auszusetzen.

Weiber und Kinder werden ohne Unterschied geopfert, doch hörten wir selten von mehr als einer Person, die bei einem Angriff das Leben verloren. Aber sie führen beständig Krieg mit einander, so daß ihre Zahl dadurch beträchtlich abnehmen muß. Ist Einer gefallen, so sind immer Mehrere bereit, seinen Tod zu rächen.

Gleich nach dem Begräbniß wird das Lager abgebrochen und die Nachbarschaft eine Zeit lang verlassen, wärend der sie es sorgfältig vermeiden, den Namen des Gefallenen auszusprechen; bei Erzählung des Vorfalls werden nur die Namen der Überlebenden erwähnt und durch Nichterwähnung des Namens des Verstorbenen sein Schicksal angedeütet. Auf die Frage, was die Ursache dieses Gebrauchs sei, erwiderten sie: es sei nicht gut, seinen Namen auszusprechen, damit nicht sein Gnoit oder Geist erschiene.

Die Begräbniß-Feierlichkeiten werden mit lauten Klagen begleitet. Die Gräber sind vier Fuß lang nnd drei breit, und ungefähr ein Yard tief. Die ausgegrabene Erde wird auf einer Seite des Grabes in Gestalt eines Halbmonds aufgeschichtet; auf den

Grund kommt etwas Borke, darauf kleine grüne Zweige, und auf diese der Leichnam in den Mantel gehüllt, mit auf die Brust gebogenen Knien und übers Kreüz gelegten Armen. Auf den Leichnam kommen wiederum grüne Zweige und Baumrinde, worauf das Grab mit Erde gefüllt wird. Diese decken abermals grüne Zweige, auf welche die Speere, der Hammer und das Messer des Verstorbenen gelegt werden, nicht minder auch die Zierrathen, welche ihm gehörten: der Wurfstock auf die eine Seite, der Curl oder Towk auf die andere Seite des Hügels. Dann schneiden die Leidtragenden Kreise in die Rinde der Baüme, welche in der Nähe des Grabes wachsen, in einer Höhe von sechs oder sieben Fuß über der Erde; und machen endlich ein Feüer an, vermittelst kleiner Äste, die von anhangenden Erdtheilen sorgfältig gereinigt werden. Das Gesicht wird schwarz oder weiß angemalt, in Flecken, welche auf der Stirn, rund um die Schläfen und längs der Backenknochen angebracht werden, und dieses Zeichen der Trauer lange getragen. Auch verstümmeln sie sich die Nasenspitze und ritzen sie auf, um Thränen hervorzubringen. Wärend der Trauerzeit werden weder Federn noch sonstige Zierrathen getragen. Haüfig kommt es vor, daß zwei Individuen denselben Namen führen; stirbt eines davon, so verändert das andere seinen Namen für eine gewisse Zeit, damit der Name des Verstorbenen ja nicht ausgesprochen werde.

Stirbt eine Frau, so legt man ihre Geräthschaften in ähnlicher Weise aufs Grab.

Diese Gebraüche führen auf die Vermuthung, daß die Ingebornen an ein zukünftiges Leben glauben; ja ich denke, daß die Wahrheit dieser Vermuthung nicht bezweifelt werden könne. Schnell faßten sie die ihnen dargebotene Idee auf; nach dem Tode würden sie in den Mond versetzt; doch glaube ich, daß dieses nicht ihre ursprüngliche Meinung war, denn auf eine Frage, ‚wohin ihre Väter gegangen seien?‘ wiesen sie nach Westen hin.

Sie glauben an Gespenster, und viele versichern steif und fest, daß sie deren gesehen hätten. Ich zeigte einst einem jungen Menschen eine anatomische Zeichnung von einer ganzen Gestalt; sogleich schrie er auf, daß dies ein Gnoit sei, und die, welche nur einen Blick auf die Zeichnung geworfen hatten, konnten nicht bewogen werden, sie noch ein Mal zu betrachten. In Hinsicht auf Vorbedeutungen sind sie ebenfalls sehr abergläubisch; das Geschrei des Nacht-Guckgucks betrachten sie als Verkündiger des Todes.

Von ihrer Sprache haben wir bis jetzt geringe Kenntniß; das nachfolgende Wörterverzeichniß ergiebt, daß sie reich ist an Vokalen, und durchaus keinen Mangel hat an Harmonie. Sie unterscheidet sich völlig von der Sprache der Ingebornen an der Westküste; und selbst Stämme, die sich benachbart sind, weichen bedeütend von einander ab, so daß ich glaube, auf zweihundert Meilen weit verstehen sie einander nicht mehr. Durchgängig sprechen sie rasch und gehen, im Lauf der Unterhaltung, nicht selten in einen sangartigen Ton über, worin sie solche Vorfälle erzählen, welche ihre Theilnahme für den Augenblick besonders in Anspruch nehmen. Sie haben indessen Gesänge, wenn nicht Lieder, die vielleicht durchweg aus dem Stegreif vorgetragen werden. Die Weiber singen haûfiger, wenn sie unter sich sind, und ihre Gesänge sind nicht immer anständig; auch erzählten die Männer von ihnen, daß sie im Schimpfen sehr gelaûfig seien; in der That ist ihre Beredsamkeit, so weit sie uns erklärt wurde, ziemlich scharf und beißend. In ihren Lagern ist beständig ein gewaltiger Lärm; aber er hört augenblicklich auf, sobald sich ein Fremder nähert, bis daß man weiß, wer er ist. Zuweilen waren sie sehr kurzweilig und gut gelaunt, dabei kriechend und schmeichelnd; anfangs fielen kleine Diebereien vor, aber im Verlauf der Zeit wurden diese sehr selten und manches gestohlene Gut wurde zurückerstattet.

Wörter-Verzeichniß.[1]

Kopf	Kāāt (Kaāt)	Leber	Māierr
Augen	Meāl	Körper, od. Fleisch	Yarlin
Nase	Chungulet (Mo-il)	Knochen	Queet
Mund	Tāā	Geruch	Tāāmil (Mo-il, Nase)
Zähne	Orlock (Ji-al)		
Zunge	Tarlin	Fett	Cheerung
Kehle	Woort (Wurt)		
Ohr	Twank (Du-ong)	Mantel	Poāāk
Bart	Narnac (Ny-a-nack, Kinn)	Gürtel	Noodlebull
Brust	Pēēp (Bpep, Brustwarze)	Federbusch um den Kopf gebunden	Wallowinny od. Caccalon
		Band um den Hals	Woortil
Bauch	Corpul (Ko-bul)	Messer	Tāāp
Hand	Marr	Jagdspeer	Keit
Fuß	Maat od. Chon (Unterfuß Chnan, Oberfuß Maāt)	Wurfstock	Mēar
		Kurzer Stock	Towk
Schenkel	Towl	Knopf-Stock oder Bomerang von Sydney	Curl
Haar	Chow (Kaāt-sju)		
Haut	Mawp	Hammer	Koit

[1] In diesem Wörter-Verzeichniß hat der Uebersetzer die englische Rechtschreibung beibehalten und die von Flinders gesammelten Wörter, der Vergleichung wegen, in Parenthese eingeschaltet. — B.

Flügelknochen eines Vogels, der zum Wassersaugen gebraucht wird	Knweel oder Nweel
Band	Peteroe
Ja	Hōō, Ky, Quāco
Nein	Poort
Thue nicht	Pal-Pal
Ich kann nicht	Un Waumb
Ich will fort gehen	Un Bourloc
Kommen	Ca
Hierher kommen	Ca wa, U-alla
Weggehen, weg sein	Bullocō
Dein	Nuneloc
Mir oder Mein	Un
Ich bin hungrig	Un Urelip
Ich bin satt	Un Mourert
Ich leide Mangel	Un Gee
Es fehlt mir Brod	Quannert un gee, oder Marrin un gee
Es fehlt mir kaum	Urelibup un gee
Wasser zum Trinken	Kaip un āān
Essen	Anger, tāā
Brod	Quannert, oder Marrin
Reis	Kioc
Kartoffel	Yoke[1]
Abwesend, in einer Entfernung	Bŏcun
Laßt uns gehen	Bocun oola, oder Wat vola
Pfad	Māāt
Lang	Woorie

Kurz	Korent
Viel oder Groß	Orpern
Klein	Nehp, Nehbitur
Was, was du sagst?	E Naaw
Wie heißt Ihr?	Enoc eēan
Schlecht; untauglich zu essen	Wockun
Gut	Quaup
Dies	Nè
Stehlen	Quypul
Dieb	Quypungur
Diesem gleich; auf diese Weise	Ky unera.
Nacht	Kartiac
Tag	Ben, Bennan
Stern	Chindy
Mond	Meuc
Sonne	Chāāt (Chaāt)
Blitz	Yerdivernan
Donner	Condernore
Der Morgen	Mania
Morgen	Maniana
Gestern	Kartiac-Kain
Sogleich, bald	Poordel
Gerade jetzt	Yibbal
Vor einiger Zeit	Corram
Vor langer Zeit	Corram quatchet
Abend	Corramellon
Kalt	Mulgàn
Heißes od. warmes Wetter	Ureler
Jung	Eeniung, Tooting
Schlaaf	Copil
Beisammen schlafen	Copil nahluc
Horchen	Yuccan

[1] Die obigen Namen geben eigentlich nur vegetabilische Substanzen an, welche den bezeichneten Pflanzen ähnlich sind, und auf die, als sie bekannt wurden, jene Namen deshalb angewendet wurden. Die Wurzel Quannert oder Marrin (Brod) ist wahrscheinlich eine riesenmäßige Trüffel.

Hütte	Toorloit
Holz	Poorne
Geißblatt	Moncat
Grasbaum	Pāāluc
Gummi vom Grasbaum	Perin
Land	Moorile
Erde	Yahl
Sand	Til
Großer Ameisenhaufen	Weet, oder Weetuch
Stein	Pwoy
Meer	Mammord
Fluß	Peerle
See	Penger
Feuerstein	Pal, Tockil, Coorder.
Federn	Keardit
Vogel	Keard
Papagei	Noorlark
Schwarzer Kakatu	Currāāk
Weißer Kakatu	Munuit
Braune Taube	Moorhait
Emu	Wait
Känguru	Warre, weiblich Yungur, männl.
Andere Varietäten	Nailoit Wahl Tāāmur Quakur
Bandicut	Quernd
Hund	Toort
Opossum	Comal
Ringschwänziges Opossum	Nworra
Ente	Wackerren Wainern
Bisamente	Coatchuk
Schwarzer Schwan	Marlie
Adler	Warlit
Habicht	Corriore
Nacht-Guckguck	Combiac

Papageien	Tiajip Bernanore Towern Terr
Schlangen	Norne Docat
Diamand Schlangen	Wackul
Eidechsen, kurze	Youern
— langschwänzige	Wandy
Eidechsen, Guana	Munnāār
Eßbare Wurzeln	Meerne Tubock Chocket Caumuck
Binse	Pāāt
Gras	Challup
Krebs	Challow
Süßwasser-Schildkröte	Kilon
Eier	Pooye
Henne, legende	Pooyiore
Weibchen von Vögeln	Nāānk
Männchen	Māām
Vögel Geschrei	Mai
Robbe	Barlard
Wallfisch	Mammang
Hayfisch	Martiat
Fisch	Wallah
Wachtel	Pooriock
Geräuschvoll, zankend	Wanker wankers Yonger yanger
Ernsthaft	Mennem
Falschheit	Purtup
Verletzung oder Schaden	Baruck
Übel, böse	Mendeit
Gut	Toortock
Lachen	Cowker
Spielig, scherzhaft	Wimberner
Schwazhaft	Mai a poole

Taub	Twank ă toot
Schwanz	Neent
Sehnen	Peet
Todt u. begraben	Keepiuc chäänuc
Begraben	Yähluc
Feüer	Carle
Gekocht	Tokenor
Heiß	Carloc
Voll auf	Carle nent
Wilder Hund	Yaccan toort
Ein Geist	Noit

Ein Mann	Yungur. Auch männl. Känguru
Weib	Yock
Jung u. schön	Yock prindy
Alter Mann	Narnaccarack
Im mittlern Alter	Narnacpoot — vollbärtiger
Junger Mann	Narnactowaller — Wachsender Bart
Jüngling	Narnac poort — Ohne Bart
Knabe	Coolon
Mädchen	Wainerung
Saügendes Kind	Peep anger
Schwanger	Corpullet
Verheiratheter Mann	Yock a duck
Lediger Mann	Manjahly
Gelehrter	Mulgarradock
Schwarze	Mohurn
Weiße	Torndiller, oder Maupern nerran nerran
Vater	Cuinkur
Mutter	Eecher
Mutter von Vielen	Eecher poole
Unfruchtbar	Eecher poort Padjee wernung
Mondschein	Meuc cong
Vollmond	Coppern

Andere Phasen	Wern a warra Kuit a weet Moreuc

Jahreszeiten, anfangend mit Juni und Juli oder dem Winter.

Mawkur	Beruc
Meerningal	Meertilluc
Maungernan	Pourner.

Winde.

SW.	Bernang
N.	Cheeriung
O.	Julimber
SO.	Meernan
NW.	Woortit

Ein	Kain
Zwei	Cojine
Drei	Tään
Vier	Orre
Fünf	Poole
Ein Wenig	Kain Kain
Viel	Poole od. Opern

Namen von Tribus.

Mearn-anger	Warrangle
Murram	Weil
Yobberore	Corine.

Klassen.

Erniung	Tää man oder Tam

———

Moncalon	Torndirrup

———

Obberup	Cambien

Mahnur.

Namen von Männern.

Weeburn	Naikennon
Meindert	Mawcurrie
Wongar	Er'ngool
Murrinan	Ninderowl
Cowerole	Toolingat Wally
Wallingool	Tāāton
Manquenar	Nourtuckeen
Wong	Woorungoorit
Tarragan	Mongiore
Wowenur	Parteit
Youredill	Dalwin
Colbum	Corapan
Yettit	Wannua
Wernton	Nandobert
Mobun	Pandure.

Namen von Frauen.

Paeània	Courtingait
Nockolock	Neerwangle
Tittipan	'Yinovent
Nandewait	Chockobert
Pacalol	Mongarwort
Quannettin	Peipinpert

Kartovert.

Orts-Namen.

Corjurnurruk	Chungernap
Toccillirrup	Yangiuc
Morrillup	Yaccum Yattap
Obar	Borringorrup
Marliore	Warlit Mai
'Jaowerilly	Peehirt.

IV. — Kurze Übersicht der Fortschritte der Entdeckungen im Innern von Neu Süd Wales. Von Allan Cunningham, Esq. Mitgetheilt vom Viscount Goderich. Gelesen den 27sten Februar und 12ten März 1832.

Bei dem Eifer, womit geographische Untersuchungen in fast allen Gegenden der Erde angestellt und begünstigt worden sind, muß es Wunder nehmen und Bedauern erregen, daß so wenig Besorglichkeit von Geographen, ja wissenschaftlichen Männern überhaupt gezeigt worden ist, um unsre Kenntnisse über das Innere des australischen Kontinentes zu vermehren. Aber dem ist also — von diesem Lande der Anomalien läßt sich sagen, es sei fast eine terra incognita; und, beschränkt wie unser Wissen von der Gestaltung des Innern auch immer ist, doch wage ich es, in der Überzeugung, daß eine gedrängte Übersicht des Weges, auf dem diese Kenntniß nach und nach erlangt wurde, der geographischen Gesellschaft nicht uninteressant sein dürfte, in einer kurzen Übersicht die Resultate der verschiedenen Expeditionen vorzulegen, welche zur Entdeckung des Binnenlandes, seit Gründung der ersten Kolonie in Port Jackson, unternommen worden sind. Ich knüpfe an diese historische Skizze einige Bemerkungen über die, von den Entdeckern eingeschlagenen Wege und wünsche, daß meine Darstellung dazu beitragen möge, die Aufmerksamkeit der Gesellschaft auf dieses große Feld geographischer Forschung zu lenken, um, mit den Mitteln, die ihr zu Gebote stehen, zu ausgedehnteren Untersuchungen im Innern von Neu Süd Wales Veranlassung zu geben.

Seit den frühesten Perioden der Niederlassung am Port Jackson hat es allerdings an geschickten und unternehmenden Männern nicht gefehlt, welche sich der Aufgabe der Entdeckung des Binnenlandes gewidmet haben, — ich darf u. a. nur an die Namen Bass, Caley und Barallier erinnern; — allein ihre unermüdlichen Bestrebungen, über die Blauen Gebirge vorzudringen, scheiterten völlig an den Schwierigkeiten, mit denen sie zu kämpfen hatten, und die jede Partei, nachdem sie die größten Mühseligkeiten und Entbehrungen erlitten hatte, zuletzt zur Umkehr nöthigten, mit der vollen Überzeugung von der Unmöglichkeit, westwärts von dieser furchtbaren Schranke vorzudringen, — eine Meinung, welche dazumal nicht wenig durch die Thatsache unterstützt zu werden schien, daß die Aboriginer, welche die Kolonisten kennen gelernt hatten, nicht das Mindeste von einem Passe wußten, der über jene hohe Gebirgskette ins Innere führt.

Ein Viertel Jahrhundert war auf diese Weise verflossen, ohne irgend eine Nachricht über die Breite der Blau-Gebirgs Ketten, oder die Beschaffenheit des jenseits gelegenen Landes gewonnen zu haben. Da war es, als die Kolonisten im Jahre 1813 von einer schrecklichen Trockniß heimgesucht wurden, wärend der das ganze Land von der Seeküste bis an den Fuß der Berge versengte, alle Bäche austrockneten und das Vieh der Kolonisten, die auf allen Seiten eingeschlossen waren, wegen Mangel an Weide Haufen Weise ums Leben kam. Wie oft ist nicht aus einem Übel Gutes entsprungen! — Diese traurigen Verhältnisse boten die Mittel zur Eröffnung des Landes und zur Rettung der Kolonisten dar. Drei unternehmende Männer, die Herrn Blaxland, Wentworth und Lawson, verbanden sich damals zu der gemeinsamen Bestrebung, noch ein Mal den Versuch zu machen, jene Gebirgskette zu überschreiten, die so viele Jahre hindurch als eine unersteigliche Barriere angesehen worden war. Festen Willens erstiegen sie das Gebirge in der Nähe des Grose Flusses (eines Zustromes vom Hawkesbury), und das stets im Auge haltend, woran kein früherer Kundschafter gedacht hatte, nämlich den Fall der Wasser in den Warragumba auf der einen Seite, und in den Grose auf der andern, blieben sie stets auf einer Hauptkette, was sie zwar wegen der verwickelten Windungen des Pfades oft nöthigte eine Richtung einzuschlagen, welche der, die sie verfolgen wollten, gerade entgegengesetzt war, die sie aber endlich doch, nachdem sie eine Entfernung von fünf und zwanzig geographischen Meilen, gerade West vom Nepean Fluß, vorgedrungen waren, zu einem Endpunkte in diesen Gebirgen geleitete. Begreiflich ist die Freûde, welche diese kühnen Reisenden empfanden, als, nachdem sie auf einem funfzig Meilen langen Wege eine bleiche, traurige Einöde durchwandert hatten, ihr Blick von dem steilen Gipfel dieses Abgrundes über ein grasiges, gut bewässertes Thal schweifte, das sich mehrere Meilen weit gegen Westen auszudehnen schien, — doch Mangel an Lebensmitteln, welcher eintrat, zwang die Partei, den Rückweg nach der Kolonie anzutreten. Als aber ihrem Beispiele der Landmesser-Gehülfe, Hr. W. Evans, auf Befehl der Regierung, folgte, wurde die schöne Hirtenlandschaft, die Ebene (Downs) von Bathurst, und bald darauf auch der Lauf der Flüsse Macquarie und Lachlan, entdeckt. Wärend des folgenden Jahres (1814) schritt man, vermittelst Verbrecher-Arbeit, an die Anlage eines gangbaren Weges über Bergketten, die sich an einigen Punkten, wie spätere Messungen ausgewiesen haben, zu einer Höhe von dreitausend vierhundert Fuß (531,7 Toisen) über der Meeresfläche erheben; und so wurde jene ausgedehnte Reihe von Schaaf- und Rindvieh-Weiden zugänglich gemacht, die seitdem für die Kolonie von so unendlicher Wichtigkeit geworden sind.

Die ermunternden Resultate, welche diese Unternehmung gehabt hatte, mußten die Eigenthümer natürlicher Weise veranlassen, eine Expedition abzufertigen zur Erforschung der neû-entdeckten Bergströme, von denen man, obschon die Punkte, wo man zuerst auf sie gestoßen war, an achtzig Meilen von einander entfernt sind, hoffte, daß sie sich im Innern vereinigen und einen Fluß von bedeûtender Größe bilden würden, der sich ins Meer ergieße. Der General-Landmesser Oxley wurde demgemäß, im Winter 1817, beauftragt, zunächst den Lauf des Lachlan zu verfolgen; und ich, der ich eben erst in der Kolonie angelangt war, empfing die erfreûliche Einladung, unter einem so tüchtigen und intelligenten Officier, die erste Expedition, welche zur Erforschung des Innern vom kontinentalen Australia unternommen wurde, mitzumachen.

Der Lauf des Lachlan wurde, wie man sich erinnern wird, durch ein flaches unwirthliches Land verfolgt; weit davon sich mit dem Macquarie zu vereinigen ergab es sich vielmehr, daß er nicht den mindesten Zufluß auf seinem langen, gewundenen Laufe empfange, den Hr. Oxley, mit größter Geduld und Ausdauer, über die westlichste Bergreihe hinaus bis zu einem Binnenlande untersuchte, welches, platt wie die Oberfläche eines stehenden Wassers, eine ungeheûre, nur vom Horizont begränzte Ebene bildet, die, wie sich aus den augenscheinlichsten Beweisen zu erkennen gab, in Zeiten anhaltenden Regens weit und breit überschwemmt ist. Über diese australischen Steppen, die sich nicht mehr als zweihundert und funfzig Fuß (39,1 T.) über die Meeresfläche erheben, setzte Herr Oxley, zur fernern Untersuchung des Flusses, seinen Weg westlich fort, und kam, troz der schlammigen Beschaffenheit des Steppenbodens und dem traurigen Zustande der Pferde, über hundert Meilen westlich von dem Punkte, wo die letzte Steigung oder bergähnliche Welle des Binnenlandes Statt findet; hier aber wurde die Weiterreise von unabsehbaren und unzugänglichen Morästen aufgehalten, in denen sich der Fluß (wenn er sonst diesen Namen an dem Ende der Reise verdient) in mehrere kleine Kanäle vertheilt und wo sein Wasser vollkommen stehend und für den Gebrauch durchaus untauglich geworden ist. Dieser Endpunkt der Reise liegt in Long. 144½° O. und die Abweichung der Magnetnadel beträgt daselbst 7° 25′ O. Über die Erstreckung dieser geraümigen Plänen konnte sich die Expedition keine genaue Übersicht verschaffen. In der Richtung, in welcher sie dem Laufe des Flusses, nämlich von NO. nach SW., gefolgt war, hatte die baumlose Pläne eine Ausdehnung von über hundert und dreißig Meilen, und in senkrechter Stellung auf dieser Direktionslinie, nämlich von NW. nach SO., schien die Ebene nur vom Horizont begränzt zu sein. Doch ist aber auch die Bemerkung nicht am unrechten Orte, daß, wo Geist und Auge gleich ermüdet sind von dem einförmigen Karakter der Aussicht rund umher, der Reisende nur zu leicht mit der Idee sich vertraut macht, daß die offene Landschaft, die er durchschreitet, bei weitem ausgedehnter sei, als sie es in der Wirklichkeit ist.

Mit einem knappen Mundvorrath, und in einer Entfernung von mehr als vierhundert Meilen landeinwärts von der Kolonie, trat Hr. Oxley seine Rückreise an; nicht es ahnend, daß, hätte er noch zwanzig Meilen weiter gegen SW. vordringen können, er am Morrumbidgi angelangt sein würde, einem Fluß, von dem damals noch nichts bekannt war, und von dem man erst neüerlich erfahren hat, obwol es seit lange vermuthet wurde, daß er die Kanäle der Lachlan-Sümpfe aufnehme. Bemerkt möge es hier werden, daß auf dieser Rückreise, Hr. Oxley und seine Gefährten in den Morgenstunden, wenn die Sonne noch viele Grad unter dem Horizonte stand, oft Zeügen waren von dem sonderbaren Schauspiel der Mirage, oder des außerordentlichen Effekts der Strahlenbrechung auf diese dem Anschein nach unbegränzten Plänen. In einer Richtung sahen sie mit Erstaunen die wenigen einzelnen Baüme, deren Linie die eine Plänstrecke von der ancern schied, mit ihrer kugelförmigen Krone in der Luft hangend, von ihrem Stamm vermittelst eines wäßrigen Mediums scheinbar getrennt; wärend auf der andern Seite, am Rand des fernen Horizonts, der Umriß von Bergen deütlich gezogen war, welcher bald Kegel-Gipfel zeigte, bald in jähen Abstürzen endigte. Doch diese waren nur ein Fantom; je höher die Sonne stieg, desto stumpfer wurden die Kegel — die luftige Bergkette zerbrach und lös'te sich auf und das ganze Bild verschwand später ganz. Nach einem anstrengenden Marsch von sechs Tagen erreichten die Reisenden den Rand des Berglandes;

hier setzten sie vermittelst eines Flosses nicht ohne Schwierigkeiten über den Lachlan und verließen dann diesen schlammigen Strom, der durch Wasserfluthen von Osten her plötzlich angeschwollen war. Die Partei schlug jetzt eine mehr nördliche Richtung ein, in der Hoffnung auf den Macquarie Fluß zu treffen, den sie seit den Bathurst-Ebenen, welche er bewässert, nicht zu Gesicht bekommen hatten.

Alle Reisenden sind bei Erforschung neuer Landstriche mehr oder minder plötzlichen Abwechslungen ausgesetzt: die, welche man in dieser Expedition zur Aufspürung der Lachlan Quellen erfuhr, waren äußerst zahlreich und oft voll Unheil. Fünf Wochen lang war man in diesen Steppen gewandert, in denen der Lachlan seine Wasser ausbreitet, ohne ein einziges Mal eine trockene Stelle gefunden zu haben, wo man Abends nach mühseliger, erschöpfender Tagesreise sein Lager hätte aufschlagen können. Jetzt aber, das rechte Ufer des Lachlan verlassend, betrat Hr. Oxley ein Land, welches gerade das Gegentheil von jenem bildete. Nahe an hundert Meilen weit erlitt die Expedition die Entbehrungen, welche in einem Landstrich unvermeidlich sind, wo, wegen der äußersten Unfruchtbarkeit, weder Wasser noch Futter für die Pferde gefunden wurde, und wo die Oberfläche, obschon sie sich über die niedrigen Ebenen, welche die Reisenden eben verlassen hatten, etwas erhebt, aus einem leichten, rothen, sandigen Boden besteht, der nur eine schäbige, den Botaniker allein interessirende, Vegetation zu erzeugen im Stande ist. Jenseits dieser öden Regionen erreichten die Reisenden endlich ein schöneres Land, das sich täglich verbesserte, je weiter man gegen Osten vorschritt. Dünn bewaldete und bis auf ihren Gipfel mit Rasen bekleidete Berge stellten sich ihren Blicken dar; Quellen sprudelten an ihren Abhängen und stürzten als kleine Gießbäche in die benachbarten Thäler herab, in deren einem, — von beträchtlicher Ausdehnung und romantischem Karakter, das den Namen Wellington erhielt, — mit nicht geringem Vergnügen ein Fluß gefunden wurde, der schweigsam gegen Nordwesten dahin floß. Es war der Macquarie, so lange der Gegenstand ihres Suchens. Die Entdeckung dieses Flusses, in einer Entfernung von hundert Meilen nordwestlich von Bathurst, entschädigte die Reisenden gewisser Maßen für all' die Entbehrungen, welche sie am Lachlan erduldet hatten; und auf Hrn. Oxley's Bericht an die Regierung, worin er den Gedanken aussprach, daß der Fluß, von andern Zuströmen vergrößert, ins Meer sich ergießen könne, veranlaßte eine andere Expedition, welche, im Winter des folgenden Jahres, seinen Lauf abwärts von Wellington Valley verfolgen sollte.

Große Erwartungen wurden an diese zweite Unternehmung geknüpft; um so empfindlicher war die Täuschung, als der Lauf des Macquarie in einer nordwestlichen Richtung, bis in ein niedriges sumpfiges Binnenland verfolgt wurde, wo die Berge abermals verschwinden, die Oberfläche ‚vollkommen wagerecht' wird, und der überfluthende Fluß eine weitere Verfolgung verhindert, indem er seine Wassermasse, zwischen den Kompaßstrichen von NW. und NO., weit und breit über das Land ausschüttet. Diese Fläche seichten Wassers beschiffte unser unermüdlicher General-Landmesser in einem Boote, mitten zwischen Schilfrohr von solcher Höhe, daß, nachdem ‚Land und Baume völlig aus dem Gesicht verloren worden waren', er sich genöthigt sah umzukehren zu seinen Reisegefährten, die sich auf Mount Harris, — einem am Flußufer isolirt stehenden Berge von etwa zwei hundert Fuß Höhe über dem Niveau der umgebenden Flächen, — gelagert hatten. Nachdem man so den Macquarie bis zu einem Schilfmorast von scheinbar unbegränzter Ausdehnung, — jenseits dessen (in westlicher Richtung) alles weitere Vordringen damals durchaus unmöglich war, — verfolgt hatte, entschloß sich Hr. Oxley (mit den Mitteln, die ihm zu Gebote standen) seine Entdeckungen in östlicher Richtung, und unter dem Parallel von 31° 15', in welcher Breite die Untersuchnng des Flusses aufgehört hatte, weiter fortzusetzen. In diesem schwierigsten Theil seiner Reise stieß er auf zahllose Hindernisse, bevor er sich aus den Sümpfen völlig herauswickeln, und ein festeres und höher gelegenes Erdreich gewinnen konnte. Auf dieser östlichen Reise entdeckte Hr. Oxley die Liverpool Plänen und ein malerisches, gut bewässertes Bergland, und erreichte die Küste am Port Macquarie, in Lat. 31½° S., von wo die Expedition längs des Seegestades in südlicher Richtung nach Port Jackson zurückkam. So höchst wichtig für die Kolonie diese Bereicherungen der Kenntniß ihrer geographischen Beschaffenheit auch waren, doch scheint das Resultat der letzten Forschungen in Beziehung auf das Ende des Macquarie, den Eifer der Kolonial-Regierung für fernere Entdeckungen im Binnenlande damals geschwächt zu haben.

Zu jener Zeit (1819) kannten die Kolonisten nichts vom südlichen Lande jenseits der Cow-pastures (Kuh-Weiden), wo die ausgedehnten Dickicht-Flächen, welche Bargo-Brush (Bargo Reissig) genannt werden, eine Gränze bilden, die noch nicht überschritten war. Endlich wurde um die genannte Zeit dieses sowol als Wombat-Brush, in Argyle, passirt, und ein dritter Fluß entdeckt, der nach dem Binnenlande fließt und von den Ingebornen Morrumbidgi genannt wird. Kleinere Ausflüge wurden gleich darauf von einzelnen Personen in jene interessante Gegend unternommen, wo man schöne Landstriche fand, die sich seitdem für die Viehzucht von so großem Nutzen erwiesen haben. Aber es war erst im Winter 1823, als eine Partei, unter Führung eines Marine-Offiziers, einen ausgedehnten Strich wellenförmigen, waldleeren Landes entdeckte, der vom Morrumbidgi näher an dessen Quellen bewässert wird, als man diesem bis dahin nahe gekommen war. Diese offene

Landschaft, welche bei der Entdeckung den Namen Brisbane Downs (Ebenen) erhielt, heißt, wie die Reisenden von einem Stamm Ingeborner erfuhren, in deren aboriginalen Sprache Monaru; und die Indier schilderten sie als von sehr bedeütender Erstreckung. Diese schöne Schaafhut liegt, wie sich aus genauen Beobachtungen ergab, unmittelbar östlich vom Meridian von 149° O. Grw., und sie erstreckt sich über vierzig Meilen südlich vom Parallel von 36° 15′, der die Latitudo ihres nördlichen Randes zu sein scheint. Gegen Osten ist sie von der Küstenkette begränzt, welche dem Lauf der Ströme eine nach dem Innern gehende Richtung giebt, dergestalt daß sie die Weidefläche beständig wässern; und auf der Westseite zieht ein hohes Gebirge, welches gegenwärtig unter dem inheimischen Namen Warragong bekannt ist.

Die Höhe von Brisbane Downs über der Seeküste (von der sie ungefähr siebenzig Meilen entfernt sind) ist zwar noch nicht gemessen, doch kann sie nicht unter zweitausend Fuß (312,8 T.) betragen; und erwägt man die höhere Breite, in welcher sie, im Verhältniß zu allen übrigen Gegenden der Kolonie innerhalb ihrer gegenwärtigen Gränzen, gelegen sind, so wird sich das Klima dem Gedeihen der Wolle und der Leibesbeschaffenheit der Schaafe wahrscheinlich geeigneter ausweisen, als das Klima jener geraümigen Striche Weidelandes, von denen die Kolonisten jährlich so viele Tausend Pfund Wolle, zum Absatz auf dem englischen Markt, gewinnen. Die mittlere Höhe irgend eines Berges der großen Warragong Kette, die sich ohne Unterbrechung bis an Wilson's Promontorium (den südlichsten Eckpunkt des australischen Vestlandes) zu erstrecken scheint, ist bis jetzt noch nicht bestimmt. Dieser Theil von dem, was man den Rückgrath des Landes nennen könnte, erhebt sich aber wahrscheinlich zu einer größern Höhe über der Meeresfläche, als irgend eine andere Reihe des östlichen Küstengebirgs [1], sowol innerhalb als außerhalb des Wendekreises, denn sein First ist nicht allein wärend der Winter-Monate mit Schnee bedeckt, sonnern auch in andern Jahreszeiten hat man ihn in vollkommen weißem Kleide gesehen.

[1] Als ich im Winter 1828 in Moreton Bai (nördlich von Port Jackson) stand, drang ich bis zum Fuß einer Bergkette vor, welche in der Richtung von SSW. ungefähr sechzig Meilen von der genannten Verbrecher Kolonie entfernt ist. Den höchsten Gipfel dieser Kette, der damals Mount Lindesay genannt wurde, fand ich, durch trigonometrische Messung, zu viertausend sieben hundert und funfzig Fuß (742,8 T.) über dem Niveau der Pläne, auf dem mein Lagerplatz war; und die Höhe dieses letztern über den Seegestaden von Moreton Bai, nach mehreren Barometer Beobachtungen, neün hundert und drei und funfzig Fuß (145,4 T.); dies giebt für die Seehöhe des Mount Lindesay fünftausend sieben hundert Fuß (888,2 T.), eine Höhe, welche bei weitem die größte ist, welche in diesem Lande von Eüropäern bisher erstiegen und gemessen wurde.

Um dieselbe Zeit als diese wichtigen geographischen Forschungen in die südlichen Gegenden der Kolonie geführt wurden, war ich mit einer Partei im Hochlande nördlich von Bathurst beschäftigt, in welcher Richtung funfzig Meilen von dieser Niederlassung der Cudgigong, ein Zufluß des Macquarie, kurz vorher entdeckt, und Vorraths-Stationen an seinen Ufern errichtet worden waren.

Bei meiner Exkursion durch dieses Gebirgsland gelang es mir nicht allein, eine gut-gezogene Straße von Bathurst nach den Liverpool Ebenen für den speciellen Gebrauch der Viehbauern anzulegen, sondern auch die Ansiedler des zuerst genannten Distrikts mit denjenigen Landleuten in Verbindung zu bringen, welche sich am Hunter's Fluß angebaut haben.

Das Jahr 1824 war fast ganz verflossen, ohne den geringsten Beitrag zur bereits erlangten Kenntniß von dem südlich von Port Jackson gelegenen Binnenlande geliefert zu haben. Gegen das Ende des genannten Jahres aber unternahmen die Herren Hovell und Hume, zwei unternehmende Ackerbauer (von denen der zuletzt genannte in der Kolonie geboren ist und sehr viel Lokal-Kenntniß besitzt), eine Reise in einer südwestlichen Richtung von Argyle, in der Absicht die Seeküste der Bass' Straße zu erreichen, und die Beschaffenheit des dahinwärts gelegenen Landes zu untersuchen, von dem die Kolonisten damals auch nicht das Mindeste kannten. Zu ihrer Ausrüstung für eine so schwierige Expedition verlieh die Regierung nur eine geringe Hülfe; die Hauptsachen dabei stammten von ihren eignen Meiereien her, so daß das Verdienst um die Resultate ihrer Reise zum größten Theil, gerechter Maßen ihnen allein gebührt. Unsere Reisende gingen von einer Vorraths-Station am Georg See aus, in der Absicht eine direkt südwestliche Richtung einzuschlagen; allein diese Reiselinie führte sie auf große und unübersteigliche Hindernisse, denn sie befanden sich bald in einem Labyrinth von Bergketten, die mit denen am Morrumbidgi zusammenhangen, und die zu übersteigen keine Möglichkeit sich darbot. Bald indessen nahmen sie wahr, daß der einzige Weg sich aus der Verlegenheit zu reißen, ohne auf dem Wege, den sie gekommen waren, bis zu ihrem Ausgangspunkt zurückzugehen, darin bestehe, anfangs eine mehr westliche Richtung einzuschlagen, bevor sie sich gegen Süden wenden könnten. Ohne große Beschwerde für ihre Lastthiere rückten sie in dieser Direktion westwärts vom 148sten Meridian vor, wo sich ihrem Wege nach Südwesten kein Hinderniß mehr in den Weg stellte, denn die große Warragong Kette lag zur linken Hand, oder ostwärts, offen vor ihnen. In Lat. 36° setzte die Partei über einen Fluß, der in dem genannten Schneegebirge entspringt und mit großer Schnelligkeit zwischen den Bergen gegen Nordwesten strömt. Diesem Strome, der wegen seiner Tiefe und Breite (über hundert Yards) schwer zu passiren war, gaben sie den Namen Hume. Von nun an lief der Reiseweg durch ein schönes, freies, dünn beholztes Land, dessen Oberfläche meistens hügelig oder sanft gewellt war, hie und da, zur Abwechslung der Scene, mit einem kleinen Fleck Ebene, ohne einen Baum, aber mit herrlichem Graswuchs. Dieses Weideland ist, selbst in den Sommer Monaten, gut bewässert durch Bäche, die von den Bergen rings umher herabströmen, und deren vereinigte Wasser einen zweiten Fluß bilden, dem die Reisenden den Namen Ovens beilegten. In Lat. 36° 40′ setzten sie über diesen Fluß, der zwar nicht so bedeùtend als der Hume ist, aber ein eben so starkes Gefälle hat; er bahnt sich seinen Weg durch die Berge, die sich nach Nordwesten hin abdachen; wo die Reisenden eine freie Aussicht genossen, da blickten sie in der Richtung auf ein sich senkendes Waldland, aus dem sich kaum ein Hügel erhebt.

Weiter gegen Süden blieb die Beschaffenheit des Landes gleich gut, doch nahm es an Höhe zu und hatte eine manchfaltigere, unregelmäßigere Oberfläche, die den Reisenden manches Hinderniß entgegenstellte; allein ihre Ausdauer überwand ein jedes und brachte sie zuletzt an einen dritten Strom, den sie Goulburn nannten. Dieser Fluß entsteht ebenfalls aus der Vereinigung mehrerer Bäche, die von den östlichen Bergen herabkommen und südlich in der Richtung der Reiselinie bis Lat. 37° fließen, wo eine plötzliche Biegung gegen Nordwesten Statt findet.

Die Partei durchschnitt jetzt den Meridian von 146° und hatte das Küstengebirge vor sich liegen. Dies wurde eine Quelle nicht geringer Aufmunterung für sie, die Reise fortzusetzen, denn schon verzweifelten sie daran, die Küste zu erreichen, in Betracht des erschöpften Zustandes ihrer Lastthiere und des Verlustes an Lebensmitteln, den sie durch Unfälle und durch große Hitze erlitten hatten. Eine schöne Landschaft dehnte sich vor ihren Blicken aus, eine Abwechselung von freier Ebene und Wald, eine unbegränzte Fläche Weidelandes für Schaafe und Rindvieh, — Anlaß genug, den Weg südwärts zu verfolgen.

Am 16ten December des oben genannten Jahres langten die Herren Hovell und Hume am nördlichen Gestade eines Busens an, den sie für Western Port hielten, ungeachtet sie sich vergebens nach der großen Insel umsahen, die den Karten zufolge, in demselben liegt. Dies war indessen ein Irrthum; ohne es gewahr zu werden, waren sie in der That weiter gekommen als sie es ursprünglich beabsichtigt hatten, denn sie befanden sich an der nordöstlichen Seite von Port Philipp, einer großen Bucht an der Südküste, einen halben Grad westlich von dem Punkte, wo man Anfangs glaubte, daß sie die Küste erreicht hätten. Über diese Thatsachen erhielt der verstorbene Hr. Oxley Gewißheit, als er den Bericht der Reisenden über die Ausdehnung der Bucht, und die Beschaffenheit des nördlich daran gränzenden Landes mit dem frühern Bericht von 1803 vollkommen übereinstimmend fand, wo Port Philipp von dem damaligen General-Landmesser Charles Grimes besucht wurde, der diesen Hafen mit größerer Genauigkeit aufnahm, als Kapt. Flinders, und der Entdecker desselben, Lieutenant John Murray, v. d. K. M., das Jahr vorher zu erreichen im Stande gewesen waren.

Auf ihrer Heimreise, die sie sofort antraten, schlugen die Herren Hovell und Hume einen westlichern Weg ein; so kamen sie durch eine viel niedriger gelegene Gegend und vermieden das zerrissene Bergland, in welchem ihr Lastvieh so große Beschwerden erduldet hatte.

Der bereis'te Landstrich, der ohne Zweifel binnen Kurzem von den Kolonisten besetzt werden wird, erstreckt sich in südwestlicher Richtung vom 35sten Grad der Lat. bis zu den Gestaden des Port Philipp in Lat. 38°. Die Gränze auf der Ostseite ist eine Diagonal-Linie, welche von dem Durchschnittspunkte des Meridians von 149° mit dem Parallel von 35° bis zu dem Punkte gezogen wird, wo der Meridiau von 145½° den 38sten Breitenkreis durchschneidet, denn diese Linie berührt höchstwahrscheinlich die steilabfallenden Endpunkte der Nebenketten, welche vor der großen östlichen Gebirgskette ziehen; als West-Gränze des gedachten Landstrichs läßt sich eine andere Diagonal-Linie annehmen, welche sich von Long. 147°, wo dieser Meridian vom Parallel des 35sten Grades durchschnitten wird, bis zum Meridian des 145sten Grades in Lat. 37° erstreckt. Die Lokal-Kenntniß, die wir gegenwärtig von ihm besitzen, macht es sehr wahrscheinlich, daß, mit Ausnahme eines schmalen Saums angeschwemmten Bodens längs der Ufer der von den Reisenden entdeckten drei Flüsse, westwärts der zuletzt angeführten Gränzlinie eine niedrige unfruchtbare Region existirt, welche eine Fortsetzung derjenigen dürren Wüste bilden dürfte, die, wie aus Oxley's Karte hervorgeht, zwischen den Parallelkreisen von 33° und 35°, und zwischen den Meridianen von 146° und 147° liegt, ein Land, das im eigentlichen Sinne des Worts eine Einöde ist, durchaus entblößt von Wasser zu jeder Jahreszeit, mit Ausnahme des wenigen Regenwassers, welches sich zuweilen in den seichten Höhlen des Sandsteingebildes dieser Bergreihen sammelt, aus denen allein die Expedition von 1817 ihr spärliches Trinkwasser entnahm, als sie ihre Boote auf dem Lachlan Fluß verlassen hatte.

Auf jene wichtige Landschaft, die von den obengenannten unermüdlichen Reisenden zuerst vor unsern Blicken entfaltet worden ist, wird die Aufmerksamkeit künftiger Auswandrer ohne Zweifel gelenkt werden, weil, da sie auf der Ostseite unmittelbar von der Warragong Kette begränzt ist, eine bessere Bewässerung hier Statt finden dürfte, als in den bereits angebauten Gegenden, und sie die

Wirkungen eintretender Trockniß, welche die nördlichen Gegenden der Kolonie so oft in Noth gebracht haben, minder ausgesetzt sein wird; — dazu kommt als fernere Empfehlung ihre höhere südliche Breite und ein kühleres Klima, ein Klima, welches dem von England ähnlicher ist.

Mit Ausnahme meiner im Mai 1825 vorgenommenen Untersuchung der westlichen und nördlichen Seite der Liverpool-Plänen, wodurch ich etwas mehr lieferte, als wir bis dahin von diesen weiten Flächen gewußt hatten, empfing unser Vorrath geographischer Kenntniß weder im Lauf dieses noch des folgenden Jahres irgend einen Zuwachs. Das Jahr 1827 aber eröffnete den Kolonisten eine neue Scene; denn eine Reise, die der verstorbene Hr. Oxley selbst auszuführen die Absicht gehabt hatte, wurde beschlossen, zur Erforschung nämlich des völlig unbekannten Landes, welches westlich von der Wasserscheidungs-Kette (dividing range) zwischen Hunter's Fluß, in Lat. 32°, und Moreton's Bai, in Lat. 27°, gelegen ist. Zu diesem Endzweck wurde eine wohl eingerichtete, für eine Dauer von fünf Monaten mit allem Nöthigen ausgerüstete Expedition, von der Kolonial-Regierung unter meinen Befehl gestellt.

Nachdem ich mich mit den nöthigen Instrumenten [1] und einer Eskorte von sechs Mann nebst eilf Pferden versehen hatte, trat ich meine Reise am 30sten April des genannten Jahres (1827) von einer Station am obern Arm des Hunter Flusses an und setzte, als ich die Wasserscheidungs-Kette nach Westen hin in einer Höhe von dreitausend und achtzig Fuß (481,7 T.) überstiegen hatte, die Reise nordwärts fort durch ein uninteressantes Waldland, längs des östlichen Saumes der Liverpool-Ebenen. Da es meine Absicht ist binnen Kurzem eine Beschreibung dieser Reise bekannt zu machen, auf der durch die lange Dürre, unter der das Land gelitten hatte, ungewöhnliche Hindernisse zu überwinden waren, so dürfte für den gegenwärtigen Zweck ein kurzer Abriß hinreichend sein.

Am 11ten Mai durchschnitten wir (in Latitudo 31° 2′) die Reiselinie, welche Hr. Oxley im Jahre 1818 ostwärts nach Port Macquarie eingeschlagen hatte; und von diesem Punkte begannen die Arbeiten der Expedition auf einem Boden, der früher noch von keinem civilisirten Menschen betreten worden war. Ursprünglich hatte ich die Absicht einen neuen Abfahrtspunkt gegen Norden hin von da an zu nehmen, wo der verstorbene General-Landmesser über den von ihm genannten Fluß Peel gesetzt war, ein Punkt der von dem Ort, wo wir gelagert hatten, zwölf Meilen gerade gegen Osten entfernt ist; allein das zwischen liegende Land war, obschon Hr. Oxley es überstiegen hatte, zu gebirgig und felsig, um für meine schwer-

[1] Unter diesen Instrumenten befand sich ein vortreffliches Barometer, von Jones, das wärend der ganzen Reise keinen Schaden genommen hat.

beladenen Pferde gangbar zu sein; ich sah mich daher genöthigt, unter dem Meridian unserer Zelte (nämlich 150½°) die Reise nordwärts fortzusetzen, stets darauf Bedacht nehmend, daß wir diesen Fluß auf seinem fernern Lauf gegen das Innere hin, überschreiten würden, in der Hoffnung, die hohe Gebirgskette, welche uns im Osten lag und sich weit gegen Norden zu erstrecken schien, werde entweder ihr Ende erreichen, oder doch so niedrig werden, um dem Peel einen Durchbruch in ein tieferes Niveau zu gestatten. So ging denn die Reise weiter durch ein ödes, aber mit hochstämmigen Baümen dicht bewaldetes, haüfig mit Unterholz bekleidetes Land, das überdem nur mittelmäßig bewässert war. Je weiter wir täglich kamen, um desto mehr deütete unser Barometer darauf hin, daß dieser ärmliche Waldboden, der, zur Vermehrung der schwierigen Passage, hin und wieder von niedrigen und dürren Ketten von Thoneisenstein- und Thonschiefer-Bergen durchschnitten war, vom nördlichen Rande der Liverpool-Plänen, dessen Erhebuug über die Meeresfläche nach meiner Messung nur achthundert und vierzig Fuß (131,3 T.) beträgt, immer höher anstieg. Dieses Ansteigen der Oberfläche war indessen größtentheils stufenförmig; denn, als wir, nach einem Marsch von vierzig Meilen gerade gegen Norden, an den Ufern eines ohne Zweifel in den Peel sich ergießenden Bergstroms angelangt waren, ergab es sich, daß wir eine Höhe von tausend neün hundert Fuß (290,7 T.) über dem Meere erreicht hatten, eine Erhöhung, welche zu gering war, um eine merkliche Verbesserung im Holzwuchs, in der Beschaffenheit des Bodens oder dem spärlichen Graswuchs hervorzubringen. Durch diese düstere Wälder, wo kaum die Spur eines Känguru, geschweige denn eines Menschen gesehen wurde, setzten wir unsern Weg bis zum 19ten Mai geduldig fort, als wir, beim Durchschneiden des Parallels von 30°, von etwas felsigen Bergen hinabstiegen in ein schönes gut bewässertes Thal, das hier seinen Anfang nahm, mit dem üppigsten Rasen bekleidet und auf jeder Seite von einem steilen hohen Felsenkaimme eingefaßt war. Diesem grasigen Thale folgten wir in nördlicher Richtung ungefähr sechszehn Meilen weit, wo es am linken Ufer eines breiten Flusses endigte, der, in Jahreszeiten, welche für den Pflanzenwuchs minder ungünstig sind, offenbar ein Strom von bedeütender Größe zu sein schien. Dies war der Peel des Hrn. Oxley; er bricht, nachdem er seinen Lauf über einen Breitengrad nördlich von dem Punkte fortgesetzt hat, wo dieser Offizier ihn im Jahre 1818 passirte, durch die östlichen Bergketten, und fließt jenseits des untern Theil des Thals in Lat. 29° 51′, in ein offenes freies Land, das sich gegen Nordwesten hin erstreckt. Die Neigung des Thals, in welchem wir herabgekommen waren, ist so bedeütend, daß wir uns im Bette des Flusses fast wiederum im Niveau des Nord-Randes der Liverpool-Plänen befanden, denn das Mittel aus den am Morgen und am Abend angestellten Barometer-Beobachtungen geben nur eine Höhe von neün hundert und eilf Fuß (142,4 T.) über dem Meere. Der Kanal des Peel, der sich jetzt als ein Kies-Bette von zwei hundert und funfzig Yards Breite darstellte, ist, wenn es lange geregnet hat, zwölf bis funfzehn Fuß tief, wie es die Merkmale hoher Fluthen hoch oben an den Ufern deütlich zu erkennen gaben. Die lange Dauer des trocknen Wetters, wodurch nicht allein die Kolonie in Noth versetzt worden war, sondern unter der auch diese entfernten Gegenden des Binnenlandes litten, hatte indessen den Strom zu einem bloßen Riesel verkleinert, das wir ohne Schwierigkeit durchschritten. Jenseits des Flusses, der eine große Menge Felsenstücke aus dem gegen Südosten liegenden Gebirgslande herabgeströmt hat, setzten wir unsere Reise zwischen den Meridianen von 150° und 151° nördlich fort. Der Weg lief durch ein manchfaltig abwechselndes Land; unmittelbar jenseits des Flusses passirten wir eine unfruchtbare, buschige Gegend, die sich etwa vierzehn Meilen weit erstreckte; dann folgte eine merklich bessere Landschaft, die, minder bekleidet mit Unterholz und dem freien Luftzuge offner, einen herrlichen Graswuchs darbot. Reihen lichter Waldberge von mäßiger Höhe und schmale zwischenliegende Thäler, dann und wann mit einer kleinen Ebene guten Bodens abwechselnd, karakterisirte das Land, welches die Expedition später durchschritt; und obschon die Landschaft, deren mittlere Höhe eilf hundert Fuß (171,9 T.) nicht übersteigt, im Allgemeinen fruchtbar und ergiebig an Graswuchs war, so bekümmerte es uns nichts destoweniger auf Landstriche von vielen Meilen Ausdehnung zu treffen, die durchaus von Wasser entblößt waren. Spuren von Ingebornen fanden wir haüfig, aber sie waren nicht von neüerm Datum. Indessen trafen wir weder auf einen Menschen noch sahen wir irgend ein Thier: der verdorrte Zustand der Vegetation und die traurige Beschaffenheit des Landes überhaupt hatten die Geschöpfe animalischer Bildung unlaügbar in andere Gegenden des Binnenlandes vertrieben, wo die Subsistenz-Mittel minder ungewiß, oder wenigstens Wasser, wenn auch in stehendem Zustande, beständig vorhanden sein mogten. Bis dahin war die Aussicht gegen Westen hin durch eine zusammenhangende Kette dünn bewaldeter Bergreihen verschlossen gewesen, die sich nördlich parallel dem Wege erstreckten, welchen wir verfolgten. Als wir aber am 25sten Mai den Parallelkreis von 29° 10′ erreichten, hörten jene Berge mit einem Male auf, und eine niedrige offene Ebene, die im Norden und Nordwesten nur vom fernen Horizont begränzt war, dehnte sich plötzlich vor unsern Blicken aus. Unverkennbar war es uns Allen, daß diese Landschaft, insbesondere nach der nordwestlichen Seite eine sehr bestimmte Senkung hatte, und die Gesichtslinie, in dieser Richtung, über ein weites, dicht bewaldetes oder buschiges Land schweifte, dessen eintöniger Karakter hin und wieder von einer braunen Blöße unterbrochen wurde; von diesen Blößen waren einige so entfernt, daß sie bloß als ein Punkt in dem vor uns ausgebreiteten Land-Ocean erschienen, auf dem das Auge emsig eine Rauchsaüle erspähte, als Kennzeichen der Anwesenheit wandernder Aboriginer; doch vergebens, denn mit Ausnahme der unmittelbaren Nähe eines Flusses von der größern Art sind diese geraümigen Einöden fast durchaus unbewohnt. Jetzt hatten wir alles Hochland zu unsrer Rechten, oder auf der Ostseite, und vor uns, gegen Norden, ein ebenes Waldland. Höchst neügierig, eine so außerordentliche Region zu erforschen, setzten wir unsern Weg am 26sten Mai fort, von einem Felsen-Bach aus, wo wir auf leidlichem Rasen gerastet hatten. Unsere Höhe über dem Meere betrug nach dem Barometerstande eintausend zwei hundert acht und zwanzig Fuß (200,1 T.), und bald wurden wir gewahr, daß wir eine dürre Fläche betreten hatten, die mit Sand (den Trümmern der vorherrschenden Gebirgsformation des östlichen Bergzuges) überschüttet ist, wodurch sie einen wüstenähnlicher Karakter erhält. Eine verkrüppelte Art des Eisen-Borke Baumes (wie es scheint Eucalyptns resinifera), die kaum fünf und zwanzig Fuß Höhe erreicht, bekleidet ihre Oberfläche, auf der hin und wieder Büsche dichten Unterholzes zerstreüt sind, aus Gewächsen bestehend, welche bereits früher an den westlichen Rändern der Liverpool-Plänen bemerkt worden waren. Auf diesem Theil unsrer Reise durchschnitten wir den Parallel von 29° im Meridian von ungefähr 150° 40′; wenig Aussicht habend, in einer so dürren Gegend Wasser anzutreffen, waren wir nicht wenig überrascht, als wir auf einen Fluß stießen, dessen Bette achtzig bis hundert Yards breit war, und der seinen gekrümmten Lauf gegen Westen nahm. Dieser Fluß, dem der Name Dumaresq beigelegt wurde, bot, obwol ihn die lange Dürre sehr verkleinert hatte, auf eine halbe Meile weit eine schöne Wasserfläche dar, die ungefähr dreißig Yards Breite und bedeütende Tiefe hatte. Mein Barometer, das ich auf dem Kiesbette des Flusses aufstellte, gab mir nur acht hundert und vierzig Fuß (131,3 T.) Höhe über dem Meere, von dem wir ungefähr hundert und siebenzig englische Meilen gegen Westen entfernt waren.

Es war meine Absicht die Reise in Meridian-Richtung wenigstens bis zum Parallel von 27° fortzusetzen, bevor ich eine östliche Direktion nach der Küste einschlüge; allein diese Absicht mußte ich der Beschaffenheit des Landes wegen aufgeben; denn alle meine Pferde waren von den Anstrengungen der Reise durch diese ausgedorrten Gegenden so geschwächt, daß ich nicht länger anstehen durfte, eine östlichere Richtung einzuschlagen, um das höhere Land zu gewinnen, wo allein ich hoffen durfte, ein besseres Futter als bisher zu finden.

In dieser neuen Direktion gegen Norden und Osten ging es viele Meilen weit unter großer Noth durch eine Wüste, bevor wir ostwärts vom 151° der Länge einen wellenförmigeren Landstrich erreichten, der auf einer Strecke von ungefähr dreißig Meilen eine Folge dünnbewaldeter, steiniger Berge oder niedriger Sandstein-Ketten darbot, durch enge Thäler von einander getrennt, in denen meine halbverhungerten Pferde nur ein knappes Futter fanden. Endlich erreichten wir am 5ten Juni, bei einer Höhe von ungefähr neun hundert Fuß (140,7 T.) über dem Bette des Dumaresq Flusses, die Gränzen eines bessern Landes. Von dem Gipfel eines Bergzuges, der auf unserm Wege lag, blickten wir in der Entfernung von einer Tagreise, zu unserer nicht geringen Freude, auf eine freie Ebene von unbekannter Ausdehnung, die sich östlich bis an den Fuß einer hohen Gebirgskette erstreckte, welche, wie es schien, an fünf und zwanzig Meilen von unserm Standpunkte entlegen war. Am 6ten und 7ten reisten wir durch diese Plänen, die späterhin, zu Ehren des Gouverneurs, Darling Downs genannt worden sind.

Ihre Lage ist unfern des Parallels von 28° S., längs dessen sie sich achtzig Meilen ostwärts bis an den Meridian von 152° erstrecken. Tiefe Wasserlachen, von Bergströmen des östlichen Hochlandes gespeist, liegen in den centralen niedrigen Flächen, und ergießen sich, wenn sie wärend der nassen Jahreszeit zusammen hangen, in den Condamine's Fluß, einen Bergstrom, der seinen Lauf längs des südwestlichen Randes der Ebene nimmt. In den verschiedenen Theilen ihrer Längen-Ausdehnung wechselt die Breite; am Westende beträgt diese nur anderthalb Meilen, wärend sie gegen den Ostrand hin auf drei Meilen geschätzt werden kann. Die beständig mit Wasser versorgten niedern Gründe umschließen Flächen, die in allen Jahreszeiten eine fast unerschöpfliche Reihe trefflicher Viehweiden darbieten, wo Gras und Kraütig, selbst im tiefen Winter, einen außerordentlich üppigen Wuchs entwickeln. Auf diesen innern Gründen erheben sich Stellen eines fruchtbaren, schwarzen und trocknen Bodens, von bedeütendem Umfange, Flächen, die, da sie Überfluß an Graswuchs tragen und hinreichend bewässert, doch vollkommen geschützt sind vor den Überschwemmungen wärend der Regenzeit, eine treffliche, gesunde Schaafweide bilden. Bald erreichten wir den Fuß einiger Berge, die Auslaüfer der erhabenen Gebirgskette, deren kühne Umrisse wir im Lauf der drei letzten Tage mit der größten Theilnahme betrachtet hatten. Diese Berge fanden wir, von ihrem Fuße aufwärts, mit einem Unterholz bewachsen, das nicht dichter sein konnte, und unter dem, besonders auf dem Rücken der Berge, eine Fichte vorkommt, welche ich sofort für dieselbe

selbe erkannte, die ich im Jahre 1824 am Brisbane Fluß beobachtet hatte. Von unserm Lager aus erstieg ich einen Berg, der sich durch seine viereckige Koppe sehr auszeichnet und das westliche Ende eines dieser Seitenzweige bildet; sein Gipfel beherrscht eine ausgebreitete Fernsicht über das ganze Land zwischen Norden und Süden, gegen Westen hin. Im Norden und Nord-Nordwesten ziehen Bergketten mit Hochwald besetzt, Seitenäste des erhabenen Gebirgszuges im Osten, der augenscheinlich die Hauptwasserscheide in diesem Theile des Landes bildet, wärend von Nordwesten nach Westen, und dann nach Süden, auf zwanzig Meilen weit eine der schönsten Landschaften vor dem Blick entfaltet liegt, die größte Manchfaltigkeit von Berg und Thal, von Waldland und freier Ebene.

Große Blößen, welche nördlich von Darling Downs liegen, wurden Peel's-Plänen genannt, wärend andere, gegen Süden und Südosten, die eine wellenförmige Oberfläche haben, und hin und wieder mit einzelnen Baümen besetzt sind, den Namen des verstorbenen Hrn. Canning empfingen. Jenseits Peel's-Plänen, in der Richtung von Nordwesten, erblickt man ein flaches Waldland, offenbar eine Fortsetzung jener geraümigen Ebenen, die wir im Lauf der Reise so oft, zu unsrer Linken oder auf der Westseite, bemerkt hatten, und die sich, wie es sich jetzt ergab, zum wenigsten bis zum Parallel von 27° erstrecken.

In einem Thale, welches an den unmittelbaren Fuß der Gebirgs-Schranke führt, schlug ich meinen nördlichsten Lagerplatz in der Absicht auf, von da aus, weil bei dem schlechten Zustande unserer Lebensmittel und unserer Pferde ein weiteres Vordringen gegen Norden unmöglich war, eine kleine Exkursion zur Untersuchung der Hauptkette zu unternehmen. Bei Erforschung desjenigen Theils des Gebirges, welcher unmittelbar über unsern Zelten sich erhob, und wobei es hauptsächlich darauf ankam, eine Passage nach dem Gestade von Moreton Bai aufzusuchen, entdeckten wir einen merkwürdigen Spalt in der Hauptkette, der, auch von der Ostseite her, einen gangbaren Paß über diese Gebirge darzubieten schien. Die speziellere Untersuchung dieses Spalts verschob ich indessen auf einen Besuch der Moreton-Bai, zur See, den ich schon lange im Sinne gehabt hatte, und wirklich auch im folgenden Jahre (1829) auszuführen im Stande war. Weiter unten komme ich hierauf zurück.

Die Lage meiner Zelte bestimmte ich auf folgende Weise: Latitudo, nach Mittagshöhen der Sonne, im Mittel aus fünf Beobachtungen 28° 10′ 45″ S. Longitudo, nach Winkelmessungtn fester Punkte an oder in der Nähe der Küste, und verglichen mit dem mittlern Resultat verschiedener Reihen-Distanzen der Sonne und des Antares vom Monde 152° 7′ 45″ O. Die Deklination der Magnetnadel fand ich, nach Azimuth-Beobachtungen, 8° 18′ O. Die

Höhe über dem Meere betrug nach den, am Morgen und Abend angestellten Barometer-Beobachtungen, eintausend achthundert und sieben und siebenzig Fuß (293,5 T.); endlich wurde die Entfernung von der Straf-Kolonie am Brisbane Fluß, die nach dem Kompaß ungefähr in der Richtung von Nordosten lag, auf fünf und siebenzig Statute-Meilen geschätzt. Umstände verschiedener Art zwangen mich nun an die Heimkehr zu denken, und diese beschloß ich, so schnell zurückzulegen als der Zustand meiner Pferde und die Beschaffenheit des Landes es nur immer gestatten würden. Auch hatte ich den Entschluß gefaßt, unter dem Meridian unseres Lagers südwärts zu reisen, um auf diese Weise ein völlig unbekanntes Land kennen zu lernen, das zwischen der Linie unserer Herreise und der Küste ungefähr in der Mitte liegt.

Am 16ten Juni setzte ich mich demgemäß mit meinen Leuten wieder in Bewegung und kam von jenem Thale (das ich nach dem verstorbenen Kapitain Logan, damaligen Kommandanten von Moreton Bai nannte) durch einen schönen, offenen, mit herrlichem Rasen bedeckten Waldstrich, nach einem Marsch von neun Meilen, am nordöstlichen Rande der Canning Downs an, die wir von einem der Berge, die wir hinter uns hatten, überschauen konnten.

Nachdem wir am 18ten einen einförmigen, hauptsächlich aus Roth-Gummi Baümen (Eucalyptus robusta) bestehenden Wald zurückgelegt hatten, erreichten wir am Abend des genannten Tages die Gränze eines zerrissenen Gebirgsstriches, der eine geologische Struktur zeigte, wie wir sie wärend der ganzen Dauer unsrer Reise noch nicht wahrgenommen hatten. Das Gestein war ein sehr harter Granit, in welchem der Quarz, sein bei weitem überwiegendes Mineral, ungewöhnlich groß war. Auf dieser Station begannen die Schwierigkeiten unsrer Heimreise. Im Lauf der nächsten Woche hatte jeder unsrer Tagemärsche die größten Mühseligkeiten für Menschen sowol als Vieh im Gefolge, denn von Gebirgen ringsumgeben blieb uns keine Wahl als den Weg südlich fortzusetzen, über Bergketten, von denen die eine immer höher ward als die andere. Zuletzt befanden wir uns auf einer offenen, von Baümen ganz entblößten Heide, die aber mit einem niedrigen ärmlichen Gewächs bekleidet und hin und wieder mit schwammigen Sumpfstellen untermischt war, wie man sie in verschiedenen Gegenden des Blau-Gebirgs, westlich von Port Jackson antrifft. Und obschon das Grundgestein noch immer aus Granit bestand, und die Breiten-Differenz nahe an 5° betrug, doch waren die Pflanzen Species, die wir sahen, meistens dieselben, welche auf den hohen Bergketten des Kolonielandes vorkommen. Am 25sten Juni befanden wir uns an einer höchst öden Stelle dieser Gebirge in einer Höhe von zwei tausend neun hundert neun und sechzig Fuß (453,5 T.) über dem Meere; die Breite war 28° 45′ S., und die Länge, vom Meridian unsres Lagerplatzes in Logan Vale hergeleitet, ungefähr 151° 59′ O. Von diesem Punkte war, trotz seiner Höhe, der Blick gegen Osten, von luftigen Hochketten beschränkt, deren Gipfel sich weit über das von uns erreichte Niveau aufthürmten. Im Lauf des folgenden Tages scheiterte die Fortsetzung des Marsches nach Süden an einer der wildesten und fürchterlichsten Gegenden, die wir bis dahin gesehen hatten, und die mich nöthigte, eine gangbarere Region gegen Westen aufzusuchen. Mit großer Schwierigkeit gewannen wir auch in dieser Richtung etne flachere Gegend, von der aus wir gegen Südwesten fortschritten in so großen Tagreisen, als die überhand nehmende Schwäche unsrer Pferde es nur immer gestattete. Nachdem wir den Parallel von 29° in Long. 151°32′ O. durchschnitten hatten, kamen wir abermals über den Dumaresq Fluß, etwa fünfzig Meilen näher seiner Quelle, oder östlicher, als der Punkt, wo wir ihn auf unserer Hinreise entdeckt hatten. Hier gab das Barometer eine absolute Höhe von tausend und vierzig Fuß (162,6 T.) was auf ein mittleres Gefälle von vier Fuß pro Meile zwischen beiden Furthen hinweis't.

Nachdem wir in südwestlicher Richtung durch ein manchfaltig abwechselndes Land, dessen Oberfläche im allgemeinen einen felsigen Karakter hatte, gekommen waren, durchschnitten wir am 9ten Juli unsere vorige Reiselinie, und setzten am folgenden Tage über einen Fluß, welchen ich für den Peel hielt, den ich aber in der Folge Gwydir nannte, weil es sich ergab, daß er aus der Vereinigung des Oxley'schen Flusses mit einem andern eben so großen entstehe, dem ich den Namen Horton's Fluß beilegte. Dieser läuft mit dem Peel parallel, in einem Thale, welches westlich von letzterem liegt; ich folgte ihm südlich mehrere Meilen weit, bis ein Zug hoher Waldberge, welcher ein Seitenzweig von Hardwicke's Kette des Hrn. Oxley ist, uns entgegentrat. Steil ging es aus dem Thal hinauf zur Paßhöhe, die sich tausend dreihundert Fuß (203,3 T.) über den Thalboden erhebt, dann schlugen wir wieder die südliche Richtung ein. In diesen Bergen wurde wiederum Granit beobachtet; doch war er von röthlichem Ansehen, eine Folge der Menge und Farbe des Feldspaths, womit das Gestein erfüllt ist, aus dem Hardwicke's Kette unleugbar besteht; ihre seltsam geformten, Kegel- und Schornsteinähnlichen Gipfel können, allem Anschein nach, nicht unter dreitausend fünfhundert Fuß (547,3 T.) über dem Niveau des Meeres stehen. Die Vegetation dieser Berggruppe zeigt nichts Bemerkenswerthes; die Ketten sind gewöhnlich grasig, aber die gramineae eben sowol als das Stammholz, welches Eucalyptus ist, bestehen aus Species, die im Kolonie-Lande häufig vorkommen. Zwei Tage waren zum Übersteigen dieser Nebenzweige erforderlich; an ihrer Südseite blickten wir auf ein, dem Anschein nach, flaches Waldland, das sich bis an Liverpool-Ebenen erstreckte, deren große Fläche in einer Entfernung von vierzig Meilen gegen Südwesten vor uns lag. Aber als wir nun zu diesen hinabstiegen verwandelte sich jenes scheinbare Flachland in eine Reihe waldiger Bergketten, die durch, mehrere hundert Fuß tiefe, Felsenschluchten von einander getrennt, große Anstrengung und Gefahr für unsere Pferde darboten; der steile Abhang gab einen Höhenunterschied von tausend fünfhundert und vierzig Fuß (240,8 T.). Nach einer angestrengten Reise von dreißig Meilen durch einen ärmlichen, meistens aus verkrüppelten Eisenborke-Baümen bestehenden Wald, wo wenig Graswuchs und noch weniger Wasser war, langten wir in Barrow's Valley von Oxley an, das nach langem Regen von den Fluthen des Field's Flusses überschwemmt wird. Wir trafen diesen Fluß auf seinem nach dem Binnenlande gerichteten Laufe, indem wir uns gegen Nordwesten durch den angränzenden Forst schlängelten. An seinen Ufern, wo ich meinen Pferden, auf einer Wiesenpläne, der schönsten, die wir wärend der ganzen Reise angetroffen hatten, einen Tag Rast vergönnte, wurde ich von dem Blau-Gummibaum der Kolonie (Eucalyptus piperita) von erstaunlicher Größe aufs angenehmste überrascht, nicht minder auch von denselben Gräsern, welche in den, der Überschwemmung ausgesetzten, Niederungen des Hawkesbury Flusses vorkommen. Am 20sten Juli traten wir unsere Reise nach Süden wieder an, und erreichten, nachdem wir sieben und zwanzig Meilen weit durch ein unfruchtbares Buschland, das sich kaum neün hundert Fuß (147,0 T.) über die Meeresfläche erhebt, marschirt waren, den nördlichen Saum der Liverpool-Plänen, in denen die Dürre so gewirkt hatte, daß wir die geraümige Fläche fast bis an den Fuß der Wasserscheidungs-Kette (Dividing Range), eine Strecke von fünf und zwanzig Meilen, durchschnitten, ehe wir Wasser für unsre Pferde und für uns selbst fanden. Am 28sten überstiegen wir die Bergkette und langten nach einer Abwesenheit von dreizehn Wochen, wärend welcher wir über achthundert Meilen zurückgelegt hatten, bei der Station am Hunter wieder an.

Der Bericht, welchen ich der Kolonial-Regierung über diese Reise, und die in Lat. 28° entdeckten weiten Ebenen, so wie über den beträchtlichen Strich sehr mittelmäßigen, theilweise wüsten Landes, der zwischen dem Koloniegebiet und jenen geraümigen Weideflächen liegt, erstattete, wies darauf hin, wie wichtig es sei, den Raum zwischen den gedachten Ebenen und der Küste bei der Moreton Bai zu untersuchen; indem, — sollte es sich bei wirklicher Aufnahme ergeben, daß die, unter dem oben erwähnten Parallel in der Hauptkette entdeckte, Spalte eine Passage über das Gebirge gewähre, — der nächste Punkt, von dem aus man in dieses sehr erwünschte Land gelangen könnte, an den Gestaden der Moreton Bai und den Ufern des Brisbane Flusses aufzusuchen sei, — an welchem letztern, bereits seit mehreren Jahren eine Strafkolonie angelegt worden ist. Diese Untersuchung gehörte mit zu den Aufgaben der Reise, welche ich im folgenden Jahre von Port Jackson aus unternahm, eine Reise, die sich in ihren Resultaten jedweder Beziehung die Zufriedenheit der Regierung und sämmtlicher Kolonisten erworben hat.

Da es meine Absicht ist einige allgemeine Bemerkungen über den Karakter des Landes um die Moreton Bai, — eine Landschaft, die für den Botaniker von eben so großem Interesse ist als für den Geognosten, — an einem andern Orte beizubringen, so will ich hier nur kurz bemerken, wie ich bei der Untersuchung des Landstrichs zwischen dem Brisbane Fluß und dem Punkt, wo ich auf meiner vorjährigen Reise umgekehrt war, Gewißheit derüber erlangte, daß von den westlichen Ebenen östlich durch den Gebirgspaß, und von da in nordöstlicher Richtung nach dem Punkt, wo der Bremer, ein Zufluß des Brisbane, schiffbar wird, eine Straße leicht angelegt werden kann. Nach diesem Schifffahrts-Anfang werden die künftigen Produkte des Binnenlandes augenscheinlich dirigirt werden müssen; denn von da an ist der Wassertransport nach der Bai in jeder Jahreszeit ausführbar, die Witterung mag noch so trocken sein, indem die Fluth, welche im Brisbane fünfzig Meilen weit aufwärts geht, auch den Bremer hinaufsteigt und seinen Wasserstand um acht Fuß, oder noch mehr, erhöhet.

Bei dieser Gelegenheit meines Besuchs am Brisbane Fluß war ich so glücklich, meine Vermessung von den Darling Downs bis an die Gestade der Moreton Bai zu führen; wobei ich die nicht geringe Freüde hatte zu bemerken, daß mein Karten-Entwurf von dem verwickelten Lande zwischen Hunter's Fluß und Brisbane Stadt, ein Raum von fünf Breitengraden, bis auf eine geringe Kleinigkeit, in der Länge stimmte. Im Winter des folgenden Jahres (1829) machte ich abermals eine Reise nach der Moreton Bai, widmete mich aber wärend dieses Besuchs vorzugsweise botanischen Untersuchungen. Diese interessante Beschäftigung, auf einem eben so neüen als großen Felde wie das Stromland des Brisbane darzubieten im Stande war, ließ mir eine nur kurze Muße zu geographischen Untersuchungen; ich folgte dem Laufe dieses Flusses in nordwestlicher Richtung, seiner Quelle entgegen, und kam durch ein Land, welches wegen der Manchfaltigkeit seiner Oberflächen-Gestaltung das Interesse des Geographen in hohem Grade erregt[1]. Auf

[1] Einer der ausgezeichnetsten Punkte in diesem eigenthümlichen Landstrich ist ein dicht-bewaldeter Kegelberg, dem ich zu Ehren des Unter-Staatssekretairs im Ministerium der Kolonien, R. W. Hay, Esq., den Namen ‚Hay's Pik' beilegte. Er liegt auf der Ostseite der großen Wasserscheidungs-Gebirgskette, in Lat. 27° 36′ S., Long. 152° 6′ O.

dieser kleinen Reise von etwa sechs Wochen zog ich dem Hauptarm des Flusses nördlich bis zur Breite von 26° 52′ nach, einem Punkte, wo sein Bette den Karakter einer Kette sehr seichter Teiche stehenden Wassers annimmt. Es ergaben die auf dieser Exkursion angestellten Beobachtungen auch zwei bestimmte Thatsachen, nämlich: — daß der Brisbane, den man für den Abfluß der Macquarie-Sümpfe gehalten hat, an der Ostseite des Hauptgebirgszuges entspringt, indem seine vornehmsten Quellen auf einer Vorstufe zwischen den Parallelen von 26° und 27° liegen; — und daß der Hauptzug, der die Küstenflüsse von den Binnenflüssen scheidet, nördlich in einer ununterbrochenen Kette fortsetzt, die, so weit das Auge von einem hohen Standpunkt in der Nähe meines entferntesten Lagerplatzes unterscheiden konnte, nirgends eine Öffnung oder Einsenkung hat, durch die eine Straße ins Binnenland angelegt werden könnte. Daher scheint mein Paß die einzige Stelle zwischen den Parallelen von 26° und 29° zu sein, durch die man über diese hohen Gebirge (deren mittlere Höhe nicht unter vier tausend Fuß (625 T.) betragen mag) ins Innere gelangen kann.

Wärend ich an der Morcton Bai beschäftigt war, beschloß die Kolonial-Regierung die Entdeckungen des Binnenlandes westwärts vom Macquarie Fluß fortsetzen zu lassen. Kapitain Sturt, vom Königl. 39sten Infantrie Regiment, ging nach dem Mount Harris, jenem einzelnen Berge an dem gedachten Flusse, wo Herr Oxley seine Boote verlassen hatte, als er sich in östlicher Richtung nach dem Port Macquarie auf den Weg machte. Am 20sten December langte Kapt. Sturt mit seiner Partei an diesem ausgezeichneten Punkte an und bestieg sofort den Gipfel, um das jenseitige Land zu rekognosziren. Aber wie hatte die Sonne, die nun drei Jahre lang ununterbrochen wirksam gewesen war, das Ansehen dieser Gegenden durch Ausdünstung verändert! Die Ebenen, welche Herr Oxley im Jahre 1818 in völlig überschwemmten Zustande verlassen hatte, boten jetzt eine trockne Oberfläche dar, die sich nordwärts, ohne die leiseste Spur einer Boden-Schwelle, bis zum fernen, klaren, ununterbrochenen Gesichtskreise auszudehnen schien. Von diesem Anblick ermuthigt folgte die Expedition der Spur des Macquarie auf der letzten Stufe seiner Existenz zu den Wäldern unterhalb Mount Harris, wo sein Bette, abgebrochen und theilweise unter der Oberfläche verschwindend, ‚den Karakter eines Flusses durchaus verliert.‘ Jenseits dieses Punktes betrat die Expedition den Boden jener großen Lache, die Hr. Oxley zehn Jahre früher in einem Boote beschifft hatte; jetzt war sie ‚eine große, ausgedorrte Ebene, von der die Sonnenstrahlen mit sengender Hitze zurückprallten;‘ der Boden selbst war an vielen Stellen geborsten, tiefe und gefährliche Spalten bildend und die lange Dauer der Dürre klar beweisend, welcher alle bekannten Gegenden von Neu Süd Wales damals unterworfen waren. Auf diesen unwirthlichen Plänen verweilte Kapt Sturt eine ganze Woche lang und kam wärend dieser Zeit an drei verschiedenen Sumpfstellen vorüber, in denen zwischen Schilf und Binsen Pfützen verborgen waren, die Kennzeichen des abgebrochenen Flußbettes.

In welcher Richtung man auch vorschritt, um sich über das Schicksal des Macquarie Gewißheit zu verschaffen, es mogte die Nachforschung auf der Ebene oder auf den Waldgründen geschehen, überall wurde man von riesenförmigem Schilfrohr (das klarste Zeichen von dem was solch' ein Land in einer gewöhnlichen nassen Jahreszeit ist) umringt, und in der Beschleünigung der Reise nicht wenig aufgehalten. Hr. Hume, dessen Unternehmungsgeist durch seine bereits oben erwähnte Reise nach der Südküste zur Genüge bekannt war, befand sich bei der Partei des Kapt. Sturt. Mit einem Gehülfen wie dieser entschloß sich letzterer, die Partei zu theilen, um zwei verschiedene Wege zur gleichen Zeit zu verfolgen und auf diese Weise die Beschaffenheit und Ausdehnuug dieser Sumpfflächen besser kennen zu lernen, so wie die Zweifel aufzuhellen, die sich über die Art, wie der Fluß aufhört, — d. i.: ob er nach den verheerenden Wirkungen einer dreijährigen Dürre in jenem niedrigen Lande nicht existire, — erheben könnten. Demgemäß brach die eine Abtheilung unter Leitung des Hrn. Hume in einer nordöstlichen Richtung, gegen den Castlereagh hin, auf, indeß Kapt. Sturt selbst die Reise nach Nordwesten verfolgte.

Höchst interessant würde es gewesen sein, hätte Kapt. Sturt gute Barometer mit sich gehabt, um die absolute Höhe nicht allein der Niederungen, deren Beschwerden so wie die Hitze des Tages die Partei so geduldig ertragen hatte, sondern auch des Landes zu bestimmen, welches Kapt. Sturt auf seiner Exkursion nach Nordwesten betrat, und das, ‚nachdem er zwanzig bis dreißig Meilen weit vorgerückt war,' zu steigen anfing; nicht minder wichtig würde es gewesen seiu, die Höhe des Endpunktes seiner Reise kennen gelernt zu haben, die sich an hundert Meilen weit erstreckte, und wo er auf ‚einen Berg von beträchtlicher Höhe stieß,' von dessen Gipfel er ‚die Aussicht auf andere noch höhere Berge' hatte, unter denen sich einer, der gegen Südwesten lag, insbesondere auszeichnete, und von den Kapt. Sturt sagt, ‚es sei ein sehr schöner Berg,' bestehe, wie sich beim spätern Besuch desselben ergab, ‚aus Sandstein' und erhebe sich über das Niveau der ‚öden Wüste', auf welcher er steht, um eintausend dreihundert Fuß (250,5 T.). Doch besaß Kapt. Sturt kein Barometer, auf das er sich verlassen konnte; das Instrument, welches er von Sydney mitgenommen hatte, erlitt am Macquarie eine Beschädigung, vier Tage bevor die Expedition Mount Harris erreichte.

Die Beobachtungen, welche wårend jener kurzen Streifereien gemacht wurden, überzeůgten die Reisenden, daß der Fluß jenseits der früher entdeckten ‚dritten Sumpfstelle' in keiner Art mehr existire. Hr. Hume zog von Osten nach Westen långs des nördlichen Saumes dieses großen Riedes von Rohr und Schilf, ohne nördlich auf eine fernere Spur eines Flußbettes zu stoßen, oder Wasser genug zur Befriedigung des tåglichen Bedůrfnisses zu finden. Die Beschaffenheit und Richtuug dieser geraůmigen Flåchen, nicht minder die Punkte, wohin die Wasser streben, welche vom Macquarie in Zeiten anhaltenden Regens über sie ausgeschüttet werden, wurden jetzt genau bestimmt.

Aus dem Bericht über Kapt. Sturt's Untersuchung dieser Niederungen, trocken wie sie durch die Důrre damals waren, lassen sich folgende Thatsachen herleiten. In einer Entfernung von ungefåhr acht und zwanzig Meilen unterhalb Mount Harris fangen die Niederungen an, und hier hört der Macquarie auf, ein Fluß zu sein, er hat keine Ufer, kein Bette, welche die Ausbreitung seiner Wasser verhindern könnten, wenn diese in Regenzeiten anschwellen. Die Oberflåche dieser Ebenen hat indessen keine stetige Neigung, sondern besteht aus einer Folge von Steigungen und Senkungen, deren jede ein abgesondertes, Lagunen åhnliches Bette bildet, von hohem Röhrig umgeben, das die Wasser, wenn sie sich ausbreiten, in sich aufnimmt. Erst wenn diese See-Betten angefüllt sind, überschwemmt die Wasserfluth die Plåne, ‚bis,' wie Kapt. Sturt bemerkt, ‚eine sanfte Neigung ihr einen neůen Stoß giebt,' um zu einem zweiten Kanal zu gelangen, zu einem dritten, u. s. w., wodurch ein betråchtlicher Strich des umliegenden Landes unter Wasser gesetzt wird. Findet eine allgemeine Überschwemmung Statt, wie die, deren man im Jahr 1818 Augenzeůge war, so geht durch die Mitte der Marschen eine Strömung, die, nach der Konfiguration des Grundes, nördlich und nord-nordöstlich laůft, wo sie sich mit den Wassern von Morissett's Ponds (Teichen) vereinigt und das Ganze zuletzt in den Castlereagh Fluß sich ergießt.

Nordwestlich von diesen sumpfigen Stellen steigt das Land und verhindert dadurch jeden Ablauf des Morastwassers nach dieser Weltgegend hin. Unter diesem Erheben des Bodens, welches, wie ich bemerke, anderswo als ‚ein Tafelland mit so knappem Wasser, daß die Inwohner Mangel leiden' beschrieben ist, muß eine Reihe niedriger Terrassen trocknen Waldbodens verstanden werden, die aus einem ebenen, oder doch nur leicht gewellten Strich bestehen, welcher sich wahrscheinlich bedeůtend weit erstreckt, bevor ein zweites Ansteigen des Bodens Statt findet. Und die senkrechte Höhe eines derartigen Terrassenstrichs über dem Niveau der Marschen ist, selbst in ihrem Maximum, zu unbedeůtend, um den Begriff eines aufsteigenden Berglandes rechtfertigen zu können; auch hat die Höhe über dem Meere durchaus nicht zugenommen, weil sich auf der Wüsten ähnlichen Pläne einige Felsenberge erheben, die isolirt und weit von einander entfernt stehen, und, mit dem Lande, das ihren Fuß umgiebt, als eben so viele Inseln im Ocean erscheinen. Die Ansicht über die Gestalt des Landes jenseits der Macquarie Moräste auf ihrer Nordwestseite wird ohne Zweifel beglaubigt werden, wenn ein Barometer in jene Gegend des Binnenlands getragen worden sein wird.

Zum Schluß will ich, bevor ich den Gegenstand dieser niedrigen Sumpf-Flächen, die seit dem Bericht, welchen Hr. Oxley darüber gegeben hat, so viel Interesse und Betrachtungen unter den Geographen erweckt haben, noch kurz bemerken, daß, obschon eine Dürre von ungewöhnlicher Dauer ihre Wasser in einer Art absorbirt hatten, daß Kapt. Sturt und seine Partei ihr trocken gelegtes, in festem Zustande seiendes Bette betreten konnte, dennoch, wenn ein nasses Jahr eintritt, und es in den Gebirgsdistrikten der Kolonie eben so stark regnet, wie es wärend der Jahre 1817 und 1818 der Fall war, eine gleich beträchtliche Überschwemmung in jenen Gegenden des Innern, wie nicht zu bezweifeln sein dürfte, Statt finden wird; und erwägt man, daß (wie uns Kapt. Sturt belehrt) ein Raum von zwanzig Meilen in der Länge und mehr als fünfzig Meilen in der Breite einer Überschwemmung ausgesetzt ist, kann es da ein Gegenstand der Verwunderung sein, wenn der verstorbene General-Landmesser, als er in seinem Boote auf solch' einer Wasserfläche hinabfuhr, von der er weder Gränzen noch Ufer erblicken konnte, und ohne eine Kenntniß von ihr sowol als der Gestaltung des umliegenden Landes zu besitzen, auf den Gedanken kommen mußte, in der ‚Nähe eines Binnenmeeres oder Sees' zu sein, über dessen temporäre oder permanentere Existenz er weder eine Meinung abgegeben hat, noch geben konnte?

Kapt. Sturt richtete jetzt seine Expedition, mit der Aussicht neüe Entdeckungen zu machen, nach Nordwesten, denn dahinwärts lag freies, offenes Land vor ihm. Der Weg lief über Ebenen, die mit ‚einem schwarzen Strauch bedeckt waren,' hin und wieder aber auch gutes Gras trugen. Die einzelnen Berge, welche, wie schon erwähnt, die Einförmigkeit dieser Gegenden des Innern beleben, und auf die Kapt. Sturt seine Reise eingeschlagen hatte, beschreibt er als ‚hübsche malerische Erhöhungen, größtentheils mit Rasen bekleidet.' Von zwei dieser isolirten Berge, der eine ‚Oxley's Tafelland,' der andere ‚Neüjahr's Reihe' (New Year's Range) scheint unser unermüdlicher Offizier die Lage bestimmt zu haben; und zwar:

Oxley's Tafelland, Lat. 29° 57' 30" S. Long. 145° 43' 30" O.
Neüjahr's Reihe — 30° 21' 00" — 146° 33' 30"

Bei der Fortsetznng ihrer Reise nach Westen über dieses flache Land wurde der völlige Mangel an Wasser, außer in Creeks, wo es aber eben so schlecht als ungewiß war, für die Reisenden eine Quelle großer Beschwerden; endlich folgten sie einem dieser Wasserläufe, der sie, in nordwestlicher Richtung, am 2ten Februar, an das linke Ufer eines großen Flusses brachte, dessen Anblick ‚die lebhaftesten Hoffnungen erweckte.‘ Um so größer war die Taüschung, als es sich ergab, daß sein Wasser vollkommen salzig sei, ein Umstand, der um so fühlbarer war, als die Pferde der Expedition lange Zeit die schrecklichste Hitze ausgestanden hatten und eben so lange ohne Wasser gewesen waren. Nachdem für die erschöpften Thiere so gut es anging gesorgt worden war, machte sich Kapt. Sturt, in Begleitung des Hrn. Hume, zur Untersuchung des Flusses, den er Darling genannt hat, auf den Weg. Sie folgten seinem Lauf stromabwärts, in südwestlicher Richtung, ungefähr vierzig Meilen weit, und fanden sein Wasser nicht allein nicht trinkbar, sondern auch desto salziger werdend, je weiter sie kamen. An einer Stelle bemerkten sie ‚Salzquellen,‘ und das Ufer umher war mit ‚Salz‘ oder wahrscheinlich mit Alauntheilchen überzogen. Da wo die Reisenden zuerst auf den Fluß stießen, war er ungefähr sechszig Yards breit und seine Ufer maßen dreißig bis vierzig Fuß Höhe, — Dimensionen, welche auf der ganzen Erstreckung dieselben blieben.

Der Mangel an ‚trinkbarem Wasser‘ längs seines Ufers, und das Erscheinen von losem rothen Sandboden an dem Punkte, bis wohin die Geduld und Ausdauer der Reisenden sie zur Verfolgung des Stromlaufs geführt hatte, zerstörte mit einem Male jene Hoffnung selbst den knappsten Bedarf im Hinterlande befriedigen zu können, und zwang sie demzufolge die fernere Untersuchung des Flusses aufzugeben. Den aüßersten Punkt, welcher am Darling erreicht wurde, und wo er seinen Lauf in südwestlicher Richtung durch ein flaches Land fortsetzt, legt Kapt. Sturt auf seiner Karte in Lat. 30° 16′ S., Long. 144° 50′ O. nieder.

So ist vom Binnenlande von Neu Süd Wales eine Gegend erforscht worden, die zwei Längengrade westwärts des Punktes in sich begreift, bis wohin Hr. Oxley in den Sümpfen vorgedrungen war; und obschon das Land wenig besser als eine Wüste ist und dieserhalb keine Aussicht auf eine vortheilhafte Ausdehnung der Kolonie nach dieser Richtung hin gewährt, so wurde nichts desto weniger die Beschaffenheit derselben bekannt und auf der Karte das betreffende Blanket ausgefüllt.

Die Expedition kam alle Tage mit den Ingebornen zusammen, die längs des Flusses und in dem angränzenden Lande wohnen, welches verhältnißmäßig gut bevölkert zu sein scheint; denn Kapt. Sturt schätzt die Zahl derer, mit denen er verkehrte, auf nicht weniger denn zweihundert und fünfzig Indier, die sich sehr freündlich gegen die Reisenden benahmen, und ihnen oft nicht unwesentliche Dienste leisteten.

Doch entwirft Kapt. Sturt ein höchst trauriges Gemälde von diesen fernen Regionen, die, trotz ihrer Bevölkerung, durch die Noth der Zeit kaum bewohnbar geworden waren. ‚Die Ingebornen,‘ bemerkt er, ‚führten in dieser Wüste ein Wanderleben, und litten, durch das schlechte Trinkwasser verursacht, an einer Hautkrankheit, die nicht selten das Leben kostete. Vögel auf den Baümen schnappten gleichsam nach Leben mitten unter dem Schimmer einer brennenden Hitze. Den wilden Hund, oder Dingo, sah man am hohen Mittag auf Raub ausgehen, denn er war zu sehr geschwächt, um sich den Blicken des Menschen durch schnelle Flucht zu entziehen; und wärend die kleineren Gewächse völlig versengt waren, welkten die Baüme unter der Dürre, die bis an ihre aüßersten Wurzelfasern tief in den Boden eingedrungen war. Mehrere von den Reisenden litten an Augenentzündung, hervorgebracht durch die von den Boden der durchzogenen Ebenen zurückstrahlende Hitze, wo das Thermometer im Schatten um drei Uhr Nachmittags auf 122° (+ 39°,9 R.) oder auf 98° (29°,3) bis 102° Fahrenheit (31°,1) bei Sonnenuntergang stand.

Unter den Flüssen, welche in Neü Süd Wales entdeckt worden sind, kann der Darling mit Recht als der größte betrachtet werden, weil er aus der Vereinigung nicht allein all' der Bergströme entsteht, welche Hr. Oxley im Jahre 1818 entdeckte (und deren sind fünf an der Zahl, und ein jeder von ihnen ist von beträchtlicher Größe), sondern auch derjenigen, die ich auf meiner Reise im Jahre 1828 kennen lernte; er bildet mithin den großen Abzugs-Kanal eines Strichs vom Gebirgslande, der zwischen den Parallelen von 27° und 33½° gelegen ist. Was aber aus diesem so gespeis'ten Flusse endlich wird, was für Wasserlaüfe sich mit ihm weiterhin vereinigen, welchen Lauf er jenseits der Stelle einschlägt, wo ihn Kapt. Sturt und sein Gefährte verließen und durch ein wüstes Land gen Südwest fließen sahen, endlich an welcher Küste er mündet, wenn er sonst das Meer wirklich erreicht, — das sind Fragen, deren Beantwortung künftigen Entdeckungen vorbehalten bleibt.

Bevor die Expedition diese versengten Flächen verließ, um den Rückmarsch nach Bathurst anzutreten, richtete Kapt. Sturt seinen Weg gegen Osten, in der Absicht, den Castlereagh aufzusuchen, bei dessen Überschreitung Hr. Oxley nicht geringe Schwierigkeiten angetroffen hatte, indem sein Bette (hundert und neünzig Yards breit) durch den langen Regen, der in den südöstlichen Gebirgen, wo seine Hauptquellen liegen, gefallen war, bis an den obern Rand der Ufer Wasser hatte. Von dem Punkte, wo Kapt. Sturt auf diesen Fluß traf, verfolgte er seinen Lauf volle hundert Meilen abwärts bis dahin, wo er sich mit einem andern Theile des Darling vereinigt. Dieser hatte hier noch salzigeres Wasser als an der Stelle, wo man ihn ursprünglich entdeckt hatte; dabei war der

Castlereagh so seicht, daß man aus ihm das tägliche Bedürfniß an Wasser nicht befriedigen konnte, ja, auf einer Strecke von dreißig Meilen' lag sein Bette trocken, was die Reisenden nöthigte, ‚das Land umher nach dem bischen Wasser abzufegen,' was es ihnen nur immer darzubieten hatte.

Auf allen Seiten Schwierigkeiten treffend in einer Gegend, welche ‚die inheimischen Volksstämme verlassen hatten,' kaum im Stande das animalische Leben zu fristen, und wo alle Hunde der Expedition als Opfer fielen, scheint Kapt. Sturt dennoch wenig geneigt gewesen zu sein, ihr den Rücken zuzuwenden; denn, obwol das salzige Wasser des Darling Grund genug gewesen wäre, ihn zu einem schnellen Rückzug südlich nach höhern Gegenden, in bessere Landschaften, zu veranlassen, sehen wir ihn nichts desto weniger den Salz-Fluß überschreiten, um zu erforschen, wie das Land jenseits in nordwestlicher Richtung beschaffen sei; doch scheint die Wißbegierde unserer Reisenden nur wenig befriedigt worden zu sein; eine bedeütende Strecke waren sie in jener Direktion vorgeschritten, aber der Boden blieb gleichförmig eben, nirgends von einem Creek oder kleineren Wasserlauf unterbrochen, und soweit das Auge vom höchsten Baume blicken konnte, war das ganze Land ‚eine unbegränzte Fläche,' deren Erhebung über die Meeresfläche wahrscheinlich nicht mehr als fünf hundert Fuß (78, T.) beträgt. Kapt. Sturt hatte zuletzt sein Äußerstes gethan; sehr weise dachte er endlich an den Rückweg und langte bald darauf in Bathurst an.

Die meiste Kenntniß der innern Gegenden von Neü Süd Wales unter dem Parallel des 30° verdankt man demnach den Arbeiten dieses unermüdlichen Offiziers, dem, zu Ende des Jahres 1829, die Leitung einer zweiten Expedition anvertraut wurde, welche dazu bestimmt war, den Lauf des Morrumbidgi zu verfolgen, eines andern westlichen Stroms, der in der Gebirgskette südlich vom 35° der Breite, und unter dem Meridian von 149° entspringt, ungefähr achtzig Meilen von der östlichen Küstenlinie entfernt, und innerhalb des Gebiets, welches gegenwärtig die Grafschaft Murray genannt wird. Üeber den Karakter dieses Flusses möge hier kurz angemerkt werden, daß sein Bette eine Reihe schiefer Ebenen bildet, von denen einige eine große Neigung haben; über diese strömen seine Wasser mit bedeütender Schnelligkeit in fast westlicher Direktion.

Nachdem er den Yaß Fluß und einige andere kleinere Bergströme, und zwar alle in seinem Oberlauf, namentlich in Longitudo 148½°, aufgenommen hat, verfolgt der Morrumbidgi einen langen und krummen Lauf von mehr als dreihundert Statutemeilen, ohne den mindesten Zuwachs aus dem von ihm bewässerten Lande zu empfangen, so daß er in dieser Beziehung dem Lachlan gleicht, der einen parallelen Lauf durch das nordwärts gelegene niedrige Binnenland einschlägt. Aus dieser Thatsache läßt sich auf den durchgängig sterilen Karakter eines beträchtlichen Landstrichs schließen, der zwischen diesen beiden Flüssen gelegen ist, wie er theilweise auch von Hrn. Oxley im Jahre 1817 nachgewiesen wurde. Westwärts des Meridians von 147° strömt der Morrumbidgi in ein niedriges Land; die Sandsteinberge, welche seiner Uferlandschaft höher hinauf ein malerisches Ansehen geben, verschwinden, und Flächen angeschwemmten Landes treten an ihre Stelle.

So weit abwärts war der Fluß schon vor einigen Jahren verfolgt worden, von Viehbauern, die sich aufgemacht hatten, verlaufenes Vieh wieder einzufangen, und die wärend ihrer langen Streifereien längs seiner Ufer die westliche Erstreckung des Landes kennen lernten, bis wohin es, wegen seiner Erhöhung über der Inundationslinie, mit Sicherheit als Weide-Stationen besetzt werden kann. Man wußte damals, daß dieser Fluß seine Richtung nach den Sümpfen des Lachlan nehme; was auf den Schluß führte, beide Flüssen müßten sich in diesen Morästen vereinigen, in deren (wie Hr. Oxley im Jahre 1817 nachgewiesen hatte) so tiefem Niveau sie ihre Wasser über eine außerordentlich niedrige Oberfläche ausbreiten, statt sie zu einem gemeinsamen Volumen verbunden in den Ocean zu führen, der zum wenigsten dreihundert Meilen entfernt sei. Diese Meinung, so willkürlich sie auch war, würde sich als richtig ausgewiesen haben, verlängerte der Morrumbidgi seinen Lauf nicht so weit gegen Westen, um sich mit einem andern viel größern Fluß zu vereinigen, weil, wie sich aus dem Nachfolgenden ergeben wird, er weder Volumen noch Gefälle genug hat, den, zweihundert und sechszig Meilen langen, Weg nach der Seeküste zu erzwingen, wie es bei dem Hauptfluß der Fall ist.

Die zweite Expedition unter Leitung des Kapt. Sturt ging im Dezember 1829 von Sydney nach dem Morrumbidgi ab. Längs seines rechten Ufers den Fluß verfolgend, bis alle Stromschnellen und Wasserfälle, welche die Schifffahrt verhinderten, im Rücken lagen, errichtete der Kapitain ein Depot, ließ ein Boot, das er von Sydney über Land mitgebracht hatte, vom Stapel und zimmerte, kraft großer Anstrengung, an Ort und Stelle ein zweites, und verlor, nachdem Alles bereit war, keine Zeit, die Untersuchung des Flusses auf seinem westlichen Laufe anzufangen. Bevor wir der kühnen Partei auf ihrer Reise folgen, wird es vielleicht nicht uninteressant sein, einen Blick zu werfen auf die absolute Höhe des Flusses beim Depot, aus den Beobachtungen hergeleitet, welche der verstorbene General-Landmesser vor vielen Jahren im angränzenden Lande angestellt hat, Resultate, deren Verificirung sehr wünschenswerth gewesen wäre, hätte Kapt. Sturt die Mittel dazu besessen. Es wird sich nicht allein zeigen, wie gering die Neigung des Bettes ist, um dem Strome ein Streben westwärts zum Ocean zu geben, sondern auch, daß die großen Niederungen längs seiner Ufer der Kolonie nicht den mindesten Nutzen gewähren können. Die Lage seines Depot fand Kapt. Sturt in Lat. 34½° S., Long. 143° 57′ O., oder ungefähr sieben und zwanzig geographische Meilen südwestlich von dem äußersten Punkte, bis wohin Hr. Oxley im Jahre 1817 am Lachlan vordrang, einem Punkte, dessen absolute Höhe über dem Meere der genannte genaue Beobachter, nach Barometer-Messungen, zu nicht mehr als zweihundert und fünfzig Fuß (39,0 T.) bestimmte. Nun aber belehrt uns Kapt. Sturt, daß die zerstreüten Wasser der Lachlan Sümpfe sich wiederum vereinigen, und vermittelst eines ‚breiten Creeks,‘ den er zwölf Meilen westlich von seinem Depot passirte, in den Morrumbidgi fallen; es leüchtet mithin ein, daß dieser letztere Fluß, und das zunächst angränzende Land ein noch etwas geringeres Niveau haben müssen, als Hrn. Oxley's letzter oder westlichster Lagerplatz.

Am 7ten Januar fing die Expedition ihre Flußschifffahrt an und kam, durch große Alluvial-Flächen, die Stellenweise mit Ried bedeckt waren, am vierten Tage an einem Punkte an, wo die Schifffahrt durch ‚umgestürzte Baumstämme‘ sehr schwierig wurde, und die Strömung an Schnelligkeit oft zunahm, besonders an den schmalen Stellen des Flußbettes; die Boote schwebten hier haüfig in großer Gefahr. Nachdem die Partei neünzig Meilen durch ein flaches, einförmiges Land zurückgelegt hatte, wurde sie für die, auf einer achttägigen schwierigen und gefahrvollen Schifffahrt ausgestandene Angst durch ihre Ankunft an dem, (um uns der Worte des Kapt. Sturt zu bedienen) ‚Endpunkte des Morrumbidgi‘ entschädigt, denn sein enges und zum Theil durch Treibholz gesperrtes Bett entladet sein Wasser ‚in einen breiten und prächtigen Fluß,‘ der mit einer Geschwindigkeit von zwei Meilen und einer halben nach Westen dahin strömt, in einem Bette, das von Ufer zu Ufer im Durchschnitt drei bis vier hundert Fuß breit ist. Dieser ‚neüe Fluß,‘ welcher den Namen Murray erhielt und die verminderten Wasser des Morrumbidgi aufnimmt, entsteht unleügbar ans der Vereinigung des Hume und Ovens, die, in der großen Warragong Kette entspringend, zuerst durch die Herren Howell und Hume bekannt wurden, welche sie, auf der Reise nach Port Philipp, im Jahre 1824, an Punkten passirten, welche dem Quellbezirk um zweihundert und fünfzig Statute Meilen näher liegen. Als am 14ten Januar die Fahrt auf dem Murray fortgesetzt wurde, machten die Reisenden ‚schnelle Fortschritte in der Richtung von WNW. durch ein eben so ununterbrochen niedriges und uninteressantes Land und in Bildung und Pflanzenwuchs dem vollkommen ähnlich, durch welches sie auf dem Morrumbidgi herabgekommen waren, als sie die Niederlage verlassen hatten.

Nach einer neüntägigen Stromabwärtsfahrt auf dem Murray,

bei der ungefähr hundert Meilen in westlicher Richtung zurückgelegt wurden, ohne daß auch die geringste Verbesserung in der Beschaffenheit des Landes, oder die mindeste Spur von einer Erhebung des Bodens wahrgenommen wurde, kam die Expedition bei der Mündung eines Flusses vorbei, der von Nord gen Ost herabfließt, eine starke Strömung hat und in Beziehung auf Größe nur ,wenig kleiner' als der Murray selbst ist. In diesen Fluß hineinfahrend fand Kapt. Sturt seine Breite zu hundert Yards und seine Ufer, an denen sich viele Ingebornen sehen ließen, ,mit Baumen bedeckt, die ein schöneres und größeres Wachsthum' verriethen als die am Murray. Überdieß war sein Wasser zwei Faden tief, von trübem Ansehen, aber ,vollkommen frisch.' Der Zusammenfluß dieser beiden Ströme scheint (nach Kapt. Sturt's Rechnung) genau in der Länge von 141° O., und unmittelbar südlich vom 34sten Parallel Statt zu finden. Auf dieser Station der Reise war es, wo die Gestalt des Landes ein, verhältnißmäßig interessantes Äußere annahm, und nach einer Fahrt von mehr als zweihundert Meilen gegen Westen, das erste Erheben des Bodens in geringer Entfernung nordwestlich vom Flusse wahrgenommen wurden. Bevor der Vereinigungspunkt dieser zwei Flüsse erreicht wurde, scheint Kapt. Sturt Zweifel über die Abdachung der großen Ebene, welche vom Murray bewässert wird,' gehabt zu haben, nicht minder auch über ,das wahrscheinliche Gefälle der nördlich von diesem Fluß strömenden Gewässer des Binnenlandes;' allein als er einen neuen Strom in den Murray münden sah, schloß er aus dem ,Parallel' (soll ohne Zweifel Meridian heißen) worin er ihn fand, und der ,Richtung, von wannen er kommt, daß es kein anderer als der Darling sein könne.' Es wurde daraus ferner die Folgerung gezogen, daß alle bis jetzt bekannten Flüsse des Binnenlandes, von meinem Dumaresq's Fluß (1827 entdeckt in Lat. 29°) bis zum Murray (in Lat. 34°), an der Südküste in den Ocean strömen, demnach die Senkung des Kontinents innerhalb der Parallelen von 28° und $35\frac{1}{2}°$ nach diesem Punkte gerichtet sei. Indessen bleibt noch die Identität dieses Zustromes des Murray mit dem Darling nachzuweisen übrig [1], bevor man von der Abdachung eines so beträchtli-

[1] Zwischen dem südlichsten Punkte von Kapt. Sturt's Untersuchung des Darling und der supponirten Vereinigung dieses Flusses mit dem Murray liegt ein unbekannter Strich Landes von mehr als vierhundert Meilen in der Länge; da sie überdem in ihrem Karakter nichts gemeinsam haben, so können wir, im gegenwärtigeu Zustande unserer Kenntniß, nicht zu einem befriedigenden Schluß kommen, daß der Zustrom des zuletzt genannten Flusses und der große Abzugskanal des Landes nördlich vom 34sten Parallel, der Darling, ein und derselbe Strom seien. Der Fluß, welcher sich in den Murray ergießt, soll süßes Wasser haben; vom Darling heißt es dagegen, daß er stark mit Salz geschwängert sei.

chen Abschnitts des Binnenlandes sagen kann, daß sie südlich sei, und bevor man, mit dem Vorsitzenden einer Gesellschaft in Neu Süd Wales positiv zu behaupten im Stande ist, entweder, es sei eine interessante Thatsache bekräftigt worden, die nämlich, — ‚daß alle Gewässer des Bathurst Landes, der Neigung des Bodens zufolge, nach den Südwest-Enden von Ost-Australia fließen,' — oder, daß diese Entdeckungen eine Wasserkommunikation eröffnet haben, die von der südlichen Küste ‚tausend Meilen weit durch ein Land gehe, welches, in einem der schönsten Klimate der Welt gelegen, theils zum Ackerbau, theils zur Viehzucht geeignet,' und fähig sei, ‚Millionen von Auswanderern' Nahrung und Unterhalt zu sichern.

Der Karakter des Darling, und eben so die allgemeine Direktion seines Laufes jenseits des Punktes, bis wohin er verfolgt worden ist, bleiben noch zu untersuchen übrig. Da er indessen unter den bekannten Strömen dieses Landes bei weitem der größte ist, so läßt sich hoffen, daß seine fernere Untersuchung, welche die interessanteste Belehrung über die Gestalt jener entlegenen Regionen des nordwestlichen Binnenlandes zu liefern verspricht, binnen Kurzem vorgenommen werde. Doch, es ist Zeit zur Expedition auf dem Murray zurückzukehren.

Dieser Fluß setzt, nachdem er den supponirten Darling aufgenommen hat, über einen Grad westwärts fort, und empfängt in diesem Raume einen zweiten Strom, der sich auf dem linken Ufer von Südosten her ergießt. Dieser Zustrom welcher als ein Fluß von ‚großer Wichtigkeit' beschrieben wird, und den Namen ‚Lindesay' empfangen hat, ist höchst wahrscheinlich der ‚Goulburn' jener unermüdlichen Reisenden, deren Zug über Land nach der Südküste im Jahre 1824 bereits Erwähnung geschehen ist, und die denselben an der Stelle, wo sie ihn, bei einer Breite von achtzig Yards, durchwateten, einen nordwestlichen Lauf einschlagen sahen. Von jenem Vereinigungspunkte an erhält der Murray eine neue Bildung; längs seines nördlichen Ufers zieht eine Felsenkette, welche der Partei, als sie vorüberfuhr, ‚theilweise vulkanischen Ursprungs' zu sein schien. Die Schifffahrt wurde zuletzt ziemlich erschwert, denn auf diese Klippen folgen unmittelbar andere von Kalkstein an beiden Ufern, durch die der Fluß sich Bahn gebrochen hat, und die sich unmittelbar aus der Wasserfläche zu zweihundert Fuß hohen senkrechten Wänden erheben, in denen man zahlreiche ‚Korallen und andere fossile Trümmer' bemerkte. Auf dieser Passage war es, wo die langgestreckten Waldgebirgszüge am östlichen Gestade des Golfs von St. Vincent sichtbar wurden, ein Zeichen, daß sich die Reisenden der Küste näherten. Als sie am 3ten Februar den Meridian von 139$\frac{3}{4}$° erreichten, fand es sich, daß der Fluß, vermöge der Stellung der ihn einschnürenden Felsen, eine, entschieden nach

Süden

Süden gerichtete, Krümmung annehme, durch eine Verlängerung der Spalte, die sich zuletzt in einem Thale öffnete.

Hier verlor der Fluß den sandigen Grund, welchen er in seinem ganzen langen Laufe von Osten her gehabt hatte, und sein Wasser wurde hier, wo sein Bette fast auf das Niveau des Meeres herabgesunken ist, ‚tief, still und trübe.‘ Seinem südlichen Laufe folgten die Reisenden längs geraden Strecken von zwei bis vier Meilen Länge; dann passirten sie den 35sten Parallel, worauf sich ein freieres Land vor ihren Blicken entfaltete; an die Stelle der Felsenwände, welche theilweise verschwunden waren, traten malerische Berge und niedrigere Höhen, an deren Fuß, ‚tausende von Ackern der fruchtbarsten Ebene‘ ausgebreitet liegen; doch läßt sich, in Betracht, daß Kapt. Sturt hinzufügt, diese Flächen seien mit Schilf bewachsen und augenscheinlich den Überschwemmungen des Flusses ausgesetzt, der Werth leicht schätzen, den sumpfige Niederungen, die sich kaum über den Küstenrand erheben, dem Ackerbaue darzubieten vermögen.

Am 8ten Februar (dem zwei und dreißigsten Tage der Reise vom Depot aus) ‚nahmen die Berge ein trauriges Ansehen an,‘ und die wenigen Baüme, die einst ihre Abhänge bekleidet hatten, waren zum größten Theil umgefallen, ‚gleichsam durch die herrschenden Winde gebrochen.‘ Als man um Mittag in die letzte Flußkrümme fuhr, konnte an ihrem Ende kein Land wahrgenommen werden; indessen setzten einige niedrige Berge längs des linken Ufers fort, wärend das rechte von hohem Röhrig versteckt war. Gleich darauf fuhren die kühnen Reisenden in einen großen See ein, dessen Haupterstreckung weit nach Südwesten ging, wo ‚die Wasserlinie den Horizont berührte.‘ Die Ausdehnung dieses Sees, dem der Name ‚Alexandrina‘ beigelegt worden ist, wird auf fünfzig bis sechszig Meilen in der Länge und dreißig bis vierzig Meilen in der Breite geschätzt. Im südöstlichen Theile bemerkte man einen großen Bug (bight), und auf der entgegengesetzten Seite eine geraumige Bai; doch scheint diese beträchtliche Wasserfläche, troz jener Dimensionen, bloß eine Sand- oder Schlammbank (a mere shoal) zu sein, weil Kapt. Sturt sagt, ‚ihre mittlere Tiefe‘ betrage nur ‚vier Fuß!‘

Auf diesem großen, aber seichten See setzte er seine Reise gegen Süden fort und fand, daß sein Wasser, welches sieben Meilen von der Mündung des Murray brackisch war, bei ein und zwanzig Meilen von demselben Punkte vollkommen salzig wurde; zu gleicher Zeit bemerkte man hier den Einfluß der Fluth. Als man sich dem südlichen Ufer näherte, wurde die Schifffahrt durch Schlammbänke unterbrochen, und gleich darauf jeder weitere Fortschritt durch Sandplaaten völlig gehemmt. Kapt. Sturt stieg nun ans Land und kam über einige Sandhügel, jenseits deren er von seiner Morgen-

Station das Meer erblickt hatte, gleich darauf an die Seeküste, und zwar in der Encounter Bai der Karten, von wo er Kap ‚Jarvoise' (richtiger Jervis von Kapt. Flinders) und die südöstliche Spitze der Känguru Insel relevirte. Im untern Theile des Sees wurden Robben bemerkt und unfern der Stelle, wo man ans Land stieg, einige Ingebornen, die Gruppen Weise zusammen standen. Da sie bewaffnet waren und den Leib angemalt hatten, so konnte man auf keine freundschaftlichen Gesinnungen schließen; in der That machten sie auch nicht den Versuch, trotz dem daß sie sich von den friedlichen Gesinnungen unserer Reisenden überzeugen mußten, in deren Lager zu kommen, so lange sich diese am Seerande aufhielten.

Nachdem er so das Ende des Murray und den Ausfluß des Sees, welcher ihn aufnimmt, gesehen hatte, verlor Kapt. Sturt keine Zeit seine Partei zu Wasser nach dem Depot zurückzuführen, indem verschiedene Umstände es verhinderten, jene ausgedehnte Wasserfläche vollständig zu untersuchen; doch glaubt man zu der Hoffnung einiger Maßen berechtigt zu sein, daß von ihrem nordwestlichen Ende eine freie und offene Verbindung mit dem Golf von St. Vincent Statt finde.

Von den Resultaten dieser zweiten Entdeckungsreise des Kapt. Sturt läßt sich nur dieses, und nichts weiter, sagen: — daß sie nämlich die Verbreitung und das gegenseitige Verhalten kennen lehren, welches zwischen dem Morrumbidgi und den verschiedenen Strömen die von den Herren Hovell und Hume im Jahre 1824 gekreuzt wurden, (und die sich alle vereinigen), so wie den Gewässern des Lachlan, (von Oxley 1817) Statt findet; und eben so uns mit der Beschaffenheit des ‚einförmigen, uninteressanten Landes' bekannt machen, welches westwärts von den Sümpfen des zuletzt genannten Flusses gelegen ist. Doch muß es anerkannt werden, daß Kapt. Sturt, gerade dadurch einen großen Beitrag zur Erweiterung unserer frühern geographischen Kenntnisse lieferte, indem die Thatsachen, welche er im Lauf seiner Reise zu sammeln Gelegenheit gehabt hat, ihn in den Stand setzten, ein nicht unbeträchtliches Blanket auf der Karte von dem Theil von Neu Süd Wales auszufüllen, der westlich und südwestlich von Port Jackson liegt. Daß die Expedition dieses unternehmenden Offiziers dem Ansiedler ‚unermeßliche,' früher unbekannte, ‚Gegenden eines gut bewässerten' Landes eröffnet habe, ist eine Behauptung, die zwar in dem Bericht einer schon erwähnten Gesellschaft vorkommt, die aber in der, an die Kolonial-Regierung gerichteten offiziellen Depesche des Kapt. Sturt nicht den leisesten Anklang findet; sie kündigt mit keiner Sylbe den Kolonisten an, daß ein, für den Kommerz-Verkehr geeigneter, schiffbarer Fluß in jenem Lande entdeckt worden sei, ein Fluß, von dem gesagt worden ist, daß er künftig den Ansiedlern, die sich in diesen innern Gegenden an seinen Ufern niederlassen möchten, ‚zum Transport der

Wolle und anderer zur Ausfuhr bestimmten Produkte nach der Küste' vom größten Nutzen sein werde. Gerade das Gegentheil findet Statt. Auf dem Murray wird ein Boot ohne Zweifel die Thalfahrt sicher zurücklegen können, aber als schiffbarer, in allen Jahreszeiten brauchbarer Strom ist er, wie der Macquarie und, in der That, wie alle andern Flüsse des westlichen Binnenlandes, für die Kolonisten ganz nutzlos. Wäre der Murray auch das ganze Jahr hindurch und in Zeiten der größten Dürre ein tiefer schiffbarer Fluß, so würde sein Kanal dennoch nicht für Handels-Zwecke brauchbar gemacht werden können, weil er sich in einen seichten Landsee ergießt und dieser seiner Seits ins Meer in der Encounter Bai sich entladet, wo, obschon die Passage, wie Kapt. Sturt sagt, ,in allen Perioden der Fluth über eine Viertel Meile breit und für ein Boot tief genug ist,' dennoch, wie er gleichfalls bemerkt und dem Schiffer eines jeden Küstenfahrers nur zu wohl bekannt ist, ,eine Linie gefährlicher Brandungen,' welche beständig gegen die von den herrschenden Winden aufgehaüften Sandbarren stürzen, ,den Zugang des Sees vom Meere aus verhindert, außer bei ruhigem Wetter; wärend zu allen Zeiten und unter allen Umständen es für Schiffe von jeder Größe ein Wagstück ist, in die Bai selbst einzulaufen.' Auch die Meinung welche aufgestellt worden ist, daß eine gangbarere Verbindung zwischen dem See und dem Golf von St. Vincent zu finden sein mögte, ist durchaus willkürlich; denn ein Blick in die Reise des Kapt. Flinders, welcher die Gestade dieser tiefen Bucht ganz in der Nähe untersuchte, ein Blick auf die Karte dieses tüchtigen Seefahrers (deren Genauigkeit noch von keinem Seemann, der in jene Bai steüerte, bezweifelt wurde), auf der eine Reihe waldiger Berge angegeben ist, welche sich vom Kap Jervis nördlich längs des ganzen Ostgestades des Busens erstreckt, reicht für uns hin, an der Existenz solch' eines Verbindungs-Kanals mit der nordwestlichsten Bucht des Sees zu zweifeln, der selbst, aller Wahrscheinlichkeit nach, nichts weiter als eine große Schlamm-Bank ist [1].

[1] [Seitdem Hr. Cunningham seine Bemerkungen über den obigen Gegenstand abgefaßt hat, sind bei dem Ministerium der Kolonien Nachrichten aus Neü Süd Wales eingelaufen, aus denen hervorgeht, daß die Erwartungen, welche Kapt. Sturt über die Existenz einer Kommunikation zwischen dem Golf von St. Vincent und dem Alexandrina See gehegt hat, ungegründet sind. Um diese Frage ins Klare zu bringen, ist neüerlich eine genaue Aufnahme des Sees durch den Kapt. Barker, vom 39sten Regiment, bei seiner Rückkehr vom König Georg's Sund, wohin er detaschirt war, ausgeführt worden; aufrichtig beklagen müssen wir es, daß dieser unternehmende Offizier, in seinem übermäßigen Eifer für die geographische Wissenschaft, im Laufe dieser Vermessung, sein Leben eingebüßt haben sollte.]

So habe ich denn nun eine Übersicht von unsern geographischen Kenntnissen von Neu Süd Wales bis auf die gegenwärtige Zeit gegeben. Theilt man die Karte dieses großen Landes in sieben gleiche Theile, so umschließt ein Theil die Linien all' der Reisen, welche seit 1817, des Entdeckungszwecks wegen, von Oxley, Sturt, Hovell und Hume, von mir selbst und einigen andern Personen, unternommen worden sind; wärend die übrigen sechs Theile, welche einen großen Abschnitt des, jenseits des Wendekreises gelegenen Binnenlandes, so wie den ganzen äquinoctialen Theil des Kontinents umspannen, bis auf den heútigen Tag völlig unbekannt sind. Der Mangel an schiffbaren Flüssen in diesem ‚Großen Süd Lande' muß nothwendiger Weise die Fortschritte der Entdeckungen im Innern des Kontinents verhindern.

Am Schluß dieser geographischen Bemerkungen über Neu Süd Wales erlaube ich es mir auf die Punkte merksam zu machen, von denen aus man künftige Entdeckungs-Expeditionen ins Innere dirigiren müßte; wird ihre Leitung tüchtigen Männern anvertraut, so werden sie sicherlich mächtig dazu beitragen, uns die wahre Gestaltung, den wahren Karakter von Central-Australia bekannt zu machen, — die Erzeúgnisse seiner Thierwelt und seines Pflanzenlebens, — die Größe der Bevölkerung in diesen, von den Küsten so entlegenen, Regionen, und, — was eben nicht der letzte unter den interessanten Gegenständen dieser Forschungsreisen sein würde, — das Stromsystem des Binnenlandes.

Eine Partei möge dem Lauf des Darling folgen, von dem Punkte an, wo ihn Kapt. Stirling im Januar 1829 verließ; oder sie möge in nördlicher Richtung dem Zustrome des Murray nachziehen, welchen man für den Darling hält; dadurch werden entweder alle Zweifel in Beziehung auf die Identität beider Gewässer gehoben, oder man erhält den klaren Beweis, daß sie verschiedene Flüsse sind.

Eine zweite, lange und interessante Reise kann von einem meiner Punkte im Moreton Bai-Lande, auf der Westseite der Wasserscheidungskette, angetreten werden, um nach dem Wendekreis vorzudringen in einer, so viel als möglich, west-nordwestlichen Richtung, je nachdem die Beschaffenheit des Landes, seine Fähigkeit Futter und Wasser für das Lastvieh zu liefern, es gestattet. Eine gut ausgerüstete und auf ein halbes Jahr mit Lebensmitteln versehene Expedition, die überdem vom Lande, Hinsichts der Erhaltung des animalischen Lebens, begünstigt wird, möge den Tropikus in Long. 140° kreúzen, und dann unter diesem Meridian südlich bis auf den Parallel der Moreton Bai herabgehen; hat sie diesen Parallel erreicht, so wird sie ihren Weg östlich einschlagen müssen, um auf den Küstenpunkt zurückzukommen, von dem sie ursprünglich ausgegangen war. In dem großen Dreieck, welches diese Reiselinie beschreiben wird, lernt man die Beschaffenheit eines beträchtlichen Strichs vom Binnenlande kennen; und giebt es westwärts von jenem Meridiane Gebirge, was indessen sehr zu bezweifeln steht, so wird man sie erblicken, ja selbst, wenn sie nicht zu entlegen sind, besuchen können; indeß die verschiedenen Flüsse, deren es in einem Raume von fünftehalb Breitengraden ohne Zweifel viele giebt, auf ihrem Laufe von der östlichen Theilkette westlich ins Innere hinein, zu wiederholten Malen gekreüzt, und ihrer Richtung und Neigung nach bestimmt werden.

Unter allen Küsten des Kontinents von Australia verdient die nordwestliche insbesondere eine genaue und sorgfältige Untersuchung, weil sie zu der Hoffnung ermuthigt, daß sich an ihr die Mündungen großer Binnenströme entdecken lassen. Schon vor länger als hundert und dreißig Jahren fand der berühmte Seefahrer Dampier, daß die südlichen Gegenden von De Witt's Land aus einer Reihe Inseln bestehe (die jetzt seinen Namen führen), zwischen denen er ein so außerordentliches Steigen und Fallen der Fluth bemerkte, daß er auf den Gedanken kam: der nördliche Theil von Neü Holland sei von dem südwärts gelegenen Lande vermittelst einer Straße getrennt; ‚wenn nicht,' sagt er, ‚die daselbst bemerkten hohen Fluthen und Landeinschnitte von irgend einem großen Strome verursacht werden, der an jeder Seite seiner Mündung oft niedriges Land und innerhalb derselben viele Inseln und Untiefen hat.' Diese Meinung, sagt Kapt. Flinders, unterstützt er durch eine schöne Induktion von Thatsachen; wie denn auch die zwölf Meilen breite Öffnung, welche von Vlaming's zwei Schiffen in dieser Küstengegend gesehen wurde, und in welcher sie keinen Ankergrund finden konnten, Dampier's Voraussetzung bekräftigt.

Was diese frühern Seefahrer bemerkten ist neüerlich mehr als zur Genüge vom Kapt. King bestätigt worden, dessen ausführlichere Beobachtungen über den Karakter der Gezeiten, der rauschenden Kraft der Strömungen, und anderer Phänomene in diesen Tropen-Gestaden zu dem Schlusse führen, daß, wenn dieses eigenthümlich gebildete Land Ströme enthält, die ihrer Größe nach mit denen anderer Kontinente verglichen werden können, die Mündungen derselben bestimmt an dieser ausgedehnten Küstenlinie aufzufinden sein werden.

Beim Schluß der Aufnahmen des zuletzt genannten erfahrnen Seemanns im Jahre 1822, ist zwischen Dampier's Archipelagus, in Latitudo 22°, und Kap Hay, in Lat. 14°, eine Küstenlinie von ungefähr fünfhundert Meilen Länge weder aufgenommen noch gesehen worden. Überdieß hat man Grund zu glauben, daß selbst in denjenigen Küstenstrecken, welche wärend Reisen, die vier und fünf Jahre dauerten, untersucht wurden, manche Gegend aus großen

Inselgruppen bestehen werde, — indem das Gestade des vesten Landes selbst, wahrscheinlich, weit gegen Osten gelegen ist.

Zur Vervollständigung der Aufnahme dieses bedeütenden Küstensaumes, würde ein, zu diesem verwickelten und gefährlichen, zugleich aber auch höchst interessanten Zweck eigends ausgerüstetes, Schiff auf ein Mal die große geographische Frage lösen, — ob Australia, das mit Eüropa von nahe gleicher Größe ist, an seiner Küste einen Fluß entlade oder nicht, der groß genug sei, um vermittelst einer langen, ununterbrochenen Schifffahrtslinie in die innersten Regionen des Kontinents zu fahren; denn nur allein vermöge eines solchen Stromes können wir eine Kenntniß über die Beschaffenheit und die Ertragsfähigkeiten der fernen Gegenden des Binnenlandes erlangen, und die Erzeügnisse des Bodens einst an die Küste schaffen.

* * *

[Im Juni 1832 wurde der folgende Auszug eines Briefes vom Obrist-Lieutenant Dumaresq (Neü Süd Wales) der Königlichen geographischen Gesellschaft von ihrem Vice-Präsidenten, Herrn Hay, mitgetheilt.]

Ich muß Sie jetzt von einem Bericht in Kenntniß setzen, den ein Mann, Namens Barber, (der eines verübten Straßenraubs wegen zur Deportation verurtheilt worden ist) abgestattet hat, nachdem er die letzten fünf Jahre unter den Ingebornen des Binnenlandes verlebte.

Er wurde kürzlich von einer Abtheilung der berittenen Polizei ergriffen und behauptet, Neüholland zwei Mal in nordwestlicher Richtung durchschnitten zu haben. Seiner Aussage zufolge erreichte er die nördliche Küste, indem er einem Flusse nachzog, welcher am Westende derjenigen Gebirgskette entspringt, welche die Liverpool-Ebenen begränzt und diese von den Thälern des Goulburn und Hunter Flusses scheidet. Dieser Fluß soll in einem breiten und tiefen Kanal fließen, viele hundert Meilen weit kein Hinderniß zu seiner Beschiffung haben und zuletzt in einen Landsee von großem Umfange fallen, dessen Vereinigung mit dem Ocean er nicht erkennen konnte. Die Küstenbewohner sagten ihm, daß der See von Fremden besucht würde, um wohlriechendes Holz zu holen, von dem sie eine große Menge mit sich hinwegführten. Diese Fremdlinge werden sehr gefürchtet; sie sollen mit zwei Speeren, ‚einem langen und einem kurzen‘ bewaffnet sein, von denen allein der letztere geworfen wird (wahrscheinlich Pfeil und Bogen). Sie kommen in Kanoes, welche von Holz gezimmert, und nicht von Baumrinde zusammengefügt sind, wie die Kanoes der Ingebornen; ihre Kleidung besteht in einem hemdartigen Überwurf, der bis auf die Elnbogen reicht, und einem Paar Pumphosen, welche nicht bis unters Knie herabgehen. (Malaien).

Barber sah die Stümpfe vieler Baüme, die mit einer Axt abgehauen waren, auch einen Mann, welcher mit einem der erwähnten kurzen Speere eine Wunde bekommen hatte; die, wie die Ingebornen sagen, mit großer Kraft und Sicherheit geworfen werden. Barber's Erzählung ist im Ganzen sehr ausführlich; und Major Mitchell (der General-Landmesser) steht auf dem Punkt abzureisen, um über die Existenz einer Theilungskette zwischen den Quellen der von Kapt. Sturt südwärts verfolgten Flüsse und der von Barber erwähnten Gewißheit zu erlangen. Sollte sich dieser Punkt als faktisch ausweisen, so ist vielleicht kein Grund vorhanden, die wesentlichen Umstände in des Letztern Erzählung zu bezweifeln. Er ist ein sehr verständiger, und dabei außerordentlich schöner Mann; über den ganzen Körper ist er tätowirt; die Gewohnheiten der inheimischen Schwarzen hat er sich ganz zu eigen gemacht, und über diese einen gewissen Grad von Einfluß erworben, der wahrscheinlich eine Folge seiner höhern Fähigkeiten ist.

Ueber diesem Bericht und einige andere Nachrichten, welche gleichzeitig aus Neu Süd Wales eingegangen sind, hat Hr. Cunningham der Königlichen geographischen Societät nachstehende Bemerkungen mitgetheilt: —

Daß der in Rede seiende Sträfling, auf seiner Flucht ins Buschland und weiter westwärts jenseits der Liverpool-Plänen, einen nordwestlich strömenden Fluß gefunden haben soll, kann uns eben nicht verwundern, weil er weder den York, noch den Field von Hrn. Oxley, füglicher Weise vermeiden konnte, zwei Ströme, welche jene geraümigen Ebenen bewässern, und sich nach einem Lauf von mehr als hundert Meilen durch ein waldiges Land gegen Nordwesten, vereinigen um dem Darling des Kapitain Sturt zuzufließen. Daß er aber in der Folge, wärend seines langen Aufenthalts in den Wildnissen des Innern, einen Fluß quer durch das Kontinent bis zu seiner Mündung an der Nordküste verfolgt haben will, mit keinen andern Subsistenzmitteln auf einer Reise, die bis an den nächsten Küstenpunkt, dreizehn hundert Meilen beträgt, als die, welche ein australischer Wald darbietet, — oder, daß er auch nur den Willen zu einer so langen Reise gehabt haben will, auf der ihn zu begleiten, um ihm beim Anschaffen der Nahrung behülflich zu sein, er keinen Ingebornen zu bewegen im Stande gewesen sein kann, — scheint mir im höchsten Grade zweifelhaft zu sein, wenn gleich er die Gewohnheiten der Wilden angenommen hat, denn der Strich Landes, auf welchem jede inheimische Familie lebt, ist außerordentlich beschränkt und der eine Stamm vermeidet es sorgfältig das Fischerei- und Jagd-Gebiet eines andern zu betreten.

Als Barber, nach Neü Süd Wales deportirt, daselbst ankam, wurde er, dem Vernehmen nach, einem am Hunter's Fluß wohnenden Mühlenbauer und Müller, Namens Singleton überwiesen; aber diesem entlief er bald, um im Innern ein Wanderleben zu führen, das ihn über die Liverpool-Plänen an den Fuß der Arbuthnot's Kette des Hrn. Oxley brachte, ein Bergzug, welchen die Aboriginer Warren-bungle nennen. Einige Meilen westlich von diesem hohen Gebirge fließt der, von demselben Reisenden genannte Fluß Castlereagh, dessen Hauptquellen in den westlichen Ausläufern der Wasserscheidungskette liegen, von der die Liverpool-Plänen auf der Südseite begränzt sind. An den Ufern dieses Flusses stieß Barber auf einen Haufen Ingeborner, mit denen er dem Flußlaufe gegen Nordwesten abwärts folgte, nach seiner Schätzung über vierhundert Meilen weit. Diese Entfernung ist indessen sehr übertrieben, denn Kapt. Sturt hat uns gezeigt, daß dieser Fluß nach einem Lauf von höchstens hundert Meilen in den Darling fällt. Bis zu diesem Zusammenfluß scheint Barber nicht gekommen zu sein, im Gegentheil verließ er, aus einer nicht bekannten Ursache, das Ufer des Castlereagh, um eine neüe Richtung gegen Nordosten einzuschlagen. Auf diesem Wege reis'te er mit den Ingebornen einige Tage lang, als sie an dem linken Ufer eines großen Flusses ankamen, den die letztern Kin-dur oder Kiendar nannten, und der, nach Barbers Beschreibung tief, und frei ist von Katarakten, Stromschnellen und andern Hindernissen der Schifffahrt. Die Strömung dieses Flusses, welche gegen Westen geht, ist fast unmerklich, und die Ufer sind durchgängig so niedrig, daß sie mit der Wasserfläche in gleichem Niveau liegen. Längs des rechten, oder nördlichen Ufers, heißt es in der Erzählung weiter, ziehen Lachen, die von den Überschwemmungen des Flusses gespeis't werden; aber weiterhin erhebt sich der Grund zu ausgedehnten Flächen, die ohne Wasser sind. Es leüchtet ein, daß der Kiendar mein Gwydir ist, ein beträchtlicher Fluß, der aus der Vereinigung des Peel, von Oxley, und eines andern eben so großen Flusses entsteht, den ich im Jahre 1827 entdeckte. Beide stimmen in ihrem Karakter vollkommen überein, denn an dem Punkte, wo ich ihn überschritt, das ist, an seiner letzten Stromschnelle, nimmt er diese Bildung an: — bedeütende Tiefe, schleichende Bewegung des Gefälles, und niedrige Schlamm-Ufer, — welche er höchst wahrscheinlich weiterhin gleichförmig beibehält, zum wenigsten bis zu dem Punkte, wo Barber und seine inheimischen Gefährten auf ihn trafen. Und da die Lage der erwähnten letzten Stromschnelle des Gwydir, wo ich ihn auf meiner Heimreise im Jahre 1827 überschritt, Lat. 29° 38′ S., Long. 150° 20′ O., und die Richtung, welche er von da aus nach dem Binnenlande einschlägt, ungefähr NNW. ist, so kann der Punkt, wo eine nordöstliche Linie, vom Castlereagh quer durch das

Land, den Kiendar oder Gwydir trifft, ungefähr unter dem Meridian von 149° O. und dem Parallel von $29\frac{1}{4}$° S. liegen, was die Stelle, wo der Landstreicher diesen schönen Fluß zuerst sah, etwa hundert Meilen westwärts und nordwärts von meiner Fuhrt setzt, wo die Schifffahrt aufhört und die Erhöhung des Landes über den Meeresspiegel, nach Barometer-Messungen, nur achthundert und fünf und neünzig Fuß (139,9 T.) beträgt.

Nimmt man nun die Erzählung des Flüchtlings, so weit sie auf seine Reise längs des Castlereagh und sein demnächstiges Überschreiten eines großen und schiffbaren Flusses an einem Punkte, der mehrere Tagereisen nordöstlich von jenem liegt, Bezug hat, als wahr an, — und ich glaube, daß man dazu vollkommen berechtigt ist, — so haben wir, wie oben gezeigt worden, die, uns Weißen früher unbekannten Punkte im Innern, bis wohin er also vordrang, und den Fluß, welchen er, unbekannt, wie er mit dem sein mußte, was Andere bereits erforscht hatten, für eine ‚Entdeckung' hielt. Hier aber müssen wir stehen bleiben und uns aller Bemerkungen über seine fernere Reise längs jenes Flusses enthalten, dessen Erforschung der Zukunft und einem gebildeteren Reisenden vorbehalten bleibt.

Da es indessen den Anschein hat, als habe Barber zwei verschiedene Reisen durch das Innere des Landes gemacht, so kann diese als seine erste Exkursion betrachtet werden; denn aus seiner Geschichte, so weit sie mir bekanut geworden, geht hervor, daß, nachdem er zwei bis drei Jahre unter den Ingebornen gelebt hatte, er in den Dienst seines Herrn Singleton, zurückkehrte, der ihn auch aufgenommen und beschäftigt zu haben scheint. Diesem plauderte er beständig von seinen Abenteüern vor, von der Entdeckung eines großen Flusses und den üppigen Weideflächen längs seiner Ufer; ja er wußte ihn und einen andern Ansiedler in der Nachbarschaft zuletzt dahin zu bereden, daß sie eine kleine Partei zu einer Reise nach dem Flusse ausrüsteten, um ihn weiter zu untersuchen, als es das erste Mal geschehen war. Barber, als Führer, geleitete die Expedition an den Kiendar, der eine Strecke weit durch eine niedrige Gegend verfolgt wurde; eines Morgens aber, als die Leüte aufstanden, ihren Weg nach Westen fortzusetzen, war der Sträfling nebst einigen Ingebornen, welche bei der Partei waren, verschwunden, so daß die zwei übrigen Abenteürer sich genöthigt sahen, an die Rückkehr zu denken. Von Barber selbst hörte man nicht eher wieder etwas, als bis er im vergangenen Jahre von einem Detaschement der berittenen Polizei aufgegriffen wurde.

Der zweite Abschnitt in der Geschichte dieses merkwürdigen Menschen ist im Einzelnen weniger bekannt. Ohne Zweifel ist dieser Theil voll seltsamer Abenteüer; Barber scheint sich auf einer der äußersten Viehhaltereien (wahrscheinlich am Castlereagh) in den Besitz eines Pferdes gesetzt, und mit diesem die Reise längs des

Kiendar, oder Gwydir, fortgesetzt zu haben; allein wie weit er vorgedrungen, und wie das von ihm besuchte Land beschaffen ist, wird erst bei der Rückkehr des Majors Mitchell bestimmt werden können. Soviel läßt sich indessen, und wie ich glaube, mit einer gewissen Zuversicht, behaupten, daß alles das in Barbers Erzählung, was sich auf seine viele hundert Meilen weite Reise längs jenes Flusses bis zu dessen, vermittelst eines Sees an der nördlichen Küste erfolgenden Mündung in den Ocean, bezieht, — so wie der Bericht, den er von den dortigen Bewohnern (die bekanntlich gegen alle Fremden außerordentlich feindselig gesinnt sind, eine Folge ihrer haüfigen Scharmützel mit den Malaien) erhalten haben will, daß die Küste, wohlriechenden Holzes wegen, von Leüten besucht werde, die mit Pfeil und Bogen bewaffnet sind, und auf großen Kanoes schiffen, — endlich seine Beschreibung eines Thiers, welches wie ein Hippopotamus im Fluß lebt, und der großen Paviane, die in den Wäldern dieser Tropen-Gegenden hausen, — durchaus ersonnen ist, in der Absicht, die Theilnahme des Kolonial-Publikums zu erwecken und die Strafe von sich abzuwenden, die seiner wartete, nicht allein weil er, ein auf mehrere Jahre Verurtheilter, seinem Herrn davon gelaufen ist, sondern auch wegen des Verbrechens des Pferde-Diebstahls.

Auch der brennende Berg, welcher in einigen Versionen des Berichts als Anhang figurirt, und der an der Mündung jenes Flusses liegen soll, obwol dieser durch ein Land dahin schleicht, das nicht einen einzigen Berg aufzuweisen hat, scheint offenbar in der Absicht erfunden zu sein, der ganzen Entdeckung mehr Gewicht und Interesse zu geben; ja es läßt sich voraussetzen, daß sich dieser Feüerberg der erfinderischen Einbildungskraft des Landstreichers (der von allen Seiten als ein gewandter, einsichtsvoller Mensch geschildert wird) von selbst dargeboten habe, vermöge der großen Aufmerksamkeit, welche das Publikum, zu der Zeit wo er ergriffen wurde, der zweiten Reise widmete, welche einer der Hülfskapelane der Kolonie nach dem Wingen unternahm, einer Erhöhung auf dem Kamm einer Felsenkette unfern der Quellen des Hunter Flusses, welche, wie man zufällig entdeckte, im Jahr 1818 im Feüer stand, und noch immer in brennendem Zustande sich befinden soll [1].

Ferner will ich noch bemerken, daß man in der Kolonie endlich die Idee von der Existenz einer Wasserscheide zwischen den Quellen der Gewässer, welche Kapt. Sturt südlich verfolgt hat, und denen der Flüsse, welche Barber erwähnt, — oder mit andern Worten, zwischen dem Murray, dem Kapt. Sturt bis zur Mündung in Encounter Bai nachzog, und Barbers Kiendar, welcher sich mit dem Darling vereinigt, — in Gestalt einer Bergreihe, zu fassen,

[1] Ueber die Reise des Kapelans Wilton nach dem Wingen s. unten S. 117.

scheint; eine Ansicht von der Abdachung dieser Flußsysteme, welche ich, seit Hrn. Oxleys Rückkehr von seiner zweiten, im Jahr 1818 ins Innere unternommenen Expedition, unterschrieben habe. Herr Oxley war eben so gut wie ich überzeügt, daß eine Reihe niedriger Berge oder erhöhter Flächen existiren müsse, die den Lachlan und die andern südwärts von ihm fließenden Flüsse, (welche sich, wie wir gegenwärtig wissen, an der Südküste ergießen) vom Macquarie und denen Gewässern theile, die in nordwestlicher Richtung nach dem Binnenlande fließen, und deren Mündungen noch zu entdecken sind. Diese wassertheilende Bergreihe wird ohne Zweifel aufgefunden werden, wenn der Raum zwischen dem Darling Fluß in Lat. $30\frac{1}{4}°$ und dem Murray, in Lat. 34° S., eine Strecke von ungefähr vierhundert Meilen, aufmerksam untersucht wird.

* * *

Schiffe, welche vor Kurzem aus Neu Süd Wales angelangt sind, haben die Nachricht mitgebracht, daß Major Mitchell, nach einer Abwesenheit von ungefähr vier Monaten, (in Sydney) wieder angekommen ist. Gleichzeitig liefen Kolonial-Zeitungen ein, welche die nachstehenden zwei Berichte, die der Major von verschiedenen Stationen des Binnenlandes an die Regierung abgestattet hat, enthalten. Es dürfte indessen aus ihnen hervorgehen, daß keine wesentlichen Entdeckungen gemacht worden sind, indem die Expedition am weitern Vordringen jenseits der bereits bekannten Gegenden, theils durch Verlust an Proviant, theils durch den traurigen Umstand verhindert worden ist, daß zwei Leüte der Partei von den Ingebornen auf grausame Weise ermordet wurden.

,Bullabalakit, am Fluß Nammoy,
in Lat. 30° 28′ 21″ S., Long. 149° 30′ 20″ O. Decbr. 23, 1831.

,Mein Herr, — Ich habe die Ehre den folgenden Bericht über die Reise welche ich zur Erforschung des Laufs der nördlich von der Kolonie fließenden Binnen-Gewässer unternommen habe, zur Kenntniß Sr. Excellenz des Herrn Gouverneurs zu bringen.

,Beim Übersteigen der Liverpool Kette ging meine Aufgabe dahin, nordwärts vorzudringen, um die Ebenen und die hauptsächlichsten der sie bewässernden Bergströme, so wie die Bergketten zu vermeiden, welche gegen Osten liegen.

,Demgemäß kam ich auf ziemlich geradem und gleichem Wege in Walamoul, am Peel's Flusse, an; dieser Ort (eine Viehhalterei des Hrn. Brown) liegt nahe nördlich von dem gewöhnlichen Paß über die Liverpool Kette, und ungefähr eine und eine halbe Meile oberhalb der Stelle, wo Hr. Oxley jenen Fluß überschritt.

„Der Lauf des Peel unterhalb Walamoul geht fast in Westrichtung; zwei und zwanzig Meilen weit in direktem Abstande war ich seinem Ufer abwärts gefolgt, als ich ihn in einer vortrefflichen Fuhrt, welche Wallamburra heißt, überschritt. Dann ging es durch die große Ebene Mulluba und, wärend die, sich weit gegen Nordosten erstreckende Ebene Coonil zur Rechten liegen blieb, kamen wir durch einen bequemen Paß, einer Bergreihe, welche ich für Hardwickes Kette halte, deren Streichen der Richtung von zwei Strich West von Nord folgt.

„Jenseits dieses Passes, der, nach dem Berge auf der Südseite, Yeire genannt werden kann, kreüzte ich einen sehr ausgedehnten Strich flachen Landes, auf dem das Holz aus der Eisen-Borke und acacia pendula besteht; dieser Strich gehört zu einem weiten Thal, welches eine, entschieden nach Nordwesten gerichtete Abdachung hat, und auf der Südseite von der Liverpool Kette, auf der Südwestseite dagegen von Auslaüfern desselben Bergzuges begränzt ist. Zwei und zwanzig Meilen westlich von der Hardwicke's Kette steht ein sich auszeichnender isolirter Berg, Namens Bounalla; und gegen den niedrigsten Theil des Landes, wohin der ganze Wasserzug geht, ein Felsenpik, welcher Tangulda heißt. Auf der Nordseite zweigt sich ein niedriger Bergzug, Namens Wowa, westlich von der Hardwicke's Kette ab, und begränzt auf dieser Seite das große Becken, welches die Liverpool-Plänen einschließt. Der Peel ist der Hauptfluß; er nimmt alle Gewässer dieser Ebenen unterhalb der Vereinigung des Conadilly, auf, den ich für den York's Fluß, von Oxley, halte.

„Der Bergstrom ist bei den Ingebornen unter dem Namen Nammoy bekannt; sechs Meilen unter Tangulda treten die niedrigen Auslaüfer der umgebenden Bergreihen dicht an den Fluß, und trennen diese große Thalfläche von dem unbekanten Lande, das sich in der Richtung von WNW. und NNW., ununterbrochen bis an den Gesichtskreis erstreckt.

„Die dem Anschein nach ungangbare Beschaffenheit der nördlichen Gebirge veranlaßte mich, in westlicher Richtung weiter zu reisen. Bei Untersuchung des Landes dreißig Meilen Nord-Ost gen Nord von Tangulda erstieg ich einen hohen Bergkamm, der sich westlich von der Küsten-Kette abzweigt, und auf dem die senkrechten Wände von Trachyt (einem vulkanischen Gestein) das Weiterkommen zu Pferde unmöglich machte. Es war daher einleüchtend, daß der Fluß, dessen Ursprung in Lat. 28° vermuthet wird, unerreichbar, oder zum wenigsten für die Kolonie in der Richtung von keinem Nutzen sei, und daß, im Fall jenseits jener Bergkette ein nach den nördlichen oder nordwestlichen Gestaden strömender Fluß entdeckt werden sollte, die Bestimmung von Wichtigkeit sein würde, ob sich mit ihm der Nammoy vereinige, dessen Quellen so zugänglich sind, daß ich meine schwer beladenen Karren bis zu dem

Punkte gebracht habe, wo er anfängt für Boote schiffbar zu werden, indem mein gegenwärtiger Lagerplatz an seinen Ufern sechs Meilen unterhalb Tangulda gelegen ist. Von dieser Station erblicke ich das westliche Ende der Trachyt-Berge, und jetzt stehe ich im Begriff, das zwischen ihnen und dem Nammoy liegende Land, so wie die weiter abwärts liegenden Gegenden zu untersuchen; sollte es sich ergeben, daß die Beschaffenheit des Landes die Fortsetzung der Reise dahinwärts begünstigt, so denke ich am rechten Ufer des Flusses, von wo ich dieses schreibe, mein Depot zu errichten, und auf den tragbaren Booten seinen Lauf zu verfolgen.

,Ich habe die Ehre, rc.

,T. L. Mitchell, General-Landmesser.'

,An den Kolonial-Sekretair, rc.'

,Peel's Fluß, 29. Februar, 1832.

,Mein Herr, — Ich habe die Ehre, Sie, zur weitern Mittheilung an Se. Excellenz den Herrn Gouverneur, zu benachrichtigen, daß ich, auf der Rückkehr aus dem nördlichen Binnenlande begriffen, mit meiner ganzen Partei am linken Ufer dieses Flusses angelangt bin, nachdem ich den Lauf des, in meinem letzten Briefe vom 23. Decbr. v. J. erwähnten Flusses, so wie anderer Gewässer untersucht habe, welche innerhalb des 29sten Breitengrades fließen.

,Das Bette des Nammoy war durch umgefallene Baumstämme so sehr gesperrt, und der Wasserstand so niedrig, daß die tragbaren Boote auf diesem Flusse nicht mit Vortheil gebraucht werden konnten, und ich mich demgemäß genöthigt sah, zu Lande, in nordwestlicher Richtung, weiter zu reisen. Als sein Lauf sich mehr nach Westen wendete, überzeugte ich mich, daß der Nammoy dem Darling zufließe, weshalb ich seine Ufer in der Absicht verließ, die weiter nordwärts gelegene Landschaft zu untersuchen. Zu diesem Endzweck umging ich den westlichen Rand der Berge, deren in meinem letzten Bericht Erwähnung geschehen ist, und die ich auf meiner Karte mit dem Namen Lindesay Kette belegt habe. Dieses Gebirge fällt gegen Westen steil ab, und an seinem Fuße liegt eine schöne offene Gegend, von der aus Ebenen, oder vielmehr freie, wellenförmige Hügelgebilde so weit sich erstrecken als das Auge reicht. Indem ich das Gebirge umging, schlug ich meinen Weg in das jenseits desselben gelegene Land nach Norden und östlich von Norden ein, um den Fluß Kindur aufzusuchen, und kam auf diesem Wege an einen Fluß, der westwärts fließt, ein tiefes, breites

Bette, und einen permanenten Wasserstand hat, der jedoch jetzt nicht sehr hoch war.

„Die Merkmale von Überschwemmung, welche man an den Bäumen und Ufern wahrnahm, beweisen, daß seine Fluthen zu einer außerordentlichen Höhe steigen. Aus der geographischen Breite und der allgemeinen Direktion seines Laufs schloß ich, dieser Fluß müsse derjenige sein, welchen Hr. Cunningham Gwydir nennt, und, sechszig Meilen weiter oberhalb, auf seinem Wege nach der Moreton Bai überschritt. Ich folgte seinem Laufe abwärts, und untersuchte das linke Ufer-Land ungefähr achtzig Meilen weit gegen Westen, wo die Richtung des Flusses anfing, etwas gegen Süden abzulenken. Auf dem ganzen Raume, durch den mein Weg ging, empfängt er von der linken Seite keinen Zustrom vom Gebirge. Überdem war er hier, bei der anhaltenden großen Hitze, so seicht geworden, daß ich hindurch schreiten konnte; die Ufer waren niedrig, und das Bette schmal, an die Stelle des Kieses war Schlamm getreten. Ich setzte nun über diesen Fluß und reis'te nördlich, in Meridian-Richtung, bis ich in Lat. 29° 2′ einen andern Strom erreichte, der unter allen bisher gesehenen der größte war. Die Ufer bestanden aus lockerer Erde und waren zerrissen, und das Wasser hatte eine weißliche Schlamm-Farbe. Bäume, an ihren Wurzeln aus dem lokkern Boden weggespült, verstopften an einigen Stellen das Bette des Flusses. Eine kleine Art Stockfisch gab es in großer Menge, und eben so zwei andere Fische, die wir im Peel, Nammoy und Gwydir schon kennen gelernt hatten. Der Name des Flusses ist, so weit wir von den Ingebornen erfahren konnten, Karaula. Eine lange Baumstange, an einen andern hohen Baum, befestigt gab mir, als ich hinaufgeklettert war, eine Horizont-Ansicht über ein, dem Anschein nach, vollkommen ebenes Land, das mich hoffen ließ, endlich einen Fluß gefunden zu haben, der nordwärts fließe und den Darling vermeide. Demzufolge ließ ich das Boot zusammen schlagen und es von Hrn. White mit einer kleinen Partei besteigen, um einige Meilen abwärts das Bette des Flusses von den hineingefallenen Bäumen zu reinigen. Hr. White kam an ein Felsenriff und fand das Bette nebenbei mit Bäumen so angefüllt und den Lauf so gekrümmt, daß ich mich eutschloß vor der Einschiffung zu untersuchen, ob der Lanf des Flusses im Allgemeinen nach der ersehnten Richtung gehe. Ich brach daher, Hrn. White zurücklassenb, mit der Hälfte unsrer Mannschaft auf, und fand bald, daß der Karaula wenige Meilen abwärts der Stelle, wo wir ihn gefunden hatten, eine südliche Richtung einschlägt, und sich mit dem Gwydir vereinigt, nur acht Meilen unterhalb des Punktes, wo ich über diesen Fluß gegangen war. Unmittelbar jenseits des Zusammenflusses des Gwydir (welcher in Lat. 29° 30′ 27″ S. Long. 148° 13′ 20″ O. liegt) strömt er südlich von West gerade auf den

Punkt zu, wo Kapt. Sturt den Darling Fluß entdeckt hat, so daß ich nicht länger zweifeln konnte, daß dieser derselbe Fluß sei. Ich kehrte deshalb zur Partei zurück, um das Land weiter nordwärts zu untersuchen.

„Da die Resultate meiner Reise bis dahin genügend gewesen waren, so dachte ich daran, den Beweis zu führen, daß die Theilung der, nach den nördlichen und südlichen Küsten von Australia fallenden Gewässer, nicht, wie bisher angenommen worden ist, in der Richtung der Liverpool und Warrabungle Kette Statt finde, sondern sich vom Kap Byron am Ostgestade, nach Dirk Hartog's Insel im Westen erstrecke, indem die größte Ausdehnung dieses Vestlandes zwischen die genannten Punkte, und grade in die Mitte zwischen der nördlichen und der südlichen Küste fällt. Das Bassin der von mir besuchten Flüsse muß auf der Nordseite von dieser Theilungsschwelle oder Wasserfirste (dividing-ground or watershed) begränzt sein; und obschon am nördlichen Horizont kein Erheben des Bodens bemerkbar war, so ziehen doch verschiedene Klippen-Dämme durch den Fluß, über die er südlich herabfällt, indem sie sein Bette schief durchschneiden und nahe parallel laufen mit jener Wasserscheidelinie. Ohne mehr gesehen zu haben, würde ich über diesen Punkt meiner Sache nicht so gewiß sein, ginge sie nicht auch aus den Beobachtungen hervor, welche Hr. Cunningham auf seiner Reise über diese Wasserscheide nach Moreton Bai angestellt hat. Er fand die Höhe des Flusses, da, wo er über denselben ging, was ungefähr unter derselben Polhöhe aber den Quellen viel näher Statt fand, zu achthundert und vierzig Fuß (131,3 T.); ungefähr fünf und vierzig Meilen nördlicher hatte er sich zu einer Höhe von siebenzehn hundert Fuß (275 T.) erhoben, stieg dann aber gleich jenseits dieser Höhe zu einem Fluß hinab, der nordwestlich fließt, und vierzehn hundert Fuß (218 T.) über dem Meere steht: Er war also über diese höhere Wasserscheide zwischen den Parallelen von 29° und 28° gekommen. Es scheinen demnach alle Flüsse, welche wir nördlich vom Murrimbidgi kennen, zum Bassin des, nach Süden fließenden, Karaula zu gehören; und daraus erklärt sich das Verschwinden des Macquarie und der Unterläufe anderer Flüsse, denn die Ufer des Karaula, Gwydir und Nammoy tragen, wenn sie auch nicht morastig sind, doch alle Spuren von Überschwemmung, und so bedecken die vereinigten Fluthen dieser Flüsse die Niederungen und nehmen den Macquarie auf, ohne daß ein Bette ihren fernern Lauf anzeigt.

„Daß auf der Nordseite ein Bassin gefunden werde, welches die Gewässer der nördlichen Gegenden des Küstengebirgs, in einer ähnlichen Weise aufnehme, ist höchst wahrscheinlich; nicht minder daß diese Gewässer einen besser gestalteten Fluß bilden, weil der Winkel zwischen dem erhöhtem Boden, der das Becken auf der

Nordostseite begränzen muß, und der Wasserfirste auf der Südseite spitzer ist.

‚Ich machte daher die nöthigen Vorbereitungen zum Übergang über den Karaula, in der Hoffnung, zum wenigsten die Quelle eines solchen Flusses zu sehen und das Land zwei Grad nördlicher, jedoch in Nordwest-Direktion, zu untersuchen. Mein Zelt war bereits abgeschlagen und mein tragbares Boot eben in den Fluß geschoben worden, um in demselben überzufahren, als Hr. Landmesser Finch, dem ich den Auftrag gegeben hatte, eine Zufuhr Mehl zu transportiren, mit der traurigen Nachricht anlangte, daß zwei seiner Leûte von den Ingebornen erschlagen worden seien, und diese nicht allein das Mehl sondern auch Alles was er convoyirt, genommen hätten, — sämmtliches Vieh, mit Einschluß der Pferde, war ebenfalls theils zerstreût, theils verloren gegangen. Dieser Unfall bewog mich, nicht weiter vorzudringen, denn wir standrn bereits auf knappen Portionen; ich brach daher am 8ten d. vom Karaula auf, und kam auf der bezeichneten Linie zurück, die, da sie an verschiedenen Stellen durch dickes Strauchholz ausgehauen worden ist, jetzt eine offene, ziemlich direkte Verbindungsstraße von Sydney in nordwestlicher Richtung nach einem Flusse bildet, jenseits dessen die Aufnahme fortgesetzt werden kann, sobald des Hrn. Gouverneurs Excellenz es für geeignet hält.

‚Die Ingebornen hatten uns niemals beunruhigt; ich sah sie in der That auch nur, wenn wir sie überraschten, und dann nahmen sie stets Reiß aus. Den ersten Besuch empfingen wir von ihnen, als die Expedition am Karaula im Lager stand, und ich zur Untersuchung der Strom-Richtung abwesend war; sie zeigten sich sehr freûndlich, schienen aber große Neigung zum Diebstahl zu haben. Mehrere Trupps folgten uns auf der Rückkehr, zeigten aber niemals feindliche Gesinnungen; obschon es, da sie in Haufen von hundert und mehreren Mann, theils in unsrer Flanke, theils im Rücken marschirten, nöthig war, stets auf der Hut zu sein und die Nachtlager nur in vesten Stellungen aufzuschlagen, indem wir aus unsern Karren eine Wagenburg bildeten; drei Mann standen immer bewaffnet auf Posten. Es gereicht mir dabei zum großen Vergnügen, berichten zu können, daß das Verhalten meiner Leûte wärend der ganzen Dauer der Reise, unter so manchem Ungemach, bei so vielen Entbehrungen, sehr gut gewesen ist. Ich nahm ein bewaffnetes Detaschement mit nach der Stelle, wo der Überfall Statt gefunden hatte, und begrub die Leichname der beiden Leûte, die wärend der Abwesenheit des Hrn. Finch von den Schwarzen im Schlaf meûchlings ermordet worden zu sein schienen; Ingeborne sahen wir nicht, als ich an Ort und Stelle war, obwol Rauchsaûlen auf den benachbarten Bergen anzudeûten schienen, daß sie unsre Bewegungen beobachteten.

‚Unser

‚Unser heutiger Lagerplatz ist noch eine Tagreise von Brown's Station entfernt; der Hülfs-Landmesser White (der mir auf der ganzen Reise die größten Dienste geleistet hat) ist von mir beauftragt worden, die Expedition heim zu führen, indem ich ohne Aufenthalt nach Sydney reise, um die Instruktionen Sr. Excellenz des Herrn Gouverneurs entgegen zu nehmen.

‚Ich habe die Ehre zu sein, rc.

‚T. L. Mitchell, General-Landmesser.'

‚An den Kolonial-Sekretair, rc.'

Herr Cunningham hat über den Inhalt der vorstehenden Berichte folgende Bemerkungen mitgetheilt: —

Diese Expedition ging von Segenhoe aus (dem Landgute des Hrn. Potter Macqueen, an einem Arme des Hunter's Flusses gelegen) und überstieg die Wasserscheidungskette am Ursprung des Dartbrook; darauf zog sie längs des östlichen Saumes der Liverpool-Plänen nach einer Viehhalterei, welche die Ingebornen Walamoul nennen und am linken Ufer von Field's Fluß [1] des Hrn. Oxley, ungefähr eine und eine halbe Meile oberhalb des Punktes liegt, wo dieser Reisende ihn am 1sten September 1818 auf seinem Wege nach Port Macquarie überschritt. Die Lage von Walamoul (dem äußersten Viehhause eines Hrn. Brown), in dem Waldlande auf der Nordostseite von Liverpool-Ebenen, ist demnach in Lat. 31° 7′ 30″ S., und Long. 150° 12′ 30″ O.

Weil man es wegen der Gebirge, die mit Hardwicke's Kette zusammenhangen, unthunlich fand, von jener Station aus die

[1] Nach dem Karakter des Flusses zu urtheilen, von dessen Ufern Major Mitchell seine erste Depesche datirt, nicht minder nach der Richtung seiner Reise und der geographischen Lage seines Lagerplatzes ist es ganz unleugbar, daß er sich am Field, und nicht, wie er annimmt, am Peel, von Oxley, befand, der weit gegen Osten, ungefähr acht und zwanzig Meilen von Walamoul fließt und von den Liverpool-Plänen durch eine Kette felsiger Berge getrennt ist, welche keinem der Flüsse, die diese geraumigen Flächen bewässern, es gestattet, sich mit ihm zu vereinigen. Sein Lauf ist überdies nördlich (wenigstens bis zum Parallel von 30°), und nicht westlich, wie es mit dem Flusse der Fall ist, an welchem sich Major Mitchell befand, und der, wie er bemerkt, die Gewässer der Ebenen aufnimmt. Dieser ist demnach der Field des verstorbenen General-Landmessers; an dessen linken Ufer, ungefähr fünfzehn Meilen unterhalb Walamoul, ich mit meiner Reisegesellschaft im Juli 1827 rastete; der Platz, wo meine Zelte damals standen, liegt ungefähr vier und vierzig englische Meilen in OSO. von Major Mitchell's Lager an demselben Fluß im December 1831.

nördliche Direktion fortzusetzen, so beschloß Major Mitchell zuerst eine mehr westliche Richtung einzuschlagen, uud zog dieserhalb dem Lauf des Field Flusses (Nammoy der Ingebornen) auf seinem linken Ufer nach.

Der Weg lief über große Ebenen, welche inheimische Namen führen, und die obersten Gegenden der, von dem verstorbenen General-Landmesser genannten großen Thäler Camden und Barrow zu sein scheinen; das zuerst genannte ist der nordwestliche Zweig der Liverpool-Plänen und das Thal, durch welches der York von Hrn. Orley, oder der Conadilly der Ingebornen seinen Lauf nimmt, um sich mit dem Field zu vereinigen. Nachdem die Expedition diesen bis zu einer flachen offenen Gegend jenseits der Berge verfolgt hatte, kam sie an einer, auf dem rechten Ufer gelegenen Stelle an, die den Lokalnamen Bullabalakit führt, und nur ungefähr sechs Meilen nördlich von den Morästen liegt, welche Hrn. Orley (der es nicht ahndete, sich in der Nähe eines Flusses zu befinden) im August 1818 verhinderten, weiter nach Nordosten vorzudringen.

Der Field, welcher in dem genannten Jahre anhaltenden Regens aus seinen Ufern getreten war und die angränzenden Gegenden überschwemmt hatte, war jetzt so seicht und sein Bett so sehr mit Treibholz angefüllt, daß sich Major Mitchell seiner Boote nicht mit Vortheil bedienen konnte. Seine Meinung, daß der Field in den Darling falle, dürfte dahin zu berichtigen sein, daß es wahrscheinlich der Castlereagh ist, der ihn aufnimmt. Auf der Reise nach Norden zur Aufsuchung des von Barber gesehenen Flusses Kindur kam die Expedition durch ein flaches offenes Land, und nach mehreren Tagen am linken Ufer des gedachten Flusses an, der, obschon sein Bette breit und tief war, einen nur geringen Wasserstand hatte; eine Folge der anhaltenden Hitze und solaren Evaporation. Die Stelle, wo die Expedition auf diesen Fluß traf, liegt in etwa Lat. 29° 15′ S., Long. 149° 25′ O., eine Position, welche den Major Mitchell überzeugte, daß er sich an demselben Fluß befinde, welchen ich Gwydir nannte, und im Jahre 1827, sechszig Meilen höher auf, oder gegen Südosten, auf meiner Rückkehr von der Moreton Bai, überschritt.

Der Gwydir, oder Kindur, den Major Mitchell achtzig Meilen abwärts verfolgte, wird in dieser Entfernung sehr schmal, ähnlich dem Morrumbidgi (Morumbidgee) unfern seiner Vereinigung mit dem Murray. Die Expedition verließ daher seine Ufer und ging, ungefähr unter dem Meridian von 148° 20′ O., gerade gegen Norden, wo sie, nach einem Marsch von etwa dreißig Meilen, einen dritten Fluß fand, den die Ingebornen, so weit man sie verstehen konnte, Karaula nannten. Die Vereinigung dieses Flusses mit dem Gwydir oder Kindur liegt nur ungefähr sechs und dreißig Meilen[1] ONO. von der Mündung des Castlereagh in den Darling, eine Entfernung, welche als Beweis gelten kann, daß der zuletzt genannte Strom eine Verlängerung der Karaula-Gwydir Flüsse ist.

Es darf nicht unbemerkt bleiben, daß der Karaula derselbe Fluß ist, den ich auf meiner Hinreise nach der Moreton Bai, im Jahre 1827, unter dem Parallel von 29° überschritt, und damals Dumaresq nannte; sein achtzig Yards breites Kiesbette war nach einer anderthalbjährigen Dürre fast ganz ausgetrocknet und steht, wie ich oben (S. 79) gesagt habe, acht hundert und vierzig Fuß (131,3 T.) über dem Meere. Aber die Quellen dieses Flusses liegen in einer absoluten Höhe von ungefähr drei tausend Fuß (469 T.) in der großen Wasserscheidungs-Kette, welche zwischen den Parallelen von 27° und 29° längs des Meridians von 152° zieht. Da Major Mitchell auf diesen Fluß im niedrigen Binnenlande (in einer Höhe von gewiß nicht mehr als achthundert Fuß (125 T.) über dem Meere), unter Lat. 29° 2′ traf, an einem Punkte, welcher ungefähr 140 Meilen von der Stelle entfernt ist, wo ich hinüber setzte, so ist die Richtung des Flusses zwischen beiden Punkten fast gerade westlich.

Nachdem Major Mitchell die Vereinigung des Karaula und Gwydir gesehen hatte, wollte er die Reise von dem zuerst genannten Flusse nordwärts fortsetzen, in der Absicht eine Theorie zu verifiziren, die er über die Existenz einer zusammenhangenden Reihe erhobenen Bodens zu haben scheint, von der er vermuthet, daß sie unter dem Parallel des 28sten Breitengrades vom Küstengebirge in westlicher Richtung gegen die, vor der Hayfisch Bai an den Gestaden West-Australia's gelegenen Dirk Hartog's, Insel ziehe, und so die Scheide bilde zwischen den Gewässern, welche als zum System des Darling gehörend bekannt sind, und denjenigen Flüssen, die, in nördlichern Gegenden des Küstengebirgs entspringen, mit einem westlichen und nördlichen Lauf durch die Tropen-Regionen des Binnenlandes ziehen[2]. Die Umstände welche ihn an der Ausfüh-

[1] Diese Entfernung dürfte wol auf fast sechszig Meilen zu erhöhen sein. — B.

[[2] Major Mitchell gründet diese Theorie auf den Umstand, daß die Krümmung der östlichen Küstenlinie zwischen den Parallelen von 27° und 28° Statt findet, woraus er den Schluß zieht, daß die große Wasserscheidungs-Kette, welche in einer, jener parallelen, Kurve streicht, und mithin die ‚hohle Seite gegen das Innere richtet, ein sehr großes Bassin bilden müsse, welches seine Wasser unter der Breite von ungefähr 28° S. koncentriren dürfte (should).' Er erläutert diese Hypothese ausführlich in einem Schreiben an Hrn. Hay, — das von demselben der Königlichen Geographischen Societät ebenfalls mitgetheilt worden ist, — und bezieht sich auf den Ursprung und Lauf des Amazonen Stroms, als einen ungefähr ähnlichen Fall.]

rung dieses Vorsatzes verhinderten, erzählt Major Mitchell in seiner Depesche.

Die Hypothese einer, unter dem 28sten Parallel, von der großen Küstengebirgskette westlich auslaufenden ,Theilungsschwelle oder Wasserfirste' scheint indessen etwas willkürlich zu sein; denn Major Mitchell giebt selbst zu, daß von dem äußersten Punkte, bis zu dem er im Binnenlande vorzudringen im Stande war, nämlich von seinem Lager am Karaula, in Lat. 29° 2′, kein Ansteigen des Bodens am nördlichen Horizonte wahrzunehmen gewesen sei. Indem ich mich auf den (S. 76 ff. mitgetheilten) Bericht meiner im Jahr 1827 unternommenen Reise beziehe, will ich nur ein Paar Bemerkungen über den zwischen Lat. 28° und 29° gesehenen Landstrich einschalten, um zu zeigen, in wie weit die von mir gemachten Barometer Beobachtungen zur Unterstützung der Theorie des Major Mitchell dienen können oder nicht, — eine Alternative, deren Bejahung der Urheber der Hypothese als unbedenklich angenommen hat.

Wärend der ganzen Reise fand ich, daß die Binnenlandschaften durch die Wirkungen einer langen und allgemein herrschenden Dürre außerordentlich gelitten hatten. Die Weglinie lief, zwischen den Meridianen von 150° und 151°, fast gerade gegen Norden, durch mäßig gewellte Gegenden, deren mittlere Höhe über der Meeresfläche ungefähr eilf hundert Fuß (173 T.) beträgt. Als wir aber den Parallel von 29° erreichten, ergab es sich, daß wir uns um beinahe dreihundert Fuß (47 T.) gesenkt hatten zu einem dürren flachen Landstrich hinab, der sich weit und breit erstreckte und der vom Karaula oder Dumaresq, in westlichem Laufe, bewässert wird; die unmittelbaren Ufer dieses Flusses ausgenommen, wo wir eine ärmliche Vegetation fanden, ist das ganze Land umher eine wahre Wüste, durchaus entblößt von Gras oder eßbaren Kraütern. Dieser Umstand nöthigte mich eine östlichere Richtung einzuschlagen, um wieder ins Bergland zu kommen, wo wir auch glücklich genug waren, etwas Weide und Wasser zu finden, das für unsere täglichen Bedürfnisse eben ausreichte. Auf dieser neüen, nach Osten laufenden Wegelinie, auf der wir eine Woche voll großer Anstrengung zubrachten, bevor wir die großen Ebenen unter 28° Breite erreichten, stiegen wir Stufenweise in die Höhe von 811 bis 1100, 1544 und selbst 1717 Fuß (127,0; 172,3; 241,4; 268,5 T.) über dem Meere, ehe wir am linken Ufer des Condamine Baches anlangten, zu dessen Thal wir wieder über dreihundert Fuß (46,7 T.) hinabstiegen, indem sein Bette tausend vierhundert und zwei Fuß (218,9 T.) über dem Gestade von Moreton Bai steht.

Allein diese Berge bilden, trotz ihres zunehmenden Steigens bis zu einer Höhe von neünhundert Fuß (140,7 T.) über dem

Bette des Karaula, keine Wasserscheide, sondern sind bloß eine Aufeinanderfolge von Seitenzweigen, die westlich von dem Haupt-Küstengebirgszug auslaufen, und ohne Zweifel entweder mit jäh gegen das Niederland abstürzenden Koppen endigen, oder sich nach und nach verflachen bis sie endlich in dem allgemeinen Niveau der Ebene verschwinden. Daß die Struktur des Innern unter dem Parallel von 28° und dessen Umgebung wirklich so beschaffen sei, glaube ich als ausgemacht annehmen zu können, nach dem zu urtheilen, was ich von dem nordwärts gelegenen Lande auf meinem Standpunkte in Lat. 29°, bevor ich die Richtung nach den östlichen Bergen einschlug, gesehen habe: zwischen den Kompaßstrichen Nord gen Ost und Nordwesten lag nichts als eine ebene, öde Wüste vor mir ausgebreitet.

Eine andere Expedition, welche zur Erforschung der nördlichen Landschaften, jenseits des Karaula oder Dumaresq, über den Punkt hinaus, wo Major Mitchell's Reise, in Lat. 29°, endigte, abgefertigt wird, dürfte höchstwahrscheinlich im Westen des 150sten Meridians eine Gegend finden, welche sich durch mehrere Breitengrade ununterbrochen als flache Ebene erstreckt; überdieß dürfte es sich ergeben, daß der Condamine Bach, statt vom Karaula durch eine westlich ziehende ‚Theilschwelle' getrennt zu sein, in diesen sich ergießt, und somit einen kleinen Zufluß des Darling von Kapt. Sturt bildet, von dem er in der That höchst wahrscheinlich nicht ein Mal der nördlichste Zweig ist.

Obschon auf der letzten Expedition kein neuer Fluß entdeckt worden ist, so hat ihr Führer doch die bereits bekannten Gewässer weiter gegen Westen verfolgt, als es vor ihm geschehen war, und dadurch ihre Abdachung gegen den Kanal des Darling nachgewiesen. Er hat überdem gezeigt, daß die Erzählung des flüchtig gewordenen Sträflings größtentheils eine Erfindung ist; die Frage aber, was aus dem Darling, jenseits des Punktes, werde, wo Kapt. Sturt an seinem Laufe umkehrte, bleibt einem künftigen Reisenden zu beantworten übrig.

A. C.

* * *

Der nachstehende Bericht über die zwei Reisen, welche der Kapelan C. P. N. Wilton, von Newcastle, in den Jahren 1830 und 1831, nach dem Wingen (Wingan) unternommen hat, ist im Auszuge aus dem Australian Almanac für das Jahr 1832 entlehnt: —

‚Der Berg Wingen liegt auf der südöstlichen Seite der Wasserscheidungs-Kette, welche das Stromland des Hunter Flusses von den Liverpool-Plänen trennt, in Lat. 31° 54' S., Long. 150°

56′ O. und auf einer Höhe von vierzehn hundert bis fünfzehn hundert Fuß (219 bis 235 T.) über dem Meere. Als ich zu Anfang des Jahres 1830 zum ersten Mal dort war, fand der Brenn-Prozeß an zwei Abhängen eines und desselben Berges Statt, dessen Felsart ein compacter Sandstein ist. Früher hatte das Feüer von der nördlichen und höchsten Höhe abwärts gewirkt, und jetzt stieg es an der entgegengesetzten und südlichen Höhe mit großer Gewalt bergauf. Dieser Umstand, daß es sich in einer Vertiefung zwischen zwei Rücken desselben Berges befindet, hat einen frühern Reisenden wahrscheinlich veranlaßt, die Spalten im Berge als einen Krater zu bezeichnen; Thatsache aber ist es, daß der Felsen, wenn das unterirdische Feüer zunimmt, in mehrere konkave Klüfte von verschiedener Breite zerrissen wird, von denen ich die breiteste näher zu untersuchen Gelegenheit hatte.

„Das Gestein, eine feste Masse Sandsteins, war ungefähr zwei Fuß breit auseinander gespalten, so daß die obere und südliche Seite zu Tage lag, der auseinander gerissene Theil aber, gleichsam abwärts geglitten, und in ein Loch gefallen war, und demnach die konkave Oberfläche des erhitzten Felsens bildete. Als ich in diese Spalte bis zu einer Tiefe von etwa fünfzehn Fuß hinabblickte, sah ich, daß die Wände des Felsens in Gluth standen, die weiß war, ähnlich der Gluth eines Kalkofens, wärend Schwefel- und feüchte (steamy) Dämpfe aus der Öffnung emporstiegen, und tief unten ein Getöse sich hören ließ, als wären es Hammerschläge in Vulkans höchsteigner Schmiede! Ich stand auf demjenigen Stück des Gesteins, welches von dem obern Theil abgespalten war, und als ich einige Steine in die Spalte hinabrollen ließ, klang es, als wenn sie in einen unergründlichen Abgrund zu meinen Füßen stürzten. Die Bodenfläche des Berges, auf der das Feüer wirksam war, betrug ungefähr einen und einen halben Acker. Überall waren derartige, in der Breite abwechselnde Risse, aus der schwefelige Rauchsaülen und glänzende Flammen emporstiegen, deren Ränder Schwefel-Krystalle zur Verzierung hatten, die in der Farbe zwischen dem dunkelsten Roth-Orange, von einer eisenhaltigen Beimischung herrührend, und dem bleichsten Strohgelb, worin Alaun vorherrscht, abwechselten. Eine schwarze, zähe und glänzende Substanz, eine Art Bitumen, lag auf den Rändern einiger dieser Spalten in großer Menge. Handstücke davon konnte man, der großen Hitze und der erstickenden Dünste wegen, nur mit größter Mühe aufnehmen. Weder Lava noch Trachyt irgend einer Art waren zu sehen, eben so wenig Kohlen, obwol diese in der Nachbarschaft in großer Menge vorkommen.

„Augenscheinlich ist es, daß der Berg seit sehr langer Zeit in Feüer gestanden hat; mehrere Acker Landes oberhalb desjenigen

Theils, welcher jetzt im Brand ist, und auf dem Baüme von sehr hohem Alter stehen, sind so zu sagen verdunstet, und viele der darauf liegenden Steine haben das Ansehen von Verglasung. Das Feüer wüthet immer fort, und wird wahrscheinlich mit zunehmender Wuth fortfahren thätig zu sein. Stoffe von unten entzünden sich von Zeit zu Zeit, entweder durch Electricität, oder eine andere unbekannle Ursache, und die ausdehnenden Kräfte der Hitze und Dünste zerschellen und spalten die festen Sandsteinfelsen in ungeheüern Massen und bilden so fortwärend Risse. Die schwefligen und alaunartigen Produkte des Berges sind bei dem Kuriren der Schaaf-Raüde mit vielem Erfolg angewendet worden.'

Am Wege von Newcastle nach Red-Head stand im Jahre 1828, auf einer Strecke von nngefähr vier Meilen längs des Gestades, der Bergabhang ebenfalls in Feüer, aus dem sich Schwefel-Dämpfe entwickelten; und wo ein schönes kristallisirtes Mineral, das man bei der Untersuchung für Ammoniaksalz erkannte, am Rande der Spalten aufgelesen wurde. Dieser Brand erlosch aber im Jahre 1830; — ungleich dem Brande auf dem Berge Wingen, von dem Hr. Wilton noch folgendes berichtet: —

'Seit meinem ersten Besuch war das Feüer keinesweges unthätig gewesen; es hatte sich über eine Fläche von mehr als zwei Ackern verbreitet, und ras'te jetzt mit zunehmender Wuth auf der S. und SSW. Erhöhung; und eben so auf dem bis jetzt erloschenen Theile des Berges — der nördlichen Höhe. Die schönsten Schwefel-Krystalle lagen auf den Rändern der größern Spalten, wo das Feüer mit einer weißen Gluth brannte, und Ammoniak-Krystallen auf denen der kleinern, und aus beiden Spalten-Arme stieg unaufhörlich Rauch empor. Unaufhörlich krachte das Feüer unten, und herabgeworfenen Steine wiederhallten aus einem innern Abgrund. Die Scene von Zerbrechung, die auseinander gerissenen Felsen festen Sandsteines, die unzähligen Brüche auf der Oberfläche, das Einfallen der Schichten, die halb-verbrannten der Länge lang auf der Erde liegenden Baumstämme, und andere, das Loßreißen des Felsens, auf dem sie steheu, nur erwartend, um ebenfalls umzufallen, die verderblichen Dünste, welche mitten unter dem Getöse des innern Feüers emporsteigen, endlich die weiße und rothe Gluth der brennenden Spalten, — alles dies giebt ein Bild, welches der Zuschauer mit Bewunderung betrachtet, indem er zugleich sein Unvermögen beklagen muß, die erste natürliche Ursache des vor ihm ausgebreiteten Schauspiels mit irgend einiger Gewißheit erklären zu können.

'In geringer Entfernung von den brennenden Theilen des Wingen schlug ich einige gestaltlose Handstücke Karneol von weißer, blaßrother und blauer Farbe ab; dann auch eckige Fragmente von

Band- und Schanz-Achaten und Kugeln von Achat, von denen einige mit Krystallen, von der Größe einer Erbse bis zu der eines Hühner-Ei's, mit weißen zerstreuten Flecken darauf, erfüllt waren, die, wenn sie geschliffen und polirt werden, eine sehr schöne Varietät dieses Minerals darbieten werden. Auch auf dem Achat-Berg, der in der Nachbarschaft des Wingen liegt, sah ich verschiedene schöne Proben, sowol von den obigen beiden Arten Achat als auch weißen und blauen Karneol-Stücken; und wäre das auf dem Berge wachsende Gras nicht so hoch und dicht gewesen, so würde ich ohne Zweifel noch schönere Handstücke gefunden haben.

„Mehrere von den auf dem Berg Wingen aufgelesenen Achaten haben, wie die Untersuchung gezeigt hat, eine eisenhaltige Rinde; einige vom Achat-Berg dagegen eine Kruste von natürlichem Kupfer, wärend andere von demselben Punkte das schönste Gold-Ansehen haben. Auf dem Berge Wingen fanden wir, nur wenige Yards von der Brandstelle, ein Exemplar einer zweischaligen fossilen Muschel im Sandstein, eine Art Terebratula; eben so andere Exemplare in andern Gegenden des Berges. Von organischen Überresten, versteinerten Knochen, sind bis jetzt erst zwei Probestücke in der Nachbarschaft des Achat-Berges gefunden worden; nämlich das Sacrum irgend eines großen Thiers auf den Holdsworthy Downs, und den zweiten Wirbelknochen eines andern, ungefähr zehn Meilen westlich von Merton; aber in keinem von beiden Fällen war die Versteinerung im Gestein eingebettet, sondern lag vielmehr auf der Oberfläche des Bodens, so daß sie mit dem versteinerten Holz, welches in diesem Theile des Landes in großer Menge auf der Oberfläche vorkömmt, höchst wahrscheinlich von gleichem Alter ist. In der Nähe der Bergkette der Kingdon Ponds, welche eine der Quellen des Hunter sind und in dem Wassertheilungs-Gebirge wenige Meilen N. g. W. vom Berge Wingen entspringen, stehen Baumstümpfe aufrecht im Boden, wie es scheint an derselben Stelle versteinert, wo sie früher wuchsen. An einigen Stellen ist das Holz stark mit Eisen erfüllt.

„Ungefähr drei Meilen längs der Küste südlich von Newcastle fand man vor Kurzem unter dem Felsen und unter einer Kohlenschicht in aufrechter Stellung den Stumpf eines versteinerten Baums, der im Bruch schön schwarz aussah und in Pechkohle überging; und auf dem Gipfel des Felsens von Newcastle, wo der Telegraph steht, liegt, ungefähr einen Fuß unter der Oberfläche, in wagerechter Stellung und fast unter rechtem Winkel mit den Schichten des Gesteins, der Stamm eines andern, schön genarbten und weißen Baumes, — und beide Exemplare sind mit Kalzedon-Adern durchdrungen. Die Kohle, welche am Abhang dieser Felsen zu Tage geht, gehört zur eigentlichen Kohlen-Formation und scheint durchgängig in drei parallelen wagerechten Lagern zu ziehen, die indessen an einigen Stellen im Fallen verschieden sind. An einer Stelle der Klippe wechselt sie mit Thonschiefer, Sandstein und Schieferthon, mit Eindrücken von Blättern, ab; und an einer andern mit Kohlensandstein und einem harten Quarz-Gestein. Nieren von Thoneisenstein und Stämme und Stengel von rohrähnlichen Pflanzen im Eisenstein sieht man in großer Menge in den abwechselnden Schichten des Felsens; und an einer Stelle ein dünnes Lager Eisenstein, das durch seine Blatt-Eindrücke merkwürdig ist; wärend dünne Plättchen desselben Minerals, deren Oberfläche von viereckigen und andern manchfaltig gestalteten Durchschnitten gekreüzt ist, an verschiedenen Stellen des Gestades bemerkt werden, beide auf der Oberfläche des Felsens parallel mit den Lagern der Kohle, und in die See sich erstreckend, deren Strand sie bei niedrigem Wasser bilden.'

* * *

[Zum Schluß dieser Übersicht der Entdeckungen im Innern von Neü Süd Wales theilt der deütsche Herausgeber nachstehende Beschreibung eines Sees mit, welche Hr. Jamison von Ingebornen der Grafschaft Bathurst empfing, als er sich zu einer Reise nach jenen unbekannten Gegenden vorbereitete, die indessen vorlaüfig nicht zur Ausführung gekommen ist. Der Berichterstatter waren drei; und alle drei stimmten in der Beschreibung des Landes, des Reiseweges dahin, und des Sees selbst, überein: —

,Von Hrn. Rankin's Landgut, das am Lachlan gelegen ist, folgt man dem Laufe dieses Flusses drei Tage lang abwärts; dann geht es eine Tagereise weit in nordwestlicher Richtung nach einer Stelle, die früher eine große Wasserfläche, so groß an Umfang als Bathurst Plänen, gewesen, jetzt aber ausgetrocknet ist, und in der Mitte nur einen Sumpf übrig gelassen hat; der inheimische Name dieses vormaligen Sees ist Cowel. Von Rankin's Landgut kann man den Cowel auf geradem Wege in drei Tagen erreichen, allein man schlägt diesen Weg, obwol er durch offenes Weideland führt, nicht ein, weil es auf demselben an Trinkwasser fehlt.

,Von Cowel aus folgt man dem Laufe eines wasserreichen Baches sechs Tage lang in westlicher Direktion, am siebenten Tage geht man nordwärts von West und langt an dem großen See an, der Walambingie heißt. Zu seiner Umkreisung braucht man drei Tage, die einer Länge von fünf und siebenzig Meilen entsprechen. Der See ist sehr tief und es entsteht aus ihm ein großer Fluß, der in einer, mit dem Wellington (ob Macquarie in der Grafschaft

Wellington?) parallelen Richtung zu fließen scheint. Der Walambingie hat Überfluß an großen Fischen; an seinen Ufern halten sich Thiere auf, welche mit großen Hunden Ähnlichkeit haben; sie gehen auch ins Wasser und die Ingebornen fürchten sich sehr vor ihnen.

‚Das Wasser des Walambingie ist nicht allein süß, sondern auch außerordentlich gut. Die Ebenen um den See sind von größerem Umfang als Bathurst-Plänen; dabei ist das Land dünn mit Holz bestanden und hat einen fruchtbaren, schwarzen Boden, große, kräftige Hutungen und ist gut bewässert. Außer einer großen Menge Emus sieht man eine große Art rother Kängurus. Die Bevölkerung ist zahlreicher als im Bathurst Lande.'‚]

[Hr. Allan Cunningham hat seiner schönen Uebersicht der Entdeckungen im Innern von Neü Süd Wales eine Karte beigelegt, die eine klare Anschauung von dem gegenwärtigen Zustande unserer Kenntnisse über die raümlichen Verhältnisse des Binnenlandes gewährt Sie ist in einer deütschen Ausgabe in Stieler's Hand-Atlas erschienen, auf den ich den Leser daher zu verweisen mir erlaube. Vermehrt habe ich sie mit den Resultaten der Mitchell'schen Reise, soweit sich dieselben aus dem Bericht graphisch darstellen lassen, und beigefügt ist als Karton eine Uebersicht von der Kolonie am Schwan Fluß, die, nach den oben S. 32, Note *) erwähnten Spezialkarten in den Maaßstab der Cunningham'schen Karte von Neü Süd Wales reduzirt worden ist. — B.]

V. — Bemerkungen über Neü-Zeeland. Nach Original-Dokumenten im Ministerium der Kolonien, mitgetheilt von R. W. Hay, Esq. Gelesen den 9ten April 1832.

Neü Zeeland erzeügt Flachs in unbegränzter Menge, und eben so hat es Überfluß an schönem Holze von allen Größen und Dimensionen, für den Schiffsbau und andere Zwecke geeignet. Tausende von Schiffstonnen können allein auf den Flachshandel verwendet werden; und das Zimmerholz, das zuweilen eine außerordentliche Höhe und nicht selten sechs Fuß im Durchmesser erreicht, kann man sich in jeder beliebigen Quantität verschaffen. Das Land ist reich an Mineral- und Pflanzen-Erzeügnissen; der Boden fruchtbar, und leicht urbar zu machen.

Auf beiden Inseln giebt es große Seen. Die Zahl der Flüsse ist bedeütend; die meisten sind schiffbar, fließen durchgängig Nord und Süd und verzweigen sich in ihren Mündungen zu einer Menge Arme und Creeks. Das Steigen und Fallen der Fluth ist längs der ganzen Küste beträchtlich, am größten aber auf der Südseite;

am Kokianga Fluß, der am Nordende (von Eahai nomauwe) mündet, beträgt sie in Springzeiten vierzehn bis fünfzehn Fuß. Die Häfen und Buchten von Neu Zeeland sind vielleicht die schönsten in der ganzen Welt; ja wenige Länder besitzen welche, die gleich geraümig, sicher und leicht zugänglich wären. Das Klima ist sehr gesund und frei von den heißen und pestilenzialischen, den Anbau zerstörenden Winden, welche das Klima von Neu Süd Wales karakterisiren; auch ist das Thermometer nicht den plötzlichen Veränderungen unterworfen, die hier beobachtet werden.

Alle Nachrichten, die man zu sammeln Gelegenheit gehabt hat, stimmen darin überein, daß Neu Zeeland nichts weniger als stark bevölkert ist, troß dem, daß es ein reiches, fruchtbares und schönes Land ist. Die Ingebornen haben augenscheinlich große, an Furcht gränzende Achtung vor den Engländern, und die Haüptlinge streben danach, sich unter englischen Schutz zu begeben. Muth gehört nicht zu den Zügen ihres Karakters, wol aber Verschlagenheit, die Fähigkeit leicht etwas zu erlernen, Gewandheit, die Sucht Gepränge zu machen und Ausdauer bei großen Mühseligkeiteu und Anstrengungen. Um sie richtig zu behandeln, muß man Güte mit Festigkeit verbinden.

Was die Niederlassungen betrifft, welche auf Neu Zeeland des Wallfischfangs wegen errichtet worden sind, so können sie, da sie nur vier Monate im Jahre von Nutzen sind, erst dann permanent werden, wenn man andere Zwecke für den Sommer damit verbindet. Dazu kommt die Art und Weise, wie die Fischerei betrieben wird; denn da diese ganz auf Ausrottung ausgeht, indem die weiblichen Walle zur Zeit des Gebärens gefangen werden, so kann der Handel nicht lange mehr dauern; er wird vielmehr ganz aufhören, entweder durch die Ausrottung oder dadurch, daß sich die geplagten Thiere vom Lande entfernen. Die Fischerei ist auf die Mitte von Neu Zeeland und die Stewarts Inseln beschränkt; nördlich von Cook's Straßen kommen keine Walle vor.

Die Flachs-Niederlassungen werden schnell eine permanentere Form annehmen, wenn das gegenwärtige oberflächliche und spekulative System vor der zunehmenden Abgeneigtheit der Ingebornen den Hanf zuzurichten gewichen, und der geringe Werth, den das Produkt, seiner schlechten Beschaffenheit wegen im Mutterlande hat, gestiegen sein wird.

Wenig Aussicht scheint sich darzubieten, die Ingebornen, in einer gewissen Anzahl unter einem Führer zu versammeln. Sie sind in viele kleine Gemeinden oder Familien abgetheilt, ohne daß diese ein Haupt hätten; im Gegentheil sind sie außerst eifersüchtig auf einander und auf ihre Gleichheit. Mit Ausnahme von Sklaven giebt es keine Rang-Verschiedenheiten; jeder Freie ist dem andern gleich. In Friedenszeiten begegnet man dem Ältesten einer Familie mit einer gewissen, jedoch eben nicht großen Achtung; in Kriegszeiten erwirbt diese der Kühnste. Der Grundbesitz ist genau abgegränzt; ihre Rechtspflege ist ausgebreitet und den Strafen unterwirft man sich ohne Murren, selbst der stärkere Theil. Wir finden bei ihnen nicht den flüchtigen Geist der Insulaner in wärmeren Klimaten; es ist vielmehr ein stolzes, hochmüthiges, unabhangiges Volk, welches tief denkt, scharf überlegt, die Vergangenheit mit der Gegenwart vergleicht, an die Zukunft denkt, und eben so mürrisch und beharrlich, in Mitten seiner Nebel-Atmosphäre ist, als der Brite in der seinigen.

In den vier Stationen der Kirchen-Mission in Rangiliona, Renken, Paihia und Waimate befinden sich zu einer regelmäßigen Erziehung ungefähr dreihundert und zwanzig Neü Zeeländer, die durchschnittlich in einem Alter von sechszehn Jahren stehen. Wenn die festgesetzten Lehrstunden im Lesen, Schreiben und Rechnen vorüber sind, so wird die größere Zahl dieser Ingebornen in der Mission beschäftigt, theils als Maurer, theils als Zimmerleüte oder zu sonstigen Zwecken. Es giebt drei selbstständige Kapellen, deren jede zwei- bis dreihundert Menschen fassen kann, und wo Sonntags drei Mal Gottesdienst gehalten wird, dem die Ingebornen stets beiwohnen.

Die Ingebornen sehnen sich darnach, unter den Schutz des Britischen Gesetzes gestellt zu werden, und werden mit Vergnügen einen Jeden aufnehmen, der mit der Gewalt, dieses durchzusetzen, bekleidet ist.

[An topographischen Notizen enthält diese Mittheilung zur Erklärung einer ihr beiliegenden Karte, die, weil ihr Maaßstab kein Detail gestattet, hier nicht aufgenommen wird, Nachstehendes: —]

In die Sandy Bay (an der Nordspitze von Eahei nomauwe) ergießt sich der Fluß Rangauna; das Fahrwasser ist rein und drei Faden tief; die Fluthhöhe beträgt vierzehn Fuß. Der Fluß entspringt in südwestlicher (?) Richtung und hat einen Lauf von ungefähr vierzig Meilen durch ein fruchtbares Flachs-Land, das bis jetzt von Eüropäern nicht besucht worden ist.

Der Fluß Hoduda fällt ebenfalls in diese Bai (der Karte zufolge in eine Bucht, welche östlich von der Mündung des Rangauna liegt); er fließt durch ein schönes Waldland voll herrlichen Bauholzes; doch kann er nur von kleinen Schiffen befahren werden.

Wangaru Bai (OSO. vom Hoduda) ist ein schöner Hafen, wo die Wesleyische Mission früher ihre Station hatte. Ein schiffbarer Fluß mündet hier nicht. In der Nachbarschaft wächst schönes Fichtenholz, das aber nur mit großer Mühe an den Strand gebracht werden kann.

Die Inseln Bai, in der Sprache der Ingebornen Tokeran genannt, ist der besuchteste Hafen von Neü Zeeland; insbesondere legen hier alle Wallfischfänger, sowol britische als amerikanische, auf der Aus- und Rückreise an. Sie ist der Sitz der Kirchen-Mission, welche gegenwärtig eine sehr zahlreiche Bevölkerung um sich versammelt hat. Mit Einschluß der Missionäre und ihrer Familien leben hier über hundert Weiße.

Einige Meilen südlich von dieser Bai ist der ziemlich kleine Hafen Wangari; dann kommt man an den wohlbekannten Fluß Thames.

Taoranga liegt in der Bay of Plenty; drei oder vier Weiße sind hier mit der Flachserndte beschäftigt, ohne jedoch einen beständigen Wohnsitz zu haben.

Mascetu, eine Flachs-Ansiedlung (südöstlich von der vorigen Stelle, ebenfalls in der Bay of Plenty) von vier Weißen; sie verspricht permanent zu werden und an Wohlfahrt zuzunehmen. Die Bay of Plenty ist einer der reichsten Flachs-Distrikte der nördlichen Inseln; doch sind die beiden Flüsse Taoranga und Mascetu klein und unbequem, und die offene Reede ist gefährlich. White Insel in dieser Bai trägt einen thätigen Vulkan. Der Berg Edgecombe erhebt sich ungefähr zehn tausend Fuß (1566 T.) über die Meeresfläche.

Howkes Bai (liegt auf der Ostküste von Eahei nomauwe); — in Turanga (an der nördlichen Seite dieser Bai) ist eine Flachs-Niederlassung, wo sich fünf oder sechs Weiße aufhalten. Es giebt hier sehr schönes Zimmerholz von allen Arten, aber es ist schwer zugänglich und die Bai ist sehr offen.

Der Hafen Nicolson, (welcher an der Südspitze von Eahei nomauwe, westlich vom Kap Palliser liegt) ist eine vorzügliche Ankerstelle.

Entry Insel oder Kapiti. Hier ist die große Niederlage der Ingebornen für allen Flachs, den man auf dem nördlichen Gestade von Cook's Straßen gewinnt, weshalb er sehr stark von Schiffen besucht wird. Nach den neüesten Nachrichten befinden sich dreißig Eüropäer auf dieser Insel; einige davon sind Agenten von Sydney-Kanfleüten, die meisten aber Müßiggänger von schlechtem Karakter. Hier nahm die Brig Elisabeth Stewart den Haüptling Ranparara nebst zweihundert seiner Leüte an Bord, um sie nach Banks' Halbinsel überzufahren.

Taraaki (südöstlich vom Kap Egmont, an der Nordseite von Cook's Straßen) hat keinen Hafen, aber eine gute Reede. Hier leben acht oder zehn eüropäische Landstreicher, welche die inheimischen Sitten angenommen haben. Dieser Platz wird des Flachses wegen stark besucht. Der Berg Egmont ist ein thätiger Vulkan.

Gannet Insel (liegt vor der westlichen Küste von Eahei nomauwe, gegenüber dem) Hafen Kawia, an dessen Eingange eine Barre von zwei und einen halben Faden befindlich ist. Hier sind einige kleine Flachs-Niederlagen unter der Aufsicht europäischer Agenten von Handels-Gesellschaften in Sydney u. e. a.

Zwischen dieser Insel und dem (weiter gegen Norden mündenden) Kokianga sind die Flüsse — Wackato, seicht und mit einer gefährlichen Barre vor dem Eingange; Manuka, mit einem reinen Kanal der sieben Faden tief ist, und einem herrlichen Strom, der in nordöstlicher Richtung in der Nachbarschaft eines Arms des Thames entspringt und eines der schönsten Holz- und Flachs-Gegenden bewässert, die jedoch unbewohnt ist; — und Karpara, ein schönes Bassin von ungefähr acht Meilen in der Breite, in das sich fünf beträchtliche Flüsse ergießen, die von verschiedenen Richtungen herabkommen, und schöne Holz- und Flachs-Gegenden bewässern; — einer dieser Flüsse ist dem, auf der Ostküste der Insel mündenden Thames so benachbart, daß die Ingebornen ihre Canoen aus dem einen in den andern tragen. Doch ist die Mündung mit einer Barre belegt, deren Tiefen unbekannt sind.

Der Fluß Kokianga ist gut bekannt und aufgenommen. Die Wesleyische Mission hat hier ihren Sitz, ungefähr zwanzig Meilen oberhalb der Mündung. Eine Meile höher hinauf ist die Niederlassung, welche ursprünglich von den Herren Browne und Baine gestiftet wurde, und jetzt von Hrn. Macdowell besetzt ist. Sie dient zum Schiffbau und mehreren andern Zwecken, und beschäftigt gegenwärtig etwa zwanzig Maschinenbauer, wärend die Schiffswerft unbenutzt liegt. Im Ganzen wohnen hier zwei und fünfzig Europäer. Die mittlere Insel (Kaikolda) ist bis jetzt wenig bekannt. Längs der Westküste von Eahei nomauwe und am Gestade von Cook's Straßen sieht man gegenwärtig keine Ingebornen, und auch die Ostküste ist sehr schwach bevölkert.

Cloudy Bai (an der Insel Tawai Poenamu, am südlichen Eingange von Cook's Straßen) ist der Haupt-Sammelplatz der Schwarz-Wallfischfänger. Die Fischerei wird durchgängig in den zahlreichen kleinen Buchten betrieben.

Banks' Halbinsel ist der Schauplatz des schauderhaften Gemetzels der Brigg Elisabeth Stewart; hier haben die Ingebornen den nördlichsten Ort auf der Insel.

Preservation Harbour und Chaldy Bai (an der Südwestspitze von Tawai Poenamu) sind beide schöne Häfen. Hier sind mehrere Niederlassungen von Wallfischfängern. Die Mittel Insel wird von den Schwarz-Wallfischfängern besucht, die zu Van Diemens Land gehören.

Im Jahre 1818 wurden 60 Tonnen neu zeeländischen Flachses von Sydney nach England geschickt; der Werth belief sich auf

2600 L. Strl. Im Jahre 1830 machten acht und zwanzig Schiffe, jedes im Durchschnitt von $110\frac{25}{26}$ Tonnen, zusammen sechs und fünfzig Reisen nach Neu Zeeland; der Gesammt Tonnen-Gehalt betrug mithin 5888 Tonnen. Im selben Jahre machten sechs und zwanzig verschiedene Schiffe, vom mittlern Gehalt von $114\frac{19}{26}$ Tonnen jedes, sechs und vierzig Heimreisen nach Sydney; zusammen betrug mithin ihr Gehalt 4959 Tonnen.

Von acht und siebenzig Schiffen, die von Sydney ,nach fremden Ländern, den Südsee Inseln und auf die Fischerei' ausklarirten, waren sechs und fünfzig nach Neu Zeeland bestimmt; und von vier und sechszig die unter demselben Titel anlangten, kamen sechs und vierzig von eben daher.

VI. — Beschreibung der Deception (Taüschung) Insel, einer der Neü Shetländischen Inseln. Ein Auszug aus dem Privat-Tagebuch des Lieutenants Kendal, a. d. K. M., am Bord der, unter dem Befehl des Kapt. Foster zu einer wissenschaftlichen Reise abgefertigten Königl. Korvette Chanticleer. Mitgetheilt von John Barrow, Esq., M. d. K. S. Gelesen den 24sten Januar 1831.

[Die Gruppe der Neü Shetland Inseln sind in der neüesten Zeit von Hrn. Smith, einem Master der Königlichen Marine, entdeckt, oder, richtiger gesagt, wieder entdeckt worden. Dirk Gherritz, Befehlshaber eines der fünf Schiffe, welche im Jahre 1598 von Rotterdam abgesegelten zur Aufsuchung eines westlichen Weges nach Indien [1], wurde auf der Höhe des Kaps Hoorn von seinen Gefährten getrennt, und von stürmischem Wetter bis zum 64° südlicher Breite verschlagen, wo er ein hohes Land entdeckte, das aus schneebedeckten Bergen bestand und mit der Norwegischen Küste Aehnlichkeit hatte; kein Zweifel daß dieses die in Rede seiende Inselgruppe gewesen. Sie scheint eine Fortsetzung der Cordillere der Andes, und des Archipelagus des Feüerlandes zu sein; denn sie besteht zum größten Theil genau aus derselben Formation, wie die genannten Gebirgs- und Landstriche, selbst ihre Schichten haben dieselbe Neigung. Das Eiland aber, welches hier beschrieben wird, ist durchaus vulkanisch; und sein kreisrunder Krater hat die auffallendste Aehnlichkeit mit dem der Insel Amsterdam, oder St. Paul, wie sie von Einigen genannt wird [2], die in der Mitte zwischen dem Vorgebirge der guten Hoffnung und Australia im indischen Ocean gelegen ist.

Zudem

[1] Es war dies das Geschwader unter Kommando des Admirals Simon de Cordes. Dirck Gherritz (richtiger Dirk Gerritz, abgekürzt für Gerrit-Zoon, d. h. Dietrich Gerhards Sohn, de Brosse giebt ihm den Vornamen Theodor) befehligte die Jacht ‚die freüdige Botschaft.' Die Entdeckung geschah am 7. Sept. 1599. Smith ist übrigens nicht der erste, welcher Gerrits-Land im Jahre 1819 wieder gefunden hat; schon in den Jahren 1812—13 war es, wie mein würdiger Freünd Horsburgh berichtet, eine Station für anglo-amerikanische Seehundsfänger aus New York, die aber die Entdeckung verheimlichten, um sich die dortige Fischerei, gleichsam als Monopol, zu sichern. — B.

[2] Amsterdam und St. Paul sind bekanntlich zwei Inseln, die nahe unter Einem Meridian siebenzehn große Seemeilen von einander entfernt liegen. — B.

Zudem ist die Gestalt beider Inseln der Lagunen Form, die bei Neun Zehntheilen der zahllosen niedrigen Korallen Inseln gefunden werden, welche über die Tropen-Gewässer des Stillen Oceans zerstreut sind, so ähnlich, daß ich, schon vor vielen Jahren auf den Gedanken gekommen bin: diese außerordentlichen Werkstätten, die Schöpfung kleiner Seewürmer, seien zum größten Theil auf den Rändern unterseeischer Vulkan-Kratere aufgebaut, welche so weit an den Wasserspiegel reichen, um jenen Geschöpfen die, zu ihrer wundervollen Thätigkeit, dem ewigen Schaffen neuer Inseln, erforderliche Quantität an Licht und Wärme zugänglich zu machen [1]. Diese Betrachtung giebt der hier folgenden Beschreibung vielleicht noch mehr Interesse. — John Barrow.]

1829. Januar 5. Der Nebel vertheilte sich, und das öde, einsame Gestade von Shetland lag vor unsern Blicken. Das erste, was wir entdeckten, war das Gebirgseiland, die westlichste Insel der Gruppe, die nach ihrem Entdecker Smith's Insel genannt worden ist; einen traurigeren Anblick von wilder Wüstenei habe ich nie gehabt. Das Eiland steigt jäh empor aus den Wasserfluthen und thürmt sich in der Mitte zu einer Höhe von sechs bis sieben tausend Fuß auf; leicht kann man es für einen ungeheuern Eisberg halten, denn nur einige Stellen an den Abhängen, — die zu senkrecht sind, um den Schnee, womit sonst überall die Insel bedeckt ist, halten zu können, — tritt der schwarze Fels hervor und bildet mit der blendenden Weiße der umgebenden Scene einen außerordentlichen Gegensatz. Eisberge waren in großer Zahl nach allen Seiten hin zerstreut; ein Mal wurden nicht weniger denn ein und achtzig zu gleicher Zeit gezählt. Ein gewaltige Fluth setzte ein und die Höhe des Landes — dem wir im Nebel näher gekommen waren, als wir es ohne ihn gewagt haben würden, — brachte die Segel in Ruhe, die unbenutzt gegen die Masten klatschten, indeß das Schiff zu gleicher Zeit nach der Willkür der Strömung hin und her getrieben wurde.

Aus dieser unangenehmen Klemme erlös'te uns ein heftiger Windstoß, der ohne irgend ein Warnungszeichen plötzlich erfolgte; da er indeß einen dicken Nebel in seiner Begleitung hatte, so war die unermüdlichste Wachsamkeit und die thätigsten Maaßregeln erforderlich, um den zahllosen Eismassen auszuweichen, von denen umgeben zu sein, wir uns bewußt waren.

Im Laufe des folgenden Nachmittags zeigte uns ein theilweises Verziehen des Nebels mehr Land, welches sich längs des südöstlichen Horizontes erstreckte. Gleich Smith's Insel war es nur an den zahlreichen Eisbergen zu erkennen, die es umgaben, an der aufgethürmten Höhe seiner Berge, und der schwarzen Felsen-Borte,

[1] Eine Ansicht von der Bildung der Korallen Inseln, welche seit lange von Steffens aufgestellt und entwickelt worden ist. — B.

welche die Wasserlinie einfaßte. Am nächsten Morgen war das Wetter außerordentlich klar und so viel Land zu sehen, daß wir, beim Mangel genauer hydrographischer Beschreibung im Ungewissen darüber waren, wo wir uns befanden, bis daß die Bergkegel von Smith's Insel im nordwestlichen Quartier, in der Entfernung von fünf und sechszig Meilen wahrgenommen wurden. Um diese Zeit war das Schiff von einer ungeheüern Menge von Wallfischen, Pinguinen und Sturmvögeln umgeben, die, nach ihren lustigen Sprüngen zu urtheilen, wohl bedacht waren, die wenigen Augenblicke schönen Wetters aufs beste zu benutzen, welche ihnen die Jahreszeit dieser öden Gegend so sparsam zutheilt.

Diese Zwischenzeit schönen Wetters wurde zur Bestimmung der Position des Schiffortes benutzt; Nachmittags, als wir uns neben einem vorspringenden Kap befanden, verließen Kapitain Foster und ich das Schiff, in der Absicht, eine Landung zu versuchen und das in Besitz zu nehmen, von dem wir glaubten, daß es eine neüe Entdeckung sei.

Als wir das Vorgebirge erreichten fanden wir die Brandung so gewaltig, daß wir unsern Zweck nur durch Einlaufen in eine der zahlreichen Buchten des Kaps erreichen konnten, und selbst hier war es nichts weniger als leicht, — denn das Land besteht aus einem Haufen nadelförmiger mit Schnee bedeckten Gipfel und ist nur dadurch zu erreichen, daß man die Gelegenheit wahrnimmt, wo eine Woge zurückprallt, um vom Boot ans Ufer zu springen. Am Landungsplatz wurde ein kupferner Cylinder deponirt, der eine Schrift mit der gewöhnlichen Nachricht enthielt. Nachdem wir die nöthigen Messungen angestellt hatten, kehrten wir nach dem Schiff zurück, dessen Kurs jetzt auf Deception Insel gesetzt wurde, welche die auf den Robbenfang ausgehenden Schiffe als die beste Hafenstelle von Süd Shetland schildern.

Possession Kap liegt in Lat. 63° 48′ S. und Long. 61° 45′ W. Wir schlugen einige Handstücke des Gesteins und nahmen eine kleine Quantität rothen Schnees mit, ähnlich demjenigen, welcher in den arktischen Regionen gefunden worden ist.

Die Deception Insel erblickten wir am folgenden Tage, — ihre Lage war an einem bei ihr liegenden insulirten Pik zu erkennen, dem die Robbenfänger den geeigneten Namen Sail Rock (Segel Fels) beigelegt haben. Die Ähnlichkeit mit einem Schiff ist in der That so überraschend, daß es uns schwer fiel, das Gefühl zu unterdrücken, welches die scheinbare Anwesenheit eines Gefährten natürlicher Weise hervorrufen mußte.

Deception Insel bietet ein ganz anderes Ansehen dar, als die übrigen Inseln der Gruppe. Die Wärme des Bodens und die Schwärze der verloschenen Kohlen geben ihr eine größere Ähnlichkeit mit dem Westlande als dies bei den andern Eilanden der Fall ist; dann sind auch ihre Felsen von dem Schneekleide jener entblößt.

Auf der Südseite ist eine Öffnung von ungefähr sechs hundert Fuß Breite, welche den Eingang zu einer Art Landsee oder Binnenmeer bildet. Dieser See, der etwa fünf Meilen im Durchmesser hat, nähert sich außerordentlich der Gestalt eines Kreises, und da der Durchmesser der Insel selbst nur acht Meilen beträgt, so bildet das Land eine Art Ring um jenes Bassin.

Der Hauptheil der Insel besteht aus abwechselnden Lagern von Asche und Eis, als wenn der Schnee jedes Winters wärend einer Reihe von Jahren am Schmelzen im folgenden Sommer durch den Auswurf von Kohlen und Asche in irgend einem Theile, wo vulkanische Thätigkeit noch immer im Fortschreiten begriffen ist, verhindert worden wäre; und daß dieses der Fall, scheint durch die Thatsache bekräftigt zu werden, daß zum wenigsten hundert und fünfzig Löcher wahrgenommen wurden, welche Dampf mit einem lauten zischenden Getöse ausstießen, und die von der Spitze eines der Berge gesehen wurden, die unmittelbar über der kleinen Bucht sich erheben, wo der Chanticleer vor Anker lag.

Die Tiefe des Sees beträgt sieben und zwanzig Faden über einem Kohlenbette. Am Strande, der aus derselben Materie besteht, zeigen eine Menge heißer Quellen, das außerordentliche Schauspiel eines Wassers von 140° (48° R.) Wärme, das aus einem schneebekleideten Boden hervorschaümt und in ein Meer sich ergießt, dessen Wasser selten die Temperatur des Frostpunkts übersteigt. An einigen dieser Quellen sammelte man Alaun und die Leeseite des Strandes war mit Bimsstein in ungeheürer Menge überschüttet. Die Berge, deren Höhe ungefähr ein tausend acht hundert Fuß (281 Toisen) beträgt, bestanden hauptsächlich aus Tuff, Schlacken und einer rothen, Ziegelstein ähnlichen Substanz; doch wurden an einigen Stellen Spitzen von Obsidian und harter fester Lava gesehen. Die Felsen auf der Nordseite des Eingangs steigen senkrecht zu einer Höhe von acht hundert Fuß (125 T.) empor und scheinen von älterer Formation zu sein als die übrigen Theile der Insel. Auf diesen ragt ein kleiner Fels hervor, der an seinem Gipfel die vollkommenste Ähnlichkeit mit einem Hahn hat, der, mit ausgespreizten Flügeln einen andern „Chanticleer" (Krähhahn) willkommen zu heißen scheint.

Die Insel ist von Pinguinen bevölkert, von deren Nestern der betaübendste Lärm erschallt, der das Ohr des Vorübergehenden mit Tönen berührt, die nicht disharmonischer sein können. Unser Hauptvergnügen, in Augenblicken der Muße, war, ihre Bewegungen zu beobachten, denn ihre Stellungen waren höchst possirlich und ihre Neügierde ohne Gränzen; und obschon wir sie beständig vor uns hatten, so mußten wir stets herzlich lachen, wenn wir die

Nester besuchten, um einige von ihnen zur Speise zu holen. Sie verhielten sich ganz ruhig bis sie mit einem Stock niedergeschlagen wurden, wo sie sich mit Schnabel und Füßen mannhaft zur Wehre setzten. Es läßt sich annehmen, daß in der Hälfte des Decembers zwei Schiffe, von der Größe des Chanticleer, mit den Eiern der Pinguinen voll auf beladen werden können; aber um diese Zeit werden die Jungen bald flück und der Lärm, Unrath und der Gestank, welchen ihre Nester aushauchen, ist in der That fast unerträglich.

Außer den Pinguinen fanden wir See-Leoparden, Port Egmont Hühner, Pintados und verschiedene (andere) Arten von Sturmvögeln, welche in Felsenspalten brüten. Es giebt hier nichts was an Pflanzenwuchs erinnere, eine kleine Art von Lichen ausgenommen, deren Anstrengungen ihr Dasein in dem spärlichen Boden, der den Pinguinen Mist darbietet, zu bewahren, fast unwirksam sind.

Wärend unseres hiesigen Aufenthalts wurden einige See-Leoparden erlegt, die verschieden waren von denen, welche Hr. Weddell beschreibt; denn sie hatten einen kürzern Hals und behaarte Füße. Auch haben sie im Magen eine überaus große Ader, welche unser Arzt für das Behältniß einer so großen Menge Bluts erkannte, als erforderlich ist, um beim Verfolgen ihrer Beute sehr lange unter Wasser auszuhalten. Wir fanden Fische in ihren Magen; alle Versuche mit dem Schlagnetz waren aber ohne Erfolg.

Drei Tage nach unsrer Ankunft gelang es uns erst, das Schiff in Sicherheit zu bringen, der Heftigkeit der Windstöße und der Beschaffenheit des Grundes willen, der durchweg aus Kohlen besteht, in denen die Anker keinen Widerhalt fanden. Zuletzt gelang es uns das Schiff in einer kleinen Bucht festzulegen, wo wir dann keine Zeit verloren unser Observatorium zu errichten, — wohl wissend, daß die Beobachtungen von der Jahreszeit nur zu sehr abhangig seien.

Indessen war es ein freudenloses Werk. Der Nebel herrschte so haüfig, daß wir in den ersten zehn Tagen weder Sonne noch Sterne sahen, dazu war es rauh und kalt auf eine Weise, wie ich mich nicht erinnere, es jemals in den arktischen Regionen, selbst beim niedrigsten Thermometer-Stande, erlebt zu haben. Zu diesen Unbehaglichkeiten des Wetters kam noch die knappe Ration, auf die wir beschränkt waren, und die nur so viel betrug, als zum Frühstück eines gesunden Menschen nöthig ist. Wir waren so gierig, daß die Zahl der Pinguinen, welche wärend unseres Aufenthalts verzehrt worden sind, nach einer mäßigen Rechnung auf mindestens sieben tausend veranschlagt werden kann; nur die außerste Noth konnte uns dazu zwingen; selbst eine Portion See-Leopard, der in seinem eignen Fett gebraten wurde, erachteten wir für ein schmackhaftes Gericht. Troß alle dem vollführten wir unsere Operationen;

ich insbesondere nahm in einem Boote mit vier Mann die Insel auf und schlief des Nachts auf dem Aschenstrand, keinen andern Schutz habend als ein leichtes Baumwollen-Zelt.

Wärend der Aufnahme sahen wir an der Nordostseite der Insel mehrere Planken von einem großen Schiffe, halb in den Sand vergraben, und außerdem einige Fässer und eiserne Reifen. Am Rande einer kleinen Bucht wurden ebenfalls Spuren eines frühern Besuchs wahrgenommen, wahrscheinlich von Robbenfängern, denn es waren Gebaüde, deren schwarze Oberfläche anzeigte, daß hier Feüer gewesen war. Auf dem Berge, welcher unmittelbar über dieser Bucht sich erhebt, bemerkte ich einen Grabhügel; in der Vermuthung daß hier etwas Interessantes vergraben sei, öffneten wir denselben und fanden einen roh gearbeiteten Sarg, dessen verfallener Zustand kund gab, daß er seit langer Zeit der Erde anvertraut gewesen, indeß der Leichnam kaum eine Spur von Verwesung anzeigte. Die Beine waren übereinander gelegt und der Körper mit der Jacke und der Mütze eines Matrosen bekleidet, aber weder diese Kleidungsstücke noch die Gesichtsbildung deüteten auf einen Engländer. Die Steine wurden wieder zurecht gelegt und ein Pfahl errichtet, mit einer Inschrift, in der Hoffnung dieses ehrwürdige Denkmal vermittelst derselben vor jeder fernern Belästigung zu bewahren.

Auf einer Landspitze der Bucht, wo das Schiff lag, wurde ein Thermometrograph eingegraben, so daß künftige Besucher in den Stand gesetzt sind, die extremen Temperatur-Grade dieses Klima kennen zu lernen.

Als die Bucht sich mit Eis zu belegen anfing, traten wir unsere Abreise an, die mit nicht geringen Mühseligkeiten verknüpft war; denn der Wind wüthete fürchterlich und hatte schon zuvor alle unsere Zelte umgerissen und viele unsrer Instrumente zerbrochen. Wir verließen die Bucht am 8ten März, gerade zwei Monate nach unsrer Ankunft, unter den Akklamationen von Tausenden von Pinguinen, die den mißklingendsten Chorus krächzten; es war in der That auch für uns ein Freüdentag, als die Gestade von Deception aus unserm Gesichtskreis verschwanden.

[Kapt. Robert Fildes besuchte in den Jahren 1821 und 1822 die Neü Süd Shetländischen Inseln. Seine, auf dieser Reise gemachten Bemerkungen empfing ich im Januar 1827 von dem Admiral von Krusenstern, der sie seiner Seits der Mittheilung des englischen Hydrographen Purdy verdankte. Dieses handschriftliche Tagebuch habe ich, deütsch übersetzt, in meiner geographischen Zeitschrift (Hertha, IX. Bd., S. 442 bis 474) bekannt gemacht. Es enthält, so viel mir bewußt, die ausführlichste Beschreibung von Gerritsland (wie man wol eigentlich den Neü Süd Shetlands Archipelagus nennen sollte), welche bisher bekannt geworden. Kapt. Fildes Bemerkungen über die Taüschung Insel stimmen im Wesentlichen mit der hier gegebenen Beschreibung des Lieut. Kendal vollkommen überein. — B.]

VII. — Einige Bemerkungen über die Geographie des Südendes von Amerika, nämlich des Feuerlandes und der Magalhaens-Straße; gegründet auf die, von den Königl. Schiffen Adventure und Beagle, in den Jahren 1826 bis 1830 angestellten Vermessung dieser Küsten. Vom Kapt. Philipp Parker King, M. d. K. G., u. s. w., Befehlshaber der Expedition. Gelesen den 25sten April und 9ten Mai 1831.

Betrachtet man die große Küsten-Ausdehnung, welche der südliche Theil dieses Kontinents enthält, so muß es nicht wenig Wunder nehmen, daß sie, obschon ihre Gewässer im Lauf des letzten Jahrhunderts so häufig beschifft wurden, selten besucht und erforscht worden sind. In den letzten acht oder zehn Jahren aber ist dieses Küstenrevier der Sammelplatz für sehr viele englische und amerikanische Schiffe gewesen, die auf den Robbenfang ausgehen, und demjenigen Theil ihrer Mannschaften, der sich nicht blos mit dem Gewerbe beschäftigt, sondern auch mit Beobachtungen abgiebt, sind viele seiner verwickelten Zufluchtsörter wohl bekannt; allein da die Kenntnisse, die sie aus ihren Erfahrungen abgeleitet haben, nur in einem einzigen Falle, dem von Hrn. Weddel's Reise, bekannt geworden sind, so ist daraus für unsere Karten seit den letzten fünfzig Jahren eine wesentliche Verbesserung nicht hervorgegangen.

Die Ostküste von Patagonien, unter welchem Namen das Land zwischen dem Rio de la Plata und der Magalhaens Straße bekannt ist [1], und eben so die Nordostseite des Feuerlandes wurden von Malaspina aufgenommen; und die Karten, welche aus dieser Vermessung hervorgegangen sind, wetteifern nicht allein mit jedem gleichzeitigen Werke in Hinsicht auf Genauigkeit und Ausführlichkeit, sondern sind auch jetzt noch für die allgemeinen Zwecke der Schifffahrt völlig ausreichend.

[1] Die Meinungen über die richtige Schreibart dieses Namens sind verschieden. Die Franzosen und Engländer schreiben gewöhnlich Magellan, und die Spanier Magallanes; von den Portugiesen aber, und er war ein Portugiese, wird er allgemein Magalhaes geschrieben. Admiral Burney und Dalrymple schreiben ihn Magalhanes, eine Weise, die ich an einem andern Orte angenommen habe; allein ich habe mich überzeugt, daß es geeigneter sei, der portugiesischen Orthographie für einen Namen zu folgen, der bis auf den heutigen Tag in Portugal sowol als in Brasilien sehr gewöhnlich ist.

Die Magalhaens Straße ist von verschiedenen Seefahrern untersucht worden; allein unter den vielen Karten, die davon vorhanden, sind die von Sir John Narborough und Cordova die richtigsten. Der zuerst genannten Karte ist insbesondere in des Admirals Burney sehr nützlichem Werke Erwähnung geschehen, und das Resultat der zweiten ist in spanischer Sprache, unter dem Titel ‚Ultimo Viage al Estrecho de Magallanes' bekannt gemacht worden. Cordova hat auch eine zweite Reise nach der Meerenge unternommen, deren Beschreibung einen Anhang zu dem genannten Werke bildet. Es gehören zu demselben eine gute Generalkarte der Küste, eine andere von der Straße, und viele Pläne von den innerhalb derselben befindlichen Ankerplätzen. Byron, Wallis, Carteret nnd Bougainville haben bereits bedeûtende Zusätze zu Narboroughs Plan gegeben, woraus eine Karte zusammengestellt worden ist, welche für allgemein geographische Zwecke hinreicht, und auch selbst für die Beschiffung der Straße genügen dürfte; für diesen Behuf indessen ist Cordova's Karte vorzuziehen; da sie aber blos in Spanien erschienen und ihre Existenz in England wenig bekannt ist, so hat es mir nicht wenig Mühe gekostet, ein Exemplar derselben vor meiner Abreise zum eignen Gebrauch mir anzuschaffen.

Die südliche Küste des Feûerlandes, zwischen dem Vorgebirge des guten Erfolgs (Cape Good Success)[1], der Südgränze der Straße Le Maire, und dem Pfeiler Kap (C. Pillar) am Westende der Magalhaens' Straße, war sehr wenig bekannt. Kapt. Cook's Reise gewährt verschiedene nützliche Notizen für die Küste zwischen dem Ersehnten Vorgebirge (C. Deseado) und dem Weihnachts (Christmas) Sund, und die holländische Flotte unter L'Hermite erforschte zum Theil die Nachbarschaft des Kap Hoorn; doch war

[1] Der Uebersetzer hat die eigenen Namen ins Deûtsche übertragen, was für die geographische Nomenklatur ihre sehr bedenkliche Seite hat (so wurde z. B.: die Insel L'Hermite, welche nach dem holländischen Admiral dieses Namens genannt worden ist, durch Eremiten Insel wiedergegeben); um dieser aber einiger Maßen zu begegnen die englische Schreibart des Kapt. King in Parenthese eingeschaltet. Aber auch diese ist für den vorliegenden Fall eine Uebersetzung aus dem Spanischen, denn das in Rede seiende Vorgebirge erhielt seinen Namen ‚Cabo del bueno suceso' von den Brüdern Nodal, die im Jahre 1618 von Lissabon, welche Stadt damals unter spanischer Herrschaft stand, nach der Magalhaens Straße abgefertigt wurden. Es kommt auch unter dem Namen Gonzalez vor, und ist die Südspitze des Südostrandes vom Feûerlande, der von Le Maire und Schouten im J. 1616 nach dem Prinzen Moriz von Nassau genannt wurde. Die erwähnte spanische Reise ist beschrieben in dem Werke: Relacion del viaje, que hizieron los Capitanes Bartol. Garcia de Nodal, y Gonzalo de Nodal, hermanos, al descubrimiento del Estrecho nuebo de S. Vincente, y reconocimiento del de Magellanes per orden de su Magestad. Madrid, 1621; in 4to. — B.

eine verwirrte Karte von dieser Küste die beste, welche zusammengestellt werden konnte; und obschon Weddel in neuerer Zeit eine gute Beschreibung der Häfen und Ankerplätze um Kap Hoorn und den Neu Jahrs (New Year's) Sund bekannt gemacht hat, so ist doch wenig Nutzen daraus hergeleitet worden, weil, da diese verschiedenen Seefahrer ihre Untersuchungen auf kleine Theile der Küste beschränkt haben, es schwierig war, ihre gegenseitigen Pläne in Verbindung zu bringen, selbst in einem so kleinen Maaßstabe als dem einer Generalkarte.

Die Westküste von Südamerika, welche sehr verwickelt ist und sich vom Victoria Kap, am Nordwest-Eingang der Magalhaens Straße, bis zur Insel Chiloe erstreckt, ist, so zu sagen, völlig unbekannt gewesen; denn seit den Zeiten Sarmiento's de Gamboa ist nicht das Mindeste darüber bekannt geworden, außer den kurzen Notizen von zwei, im Piraguas unternommenen Missionsreisen von Chiloe nach den Guiateca und Guaianeco Inseln.

Ein Jeder, der mit der südamerikanischen Geographie vertraut ist, kennt die Reise Sarmiento's. Der unermüdlichen Ausdauer, welche dieser treffliche und erfahrene Seefahrer in Schwierigkeiten von nicht gewöhnlicher Art gezeigt hat, verdanken wir die ausführlichen Nachrichten über eine Reise längs der Westküste herab und durch die Magalhaens Straße, welche nie übertroffen worden sind. Sein Tagebuch hat uns die Beschreibung einer Küste geliefert, deren Erforschung schwieriger und gefahrvoller ist, als jede andere, die gewählt worden könnte; denn sie war zur damaligen Zeit völlig unbekannt und ist überdem einem Klima beständigen Sturm- und Regenwetters unterworfen; gleichwol ist die Beschreibung mit einer so ängstlichen Sorgfalt und Genauigkeit abgefaßt, daß wir im Stande gewesen sind, auf unsern Karten fast jeden Punkt aufzudecken, der im Golf von Trinidad beschrieben ist, und die Kanäle, welche südlich von demselben liegen, insbesondere ihr Ende an Sarmiento's Ancon sin Salida[1].

Es würde zu weit führen hier in die Geschichte von Sarmiento's Reise oder jeder andern, die mit den Küstengegenden, welche ich zu beschreiben im Begriff stehe, zusammenhangt, einzugehen. Die neuern Aufnahmen werden mit einer, früher ungebräuchlichen oder unnöthig gehaltenen, Ausführlichkeit vorgenommen, daß aus den alten Karten und Plänen nur wenig Nutzen gezogen werden kann; aber die dazu gehörigen Beschreibungen der Reisen sind voll interessanter und nützlicher Dinge, und eben so viel Vergnügen als Belehrung kann aus den Erzählungen der Reisenden gewonnen werden, was insbesondere von Sir John Narborough's Tagebuch,

[1] D. h. Hafen ohne Ausgang. — B.

und von Byron's romantischer und rührender Erzählung vom Schiffbruch des Wager gilt.

* * *

Die Cordillere der Andes, welche bekanntlich von den nördlichen Gegenden des Kontinents ohne Unterbrechung fast bis an das Südende sich erstreckt, nimmt Stufen Weise an Höhe ab, je mehr sie sich den höhern Süd Breiten nähert. In der Nachbarschaft von Quito erheben der Chimborazo und der Pichincha ihre Gipfel bis zu einer Höhe von nahe zwanzig tausend Fuß (3330 Toisen) über der Meeresfläche; bei Santiago de Chili ist das höchste Land vierzehn tausend Fuß (2330 T.) hoch; weiter südlich, bei Concepcion, wird es noch niedriger; und gegenüber Chiloe übersteigen wenige Gipfel der Kette die Höhe von sechs tausend Fuß (1000 T.). Zwischen Chiloe und der Magalhaens Straße kann die mittlere Höhe zu dreitausend Fuß (500 T.) angenommen werden; aber es giebt in diesem Strich einige Berge, die zwischen fünf und sechs tausend Fuß (830 — 1000 T.) hoch sind.

Blickt man auf die Karte[1], so erkennt man, daß ungefähr im Parallel von 40° S. die Küste ein anderes Ansehen gewinnt, und dieses bis zum äußersten Rande beibehält, welches ganz verschieden ist von der nördlich gelegenen Strecke, wo die See, von der Cordillere durch einen Saum verhältnißmäßig niedern Landes auf mehrere hundert Meilen weit getrennt, ein langes undurchbrochenes Gestade bespült, das weder Schutz für Schiffe noch Landungsfähigkeit für Boote darbietet; südlich von jenem Breitenkreise aber reichen ihre Fluthen bis an die unmittelbare Grundfläche der Andes-Kette, und bilden, in die tiefen Schluchten, welche sich durch ihre Verzweigungen winden, gleichsam hineinströmend, zahlreiche Kanäle, Sunde, Busen, und machen in vielen Fällen große Landstrecken zu Inseln. In der That liegen diesem ganzen Raume große Inseln und ausgedehnte Archipelage gegenüber, unter denen die Inseln Chiloe und Wellington, der Archipelagus von Madre de Dios, die Hanover Insel und Königin Adelaide's Archipelagus die bedeutendsten sind. Der zuletzt genannte bildet den Westeingang der Straße auf ihrer Nordseite. Das Land von Tres Montes macht hiervon indessen eine Ausnahme; es ist eine Halbinsel, und der einzige Theil des

[1] Kapt. King hat seiner Beschreibung eine Karte hinzugefügt, welche Südamerika vom $45\frac{1}{2}$° S. bis $56\frac{1}{2}$° S. enthält. Sie hier zu wiederholen schien um so mehr überflüssig, als die neuen Aufnahmen des Verf. bereits in der verbesserten Auflage von der Karte von S. A. in Stielers Hand-Atlas benutzt worden ist, auf die, zum bessern Verständniß der vorliegenden Beschreibung, lediglich verwiesen wird. — B.

Kontinents innerhalb der oben nachgewiesenen Gränzen, welcher der oceanischen Fluth ausgesetzt ist. Es bildet den nördlichen Theil des Golfs von Peñas, und hangt mit dem vesten Lande durch den schmalen Isthmus von Osqui zusammen, über welche die Indier, auf ihren Küstenfahrten, ihre Kanoes ziehen, um den außerordentlich gefährlichen Weg um die Halbinsel zu vermeiden. Hier war es, wo Byron mit seinen schiffbrüchigen Gefährten, unter der Führung indischer Wegweiser übersetzte; aber es ist ein Weg, der nicht oft gebraucht wird, denn dieser Theil der Küste ist sehr dünn bewohnt, und die Mühe, welche das Auseinandernehmen und Wiederzusammenfügen der Kanoes verursacht [1], — ein Verfahren, das wegen des schwierigen Auf- und Absteigens des Berges, über welchen der Weg führt, durchaus nothwendig ist, — so groß, daß er, wie ich glaube, nur bei sehr wichtigen Gelegenheiten eingeschlagen wird. Auf diese Weise wurden die Piraguas, welche die Missionar-Reisenden nach den Guaianeco Inseln brachten, über den Isthmus transportirt; was in ihren Tagebüchern ausführlich beschrieben ist [2].

Der Rio San Tadeo ist, troß seiner geringen Größe, indem er nur eilf Meilen weit beschifft werden kann, unter allen Küstenflüssen, südwärts vom Archipelagus von Chiloe, der größte, und verdient darum eine besondere Beschreibung. Sieben Meilen oberhalb seiner Mündung wird er von zwei Bergströmeu gespeist, die ein so starkes Gefälle haben, daß ein mit einem Seil gezogenes Boot kaum aufwärts kommen kann. Einer dieser Ströme entspringt in einer Bergkette, über welche die Verbindungs-Straße wahrscheinlich zieht, und der andere ist der Abfluß eines ungeheüern Glätschers oder Eisfeldes von fünfzehn Meilen Ausdehnung. Der Fluß fällt in den Golf von St. Estevan über eine seichte Barre, auf der kaum zwei Fuß Wasserstand sind, und die bei der Ebbe wahrscheinlich trocken ist.

Im Hintergrunde von St. Estevan's Golf ist der St. Quintins Sund; beide sind untersucht worden, wobei sich ergeben hat, daß sie vortrefflichen Ankergrund darbieten und leicht zugänglich sind, wenn ein längs der Küste segelndes Schiff sich auf einem dem Winde gegenüberliegenden Ufer befinden und nicht im Stande sein

[1] Bei der Untersuchung dieser Küstengegend fuhren unsre Boote den Rio San Tadeo hinauf, und bemühten sich vergeblich eine Spur jener Straße aufzufinden; ein undurchdringliches Dickicht von Röhrigt und Unterholz faßt die Ufer des Flusses ein, und die Zeit war zu kostbar um sie bei einem Gegenstand von verhältnißmäßig geringerer Wichtigkeit zu verlieren.

[2] Agueros, Descripcion Historical de la Provincia y Archipelago de Chilóe. 1791. S. 229.

sollte, dem Lande vorbeizukommen, wie es mit dem unglücklichen Wager der Fall war [1].

Die Guaianeco Inseln bilden den südlichen Hintergrund des Golfs von Peñas; dann folgt Wellington Insel, die vom vesten Lande durch den Mesier Kanal getrennt ist, der früher unerforscht geblieben war, denn nur seine Mündung ist in den Karten angegeben, die nach dem Berichte von Machado entworfen worden sind, einem Piloten, welcher im Jahre 1769 vom Vicekönig von Peru zur Untersuchung der Küste zwischen Chiloe und der Magalhaens Straße abgefertigt wurde [2]. Dieses Kanals geschieht auch in einer der oben gedachten Missions-Reisen Erwähnung; allein da diese Expeditionen zur Bekehrung der Indier [3], und nicht zur Erweiterung geographischer Kenntnisse unternommen wurden, so läßt sich in letzterer Beziehung auch sehr wenig aus den betreffenden Tagebüchern lernen: der Eingang des Mesier wird indessen von den Missionaren beschrieben, ja sie waren einst genöthigt, vierzehn Tage lang eine Zuflucht in ihm zu suchen [4]. Mit dieser alleinigen Ausnahme finde ich nirgends eine Angabe, daß der Kanal vor unserm Besuch beschifft worden sei.

Der Kanal ist hundert und sechszig Meilen lang, und vereinigt sich hinter dem Archipelagus von Madre de Dios, an dem Brazo Ancho (Breiten Arm) von Sarmiento, mit der Concepcion Straße. Lieutenant Skyring, der diesen Theil der Vermessung leitete, hat das Land, welches der Mesier Kanal insulirt, Wellington Insel genannt; ihrer gegen die See gerichteten Küste, die auf den

[1] Die genaue Lage des Wracks dieses Schiffs ist bisher auf unsern Karten sehr ungewiß angegeben worden; lies't man aber Byron's Erzählung und Agueros' Nachricht von den Missionar-Reisen im J. 1779 sorgfältig durch, so läßt sich die Stelle bis auf ein Paar Meilen genau bestimmen. Sie befindet sich auf der Nordseite, in der Nähe des Westendes von der östlichsten der Guaianeco Inseln, die wir deshalb Wager Insel genannt haben *). Im Port Santa Barbara, der siebenzehn Meilen südlich von dieser Gruppe liegt, wurde eine sehr alte wurmstichige Schiffsstange gefunden, die man mit Grund für ein Ueberbleibsel jenes unglücklichen Fahrzeugs halten kann. Sie war von englischem Eichenholz und lag über der Fluthmarke auf den Felsen am Eingang des Hafens. Anderweitige Spuren wurden von uns nicht entdeckt; die Missionare dagegen fanden zerbrochene Glasflaschen und andere unleugbare Spuren des Wracks. Auf Chiloe sah ich einen Mann der zu dieser unternehmenden Partei gehört hatte; er theilte mir merkwürdige und interessante Nachrichten über diese Reise mit.

[2] Agueros, S. 205, u. ff. [3] Ebendaselbst, S. 181 u. ff.

[4] Agueros, S. 237.

[* Diesen Namen erhielt sie schon von den Offizieren des Wager; s. Voyage à la Mer du Sud, fait par quelques Officiers commandants le vaisseau le Wager. à Lyon, 1756. S. 100. — B.]

alten Karten den Namen Campaña führt, liegen wahrscheinlich eine oder mehrere Eilande gegenüber. Fallos Kanal, der die Campaña und Wellington Inseln trennt, wurde von seinem Nord-Eingang her drei und dreißig Meilen weit untersucht; und die Muthmaßung aufgestellt, daß, nachdem er mit dem Meere, vermöge des Dynely Sundes, in Verbindung getreten, er südwärts fortsetze und sich mit dem Meerbusen von Trinidad in einem der tiefen Sunde vereinige, welche an dessen Nordgestade wahrgenommen wurden.

Ungefähr dreißig Meilen innerhalb des Mesier Kanals, von seinem nördlichen Ende an gerechnet, scheint die Westseite aus einer Reihe großer Inseln zu bestehen, von denen viele durch breite südwestlich führende Kanäle getrennt sind, welche wahrscheinlich mit dem Fallos Kanal kommunizíren. Auf der Ostseite fand man die Öffnungen entweder aus schmalen Einfahrten, oder plötzlich endigenden Sunden bestehend.

Auf beiden Seiten der Straße ist die Küste bergig, aber nicht sehr hoch, und an vielen Stellen zeigt sich sehr niedriges und durchgängig dick bewäldetes Land. Dieser Karakter unterscheidet den Mesier von allen übrigen Kanälen.

Die Baüme sind hier nahe von derselben Art wie man sie auf der ganzen Strecke zwischen Kap Tres Montes und der Magalhaens Straße findet. Die gewöhnlichsten sind eine immergrüne Buche (Fagus betuloides), eine buchenähnliche Birke (Fagus antarctica), die Winter-Borke (Winterara aromatica) [1], und ein Baum, der ganz das Ansehen einer Cypresse hat, und aus dessen Holz die Indier ihre Speere verfertigen; unter andern giebt es hier einen Baum, dessen Holz außerordentlich hart und schwer ist und besser als alles andere zur Feüerung sich eignet; die Robbenfänger nennen es wegen seiner Farbe ‚Rothholz.' Nach der großen Menge von Nutzholz, welches hier wächst, zu urtheilen, läßt es sich natürlicher Weise als wahrscheinlich voraussetzen, daß man sich leicht Stangen zu Masten verschaffen kann, oder zum wenigsten Holz, welches zu minder wichtigen Zwecken brauchbar ist; allein, obwol viele Baüme gefunden wurden, die am Boden die hinreichende Stärke hatten, so erreichen sie doch keine bedeütende Höhe; überhaupt ergab es sich daß das Holz am Kern welkte, was von der Feüchtigkeit des Klima und der dichten Beschaffenheit der Wälder herrührt, wodurch den Sonnenstrahlen der Zugang versperrt ist, dabei sind die Baüme, nach einer lange anhaltenden nassen Witterung, dem Krummwerden und Bersten in trockner Luft, unterworfen.

Zehn Meilen jenseits der Weiß-Salzasche Bucht (White-Kelp

[1] Lebende Exemplare der obigen Baüme, und anderer Pflanzen von der Magalhaens Straße, sind bei der Rückkehr der Expedition mit nach England gebracht worden, wo sie seit der Zeit außerordentlich gut gediehen sind.

Cove), welche fünfzig Meilen vom Eingange entfernt ist, verändert sich der Karakter des Mesier Kanals durchaus; denn das Gestade besteht hier auf jeder Seite aus jähen Gebirgsketten, die unmittelbar aus dem Wasser emporstarren. Jenseits dieser, an der Halt Bai, die drei und zwanzig Meilen von White-Kelp Cove liegt, verengt sich der Kanal eine bedeütende Strecke lang, und ist, namentlich an drei Stellen, nicht mehr als vierhundert Yards breit. Dieser Theil des Kanals ist auf der Karte Englische Engen (English Narrows) genannt worden. Er ist lang und verwickelt, mit vielen Eilanden besäet, und behält seinen krummen und oft schmalen Lauf bis zur Vereinigung mit dem Breiten Kanal (Wide Channel) bei, in welchem die Breite auf drittehalb Meilen steigt; dann zieht er vier und dreißig Meilen weit in geradem Laufe ohne Hinderniß, um wie oben gesagt, in die Concepcion Straße zu fallen.

Von dem Punkte aus, wo sich der Mesier Kanal mit dem Wide Kanal vereinigt, erstreckt sich ein tiefer Sund gegen NNO. sechs und vierzig Meilen weit. Er ist Sir George Eyre's Sund genannt worden. Ein großer Glätscher, der sich ins Meer senkt, vom Gipfel einer hohen Schneegebirgskette, welche von vielen Punkten des Mesier Kanals sichtbar ist, schließt diesen Sund, an dessen Hintergrund mehrere gewaltig Eisberge liegen, die große Granitblöcke enthalten [1].

Vom Archipelagus Madre de Dios (Mutter Gottes) kennen wir sehr wenig. Er hat wahrscheinlich von der Seeseite viele tiefe Öffnungen und von dieser Seite liegen ihm Inseln und Klippen gegenüber. Sein Äußeres ist felsig und gebirgig, und in keiner Beziehung angenehm. Der breite und sichere Kanal der Concepcions Straße scheidet ihn vom Hauptlande, das in dieser Gegend von tiefen Sunden zerschnitten ist, deren hauptsächlichster, der Kanal von St. Andrew, bis an den Fuß der Schneekette der Andes sich erstreckt, wo er, wie Lieutenant Skyring bemerkt, ‚plötzlich und jäh von fürchterlichen, Staunen erregenden Glätschern geschlossen ist.'

Sarmiento's ‚Puerto Bueno' erkannten wir, wie schon der Name sagt, für einen vortrefflichen Hafen. Die Wassertiefe beträgt überall nur neün Faden, ein Vortheil, den bloß wenige Häfen in dieser Gegend haben; ein Schiff liegt in jedem Theile vollkommen sicher, aber dies ist der einzige Vortheil, den der Hafen darbietet;

[1] Am Falcon Inlet, sieben Meilen aufwärts an der Ostseite von Sir George Eyre's Sund, sind mehrere große Nester des Pelz-Robben. Viele tausend dieser Thiere haben sich hier versammelt, die, von der Seeküste wahrscheinlich vertrieben durch die Thätigkeit der Robbenfänger, seit vielen Jahren, wenn nicht Jahrhunderten, in diesen bisher unbekannten, und daher sichern Gegenden einen friedlichen Zufluchtsort gefunden haben. Zwei Robben, die zerlegt wurden, schienen von derselben Art zu sein, wie die Species, welche die Seeküsten besuchten.

Holz und Wasser giebt es in Menge; Fische können leicht gefangen werden; die Renner-Ente (steamer or racehorse duck), Gänse, wilde Enten, und andere kleine Vögel sind an andern Orten eben so zahlreich. An andern nutzbaren Produktionen, oder gutem Boden, mangelt es dem Lande durchaus: ‚denn,' sagt Lieutenant Skyring, ‚dringt man in die Wälder hinein, so geht es über umgestürzte Baume und Moos; betritt man flache, offene Gegenden, ‚so trifft man Morast; und geht es die Berge hinauf, so muß beständig über Felsen geklettert werden, die durchgängig mit einem ‚schwammigen Moos bekleidet und von Erde irgend einer Art völlig ‚entblößt sind.'

Hinter Hanover Insel, welche von Madre de Dios durch die Concepcion Straße geschieden wird, ist das Vestland sehr durchschnitten, von tief ins Land dringenden Sunden, die, wie der St. Andrew Kanal, bis an den Fuß der Andes reichen.

Südlich von Hanover Insel liegt Königin Adelheid's (Queen Adelaide's) Archipelagus, der von verschiedenen Kanälen durchschnitten ist, welche mit der Magalhaens Straße in Verbindung stehen; der vornehmste unter ihnen, Smyth's Kanal, fällt am Kap Tamar in die Meerenge.

Die ganze Erstreckung der Außen- oder Seeküste, von den Guaianeco Inseln bis an die Straße, kennen wir wenig; denn unsere Operationen sind auf die Untersuchung der Binnen-Kanäle und Sunde beschränkt gewesen, und auch diese sind noch weit davon entfernt, vollständig erforscht zu sein.

Im Winter 1829 entdeckte mein Kollege, Kapt. Robert Fitzroy, Befehlshaber des Beagle (Spürhund) bei Untersuchung des Jerome Kanals, welcher in der, ‚Crooked Reach' (Krummen Strecke) genannten Gegend mit der Meerenge in Verbindung steht, das ‚Otway Water,' einen großen Binnen-See von fünfzig Meilen Länge, der sich in nordöstlicher Richtung erstreckt, und von dem östlichen Eingang der Straße durch einen schmalen Isthmus getrennt ist; die wirkliche Breite desselben ist nicht ausgemittelt worden, denn bei dem Versuch dies zu thun, waren die Boote nahe daran unterzugehen. Das Südost-Gestade ist hoch und felsig und durchgängig steil; das nördliche dagegen bildet eine niedrige, wellenförmige Gras-Ebene, die frei von Baumen und vollkommen ähnlich ist dem Lande am Eingang der Meerenge. An der nordwestlichen Ecke des Wassers fand Kapt. Fitzroy die Mündung eines Kanals, der ihn zwölf Meilen in nordwestlicher Richtung führte, wo sich ein anderer Binnen-Salzwasser-See öffnete, der ungefähr vier und dreißig Meilen lang und zwanzig Meilen breit ist. Dieser See wurde ‚Skyring Water' genannt. Seine Süd- und Westseiten sind von Gebirgsland begränzt, das nördliche Gestade aber ist niedrig, dem Anschein nach von wellenförmigen Ebenen und

Gras-Plänen gebildet, die hie und da von Bächen bewässert sind. Am Westende des Wassers bemerkte Kapt. Fitzroy zwei Öffnungen, die von einem merkwürdigen kastellähnlichen Berg, welchen er Dynevor Castle nannte, getrennt sind. Über die südliche Öffnung hinaus, war kein Land sichtbar, nicht einmal ein entfernter Berg, was Kapt. Fitzroy auf die Vermuthung leitete, daß es ein Kanal sei, der mit der Westküste in Verbindung stehe; nach dem aber zu urtheilen, was wir jetzt wissen, ist dies nicht wahrscheinlich. Vielleicht hat die Öffnung niedriges Sumpfland im Hintergrunde, das sich bis an die Berge der Glätscher (Glacier) Bai erstreckt, welche, bei der Entfernung, die siebenzig Meilen beträgt, nicht über den Horizont treten konnten. Die nördliche Öffnung windet sich wahrscheinlich unter Dynevor Castle und kommt vielleicht dem Hintergrund des Verstopfung (Obstruction) Sundes sehr nahe. Das Skyring Water wurde nicht weiter untersucht, theils weil die Lebensmittel anfingen auszugehen ohne dabei Aussicht auf Erfolg zu haben, theils einer heftigen Südwestkühle halber, gegen welche die offenen Boote, auf denen die Vermessung gemacht wurde, keinen Schutz finden konnten. Der übrige Theil der Zeit, welche dem Kapt. Fitzroy zu Gebote stand, wurde darum zur Vervollkommnung des bereits Angefangenen benutzt; und so kam er, nach einer Abwesenheit von zwei und dreißig Tagen, nach seinem Schiff zurück, das in Port Gallant vor Anker lag.

Am Westende des Fitzroy Kanals, der beide Wasser in Verbindung setzt, ist das Gestade an der Nordseite mit üppigem Gras und Klee bekleidet, hie und da mit einem Haüfchen Strauchwerk, aber ohne allen Baumwuchs. Der Boden, obschon trocken, ist leicht und ziemlich gut; aber der Grund ist nach allen Richtungen von irgend einem Grabethiere, wahrscheinlich Halbkaninchen (skunks) oder Cavias, durchwühlt. Pferdetritte wurden an vielen Stellen wahrgenommen, und Knochen von Guanacoes hin und wieder aufgelesen. Wasser gab es nicht sehr viel, aber an den Abhängen der Berge wurden verschiedene Bäche und Quellen bemerkt, die hinreichendes Wasser für alle nutzbaren Zwecke liefern dürften.

Auf der Südseite des Kanals ist das Land niedrig, aber bewaldet; die Ufer sind fünf bis vierzig Fuß hoch, und dachen sich als Grasfläche gegen das Wasser ab. Am Eingange laüft die Fluth fünf oder sechs Knoten in der Ebbezeit, innerhalb aber nur die Hälfte dieser Geschwindigkeit. Auf der Nordseite, anderthalb Meilen weit, liegt eine Bergkette, wohin Kapt. Fitzroy einen Ausflug machte, den er folgender Maßen beschreibt:

‚Unser Weg führte durch einen lichten Wald, den einzigen, ‚welchen ich auf der Nordseite des Kanals gesehen habe. Die mei-‚sten Baüme schienen verbrannt oder vom Winde umgestürzt, und ‚dann in Folge der Verrodung schwarz geworden zu sein. Nach-‚dem wir um acht Uhr unsere Reise angetreten hatten, erreichten

‚wir den Fuß der Berge um eilf Uhr und langten um zwölf auf ‚ihrem Gipfel an, wo die sich darbietende Aussicht uns für alle ‚Mühe reichlich entschädigte. Es ist ein Centralpunkt, der, obschon ‚er sich nicht mehr als sechshundert Fuß über das Meer erhebt, ‚eine Aussicht entwickelt, wie sie nirgend anderswo an der See so ‚ausgedehnt gefunden wird. Wir erblickten die Berge am Kap ‚Gregory, Sweepstakes Foreland, Elisabeth Insel, Kap Monmouth, ‚die hohen Gipfel am Kap Forward, und die Gebirgskette, welche ‚zwischen diesem und dem Jerome's Kanal zieht, dann einiges von ‚dem Berglande zwischen den Kaps Philipp und Parker, und die ‚ganze Fläche der Otway und Skyring Waters. Das zuletzt ge‚nannte schien an der Nordostseite von Dünen ähnlichen Höhen ‚begränzt zu sein, die ungefähr drei bis vierhundert Fuß hoch sein ‚mögen. Nördlich von diesem Standpunkte zieht eine Kette ähn‚licher Dünen, und gegen Osten unterbricht eine Lagunen-Reihe ‚das flache Land zwischen ihm und Peckett's Harbour. An der Ost‚seite von Otway Water wurde keine Öffnung wahrgenommen, und ‚die Landenge, welche dasselbe von der Straße bei Elizabeth Insel ‚trennt, scheint nicht über drei oder vier Meilen breit zu sein.'

In Folge der muthmaßlichen Verbindung des Skyring Waters mit irgend einem Theile der westlichen Küste, wurde jede Öffnung, welche, hinter den Inseln und Archipelagen, die vor der Westküste liegen, ins Innere ziehen, genau untersucht; aber das Resultat hat gezeigt, daß die vom Kapt. Fitzroy so natürlich aufgestellte Hypothese von keiner Thatsache bestätigt wird. Ein Blick auf die Karte wird zeigen, mit welcher Sorgfalt die Untersuchung geführt; und mit welchem Mangel an Erfolg sie beendigt wurde. Die von Sarmiento entdeckte und ‚Ancon sin salida' genannte tiefe Öffnung erstreckt sich so weit ins Innere, in der Richtung auf das Skyring Water, daß ein ins Kleinste gehende Aufspürung der zahlreichen Sunde und Kanäle vorgenommen wurde, in der vollkommensten Überzeugung, die ersehnte Verbindung zu finden. Aber nach einer geduldsvollen, mühseligen und ängstlichen Untersuchung, insbesondere derjenigen Öffnungen, welche nach Süden ziehen, unter denen der Obstruction Sund die meiste Hoffnung darbot, sah sich Lieutenant Skyring, der diese Aufnahme ausführte, genöthigt, die Untersuchung aufzugeben und auf seine Rückkehr zu denken. In einer Gegend, am südöstlichen Ende des Sundes, betrat er eine Öffnung, die anfangs einen günstigen Anschein zur gewünschten Verbindung darbot, aber auch sie endigte in niedrigem Waldlande. Da liegt in der Nähe des Gestades ein Waldberg, den Lieut. Skyring in der Hoffnung bestieg, eine Übersicht des Landes zu gewinnen; aber Abhänge und Gipfel des Berges waren so dicht bekleidet, um jede Fernsicht zu versperren, und mit Ausnahme von entferntem Hochlande nach Südosten hin, und einer Wasserfläche, die ungefähr sechs Meilen in derselben Richtung entfernt war, wurde nichts wahrgenommen, was ihn für die Mühseligkeiten des Besteigens hätte entschädigen können. Ob das erwähnte Wasser eine Lagune oder ein Theil des Skyring Waters sei, oder ob es mit der um die Nordseite von Dynevor Castle ziehenden Öffnung in Verbindung stehe, bleibt zu untersuchen übrig.

Nachdem dieser Versuch fehl geschlagen war, wandte sich Lieut. Skyring nach SSW., und kam nach einem Zug von zehn Meilen nach dem Hintergrund des Sundes. Ein steiles Hochland umschloß ihn hier in Kreisform. ‚Wärend der Untersuchung dieses ‚Sundes,' schreibt er, ‚unterschieden wir niemals eine starke Fluth, ‚und das Steigen und Fallen schien nie einen Fuß überstiegen zu ‚haben; daß hier eine geringe Ebbe und Fluth Statt finde, war ‚klar nach den Strömen Schaums, die sich von den Wasserläufen ‚erstreckten, und eben so nach den abgefallenen Blättern, welche an ‚den Strand der Baien geschlagen lange Linien längs desselben bildeten; und Zeichen dieser Art dürften nach meinem Dafürhalten, ‚wol andeuten, daß hier keine starke Gezeiten herrschen. Ähnliche ‚Erscheinungen habe ich oft in großen Häfen und Einfahrten, aber ‚nie in irgend einem Kanal wahrgenommen.' Weder wandernde Indier noch Spuren von ihnen wurden an diesem Sunde bemerkt, ein anderer Beweis, wenn sonst noch einer erforderlich, daß der Sund mit dem Skyring Water nicht in Verbindung steht; denn die Ingebornen besuchen sehr selten diese tiefen Einfahrten, werden vielmehr stets an engen Straßen oder Kommunikations-Kanälen gefunden, wo es, durch die Gewalt der Fluth, Robben und Meerschweinchen, welche die Hauptspeise der fuegianischen[1] Indier ausmachen, in großer Menge giebt. Sarmiento's Namen ‚Ancon sin salida,' den wir gehofft hatten, auf der Karte ausstreichen zu können, muß daher nur als ein dauerndes Denkmal seines unternehmenden Karakters und einer Reise stehen bleiben, die verdienter Maßen nicht allein eine der berühmtesten sondern auch der nützlichsten jenes Zeitalters ist, in welchem sie unternommen wurde[2].

Die Begränzung von Obstruction Sund ist einer der merkwürdigsten Züge in der Geographie dieses Theils von Süd Amerika.

Bei dieser Untersuchung wurde das Südende der Cordillere bestimmt. Das östliche Gestade der Binnen Kanäle fand man aus niedrigen Ebenen bestehend, wo weder Hügel noch Berge in der Entfernung sichtbar waren; und da die nördlichen Gestade vom

[1] Im Englischen Fuegian, Adjektivum vom Hauptwort Fuego, Terra del Fuego = Feuerland; fuegianisch = feuerländisch. — B.

[2] Das klingt ganz anders, als wenn Debrosse sagt: Sarmiento sei ein eitler, lügenhafter Mann gewesen, und sein Geschichtschreiber Argensola gebe nicht nur alle Mährchen, die von ihm erzählt werden, für Wahrheiten aus, sondern erdichte deren oft auch neue hinzu. — B.

Otway und dem Skyring Water eben solche Bildung haben, so ist es wahrscheinlich, daß alles östlich von den Sunden gelegene Land aus einer zusammenhangenden Pampa oder Pläne besteht.

Neüere Spuren von Ingebornen sah man an einigen Stellen, aber zur Zeit als unsere Partei daselbst verweilte, waren sie entweder abwesend oder hatten sich versteckt. Ich bin nicht sehr geneigt zu glauben, daß diese Binnen-Sunde haüfig von ihnen besucht werden; eine Familie indessen wurde am Fitzroy Kanal (welcher das Otway vom Skyring Water trennt) angetroffen; sie war wie die patagonischen Tribus, mit Guanaco Haüten bekleidet, gleich aber in Sitten und Neigungen den Wanderstämmen der Straße und des Feüerlandes; überdem hatte sie Kanoes, deren sich die Patagonier nicht bedienen. Wahrscheinlich war sie also weit hergekommen, um mit den zuletzt genannten Stämmen in Verbindung zu treten, mit denen sie oft in freündschaftlichem Verkehr stehen. Guanacos wurden weder an den Gestaden der Binnen-Gewässer noch an denen der Sunde innerhalb des Ancon sin salida bemerkt, obwol das Land, welches offen und mit üppigem Grase bekleidet ist, für ihre Gewohnheiten sehr geeignet ist; da indessen einige große Herden Rothwilds am Seeufer des Obstruction Sund und des Nachbarlandes weidend wahrgenommen wurden, so sind diese letztern Thiere wahrscheinlich die Ursache; denn an der Ostküste, wo es der Guanacos überall sehr viele giebt, erblickt man kein Rothwild. See-Ottern waren die einzigen andern Thiere, welche wir getroffen haben; man sah sie nur hin und wieder schwimmend. Auf den Sundküsten waren an vielen Stellen Haufen von schwarzhälsigen Schwänen (Anas nigricollis, Linn.), und es wurden einige gesehen, aber nur einer gefangen, dessen Gefieder, außer den Spitzen der Flügel, welche schwarz waren, die blendendste Weiße hatte. Ich habe sie in dem ersten Theil der Proceedings of the Zoological Society als eine neüe Species (Cygnus anatoïdes) beschrieben.

Die Magalhaens Straße giebt, da sie ein Querprofil des Kontinents ist, eine gute Ansicht von der geologischen Struktur. Die Meerenge läßt sich in drei Theile zerlegen: den westlichen, mittlern, und östlichen. Das Westende und das Centrum sind von primitivem Karakter, rauh und sehr gebirgig, wärend der östliche Theil von neürer Bildung und niedrig ist. Der westliche Strich besteht aus einer Reihe geschichteter Felsarten, eine Differenz die sowol durch Gestalt und Beschaffenheit der Ketten, als Richtung der Küsten zu unterscheiden ist. Die Berge sind unregelmäßig zusammengehaüft; die Sunde ein gekrümmtes Labyrinth und die Gestade durch tief eingeschnittene Krümmungen und weit vorspringende Landspitzen gebildet; auch die Kanäle sind mit unzähligen Inseln und Klippen wie besäet und darum ist ihre Beschiffung außerst gefahrvoll. In diesem Theil besteht der Fels größtentheils aus Granit und Grünstein.

Um die Mitte der Straße ist das Gestein Thonschiefer; die Berge werden höher, steiler, und rauher in ihren Umrissen; sie sind folglich nicht leicht zu besteigen. Ihre mittlere Höhe beträgt dreitausend Fuß (437 Toisen); einige erheben sich indessen bis viertausend Fuß (625 T.), und einer, der Sarmiento Berg, ist über sechstausend Fuß (874 T.) hoch und das ganze Jahr mit Schnee bedeckt. Die Gränze des ewigen Schnees scheint in der Straße ungefähr dreitausend fünfhundert bis viertausend Fuß (547 bis 625 T.) über der Meeresfläche zu stehen; denn die Berge, welche die Höhe von dreitausend Fuß nicht übersteigen, sind wärend des Sommers haüfig frei von Schnee, außer in Höhlen, wo eine große Menge vom Winde zusammengehaüft wird, und vor den Sonnenstrahlen geschützt liegt. Die Straße ist hier ganz frei von Inseln; und es ist eine merkwürdige Thatsache, daß da, wo die Grünstein-Formation endigt, auch die Inseln aufhören zu erscheinen.

Die Schiefer-Formation setzt bis zur Süßwasser (Freshwater) Bai fort, wo die geschichteten Steinarten die Küste verlassen und binnenwärts in nordwestlicher Richtung ziehen. Von da wird der Boden, wie es scheint, eine Mischung von Trümmer-Schiefer und Thon, bis der Schiefer Stufen Weise, je mehr man sich dem Kap Negro nähert, verschwindet, wo die Gesteinart den Karakter der Ostküste theilt. Hier bemerkt man zugleich mit der Veränderung des geologischen Ansehens, das Wiedererscheinen von Inseln, deren Boden thonig ist, aber mit Massen von Granit, Hornblendefels und Thonschiefer, welche an vielen Stellen die Bodendecke durchbrechen, welche, obwol sie einen ärmlichen Rasen trägt, von Baümen durchaus entblößt ist.

In demjenigen Theile der Straße, welcher östlich vom Kap Negro liegt, zeichnen sich die Berge durch Regelmäßigkeit und Parallelismus ihrer Richtung und die unter einander bestehende allgemeine Ähnlichkeit aus. Am Nordgestade, beim Kap Gregory, beginnt plötzlich eine Bergkette mit besonders steilem Abhange, und erstreckt sich vierzig Meilen weit nach Nordosten, wo sie in einzelnen Felsen-Hügeln endigt. Das Südwest-Ende dieser Kette ist eine Reihe platt-gipfligen Landes mit Dammerde bedeckt, die hin und wieder von primitivem Gestein durchbrochen ist; an einer Stelle schien dieses Sienit oder Granit zu sein. Das Nordostende ist vielleicht entblößter von Dammerde und bringt deshalb den Felsen zu Tage, der in isolirten Bergen auftritt. Genau dasselbe Ansehen und dieselbe Direktion hat eine Bergkette auf der Südküste; sie fängt bei Kap Monmouth an, und endigt, nach einer Erstrekkung von fünfzig Meilen in einzelnen Bergen, in der Nähe der Südseite der Ersten-Enge (First Narrow). Auch der Lauf der

First sowol als Second Narrows, welche genau innerhalb des Osteinganges der Straße liegen, ist nahe parallel mit diesen Bergen; und die kleinere Höhenzüge, Elisabeth Insel und das Klippige Land von Kap Negro, wo die Schiefer-Formation anfängt, neigen sich alle nach NNO. und behaupten durchgängig eine große Ähnlichkeit in Form und Karakter mit den erwähnten zwei Bergketten.

Die Unregelmäßigkeit in der topischen Gestaltung der westlicheren Gegenden der Meerenge, verbunden mit der verworrenen Anhaüfung unzähliger Eilande und Klippen, — die Regelmäßigkeit der Schichtenstellung, — der übereinstimmige Parallelismus aller Buchten, Kanäle und Sunde, — und der völlige Mangel von Inseln im centralen Theile oder der Schiefer-Formation; dann die merkwürdige Gleichheit der Direktion der Berge und Küstenlinie, so wie die Schichtung des nordöstlichen Gebiets, welche sehr verschieden ist von der des mittlern Theils, — alles dies bildet sehr auffallende Thatsachen und sind, geologisch betrachtet, von großem Interesse.

Nicht weniger merkwürdig, und gleich interessant ist der Karakter der Vegetation, nicht so sehr wegen der Manchfaltigkeit von Pflanzen, als vielmehr wegen ihres verkrüppelten Wuchses im westlichem Gebiet, ihrer Üppigkeit in der Mitte, und des völligen Mangels an Baümen in den östlichen Gegenden. Diese Modifikation läßt sich, wie es scheint, aus folgenden Ursachen genügend erklären: — Gegen Westen bildet die Zertrümmrung des Granits und anderer primitiven Felsarten nur einen armen, unfruchtbaren Boden, so daß, obwol das Land mit Strauchwerk dick besetzt ist, dieses doch nur klein und verkrüppelt wächst; dazu kommt noch, daß die Gießbäche, beim Herabsteigen von den steilen Abhängen der Berge, das bischen Dammerde, das hie und da sich sammeln mögte, hinwegwaschen; folglich findet sich hier wenig Baumwuchs, außer in Spalten und Schluchten der Felsen, wo sich aufgelöste vegetabilische Materie sammelt und das Wachsthum fördert; aber auch hier sind die Baüme niedrig und krüppelig, denn die, welche am besten gedeihen, erreichen selten einen größern Durchmesser als neün oder zehn Zoll.

In den Schiefer-Distrikten sind die Thäler, wegen der Regelmäßigkeit in der Richtung der Schichten, sehr groß, und nehmen, da sie auf beiden Seiten steile von Schluchten sehr zerrissene Berge zur Einfassung haben, große Wasserströme auf, welche, auf ihrem Laufe zur See sich vereinigend, nicht unbeträchtliche Flüsse bildend. Wärend der Wintermonate schwellen diese Flüsse an und überschwemmen ihre Ufer, und lagern eine Menge Alluvium ab, welches, mit den abgefallenen Baumblättern und andern Dünger-Substanzen vermischt, eine gute Dammerde bildet, in welcher Baüme zu einer bedeutenden Größe wachsen und Sträucher und andere Pflanzen außerordentlich üppig und fruchtbar werden.

Am Hunger Hafen (Port Famine) und in seiner Nachbarschaft wächst die immergrüne Buche (Fagus betuloides) in größter Menge und erreicht einen sehr kräftigen Wuchs. Bäume dieser Species, von drei Fuß im Durchmesser, giebt es in Überfluß; Exemplare von vier Fuß zählt man dort viele; und ein Baum ist daselbst (vielleicht derselbe, dessen Commodore Byron Erwähnung thut [1],) welcher siebenzehn Fuß über der Wurzel, sieben Fuß im Durchmesser hat, und sich dann in drei Zweige theilt, von denen jeder drei Fuß dick ist. Dieser ehrwürdige Baum ist dem Anschein nach gesund; urtheilt man aber nach verschiedenen andern, die wir fällten, so dürfte er am Kern wurmstichig sein. Diese Neigung zum Welken am Kern dürfte eben sowol der Kälte des schiefrigen Unterbodens, in welchem die Bäume wurzeln, als der beständigen Feüchtigkeit des Klima zuzuschreiben sein.

Die Schiefer-Formation hört beim Hafen St. Mary auf; hier ist aber keine entschiedene Veränderung in der Vegetation, bis daß wir nach Kap Negro kommen, wo der Thon anfängt; von da aufwärts findet sich nicht ein einziger Baum. Die Beschaffenheit des Bodens ist den Pflanzen, welche tiefe Wurzel schlagen, ungünstig, und darum sieht man nur Strauchgewächse und Gräser; erstere sind dünn zerstreüt über weite Ebenen, welche dieses Land karakterisiren; der Graswuchs aber ist in Fülle vorhanden; er muß, obwol er ein herbes, trocknes Ansehen hat, nahrhaft sein, denn er liefert das Lieblingsfutter für zahlreiche und große Herden von Guanacos.

Außer der oben erwähnten immergrünen Buche, giebt es nur wenig andere Bäume in der Straße, welche als Nutzholz gebraucht werden könnten. Eine Benennung dieser Art gebührt nur zwei andern Buchen-Arten und der Winterborke an. Die letztere Baumart, welche auch immer grün ist, findet sich, mit der ersten vermischt, in allen Gegenden der Straße; so daß Land und Berge von der Höhe von zweitausend Fuß über dem Meere, bis zum wahren Rande der Hochwasser-Marke mit einem beständigen Grün bekleidet sind, was ein höchst merkwürdiges Schauspiel darbietet, insbesondere da, wo die Glätscher bis ins Meer herabsteigen. Ich habe die üppigste Vegetation und große hoch-stämmige Bäume von Fuchsia und Veronica [2], welche man in England als zarte Pflanzen betrachtet und behandelt, in voller Blüthe gesehen, in ganz geringer Entfernung von der Grundfläche eines Berges, der bis auf zwei Drittel seiner Höhe mit Schnee bedeckt war, und bei einer Temperatur von + 1°,78 R. Die Fuchsia wurde, außer an geschützten Orten, selten gefunden,

[1] Hawkesworth, Voyages, I, 38.

[2] Die Stämme von beiden sechs bis sieben Zoll im Durchmesser.

nicht so aber die Veronica; denn die Ufer der Buchten auf der Westseite von St. John's Insel am Hafen San Antonio sind mit Bäumen der letztern eingefaßt, die sogar am unmittelbaren Rande der See wachsen. Kein Theil der Meerenge ist so sehr den Winden ausgesetzt als dieser, denn er liegt der Strecke westlich vom Kap Forward[1] gegenüber, längs deren der Wind beständig herrscht und dieser Regen, Hagel und Schnee herbeiführt; und in den Wintermonaten, vom April bis August, ist der Boden mit einem Schneelager bedeckt, das von sechs Zoll bis zwei und drei Fuß mächtig ist.

Es muß deshalb eine eigenthümliche Beschaffenheit in der Atmosphäre dieses sonst rauhen Klima vorhanden sein, welche den Pflanzenwuchs begünstigt; denn wäre dies nicht, so könnten die verhältnißmäßig zarten Pflanzen in den langen und strengen Winter dieser Region nicht gedeihen und blühen.

Im Sommer war die Temperatur Nachts häufig — $1\frac{1}{3}$° R., und dennoch nahm ich am andern Morgen nicht wahr, daß die Pflanzen, auch im Mindesten gelitten hätten.

Ein Umstand indessen verdient angemerkt zu werden, weil ihm in gewisser Beziehung die unschädliche Wirkung einer so niedrigen Temperatur zugeschrieben werden kann. Im Sommer bin ich zuweilen den größten Theil der Nacht über auf meinem Observatorium gewesen, wo das innere sowol als äußere Thermometer auf dem Gefrierpunkt stand, ohne daß ich besonders warm gekleidet war und dennoch nicht die geringste Kälte empfand; und im Winter stand das Thermometer bei gleicher Veranlassung auf — 3°,56 und — 2°,67 R.; und ich fühlte nicht die mindeste Unbehaglichkeit. Diese Erscheinung schrieb ich damals der eigenthümlichen Stille der Luft zu, obwol in kurzer Entfernung in See und in den höhern Luftschichten ein heftiger Wind wehte.

Zwei Thatsachen lassen sich zur Erklärung der Milde des Klima, trotz der niedrigen Temperatur, anführen. Die erste ist die vergleichungsweise hohe Wärme der See an ihrer Oberfläche, zwischen der und der Luft-Temperatur ich im Monat Juni, also im hohen Winter, einen Unterschied von $13\frac{1}{3}$° wahrgenommen habe, bei welcher Gelegenheit die See mit einer Dampfwolke bedeckt war. Die andere Thatsache ist, daß Papageien und Kolibris, durchgängig Bewohner warmer Regionen, in den südlichen und westlichen Gegenden der Straße sehr zahlreich sind; — die erstern nähren sich von dem Saamen, die zweiten hörten wir zirpen und sahen sie nippen von den Süßigkeiten der Fuchsia und anderer Blumen, nach zwei

[1] Kapt. King nennt die Südspitze des Kontinents von Amerika beständig Froward, d. h. trotzig, obwol sie von Thomas Candish, der ihr (im Jahre 1587) den Namen gab, Cape Forward, d. i.: das vorderste, äußerste Vorgebirge, genannt wurde. Es scheint angemessen, die ursprüngliche Benennung wieder herzustellen. — B.

oder drei Tagen eines anhaltenden Regen-, Hagel- und Schneewetters, wärend dessen das Thermometer auf dem Frostpunkt gewesen war. Wir sahen sie auch im Mai im Fluge wärend eines Schneegestöbers, und man findet sie überall an den Südwest- und Westküsten bis nach Valparaiso hinauf. Seitdem habe ich gehört, daß diese Species auch in Peru heimisch ist, so daß sie ein Gebiet von mehr als 41° Breiten-Ausdehnung hat, dessen Südgränze der Parallel von $53\frac{1}{2}$° S. ist[1].

Terra del Fuego ist in drei große Inseln getheilt, durch zwei Kanäle, von denen der eine dem Kap Forward, der andere dem Port Gallant gegenüber liegt. Der östlichste, Magdalen Sund, erstreckt sich neunzehn Meilen in gerade südlicher Richtung, und trennt die Thonschiefer-Formation von den mehr krystallinischen Felsarten, welche auf Clarence Insel vorzuherrschen scheinen, und hauptsächlich aus Grünstein bestehen, obwol daselbst, am Ostende, auch viel Glimmerschiefer vorkommt. Im Hintergrunde von Magdalen Sund dreht sich der Kanal scharf nach Westen, und trifft, nach einem Lauf von ungefähr vierzig Meilen, den Barbara Kanal[2], der, wie schon erwähnt, mit der Straße, gegenüber Port Gallant, in Verbindung steht, und beide vereinigt mit der See. Magdalen Sund und seine Fortsetzung, Cockburn Kanal, sind fast ganz frei von Inseln und Klippen; aber der Barbara Kanal, welcher die Gränze zwischen den Granit- und den Grünstein- und Glimmerschiefer-Distrikten bildet, ist seiner ganzen Ausdehnung nach mit Inseln übersäet, welche die Straße an einigen Stellen bis auf eine Meile ja an einem Orte auf nicht mehr denn fünfzig Yards Breite einschnüren. Hier strömt demnach die Fluth mit großer Gewalt. Verschiedene Schiffe sind indessen unter Segel durch die Straße gegangen; und ein Schiff (ein Wallfischfänger des Hauses Enderby), das durch die Meerenge segelte, in der westlichen Passage aber große Schwierigkeiten fand, ging, da der Wind schön war und die Entfernung bis zur See nur fünfzig Meilen beträgt, unter vollen Segeln, ohne Unfall, durch den Kanal. Das Land westlich vom

[1] Dieses Vogels ist, obschon er nicht selten in verschiedenen Sammlungen Englands vorkommt, nie Erwähnung geschehn, bis ich ihn zu Anfang des Jahres 1827 mit nach England brachte, wo ihn mein Freund Vigors im Zoologischen Journal, Novemberheft, 1827 (Bd. 3, S. 432) unter dem Namen Mellisuga Kingii, beschrieben hat. Bald darauf hat ihn auch Hr. Lesson in seinem Manuel d'Ornithologie (Bd. II, S. 80) als Ornismya sephaniodes, und als eine Entdeckung bekannt gemacht, die der Reise der Coquille angehören soll, in deren Kupferwerk er auf Tafel 31 abgebildet ist.

[2] Diese Straße wurde auf der französischen Tartane, La St. Barbe, vom Kapt. Marcand am 15. Mai 1713 entdeckt. Manche unter den neuern Karten hat sowol diesen Kanal als den östlichen, welcher den ältesten Seefahrern schon bekannt war, und Jelougel aber Jeloutche genannt wurde, sonderbarer Weise weggelassen. — B.

Barbara Kanal ist hoch und rauh, und obschon in den Thälern, Schluchten und an sonst geschützten Orten kein Mangel an Pflanzenwuchs ist, so hat doch diese Gegend, im Vergleich mit dem östlichen Theil der Meerenge ein sehr kümmerliches und unfreundliches Ansehen. Es wurde von Sarmiento ‚Santa Ines Insel'[1], von Narborough aber sehr bezeichnend ‚South Desolation (d. i.: Südliche Einöde) genannt,' da es, wie er sagt, ‚als ödes Land zu betrachten sei'[2].

Clarence Insel, die eine Länge von zwei und fünfzig Meilen hat und drei und zwanzig Meilen breit ist, hat, obschon sie ebenfalls felsig ist, ein grüneres Ansehen. Die gleichförmige Richtung der Landspitze am Norduser dieser Insel ist bemerkenswerth. Als auf der westlichen Spitze von Bell Bai, welche dem Kap Holland gegenüber liegt, mit dem Theodoliten eine Reihe von Winkeln beobachtet wurde, befanden sich die vorspringendsten Spitzen gegen Südosten, so weit die Kraft des Fernrohrs reichte, alle unter denselben Winkel innerhalb des Gesichtsfeldes des Fernrohrs. Dieselbe Erscheinung wiederholte sich auf dem entgegengesetzten Gestade der Straße, wo die Projektionen von Kap Gallant, Kap Holland und Kap Forward in derselben Richtungslinie liegen; so daß ein Parallel-Lineal, auf der Karte an die Landspitzen des Südufers gelegt, hinüber geschoben, auch die Vorgebirge der gegenüberliegenden Küsten berühren wird.

Die östliche Insel, welche vordem ‚König Karl's Süd Land' genannt worden ist, und diesen Namen demnach auf unsern Karten beibehält, erstreckt sich von der Einfahrt in die Straße bis zum Auslauf der Barbara und Cockburn Kanäle bei Kap Schomberg. Der nördliche Theil hat denselben geologischen Karakter, wie die östlichen Gegenden der Meerenge. Die Mitte ist eine Fortsetzung der Schiefer-Formation, was beim ersten Blick unverkennbar ist an der Gleichförmigkeit in der Richtung der Küsten von Admiralitäts Sund, Gabriels Kanal, und allen Buchten und Bergketten von Dawson's Insel. Das Südufer, oder die gegen das Meer gerichtete Küste besteht hauptsächlich aus Grünstein, mit Ausnahme der Gestade des Beagle (Spürhund) Kanals, welcher sich vom Christmas (Weihnachts) Sund bis zum Kap San Pio, eine Entfernung von hundert und zwanzig Meilen, in einer so geraden Linie erstreckt, daß keine der Spitzen auf den gegenüberstehenden Küsten die freie Aussicht durch den Kanal kreuzen oder unterbrechen; obschon die mittlere Breite, die sich ebenfalls sehr parallel bleibt, nicht mehr als eine Meile, und an einigen Stellen nur ein Drittel einer Meile beträgt. Die südlichen Gestade der Inseln Hoste und Navarin bestehen aus Hornblende Fels, der auch der hauptsächlichste

[1] Sarmiento, S. 180. [2] Narborough's Reise, S. 78.

Bestandtheil in der geologischen Struktur der benachbarten Inseln, so wie der Insel von Kap Hoorn selbst, ausmacht. Der östliche Theil von König Karl's Süd Land ist niedrig, mit Ebenen wie auf der patagonischen Küste; aber die Hochlandskette, welche die Straße am Port Famine kreuzt, erstreckt sich längs der Nordseite des Admirality Sunds, und setzt, vielleicht mit einigen leichten Unterbrechungen, bis an das Südostende des Landes fort, bis zum Vorgebirge des guten Erfolgs, welches die Südspitze auf der Westseite der Straße Le Maire ist, und endigt hier mit hohen schneebedeckten Bergen, von denen einer, welcher in den Karten den Namen Zukkerhut führt, wahrscheinlich viertausend Fuß (625 T.) hoch ist.

Das östliche Gestade von König Karl's Süd Land ist, gegen das Südende hin, hoch, aber am Nordende sehr niedrig. Das Innere ist ebenfalls niedrig, mit großen Ebenen, der Weideplatz zahlreicher Herden von Guanacos, von denen mehrere von den Offizieren des Beagle, fünfzig Meilen vom Kap Hoorn geschossen wurden.

Im Jahr 1828 lag das unter meinem Befehl stehende Schiff Adventure, vom Anfang des Januar bis um die Mitte des Monats August, im Port Famine in der Magalhaens Straße, unter Lat. 53° 38¼′ S., Long. 70° 54′ W. Grw., vor Anker. Während dieser ganzen Zeit ist ein meterologisches Tagebuch mit aller Sorgfalt geführt worden. Die Temperatur wurde nach einem sehr guten Thermometer mit Fahrenheits Skale registrirt, das in einem kupfernen cylinderförmigen Gehaüse von neün Zoll Durchmesser, und oben und unten durchlöchert zur freien Circulation der Luft, aufgehängt war. Der Cylinder war an dem Dach einer Hütte befestigt und mit trocknen Blättern bedeckt, nm ihn vor den Sonnenstrahlen zu schützen, indeß die Seiten frei blieben. Das Barometer (ein Newman'sches Bergbarometer mit einem eisernen Cylinder) hing im Observatorium, fünf Fuß über dem Hochwasser-Zeichen; und beide Instrumente wurden sorgfältig und regelmäßig in folgenden Stunden beobachtet, nämlich: — um sechs und neün Uhr Morgens, um Mittag, und um drei und sechs Uhr Abends. Der Zustand der Atmosphäre wurde täglich, an Daniel's Hygrometer, um drei Uhr Nachmittags beobachtet. Das Maximum und Minimum der Temperatur wurde ebenfalls beobachtet, zwei Mal innerhalb vier und zwanzig Stunden, an einem Six's Thermometer, um neün Uhr Morgens und um neün Uhr Abends. Aus diesem Tagebuch ist der nachstehende Auszug entworfen worden: —

Übersicht der meterologischen Beobachtungen.

Tafel I.

Mittlere Stände des Barometers, Hinsichts des Neütr. Punkts und der Kapill. korrigirt und auf die Temperatur von 32° (= 0° R.) reduzirt.

Stunde.	Herbst-Periode.			Winter-Periode.			12 Tage des August	Mittel.		
	Febr.	März	April	Mai	Juni	Juli		Herbst	Winter	H. u. W.
	Zoll	Zoll	Zoll	Zoll	Zoll	Zoll	Zoll	Zoll	Zoll	Zoll
VI	29,404	29,631	29,569	+29,322	+29,279	29,581	29,230	29,531	+29,394	29,463
IX	+ 415	+ 655	+ 581	311	277	+ 584	257	+ 550	391	+ 470
XII	405	641	574	292	272	576	308	540	380	460
III	— 399	— 647	— 555	— 285	— 271	— 542	318	— 534	— 366	— 450
VI	404	657	579	308	294	571	318	540	391	465
Mittel	29,405	29,646	29,572	29,304	29,279	29,571	29,286	29,539	29,384	29,462

Tafel II.

Thermometer. — Fahrenheit.

Stunde.	Herbst-Periode.			Winter-Periode.			12 Tage des August	Mittel.		
	Febr.	März	April	Mai	Juni	Juli		Herbst	Winter	H. u. W.
	°	°	°	°	°	°	°	°	°	°
VI.	44,30	44,20	35,82	34,74	30,67	30,53	33,46	41,44	31,98	36,71
IX.	51,38	49,87	40,61	36,36	31,83	31,50	35,11	47 29	33,23	40,26
XII.	54,23	52,53	45,42	40,68	36,02	35,93	37,92	50,73	37,54	44,13
III.	54,44	52,39	44,88	39,62	34,36	34,59	36,24	50,57	36,19	43,38
VI.	51,16	47,84	39,83	35,97	31,98	32,58	33,54	46,13	33,51	39,82
Mittel	51,10	49,37	41,22	35,47	32,97	33,03	33,25	47,23	34,49	40,86

Tafel III.

Daniel's Hygrometer, täglich um 3h A. beobachtet und mit der Mittel-Temperatur verglichen.

	Herbst-Periode.			Winter-Periode.			12 Tage des August	Mittel.		
	Febr.	März	April	Mai	Juni	Juli		Herbst	Winter	H. u. W.
	°	°	°	°	°	°	°	°	°	°
Mittl. Monats Temp. aus Taf. II.	51,10	49,37	41,22	35,47	32,97	33,03	33,25	47,23	34,49	40,86
Temp. des Thaupunkts	41,31	40,75	34,83	34,88	30,28	29,41	30,28	38,96	31,52	35,24
Diff. zwischen beiden	9,79	8,62	6,39	0,59	2,69	3,62	2,97	8,27	2,30	5,28
Trockniß (d. Sättig. w. = 1000)	711,8	736,42	809,9	980,6	903,8	876,3	895,6	752,71	920,23	836,47
Dunst-Elasticität	295,7	289,0	238,64	239,04	202,24	196,46	202,2	274,44	212,58	243,51
Gew. eines Kubikfuß Dunst in Gran	3,3441	3,2801	2,7550	2,7926	2,3731	2,3048	2,3421	3,1264	2,4902	2,8083

Tafel IV.

Monate	Druck.			Thermometer. Luft.			Thermometer. Wasser.			Thaupunkt Hygrometer		
	Max.	Min.	Diff.	Max.	Min.	Diff.	Max.	Min.	Diff.	Max.	Min.	Diff.
	Zoll	Zoll	Zoll	°	°	°	°	°	°	°	°	°
Februar	30,087	28,768	1,319	66	28	38,0	52,5	43,7	8,8	51,2	31	20,2
März	30,099	29,004	1,095	68	30,5	37,5	50,5	41'5	9,0	47	35	12
April	30,055	28,844	1,211	57,5	28	29,5	47,8	40,5	7,3	42	27	15
Mai	29,850	28,795	1,055	49,5	20,5	29,0	48,2	42,8	5,4	43	21	22
Juni	30,079	28,274	1,805	48,7	19,2	29,5	47,0	40,3	6,7	41,5	20	21,5
Juli	30,500	28,942	1,558	44,2	12'6	31,6	45,0	41,8	3,2	39,7	19	20,7
August 12 Tage	29,782	28,709	1,073	49,2	18,5	30,7	43,1	40,2	2,9	37,2	20,5	16,7

Aus den vorstehenden Tafeln geht hervor, daß die mittlere Temperatur der Herbst-Periode (die Monate Februar, März und April) 47°,2 war; das Maximum und Minimum Beziehungsweise 68° und 28°. Für die Winter-Periode, die drei folgenden Monate, betrug die mittlere Temperatur 34°,5; das Maximum 49°,5, das Minimum 12°,6. Wärend der ersten, oder Herbst-Periode, schwankte das Barometer zwischen 30,099 und 28,768 Zoll, und in der zweiten Periode zwischen 30,5 und 28,274 Zoll. Die Differenz der ersten ist 1,331, und die der zweiten 2,226 Zoll.

Die Ostküste von Patagonien, vom Eingang der Magalhaens Straße bis zum Rio de la Plata, ist verhältnißmäßig niedrig. Vom Kap de las Virgines bis zum Port St. Julian, wo porphyritischer Thonstein beginnt, besteht die Küste aus wagerecht geschichteten Thon-Klippen, und das Land ist wellenförmig, mit weiten Ebenen, oder Pampas, die mit Gras bedeckt, aber ohne Baüme sind. Am St. Julian Hafen wird das Land bergig und bleibt so bis zur Breite von 44°; das Gestein ist Porphyr. Die Thon-Formation, welche sich südwärts ausdehnt, ist ihrem Ansehen nach mit der Küste von Kent verglichen worden; und in der That, sie hat, bei geringer Entfernung, eine sehr große Ähnlichkeit mit ihr; allein die Felsen bestehen, statt aus Kalkstein, aus einem weichen Mergel-Thon, ohne alle Kieselhaltigkeit und Eindrücke organischer Überreste, außer am St. Julian Hafen, wo fossile Muscheln, Bivalven sowol als Univalven, in den Thonklippen eingelagert, so wie auf der Oberfläche große Auster-Schalen zerstreût gefunden werden.

In der Thon-Farmation sind drei Flüsse: der Gallegos in Lat. 51° 38′; Port Santa Cruz in Lat. 50° 7′ und in Lat. 49° 12′ ist Port San Julian. Der zuerst genannte erstreckt sich nicht weiter als vierzig Meilen von der Küste ins Land hinein, und ungefähr eben so weit der Fluß vom Port Santa Cruz; aber Port San Julian ist noch von geringerer Größe, und die Mündung von Coy Inlet, in Lat. 50° 58′ kann nur von Booten beschifft werden. Der Gallegos ist bei Hochwasser leicht zugänglich, aber bei niedrigem Wasser liegen die Ufer auf einer großen Entfernung trokken; er stößt indessen auf seine Südseite einen Kanal ab, der für ein kleines Schiff tief genug ist; die Fluth steigt hier sechs und vierzig Fuß und die Strömung ist sehr heftig. In Santa Cruz und Port San Julian sind die Gezeiten weder so starkströmend, noch steigen und fallen sie so hoch als im Gallegos.

Port Desire (Deseado), der ungefähr dreißig Meilen südlich vom Kap Blanco, in Lat. 47° 45′ S., gelegen ist, hat eine enge Mündung mit starken Gezeiten; seine Reede bietet aber einen sehr guten Ankerplatz und Schutz gegen den herrschenden Wind, der ein

Land-, oder Westwind ist, dar. Der Fluß kommt fast genau in Westrichtung achtzehn Meilen weit aus den Innern her, aber das Land ist trocken und dürr und sehr unpassend für eine Niederlassung, welche die spanische Regierung vor nicht langen Jahren daselbst errichtete, und von der noch heut' zu Tage Spuren gefunden werden.

St. George's Golf, in alten Karten ‚Bahia sin Fondo' (d. h.: Bai ohne Grund) oder Tiefe See Golf genannt, betrachtete man früher als eine tiefe Küstenbiegung, in welche sich ein Fluß nach einem Schlangenlauf durch einen großen Strich Landes ergießen sollte; denn bis zur Entdeckungsreise der Descubierta und Atrevida hatte man über diesen, so wie in der That über jeden andern Theil der Küste sehr unbestimmte Begriffe. Der Untersuchung jener Schiffe zufolge hat der Busen nirgends einen Fluß oder einen Creek, außer an der nördlichen Seite, wo sich einige tiefe Buchten und Coves befinden, die von unsern, auf den Robbenfang ausgehenden Schiffe besucht worden sind. Das nördliche Land heißt Kap der zwei Buchten (C. Two Bays); und dreißig Meilen nördlich von da ist der St. Helena Hafen, welcher die nördlichste Gränze unserer Untersuchnng der Ostküste ist. Das Land umher ist trocken und dürr, obschon mit kleinem Strauchwerk und leidlichem Rasen, auf dem zahlreiche Guanaco-Heerden weiden, dicht bewachsen.

Falconer (der Jesuiten Missionar, welcher viele Jahre unter den indischen Stämmen der Nachbarlandschaften von Buenos Ayres zubrachte) berichtet, daß die Ostküste zwischen den Parallelen von 41° und 51° von den Ingebornen nur besucht würde, um ihre Todten daselbst zu begraben; zuweilen wurden sie aber auch auf der Reise längs der Küste angetroffen, ohne daß sie einen bestimmten Zweck zu haben schienen. In der Nähe von Port Desire habe ich Gräber der Indier auf dem Gipfel von Höhen gefunden; die Leichname waren aber hinweggenommen, wahrscheinlich von den Indiern selbst; denn Falconer berichtet, daß, nachdem der Todte ein ganzes Jahr im Grabe gelegen habe, würde dieses vom Stamm besucht, um die Knochen zu sammeln und diese in den Familien-Begräbnissen beizusetzen, wo sie aufgestellt und mit Glaskorallen und andern Zierrathen in einer Menge geschmückt werden, als die Freünde und die Hinterbliebenen des Verstorbenen nur immer zusammen zu bringen vermögen. Die Ceremonie wird von gewissen Weibern des Stammes ausgeführt, deren Amt es ist, bei diesem feierlichen Gebrauch den Dienst zu leisten.

VIII. — Beschreibung der Ost Falkland Insel. Von Hrn. Vernet. Mitgetheilt von Woodbine Parish, Esq., M. d. K. S. Gelesen den 14ten Januar 1833.

[Diese Beschreibung wurde für mich wärend meines neulichen Aufenthalts in Südamerika von Hrn. Vernet verfaßt, der auf der östlichen Falkland Insel eine Niederlassung gründete und mehrere Jahre lang unter Vollmacht der Regierung von Buenos Ayres daselbst gelebt hat. Hrn. Vernet's Kolonie war am Berkeley Sund, in der Nähe der Ruinen von derjenigen Niederlassung, welche am Port Louis von Bougainville errichtet wurde. Ich erinnere daran, daß die britische Kolonie, welche die Spanier im Jahre 1770 mit Gewalt zerstörten, am Port Egmont, auf der westlichen Insel gelegen war. — W. P.]

Ost Falkland's Lage eignet sich eben so gut zur Kolonisation als zum Erfrischungsort für Schiffe, welche um das Kap Hoorn zu segeln bestimmt sind. Seine Nähe beim Kap, und seine vortrefflichen Häfen, von denen die meisten leicht zugänglich sind, guten Haltgrund und hinreichende Wassertiefe haben, selbst für die größten Kriegsschiffe, sind allein genügend, aus dieser Insel eine wichtige Besitzung zu machen. Die Leichtigkeit, welche sie den Schiffs-Manschaften darbietet, um sich am Lande Bewegung zu machen, ohne dabei befürchten zu dürfen, daß sie durch Desertion verlieren würden, so wie der Überfluß an wildem Vieh und anti-scorbutischen Kraütern, bezeichnen sie als einen erwünschten Ruheplatz für Schiffe, welche lange in See gewesen sind und deren Bemannuug vom Scharbock bedroht ist.

Das Klima der Insel ist im Ganzen genommen mild. Die Temperatur fällt im kältesten Winter nie unter 26° Fahrenheit (— 2°,67 R.), und steigt im heißesten Sommer nie über 75° (19°,11); im Durchschnitt bewegt sie sich zwischen 30° und 50° (— 0°,89 und 8°) im Winter, und 50° bis 75° (8° bis 19°) im Sommer. Das Wetter ist ziemlich unbeständig, besonders im Winter; allein die Regen-, Schnee- oder Hagelschauer sind durchgängig von kurzer Dauer, und ihre Wirkungen sind an der Oberfläche der Erde niemals lange sichtbar. Überschwemmungen sind unbekannt; Schnee verschwindet in wenig Stunden, außer auf den Gipfeln der Berge; und Eis wird selten über einen Zoll stark gefunden. Gewitter ereignen sich selten; Nebel sind haüfig, besonders im Herbst und Frühling; aber sie verziehen sich gewöhnlich um Mittag. Der Winter hat eine etwas längere Dauer als der Sommer, doch beträgt der Unterschied nicht über vier Wochen, und die langen warmen Sommertage, dann und wann mit Regen, erzeügen in dieser Jahreszeit einen schnellen Pflanzenwuchs.

Im Sommer herrscht gewöhnlich Nordwest-Wind, im Winter der Südwest, in beiden Jahreszeiten weht es selten aus dem östlichen Quartier. Das schönste Wetter herrscht im Winter, wenn der Wind aus Westen oder Nordwesten weht; und im Sommer, wenn er im Nordwesten oder Nordosten steht. Nordwind bringt immer Regen mit, besonders im Sommer; und Ost- und Südost-Winde sind stets von nebliger, feüchter Witterung begleitet. Schneegestöber kommt durchgängig mit SSO., S. oder SSW. Stürme sind beim Wechsel der Jahreszeiten sehr haüfig, und wehen gemeiniglich von SSW. bis WSW; doch halten sie selten länger als vier und zwanzig Stunden an.

Der Boden der Ost Falkland Insel eignet sich sehr gut zum Ackerbau, denn er besteht durchgängig aus einer, sechs bis acht Zoll mächtigen Schicht schwarzer Dammerde, unter der entweder Kies oder Thon liegt. Weizen und Flachs gedeihen in gleicher, wenn nicht besserer Güte, als die Saat, die von Buenos Ayres mitgebracht wurde, und Kartoffeln, Kohl, Rüben und andere Arten Küchengewächse gaben reichliche Ernten und vortreffliche Früchte. Mit Obstbaümen konnte kein Versuch gemacht werden, weil die Pflanzen, welche von Buenos Ayres geschickt wurden, unter Weges ausgangen waren.

Die Insel bringt auch verschiedene Arten Gewächse wild hervor, als Selleri, Kresse, u. s. w., und viele andere eßbare Pflanzen, deren Eigennamen den Kolonisten nicht bekannt waren, deren Schmackhaftigkeit und anti-scorbutische Eigenschaften sie aber zur Genüge kennen gelernt haben. Unter andern giebt es eine, die sie Thee-Pflanze nennen; sie wächst dicht an der Erde und trägt eine Beere von der Größe einer großen Erbse, weiß von Farbe mit einem rosenrothen Anstrich, und von vorzüglichem Wohlgeschmack. Ein Absud von ihren Blättern ist ein gutes stellvertretendes Mittel für Thee, woher sie denn auch den Namen erhalten hat. Sie kommt in sehr großer Menge vor.

Baüme wachsen nicht auf der Insel; doch holte man Bauholz mit ziemlich leichter Mühe von den angränzenden Magalhaens Straßen. Zur Feüerung giebt es, außer Torf, der an vielen Stellen in Überfluß, und in den Pinguinen-Löchern trocken gefunden wird, drei Arten Strauchholz, Namens Fachinal, Matajo und Gruillera. Der erste dieser Straücher erreicht eine Größe von zwei bis fünf Fuß, und der Stamm hat, im Verhältniß zur Höhe, einen halben bis anderthalb Zoll im Durchmesser; kleine Wälder dieses Strauchs finden sich in allen Thälern und gewähren guten Schutz; der Strauch trägt keine Frucht. Die zweite Art kömmt in den südlichen Gegenden der Insel haüfiger als in den nördlichen vor; der Stamm ist fast so dick als ein Manns-Arm, sehr krumm und schief, nie höher als drei Fuß, und trägt keine Frucht. Die Grullera ist die kleinste von allen drei Arten; sie wächst dicht an der Erde und auf der ganzen Insel in Überfluß, da dieser Strauch leicht Feüer fängt, so brauchten ihn die Leüte, wenn sie von der Niederlassung über Land gingen, als Brennmaterial, und eben so zum Anzünden des Torfs in den Haüsern. Er trägt eine kleine dunkelrothe Beere, von der Größe einer großen Erbse, und von schalem Geschmack.

Im nördlichen Theil der Insel ist das Land ziemlich gebirgig. Der höchste Theil, welcher in nicht großer Entfernung vom Hintergrunde des Berkeley Sundes liegt, wurde San Simon genannt. Die Spitzen der Berge sind mit großen Rollsteinen dick überstreüt; an einigen Stellen sind sie längs der Abhänge herabgestürzt, wo sie lange Linien bilden, die wie Flüsse von Steinen aussehen; dazwischen liegen große Striche Sumpfboden, welche unmittelbar von den Bergkuppen herabsteigen, wo viele Süßwasser-Teiche, von einem bis zwei Fuß Tiefe gefunden werden. Der beste Boden ist am Fuß der Berge, und von diesem eignen sich große Strecken, die in Ebenen von fünf bis fünfzehn Meilen Breite längs des Seerandes ziehen, zur Kultur. Auf der südlichen Halbinsel ist kaum Ein Fleck, der ein Hügel genannt werden könnte. Treffliches süßes Wasser findet sich überall, theils in gegrabenen Brunnen, theils in den Bächen, welche vom Innern nach der See in Thälern fließen, die mit einer üppigen Vegetation bekleidet sind.

Herden wilden Hornvieh's giebt es auf der Insel in hinreichender Menge, um den Bedarf einer großen Anzahl von Kolonisten zu befriedigen; wilde Schweine sind auf der nördlichen Halbinsel ebenfalls in Überfluß vorhanden; auch hat man wilde Pferde gefunden; sie sind zwar nur klein, aber sehr stark und haben sich, nachdem einige, ohne große Mühe, eingefangen wurden, den Kolonisten als sehr nützlich erwiesen. Kaninchen von großer Gestalt und schönem Pelz, giebt es in großer Zahl; auch Füchse, aber diese weichen von den eüropäischen bedeütend ab, denn sie haben einen dicken Kopf und groben Pelz; sie leben hauptsächlich von Gänsen und anderm Federvieh, das sie Nachts im Schlafe rauben.

Wild ist außerordentlich zahlreich, insbesondere wilde Gänse und Enten; von den erstern unterscheidet man zwei Arten, die Marsch- und die Geest-Gans. Letztere ist bei weitem besser als die erste, denn diese hat, da sie hauptsächlich von kleinen Meerkrebsen und andern Seethieren lebt, einen starken Fischgeschmack. Beide Arten sind sehr zahm und die Geestganz ist mit geringer Mühe zum Hausthiere gezähmt worden. Am schmackhaftesten sind sie im Herbst, denn dann haben sie sich an den Thee-Beeren gemästet, die ihr Lieblings-Nahrungsmittel sind; den übrigen

Theil des Jahres leben sie vom kurzen Grase der Weiden. Ihr Gefieder ist am Hals und der Brust weiß, sonst aber mit einer schönen braun marmorirten Farbe gefleckt. Der Marsch-Gänserich ist ganz weiß, und die Ganz dunkel mit gesprenkelter Brust.

Von Enten giebt es verschiedene Arten. Die dickköpfige Ente ist die größte, fast so groß wie eine Gans; ihr Fleisch ist zähe und fischig; sie können nicht fliegen, und lassen sich, wen sie aus dem Wasser gejagt werden, leicht fangen. Die nächste Art an Größe ist ebenfalls von schlechter Beschaffenheit, mit zähem Fleisch von fischartigem Geschmack; die kleinern Arten aber, die nicht größer als junge Tauben sind, gewähren ein schmackhaftes Essen und werden in großen Volks an den Ufern der Bäche und Süßwasser-Teiche gefunden. Schnepfen sind so zahm, daß man sie erlegen kann, wenn man mit einem Stück Holz nach ihnen wirft. Außer diesem Geflügel giebt es eine große Manchfaltigkeit von See-Vögeln, welche die Gestade bevölkern; unter ihnen sind die Möven und Pinguinen, wegen der Eier, für Seeleute und Ansiedler die wichtigsten. Diese Vögel haben ihre bestimmten Nester, zu denen sie, in zahlreichen Volks, jedes Frühjahr zurückkehren: die Möwen stets auf grünen Plätzen nahe am Strande, oder auf den kleinen Eilanden der Buchten; die Pinguinen hauptsächlich längs der steilen Felsufer des Meeres. Beider Eier sind eßbar; ja sie sind noch schmackhaft, wenn sie lange Zeit an Bord aufbewahrt gewesen sind; die Pinguinen Eier sind indessen die besten und weniger herbe (strong) als die der Möven. Dieser Eier giebt es eine so große Menge, daß bei einer Gelegenheit acht Männer nicht weniger denn sechszig tausend innerhalb vier oder fünf Tage sammelten, und noch ein Mal so viel hätten sammeln können, wenn noch einige Tage mehr darauf verwendet worden wären. Möwen und Pinguinen legen sechs oder acht Eier, wenn sie das Nest verändern; sonst legen sie nur zwei, und brüten diese aus. Die Möwen kommen zuerst auf ihre Nester, die Pinguinen etwas später.

Fische liefern alle Baien und Buchten in Überfluß, besonders im Frühjahr, wenn sie an den Mündungen der Süßwasser-Bäche zu laichen kommen. Gewöhnlich kommen und gehen sie zwei Mal an jedem Tage, bei der halben Fluth und der halben Ebbe; und zwar in so großer Zahl, daß zehn oder zwölf Mann innerhalb weniger denn vier Wochen an sechszig Tonnen voll fangen und einsalzen können. Gemeiniglich werden sie in einem Kehrnetze gefangen; eine Art aber, die das Mittel zwischen der Barbe und dem Lachs hält, fängt man auch mit der Angel. Sie sind äußerst schmackhaft und werden, eingesalzen, dem Stockfisch vorgezogen; jährlich lassen sich viele Schiffsladungen fangen.

Von Schaalthieren giebt es bloß Muscheln und Schnecken;

sie sind in Überfluß vorhanden und können am Strande bei niedrigem Wasser leicht aufgelesen werden.

Robben giebt es an der Insel, oder vielmehr auf den ihr benachbarten Klippen; und behaarte Robben (Löwen und Elephanten) kommen längs der Gestade in Überfluß vor. Viele schwarze Wallfische sind ebenfalls in der Nachbarschaft gefangen worden; in Folge dessen die Insel wärend der letzten Jahre von englischen, amerikanischen und französischen Wallfischfängern stark besucht worden ist; in dem Zeitraum von 1826 bis 1831 sind acht und neünzig Schiffe dieser Art dort gewesen.

Ost Falkland Insel ist auf höchst eigenthümliche Weise vom Meere zerschnitten, indem sie verschiedene gute Häfen enthält, die für Schiffe von fast jedem Tonnengehalt leicht zugänglich sind. Der am meisten besuchte, und in gewisser Beziehung auch der beste Hafen ist Berkeley Sund.

[Zusatz des deütschen Herausgebers. — Die Falklands Inseln sind höchst wahrscheinlich von John Davis, demselben, welcher seinen Namen der Meerenge zwischen Grönland und Labrador beigelegt hat, entdeckt worden. Zum Geschwader des Thomas Candish oder Cavendish gehörend, wurde er von demselben getrennt und von einem Windstoß am 12. August 1592 an diese Inseln geworfen, die damals den Namen ‚Davis' Südliche Inseln' erhielten. Anderthalb Jahre später, nämlich den 2. Februar 1594 sah sie Richard Hawkins, und zwar die westliche Insel, die er, nach der jungfraülichen Königin Elisabeth von England und zum Gedächtniß seiner, auf eigene Kosten ausgerüsteten Expedition ‚Hawkins Maiden Land' nannte. Sebald de Weert passirte die Westseite der Falklands Inseln, wo er am 24. Januar 1600, drei kleine Inseln entdeckte, denen er seinen Namen gab; sie wurden im Jahre 1615 von Schouten und Le Maire, 1684 vom Dampier und Cowley, und 1701 von Beauchesne Gouin wieder gesehen, nachdem der zuletzt genannte Seefahrer die nach ihm genannte südlichste Insel des Archipelagus gefunden hatte. John Strong war der erste, welcher ihn zuerst genau erforschte: im Jahre 1690 drang er in den Kanal ein, welcher die beiden Hauptinseln trennt. Von ihm rührt auch der Name ‚Falkland' her, den die Spanier in ‚San Carlos,' und die Franzosen in ‚Malouinen' veränderten, weil in den Jahren 1706 bis 1711 mehrere Schiffe aus Saint-Malo die Inseln besuchten. Es waren dies der Maurepas, uud der Saint Louis im Jahre 1706, das Schiff L'Assomption, Kapt. Poré, im Jahre 1708, und die Schiffe Le Saint Jean Baptiste, Kapt. Doublet du Havre, und l'Incarnation, Kapt. Brignon, von Saint-Malo. Poré nannte die nördliche Küste von Hawkins Maidenland, welche er am 16. Juli 1708 sah, nach seinem Schiff ‚Côte de l'Assomption', und Kapt. Fouquet die von ihm entdeckte Reihe sehr niedriger Inseln, welche längs der Südseite von Ost Falkland liegen ‚Iles d'Anican,' nach seinem Reeder in St. Malo. Frezier nannte den Archipelagus, auf seine Karte vom Südende Amerika's ‚Iles Nouvelles.' Bei den französischen Hydro- und Geographen heißt Ost Falkland ‚Ile Conti' und Berkeley's Sund ‚Baie Française;' die Spanier nennen die Insel sowol als die Bucht ‚Soledad.'

Franzosen und Engländer gründeten in der Mitte des 18ten Jahrhunderts Niederlassungen auf den Falklands Inseln: die ersteren durch Bougainville, der im Februar 1764 auf seine Kosten die Kolonie im Berkeley Sund am Port Louis anlegte; die Engländer, zwei Jahre später, auf der westlichen Insel, oder Hawkins Maidenland, in dem Hafen, welchen Bongainville ‚Havre de la Croisade' genannt hatte, vom Kapt. Macbride, dem Anführer der britischen Expedition, aber ‚Port Egmont' genannt wurde. Das spanische Kabinet betrachtete diese Niederlassungen indessen als Eingriffe in seine Rechte, und reklamirte die Falklands Inseln als zum spanischen Amerika gehörend. Worauf sich diese Ansprüche gründeten, ist nicht wol abzusehen; denn in der Geschichte der geographischen Entdeckungen wird kein spanischer Seefahrer als Entdecker des Falklands Archipelagus genannt, und wenn die Entdeckung eines unbekannten, und dazu unbewohnten Landes ein Recht auf den Besitz desselben verleihet, so stehet dieses unleügbar den Engländern zu, um so mehr als auch Byron im Jahre 1765 die Inseln im Namen der Krone förmlich in Besitz nahm. Ob sich Spaniens Ansprüche auf die Bulle Alexanders XI, vom 4. Mai 1493, stützten, und auf den ergänzenden Vertrag, den Spanien und Portugal zu Tordesillas am 7. Juni 1494 abschlossen, — wodurch die Demarkations-Linie zwischen den gegenseitigen Besitzungen in Süd-Amerika auf 370 Leguas westlich vom Meridian der Kapverdischen Inseln festgestellt wurde, — ist uns nicht bekannt; genug, der Hof von Versailles anerkannte die Rechtmäßigkeit der spanischen Ansprüche und ließ die Kolonie am Port Louis am 1. April 1767 an spanische Kommissarien, die mit Bougainville, dem französischen Kommissarius, von Buenos Ayres gekommen waren, überliefern. Die französische Niederlassung ist von den Spaniern, unter dem Namen Soledad fortgesetzt worden, scheint aber nicht lange von Bestand gewesen zu sein. Die britische Kolonie am Port Egmont ging im Jahre 1771 ein, nachdem sie den Angriffen, welche der Gouverneur von Buenos Ayres, Don Francisco Bucarelli, gegen sie richtete, einige Zeit widerstanden hatte.

Die Falklands Inseln blieben den Pinguinen, dem wild gewordenen Vieh, welches die Franzosen zurückgelassen hatten, und den Seehunden aufs Neüe überlassen, bis im Jahre 1814 ein Engländer, Namens Shofield, eine Kolonie dort anlegte, um Haüte für den Markt von Buenos Ayres zu bereiten. Denn die Regierung der Republik Buenos Ayres trat in die Fußtapfen ihrer Vorgängerin, des spanischen Gouvernements, und ließ, trotz der politischen Stürme, die den neüen Staat täglich erschütterten, die Falklands Inseln nicht aus den Augen; zu Ende des Jahres 1820 erschien der Kapt. Jewitt, Befehlshaber der Fregatte Heros, im Berkeley Sund und nahm, in Gegenwart verschiedener Wallfischfänger, die daselbst vor Anker lagen, die Inseln, Namens der Republik, förmlich in Besitz. In Folge dessen kam der Verfasser der vorliegenden Beschreibung nach den Falklands Inseln; er ist ein deütscher Kaufmann aus Hamburg und wurde im Jahre 1829 zum Gouverneur des Archipelagus ernannt.

Zwei Jahre später brach ein Streit zwischen den Vereinstaaten von Nordamerika und Buenos Ayres über die Schifffahrt an den Küsten von Patagonien aus; mehrere nordamerikanische Schiffe wurden mit Beschlag belegt; dagegen ließen die Vereinstaaten durch Kapt. Duncan die Kolonie auf Ost Falkland angreifen, und einen Theil der Kolonisten nach Nordamerika wegführen. Buenos Ayres gab seine Pläne nichts desto weniger nicht auf; Rivadavia, der Präsident von Buenos Ayres, schickte eine Besatzung, unter dem Befehl des Obersten

Vico', nach Ost Falkland. Diese Expedition mißglückte ganz: die Truppen, welche meistens aus Sträflingen bestanden, ermordeten ihren Anführer, verließen zum Theil die Insel, und diese mußte in die Hände des ersten nordamerikanischen Kriegsschiffes fallen, das landen würde.

Unter diesen Umständen schickte die englische Station in Rio de Janeiro den 9. December 1832 zwei kleine Kriegsschiffe ab, um die Inseln im Namen von England zu besetzen; sie landeten den 14ten Januar 1833. Der Rest der argentinischen Besatzung schiffte sich, ohne Widerstand zu leisten, ein, und die englische Flagge wurde aufgesteckt. Buenos Ayres und die nordamerikanischen Vereinstaaten haben zwar wiederholt und aufs Nachdrücklichste gegen die Besetzung protestirt; aber jenes ist zu schwach, seine Ansprüche geltend zu machen, diese haben selbst kein Recht auf den Besitz der Inseln, und so wird ohne allen Zweifel England seinen Zweck erreichen, und ein neües Glied in der Kette von Seestationen erhalten, mit der es die Erde umzogen hat.

Auf der wissenschaftlichen Expedition der spanischen Korvetten la Descubierta und la Atrevida wurde die geographische Lage von Port Egmont am 19. und 20. December 1789 beobachtet: Lat. 51° 21' 3'' S., Long. 3° 53' W. von Monte Video, nach den Kronometern; Monte Video ist 58° 33' 30'' W. von Paris, mithin Port Egmont 62° 26' 30'' W. Paris.

Port Louis, oder Soledad, wurde am 28. December 1793 von den Offizieren der Atrevida bestimmt: Lat. 51° 31' 0'' S., Long. 1° 51' 30'' W. von Monte Video, oder 60° 25' 0'' W. Paris; die Ueberfahrt scheint aber lange gedauert zu haben. In zwölf Tagen fand Kapt. Freycinet im Jahre 1820 den Meridian-Unterschied zwischen beiden Punkten 1° 56' 2'', 5, oder vier und eine halbe Minute mehr; Kapt. Duperrey im J. 1822 die Längen-Differenz zwischen Anhatomirin, St. Catharina, Brasilien, und Port Louis, nach achtzehntägiger Ueberfahrt, 9° 33' 51'', 4 W. was für Port Louis 60° 34' 31'', 4 W. Länge giebt (da Kapt. D. Anhatomirin in 51° 0' 40'' W. Paris annimmt). Durch Monddistanzen fand Freycinet 60° 34' 21'', 8, Duperrey 60° 31' 8'', 7. Die Länge von Port Louis ist folglich nach den vorstehenden Beobachtungen um 9½ Minuten schwankend.

Ausführliche Nachrichten über die natürliche Beschaffenheit der Falklands Inseln enthält Don Pernetty's Tagebuch und Bougainville's Reise um die Welt.]

IX. — Bemerkungen über den Isthmus von Panama. Mitgetheilt von J. A. Lloyd, Esq. Auszüge daraus wurden am 28sten Februar und 14ten März 1831 gelesen.

[Im November 1827 erhielt Hr. Lloyd vom General Bolivar, in dessen General-Stab er bis dahin eine Zeit lang gedient hatte, den Auftrag, eine genaue Vermessung der Erdenge von Panama, in der Absicht, zu veranstalten, um die zweckmäßigste Linie zur Verbindnng beider Meere, entweder vermöge einer Landstraße, oder eines Kanals, zu bestimmen. Das Resultat seiner Operationen, so weit sie sich auf das Niveau der beiden Meere, und die Höhe des zwischenliegenden Isthmus beziehen, ist bereits in den Philosophical Transactions für das Jahr 1830, S. 59 bekannt gemacht worden [1]. — Die folgenden Nachrichten sind aus Hrn. Lloyd's Noten ausgezogen, die er alle, vor seiner neuerlichen Abreise nach Mauritius, der Königl. geographischen Gesellschaft übergeben hat.

Da es ihm seine Beschäftigungen, wärend er daheim war, nicht gestatteten, die von ihm gesammelten Materialien selbst zu redigiren, so ist es bei der Form der Darstellung für zweckmäßig erachtet worden, die erste Person in die dritte zu verwandeln, um ihn auf diese Weise desto bestimmter vor der Verantwortlichkeit ihrer Auswahl und Anordnung sicher zu stellen. Doch sind seine eignen Worte so viel als möglich beibehalten worden.]

Der Isthmus von Panama, oder Darien, erstreckt sich von dem Meridian von 77° bis zu dem von 81° West von Greenwich, mit einer Breite, die nach beiden Enden hin zunimmt, und nicht unter dreißig Meilen beträgt, selbst an der schmalsten Stelle, welche der Stadt Panama gegenüber liegt. Die Erdenge befindet sich aber nicht, ihrer ganzen Erstreckung nach innerhalb der Gränzen der spanisch-amerikanischen Provinz; denn die Mandingo Indier im Nordosten behaupten bis auf den heütigen Tag eine stolze, und oft stürmische Unabhangigkeit.

1. Physische Geographie.

Die Cordillere, oder große Gebirgskette, welche zum größten Theil den ganzen Kontinent von Amerika durchzieht, ist innerhalb der obigen Gränzen zwei Mal unterbrochen: —

Die nördliche Cordillere giebt das erste Zeichen von Depression in Nicaragua; aber sie erhebt sich wieder für eine Strecke weit in der Provinz Veragua, wo sie eine sehr schöne Ebene, La Mesa (die Tafel) genannt, auf ihrem Scheitel trägt. In den östlichen Gegenden dieser Provinz löst't sie sich in einzelne Berge auf, die von beträchtlicher Höhe und außerst steil und rauh geformt sind; — von dort, immer ostwärts fortschreitend, treten unzählige Zuckerhut ähnliche Berge auf, die nicht über drei- oder vierhundert Fuß Höhe haben und mit ihren Grundflächen auf Ebenen und Savannen stehen; — und endlich, in der Gegend von Chagres einer-, und Chorrera andrer Seits, verschwinden, auf einige Meilen weit, auch diese gänzlich, und machen einem fast ununterbrochenen Flachlande Platz. Nun aber treten die Zuckerhut-Berge wieder dichter zusammen, und bilden, nachdem sie sich vereinigt haben, eine kleine Cordillere, welche sich von gegenüber Porto-Bello bis an die Man-

[1] S. meine Annalen der Erd-, Völker- und Staatenkunde, III. Band, Seite 63. — B.

dingo Bai erstreckt, wo die zweite Unterbrechung ist. Von da an setzt das Land niedrig fort durch die Provinz Darien und Choco; es ist reich an Flüssen, von denen die auf der Nordseite in den Golf von Uraba oder Darien, die auf der Südseite in den Golf von San Miguel fließen; jenseits dieses Punktes steigt die Cordillere in großem Maaßstabe empor und betritt die Gränzen von Südamerika.

Die Richtung der Berge in der Nachbarschaft von Panama ist im Allgemeinen von Nordost nach Südwest; anderswo weicht sie ab, indem sie in innigem Verhältniß zur Küstenlinie steht, ohne jedoch immer parallel mit dieser zu laufen. In der Nähe von Panama sind die Berge nicht über tausend bis eilfhundert Fuß (156 bis 172 Toisen) hoch; östlich von Porto Bello aber bedeùtend höher, und durchgängig mit dickem und fast undurchdringlichem Wald bedeckt, der auf außerordentlich fruchtbarem Boden von großer Mächtigkeit wächst.

Die vorherrschende Felsart ist Kalkstein, der auf der Nordseite mit Korallenfels, auf der Südseite mit verhärtetem Thon eingesaùmt ist. Der Korallenfels ist mit einer gallertartigen Materie geschwängert, die ihm die Eigenschaft beilegt, unter Wasser mit großer Festigkeit an allem anzuhangen, womit er in Berührung gebracht wird. Er ist dicht in der Textur und wird, wenn er der Luft lang ausgesetzt bleibt, sehr hart; beim ersten Bruch jedoch ist er nicht schwerer zu bearbeiten als Kalk. Der verhärtete Thonstein längs des Panama Gestades ist ebenfalls ein vortreffliches Bau-Material, das, obschon anfangs weich, an der Luft hart wird. Gewöhnlich wird er unter der Hochwasser-Marke gebrochen, weil er da am weichsten ist und am leichtesten bearbeitet werden kann.

Außer Kalkstein findet man im Innern Kiesel, Chalcedon, Jaspis, Eisenstein; und bei Gatun, am Rio Chagres, einen sehr schönen Feüerstein, der zum Bau von Ziegel- und andern Öfen ꝛc., von großem Nutzen ist. Thon und Lehm zu Ziegelsteinen giebt es ebenfalls in Überfluß, und Sand zum Mischen mit Kalk Behufs Mörtels. — ‚Mit einem Wort,' sagt Hr. Lloyd, ‚vielleicht kein Theil der Welt besitzt weder eine größere Manchfaltigkeit an Baumaterial, noch mehr Leichtigkeit es sich zu verschaffen, als der Isthmus von Panama.' An edlen Metallen indessen ist die Provinz arm. Im eigentlichen Panama stehen nur zwei Werke in Betrieb, die Minen Santa Rita und Pequeni, beide auf Gold, aber ihr Ertrag ist unbedeùtend. Sie liegen in den Bergen bei Porto Bello. In Veragua, mit Einschluß von Choco, wird eine bedeùtende Quantität Gold durch Waschen gewonnen; man hält es für sehr rein. Kupfer und Eisen giebt es viel; und Zinn und Quecksilber sollen ebenfalls gefunden worden sein. Doch ist nur ein geringes Kapital in diesen verschiedenen Werken angelegt worden; und die Wäschereien insbesondere befinden sich hauptsächlich entweder in den Händen einiger wenigen Sklaven-Besitzer, welche dieselben beschäftigen, oder freier Indier, welche das, was sie als günstige Lagen betrachten, auswählen und, ohne irgend eine Rente zu zahlen, in Besitz nehmen, einen Theil des Jahres mit Ausgraben des Alluviums aus dem Flußbette und Auflagerung desselben in Haufen, einen andern Theil des Jahres mit der Wäscherei, und den Überrest mit dem Verkauf des Producks, und dem Verschleüdern des Ertrags in Putz und Ausschweifungen zubringen. Der Gesammt-Gewinn ist daher verhältnißmäßig klein, und von Jahr zu Jahr ungewiß.

Die Erzeügnisse des Pflanzenreichs sind auf dem Isthmus aüßerst üppig, und die Kraft und Manchfaltigkeit seiner Hölzer wetteifern, wie Hr. Lloyd glaubt, mit jedem andern Theile der Welt. Die folgende Liste befindet sich unter seinen Papieren, und Prob'en der verschiedenen Hölzer hat er in den Sammlungen niedergelegt.

Amarillo. — Ein gelbes Holz; hart, zähe, feinnarbig und sehr dauerhaft; hat keinen Kern; kommt in großer Menge vor; wird zu Möbeln, zum Haüserbau, u. s. w. gebraucht; — vortrefflich.

Amarillo de fruta. — Eine Frucht tragend; ist gelblich weiß, mit langer Narbe; zähe und ziemlich hart; ist sehr gewöhnlich; wird nur zwei Fuß im Durchmesser groß; der Kern ist von derselben Farbe; wird zum Haüserbau stark gebraucht.

Amarillo carbonero. — Ein weißbraunes Holz, mit großem Kern, dichtnarbig und hart; es ist sehr zähe nnd wächst zu einer Stärke von einem oder anderthalb Fuß im Durchmesser; wird als Zimmer- und Tischlerholz gebraucht, ist aber nicht sehr gemein.

Amarillo colorado. —

Amarillo curabasuel. — Ein grünes Holz; hart und brüchig; wird sehr groß und ist sehr gewöhnlich; wird zum Bau gebraucht und zum Verfertigen sehr großer Tische.

Almasigo. — Weiß; zuweilen wie weißes Tannenholz; weich, nicht zähe, drei Fuß im Durchmesser; sehr gewöhnlich. Wenn der Baum angebohrt wird, so fließt ein Harz aus der Öffnung, welches im Lande bei Geschwüren stark gebraucht wird; hat eine sehr dicke Borke.

Alcabou. — Braünlich, grobe, glänzende Narbe; wird sechs Zoll bis zwei Fuß stark; ist gewöhnlich und gut zu Faßdauben.

Algarobo. — Eines der herrlichsten unter den bekannten Hölzern; sehr hart und zähe; röthlich braun mit Streifen; wächst sehr groß und ist allgemein; wird zu Lafetten von Schiffskanonen, u. s. w. gebraucht; in Jamaica heißt es Mogo.

Aguacate. — Weißlich; grobnarbig, hart und zähe; haüfig; wird zwei Fuß stark.

Ajisillo. —

Aromo. — Ein weiches, langnarbiges, glänzendes, weißliches Holz; sehr leicht und zähe; wächst bedeütend groß und ist allgemein.

Algodon. — Baumwollen Baum; weiß, schwammig, leicht, grobnarbig und schwach; sehr haüfig.

Balsa. — Wörtlich ‚Floß;' leicht und sehr weich; das leichteste aller Hölzer — fast so leicht wie Kork; wird zu Flößen verarbeitet und zum Poliren von Metall; wird nur einen Fuß stark.

Cocobolo amarillo. — Wie Rosenholz; sehr zähe und hart; wächst selten stärker als einen Fuß im Durchmesser, zuweilen aber größer; hat einen wohlriechenden Geruch, mit dunkelbraunen Streifen, fast wie Zebraholz, auf hohem trocknen Boden sehr haüfig.

Cocobolo prieto. — Ein sehr zähes, hartes Holz, von schön figurirter Narbe (ich glaube wie Rosenholz); wächs't bis zu einer Stärke von drei Fuß im Durchmesser, meistens aber kleiner; ist sehr allgemein; hat, in grünem Zustande, einen sehr angenehmen Geruch; wird mehr zur Zimmer- als Tischler-Arbeit gebraucht.

Cacique, oder Wälder-König. — Eins der schönsten und dauerhaftesten Hölzer Südamerika's; weißlich gelb; hart; zähe und langnarbig; wächst zu bedeütender Größe, ist allgemein und wird zu unterirdischen oder Wasser-Bauten stark verbraucht.

Conejo. — Hart, fein, narbig, dem Buchsbaum Holz ähnlich; wächs't nur klein, und ist selten.

Conejo colorado. — Gelblich; sehr dicht und feinnarbig, wie Stechpalme, aber härter; wird bedeütend groß.

Cedro cevollo. — Eine Klasse, welche mit Cedro Real fast einerlei ist.

Cedro espinoso, oder dornige Ceder. — Wächs't zu einer erstaunlichen Höhe, wird aber von den Ingebornen nicht so sehr geschätzt als Cedro real; hat eine lang gefleckte Narbe; ist weich, zerbrechlich und auf der Außenseite mit Dornen bedeckt.

Cedro papallo. — Eine von den vielen Ceder Species.

Cedro real amargo. — Die schönste Ceder des Landes, von einem stark riechenden Wohlgeruch und langer Narbe; wird als Zimmerholz, so wie zum Bauen von Booten und Kanoes viel gebraucht; wächs't bis fünf oder sechs Fuß im Durchmesser; und ist ganz allgemein.

Caobo. — Bastard Mahagoni; nicht sehr haüfig in der Nähe von Panama, wird aber in ungeheürer Menge, auf Kanoes, von der Küste gebracht, wo dieser Baum in Überfluß und zu einer außerordentlicher Größe wächs't.

Corotu. — Wie Ulme; wird bedeütend groß und zum Kanoe Bau benutzt.

Corotu prieto. — Weich und porös, wie Wallnuß; langnarbig; wächs't zu einer ungeheüern Größe; wird allgemein zunächst der Ceder vorzugsweise zu den größten Bongs und Kanoes gebraucht, und ist überall sehr haüfig.

Caraño. — Dichtnarbig, wie Stechpalme; licht braünlich gelb; zähe; ist nur klein, aber allgemein; zu Leitern das vortreffliche Holz.

Carati. — Hart, dicht, narbig; braünlich, zehe, schwer; wird anderthalb Fuß stark und ist sehr gemein.

Calmitillo. — Wie Birke; wächs't ungefähr bis zu einer Stärke von einem Fuß und sechs Zoll und ist sehr haüfig.

Ciruela. — Sehr weiß, langnarbig, weich, schwammig, nicht zähe, klein an Größe und selten. Die Borke wird in der Medicin als ein astringentes Mittel gebraucht.

Ciromo. —

Ciquarri. — Ein schönes Holz, härtlich und zähe; zuweilen wie Bastard Mahagoni, aber von glänzender Narbe.

Espino di mata. — Wie Birke; schmutzig weiß, lang narbig, zart, nicht zähe; bleibt klein und ist selten.

Espino colorado. — Dem Wallnuß Holz ähnlich; ein dunkles Holz, fast von der Farbe wie Ceder, aber viel härter und dicht faserig; wird ungefähr drei Fuß stark; schönes Material zum Boot-Bau.

Espabe mulato. — Ein zartes, lang narbiges, dichtes, zähes, sehr knotiges und widerstehendes Holz, aber sehr schwer; es wächs't zu einer ungeheüern Größe und wird allgemein zu Dielen und Verkleiden gebraucht. Es ist sehr haüfig.

Espabe prieto. — Eines der gewöhnlichsten Hölzer des Landes; ich halte dafür, daß es mit dem Ulmenholz Ähnlichkeit hat; wächs't bis zu fünf Fuß Durchmesser und wird zu jedem Zweig beim Haüserbau gebraucht; es hat eine ziemlich rohe Narbe beim Verarbeiten.

Frijollillo. — Weiche Narbe.

Faustin. — Wie Birke.

Guallacan. — Lignum vitae; sehr gewöhnlich; dichtnarbig, hart, schwer und zähe; läßt sich außerordentlich schön verarbeiten, wenn es noch ziemlich grün ist; wächs't bis zu einer Größe von vier bis fünf Fuß Durchmesser, und wird für Lafetten, Räder, u. s. w. stark verbraucht.

Guachapali. — Zart, offennarbig, wie Wallnuß; braünlich, zähe, und ziemlich schwer; wird vier bis fünf Fuß stark; wird zum Kanoe- und Haüser-Bau viel gebraucht.

Guayavito aseyjan. — Weiß, schön dichtnarbig; hart, zähe, und schwer; bleibt nur klein, und ist ein haüfig vorkommendes Holz.

Guava machete. — Gleich Birke; so genannt, weil der Baum eine Frucht trägt, die der Gestalt nach, einer Sichel (Machete) gleicht; braünlich weiß, lange grobe Narben und ziemlich zähe; erreicht keine große Höhe und kommt nicht haüfig vor.

Guavano. —

Gallito. — Weich, lange und offene Narben; weißlich gelb, leicht und porös; wird bis zu anderthalb Fuß Durchmesser stark, und ist allgemein.

Guallavo ormigero. — Wird so genannt weil der Baum von Ameisen sehr verheert wird; das Holz ist von weißlich gelber Farbe, weich, ziemlich zähe, von langer offener Narbe und leicht; wird zwei Fuß stark und ist gemein.

Guanavano. — Ein weißlich gelbes, leichtes Holz, ist nicht sehr zähe, wächs't gemeiniglich auf sumpfigem Boden bis zu einer Stärke von zwei Fuß, und ist selten.

Guavito. — Ein sehr weißes zartes Holz von außerordentlich bitterm Geschmack; wird als Arznei gegen Schlangenbiß gebraucht; erreicht einen Durchmesser von vier bis sechs Zoll; ist haüfig, dient aber, außer zu Arznei, zu weiter nichts.

Gorgojo blanco. — Ein sehr weißes, langnarbiges, zartes Holz, aber dicht; wächs't von einem bis zwei Fuß im Durchmesser; ziemlich brüchig, aber haüfig.

Guarumo. —

Guava peludo. — Fruchtbaum, mit einer Haar ähnlichen Substanz bedeckt; gelblich weiß, langnarbig, zähe und weich; wird bis zwei Fuß stark, und ist allgemein.

Huesito, oder Klein-Knochen (little bone). — Hart, dichtnarbig, wie Knochen; wird viel gebraucht, und zwar zu allen kleinen Artikeln von Kabinets-Verzierungen, und zu Handgriffen von Werkzeüg; bleibt klein und kömmt nicht haüfig vor.

Jagua colorada. — Zart, dichtnarbig, aber zähe; wird ungefähr anderthalb Fuß stark; ist ein Färbe-Holz und wird von den Indiern zum Schnitzen von Löffeln, oder kleinen Zierrathen stark verbraucht.

Jagua. — Weißlich braun; lang, offennarbig; zart aber zähe; wird drei Fuß stark und wächs't allgemein.

Jobo de lagarto. — Ein hartes, dichtnarbiges Holz wie Buche; die Borke gleicht der Alligator-Haut.

Joboliso. — Dicht narbig, schwammig, fleischfarben, weich, brüchig, und leicht; wächs't nur klein und ist allgemein.

Igeron. — Wie Esche, einer der zahlreichsten Baüme des Landes längs der Fluß-Ufer; ein weiches, weißes Holz.

Juasimo. — Hart narbig.

Juasimo prieto. — Gelblich weiß, oder braun; weich, brüchig, grob narbig und schwammig; wächs't nur klein und ist allgemein.

Limon. — Ein feinnarbiges, glänzendes, weißliches Holz; hart und zähe, ungefähr wie Esche; trägt die Limonie oder kleine Citrone des Landes; ist auf trocknem Boden inheimisch nnd wächs't nur klein.

Laurel, Lorbeerbaum. — Ein grobes braünliches Holz; zähe und langnarbig; hat einen kleinen Kern; wächs't ungefähr zwei Fuß im Durchmesser und wird zum Bau gewöhnlicher Haüser angewendet.

Laureño. — Weich; schmutzig weiß von Farbe; grobnarbig, brüchig und leicht; ist allgemein und wächs't klein.

Moro. — (Gelbholz); gelb, mit langer feiner Narbe; hart und zähe; wird bis viertehalb Fuß stark; eine schöne Farbe; sehr haüfig in den Wäldern längs der Ufer des Rio Chagres; hat einen eigenthümlichen Geruch.

Mamaisillo. — Dichtnarbig; wird einen halben bis einen Fuß stark; die Faser gleicht etwas der Birke, aber sehr zähe, und gelblich, röthlich und rothbraun; wird zum Sparrwerk gebraucht und ist allgemein.

Mangle, (Manglebaum?). — Dichtnarbig, wie Birke; röthlich braun und sehr hart; wird zum Schiffsbau stark angewendet; kommt in den niedrigen und sumpfigen Küstengegenden sehr haüfig vor.

Madroño a la sano. — Dem Citronenbaum ähnlich; gelblich weiß; von schöner, dichter Narbe; hart, zähe und schwer; wird ein Fuß vier Zoll stark; ist allgemein und wird bei Bauten von Haüsern zu Ständern gebraucht.

Madroño fino. — Dem Buchsbaum ähnlich; ein vortreffliches Holz zum Drechseln; wird anderthalb Fuß stark und wächs't allgemein.

Membrillo. — Weiß, hart, zähe, dicht narbig, und ziemlich leicht; der Wuchs ist klein, das Vorkommen allgemein.

Mata palo. — So genannt (wörtlich ‚Strauch Stock'), weil er jeden andern Baum, der in seiner Nähe wächs't, erdrückt; lang und dicht narbig, weich und glänzend; weiß, zähe, und sehr allgemein; wird sehr groß.

Mamey. — Dem Kirschbaum ähnlich; ein inheimischer Fruchtbaum; hart, dichtnarbig; wird zwei Fuß stark und ist zähe; doch nicht sehr gewöhnlich.

Malageto. — Dem Äschenbaum ähnlich.

Maria. — Wächs't außerordentlich gerade und ist für Masten und Stangen anzuwenden; weiß; lang, dichtnarbig; weich und leicht; wird ein Fuß und sechs Zoll stark.

Majaguillo. —

Majagua. —

Nispero. — Hart, dichtnarbig; gelblich weiß, zähe und leicht;

wird ungefähr zwei Fuß stark, ist allgemein, und wird zum Haüserbau benutzt.

Naranjito. — Gleicht der Buche; ein sehr zähes, dichtnarbiges Holz; hellbraun von Farbe; wächs't nur klein.

Naranjo del Monte. — Ist dem Buchsbaum ähnlich; ein sehr schönes, gelbliches, dichtnarbiges Holz; sehr zähe, und ziemlich hart; wird sechs Zoll bis einen Fuß im Durchmesser groß; es wird besonders zu Hobeln, Beilen und anderm Werkzeüg benutzt, ist aber nicht sehr haüfig.

Niema de Huevo. — Ein sehr zähes, gelbes Holz, mit langer, grober Narbe; wird zwölf bis vierzehn Zoll stark; von diesem Holze giebt es eine große Menge, ein besonderer Gebrauch wird aber nicht davon gemacht.

Negrite. — Weißlich, weich und brüchig; lang und geflecktnarbig; wächs't ungefähr anderthalb Fuß im Durchmesser stark, und ist allgemein.

Olivo. — Weißlich, hart, zähe, dichtnarbig und schwer; wächs't drei Fuß stark und allgemein; derselbe wie der Vogelleimbaum.

Paiquillo. — Weiß, langnarbig, hart nicht zähe, und schwer; bleibt klein und ist selten.

Pilon. — Ein röthlich braunes, dichtnarbiges, hartes Holz; sehr zähe und glatt; wird zwei Fuß im Durchmesser und ist gemein.

Pironel. — Weich.

Pali monton. — Ein weißliches, dichtnarbiges, härtliches Holz; ziemlich zähe; wächs't von sechs Zoll bis einem Fuß im Durchmesser, und ziemlich selten; man gebraucht es bei Haüser-Bauten.

Palo blanco. — Ein weißes, glänzendes, langnarbiges Holz; leicht und weich; mit sehr kleinem Mark; ein Fuß stark; ist allgemein.

Quajado. — Hart, dicht, sehr zähe und schlecht zu bearbeitende Narbe; ein vortreffliches Holz; wächs't zu einer Größe von zwei Fuß im Durchmesser; unverwüstlich; allgemein; wird zum Hausbau sehr viel gebraucht.

Quira. — Ein zähes Holz; sehr hart, dichtnarbig, und schwer; es ist verschiedenfarbig, — vom hellen braun bis zum ganz dunkeln; hat einen angenehmen Geruch, wenn es frisch geschlagen ist; erreicht eine Größe von viertehalb Fuß im Durchmesser (doch meistens von einem dis drittehalb Fuß) und wird sehr hoch; dieses Holz wächs't in Überfluß und wird sehr viel bei Haüser-Bauten angewendet.

Roble. — Weißlich grau und langnarbig, dem Tannenholz gleichend; erreicht eine bedeütende Größe und ist sehr allgemein; wird als Zimmerholz gebraucht, vorzugsweise aber von den Indiern zum Verfertigen von Ruderwerkzeügen für ihre Kanoes.

Sigua amarillo. — Ein gelbliches Holz; weichartig, feinnarbig, brüchig, und leicht; wächs't bis zu einem oder anderthalb Fuß Durchmesser; ist sehr gerade und nicht selten.

Sota cavallo. — Hart, dichtnarbig; ein weißliches, narbiges Holz; vortrefflich zu Reifen; langnarbig und zähe; bleibt klein, ist aber allgemein.

Sereso. — Der Buche ähnlich.

Siti. — Ein hartes, dicht- und langnarbiges Holz von schmutziger, braünlich weißer Farbe; zähe und sehr groß.

Saxo. — Ein weißliches, weiches Holz, das wenig geschätzt wird.

Sangrillo. — Weiß, lange Narben, und weich; allgemein; vier Zoll bis einem Fuß im Durchmesser.

Totumo. — Der Flaschenkürbiß Baum; ein gewöhnliches Holz; erreicht eine Stärke von einem Fuß Durchmesser, oder darüber.

Torete. — Gelblich weiß; weich, zähe, langnarbig und leicht; wird einen Fuß zwei Zoll stark und ist allgemein.

Vela. — Trägt eine Frucht in einer langen, weißen, lichtergleichen Hülse; das Holz ist härtlich, weiß, zähe und langnarbig; dicht und schwer; bleibt nur klein und ist allgemein.

Ubero de montaña. — Weißlich, härtlich, zähe, und eine feine, fleckige, narbe Narbe; klein und selten.

Yalla armadillo. — Ein schönes, dichtnarbiges Holz, fast wie Buchsbaum, von hellbrauner Farbe; bleibt klein, höchstens einen Fuß im Durchmesser.

Die Früchte und eßbaren Gewächse, welche auf dem Isthmus gefunden werden, sind dieselben, wie in andern Tropen-Ländern gleicher Lage. Von Getreide wird Reis und Indisch-Korn gebaut. Zuckerrohr gedeiht, doch wird seine Kultur nicht im Großen betrieben. Kaffee und Cacao baut man für den Haus-Bedarf. Der Kautchouc Baum [1], Milch Baum, (Palo de Vacco) und die Vanillen Pflanze sind in den Wäldern in Überfluß vorhanden. Die Holzkohle, welche von vielen Baümen gebrannt wird, betrachtet man als ein treffliches Feüerungs-Material beim Schmelz-Proceß, und wird als solches nach Peru ausgeführt, wo große Nachfrage danach ist. Viele Hölzer geben eben so reichliche als glänzende Farben, die von den Indiern gebraucht werden, bisher aber, wie Hr. Lloyd glaubt, im Handel unbekannt geblieben sind. Die Borke anderer Baüme wird als Arznei, oder zur Gerberei angewendet. Tinte wird von Galläpfeln und einem Strauch, Namens Alsifar, zubereitet, der dem Kaperstrauch gleicht. Viele werthvolle Harze werden aus verschiedenen Baümen gezogen; besonders eines, wel-

[1] Mit dem Gummi dieses Baumes verfertigen die Landesbewohner, so lange es flüssig ist, ein wasserdichtes Tuch; nach demselben Verfahren wie in England; aber es ist gleichförmiger und reißt niemals.

ches aus der Rinde eines Baumes, Namens Palo santo, oder dem heiligen Baume, abgezogen wird, äußerst wohlriechend ist, und nicht nur als Arzneimittel gebraucht, sondern auch als Weihrauch verbrannt wird. Styrax officinalis, Linn. giebt es in Überfluß; das daraus gezogene Gummi wird zu zwei Dollars das Pfund verkauft.

Die wilden Thiere der Wälder sind: Tiger, oder vielmehr Tigerkatzen, die selten größer als kleine Neufoundland-Hunde sind; Löwen, zum wenigsten so genannte; Bären; Waschbären; Sajinos, eine Art wilder Eber, die in Haufen gefunden werden; wilde Hunde, Heerden Weise; Conejos, die unsern Kaninchen in etwa gleichen, aber größer sind; Rothwild in Überfluß an den Rändern der Wälder; Schaaren von Affen vieler Species; wilde türkische Hähne, schwarze sowol als farbige; Vögel, welche unsern Fasanhühnern gleichen; Tauben, Enten, u. s. w., die alle eine treffliche Mahlzeit liefern. Die gefährlichsten Thiere dieser Liste sind die wilden Hunde, welche, wenn sie Haufen Weise zusammen sind, und auf sie gefeuert wird, einen, auch zwei Mann unverzüglich angreifen. Der Tiger greift Menschen nicht an, dagegen macht er auf Kleinvieh offne Jagd.

Der Isthmus ist wegen seiner Schlangen und giftigen Reptilien berüchtigt gewesen; wärend seines ganzen Aufenthalts daselbst hat Hr. Lloyd nicht mehr als eine oder zwei getroffen; er giebt keine Beschreibung davon. Selten macht sich das Landvolk Nachts auf den Weg, aus Furcht vor den Schlangen; und trägt immer ein ‚Contra,‘ oder Mittel, oder, was durchgängig als wirksamer betrachtet wird, einen ‚Zauber‘ gegen den Biß bei sich. Dieser Zauber ist ein Alligator's Zahn, der mit Kräutern verstopft, und von irgend einem alten Weibe zubereitet und besprochen wird. Er wird um den Nacken getragen. Das ‚Contra‘ soll sehr wirksam sein; es ist eine bittere Wurzel, Namens Guavito, welche abgeschabt und theils innerlich, theils äußerlich auf der Wunde gebraucht wird.

Eine wahre Pest des Landes sind die Ganapatas, oder Zecken, die, wenn man eine halbe Stunde im Sommer spazieren geht, uns den ganzen Körper bedecken, und von denen man sich nicht ohne Schmerz wieder saubern kann. Ein kleinerer, aber noch hinterlistigerer Feind ist der Peoito (pulga) de la Savaña, oder Savannen Floh, der nicht größer als ein Sandkorn, von tief Scharlach Farbe und sehr zahlreich ist. Sie greifen die weichern Theile des Fleisches an, und verursachen ein sehr schmerzhaftes Jucken. Der gemeinen Fliegen, Niguas oder Chijos, und Mosquitos giebt es die gewöhnliche Fülle. Feuer-Fliegen sind allgemein und sehr leuchtend; außerdem giebt es eine Menge anderer Insekten, von denen Hr. Lloyd glaubt, daß sie in unsern entomologischen Katalogen noch keinen Platz gefunden haben.

Von den Hausthieren, namentlich denen, welche zur Speise dienen, wird an einer andern Stelle die Rede sein.

Das Jahr zerfällt in den Sommer, oder die trockene, und in den Winter, oder die Regen-Zeit. Die erste Jahreszeit beginnt um das Ende des Dezembers und dauert bis zum April, die zweite wärt vom April bis Dezember. Die Regenmenge welche auf diese Weise im Laufe des Jahres fällt, ist ungeheüer, doch ist sie aller Orten nicht gleich. Die Wolken hangen vorzüglich über den Waldhöhen; und in Porto Bello im besondern, das dicht von ihnen eingeschlossen ist, fluthet der Regen in Strömen herab, haüfig von Gewitterstürmen der schrecklichsten Art begleitet. Da, wo der Boden auf größerm Raume eben, und abgeholzt ist, zeigt sich eine große Verschiedenheit; und in Panama sind die folgenden Abwechslungen bemerkbar. Im April umzieht sich der Himmel gegen Mittag, klärt sich aber wieder auf, nachdem es eine halbe Stunde lang getröpfelt hat. Im Mai ist es von neün bis eilf Uhr dunkel mit leichtem Regen; die Nachmittage aber sind stets schön. Wärend des Juni regnet es Morgens und Abends, indeß es am hohen Tage heiteres Wetter ist. Mit vorrückender Jahreszeit nimmt der Regen Stufen Weise zu; und dauert unaufhörlich im Juli, August, September und Oktober. Im November sind die Nächte immer feücht und wolkig; am Tage aber beginnt der Himmel sich aufzuklären. Der Dezember bringt eine stets fortschreitende Besserung des Wetters. Und im Januar, Februar und März ist ein Regenschauer eine eben so ungewöhnliche Erscheinnng, als ein Sonnenblick wärend der übrigen Zeit des Jahres.

Ein sehr merkwürdiges Phänomen ereignet sich überall auf dem Isthmus. Am 20sten Juni hört der Regen für fünf oder sechs Tage auf; die Sonne scheint den ganzen Tag mit dem aüßersten Glanze; kein Fall von Unregelmäßigkeit in der Wiederkehr dieser Unterbrechung in dem gewöhnlichen Verlauf der Jahreszeit ist bekannt. Die Inwohner rechnen darum mit großem Vertrauen darauf, feiern sie als eine Zeit geselligen Vergnügens, und nennen sie El verauito (oder kleinen Sommer) de San Juan, entweder nach dem Johannisfest, was in der Zeit mit ihr nahe zusammenfällt, oder, wie Andere sagen, nach dem Dorfe San Juan, das am Rio Chagres gelegen, ungefähr drei und zwanzig Meilen von Panama entfernt ist, wo das Phänomen besonders bemerkt wird.

Die Temperatur und die Gesundheit des Klima sind nach den verschiedenen Orten gleichfalls sehr verschieden. Porto Bello ist einer der heißesten und ungesundesten Plätze der Welt. In Panama dagegen steigt das Thermometer, wärend der Regenzeit, Nachts nie höher als 82° (22°,22 R.); am Tage nie über 87° (24,44); der Wind ist veränderlich und kühl; und obwol der Regen unaufhörlich ist, so entsteht doch keine Stockung in der Atmosphäre und folglich keine epidemische Krankheit. Im Sommer steigt die Wärme auf 90° (25°,78 R.) und selbst 93° (27°,1), und am Tage verursacht die Reflection der Sonnenstrahlen von der glatten Oberfläche des Stillen Oceans, verbunden mit der Hitze der Winde, welche beständig von Südosten über einen Strich trockner Savannen wehen, eine große Schwüle; aber Nachts sind die Winde kühl, da sie hauptsächlich von den benachbarten Bergen kommen, und das Klima läßt sich im Ganzen als gesund bezeichnen, obwol sich dann und wann eine beträchtliche Sterblichkeit ereignet. Diese aber muß, wie Hr. Lloyd glaubt, fast immer einer Unmäßigkeit im Genuß unreifen Obstes und unzeitiger Gewächse zugeschrieben werden, bisweilen auch der Beschaffenheit der animalischen Speise, die zu gewissen Jahreszeiten, wie der Verf. vermuthet, durch die außerordentliche Üppigkeit der Weiden schädlich wird. Die Familie des britischen Konsuls lebte seit vier Jahren in Panama ohne daß ein Glied derselben nur eine Stunde lang krank gewesen war; und Hr. Lloyd und sein Gefährte befanden sich siebenzehn Monate im Lande, und waren wärend dieser ganzen Zeit allem Ungemach des Wetters, sowol den Sonnenstrahlen als den Regengüssen ausgesetzt, ohne das mindeste Unwohlsein zu empfinden.

2. Topographische Nachrichten.

Flüsse. — In der ganzen Provinz ist kaum eine Meile Landes, welche nicht in der Regenzeit von irgend einem kleinen Fluß, oder Quebrada durchschnitten ist, der das überflüssige Wasser abführt, und zuweilen schwer zu passiren ist. Im Sommer trocknen indessen die meisten aus; und nur die folgenden hält Hr. Lloyd einer besondern Beschreibung werth: Auf der Nordseite, in den atlantischen Ocean sich ergießend, — der Chagres, Pequeni, Trinidad und Gatun, die sich alle vereinigen und Einen Fluß bilden, bevor sie das Meer erreichen; und auf der Süd-, oder Stillen Meeres-Seite, — der Rio Grande, der Caymito oder Chorrera, der Pacora, Indio, und Ballana oder Chepo.

Der Chagres entspringt in beträchtlicher Ferne östlich von Porto-Bello, zwischen hohen Gebirgen, die sich der Bai von Mandingo nähern, und nimmt, nachdem er einen großen Landstrich bewässert hat, Porto-Bello nahe gegenüber, den Pequeni auf, der aus Südosten kömmt, und eben so groß und breit als er selbst ist. Diese zwei bilden dann einen prächtigen Fluß, der indessen eine zu schnelle Strömung hat, um leicht beschifft werden zu können; und die Schifffahrt betrachtet man, obwol Kanoes beide Zweige in der trocknen Jahreszeit hinauffahren, als gefahrvoll, wegen der zahlreichen Fälle oder Stromschnellen, in deren einigen der Strom mit außerordentlicher Geschwindigkeit daher stürzt. Nähert man sich

Cruces,

Cruces, so nimmt sie, in verhältnißmäßigen Weiten, ab. Bei dieser Stadt, welche drei und zwanzig Meilen in gerader Linie, und vier und vierzig Meilen längs der Fluß-Krümmungen von der See entfernt ist, übersteigt seine Geschwindigkeit selten drei bis viertehalb Meilen in der Stunde, selbst wärend der Regenzeit. Bei Peña Blanca fließt er zwei Meilen, bei Gatun kaum eine Meile, und bei Brusa ist die Strömung im Sommer unmerklich.

‚Wenige Flüsse von dieser Größe bieten eine schönere Uferlandschaft dar als der Chagres oberhalb Cruces. Meilen weit ist er ‚von ungeheüern, steilen Kalkstein-Massen in den seltsamsten und ‚abenteüerlichsten Gestalten eingefaßt; an andern Stellen laufen Savannen bis an den Wasserrand des Flusses, die mit einem wunderschönen Grase bekleidet sind, welches man Grammalotti nennt, ‚und der prächtige Bongo-Baum ziert die Ufer, zuweilen in der ‚Gestalt eines schön gestutzten Eibenbaums, aber zu einer viel beträchtlicheren Größe wachsend. An den meisten Stellen ist der ‚Fluß gegen die Sonnenstrahlen durch einen großen Baum beschattet, der Jigeron heißt, und seine Zweige quer über den Fluß verbreitet, indeß die Blätter begierig von den Fischen geschnappt werden. Das Wasser fließt auf einem Bett der verschiedenartigsten ‚Rollsteine, und ist im Sommer außerordentlich klar. An vielen ‚Stellen, gegen seine Quellen hin, ist der Fluß viel breiter als an ‚seiner Mündung, bisweilen zweigt er sich in mehrere Arme ab ‚und bildet kleine Inseln; aber in der Regenzeit sind diese alle verbunden und machen Einen breiten Strom aus, mit starkem Wellenschlag und heftigen Wirbeln, die von den plötzlichen Krümmungen herrühren und die Schifffahrt außerordentlich gefahrvoll machen. Vor vielen Jahren stieg der Fluß, nach wiederholtem, langdauerndem Regenwetter, bis an die Schwelle der Kirche zu Cruces, die auf einer kleinen Erhöhung gelegen, sich vierzig bis fünfzig Fuß über sein gegenwärtiges Niveau erhebt; der größte Theil ‚der Stadt ward unter Wasser gesetzt, und die Inwohner konnten ‚Wochen lang nur in Kanoes mit einander verkehren. Gegen die ‚Mündung hin, bis zum Trinidad Fluß hinauf, ist er, so weit man ‚sich erinnert, nie höher als sechs oder acht Fuß gestiegen, und diese ‚Schwelle wird leicht von den Ufern eingeschlossen.'

Der Rio Trinidad fällt in den Chagres ungefähr vier und zwanzig Meilen oberhalb dessen Mündung, und ist ebenfalls ein großer Fluß. Er entspringt ganz in der Nähe der Südküste, unfern der Stadt Chorrera, die, wie wir später sehen werden, einem beträchtlichen Fluß auf der andern Seite den Namen giebt, welcher in den Stillen Ocean fließt. Kanoes verschiedener Größe schiffen auf dem Trinidad bis zu einer großen Stadt, Namens Capua, die südwestlich von Chorrera liegt, und bringen Produkte herab nach Chagres. So hoch als Hr. Lloyd hinauf gelangte, was indeß nicht bis zu dem genannten Punkte geschah, betrug die Breite ungefähr zwei hundert Fuß, die Tiefe acht und zwanzig bis zwanzig Fuß; die Flußstrecken (calles) sind lang und gerade, ohne Wasserfälle oder irgend ein anderes Hinderniß einer leichten Schifffahrt.

Der Gatun ist ebenfalls von beträchtlicher Länge, obschon weder tief noch breit. Er entspringt in den Bergen östlich von Porto Bello, und vereinigt sich, nachdem er beide von dieser Stadt nach Panama führende Straßen gekreüzt hat, vor der Stadt Gatun mit dem Chagres, ungefähr acht Meilen von der See. Seine Tiefe geht nicht über sieben bis zehn Fuß, selbst an der Mündung; einige Meilen aufwärts nimmt sie auf vier, ja bis auf einen Fuß ab; und seine Beschiffung wurde, als Hr. Lloyd auf ihm fuhr, weiterhin ganz unterbrochen durch eine Menge Baüme, die, von den Wassergüssen der vorherigen Regenzeit unterwaschen, in den Fluß gestürzt waren und ihn verstopften. Seine Wichtigkeit indessen für die Binnen-Kommunikation besteht in folgendem, — daß die von Porto Bello nach Chagres bestimmten Kanoes, bei stürmischem Wetter, wann die Küste gefährlich ist und sie konträren Wind haben, im Stande sind, ihn bis zu einem Dorfe, Namens Aqua Sucia hinaufzufahren, wo die Güter nach und von Porto Bello von Menschen getragen werden. Zudem fallen verschiedene Quebradas zur Rechten und Linken ihm zu; und alle tragen etwas zur leichtern Zugänglichkeit des angränzenden Landes bei. Einige bedeütende See'n liegen dahinwärts ebenfalls, mit denen mehrere jener Quebradas in Verbindung stehen.

Alle diese Flüsse tragen dazu bei, die Schifffahrt auf dem Chagres unterhalb der Vereinigung des Trinidad zu erleichtern, so daß sie selbst besser ist als auf vielen weit größeren Strömen. Die Tiefe unter Gatun wechselt zwischen sechs und zwanzig und dreißig Fuß; oberhalb ist sie vier und zwanzig und nirgends unter zwei und zwanzig Fuß, außer an einigen wenigen Stellen, wo bloß sechszehn Fuß gelothet werden, indessen stößt hier tiefes Wasser unmittelbar an. Zudem ist diese Tiefe nicht auf ein schmales Fahrwasser beschränkt, sondern bezieht sich auf die ganze Breite des Flusses, die von zweihundert bis dreihundert und achtzig Fuß mißt. Die Ufer sind steil und gehören der Trapp- und Porphyr-Formation an; bis unmittelbar an den Wasserrand sind sie beholzt und gestatten es überall, daß Schiffe dicht herankommen können; dann ist auch, wie schon erwähnt, die Strömung sehr mäßig.

Der Rio Grande entspringt nordwestlich von Panama in der Nähe eines Berges, welcher Pedro Miguel heißt, und wird, nachdem er verschiedene Bergströme aufgenommen hat, zwei große Seemeilen oberhalb seiner Mündung für sehr große Kanoes schiffbar. Die Mündung, welche zwei kleine Meilen von Panama entfernt ist, hat eine Barre vor sich liegen, auf der die Wassertiefe bei der

Ebbe nur zwei Fuß beträgt. Die Fluth steigt indessen in der Bucht von Panama so hoch (in Springzeiten ungefähr achtzehn Fuß) daß Seeschiffe leicht in den Fluß einlaufen können, wo sie innerhalb der Barre guten Ankergrund finden. Zu einer Zeit flößte dieses Wasser viel Interesse ein, weil es sich an einigen Stellen seines Laufs dem Obispo Fluß nähert, der etwas unterhalb Cruces in den Chagres fällt; die Annäherung erweckte den Gedanken zu einer Wasserverbindung quer über den Isthmus vermittelst eines Kanals zwischen beiden Flüssen. Die Seichtigkeit des Chagres aber bis da hinauf, der kurze und unterbrochene Lauf des Obispo, und die viel größern Erleichterungen, welche andere Stellen zur Anlage einer Eisenbahn-Verbindung darbieten, scheinen Hrn. Lloyd, wenigstens für jetzt, unübersteigliche Hindernisse für diesen Plan zu sein. Bestände schon ein großer Verkehr über den Isthmus, so dürfte seine Ausführung, in Gemeinschaft mit andern Wegen, den größten Werth haben.

Der Caymito, oder Chorrera, ergießt sich ungefähr zehn Meilen westlich von Panama in den Stillen Ocean, und entsteht aus der Vereinigung einer großen Menge kleiner Bergströme, die in verschiedenen Theilen der westlichen Cordillere ihren Ursprung nehmen. Er ist gegen die Mündung hin sehr tief, und der Zweig, welcher Rio Martin Sanchez heißt, ist, für große Kanoes bis an die Stadt Chorrera schiffbar, welche so dem ganzen Flusse den einen Namen giebt; indeß der andere von der ungeheüern Menge Alligators, Schwertfische u. s. w., die ihn beleben, herrührt. Die Fluth fließt sehr heftig in den Fluß und aus ihm heraus, denn er ist an seiner Mündung von keiner Barre gesperrt, so daß der Ankerplatz für Seeschiffe schlecht und ungeschützt ist.

Der Pacora und Indio fallen vereinigt in den Stillen Ocean, in der Nähe der Insel Chepillo, ungefähr achtzehn Meilen östlich von Panama, und bilden, viele Meilen oberhalb der Mündung, einen breiten, reißenden Strom in geschlängeltem Laufe. Seewärts sind sie von unzähligen Sandbänken geschützt, zwischen denen sich bei niedrigem Wasser nur sehr enge Passagen befinden, die von Hayfischen und Alligators wimmeln; aber bei Hochwasser ist die Schifffahrt Flußaufwärts selbst für große Schiffe gut, und für Kanoes auf dem Pacora bis zur Stadt des selben Namens offen, und auf dem Indio in einem gleich großem Abstande. An den Ufern des zuletzt genannten Flusses hat ein in Panama lebender Engländer eine Sägemühle angelegt, auf welcher jährlich an zwanzig tausend Bretter gesägt werden können. Ein unerschöpflicher Vorrath des schönsten Zimmerholzes befindet sich in ihrer unmittelberen Nähe; und der Boden zeigt da, wo er gerodet ist, eine so große Fruchtbarkeit, daß ein kleiner Raum, von nur zwei Mann bestellt, überflüssigen Vorrath an allen Lebensmitteln für die ganze

Anlage zu liefern im Stande ist. Von den benachbarten Dörfern führen mehrere Wege dahin; und eine Straße ist angelegt worden, nach einem an dem vereinigten Strom liegenden Platz, Namens Sambaja, wo die größten Schiffe liegen können. Die Bretter werden den Fluß hinab geflößt, und schnell verkauft, nicht allein nach Panama, sondern auch nach Guajaquil und Peru, in welchem letztern Lande Mangel an Holz ist. An den Ufern der Mündung findet sich ein wildes Thier, welches macho, oder vacca del monte, zuweilen auch danta genannt wird; es gleicht an Größe und Aussehen dem Esel und sein Fleisch wird als ein Leckerbissen betrachtet. Das ganze Land zwischen diesem Flusse und Panama ist niedrig und trocken.

Der Ballano oder Chepo hat einen langen Lauf, und entspringt unter dem Namen Canada in der Provinz Darien, in der Nähe der Quelle eines andern Flusses, welcher Chucunaque heißt und in den Meerbusen von San Miguel zum Stillen Ocean fällt. Der Ballano empfängt mehrere beträchtliche Zuflüsse wärend seines Laufs, der westlich, und viele Meilen weit gewisser Maßen parallel mit der Küste ist, bis er sich plötzlich nach Süden wendet, und einige Meilen östlich vom Pacora in den Stillen Ocean ergießt. Bis zu dieser Wendung isi er schiffbar; etwas höher auf liegt an seinen Ufern die Stadt Chepo, die einige Bedeütung hat, da sie auf den Verkehr mit den Mandingo Indiern angewiesen ist. Weiter aufwärts ist ein Fort, Namens Terrable, daß die Bestimmung hat, die Einfälle dieser Indier zu verhindern; wie denn auch die Flußlinie durchgängig als Gränze betrachtet wird. Ein außerordentlicher, wenn gleich unwirksamer Groll herrscht stets auf beiden Seiten.

Communikation über den Isthmus. — Diese wird gegenwärtig auf zwei Hauptwegelinien unterhalten. Der eine Weg geht von Panama nach Porto Bello, der andere ebenfalls von Panama, über Cruces oder Gorgona, den Cruces hinab, nach dem Seehafen desselben Hafens, welcher an der Mündung des Flusses gelegen ist. Es giebt auch noch andere, die zum Transport von Vieh und anderen Produkten des Landes von einem Ort zum andern gebraucht werden; aber sie sind wenig bekannt; und unter der spanischen Regierung wurden ihre Verbesserung und Vermehrung wenig ermuntert. Hr. Lloyd empfiehlt aber gegenwärtig die Anlage einer neüen Wege-Linie, welche von allen bisherigen abweicht: Sie beginnt am Atlantischen Meere, an einer schönen Bucht, Namen Limon, oder Navy Bey, ungefähr fünf gr. Meilen östlich von Chagres gelegen; geht an diesen Fluß, einige Meilen oberhalb seiner Mündung, da wo sein Lauf jener Bai benachbart ist, vermittelst eines Kanals; dann den Fluß hinauf bis zu einer günstigen Stelle am südlichen Ufer des Trinidad, wo seine Gestade zur Anlage von Werften und Landungsplätzen, sowol für Güter als Vieh vorzüglich geeignet sind; von da endlich nach Panama oder Chorrera vermöge einer Eisenbahn. Nach dem zuletzt genannten Orte ist der Weg am kürzesten, die Richtung auf Panama aber ist vorzuziehen, weil sie nicht allein nach einem bessern Seehafen, sondern auch nach der Hauptstadt des Departements führt, wo der Handel bereits einen Mittelpunkt hat. In Hrn. Lloyd's Papieren ist über diesen Gegenstand ausführlich die Rede, und folgendes ist ein Auszug aus seinen Bemerkungen.

Der Hafen von Porto Bello ist vortrefflich, aber sein Klima so ungesund, daß es in keiner Periode seiner Geschichte Kaufleute gewagt haben, daselbst zu wohnen, außer für wenige Wochen in der besten Jahreszeit, wo daselbst bekanntlich eine große Messe gehalten wurde. Keine Klasse der Bewohner kann es daselbst lange aushalten, nicht ein Mal die Neger; und lange glaubte man steif und fest, das Klima sei, Wöchnerinnen insbesondere, Unheil bringend. Thiere aus andern Gegenden sollen ebenfalls seine Wirkungen empfinden und sich nicht fortpflanzen; Hr. Lloyd behauptet es wenigstens als gewiß, daß Haus-Geflügel, welches man von Carthagena oder Panama dahin verpflanzt, bald nach seiner Ankunft aufhört Eier zu legen, mager wird, und sein Fleisch einen aasigen Geschmack annimmt. Schweine und Maulthiere scheinen die einzige Ausnahme zu bilden, denn sie gedeihen hier wie in andern Gegenden von Westindien; und Kröten sind ekelhafter Weise ungemein zahlreich. Ein Hafen wie dieser ist indessen durchaus nicht dazu geeignet, der Mittelpunkt eines großen Handelsverkehrs zu sein, so daß die Verbindung zwischen beiden Meeren größten Theils bereits nach Chagres gelenkt worden ist. Aber der hiesige Seehafen ist dem nicht gleich, was sich von dem Flusse, den er aufnimmt, erwarten ließe. Eine Klippenbank laüft quer über die Mündung, mit einem Wasserstand von nicht mehr als fünfzehn Fuß an den tiefsten Stellen, wärend das Riff an andern Stellen sogar an die Oberfläche tritt. Darum wüthet oft eine gewaltige Brandung von Land zu Land, und selbst unter den günstigsten Umständen können Schiffe, welche mehr als zwölf Fuß tief gehen, nicht in den Fluß einlaufen.

Ganz anders verhält es sich mit der Limon Bai; sie ist am Eingange fünf Meilen breit und man kann sich ihr bei Nacht wie bei Tag, in jeder Witterung nähern; denn sie hat keine Gefahr vor sich liegen, außer ganz dicht an jedem Gestade. Die Öffnung ist nach Norden gerichtet. Auf der Westseite bieten mehrere vorspringende Landspitzen sichere und bequeme Ankerplätze innerhalb der Bucht dar, deren innerster gegenwärtig als Hafen betrachtet wird, welcher durch Anlage einer Moole, die mit dem schon (S. 166) erwähnten Korallenfels aufgeführt, wenig Kosten verursachen wird, und nach Belieben erweitert werden kann. Der Hintergrund der Bai krümmt sich in einer regelmäßigen Linie und ist von einem Sand-Gestade, der die Eigenschaft der Bindung in hohem Grade besitzt, und jenseits desselben von einer Bank begränzt, die sich einige Fuß über die Hochwassermarke erhebt und aus Muscheln besteht, welche die Brandung aufgeworfen hat, die, bei heftigen Nordwinden mit einiger Gewalt sich bricht. Ungefähr drei Meilen von der Ostspitze der Bai bildet das Land eine zweite Vertiefung, in welcher eine Insel, Namens Manzanilla, gelegen ist, die fünfviertel Meilen lang und eine Meile breit ist, einen schönen Kanal mit dem Vestlande bildend, wo, etwas innerhalb des Eingangs, trefflicher Ankergrund für große Schiffe ist, und Schutz für kleine Fahrzeüge um sich auszubessern oder zu kalfatern, in einer großen Lagune, die von dem vesten Lande und der Südostspitze der Insel eingeschlossen ist. Die Wassertiefe in der Bai nimmt regelmäßig von sechs Faden bis drei, zwei und anderthalb Faden, dicht am Strande, ab; und ihr Werth als Ankerplatz ist bereits von britischen Seefahrern wohl gekannt, von deren Besuchen sie den Namen ‚Navy Bay' erhalten hat [1]. Längs ihrer Gestade ist das Land zuerst mit einem Saum von Kokos-Palmen eingefaßt, darauf folgen Mangroven, und auf diese dicke Waldungen. Das Klima ist verhältnißmäßig gesund, und die Regenmenge mäßig, selbst im gegenwärtigen Zustande des Landes; wenn aber erst die angränzenden Wälder gelichtet sein werden, so läßt sich's nicht bezweifeln, daß die Umgebungen in beiden Beziehungen wesentliche Verbesserung erleiden.

Der Chagres nähert sich auf seinem Laufe dieser Bai bis auf zwei Meilen und eine halbe, und das zwischenliegende Land ist, bis auf einige steile Hügel von vierzig bis sechszig Fuß Höhe, völlig eben. Der Boden besteht aus einem harten Thon, ist mit Krüppelholz bedeckt und von einigen Bächen, oder Quebradas, durchschnitten, die auch im Sommer Wasser haben, das etwas brackisch ist. Ein Kanal, der in der günstigsten Richtung gegraben würde, muß in der Nähe des Rio Indio herauskommen; und da in dieser Gegend die mittlere Höhe des Flusses mit dem Meere nahe in gleichem Niveau liegt, so sind keine Schleüsen erforderlich, und die Speisung ist eben so sicher als mit Sparsamkeit verknüpft. Die Schifffahrt auf dem Chagres ist, wie schon erwähnt, leicht bis zum Trinidad; und von da nach Chorrera und Panama, gehen Hrn. Lloyd's Wegelinien zwischen den Intervallen der verschiedenen Theile der Cordilleren, wo das Land, fast ohne Unterbrechung, niedrig und flach ist [2].

[1] Puerto de Naos heißt die Bai schon auf ältern spanischen Karten. — B.

[2] Es ist zu bedauern, daß Hr. Lloyd die Beschaffenheit des Terrains zwischen der Mündung des Trinidad einer, und Chorrera und Panama andrer Seits, über welches die von ihm vorgeschlagenen Eisenbahnen laufen sollen, auf seiner vortrefflichen Karte (Plan of that

Die gegenwärtigen Straßen haben nicht allein die angeführten Ursachen gegen sich, sondern auch die gebirgige Beschaffenheit der Gegenden, welche sie durchschneiden. Der Weg zwischen Panama und Porto Bello ist in dieser Beziehung bei weitem der schlechteste, denn er ist an vielen Stellen wärend der Regenzeit fast ungangbar, wegen der Steilheit der Abhänge, von denen man keinen zu umgehen gesucht hat. Aber auch die Wege nach Cruces und Gorgona führen durch ein Gebirgsland und sind bei schlechtem Wetter außerordentlich schwierig; ein beträchtlicher Theil des letztern ist in der That weiter nichts als das Bett eines bedeutenden Winterstroms.

Panama. — Die Lage von Panama ist einst verändert worden. Wo die alte Stadt stand, welches ungefähr drei Meilen östlich von der heutigen Stelle ist, fanden die Spanier, als sie im Jahre 1515 zuerst hierher kamen, bereits einen Ort, von Indiern bewohnt, die von dem ergiebigen Fischfang längs der Küste angezogen worden waren, und die ihn dieses Umstandes wegen ‚Panama' genannt haben sollen, denn das Wort bedeutet in ihrer Sprache ‚viel Fische'. Aber diese Urbewohner wurden bald vertrieben, und schon im Jahre 1521 wurden der Titel und die Privilegien einer Ciudad der spanischen Niederlassung von Kaiser Karl V. verliehen. Im Jahre 1670 wurde sie von dem Buccaneer Morgan zerstört und eingeäschert, und nach diesem an ihrer gegenwärtigen Stelle wieder erbaut.

Ihre jetzige Lage ist in Lat. 8° 57′ N., Long. 79° 30′ W. Grw.[1], auf einer Landzunge, welche in Gestalt einer Pfeilspitze, weit ins Meer vorspringt und Stufen Weise nach der Mitte zu an Breite zunimmt. Der Hafen ist durch eine Menge Inseln geschützt, die in geringer Entfernung vom Lande liegen, und deren einige von beträchtlicher Größe und aufs herrlichste angebaut sind. Unter allen ist guter Ankergrund, und Lebensmittel des gewöhnlichsten Bedarfs, sind, mit Einschluß des trefflichsten Wassers auf den meisten zu bekommen.

Part of the Isthmus of Panama, eligible for effecting a Communication between the Atlantic and Pacific, from Observations and surveys performed in the Years 1828 and 1829) die in den Philos. Transactions für das Jahr 1829 erschienen ist, nicht angegeben hat. — B.

[1] Dies ist die Position, welche von Malaspina und seinen Gefährten im Jahre 1790 beobachtet worden ist; Panama, im Waffensaal des Castillo de Chiriqui, 6½″ S. und 13″ O. vom Thurm der Kathedrale, Lat. 8° 57′ 29″, Long. 73° 10′ 00″ W. der alten Sternwarte zu Cadiz, = 79° 27′ 15″ W. Grw., nach Zeitübertragung von Guayaquil, zwei Verfinsterungen des 1. ♃ Trabanten, und der Bedekkung von λ Virg. am 3. Dezember 1790; dies Resultat für die Länge hat Espinosa gefunden. Bauza findet aus denselben Beobachtungen 79° 29′ 52″ und Oltmanns 79° 23′ 22″ W. Grw. (Vergl. Kritischen Wegweiser im Gebiete der Landkarten-Kunde, II, 96,97). — B.

Der Plan der Stadt ist nicht streng regelmäßig, aber die Hauptstraßen laufen quer über die kleine Halbinsel von See zu See, so daß ein beständiger Luftzug Statt findet; dann zeichnet sich die Stadt auch durch größere Nettigkeit aus, als man gewöhnlich in den spanisch-amerikanischen Städten findet. Die Bevestigungen sind ebenfalls unregelmäßig und nicht stark, obschon die Wälle bedeûtende Höhe haben; denn die Bastionen sind nach und nach angelegt worden, je nachdem Piraten oder andere Feinde die Stadt bedroht haben. Die Gebaûde sind von Stein, durchgängig sehr dauerhaft aufgeführt, und die größern mit Hofraûmen, oder Patios versehen. Der Baustyl ist der altspanische. Von öffentlichen Gebaûden giebt es eine schöne Kathedrale, vier Klöster (jetzt fast in Trümmern), den Dominikanern, Augustinern, Franciskanern und Mercenarios Mönchen gehörend; ein Nonnenkloster zur Santa Clara, ein Kollegium de la Componia, und eben so die Mauern eines andern, dessen Bau nach prachtvollem Maaßstabe begonnen, aber nie beendet wurde, und jetzt einer Ruine gleicht.

Unmittelbar bei Panama, östlich längs der Küste, und nordwestlich von der Stadt; ist das Land niedrig und flach; gegen Westen nnd Nordosten kommen die Berge ihr sehr nahe; und von einem Berge, Namens Cerro Ancon, der ungefähr eine Meile westlich von der Stadt steht, und sechshundert Fuß (93 Toisen) hoch ist, hat man eine herrliche Aussicht über das ganze umliegende Land, über die Stadt, die Inseln in der Bucht, die benachbarten Pflanzungen, die Gebirge von Veragua, die Perl Inseln, das flache Land gegen Chagres, die hohe Bergkette zwischen Porto Bello und Panama, den Rio Grande, das niedrige Küstenland gegen Pacora und Chepo, Panama Viejo, u. s. w., — Gegenstände, die sich nach und nach vor dem staunenden Blick entfalten und eine Landschaft bilden, die an Schönheit nicht ihres Gleichen hat.

Porto Bello — wurde im Jahre 1502 von Columbus, der diesen Ort nach der trefflichen Beschaffenheit des Hafens so nannte, entdeckt. Er liegt in Lat. 9° 34′ 35″ N., Long. 77° 45′ W.[1], dicht an der See, am Fuß ungeheûrer Berge, die den ganzen Ha-

[1] Don Antonio de Ulloa hat die Breite von Porto Bello bestimmt zu 9° 33′ 56″ N., Chastenet de Puysegur zu 9° 38′ 5″. Aus der Karte des Hrn. Lloyd ergiebt sich zwischen Panama und Porto Bello ein Breitenunterschied von 30′ 0″, was, mit der obigen Breite von Panama, Porto Bello in 9° 27′ 29″ N. setzt. Dieselbe Karte giebt die Längendifferenz 10′ 40″ W. Don Juan Vernaci fand dieselbe im Jahre 1790 vermittelst Zeitübertragung von Panama nach dem Castillo San Lorenzo de Chagres, und trigonometrischer Verbindung dieses Punkts mit Porto Bello nur 5′ 27″. Ich möchte geneigt sein, der Lloydschen Bestimmung mehr Vertrauen beizulegen, als der Messung des spanischen Offiziers; dann wird die Länge von Porto Bello (Panama nach Bauza's Berechnung) 79° 40′ 23″ W. Grw., oder (Panama

sen rings umgeben; — und besteht aus einer langen Straße, welche die Bai umkreis't, und einige kurze Gassen abzweigt, wo der Boden es gestattet. Außerdem hat der Ort zwei Plätze, den einen vor dem Gebaüde des Schatzamtes, das von Stein aufgeführt ist; der andere ist auf der einen Seite von der Kirche begränzt, die ebenfalls von Stein, und, im Verhältniß zur Bevölkerung, geraümig ist, seit den letzten Jahren aber einer Ruine entgegen geht. Dasselbe gilt in der That von allen öffentlichen, und den meisten Privat-Gebaüden; das Hospital, und selbst die Befestigungen sind verfallen, und von den Haüsern in der Stadt nur einige wenige bewohnbar.

Alles Schlachtvieh wird von Panama oder einigen Hatos an, oder in der Nähe der Straße, gebracht; und wird es nicht unmittelbar nach der Ankunft geschlachtet, so magert es ab, und das Fleisch erhält einen Geschmack wie Aas, obschon es in der Nähe der Stadt vortreffliche Weide giebt. Dieser Ursache wegen, giebt es in der Nachbarschaft keine Viehhaltereien, deren in jeder andern Gegend des Landes so viele gefunden werden; und die einzigen Thiere, welche gedeihen, sind, wie schon erwähnt, Schweine und Maulesel.

Die Hitze ist allgemein aüßerst drückend. Da die Stadt von Bergen umgeben ist, so wird der erfrischende Seewind niemals empfunden; und die ungeheüern Wälder, womit die Berge, so wie überhaupt die ganze Gegend bedeckt sind, verhindern die Sonnenstrahlen, die Erde auszutrocknen, so daß sie beständig den dicksten Dampf aushaucht, der in die Luft steigt und ungeheüre Wolken bildet, die das Land mit fast unaufhörlichem Regen unter Wasser setzen. Zuweilen bricht sich die Sonne mit dem größten Ungestüm Bahn, aber bevor sie irgend eine, außer einer schädlichen, Wirkung hervorgebracht hat, selbst nicht ein Mal um die Straßen abzutrocknen, wird sie wieder von Wolken eingehüllt; und wiederum regnet es; Aufklären und Regen folgen einander Morgens und Nachts mit einer so großen Geschwindigkeit, daß die Hitze selten gemildert wird.

Die Dunstigkeit und Ungesundheit des Klima, verbunden mit der Hitze und dem unmäßigen Gebrauch spirituöser Getränke, wirken so schnell entnervend auf die Konstitution, daß der erste Anfall eines epidemischen Übels meistens unglücklich endet; und obwol zuweilen ausgezeichnete Ärzte in Porto Bello sich niederzulassen be-

nach Espinosa's Rechnung) 79° 37′ 55″ W., Puysegur fand den Meridian-Unterschied zwischen Carthagena und Porto Bello, kronometrisch 4° 7′ 35″; dies giebt, da Carthagena de las Indias, nach Oltmann's Untersuchungen in Long. 75° 29′ 45″ W. angenommen werden muß, Porto Bello in Long. 79° 37′ 20″ W. Es gehet hieraus hervor, daß die obige Angabe des Hrn. Lloyd durchaus irrig ist; indeß dürfte die wahre Länge von Porto Bello ohne Zweifel durch Kapt. Foster bestimmt worden sein. — B.

wogen wurden, dennoch haben sie selten weder mit ihren Arzneien noch mit ihrer ganzen Gelehrsamkeit, nicht ein Mal sich selbst, vor den Wirkungen des Klima lange schützen können. Darum hat die Stadt die Benennung ‚La Sepultura de los Europeanos' erhalten.

Die Bevölkerung ist gegenwärtig äußerst schwach; — die meisten Inwohner sind Neger und Mulatten, unter denen sich ein Paar Alt-Spanier befinden, die noch immer ihrem hiesigen Eigenthum ankleben. Bisweilen kommen einige Personen aus Panama mit Waaren hierher, die sie zu einem ungeheüern Preise verkaufen; und ein kleines Truppen-Detaschement wird eben daher geschickt, um für eine gewisse Zeit den Dienst zu versehen. Doch wird es haüfig abgelös't, und die Überlebenden blicken mit großer Freüde auf den Tag, wo es ihnen gestattet ist, diesem pestilenzialischen Gestade den Rücken zuzuwenden.

Das Wasser der Bäche, welche von den umliegenden Bergen herabstürzen, ist außerordentlich klar und köstlich zu trinken; aber beim übermäßigen Genuß desselben wird seine Vortrefflichkeit verderblich, denn es erzeügt Dyssenterien, denen nur wenige entschlüpfen; und fast alle Fieber dieses Landes arten in diese Krankheit aus. Indessen gewähren die Bäche die Wollust eines kühlen, erfrischenden Bades, das ein Jeder kurz vor Mittag nimmt, und als eines der wichtigsten Beschäftigungen des Tages betrachtet wird.

Da die Berge und Wälder, die mit Thieren der manchfaltigsten Art angefüllt sind, bis an die Thüren der Haüser herabsteigen, so ist es nicht ungewöhnlich wilde Schweine und kleine Tiger ganz in der Nähe der Stadt zu finden; von denen letztere bisweilen Jagd aufs Federvieh und andere Hausthiere machen. Emsig werden sie aber verfolgt von Negern und Mulatten, die als Holzschläger in den Wald dringen und großes Geschick in der Tiger-Jagd haben, wobei sie gemeiniglich keine andern Waffen als eine Lanze und ein Machete, oder ein sehr langes, säbelartiges Messer gebrauchen. So ausgerüstet suchen sie die Schlupfwinkel des Tigers auf; und finden sie einen, so reizen sie, den linken Arm in ein Stück weißes Zeüg gewickelt, mit der Lanze die Bestie, einen Sprung zu machen, um ihr wo möglich eine Sehne in der Pfote zu verwunden, was sie zum Rückzug zwingt. Der Jäger folgt ihr, um sie noch mehrere Mal an den Pfoten zu schlagen, was auch meistentheils gelingt, worauf er sie mit aller Muße erlegt, — und Kopf, Pfoten und Pelz mit nach Porto Bello bringt, als eine Trophäe seiner Herzhaftigkeit; die Haut hebt er auf, um daraus Tabacksbeütel zu verfertigen, oder Überzüge kleiner leichter Sessel, die im Lande üblich sind.

Es ist schon erwähnt, daß die Umgebungen von Porto Bello von einer ungeheüern Menge Kröten heimgesucht sind. Es ist dies nach Regen so arg, daß der Volksglaube herrscht, die Tropfen würden in Kröten verwandelt (do cada gota viene un Sapo); ja selbst verständige Leute behaupten, daß die Eier dieses Thiers von den Dünsten der umliegenden Moräste in die Höhe gehoben, und von dem unaufhörlichen Regen in die Stadt getrieben, daselbst ausgebrütet würden. Ihre Größe indessen, — viele sind vier bis sechs Zoll breit, — beweis't zur Genüge, daß sie unter günstigeren Verhältnissen zur Reife gelangen. Nach einer Regennacht sind die Straßen mit diesen ekelhaften Geschöpfen gleichsam bedeckt, und es ist nicht möglich, einen Schritt aus der Thür zu thun, ohne sie zu zertreten.

Chagres. — Die Stadt Chagres ist eine der elendesten, die man sich denken kann; sie liegt an einer kleinen Bucht auf Sandstrand, an der Nordseite des Flusses, keinem Winde, außer dem westlichen, geöffnet, und von Wäldern auf der Südseite begränzt, von einem schwarzen, erbärmlich aussehenden Bergkastell auf der Nord-, und von einem Sumpfe an der Ostseite, der beständig von Quellen gespeis't wird, die keinen Abfluß haben. Mithin ist ihre Lage ebenfalls außerordentlich ungesund. Die Inwohner sind größtentheils Schwarze oder Farbige, mit Ausnahme der wenigen Zoll-Beamteten und des Kastells-Kommandanten. Die Volksmenge belaüft sich auf etwa tausend Seelen. Kommt man aus der See in den Fluß, so erblickt man die Stadt nicht eher, als bis man dicht dabei ist; dabei sieht sie nicht besser aus als ein Haufen Neger-Hütten in einer westindischen Zuckerplantage, denn die Haüser sind meistens nur von Lehm erbaut und mit Stroh gedeckt.

Gatun, Gorgona, Cruces, u. s. w. — Gatun ist bloß ein kleines Dorf. Gorgona ist etwas größer; es ist ein Punkt wo Reisende nach Panama haüfig landen, um die Gefahr und den Verzug zu vermeiden, denen die bis Cruces schiffenden Kanoes durch die zunehmende Geschwindigkeit der Strömung ausgesetzt sind. Cruces indessen ist der Platz, wohin Waaren immer geführt werden; es war, als Hr. Lloyd es zum ersten Male sah, ein beträchtliches Dorf, das aber im Jahre 1828 zufälliger Weise abbrannte. Als er es verließ, zählte man nicht mehr als hundert und zwanzig Haüser, von Rohr erbaut, einige betüncht, mit hübschen Strohdächern. Die Bewohner dieser Ortschaften sind fast alle Eigner von Kanoes oder Maulthieren, — oder Spediteure zum Transport der Waaren, — oder Bogas, das heißt Leute, welche die Kanoes führen, wozu sie sich, je nach dem Wasserstande, des Ruders oder der Stange bedienen. Cruces und Gorgona betrachten die Bewohner von Panama im Sommer auch als Heilorte, denn ihre Lage ist sehr gesund; und die Stadt Chorrera, am Flusse gleiches Namens, der in den Stillen Ocean fällt, hat dieselbe gute Eigenschaft.

Gold-Bergwerke. — Hr. Lloyd besuchte die Goldminen von Santa Rosa und Pequeni, beide in den Gebirgen von Porto

Bello gelegen; aber er konnte nichts als ein Paar Schächte, oder vielmehr Löcher von geringer Tiefe, entdecken, die, wenn sie jemals in Betrieb standen, jetzt auflässig zu sein scheinen. Er zweifelt in der That sehr daran, ob die Stellen, welche ihm als Goldgruben gezeigt wurden, die wirklich waren, aus denen einst, der Überlieferung zufolge, große Quantitäten Erz gefördert sein sollen; und glaubt, daß, als sie in Betrieb standen, Hinsichts ihrer Lage ein Betrug angewendet wurde, — wahrscheinlich um das spanische Gouvernement zu taúschen. Jetzt ist ihr Betrieb fast ganz aufgegeben.

3. Statistik.

Das gegenwärtige Departement des Isthmus ist in zwei Provinzen eingetheilt, nämlich Panama, mit Einschluß von Darien, und Veragua; und diese zerfallen wiederum in Kantone, deren jeder aus einer gewissen Anzahl von Kirchspielen (Parrochias) besteht. Es ergiebt sich diese Eintheilung aus dem nachstehenden Census, der im Jahre 1822 aufgenommen worden ist.

Provinz Panama.

Kanton Panama.

	Inwohner
Panama, Hauptstadt des Departements	10,730
Kirchspiel Pacora	657
„ Chepo	1933
„ Chiman	238
„ San Juan	174
„ Cruces	1200
„ Gorgona	549
„ Taboga	543
„ der Perl Inseln	700
	16,724

Konton Los Santos.

	Inwohner
Los Santos, Hauptort, 53 gr. Meilen von Panama	4318
Kirchspiel Parita	2170
„ S. Jose de Pere	3142
„ Pocri	1939
„ Macaiacas	2338
„ Los Tablas	3577
„ Baca Monte, od. Santa Barbara	1141
„ Pedasi	1544
„ Ocu	1179
	21,348

Kanton Chorrera.

Chorrera, Hauptort, 9 gr. Seemeilen von Panama	4000
Kirchspiel Areyjan	834
„ Capira	1000
„ San Carlos	577
„ Chame	1000
	7411

Kanton Nata.

Nata, Hauptort, 42 gr. Seemeilen von Panama	4262
Kirchspiel Anton	1281
„ Santa Maria	2562
„ Penonome	8643
„ Ola	360
	17,108

Kanton Porto Velo.

	Inwohner
Porto Velo, Hauptort, 22 gr. Seemeilen von Panama	1122
St. Rita . .	76
„ Chagres . .	856
„ Palenque . .	312
„ Punta Gorda	59
	2425

Kanton Darien.

	Inwohner
Tavisa, Hauptort, 38 gr. Seemeilen von Panama .	341
Kirchspiel Santa Maria .	245
„ Fichichi . . .	100
„ Pinogana . .	146
„ Molinecca . .	35
„ Fucuti . . .	113
„ Cana	30
„ Chipigana . .	162
	1172

Provinz Veragua.

Kanton Santiago.

Santiago, Hauptort, 60 gr. Meil. von Panama .	4568
Kirchspiel Jesus . . .	1276
„ Montijo . .	1182
„ Punaga . .	509
„ San Francisco de la Montaña	4387
„ Atalaya . .	785
„ Calobre . .	1463
	14,170

Kanton La Mesa.

La Mesa, Hauptort, — gr. M. von Panama . . .	4451
Kirchspiel Cañasas . .	2542
„ Palmos . .	545
„ Sona . . .	1184
	8722

Kanton Remedios.

Remedios, Hauptort, — gr. Meil. von Panama .	1800
Kirchspiel Tole . . .	409
„ San Feliz .	324
„ San Lorenzo .	2477
	5010

Kanton Alange.

Santiago de Alange, Hauptort, — gr. M. v. Panama	2611
Kirchspiel San David .	2385
„ San Pablo .	312
„ Gualaca . .	842
„ Biyaba . .	242
„ Dolega . . .	739
„ Boqueron . .	334
	7465

Übersichtliche Zusammenstellung.

Provinz Panama.		Provinz Veragua.	
Kanton Panama . .	16,724	Kanton Santiago . .	14,170
„ Los Santos .	21,348	„ La Mesa . .	8,722
„ Chorrera . .	7,411	„ Remedios . .	5,010
„ Nata . . .	17,108	„ Alange . . .	7,465
„ Porto Velo .	2,425		
„ Darien . . .	1,172		
	66,188		35,367

Gesammtzahl der Inwohner des Gouvernements des Isthmus im Jahre 1822:

101,550.

Die meisten Kantons sind sich in ihren Hülfsquellen und ihrem Ackerbau gleich (mit Ausnahme der Kantons Porto Bello und Darien, die fast ganz unangebaut sind); eigene Übersichten von den Erträgen eines jeden konnte sich Hr. Lloyd indessen nicht verschaffen. Doch wird die nachstehende statistische Tabelle über den Kanton San Carlos, vom Jahre 1827, als ein Beispiel von dem Stande der ländlichen Kultur dienen können; daran knüpft sich ein Census von der Parrochia San Francisco de la Montaña, nach einer Aufnahme vom Jahre 1825 [1].

[1] So sagt das Original; aus dem Folgenden ergiebt sich aber als wahrscheinlich, daß das Jahr 1827 gemeint sei. — B.

Statistik des Kantons Los Santos im Jahr 1827.

Kirchspiele.	Männer	Weiber	Todesfälle	Heirathen	Geburten	Sklaven	Haüser Ziegel-Dächer	Haüser Stroh-Dächer	Häus. a. d. Lande Ziegel-Dächer	Häus. a. d. Lande Stroh-Dächer	Rindvieh	Hengste	Stuten	Maulthiere	Ziegen	Mais oder Korn	Reis	Zucker	Molasse	Haüte	Talg	Schweine	Baumwolle	Salz
																Fanegas	Ztr.	Ztr.			Ztr.		Ztr.	Ztr.
St. Barbara	612	689	19	9	42	—	74	92	14	188	900	133	73	24	7	8000	90	—	—	—	—	20	18	—
Macaracas	1769	1882	87	16	145	7	136	342	—	—	2000	300	40	20	16	200	220	6	100	60	7	50	4	—
Pedazi . . .	214	214	11	8	16	2	23	110	—	—	936	140	184	3	65	210	928	—	102	—	—	18	—	—
San Jose de Pere . . .	1753	1848	102	32	216	17	78	116	63	685	4846	1300	900	85	150	6200	2720	50	246	—	—	140	—	—
Ocu	854	985	101	24	198	11	24	48	2	250	3669	222	616	47	26	1500	48	—	—	—	—	97	10	—
Las Tablas	1880	1998	104	12	112	34	163	8	312	—	7850	1230	3635	23	527	2280	2000	260	—	500	60	80	—	—
Pocri . . .	998	1013	81	11	90	6	31	54	27	506	3300	390	220	6	112	3600	2950	—	450	—	—	900	—	—
Parita . . .	1189	2237	43	14	110	98	166	489	—	—	7900	649	1576	28	196	1100	650	96	380	420	60	115	9	—
Los Santos	1956	3776	188	33	131	30	684	265	—	—	8321	7200*	2300	47	220	1000	500	8	800	405	20	300	11	1800
	11225	14642	736	142	1060	295	1379	1524	418	1629	39721	4564	9544	283	1319	24090	9998	420	2078	1385	147	1715	52	1800

* So hat das Original; allein die Zahl 7200 stimmt nicht mit der Hauptsumme 4564; um diese zu bekommen müßte vorausgesetzt werden, daß sieben tausend Hengste bei Los Santos zu viel seien, was nicht unwahrscheinlich ist. — B.

Census der Stadt San Francisco de la Montaña, in Veragua.

	Weiße		Farbige		Summe
	Männer	Weiber	Männer	Weiber	
San Francisco	2896		2448		5344
Taufen . .	63	64	28	53	208
Sterbefälle .	10	15	19	14	58
Heirathen .	10		15		25

In Beziehung auf die vorstehenden Tafeln bemerkt Hr. Lloyd, daß die Eintheilung in Weiße und Farbige nicht streng sei, weil die meisten Abkömmlinge von Mestizen und selbst Mulatten, wenn ihre Verhältnisse günstig seien, als Weiße betrachtet würden. Dann auch, daß der Überschuß der Getauften gegen die Gestorbenen in der zweiten Tafel, multiplicirt mit den fünf Jahren zwischen ihrem Datum und dem frühern Census, nicht die ganze Differenz zwischen den respectiven Zahlen geben; — weshalb er es für wahrscheinlich hält, daß alle Zahlen der ersten Tafel darunter bestimmt sind und in demselben Verhältniß vermehrt werden müssen, um die Population von 1827 zu erhalten. Einige andere Bemerkungen lassen sich noch an diese Tafeln knüpfen.

Es erheben sich nämlich, vielleicht nicht mit Unrecht, Zweifel darüber, in wie weit Tafeln von so außerordentlicher Ausführlichkeit über einen dünn bevölkerten, und keines Weges hochcivilisirten Distrikt die Korrektheit haben, auf welche sie Anspruch machen; — allein, vorausgesetzt, daß sie sich der Wahrheit nähern, so bemerkt man zuerst ein auffallendes Mißverhältniß zwischen dem männlichen und weiblichen Geschlecht, sowol bei den Weißen als den Farbigen, und, was der Bemerkung werth ist, auch beim Vieh; denn die Zählung von Los Santos im Jahr 1827 giebt das Verhältniß der Männer zu den Frauen wie 11225 zu 14642; und das der Hengste zu den Stuten wie 4564 zu 9544. Von den ersten gehörte über die Hälfte zur weißen Kaste, oder wurden dahin gerechnet, da sie sämmtlich Kreolen, oder im Lande Geborene sind. Der Überrest bestand in Farbigen, hauptsächlich Indiern, die durch ihre Stellung in der Gesellschaft, zu knechtischer Arbeit, gegen geringen Lohn und Kost, verdammt, keineswegs aber Sklaven sind; — von welchen letztern die Tafel nur 295 (wahrscheinlich Afrikaner) angiebt, auf der Gesammtzahl von 26000 Seelen der Provinz. Die Gestorbenen betrugen im Jahre 1827 nur $\frac{1}{28}$, eine sehr geringe Sterblichkeit in einem Tropen-Klima, die das bestätigt, was nach Hrn. Lloyd oben über die gesunde Beschaffenheit der westlichen Distrikte des Departements beigebracht wurde. Der Geburten

burten waren eine auf 26 Seelen oder auf 13 Paare; der Heirathen 1 auf nur 174 Personen oder 87 Paaren. Und sie waren bei weitem zahlreicher unter der farbigen als unter der weißen Bevölkerung.

Jede fünf Personen hatten ein Haus, oder mit andern Worten, die Durchschnittszahl der Glieder einer Familie ist fünf, was als ein Zeichen geringer Fruchtbarkeit angesehen werden kann. Der Überschuß der Geburten über die Sterbefälle betrug in Los Santos im Jahre 1827 nur 324, d. i.: $\frac{1}{72}$ der Population oder ungefähr $1\frac{1}{2}$ Procent. In den Verein Staaten (von Nord Amerika) übersteigt die Zunahme 3 Procent und nähert sich 4 Procent. Von den Haüsern ist ein sehr großes Verhältniß, fast die Hälfte, als Haüser auf dem Lande angegeben, was auf öffentliche Sicherheit und auf vorherrschende Ackerbau-Beschäftigung hindeütet: zwei Drittel der Haüser sind mit Stroh gedeckt, das übrige Drittel mit Ziegeln.

Die Rubrik ‚Rindvieh' schließt Ochsen zum Zug und zum Schlachten in sich. Es ist eine gute Zucht; Zugochsen werden, wenn sie gut abgerichtet sind, mit fünf und zwanzig bis dreißig Dollars das Haupt bezahlt, und das beste Schlachtvieh mit zwölf bis achtzehn Dollars. Die Pferde sind klein, aber abgehärtet; und ihr Preis schwankt zwischen fünfzehn und vierzig Dollars. Die Maulesel sind, wie Hr. Lloyd bemerkt, die im Lande am meisten geschätzten Thiere; allein ihre Zahl ist im Kanton Los Santos, nach der Zählung vom Jahre 1827 so auffallend gering, daß diese Erscheinung nur durch die flache Beschaffenheit dieses Theils des Landes erklärt werden kann; denn in Gebirgsdistrikten wird, wie hinreichend bekannt, kein anderes Thier zum Reiten gebraucht. Ihr Preis wechselt von zwanzig bis zu hundert und zwanzig Dollars. Die Zahl der Ziegen ist ebenfalls klein, was auf den ersten Blick dieselbe Thatsache zu bestätigen scheint; allein wenn man erwägt, daß dieses Thier in ganz Westindien den Hammel auf der Tafel ersetzt, und in gewisser Beziehung auch die milchende Kuh für den Milchbedarf, so führt seine Seltenheit auf eine weitere Schlußfolgerung. Schweine sind knapp und stehen in übertrieben hohem Preise; große und gut gemästete kosten dreißig bis fünf und dreißig Dollars; und werden meistentheils von Metzger-Frauen gekauft, die jedes Stückchen Speck benutzen, und als Fett beim Kochen verkaufen.

An Fischen und Geflügel giebt es Überfluß; beide sind wohlfeil nnd werden stark verzehrt; und in Panama werden täglich hunderte von jungen Hayfischen, von der Varietät, welche Schaufelnase genannt wird, und ein bis drittehalb Fuß lang ist, zur Mahlzeit verkauft. Der Guana [1] wird als ein besonderer Leckerbissen betrachtet, wie es auch die Perlaustern sind, und viele Varietäten Wildpretts werden in den Wäldern erlegt. Selbst Affen verschmäht man nicht zur Speise, besonders in Land-Bivouaks, aber selten werden sie auf den Märkten der Städte feil geboten.

Die Hauptartikel von mehligen Lebensmitteln sind Mais, oder indisches Korn, und Reis; doch scheint der inheimische Bau sehr beschränkt zu sein. Beide Kornarten werden in einem plumpen Handmörser abgehüls't, der in einem Stück eines großen Baums ausgehölt wird; das Geschäft ist so mühselig, daß es einen großen Unterschied im Preise der Artikel vor- und nachher hervorbringt.

Der größte Theil des auf dem Isthmus zur Consumtion kommenden Zuckers wird in Haûten aus Centro-Amerika, oder aus dem Thale von Cauca, über Buenaventura, an der Choco Küste, eingeführt. Er ist deshalb theûer. Der im Lande erzeûgte ist meistens Molasse, und Raspadura, oder Pfannenzucker, welcher von den Inwohnern den feinern Zubereitungen vorgezogen wird. Große Quantitäten wilden Honigs werden in den Wäldern gefunden, und eingesammelt, wobei keine Vorsicht nothwendig ist, da die Bienen nicht stechen. Die Fabrikation starker Getränke wirft keinen Gewinn ab.

Hr. Lloyd glaubt, daß die oben mitgetheilte statistische Tafel des Kantons Los Santos auch für die übrigen als beschreibend angesehen werden könne, mit Ausnahme von Darien und Porto-Bello, die verhältnißmäßig unangebaut sind, und von Panama, wo die Hauptstadt ein Übergewicht giebt. Im Allgemeinen indessen, fügt er hinzu, sind die westlichen und mittlern Distrikte, so wie die Inseln in der Bai von Panama, die kultivirtesten und volkreichsten; und Los Santos ist einer von diesen Landstrichen. Anderswo treiben die Landbesitzer hauptsächlich Grasbau, um Mühe zu erspa-

[1] Wird so beschrieben: — „Hat das Ansehen eines kleinen Alligators, ist von gelblich grüner Farbe und sehr allgemein längs der Ufer aller Flüsse; lebt hauptsächlich von Früchten und Baumblättern. Er hat die eigenthümliche Kraft auf der Wasseroberfläche (top of the water) zu laufen, was er mit größter Schnellig-, und dem Anschein nach mit eben so großer Leichtigkeit thut. Seine Klauen scheinen in der That dazu gebildet zu sein, da sie eine Schwimmhaut, ähnlich der bei den Enten haben. Die Eier dieses Geschöpfes werden trocken als ein Leckerbissen betrachtet; sie sind wenig größer als die Schnellkaulchen der Kinder und haben ungefähr denselben Geschmack als Tauben Eier. Das Fleisch selbst gleicht im Ansehen und Geschmack dem von Federvieh. Die Mosquito Indier kommen zuweilen in Haufen von zwanzig oder dreißig nach dem Rio Chagres, um auf den Guana Jagd zu machen, worin sie großes Geschick haben; das Thier wird mit jungen Hunden in die Baüme gehetzt, und mit Vogelflinten erlegt. Die Amerikaner haben diese mit Percussions- und andern Schlössern zu gebrauchen gelernt."

ren; und die Bevölkerung ist nirgend gewerbfleißig, obschon sie zufälligen Beschwerden mit Ausdauer entgegen tritt.

Ihre Indolenz kann nicht, wie Hr. Lloyd hinzufügt, dem Klima allein, oder ihrer eignen ursprünglichen Konstitution zugeschrieben werden; sondern hauptsächlich der außerordentlichen Fruchtbarkeit des Bodens und der verhältnißmäßigen Leichtigkeit, womit ein Familienvater seine und der Seinigen Subsistenz gesichert sieht. Mit einer Flinte und einer Axt, und mit nichts weiter, versehen, schlagen Leüte ihren Wohnsitz in irgend einem Winkel der Wälder auf, und haben in zwei oder drei Mal vier und zwanzig Stunden eine Hütte erbaut, mit Pfosten und Querriegeln, die mit Steben so fest verbunden sind, als es mit Nägeln oder Klammern nur immer möglich ist, und mit einem Dach aus gespaltenen Zweigen des wilden Palmbaums, eines der besten Materialien, das es gegen Wind und Wetter nur geben kann. Nun baut die Familie mit aller Gemächlichkeit eine Stufe oder zweiten Fußboden, zu dem hinanzusteigen ein Stück Balsa, mit Einschnitten versehen, dient; und ein Paar Steine für den Feüerheerd, ein eiserner Kochtopf, und ein Paar Stücken Holz, um sich darauf zu setzen, machen den ganzen Hausrath aus. Die der Wohnung zunächst stehenden Baüme werden umgehauen, indeß an die entfernteren Feüer gelegt wird, die, nachdem sie einige Tage gebrannt haben, den Boden zur Saat geeignet hinterlassen; die erste Regenzeit wird benutzt, um den erforderlichen Saamen zu erlangen, wärend man sich für alles Übrige unbedingt auf die Flinte verläßt. Niemand rührt sich, selbst nicht zur Arbeit, ohne diesen beständigen Gefährten, — gewöhnlich eine alte Muskete; und in einer oder zwei Stunden ist man sicher, so viel Wild mit heim zu bringen, als nicht allein zum Unterhalt für eine Woche erforderlich ist, sondern auch in hinreichender Menge übrig zu behalten, um es im nächsten Dorf, in der nächsten Stadt gegen Reis und Pisangs auszutauschen.

Mit so indolenten Gebraüchen der freien Bevölkerung wird es, mit Rücksicht auf die geringe Anzahl Sklaven, stets schwer halten, die zu öffentlichen Arbeiten erforderlichen Hände herbeizuschaffen; und der gegenwärtige, schlechte Zustand der Wege scheint zu beweisen, daß dieses, unter andern Hindernissen, allen großen Verbesserungen im Wege stehend, wirklich gefühlt wird. Hr. Lloyd ist indessen der Meinung, daß diese Schwierigkeit nicht unübersteiglich sein dürfte, wenn ein großes Werk von anerkanntem Gemeinnutzen (wie z. B.: die Anlage seiner neüen Straßen-Linie zwischen beiden Meeren) von einer kräftigen Gesellschaft unternommen werde. ‚Es giebt‘ sagt er in dieser Beziehung, ‚in der Provinz mehrere Miliz-Regimenter, die aus den niedern Klassen des Volks und Indiern formirt sind, treffliche Arbeitsleüte beim Fällen von Baümen und zum Ausroden des Bodens, und absonderlich geschickt, mechanische Fertigkeiten zu erlernen. Über Eüropäer haben sie Vortheile, welche, der Beschaffenheit des Klima zufolge, stets vorhanden sein werden. Ihre Bedürfnisse sind höchst einfach; mit einem Stück getrocknetes Fleisch, einem Paar Pisangs, und etwas Reis haben sie die erforderlichen Lebensmittel, an die sie von Jugend auf gewöhnt sind; und mit einem Fell, um darauf zu schlafen, und einem Holzkloß, um darauf zu sitzen, ist der ganze Hausrath ihrer kleinen Hütte abgemacht. Ihre Kleidung bleibt sich Winters und Sommers gleich; sie besteht in einem braunen oder gewürfelten Hemd von holländischer Leinwand und einem Paar Caljonjilles, oder Beinkleidern, die bis ans Knie reichen, und bei der Arbeit gewöhnlich abgelegt werden; Schuhe sind nur als ein Artikel größten Luxus bekannt; selten gebrauchen sie etwas zur Fußbekleidung, und ist es der Fall, so wird ein Stück Fell genommen, das man sehr nett als Sandale zuschneidet und zusammenbindet. Der gewöhnliche Tagelohn ist zwei bis drei Realen (1 S. bis 1 S. 6 D. — 10 Sgr. bis 15 Sgr.) mit Kost, die, wenn sich der Arbeiter selbst beköstigt, zu 4 D. (10 Pf.) veranschlagt werden kann. Diese Leüte würde die Regierung (unter gewissen Bedingungen) ohne Zweifel gern zur Verfügung einer Kompagnie stellen, mit Personen, welche den Befehl über sie führen und sie in Ordnung halten würden; und in einem Fall ist dies bereits angeboten, aber bis zur Höhe von tausend Mann nicht angenommen worden.

Handel. — Der Handel des Isthmus liegt jetzt sehr danieder. Am atlantischen Gestade wird er mit Jamaica durch ein britisches Kriegsschiff unterhalten, das jeden Monat, zwischen dem 20sten und 28sten unter Segel geht, zu dem besondern Zweck, um Briefe und Baarschaften überzuführen; mit Carthagena, durch Regierungsschiffe, zwei Mal im Monat, — und mit demselben Platz und einigen andern Orten, durch Privat-Schiffe, welche nach Chagres Fracht bringen, und daselbst austauschen. Am Gestade des Stillen Oceans umfaßt der Verkehr alle Gegenden der Küste, sowol auf der Nord- als Südseite, die es in ihrem Interesse halten, mit Eüropa auf diesem Wege zu verkehren.

Die Transportkosten von baarem Geld quer über die Erdenge um in Chagres eingeschifft zu werden, lassen sich folgender Maßen berechnen: — Ein Maulthier kann fünf tausend Dollars oder Unzen tragen, und die Miethe für eines beträgt von Panama bis Cruces sechs Dollars, die städtische Abgabe einen Dollar, und eine andere, welche Piso genannt wird, zwei Realen. Von Cruces bis Chagres belaüft sich die Fracht für dieselbe Summe auf anderthalb Dollars; und das Hafengeld in Chagres noch ein Mal soviel; so daß die Gesammtkosten auf zehn Dollars zwei Realen zu stehen kommen, nebst einem Durchgangszoll von drei Prozent auf Silber, und einem Prozent auf Gold.

Der Waaren Handel nach Panama verursacht nachstehende Unkosten: — Die Wasserfracht von Chagres nach Cruces ist zwei Dollars der Ballen; die Speicher-Lagerung in Cruces zwei Realen mehr. Von da werden die Güter nach Panama entweder zu Maulthier oder auf Menschenrücken transportirt, je nachdem es die Sache erfordert. Sind die Packen schwer, aber stark und fest, so werden Thiere gebraucht; sind aber gebrechliche Gegenstände darin verpackt, oder ist ihre Form zu unbequem, um längs der schmalen Bergsteigen sorglos gehen, und die steilen Abhänge bergauf, bergab steigen zu können, so werden Menschen als das sorgsamste und verläßlichste Transportmittel benutzt. Die Miethe eines Maulthiers richtet sich nach dem Gewicht und Maaß und beträgt vier bis sechs Dollars; und die eines Lastträgers, nach demselben Gesetz sechs Dollars und darüber. Bei Ankunft der Güter in Panama werden sie sofort im Zollhause niedergelegt, und von ihnen, wenn sie zur Ausfuhr bestimmt sind, eine Abgabe von zwei Prozent erlegt. Sind sie zum innern Verbrauch bestimmt, so richtet sich die Steüer nach der Waare. Zu allen diesen Ausgaben müssen noch ungefähr vier Dollars pro Ballen hinzugeschlagen werden, als Unkosten für die Extra-Verpackung gegen den Regen; so daß ein Ballen auf zehn bis zwölf Dollars zu stehen kommt.

Im Jahre 1825 liefen außer den Kriegsschiffen, Paketbooten und kleinen Küstenfahrern folgende Schiffe in den Hafen von Chagres ein:

Ein großes Schiff von Bordeaux	1
Sieben Briggs vom Havre-de-Grace	7
Ein und zwanzig Schoner, meistens britische, von den westindischen Inseln	21
Sechs Schoner aus Häfen der Vereinstaaten von N. A. .	6
Drei dito von Carthagena	3
Mithin acht und dreißig Schiffe überhaupt	38

Im Jahre 1828 hat sich diese Zahl auf

Eilf Schoner aus Westindien	11
Vier dito von Carthagena	4
Fünf dito aus den Vereinstaaten	5
überhaupt auf zwanzig Schiffe	20

vermindert, ohne daß ein französisches Fahrzeüg wieder gekommen ist, und nichts berechtigt zu glauben, daß der Handel seitdem lebhafter geworden sei.

In denselben Jahren kamen in Panama siebenzehn und vier und zwanzig Schiffe an; die geringere Zahl auf der einen Seite, und umgekehrt. Dies dürfte anzeigen, daß der ganze Transito, bei Geduld und Ausdauer, bedeütend verbessert werden könnte; allein der merkantilische Spekulationsgeist, welcher im Jahre 1825 zu übereilt war, ist von der Zeit an völlig verzagt gewesen. Die Verbesserung hat sich hauptsächlich in dem Handel mit Guayaquil kund gegeben, der für das Jahr 1825 nur eine Einklarirung, im Jahre 1828 dagegen nicht weniger als eilf Einklarirungen gezeigt hat. Die Fahrt von Callao nach Panama wird gewöhnlich in neün bis zwölf Tagen zurückgelegt; von Panama nach Chagres gebraucht man drei; und von Chagres nach Jamaica sechs oder zehn Tage. Im ungünstigsten Falle kann man also in fünf und zwanzig Tagen von Callao nach Jamaica gelangen.

Finanzen. — Die folgende Übersicht enthält den Etat der Einnahmen und Ausgaben des Gouvernements Panama im Jahre 1827.

Einnahme.

Überschuß der vorigen Jahres-Rechnung	4526	7	$\frac{1}{2}$
Ertrag der Stempel-Steüer	1090	3	$\frac{1}{2}$
Aus Provinzial-Kassen	1811	0	0
Freiwillige Beisteüern	49	0	0
Cessionen	6000	0	0
Neüntel, — eine Art Zehenten	5161	6	$\frac{1}{2}$
Anleihen	86820	0	0
Aprovechiamentos, von Staatsländereien	5447	3	$\frac{1}{2}$
Reintegros, oder Wiederherstellungen	939	3	$\frac{1}{2}$
Zollgefälle	70008	3	$\frac{7}{8}$
Tabacks-Steüer	15820	2	$\frac{1}{8}$
Steüer auf starke Getränke	564	1	$\frac{3}{4}$
Kanzelei-Gebühren	491	5	0
Vacantes?	7264	4	$\frac{1}{4}$
Hülfsgelder zum National-Kredit	1473	2	0
Kopfsteüer	4509	1	$\frac{1}{2}$
Depositen-Gelder	29704	7	$\frac{3}{8}$
	241682	6	0

Hr. Lloyd fügt hinzu: „Von dem obigen Titel der Anleihen wurden nur 22800 Dollars baar bezahlt; vom Überreste wurden 11789 für Natural-Verpflegung der Truppen berechnet, — 2653 in Verschreibungen an Beamten, in Rücksicht des Geldmangels, — 27773 wurden von Kaufleüten für das Militair vorgeschossen, für die sie Schuldverschreibungen auf die Zollkasse empfingen.

Ausgaben.

Hospital-Kosten	18406	7	5/8
Ausgaben für Stempel-Papier	1302	1	3/4
Unterstützung anderer Kassen	5936	1	0
Zurückzahlungen an Darleiher	83582	2	0
Auszahlungen der Zoll-Kasse	277	4	5/8
Zahlungen des Tabaks-Steüer-Einnehmers	1429	0	0
Zahlungen an Invaliden oder entlassene Offiziere	3589	5	1/8
Novenos Decimales	1720	2	1/8
Gehalt der öffentlichen Beamten	7514	0	7/8
Dito des Kassen-Personals	4546	6	3/4
Sold des Militairs	84792	1	1/8
Unkosten kirchlicher Zusammenkünfte	1225	3	0
Allgemeine Ausgaben	10475	2	0
Allgemeine Fortifikations-Ausgaben	1756	2	1/2
Artillerie, oder Arsenal	2616	3	1/8
Vacantes	2583	2	0
Monte Pio, oder Fond zur Erleicht. v. Regier. Beamt.	410	2	0
Hospital der Aussätzigen	79	0	0
Rückzahlungen von Depositen-Geldern	2283	2	3/8
Vermischte Ausgaben	617	0	0
Dito, Credito del Gobierno Español	3788	2	1/2
	238929	6	0

Überschuß in der Kasse 2753 0 0.

Der folgende Etat der Einnahmen im Jahre 1812 dürfte eine nützliche Zugabe sein, weil er den Verlust und die Veränderungen zeigt, welche Panama durch die Trennung von Spanien erlitten hat.

Panama's Einkünfte im Jahre 1812.

Stempel-Papier	2240
Kirchen-Gebühren	5332
Von Alcalden	79
Zollgefälle	145000
Quinto, oder Abgabe von Gold und Perlen	778
Tribut der Indier	300
Von andern Kassen	19858
Vom Hospital	536
Für Invaliden (Monte Pio)	2623
Confiskationen	860
Reintegros	175180
Geborgte Gelder	42500
Auflagen auf Aguardiente (Branntwein)	24200

Auflagen auf Pulver	2
Depositen-Gelder	101000
Neüe Auflage auf Aguardiente de Lima (aus Peru) . .	2800
Geldstrafen	1200
Aus Spanien empfangen für den Festungsbau . . .	10000
Kirchen-Gebühren in andern Kantons	2782
Desgleichen	420
Päbstliche Dispensations Bullen	27000
Dito, vertheilte	5000
Ablaß für Sünden	7000
Dito	1300
Auflage auf den Taback	2000
— auf Karden	2600
Schlagbaüme	1300
Freiwillige Beisteüern	110000
Beisteüern zur Führung des Krieges	31000
Waaren-Zoll in Cruces	4000
Militairischer Monte Pio, oder Fond	4500
Geistlicher dito	1400
Zur Bekleidung der Miliz empfangen	5000
Monte Pio für Wundärzte	251
Außerordentliche Steüern	9000
Überhaupt	746241

Sitten, Erziehung, Beschäftigung, u. s. w. — Die höhern Klassen unter den Bewohnern des Isthmus gehören zum gewöhnlichen Geschlecht, sind aber in der Gesittung bei weitem nicht so vorgerückt, als ihre Nachbarn. Die weiße Bevölkerung, insbesondere das weibliche Geschlecht, zeichnet sich durch einen Stich eüropäischer Hautfarbe aus, der sich kaum mit der geographischen Stellung vereinbaren läßt. Diese Leüte sind die abergläubigsten, und am wenigsten befreit von den Fesseln ihrer Religion, unter allen Columbianern; und obschon sie mit den Engländern großen Verkehr haben, und deren Gebraüche bewundern und nachzuahmen vorgeben, so wollen sie diesen nichts desto weniger im Allgemeinen nicht wohl.

Die Frauen leben zurückgezogen und selbst ungesellig; kaum daß sie ihre Wohnungen verlassen, um in die Messe zu gehen, oder an einer Kirchen-Prozession Theil zu nehmen. Dabei sind sie ganz unwissend und erziehen ihre Kinder auf die ärgste Weise, indem sie es ihnen gestatten, mit den gemeinsten Negerkindern ihres Alters den vertrautesten Umgang zu haben. Darum ist, obschon es in Panama ein Gymnasium giebt, an dessen Spitze ein trefflicher, wohlunterrichteter Geistlicher steht, und wo große Mühe auf den Unterricht der Jugend in der Mathematik, Naturkunde und andern höhern Wissenschaften verwendet wird, — die Bildung ihres Karakters, und die Einflößung von Ehr- und Rechtsgefühl völlig vernachläßigt; und die junge Welt sucht ihr einziges Vergnügen auf dem Billiard, dem Fechtplatz, beim Spiel und beim Schmauchen in gemeiner Gesellschaft. Darum ist es nicht wahrscheinlich, daß die schlechten Seiten im Karakter des Mannes bald verbessert werden; seine dunkeln Schattenseiten sind Gleichgültigkeit gegen häusliche Vergnügungen, und Vorliebe zu niedriger Ausschweifung außerhalb des Hauses. Die beste Eigenschaft ist große Wohlthätigkeit gegen den Armen, insbesondere gegen das Alter und die Gebrechlichkeit; fast jede vermögende Familie hat verschiedene Arme, die jeden Sonnabend regelmäßig ihren gewohnten, reichlichen Almosen empfangen.

Große Vorliebe für den Handel bemerkt man unter den Bewohnern von Panama, und vom höchsten bis zum niedrigsten hält jeder eine Tienda, oder Krämerbude. Die niedern Klassen treiben überdem verschiedene Handwerke; aber alle ihre Erzeugnisse sind plump, außer die der Goldschmidte, deren Arbeiten in einem Zweige, nämlich im Plattiren goldner Ketten, berühmt sind. Das Feld für dieses Kunstgewerbe ist indessen, so wie jedes andere, welches auf den Luxus berechnet ist, gegenwärtig sehr beschnitten. Es gab eine Zeit, wo keine Familie in Panama von etwas anderm als Silbergeschirr speis'te, — fast jedes häusliche Geräth war von demselben Metall, und die Frauen trugen Ketten, Perlen und andere Zierrathen in Übermaaß. Aber alles dieses ist jetzt zum größten Theil verschwunden, und selbst vieles Kirchen-Silber ist nach und nach durch den Schmelztigel hinüber in die alte Welt gewandert, obwol, an besondern Gala Tagen, Mancher es versucht, mit dem frühern Aufwand zu erscheinen.

Die Kleidung der Frauen ist bei diesen Gelegenheiten vorzugsweise prächtig; sie ist das, was ‚Cartagenea' genannt, und von Hrn. Lloyd folgender Maßen beschrieben wird: ‚Ein weites Mieder ‚von schönem Kammertuch, mit unzähligen und ungeheüern Krausen, reich mit Spitzen besetzt, ist, mit einem Rock von gleicher Art, ‚mitttelst verschiedener massiver und emaillirter Goldknöpfe um die ‚Taille bevestigt. Den Hals zieren mehrere goldene Ketten, mit ‚Perlrosetten, Kreüzen und Perlreihen; die Ohrringe haben die Ge‚stalt eines Telegraphen und hangen fast bis auf die Schultern ‚herab; die Finger sind mit Ringen bedeckt; und verschiedene Kämme, ‚die mit Perlreihen besetzt und in Gold gefaßt sind, stecken, ge‚meinschaftlich mit einer Haarnadel von massivem Gold, zur gro‚ßen Zierde im schönen Haar, das in zwei Flechten auf den Nacken ‚herabhangt. Die Füße werden bloß getragen und nur mit einem ‚kleinen Pantoffel bekleidet, der an der Spitze schnabelförmig gebo-

„gen und ebenfalls reich verziert ist. Der ganze Anzug ist eben so „elegant als anständig.'

Die Perlen, womit eine panama'sche Schöne ihre Toilette geschmackvoll auszuschmücken versteht, werden bekanntlich an den Inseln der Küste durch Taucher gewonnen. Dies Geschäft ist sehr mühselig und der Erfolg höchst ungewiß; aber es ist eine Lieblings-Beschäftigung, und die Taucher sind sehr geschickt. Sie gehen in Parteien von mehreren Kanoes, deren jedes sechs oder sieben Mann enthält; der Reihe nach tauchen sie unter, mit einem scharfen Messer bewaffnet, das mehr dazu bestimmt ist, die Austern von den Felsen, an welchen sie hangen, abzulösen, als sich gegen Gefahr zu vertheidigen. Bevor sie hinabsteigen, schlagen sie ein Kreüz übers andere, und bringen gemeiniglich vier Austern mit herauf, zwei unter dem Arm, und zwei in der Hand. Die gewöhnliche Zeit unter Wasser zu bleiben ist von fünfzig Sekunden bis drittehalb Minuten. Es ist viel von den Gefahren erzählt worden, die mit dieser Fischerei verknüpft sein, und von dem Hay sowol, als einem andern Feinde, Namens Manta, der sein Opfer zermalmt, herrühren sollen; „allein der Hay ist immer feige, und einem Taucher, „der mit einem Messe bewaffnet ist, so wenig gewachsen, daß ein „Unfall kaum bekannt ist.'

Viele Personen in Panama haben sich Jahre lang damit beschäftigt, auf diese Weise Perlen zu fangen, um Halsgeschmeide daraus verfertigen zu lassen; und einige von diesen sind, nach fortgesetzter Veränderung und Arbeit, sicherlich vom vollkommensten Ebenmaaß. Doch wird ihr Preis nicht nach dem gangbaren Werthe solcher Artikel berechnet, sondern nach der Mühe, welche mit der Fischerei und der Assortirung verbunden gewesen ist, so daß sie hier an Ort und Stelle oft theürer sind als in London.

Vor einiger Zeit hatte eine englische Perlfischerei-Kompagnie eine Taucherglocke geschickt, aber sie entsprach nicht den Erwartungen, und mehreren Ursachen mag das Mißlingen zugeschrieben werden können. Die erste und vorzüglichste war wol der ungeheüre Aufwand, den die Einrichtung und Unterhaltung des Geschäfts erforderte; dann fand es sich auch, daß die Austern nicht, wie es gewöhnlich der Fall ist, in Bänken, sondern zerstreüt unter Felsen und in unebenem Boden lagen; und daß ein eigenthümliches Grund-Treiben (ground-swell) und Bewegen unter dem Wasser, in Verbindung mit einer sehr heftigen Strömung, es fast unmöglich machten, die Glocke sicher und vortheilhaft aufzustellen.

X. — Bemerkungen über zwei Expeditionen auf den Flüssen Essequibo und Mazaruny, in den Jahren 1830 und 1831. Mitgetheilt vom Kapt. J. E. Alexander, vom 16ten Lancier Regiment. M. d. K. G. S., u. s. w.

[Kapitain Alexander, welcher durch seine Reisen in Persien und über den Balkan dem Publikum bereits bekannt ist, und im Frühjahr 1831 nach Guiana und Westindien ging, in der Absicht, eine kurze Tour in diesen Gegenden zu machen, und dann über Neü Orleans, durch das Ohio Thal, Canada und Neü York nach Eüropa zurückzukehren, schickte der Gesellschaft im Herbste desselben Jahres die Denkschrift, von der die nachfolgenden Seiten einen Auszug enthalten. Ihr erster Abschnitt, der eine allgemeine Beschreibung von George Town, der Hauptstadt der Kolonie von Demarara enthält, ist hier weggeblieben, weil er nicht allein von geringerem geographischen Interesse ist, sondern auch in einer andern Gestalt bekannt gemacht werden wird.]

Nun war es meine Absicht den prachtvollen Essequibo Strom hinaufzugehen, nach El Dorado des Sir Walter Raleigh, die mächtigen Wälder des Binnenlandes zu sehen, und die manchfaltigen und schönen Volksstämme, von denen sie bewohnt sind. Unser Aufenthalt auf der Insel Wakenaam war ein echt tropischer gewesen. Nachts stimmten Baumfrösche, Heimchen, Reptilien und Insekten aller Art ein unaufhörliches Konzert an. Bei Sonnen-Aufgang, wann sich die Blumen entfalteten, flatterten Kolibris, mit dem metallischen Schimmer ihrer Flügel flimmernd, von Blüthe zu Blüthe. Die hellgelben und schwarzen Spottdrosseln (mocking-bird, amerikanische Nachtigal) flogen von ihren hangenden Nestern, begleitet von ihren Nachbarn, den wilden Bienen, die ihre erdigen Stöcke auf demselben Baum erbauen. Der unaufhörliche Regen hatte die Schlangen aus ihren Höhlen gelockt, und auf dem Pfade sah man die Conacoutschi (bush-master), die an glänzenden Farben und der tödtlichen Beschaffenheit ihres Gifts nicht ihres Gleichen hat; dann die Labari, welche ebenfalls giftig ist und ihre Schilder auf eine fürchterliche Weise erhebt, wenn sie gereizt wird. Auch die Klapperschlange sahen wir, und arglos drei Schlangen von verschiedenen Species. Unter dem Flußufer lagen ungeheüre Kaimans oder Alligators, — von denen einer, welchen man kürzlich erlegt hatte, zwei und zwanzig Fuß lang war. Rothwild und Bisamschweine sah man auf den Blößen in der Mitte der Waldinsel; und Jaguare und Kuguare (die Leoparden und Löwen Amerikas) schwammen zuweilen vom vesten Lande herüber.

Wir segelten den Essequibo hundert Meilen weit in einem kleinen Schoner von dreißig Tonnen hinauf, und untersuchten die Creeks in Kanoes oder Kurials. Dann wendeten wir uns eine Strecke weit in den Mazaruny und sahen auch den unerforschten Caiuny; diese drei Ströme vereinigen ihre Wasser ungefähr hundert Meilen oberhalb der Mündung des Essequibo. Indem wir den Strom hinauf segelten oder ruderten, fanden wir seine Breite so bedeütend, und der Waldinseln so viele, daß wir glaubten, auf einem großen Landsee zu schiffen. Die Holländer hatten in frühern Zeiten Baumwollen-, Indigo- und Kakao-Pflanzungen am Essequibo, jenseits ihrer Hauptstadt Kykoveral, auf einer Insel an der Spaltung oder Vereinigung der drei Flüsse. Jetzt sind jenseits der Inseln in der Mündung des Essequibo keine Plantagen mehr, und der mächtige Wald hat alle Spuren früherer Kultur völlig vertilgt. Einsamkeit und Stille herrschen überall, nicht eine Trümmer von den Wohnungen der Holländer ist mehr zu sehen; und nur zufällig, indem man sich durch das rankige Unterholz den Weg bahnte, stolperte einer von uns über einen Marmor-Grabstein, der von den Gestaden der Zuyder Zee hierher gebracht worden war.

Bei jeder Biegung des Flusses entdeckten wir die interessantesten Gegenstände. Der dichte und fast undurchdringliche Forst selbst beschäftigte hauptsächlich unsere Aufmerksamkeit; prachtvolle, für uns ganz neüe Baüme, waren durch Strauch-Seile, Wickel- und Schmarotzer-Pflanzen aller Art an den Boden geankert; und ihre Blüthen verursachten, daß es aussah, als wäre der Wald mit Guirlanden behängt. Vorstehend über alle andern war der thurmhohe, majestätische Mora, dessen Stamm in Strebepfeilern ausgebreitet ist, und auf dessen Wipfel der König der Geyer seine unheheüern Flügel entfaltet, um sie vom nächtlichen Thau zu trocknen. Das höchst eigenthümliche und reizende Geschrei des Glocken-Vogels, oder Campanero, läßt sich von Zeit zu Zeit hören; der Vogel ist weiß, von der Größe einer Taube, mit einem lederartigen Auswuchs am Vorkopf, und der Ton, womit er die einsame Waldlandschaft erfüllt, klingt wie das Gelaüte einer Kloster-Glocke.

Auf das Krachen im Röhricht und dem Unterholz an den Ufern des Stroms folgt ein Tapir, der Elephant der neüen Welt, der herabkommt zu saufen und sich im Schlamm zu wälzen; und der Manati, oder die Flußkuh, streckt sein schwarzes Haupt, und das kleine durchdringende Auge über die Wasserfläche, um auf den Blättern des Coridore Baums zu grasen. Man schießt sie von einem im Fluß angebrachten Gerüst, das mit Zweigen ihres Lieblingsfutters behängt ist; kürzlich wurde einer erlegt, der zwei und zwanzig Cwt. wog. Hoch auf am Strom, wo sich das Alluvium der Mündung in weißen Sandstein, hin und wieder mit schwarzem Mangan Oxyd, verändert, haben die Fische einen köstlichen Geschmack; u. a. bei den Wasserfällen oder Stromschnellen, der Pacu, ein platter Fisch von zwanzig Zoll Länge und vier Pfund Gewicht; er lebt vom Saamen des arum arborescens, und wird beim Fressen von den Indiern mit Pfeilen geschossen; vom gleichen Geschlecht sind der Cartuback, der Wabury und der Amah.

Der merkwürdigste Fisch dieser Ströme ist der zwei Fuß lange Peri oder Omah; seine Zähne und sein Schlund sind so stark, daß er die Schaalen der meisten Nüsse knacken kann, um die Kerne zu verzehren; dabei ist er äußerst gefräßig. Die Indier erzählen, daß er beim Bade Frauen die Brüste abbeiße und die Männer entmanne. Merkwürdig ist auch das Geschlecht Silurus (Welse); die Jungen schwimmen in Haufen von hundert und fünfzig über dem Kopf der Mutter, die, bei Annäherung einer Gefahr, das Maul öffnet, und so ihre Nachkommenschaft rettet; dann Loricaria calicthys, oder Assa (Panzerfisch) der an der Oberfläche von stehendem Wasser ein Nest von schwimmendem Grase baut, und in dieses sein Laich legt, das von der Sonne ausgebrütet wird. In der trocknen Jahreszeit wird dieser merkwürdige Fisch ausgegraben, denn er höhlt sich zur Regenzeit Löcher in die Erde, wozu ihn die Stärke und Kraft seines Rückgraths befähigt; an der Kopfflosse und dem Bauche ist er mit starken Platten besetzt, und findet tief unter der Erde Feuchtigkeit genug, sein Leben zu fristen. Der elektrische Aal ist ebenfalls ein Bewohner dieser Gewässer, und hat sich zuweilen dem stärksten Schwimmer sehr gefährlich erwiesen. Wird er in Tonnen nach England geschickt, so wirkt das Holz und Eisen als Leiter, und hält den Fisch in einem beständigen Zustande von Erschöpfung, der endlich den Tod herbeiführt; in irdenem Geräth dagegen bleibt er gesund.

Man sah eine Familie Indier in ihrem Kanoe über den Fluß setzen und unter dem Buschwerk des gegenüber liegenden Ufers verschwinden. Mein Gefährte[1] und ich ruderten ihr nach und landeten unter einigen Heuschrecken-Bäumen, wo wir ein indisches Dorf fanden. Die Wohnungen waren, von allen Seiten offene Schoppen mit Palmblättern gedeckt, von denen einige vier und zwanzig Fuß Länge hatten; an den Bambusparren des Dachs hingen geflochtene Hangematten, in welchen sich die Männer in den Schlaf wiegten. Einer oder zwei, die wach waren, beschäftigten sich mit dem Zubereiten von Pfeilspitzen, aus hartem Holze. Männer und Kinder waren völlig nackt, mit Ausnahme des blauen Lap, oder Gürteltuchs um die Lenden; die Frauen in ihrem blauen Rock und mit geflochtenem Haar, beschäftigten sich damit die Wurzel des Cassava Baums in einer Borken-Mulde zu schaben, worauf sie in eine Mattenpresse gebracht wurde, um den giftigen Saft auszuquetschen; wärend die trockne mehlartige Substanz auf einer eisernen

[1] Herr Hillhouse.

Platte gebacken wird. Alte Weiber waren mit den Weben des viereckigen Coëu, oder Lap von Scheuren, beschäftigt, den sie zuweilen ohne Rock tragen, dann auch Armbänder und Verzierungen für die Fußknöchel. Einige fabricirten irdene Töpfe, und alle Weiber schienen sehr beschäftigt zu sein [1]. Sie boten uns einen rothen Liquor an, der Casiri heißt, und von der süßen Kartoffel bereitet wird; und Piworry, das berauschende Getränk, welches die Cassava liefert und in Gährung übergehen muß. Bei ihren Piworry-Festen füllen die Indier mit diesem starken Getränk ein kleines Kanoe an, neben dem sich Wirthe und Gäste zwei oder drei Tage lang betrunken umherwälzen. Ihre Frauen stehen hinter ihnen und geben acht, daß sie nicht im Sande, der ihnen in den Mund dringt, ersticken; doch ist Piworry ein unschädliches Getränk, d. h.: es bringt nicht die verderblichen, Krankheit erzeugenden Wirkungen spirituöser Wasser hervor; denn nach einem Schlaf stehen die Indier frisch und gesund wieder auf, und nur zuweilen verfallen sie in eine Ausschweifung dieser Art. Fische, welche die Männer mit ihren Pfeilen geschossen hatten, und Vögel wurden aus dem Kanoe gebracht, und auf einem Bambu-Rost über einem Feüer geraüchert; indeß wir einem alten Manne, der einen Hirschfänger trug, nach ihren kleinen Cassava-Feldern folgten, die hinter den Wohnungen liegen und durch Abbrennen eines Stücks Wald eingerichtet und umzaünt werden. Diese Indier waren von der Arawaak Nation; später sahen wir Cariben, Accaways, u. a. m.

Die Flüsse und Creeks, überhaupt das ganze Binnenland von Britisch-Guiana, ist, in einer gewissen Entfernung von der See bisher unerforscht geblieben, und daher durchaus unbekannt. Die Monate Oktober und November sind die trockenste Jahreszeit, und eignen sich am besten zu Reisen ins Innere. Wegen der großen Überschwemmung war es mir nicht möglich, so weit am Flusse hinauf zu gehen, als ich es wünschte; es regnete jeden Tag, doch drang ich so weit vor, als ich nur immer konnte, und ich hoffe im Stande zu sein, wärend einer günstigeren Jahreszeit nach diesem interessanten Lande zurück zu kehren. Hr. Hillhouse, ehemals beim Generalstab angestellt, uud jetzt Landmesser von Demarara [2], ein junger Mann voll Kenntniß und Unternehmungsgeist, ist der erste, welcher mit einem gewissen Hrn. Tichmaker, den Mazaruny Strom zwei hundert und fünfzig Meilen weit untersucht hat; sie benutzten die trocknen Monate und machten in den Monaten Oktober und November eine sehr interessante Reise. Ich schmeichle mir im Stande zu sein, der Königlichen geographischen Gesellschaft später ausführliche Nachrichten über diese Expedition vorlegen zu können, und begnüge mich jetzt mit einer kurzen Skizze derselben.

[1] Hunde, Papageien und Fliegenschnepper werden von ihnen gezähmt.
[2] Seine Familie gehört zu einer Missions-Gesellschaft. — B.

Die Reisenden mietheten eine Anzahl Arawaak Indier, und verließen George Town in einem großen Kurial, oder Kanoe. Vom Essequibo ging es in den Mazaruny Strom, der einen großen nach Nordwest gerichteten, Bogen beschreibt, und dann auf seine Direktion zurückkehrt, gleichsam eine große Halbinsel bildend, die hohe Gebirge und beträchtliche Creeks in sich schließt; über den schmalen Isthmus gelangt man in drei Tagen, so daß man die große Krümme leicht vermeiden kann. Die Reisenden passirten mehrere Creeks, und erblickten zur Linken Bergketten, die aus weißem Quarz bestehen und eine Höhe von mehreren tausend Fuß erreichen. Ein prachtvoller Wasserfall, den man schon aus großer Ferne erblickte, stürzt sich von einer, dem Anschein nach, eilf hundert Fuß hohen Felsenwand herab; an den Flußufern folgt, auf Sandstein-Felsen Feldspath, wärend die höchsten Ketten aus Granit und Quarzfels bestehen. Die Reisenden erfuhren von den Indiern, daß im Cumarow Creek andre schöne Wasserfälle seien, weshalb sie den Mazaruny verließen und in den Creek fuhren. Kein Weißer hatte diese Gegenden bisher betreten, außer, vor etwa zwanzig Jahren, drei spanische Padres, die sich vier bis acht Wochen lang an der Mündung des Creeks aufgehalten und viele Indier überredet hatten, mit ihnen nach den Missionen am Orinoco zu kommen. Die Ufer sind wie gewöhnlich mit prachtvollen Baumen beschattet und mehrere kleine Indier-Weiler liegen längs des Creeks zerstreut, mit einer Bevölkerung von etwa hundert und zwanzig Seelen. Je weiter die Reisenden kamen, um so mehr nahm die Wassertiefe ab, und betrug an einigen Stellen nur einen Fuß, dann wieder drei; an diesen Stellen sprangen die Indier aus dem Kanoe und zogen es in tiefes Wasser. Das Wasser hatte oft ein ganz eigenthümliches Ansehen; es war dunkel chokoladen farbig von der verwes'ten vegetabilischen Materie, die im Flusse einer beständigen Auflösung entgegen geht. Endlich kamen sie an Stromschnellen, wo der Fluß zwischen hohen Felsenmassen daherstürmt. Zur Linken sah man in einiger Entfernung einen prachtvollen Bergkegel, den Hr. Hillhouse Raleigh's Pik nannte, denn man befand sich in El Dorado — wo die glänzenden Glimmertheilchen im Quarz für edles Erz gehalten wurden, — daher eine Gold-Region.

Nun verließen die Reisenden ihr Kurial und gingen nach der Kaskade. Den steilen Abhang eines Berges mußte man hinanklettern, indem man sich am Buschwerk festhielt; dann ging es auf Händen und Füßen an den Rand einer Klippe, über den hinüberschauend, der Wasserfall von einer senkrechten Höhe von fünf hundert Fuß herabzustürzen schien. Das Thermometer stand auf der Spitze und am Fuß des Falls in siedendem Wasser auf 206° und 208°. Die Landschaft war eine der erhabensten; unbetretene Urwälder umgaben die Reisenden, Gebirgsketten von vier tausend Fuß

(625 Toisen) Höhe, lagen vor ihnen; und vor allem der herrliche Wasserfall, der in den Abgrund stürzt, Regenbogen in dem Schaume seiner Wasser bildend, die hier eine Breite von hundert Fuß haben.

Die Regenzeit trat ein, bevor die Reisenden weiter vordringen konnten; überdem wurde Hr. Hillhouse von der Ruhr befallen, weshalb an die Rückkehr gedacht werden mußte. Jede Nacht gingen sie ans Land und schliefen in ihren Hangmatten zwischen Bäumen; aber sie hatten es vergessen, irgend etwas zum Überdecken mitzunehmen. Ein angestrichenes Wetterdach würde sie wirksam geschützt haben, so aber sahen sie sich gezwungen, wenn die Indier nicht aus einem Paar Blättern ein Dach machten, auf ihren Kasten zu sitzen, unter einem großen Regenschirm, Rücken an Rücken, und das drei Nächte lang.

Eines Abends hörten sie im Walde einen Menschen heulen. Sie landeten und fanden einen Arawaak Indier in einer Hangematte, zwischen zwei todten Körpern, ebenfalls in Hangematten, schwebend. Er schwang die seinige von einer Seite zur andern, wodurch die der Todten ebenfalls in Schwung blieben, und dabei schrie er jämmerlich. Auf die Frage, was geschehen wäre, antwortete er, die Leichname seien die Körper seiner Brüder, welche kürzlich an den Verletzungen gestorben wären, die sie von einem feindlichen Stamm erhalten hätten, der bei Nacht über den Creek gekommen wäre; allein es waren keine Wunden an den Leichnamen zu sehen, die abgenommen und auf die Erde gelegt wurden.

Der überlebende Bruder schnitt nun Dornen-Zweige ab und schlug damit die Leichname überall, wobei er laut schrie ‚Heia! Heia!' als wenn er die Schmerzen der Geißelung fühlte. Dann nahm er von dem Fett eines eben geschlachteten Schweins, und beschmierte den Todten Mund und Gesicht, wobei er beständig grunzte; als er aber nun sah, daß es unmöglich sei, die leblosen Körper wieder zu beseelen, öffnete er ihnen die Augen, und schlug mit den Dornen in die Augäpfel und über das ganze Gesicht, — es war ein furchtbarer Anblick; endlich ließ er sich überreden, sie zu begraben; man warf eine Decke über sie, füllte das Grab auf und bestreute es mit Blättern.

Die Arawaaks bekennen sich zu dem Glauben an einen höchsten Schöpfer aller Dinge, der einen Bruder habe, welcher die Welt regiert; es giebt auch einen bösen Geist, den sie durch ihre Pe-aye-Männer, oder Zauberer, zu versöhnen suchen. Diese treiben vermittelst einer, mit Kieseln gefüllten, Kalebasse den bösen Geist aus den Kranken. Ihre Sage von der Schöpfung lautet so: — Der große Geist saß auf einem Seidenwollen Baum, und schnitt Stücke Rinde aus, die er in den unter ihm fließenden Strom warf; diese Stücke belebten sich und nahmen die Gestalt von allerlei Thieren an; zuletzt wurde der Mensch geschaffen; er verfiel in einen tiefen Schlaf, wärend dessen die Gottheit ihn berührte; und als er erwachte, fand er ein Weib an seiner Seite. Da die Welt sehr böse wurde, kam eine Fluth und überschwemmte sie. Nur ein Mensch rettete sich in einem Kanoe, aus welchem er eine Ratte aussandte, um zu erfahren, ob sich das Wasser verlaufen habe, und diese kam mit einer Ähre von indischem Korn zurück.

Hr. Hillhouse und sein Gefährte überredeten die Indier, einen Creek abzudämmen, und einen großen Strich einzuzaünen. Die Wurzel der Hyari (einer giftigen Palme) wurde nun in einem Kanoe mit Wasser gequirlt und in den Creek geworfen, worauf in kurzer Zeit viele tausend Fische in die Höhe kamen. Die Indier schossen sie schnell mit ihren Bogen; die übrigen erholten sich zwar nach und nach von ihrer Betaubung, mieden aber den Creek einige Wochen lang. Die Reisenden kehrten nun nach George-Town zurück, mit einer reichen Sammlung von Vögeln, Insekten, Mineralien, u. s. w., nachdem sie eine höchst interessante, bisher unentdeckte Landschaft erforscht hatten.

Vor zwei Jahren verband sich ein gewisser Hr. Smith, ein Kaufmann von Carracas, mit einem Lieutenant Gullifer, v. d. K. M., um eine Reise ins Innere zu machen. Von George Town gingen sie nach dem Pomerun Fluß, diesen hinab, znm Wyina Creek, längs dessen sie quer über Land reisten nach dem Caiuny; diesen segelten sie hinab, schifften dann den Essequibo hinauf um nach dem Rio Negro zu gelangen, der, wie es scheint, den Amazonen Strom mit dem Orinoco verbindet [1]. In Barra de Rio Negro wurde Hr. Smith, von dem lange eingezwängten Sitzen in Kurials oder Kanoen, an der Wassersucht krank, die ihn, nachdem er einem unwissenden Quacksalber in die Hände gefallen war, nach vierzehn Tagen ins Grab brachte. Lieutenant Gullifer segelte nun allein den Rio Negro und Amazonen Strom hinab und hielt sich einige Monate in Para auf. Traurige Nachrichten die er daselbst von Hause empfing, griffen ihn so an, daß er schwachsinnig wurde, und man ihn, als er nach Trinidad übergefahren war, eines Morgens an einem Balken unter dem Thurm der dortigen protestantischen Kirche erhängt fand. Seine und des Hrn. Smith's Papiere, die in den Reisetagebüchern bestanden, wurden an einen Bruder des Lieutenants Gullifer, der an der Marocco Küste von Essequibo lebt, geschickt. Dort besuchte ich ihn, sah die Papiere, und war eifrig bemüht, sie für die geographische Gesellschaft zu erwerben; allein Hr. Gullifer meinte, daß er zuvor die Meinung der übrigen Verwandten einholen müsse.

Unter andern interessanten Notizen die ich in den Tagebüchern gefunden habe, will ich nur die folgende erwähnen: — Weit hin-

[1] Bekanntlich durch den Cassiquiari. — B.

auf am Essequibo trafen die Reisenden auf eine Nation Anthropophagen, von der Cariben Tribus. Der Haúptling empfing sie höflich und setzte ihnen ein Gericht Fisch mit schmackhafter Brühe vor; nach diesem Gange wurden zwei Menschenhände und ein Stück Menschenfleisch autgetragen. Die Reisenden dachten, es seien Theile eines Pavians von einer neüen Gattung; lehnten es indessen ab, davon zu essen, unter dem Vorwande, daß sie auf Reisen keine animalischen Speisen genießen dürften. Der Haúptling nagte die Knochen mit großem Appetit ab, und fragte sie, wie ihnen der Fisch und die Sauce geschmeckt hätten? Der Fisch war gut und die Brühe vortrefflich, lautete die Antwort. Darauf erwiederte er: ‚Menschenfleisch giebt die beste Sauce zu allen Speisen; die Hände und der Fisch wurden zusammen bereitet. Ihr kennt die Macushis, unsere Sklaven; wir nahmen sie unlängst im Kriege gefangen und verzehren von Zeit zu Zeit ihre Weiber.‘ Die Reisenden schauderten, verbargen jedoch ihr Gefühl; und bemerkten, bevor sie sich Nachts schlafen legten, daß die Weiber der Macushis in eine Art von großem Schuppen, der mit einem Staket von Bambus verwahrt war, gesperrt wurden, so daß die Väter, Männer, Brüder dieser unglücklichen Geschöpfe es täglich mit ansahen, wie die unmenschlichen Kannibalen sie herausholten, vor den Kopf schlugen und dann verzehrten. Lieutenant Gullifer, der eine schlechte, magere Figur hatte, stieg ruhig in seine Hangematte und schlief vortrefflich; aber Hr. Smith, der sehr wohlbeleibt war, ging die ganze Nacht umher, aus Furcht, sein Wirth mögte Appetit zu einem weißen Menschenbraten bekommen. Beide besuchten später eine Höhle, in welcher ein Teich war. Die Indier warnten sie, darin zu baden, sonst müßten sie sterben, ehe ein Jahr verginge. Die Reisenden verlachten die Warnung und badeten, starben aber wirklich vor Ablauf des Jahres.

J. E. A.

[Ueber die Reisen, welche Hr. Hillhouse zur Erforschung des Innern von Britisch-Guiana unternommen hat, giebt er selbst, freilich etwas wirrige, Nachricht in einem Briefe an den Freiherrn Alexander v. Humboldt. Diesen Brief habe ich zwar schon in meinen Annalen der Erd-, Völker- und Staatenkunde, VII. Bd., Seite 513, (Januar Heft 1833) bekannt gemacht; ich nehme ihn aber hier noch ein Mal auf zum gegenseitigen Verständniß der Nachrichten des Kapt. Alexander.

Letzterer hat seiner Mittheilung eine kleine Karte beigelegt, die nach den Beobachtungen von Hillhouse entworfen ist; doch sagt Kapt. Alexander ausdrücklich, daß er bei ihrem Entwurf die Hillhouse'schen Aufnahme-Blätter nicht zur Hand gehabt habe. Es erhellet übrigens aus dieser Karte, daß auch ein gewisser Dr. Hancock im Jahre 1820 bis in die Quellgegenden der westlichen Essequebo Zuströme und des Rio Branco vorgedrungen ist.

Die Resultate von Alexander's Karte sind in der Stielerschen Karte von Süd-Amerika (in dessen Hand-Atlas) aufgenommen worden; auf diese wird demnach beim Lesen der vorstehenden und nachfolgenden Mittheilungen lediglich verwiesen.

Das hydrographische System von Guiana hat Hr. von Humboldt astronomisch diskutirt in seiner Relation historique, Ausgabe in 4to, Band II, Seite 665, und Band III, Seite 77. Nach Hrn. Hillhouse's Briefe scheint die Quelle des Mazaruny südöstlich von dem fabelhaften Parime-See oder dem Amucu-See zu fallen; so muß man wenigstens nach seiner Positions-Angabe urtheilen; allein Alexander's Karte berichtigt dieselbe dahin, daß sie den Ursprung des Stroms in Lat. 4° 40′ N., Long. 59° 40′ W. Greenwich setzt, wodurch seine Lage nördlich vom See ist. Diesen läßt sie ganz weg und setzt an ihre Stelle ‚Salt Savannahs,‘ welche periodisch überschwemmt sind, und aus denen ein Fluß Namens Apoxeri vermittelst des Ripanuni zum Essequebo, und der Parima und Parara zum Rio Branco abfließen. — B.]

Schreiben von William Hillhouse, Esq., an Alexander von Humboldt.

Demerara, 1. Januar 1831.

. . . Es gereicht mir zum Vergnügen, Sie zu benachrichtigen, daß ich wärend der trocknen Jahreszeit des vergangenen Jahres den Länderraum in den nördlichen Breiten von 3° und 4° zwischen den Meridianen von 59° und 62° westlicher Länge von Greenwich bereist habe, indem ich den Lauf des Mazaruny-Flusses 600 Meilen von seiner Mündung aufwärts verfolgte; folgende Thatsachen sind über eine bisher unerforschte Region — in die man El Dorado oder Parema setzte — festgestellt worden.

Der Mazaruny ist in der That der größere oder Stammstrom des Essequebo [1].

Er entspringt in ungefähr Lat. 3° N. und Long. 59° W., läuft etwa 200 Meilen westwärts, dreht sich dann auf einer Strecke von ungefähr einem Grade gegen Norden, nimmt dann eine östliche Richtung an, auf einer Länge von zwei hundert Meilen [2] und fließt endlich glötzlich gegen Norden und Nordosten, bis er sich mit dem Essequebo vereinigt, der in nördlicher Direktion in den atlantischen Ocean strömt.

Zwischen den Breiten von 3° und 4° N. liegt eine Gebirgskette, welche durch die Mitte von Guiana zu ziehen scheint; sie läuft Südost und Nordwest von der äußersten Westkrümmung des Mazaruny gegen die Quellen des Oyapock und Arowary von Cayenne. Eine Öffnung in dieser Kette, eine ebene Pläne in Gestalt eines Tafellandes, an der Quelle des Rippanuny [3], bildend [4],

[1] Alexander's Karte macht dies zweifelhaft. — B. [2] Diese und die vorhergehende Entfernung von 200 Meilen reduziren sich nach Alexander's Karte auf 90 geographische Meilen. — B. [3] Eines westlichen Zuflusses vom Essequibo in ungefähr Lat. 4° N. — B. [4] Die oben erwähnten Salz-Savannen. — B.

bewirkt eine unmittelbare Verbindungslinie zwischen dem britischen Guiana und dem portugiesischen Fort San Joaquim am Rio Branco.

Die große Kette habe ich mit dem Namen der Gebirge von St. George belegt [1]; und um das Westende dieser Kette fließt der Mazaruny; er empfängt verschiedene große Zuflüsse, die ein fast eben so bedeůtendes Wasservolumen haben, als der Fluß selbst; sie entspringen in dem Labyrinth von Felsen und Abgründen der großen Kette und bilden fürchterliche (tremendous) Katarakte, da, wo sie von dem Gebirge herabstürzen. Einen von ihnen, im Coorobungh Fluß, Lat. 4° N., Long. 62° W., fand ich 300 Fuß (46,9 Tois.) breit, 8 Fuß tief, wärend der Regenzeit, und von ungefähr 600 Fuß (94 Toisen) senkrechter Höhe [2].

Diese Gebirge erheben sich von 5000 bis 7000 Fuß (782 bis 1094 T.) über den Wasserspiegel des Meeres [3]. Der Coq de Roche, oder Cowanaru bewohnt ihre Gruundflächen; sie bestehen aus Quarzfels (cubical quartz) auf Granit, der erste in vertikalen, der zweite in horizontalen Platten. Der Cowanaru ist fruchtbar. Das Pflanzenreich scheint mir in den denselben Formen aufzutreten, welche Hr. Bonpland von analogen Regionen beschrieben hat. Das Thierreich enthält nichts Neůes, außer in der Ornithologie.

Eine Schutzrede will ich diesen Gegenden nicht halten, die künftigen Reisenden so viel Interesse darbieten; ich weise nur den Punkt nach, bis wohin die ‚Terra incognita' von Guiana zugänglich geworden ist.

Die Wasserfälle des Mazaruny sind zahlreich und schwierig zu passiren, indessen nicht sehr gefährlich.

Ich hoffe, Sie werden das was einer Ihrer Schüler Ihnen hier mit Schüchternheit und Vertrauen dargeboten hat, gütig aufnehmen.

W. Hillhouse.

Mitglied der zoologischen Soc. zu London und literarischen Soc. zu Bristol.

[1] Auf Alexander's Karte heißt sie auch Marumeh Berge. — B.

[2] Die Karte hat diesen Wassersturz nicht, dagegen zwei andere: den Merumeh Katarakt von 1100 Fuß (172 Toisen) und den Cumarow von 500 Fuß (78 T.) Höhe, beide in Zuflüssen des Mazaruny. — B.

[3] Zwischen dem Ripanuni und dem Siparuni, einem andern westlichem Zustrom des Essequibo zieht, der Karte zufolge ein Gebirge, Namens Marcarapan, dem eine Höhe von 3000 Fuß (470 T.) beigelegt wird. — B.

XI. — Bemerkungen über die Indier im Innern von Britisch-Guiana. Von William Hillhouse, Esq., Landmesser von Demarara. Mitgetheilt vom Kapitain J. E. Alexander.

[Diese Bemerkungen sind aus einer Druckschrift entlehnt, welche der Verfasser im Jahre 1825, in Demarara selbst, ans Licht stellte. Da dieselbe in Europa sehr wenig bekannt geworden ist, so hat die geographische Gesellschaft es für angemessen gehalten, den ihr vom Kapt. Alexander mitgetheilten Auszug in ihre Schriften aufzunehmen, um so mehr als Hr. Hillhouse mit dem Volke, welches er beschreibt, eine innige Bekanntschaft hat.]

Die indische Bevölkerung innerhalb der Gränzen, welche vom Fluß Rippanuny bezeichnet sind, läßt sich der Zahl nach auf fünfzehn bis zwanzig tausend Seelen schätzen, von denen ungefähr vier bis fünftausend alle drei Jahr Geschenke von unserer Kolonie-Regierung empfangen, dafür, daß sie sich, als unter deren Schutz stehend, betrachten. Die übrigen führen ein Wanderleben, erkennen keine besondere Regierung an, und ziehen vom Orinoco nach Brasilien, Cayenne oder Surinam, je nachdem Bedürfniß oder Neigung sie dazu treiben. Die waffenfähige Macht läßt sich im Ganzen auf fünftausend annehmen; die, welche zur Verfügung der Kolonie stehen, mögen, wenn sie sonst willig sind, etwa tausend ins Feld stellen können.

Die verschiedenen Nationen, welche innerhalb der Gränze wohnen sind: —

1. Arawaak,	5. Macusi,
2. Accaway,	6. Paramuni,
3. Cariben,	7. Attaraya,
4. Warrow,	8. Attamacka.

Die Arawaak — verdienen zunächst unsere Aufmerksamkeit, weil sie in der unmittelbaren Nachbarschaft der Pflanzungen wohnen, zudem die gesittetsten, und ihre Dienste am häufigsten erfordert worden sind. Da wir überdieß am vertrautesten mit ihnen sind, so kann ihr Karakter als Muster allgemeiner Annäherung für alle übrigen Tribus dienen.

Diese Nation kann ungefähr 400 Mann ins Feld stellen, die alle im Gebrauch der Feuerwaffen vollkommen geübt, und insbesondere von dienstlichem Nutzen sind in dem durchschnittenen Terrain und den Morästen, welche an die Pflanzungen gränzen. Sie besteht aus den folgenden Familien, oder Landbesitzungen:

1. Maratakayu,
2. Queyurunto,
3. Wunesido,
4. Demaridy,
5. Corobahady,
6. Wurallikaddy,
7. Ebesuana,
8. Dacamocaddy,
9. Aramukunyu,
10. Baboana,
11. Kanahea, Mackoveyu,
12. Daharabetady,
13. Carabunury,
14. Nebebitaddy,
15. Siwedey,
16. Djorobalina,
17. Haduadafunha,
18. Boerybetady,
19. Caruafuddy,
20. Bakurucaddy,
21. Euboquaddy,
22. Wakuyaddy,
23. Ehbehselio,
24. Warirobaquaddy,
25. Aramkritu,
26. Kariwhite,
27. Eubotaddy.

Die Blutskaste wird von der Mutter abgeleitet, und die Familien-Genealogie mit größter Vorsicht bewahrt, als ein Mittel wider blutschänderische Verbindungen; — denn es ist keiner Familie gestattet, daß sich die Glieder unter sich verheirathen. Die Kinder eines Maratakayu Vaters können darum nicht Maratakayu sein; ist aber die Mutter eine Queyurunto, so sind auch die Kinder Queyurunto, und können in des Vaters Familie heirathen, aber nicht in die der Mutter [1].

Heirathen werden haüfig von den Ältern für ihre Kinder abgeschlossen, wenn diese noch im Alter der Kindheit stehen. In diesem Falle ist der junge Mann verpflichtet bei der Familie seines Weibes zu wohnen, bis dieses mannbar wird; dann nimmt er es mit, wohin es ihm beliebt, und richtet seine eigene Haushaltung ein. Sind aber junge Leúte frei, so folgen sie in einem vorgerückteren Alter ihrer Neigung ohne eine andere Ceremonie als die bloße Erlaubniß ihre Ältern, die niemals versagt wird, außer wenn zwischen den Familien Streitigkeiten obwalten.

Polygamie ist gestattet und wird von denen ausgeübt, welche die Mittel zur Ernährung mehrerer Weiber besitzen. Dies ist durchgängig bei den Haüptlingen oder Anführern der Fall, die zuweilen drei oder vier Weiber haben. Alle Nachtheile, welche in Eúropa dann gewöhnlich sind, wenn mehr als eine Frau im Hause ist, sind auch hier wirksam; Neid und Eifersucht herrschen im Arawaak Serail; und die Einmischung des Hausherrn mit einem dikken Stock ist oft nothwendig, um Frieden und Ruhe wieder herzustellen.

Der Anführer verfügt bei Gelegenheiten über die Dienstlei-

[1] Dieser, und mehrere andere der folgenden Gebraüche erinnern an die analogen, welche unter den Austral-Indiern herrschend sind. Siehe oben S. 51, ff. — B.

stungen der Familien seiner verschiedenen Weiber; wogegen er in allen Fehden die Hauptperson spielen, und gegen jede Familie die Vorschriften der Gastfreündschaft im ausgedehntesten Sinne des Worts ausüben muß. Tritt Mangel an Lebensmitteln ein, oder herrscht eine Krankheit, so flüchten sich alle Glieder der Familie nach dem Wohnplatz des Haüptlings, auf dessen Kosten sie leben, ohne daß dieser den leisesten Zweifel an ihrem Willkommensein durchblicken lassen darf. Darum ereignet es sich haüfig, daß ein Haüptling ohne Umschweife aus Haus und Hof — gegessen, und sein Cassava-Feld erschöpft wird. In solchen Fällen schnürt er seine Hangematte zusammen, packt seine Familie ins Kanoe und rudert fort um bei seinen Freünden Besuch abzustatten, auf dessen Unkosten er lebt, bis die nächste Ernte ihn befähigt, nach Hause zurück zu kehren.

Die Besuche sind ganz systematisch, und immer so eingerichtet daß sie ein Viertel des ganzen Jahres einnehmen. Darum rechnet der Arawaak bei Bestellung seiner Cassava-Felder auf einen neün monatlichen Proviant für seine Familie und Gäste; und niemals taüscht er sich in der Gastfreündschaft seiner Freünde für die übrigen drei Monate.

Die Arawaaks sind selten größer als fünf Fuß vier Zoll; sie haben einen gedrungenen, starkgliedrigen, aber nicht muskulösen Körperbau. Der Hals ist kurz, Knöchel, Hände und Füße sind, insbesondere beim weiblichen Geschlecht, außerordentlich klein. Das Auge ist gegen die Schläfen hin aufwärts gebogen; und die Stirn durchgängig niedriger als bei den Eüropäern. Dieser physiognomische Zug läßt sich vielleicht als ein Zeichen von minderer Intelligenz annehmen; doch ist die Hirnschaale unverhältnißmäßig höher als beim Neger, dessen Verstandskräfte in eben demselben Verhältnisse geringer sind als die des Indiers, wie die des letztern im Vergleich zum Eüropäer.

Einige Stämme haben fast das Ansehen wie Spanier oder Italier; wärend die, welche in der Nähe der See leben von sehr dunkelbrauner Hautfarbe sind, zuweilen so dunkel wie das, was man einen gelbhaütigen Neger nennt. Aber das straffe, starke, schwarze Haar, die kleinen Gesichtszüge und gut-proportionirten Glieder sind Eigenthümlichkeiten, die es niemals gestatten, den Indier für einen Afrikaner zu halten, selbst wenn er mit diesem von gleicher Farbe ist.

Bei der Geburt eines Kindes empfängt der Hausvater in seiner Hangematte die Glückwünsche seiner Freünde in gebührender Form, und die Weiber des Dorfs bemühen sich, den Bedürfnissen der Kindbetterin abzuhelfen. Die Arawaaks haben eine so große Liebe für ihre Kinder, daß sie jede Unart, jede Beleidigung derselben ruhig ertragen, lieber als sie körperlich zu strafen.

Einem Kinde wird von einem Pe-i-man (Padje), (oben: Pe-aye) oder Zauberer, in jedem Alter, ein Namen beigelegt. Ein Opferschilling von bedeûtendem Werthe ist bei diesen Gelegenheiten nöthig, denn nach der Belohnung, die zur Versöhnung des Pe-i-mann gegeben worden, richtet sich die Kraft des ausgesprochenen Zaubers. Ein namenloser Indier ist, nach der Vorstellung des Volks, das sichere Opfer der ersten Krankheit oder des ersten Mißgeschicks, von denen er etwa heimgesucht wird; so daß demgemäß nur die ärmsten unter ihnen keinen Namen führen. Oft nehmen sie zu ihrer indischen Benennung auch noch die Namen von Eûropäern an, insbesondere, wenn sie in der Lage gewesen sind, Verbindlichkeiten von ihnen anzunehmen; und haûfig bitten sie einen Eûropäer zum Pathen bei einem Kinde, bei welcher Gelegenheit dieser ein Geschenk darzubringen sich genöthigt sieht.

Das Geheimniß der Zuneigung zwischen den alten holländischen Eigenthümern und Indiern bestand darin, daß die Kolonisten indische Frauen zu Haushälterinnen nahmen, im Lauf der Zeit etwas von ihrer Sprache erlernten, und dadurch das gewannen, was man als eine Art Verwandtschaft bezeichnen könnte. Der Indier ist stolz auf Verbindungen dieser Art, und obwol er darauf ausgeht, den eûropäischen Usurpator, mit dem er keinen Verkehr hat, zu necken, quälen und zu betrügen, so kann nichts desto weniger von dem Augenblick an, wo ein Familien-Pakt abgeschlossen, oder er in seiner Sprache angeredet wird, nichts die Ehrlichkeit, Zuneigung und das ehrenwerthe Betragen des Indiers gegen seinen weißen Verwandten übertreffen. Sein Herz öffnet sich mit einem Male, und statt List, Argwohn und Mißtrauen zeigt er Offenherzigkeit und Vertrauen. Die Engländer dagegen scheinen an einem dunklern Pfade Geschmack zu finden; jene Bande des Vertrauens sind daher völlig gelös't, und Alles wofür man Hinsichts der Indier Sorge trägt, ist, von allen denen Steûern zu erheben, die einfältig genug sind, sie sich erpressen zu lassen.

Der die Indier zum Handelsbetrieb keine Veranlassung hat, so bauen sie wärend drei oder vier Monate so viel Korn, als zum Verbrauch seiner Familien für das ganze Jahr erforderlich ist. Den übrigen Theil seiner Zeit verbringt er mit jagen, fischen, Besuch abstatten, trinken und tanzen. Sein Leben ist daher ein Leben voll Vergnügen; und nur mit dem größten Überdruß unterzieht er sich einem überflüßigen Grad von Arbeit, bei der er eine gegenwärtige Freûde aufgeben muß gegen die Aussicht auf künftigen Vorrath an Lebensmitteln, um die er sich kein graues Haar wachsen läßt. Er denkt nicht an den morgenden Tag; aber dies ist ein Fehler des Klima, nicht des Menschen, — denn er bedarf nicht der Kleidung, und kann nicht vor Hunger sterben, — so sorgt die Natur für alle seine Bedürfnisse.

Die lex talionis wird streng beachtet, und trägt mächtig dazu bei das Wachsthum der Bevölkerung zu verhindern; allein in dieser Beziehung erzeügt der Einfluß der Eüropäer die glücklichsten Wirkungen; denn, obschon ein Indier in einem Kampfe auf Leben und Tod mit einem andern Indier von keinem Vertrage hören will, so bleibt er doch redlich bei der Entscheidung und dem Ausspruch eines begünstigten Eüropäers, und willigt in einen Austausch, selbst für das Leben des liebsten Verwandten, wenn der Vorschlag von seinem ‚Backra Matty' geschieht. Ohne diese Einmischung bringt der zufällige Tod eines Individuums oft Zerstörung über die Familien, sowol des Todschlägers als des Erschlagenen. Meistentheils entstehen die Blutfehden aus Eifersucht und Rächung ehelicher Beleidigungen, für die sie im höchsten Grade empfindlich sind.

Die Pflichten der Gastfreündschaft sind unumschränkt wie bei allen wilden Völkern. Betritt ein Fremder, und namentlich ein Eüropäer die Wohnung eines Indiers, so steht alles darin zu seiner Verfügung. Die Frau bereitet den Pfeffer-Topf und backt einen heißen Cassava-Kuchen; ein Napf mit Caseri (eine gegohrne Zubereitung der süßen Kartoffel) wird aufgetragen und das Haupt der Familie bestrebt sich, allen Bedürfnissen des Gastes zuvorzukommen. Die jungen Leüte springen augenblicklich aus ihren Hangematten, um auf die Jagd oder Fischerei zu gehen; alles im Hause, Waffen und Geräth, mit Ausnahme des Spielzeügs der Kinder, steht zu seinen Diensten, und er wird von der Freündlichkeit des Willkommens gleichsam erdrückt.

Aber in seinen Folgen ist dies außerordentlich lästig, denn alle Freündschaftsdienste werden als gegenseitig betrachtet. Besucht ein Indier einen Weißen, so verursacht der Unterschied im Werth seiner Geräthschaften bei Wiedergeltung des Freündschaftsdienstes zu große Kosten. Darum sagt der Indier: ‚Besuchst Du mich, so gebe ich Dir Alles was ich in der Welt besitze, — aber besuche ich Dich, so verweigerst Du mir die gewöhnlichsten Dinge Deiner täglichen Bedürfnisse.'

Darum verachten uns die Indier wegen unseres Geizes und unserer Ungastlichkeit, obwol sie sich vor unserer anerkannten Verstands-Überlegenheit beügen; indem sie uns, der Fähigkeiten des Kopfes wegen, volle Gerechtigkeit widerfahren lassen, sagen sie auf der andern Seite, wir hätten ‚für nichts anderes ein Herz als für Geld.'

Sie haben keine Güter-Gemeinschaft, — das individuelle Eigenthum ist unter ihnen bestimmt bezeichnet; aber dieses Eigenthum ist so einfach, und läßt sich so leicht erwerben, daß sie sich beständig borgen, ohne um die Bezahlung im mindesten bekümmert zu sein. Beim Verkauf von Kurials und Kanoes, ihren kostbarsten Artikeln, wird dem Kaûfer oft in einer Ausdehnung Kredit gegeben, welche wir lâcherlich finden würden, insbesondere da es selten Mittel giebt, die Bezahlung Zwangs Weise beizutreiben.

Man hâlt es für unanstândig, wenn sich Mânner öffentlich um die Weiber zu schaffen machen, oder sie liebkosen; so daß unsere Gebraûche in dieser Beziehung in ihren Augen höchst verâchtlich sind. Dagegen zeigt der Arawaak, wenn er vor öffentlicher Beachtung sicher ist, eine aufrichtige und unverholene Zuneigung für seine haûslichen Verbindungen, welche alles, was bei den civilisirtesten Nationen üblich ist, weit übertrifft; und er ist, obwol er zur aûßersten Leidenschaft fortgerissen werden kann, wenn Eifersucht oder Unmâßigkeit auf ihn einwirken, im Ganzen genommen, ein guter Ehemann und ein freûndlicher, nachsichtiger Vater.

Viele halten die Indier für Leûte ohne persönlichen Muth. Wahr ist es, daß sie, bei ihrer kleinen Gestalt und ihrer geringen Körperkraft, nicht im Stande sind, es mit Eûropâern, ja nicht ein Mal mit Negern aufzunehmen; aber in Kriegen unter sich selbst, wo sie sich einander gleicher sind, entwickeln sie eine stolze Ausdauer, die alle Gefahren verachtet; und ihre Gefechte überschreiten stets alles Maaß. Ein Indier, der zur Râchung eines Mords bestimmt ist, verfolgt seinen Feind Jahre lang, indem er seine Absicht öffentlich eingesteht und diese nicht anders als mit dem Leben aufgiebt.

Die schâtzbarsten Eigenschaften der Indier sind Gewandtheit, Behendigkeit und ein anschaulicher Takt im Walde Fußstapfen zu verfolgen oder zu entdecken. Wo ein Eûropâer keine Spur wahrzunehmen im Stande ist, da weiß der Indier die Fußstapfen einer jeden Anzahl von Negern auszumitteln, und den Tag genau anzugeben, wann sie hier gegangen sind; und ist es an demselben Tage, so weiß er sogar die Stunde zu nennen. Bei allen Verfolgungen von Ausreißern und dem Ausspâhen von Neger-Lagerplâtzen macht diese Eigenschaft sie durchaus unentbehrlich, und eine Streiferei, welche ohne indische Führer unternommen wird, darf wenig auf Erfolg rechnen.

Die Indier verfertigen Bogen, Pfeile, Hangematten, Körbe, Kurials und Fischerei-Gerâthschaften, und alles dies mit außerordentlicher Geschicklichkeit. Aber ihre Kunst hört bei einer gewissen Stufe auf, und es scheint nicht, daß irgend eine Verbesserung, oder eine neûe Idee, bei einem dieser Fabrikations-Zweige seit undenklichen Zeiten in Anwendung gebracht worden sei. Dies ist der Fall bei allen wilden Nationen, bis sie anfangen Metalle zu verarbeiten, welche letzte Stufe, indem sie einen neûen Ideen-Gang eröffnet, das Feld zu Verbesserungen ins Unendliche erweitert; — wârend bei Arbeiten in Holz, Knochen oder Stein, alle mögliche Vollkommenheit bald erreicht ist und Verbesserungen aufhören.

Ihre körperlichen Befähigungen sind außerordentlich scharf; die Eilfertigkeit, womit sie ihre Urwälder durchwandern, und über den schwierigsten Boden schreiten, übertriffr bei weitem die der Eüropäer, von denen nur wenige, selbst auf einer kurzen Entfernung, mit ihnen Schritt halten können.

Kein Marsch irgend eines eüropäischen Heeres kann mit den erstaunlich raschen Bewegungen verglichen werden, welche die indischen Regimenter in Bolivar's Armee ausgeführt haben. Eine Expedition, die ausschließlich aus Indiern besteht, wird einen Marsch in drei Mal kürzerer Zeit zurücklegen als eüropäische Truppen; und diese Überlegenheit in der Ortsveränderung wiegt ihre Zahl in ihren heimathlichen Wildnissen um das doppelte auf. Dazu vermögen sie noch, da behaglich zu leben, wo eüropäische Truppen untergehen müßten; und ihre Bedürfnisse erfordern keine Verpflegungs-Beamten. Mit einem zehnpfündigen Cassava-Brot kann der indische Soldat drei bis vier Wochen lang im Felde stehen. Seine Flinte ist stets im Stande, und sein Pulvervorrath trocken und zum Dienst tauglich. Unmöglich ist es, ihn zu überraschen; und mit einem Anführer, der mit ihm gleichen Schritt halten kann, und in den er Vertrauen setzt, wird der indische Tiralleur, für den Dienst in einem Tropen-Lande und unter den brennenden Sonnenstrahlen des Gleichers von keinen der besten Truppen in der bekannten Welt, übertroffen.

Die Accaways — bewohnen die Gegenden zwischen den Stromschnellen und den hohen Gebirgen des Binnenlandes. Am Demarara Fluß belaüft sich ihre Zahl auf ungefähr 700, und am Mazaruny auf etwa 1500.

In der Gestalt übertreffen sie die Arawaaks nicht; ihre Hautfarbe aber ist von einem dunklern Roth und sie sind in ihren Unternehmungen entschlossener uud ausdauernder. Man erkennt sie auf den ersten Blick an einem großen Stück Arnotto, das über der Stirn durch's Haar gesteckt ist, und womit sie sich bemalen, theils um Schrecken einzujagen, theils um sich vor dem Stich von Insekten zu schützen.

Die Accaways sind streitsüchtig und kriegerisch, und im Stande großes Ungemach und Mühseligkeiten zu ertragen; dabei sind sie aber so arge Republikaner, daß es schwer hält, die nöthige Subordination unter ihnen zu erhalten, und ihre Haüptlinge haben, jenseits der Gränzen ihrer Familien-Verbindungen, weniger Ansehen als die Haüptlinge der andern Tribus. Als Soldaten sind sie daher fähig die verzweifeltsten Unternehmungen auszuführen; doch muß ihr Anführer mit einem persönlichen und anerkannten Anspruch auf Überlegenheit begabt sein, ohne welchen sie seiner Gewalt nicht im mindesten Gehorsam leisten würden.

Die Accaways werden von allen übrigen Stämmen gefürchtet;

überall wo sie sich niederlassen, setzen sie die Nachbarschaft in Contribution. Sie sind die Hausirer und Neüigkeitsträger der ganzen Ostküste; und da ihre Zahl im Binnenlande größer ist als die aller andern Stämme zusammen genommen, so würde es ihnen leicht sein dieselben zu unterwerfen, wenn nur irgend etwas unter ihnen bestände, was an Bündniß oder Subordination erinnerte; allein bei dem Mangel von allem diesem sind sie unter sich selbst in beständigem Kriege, und die Ausdehnung, welche sie dem Sklaven-Handel gegeben haben, hält ihre Zunahme zurück, so daß die andern Stämme, welche unterm Schutz der Kolonial-Regierung stehen, noch immer ihre Freiheit behaupten.

Wegen der beständigen Ortsveränderung kann eine genaue Zählung dieser Völkerschaft nicht vorgenommen werden. Ihre Zahl wechselt jedes Jahr und jeden Monat im Jahr, so zahlreich sind ihre Züge und Auswanderungen nach und vom Orinoco, Brasilien und Cayenne; aber wo sie auch reisen, da handeln und fechten sie, — und die Reise-Equipage eines Accaway-Indiers ist eben sowol auf den Schacher, als auf die Plünderung eines Dorfes eingerichtet. In ihren Gebraüchen sind sie unvorsichtig und unregelmäßig; wo es aber auf ihren Vortheil ankommt, da sind sie aüßerst behutsam, und die größte Zahl von Accaways findet man immer überall da, wo es was zu verdienen giebt.

Da sie eben so gastfrei als zanksüchtig sind, so ist ein Accaway-Dorf stets wachsam entweder einen Freünd oder einen Feind zu empfangen; und weil die plötzlichen und haüfigen Besuche der großen Menge derjenigen, welche beständig auf der Wanderschaft sind, einen außerordentlichen Vorrath an Lebensmitteln erheischen, so ist die Ausbreitung ihres Ackerbaues doppelt so groß als bei den übrigen Stämmen.

Vereinigen sie sich über einen allgemeinen Waffenstillstand, so geschieht es wärend der trocknen Jahreszeit, in welcher sie ihre zahlreichen und großen Cassava-Felder bestellen. Aber nicht früher gehen sie an die Aufspeicherung eines Vorraths für alle Gehenden und Kommenden wärend des folgenden Jahres, als bis sie mit der Anfertigung von Kriegsgeräthen aller Art fertig sind; und wenn sie, durch den Verkauf einiger Artikel, eine Ladung eüropäischer Waaren und einige Feüer-Waffen zusammen bringen können, so brechen sie auf nach der spanischen oder portugiesischen Gränze, um sie für Hunde, Hangematten, u. dgl. m. anzukaufen.

Zu diesen Expeditionen treten mehrere Familien zusammen, wie bei asiatischen Karavanen, wobei es ihre einzige Sorge ist, sich mit einem tüchtigen Vorrath an Brod zu versehen; dann geht es drei Tage lang auf der Reise fort, worauf zwei Ruhetage folgen, die zur Jagd und zum Ausweiden des Wildes benutzt werden, so daß sie um Nahrung völlig unbekümmert sind, selbst für eine

Zeit von zwei oder drei Monaten, welches oft die Dauer ihrer Reisen ist.

Wenn sie sich auf ihren Märschen einem Dorfe nähern, so bereiten sie sich zum Angriff desselben vor, es möge einer Nation angehören, welcher es wolle. Sind die Bewohner auf ihrer Hut und stark genug, Widerstand zu leisten, so wird ein Handelsvertrag abgeschlossen; man ißt zusammen und kauft und verkauft ohne Rückhalt und Mißtrauen; ist dagegen der Ort schwach und sind die Bewohner nicht wachsam, so werden die Widerstand Leistenden umgebracht und die Übrigbleibenden zu Sklaven der Sieger gemacht.

Die Kühnheit, welche sie bei diesen Plünderungszügen entwikkeln, ist erstaunlich. Kann eine Partei acht oder zwölf Mann mit Feüergewehr bewaffnen, so ziehet sie fechtend quer durch alle Berg-Stämme, freilich in offenem Kriege mit diesen, und gleichet ihre schwache Zahl durch die Schnelligkeit ihrer Märsche und die nächtlichen Überrumpelungen aus, die sie Kanaima nennen; und jagen so allgemeinen Schrecken vor sich her.

Bei der Rückkehr von einer glücklichen Expedition geht es an ein großes, fürchterliches Trinkgelag. Mehrere Tage vor diesem Feste werden alle Weiber aus der Nachbarschaft versammelt. Sie sitzen rund um ein Feüer, in welchem die Cassava-Kuchen, die ungefähr drei Viertel Zoll dick sind, so lange gebacken werden, bis sie durch und durch braun sind. Dann netzt sich jede von den Frauen den Mund etwas mit Wasser und kaüet ein Stück Brod, bis es mit Speichel völlig gesättigt ist; darauf preßt sie es im Munde zusammen und spuckt die Feüchtigkeit in ein Gefäß, das in der Mitte steht. Ist eine hinreichende Menge dieses Extracts, welcher Piworry genannt wird, zusammen, so wird Wasser zugegossen, und das Ganze in einen, zu dem Endzweck gereinigten, hohlen Baum oder Kurial geworfen, der zwei- bis dreihundert Gallonen enthält. Hier muß es gähren; und sobald es anfängt sauer zu werden, versammeln sich die Gäste und trinken zwei oder drei Tage lang in einem fort, bis der ganze Vorrath erschöpft ist.

Diese Orgien sind unter allen indischen Nationen gewöhnlich und scheinen ihre stehende Sünde zu sein, aus der zahlreiche Fehden und haüfig Unglücksfälle entstehen, von Beleidigungen herbeigeführt, die bei diesen Gelagen ausgetheilt und empfangen werden; ja es ist nicht unwahrscheinlich, daß der streitsüchtige Zug, welcher im Karakter des Accaway liegt, aus den Excessen entspringt, denen sie in diesen Festen im Vergleich gegen die übrigen Nationen nachhangen, die in ihren Ausschweifungen viel mäßiger sind.

Der Piworry treibt ungemein auf den Urin und bringt, trotz dem bewußtlosen Zustande von Trunkenheit, in den sie durch den Genuß von ungeheüern Quantitäten in einer Sitzung versetzt werden keine schädlichen Wirkungen auf die Gesundheit hervor. Dann und wann ereignet sich wol ein schwaches Fieber, dadurch daß sie sich der Nachtluft, auf der ausdünstenden Erde, statt auf dem Bett, liegend, aussetzen; doch halten seine bösen Wirkungen keinen Vergleich aus mit denen, welche aus dem Genuß des Rums entspringen.

Die indischen Weiber bekommen durch das häufige Kaüen des Piworry eine scorbutische Röthe am Zahnfleisch. Oft werden sie von Zahnschmerz gequält, und verlieren frühzeitig die Zähne.

Bei sämmtlichen Volksstämmen von Guiana, ist, obwol sie in Sitten und Sprache von einander verschieden sind, die Liebe zum Piworry allgemein herrschend, und die Art ihn zu bereiten, ist überall dieselbe. Er füllt den Willkommen-Becher bei der Ankunft eines Fremden, und er ist das Unterpfand guter Wünsche bei dessen Aufbruch; und obwol ein eüropäischer Magen sich gegen die Art der Zubereitung auflehnen mag, doch wird die Zurückweisung des Getränkes ohne Zweifel als eine arge Beleidigung betrachtet werden, die dem Hause und der Person des Wirthes widerfährt.

Wärend der trocknen Jahreszeit üben die Haüptlinge, oder Familienväter, mehr Gewalt aus, als in den übrigen Perioden des Jahres. Die Sorge um einen Vorrath von Boden-Erzeügnissen für das folgende Jahr ist ein Punkt, bei dem Alle betheiligt sind, und zur Erreichung desselben müssen Alle nach ihren Kräften beitragen. Darum sammelt der Haüptling seine junge Mannschaft um sich, sucht eine fruchtbare Stelle aus und geht dann mit Äxten und kurzen Schwertern ans Fällen der Baüme, womit der Boden besetzt ist, die dann zum trocknen liegen bleiben, und nach sechs oder acht Wochen zusammengeraümt und verbrannt werden. Die Asche, welche einen strengen Dünger abgiebt, wird mit der Erde vermengt, und die Cassava gepflanzt, deren Wurzeln nach neün Monaten zum Verbrauch reif sind. Eine Reihe Felder ist zum Bau eines Jahres-Proviants erforderlich, und zwei Ernten sind Alles, was von einem und demselben Felde erwartet werden kann. Ein Indier kann mit seinem Weibe zwei oder drei Acker in eben so vielen Wochen ausroden und bepflanzen; und sieben oder acht Acker reichen zu seinem Bedarf wärend eines ganzen Jahres aus; so daß zehn oder zwölf Wochen im Jahr absolut Alles sind, was zur nothwendigsten Arbeit erforderlich wird, wärend die übrige Zeit für das Vergnügen, die Jagd und die Fischerei bleibt.

Derer, welche bei diesen Gelegenheiten sich lässig zeigen oder abwesend sind, wartet die strengste Strafe, oder sie werden aus dem Dorfe gejagt; und da ihre natürliche Ungeduld bei Zwangsmaaßregeln den Inquisit oft zu einem trotzigen Tadel veranlaßt, so laüft die Strafe, welche gleichförmig mit dem Moussy oder dem Stock ausgetheilt wird, nicht selten unglücklich ab. Zu andern Zeiten würde dieser Umfang der Gewalt Seitens des Haüptlings alle Hände gegen ihn verbünden; aber jetzt ertragen sie denselben wegen der Dringlichkeit der Umstände und seine Strenge bleibt ungeahndet.

Die Accaways sind die entschiedensten Humoristen und belegen sich vertraulich mit allerlei Spottnamen. Kaum haben sie einen Eúropäer zwei Mal gesehen, als sie ihm ein Beiwort anhängen, das seine persönliche Eitelkeit kränken muß. Rang und Titel haben bei Ausübung dieses Gebrauchs keinen Einfluß; und selbst ein Gouverneur oder Protektor zieht aus seiner Stellung keinen Vortheil, indem sie nur dazu dient, ihn noch lächerlicher zu machen.

Dies ist für Personen, welche Gewalt über sie haben, sehr verdrüßlich; doch gilt es nur als eine Prüfung des Karakters, und ist sie vorüber oder blos belacht worden, so kehren sie zum strengsten Gehorsam zurück und einem Frohsinn in der Ausübung der verlangten Pflichten, welche den andern Stämmen unbekannt sind. In der That, die Accaways sind von Fremden schwerer zu bändigen als die Übrigen; allein wenn sie sehen, daß man sich nicht auf Possen einläßt oder seine Selbstachtung verscherzt, so zeigen sie bald eine Zuneigung und Anhanglichkeit, die bei näherer Bekanntschaft zunimmt und in keiner Beziehung eúropäischer Treúe etwas nachgiebt. Der erste Eindruck ist bei ihnen unauslöschbar; und ist er ungünstig, so kann keine Ausgleichung, keine spätere Anstrengung ihn verwischen. Hat man die Freúndschaft eines Accaway einmal erlangt, so ist er auch immer unser Freúnd; aber ist er eben so unser Feind, so kann man ihn nie besänftigen.

Mit Personen, die ihnen gleichgültig sind, sind die Accaways beim Handel wahre Juden; Personen aber, denen sie wohlwollen, verkaufen sie um die Hälfte des Preises, welchen sie von Fremden fordern; und Schulden zahlen sie selten anders, als wenn sie dazu gezwungen werden.

Sie bereiten das Woraly Gift, welches zum Schießen des geflügelten Wildes gebraucht wird, aus der Mittel-Fiber des Palmblatts. Es wird aus zehn Fuß langen Röhren geblasen, die ebenfalls aus einer Art kleiner Palme gemacht, zu dem Endzweck ausgehölt und mit einem weichen hohlen Schilf umwickelt werden; — man nennt sie Sody. Das Woraly wirkt, nach der gewöhnlichen Bereitungsart, auf große Thiere nur wenig; das Macusi Woraly dagegen ist stark genug, um große Thiere, und selbst Menschen zu tödten.

Nachdem ich von verschiedenen Zubereitungs-Methoden Augenzeúge gewesen bin glaube ich annehmen zu dürfen, daß der vegetabilische Extract bloß das Medium ist, durch welches das Gift geführt wird, indem das gewöhnliche Woraly seine giftige Eigenschaft von den großen Ameisen, Namens Muniry, und die stärkere Art von den Zähnen giftiger Reptilien, besonders der Couni Coutschi empfängt, welche unter allen bekannten Schlangen die giftigste ist.

Der Stich der Muniry erzeugt ein Fieber, welches zwölf Stunden dauert und marternolle Schmerzen verursacht; ein Absud von zwei- bis dreihundert dieser Thiere ist wol stark genug, um kleine Thiere zu tödten.

Die Accaways haben nicht das offene und entschiedene Betragen, welches ein Hauptzug im Karakter der Cariben ist; doch übertreffen sie sonder Zweifel an Muth alle anderu Nationen; überdem werden sie durch ihre große Zahl und den beständigen Verkehr, welchen sie mit dem Binnenlande unterhalten, die schätzbarsten unter allen Indiern, welche innerhalb der Kolonial-Gränzen wohnen. Ihre Zahl kann nach Belieben je nach einer sich darbietenden Veranlassung vermehrt werden; allein bis jetzt sind sie mißvergnügt und unzufrieden gewesen, und nehmen demgemäß täglich ab.

Die Cariben — wohnen in den obern Gegenden der Flüsse Essequebo und Coiuny, am äußersten Saum des Kolonielandes, wohin sie sich bei der ersten Niederlassung der Holländer am untern Essequebo zurückgezogen haben.

Die Cariben sind in ihren Empfindungen die bravsten, leichtgläubigsten, einfachsten, halsstarrigsten und offensten unter allen indischen Nationen. Ihre ein Mal angenommene Meinung wird durch eintretende Umstände nie verändert; und die Art von Klugheit, welche im gemeinen Leben Politik genannt wird, ist ihnen unbekannt. Demzufolge nimmt ihre Zahl schnell ab; so daß, obschon sie vor etwa zwanzig Jahren noch an tausend streitbare Männer ins Feld stellen konnten, es jetzt schwer fallen dürfte, in dem ganzen Lande unterhalb der Wasserfälle, nur fünfzig zusammen zu bringen.

Die Übriggebliebenen haben sich so weit ins Binnenland zurückgezogen, daß ihre Dienste für uns ganz verloren sind. Doch zeigen sie noch immer eine große Anhanglichkeit für die Kolonie und ein sehr kleiner Beweis von Freündschaft würde sie bald veranlassen, in dieselbe zurück zu kehren.

Die Cariben unterscheiden sich von den Accaways wesentlich dadurch, daß sie, des Handels oder der Anschaffung von Sklaven wegen, niemals Kriegszüge unternehmen. Ihre Streitigkeiten entstehen bald aus persönlichen Beleidigungen, bald aus Gebiets-Verletzungen und ihre Kriege arten stets in Vertilgungskriege aus. An der portugiesischen Gränze machen sie bisweilen Gefangene und verkaufen diese; aber niemals an der unsrigen, weil der Menschenhandel diesseits verboten ist.

Unter den Cariben herrscht eine schwache Sage, daß sie ehemals die Caribischen Inseln bewohnt hätten. Dies ist nicht unwahrscheinlich, weil die Namen von vielen Flüssen, Landspitzen, Inseln u. s. w., auf Trinidad sowol als auf den Leeward Inseln entschieden Caribisch sind. Nicht unwahrscheinlich dürfte es ferner sein

sein, daß der Unterschied im Karakter der heutigen Cariben und Accaways aus der frühern Bewohnung der Inseln Seitens der einen, und der des Kontinents Seitens der andern entspringe, indem ihre Sprache fast identisch ist, und das Caribische sich nur durch die unabhangige Kühnheit unterscheidet, welche alle Insulaner karakterisirt, wenn man sie mit den Bewohnern des benachbarten Vestlandes vergleicht.

Die Haüser der Cariben sind aus zwei Reihen elastischer Stäbe aufgeführt, die ungefähr zwanzig Fuß lang und fest in den Boden gesteckt, und am Gipfel in Gestalt eines Spitzbogens zusammen gebunden sind; die Grundfläche mißt ungefähr zwanzig Fuß und das Ganze ist mit Palmblättern vom Boden bis zur Spitze wagerecht gedeckt. Die Haüser der Accaways sind entweder viereckig, wie die der Arawaaks, oder kegelförmig, wie ein Glocken-Zelt, gebaut. Letztere heißen Wimuh; sie sind sehr dicht und warm und ebenfalls von unten bis oben gedeckt, ohne irgend eine Öffnung zum Auslassen des Rauchs als die Thüre. Das Wimuh ist auch unter den Macusi und verschiedenen Binnen-Stämmen üblich.

Die Cariben sind im Genuß animalischer Speise fast gar nicht wählig. Nichts ist ihnen zuwider. Tiger, Katzen, Ratten, Frösche, Kröten, Eidechsen und Insekten sind eben so willkommen als Fische und Wild. Zeigen sie irgend eine Vorliebe, so ist es für Fische.

Diese fangen sie, indem sie die Creeks bei Hochwasser aufstaunen, und die seichten Stellen mit dem Hai-arry, oder dem Gonami, beizen, dessen betaübende Eigenschaften die Fische in die Höhe bringt und fühllos an der Oberfläche schwimmen läßt.

Auch schießen sie dieselben mit Pfeilen, wenn sie an den Ufern des Flusses nach Nahrung suchen; und zwar ist diese Methode wärend der Regenzeit üblich, wo alle Arten von Samen und Früchten von den Baümeu am Ufer ins Wasser fallen, und der Fisch sich längs der Seiten drängt, sie zu erschnappen.

In der trocknen Jahreszeit verläßt der Fisch die Flußränder, und kann in den Tiefen bloß mit der Angelruthe gefangen werden, außer an den Wasserfällen, wo er beim Passiren ebenfalls geschossen wird.

Die **Warows**, — welche die Pomerun Küste vom Marocco Creek bis zum Orinoco bewohnen, sind eine Schiffbauer-Nation. Es sind ihrer ungefähr 700 an der Zahl, und sie ziehen großen Gewinn aus dem Verkauf ihrer Kanoes und Kurials.

Höchst merkwürdig ist es, daß eine seefahrende Nation wie die unsrige, den eigenthümlichen Eigenschaften der Warows bis jetzt so wenig Aufmerksamkeit geschenkt hat.

Die Mora liefert treffliche Krummhölzer in allen Größen, und der Silvabally übertrifft alle bekannten Hölzer in seiner Eigenschaft zum Zimmern der Schiffboden, denn er widersteht fast ganz dem

Wurmfraß, dabei ist sein Holz leicht und gut zu verarbeiten. Mit einem solchen Material und solchen Werkleuten, wie die Warows nach wenigem Unterricht werden würden, könnte mit einem verhältnißmäßig geringen Kostenaufwand, eine Werft an der Pomerun Küste angelegt werden, die alle Bedürfnisse unserer Kreüzer in jenen Meeren zu befriedigen im Stande wäre.

Unter den Kanoes und Kurials, welche die Warows bauen, giebt es welche, die hundert Mann und einen Dreipfünder tragen können. Hinsichts der Eilfertigkeit, Eleganz und Sicherheit sind sie nach dem besten Muster gezimmert, ohne Anwendung der Leine und des Zirkels; ohne die geringste Kenntniß von der Hydrostatik; — sie haben weder Fuge noch Spalte, weder Pflock noch Nagel, und sind ein außerordentliches Probestück von unterrichtsloser natürlicher Geschicklichkeit. Fast ausschließlich sind sie ein Monopol der Spanier, die sich kein Gewissen daraus machen, sie mit Gewalt zu nehmen, wo sie nur welche finden, und eigenmächtig den Preis zu bestimmen, obschon sie innerhalb der britischen Gränzen gebaut wurden. Von ihnen werden die Fahrzeüge zu Booten eingerichtet, in welchem Zustande sie sich zur Kaperei, und selbst zur Seeraüberei vortrefflich eignen. Diesem Gebrauch müßte bestimmt vorgebeügt werden, denn es ist eben sowol unser Interesse als unsere Pflicht, das Eigenthum der auf unserm Gebiet lebenden Warows zu beschützen; wärend die Fahrzeüge selbst für Kolonial-Zwecke höchst brauchbar sind.

Vor einigen Jahren haben die Warows durch Masern und Blattern schrecklich gelitten; die letztern haben sie ganz der Nachlässigkeit ihrer Beschützer zu danken, die nicht die Schutzpocken unter sie verbreiteten, wärend die übrigen Stämme durch Einimpfung gerettet wurden.

Die Warows vermiethen sich oft als Matrosen auf den Kolonialfahrzeügen; und auf dem Orinoco bilden sie die Mehrzahl unter den Mannschaften der Feluken und Barken. Sie erlangen bald eine praktische Kenntniß von der Schifffahrtskunde und werden, da sie gewandte Fischer sind, bald treffliche Matrosen, sind aber zum Landdienst wenig geeignet.

Sie lieben den Trunk, sind streitsüchtig und beügen sich ungern unter eine Gewalt; im Verkehr zeigen sie wenig Ehrlichkeit und für den Ackerbau wenig Geschmack, denn ihre Nahrung besteht hauptsächlich in Fischen, von denen sie in einer Mahlzeit so viel verschlingen können als drei an Mäßigkeit gewöhnte Europäer. Sie haben weder National- noch persönlichen Stolz und verbinden sich ohne Unterschied mit Weißen, Negern und Mulatten.

Durch ihren Handel mit Kurials könnten sie reich werden, allein in ihrer Schwelgerei und Unmäßigkeit bringen sie den Gewinn ihres Gewerbfleißes bald durch. Einen Monat lang sieht man sie hübsch gepnzt, ein lustiges Leben führend; im nächsten wollen sie fast sterben und arbeiten härter als irgend ein Sklave an ihrem Schiffbau, um frischen Vorrath zu gewinnen. Diese Sorglosigkeit, obwol für sie selbst unbequem, eignet sich indessen dazu von einer verständigen Regierung zu deren Besten benutzt zu werden, und bleibt ein unaufhörlicher Sporn für sie, in ihrem Gewerbfleiße nicht zu erkalten.

Da ihre dicht-bewaldete Küste ein außerordentlich drückendes Klima hat, so ist sie auch von zahllosen Moskitos heimgesucht. Um dem daraus entstehenden Ungemach vorzubeugen, schmieren sie sich mit dem Öl der Carapa übermäßig ein, und dies macht ihre Haut so dunkel, daß man sie, bis auf ihr Haar, oft für gelb-haütige Neger halten kann.

Ihr Mangel an Treu und Glauben ist so sprüchwörtlich geworden, daß, wenn sie etwas borgen wollen, es besser ist, das Verlangte entweder gleich als Geschenk zu geben, oder rund abzuschlagen; denn ist ein Indier unser Schuldner geworden, so läßt sich zehn gegen eins setzen, ihn oder das Geborgte je wieder zu sehen, bis er glaubt, daß man die Sache vergessen habe. Diese Bemerkung läßt sich mehr oder minder auf alle Stämme anwenden, von denen einige es an hinreichender Selbstverlaügnung nicht fehlen lassen, sich die Mittel zur Bezahlung ihrer Schulden zu verschaffen; wärend andere, in Beziehung auf die Weißen, glauben Recht zu thun, von ihnen mit Anwendung eines jeden Mittels alles zu nehmen, was sie bekommen können.

Der Eta-Baum (mauritia) ist die große Stütze der Warows. Die Frucht schmeckt wie Käse, und wird mit dem Mark gegessen, nachdem sie in eine Art Kuchen von der Konsistenz des Sago zubereitet worden ist. Die jungen Blätter gebraucht man zum Flechten von Hangematten, Stangen und Körben. Mit dem alten Blatt deckt man das Haus; und der Stamm dient, gespalten, zur Umzaünung und zum Dielen desselben. Das Mark des großen Blatt-Ast's bildet, der Länge nach gespalten, zum Tau für das Kurial; und mit den Fasern des Asts, die über einen Steg gespannt werden, macht man eine plumpe Art Geige, nach deren Musik getanzt wird.

Sie barbacotiren und salzen eine große Menge von der Fischart ‚Querryman' (Genus Mugil) ein, womit längs der Küste, zuweilen bis Demarara hin, Handel getrieben wird. Unter allen Stämmen der Indier sind die Kräfte der brenzlichen Holzsaüre seit undenklichen Zeiten bekannt gewesen. Da es hier viele Arten von Fleisch giebt, die in diesem Klima nicht mit gehöriger Geschwindigkeit Salz einsaugen, um es vor Verwesung zu schützen, so richten sie ein Gerüste vor, unter welchem ein hellbrennendes Holzfeüer angelegt wird, wärend Fische, Fleisch oder Geflügel darauf liegt,

Gegenstände, die, wenn sie zwölf Stunden lang dem Rauch ausgesetzt gewesen sind, mehrere Wochen lang gut bleiben. Dies nennt man „Barbacotiren' (barbacoting).

Die Warows sind, obschon es ihnen an den nöthigen Eigenschaften zum Landdienst mangelt, eben so schätzbar als die andern Nationen, indem sie einen sonst unbewohnbaren Landstrich bevölkern und so eine Schranke bilden gegen die Auswanderung von Ausreißern gegen Westen hin. In ihrem gegenwärtigen Zustande, der so sehr vernachläßigt ist, wird der Punkt ihrer eigenthümlichen Vorzüge ganz übersehen, und bringt uns gar keinen Nutzen; doch kann nicht daran gezweifelt werden, daß wir es eines Tages nöthig finden werden, mit ihnen, so wie mit unsern übrigen vernachläßigten Hülfsquellen, wirthschaftlich umzugehen; der Vortheil, der daraus entspringen wird, ist einleuchtend.

Die Macusi. — Diese Indier sind so wenig bekannt, daß wir nur geringe Gelegenheit haben, ihre Verwandtschaft mit den übrigen Stämmen nachzuweisen; wenn aber ein eigenes Mißgeschick und Elend Anspruch giebt auf Mitleid und Theilnahme, so sind sie es, welche ihn seit lange besitzen.

Welcher Volksstamm auch immer auf den Krieg ausgehen mag, so sind die Macusi sicher, die Leidenden zu sein; und die Ausgleichung von Streitigkeiten geschieht fast durchgängig auf ihre Unkosten, indem die Nebenbuhler sich vereinigen, um zu ihnen auf die Menschenjagd, zum Sklavenfang auszugehen.

In Demarara sind sie, in Folge dessen, beinahe ganz erloschen, und die wenigen Überbleibsel haben sich in jene ungangbaren Landstriche des Innern zurückgezogen, welche in der Schwierigkeit sich den Lebensunterhalt zu verschaffen das Hauptschutzmittel gegen feindliche Einbrüche finden.

Sie sind furcht-, schweig- und gehorsam und ziemlich gewerbfleißig; sie sind an Statur klein, und es fehlt ihnen körperliche Stärke; mit den Accaways haben sie einiger Maßen Ähnlichkeit, obwol ihre Hautfarbe gelber ist.

Da sie wenig Muth haben, so nehmen sie in der Selbstvertheidigung zur List ihre Zuflucht, und haben im Allgemeinen den Karakter von Giftmischern und Mördern. Doch ist es noch eine Frage, ob dieser Hang von den andern Stämmen nicht übertrieben sei, um damit die ewigen Fehden zu bemänteln, welche gegen die Macusi geführt werden, denn fast alle Stämme haben eine Menge Sklaven aus dieser Völkerschaft, und die Accaways treiben den Menschenhandel in großer Ausdehnung mit den Portugiesen.

Paramuni, — Attaraya, — Attamacka. — Diese drei Nationen leben in Gegenden des Binnenlandes, welche zu weit entlegen sind, um für die Kolonie von irgend einem Nutzen sein zu können. Man kann sie Gebirger nennen, die alle Eigenschaften von Hochlands-Bewohnern haben, und beständig auf Kriegs- oder Plünderungs-Zügen begriffen sind.

Alle Nachrichten, welche wir über sie besitzen, rühren von den Accaways her, welche zuweilen ihre Sklaven kaufen; sie werden von diesen als kriegerisch und wild beschrieben, keinem Weißen es gestattend in ihr Land zu kommen. Wie weit diese Schilderung wahr sei, möge dahin gestellt bleiben, doch ist soviel gewiß, daß es noch kein Europäer gewagt, die Gränzen ihres Gebiets zu überschreiten, und selbst die Nachrichten, welche die Patres der Mission über sie gegeben haben, gründen sich nur auf Hörensagen. Bemerkenswerth ist es, daß diese Indier, trotz dem daß sie ohne Zweifel den meisten Verdacht für sich haben, von den andern Nationen niemals des Kannibalismus beargwohnt oder angeklagt worden sind; auch ist mir, wärend aller meiner Verhandlungen mit den verschiedenen Volksstämmen, nie eine Spur oder ein Faktum bekannt geworden, welches eine Voraussetzung dieser Art rechtfertigen könnte. Wahr ist es, daß die Cariben Pfeifen aus den Schenkel-Knochen ihrer Feinde machen, aber der Gedanke ist ihnen gräßlich das Fleisch derselben zu essen oder ihr Blut zu trinken, und dieser Abscheü herrscht allgemein.

Boden, Klima, topographische Bemerkungen, Leichtigkeit zur Kolonisation.

Das Klima der Gegenden, welche von den Indiern bewohnt werden, ist bei weitem gesünder als das der Küste. Obschon jene der Linie näher liegen, so erzeügt doch ihre höhere Lage eine Abnahme der Temperatur, und die Oberfläche der Erde wird stets kühl gehalten durch den dicken Schatten des Waldes, womit sie überall bedeckt ist.

Es ist eine allgemeine Bemerkung, daß die Luft der Flüsse ungesund ist; aber dies ist nur auf diejenigen Theile anwendbar, welche durch morastiges Land und die Niederungen der Seeküste fließen; — hier haüfen sich die Ausdünstungen und Dämpfe an, und der Seewind ist nicht konstant oder kräftig genug, sie zu zerstreüen. Im ganzen Umfang des Salz- oder Brackwassers herrschen intermittirende und andere Fieber vor; aber jenseits des Einflusses der Fluth sind die Flußufer so gesund, daß es sprüchwörtlich geworden ist, und wäre die Population zehn Mal größer als sie es ist, so würde für einen Arzt dennoch wenig zu thun sein.

Nähert man sich den hohen Sand-Höhen des Innern, so ist der natürliche Abzugskanal so vollkommen und der von den Creeks gespeis'te Süßwasser-Strom hat eine so starke Strömung, daß alle Unreinigkeiten aus den Thälern weggeschwemmt und das Oberwasser augenblicklich vom Sande absorbirt werden.

Das Wasser dieser Creeks, welche gegen die Sonne gleichförmig beschattet werden, ist ungefähr fünf Grad (2°, 2 R.) kälter als das Stromwasser.

Die Breite des Flusses verursacht, da er eine große Oberfläche dem Einfluß der Sonne aussetzt, seine erhöhte Temperatur. Darum gewährt das Wasser des Flusses, wärend der Nacht, die sieben oder acht Grad (3°, 1 bis 4° R.) kühler ist als der Tag, ein verhältnißmäßig warmes Bad; und die Zeit seiner niedrigsten Temperatur ist ungefähr Mittag, wenn die Hitze der Luft am größten ist und der Fluß die Wärme noch nicht wieder gewonnen hat, die er wärend der Nacht verlor.

Darum ist das Baden in der Tageshitze für das ganze System anspannender; ein Bad am Morgen dagegen wirkt auf das Gefühl gleichartiger, denn man bemerkt kaum einen Unterschied zwischen der Temperatur der Luft und der des Wassers zwei Stunden nach Sonnen-Aufgang.

Da die Ausdünstung in der Nähe der Linie zehn Mal größer angenommen wird, als die in der Nähe der Pole, so ist auch der Regen im Verhältniß stärker und haüfiger. Allein in diesen Gegenden würde der Pflanzenwuchs aufhören, wäre die Feüchtigkeit nur der in temperirten Klimaten gleich; und auf den Bergen, wo das Wasser schneller ablaüft, ist eine größere Quantität Regen erforderlich als in den Thälern, wo er sich aufstaut und in höherem Verhältniß von der Erde absorbirt wird.

Demgemäß finden wir auch, daß sich auf den Bergen des Binnenlandes drei Mal so viel Regen entladet, als an der Küste, ohne daß dadurch irgend ein Ungemach entsteht.

Dieses Mißverhältniß zwischen der Regenmenge der Küste und des Binnenlandes würde nicht so groß sein, wäre nicht der große Strich des Niederlandes, welcher zum Ackerbau kultivirt ist, von Wald geklärt worden. Waldige Länder sind stets die feüchtesten; und über einer von Baümen entblößten Ebene ziehen die Wolken hinweg ohne, wegen des Mangels an Attraktionspunkten, Regen zu entladen.

Dieser wichtigen Thatsache ist bisher zu wenig Aufmerksamkeit geschenkt worden. Eine Ebene unter den Tropen, ohne Feüchtigkeit sie zu bewässern, wird bald zu einer unfruchtbaren Wüste; und nichts zieht die Elektrizität der Wolken an sich, und veranlaßt sie zum Entladen als hin und wieder ein Paar Gruppen schlanker hoher Baüme.

Daher ist dies ein Punkt, würdig von unserer Kolonial-Gesetzgebung in Betracht gezogen zu werden, damit ein Theil der längs der Küste stehenden Gebüsche erhalten werde, um als Attraktions-Medium für den Regen zu dienen; oder die verschiedenen Landbesitzer zu veranlassen, hohe Frucht- oder Waldbaüme auf ihren

Gränzstücken zu pflanzen; denn es besteht kein Zweifel, daß je mehr man das Land von Holz entblößt, um desto trockner und unfruchtbarer es wird; und dies gilt insbesondere mit Rücksicht auf die Zucker-Kultur.

Im Innern des Landes ist die Richtung der Winde bei weitem nicht so gleichförmig als auf der Küste. Ja den Monaten April bis Juli wehen sie mehr aus dem südlichen als aus irgend einem andern Quartier; und diese Landwinde, welche mit Zwischenraümen das ganze Jahr hindurch herrschen, sind, da sie den Zug der vom Seewinde fortgetriebenen Wolken verhindern, eine andere Ursache des wachsenden Regens.

Bei der größern Heilsamkeit des Klima und den einfachen Gebraüchen der Indier läßt es sich wol mit Recht annehmen, daß vor der Einführung des Rums sie eines langen Lebens genossen. Die im Lande verfertigten berauschenden Getränke sind so mild und Urin treibend, daß nur ein geringes Ungemach aus den darin begangenen Ausschweifungen entsteht; doch ist ihr Rechnungs-System so mangelhaft, daß sie weder ihr eigenes, noch das Alter ihrer Kinder anzugeben vermögen.

Frühzeitige Mannbarkeit ist in allen heißen Breiten gewöhnlich; doch scheint sie die Lebensperiode nicht abzukürzen, obschon das aüßere Ansehen des Alters früher eintritt. Die indischen Mädchen sind im zwölften oder dreizehnten Jahre heirathsfähig, und die Knaben im fünfzehnten oder sechszehnten; bei fünf und zwanzig Jahren verlieren die Weiber alles Ansehen der Jugend; die Männer dagegen sehen im vierzigsten Jahre nicht älter aus als Europäer im gleichen Alter.

Im Ganzen genommen läßt es sich nicht bezweifeln, daß, wenn die Hand der Kultur die Berge des Innern erreicht hat, und die Vortheile der lokalen Lage durch Kunst etwas verbessert worden sind, das Klima der von den Indiern bewohnten Gegenden eines der gesündesten und angenehmsten unter den Tropen sein werde, das Fische, Fleisch, Geflügel und Küchengewächse in Überfluß hervorbringt, reines Wasser hat, und weder Fieber noch Moskitos kennt.

Die geognostische Beschaffenheit von Demarara ist sehr einfach, und läßt sich schnell beschreiben.

Das Warow Land Pomerun und die Küstenlandschaften der ganzen Kolonie bestehen hauptsächlich aus einem angeschwemmten blauen Thon, der mit dünnen Sand-Schichten untermischt ist; und auf der Mahaica Küste mit Sand und Muschelbänken. Dieser Strich eignet sich vorzüglich zur Kultur des Zuckers, der Baumwolle und Pisangs, der er auch hauptsächlich gewidmet ist; in der That, es giebt in der bekannten Welt keinen Boden, der eine so erstaunliche Üppigkeit und Fruchtbarkeit besäße. Er wird niemals gedüngt, obschon Beispiele vorgekommen sind, daß ein Acre über 6000 Pfund Zucker, oder 20,000 Pfund von der mehligen Speise, der Pisangs, in einem Jahr hervorgebracht hat.

Gehen wir tiefer ins Innere, so verliert der Thon seine blaue Farbe und wird nach und nach gelb; in dieser Stufe ist er stets mit einer Schicht vegetabilischer Überreste bedeckt, die Pegas genannt wird, aus einem halbaufgelös'ten Schlamm von verfaulten Blättern und Gras besteht, an vielen Stellen mehrere Fuß mächtig ist und ein großes Hinderniß für den Anbau darbietet. Pisangs gedeihen nicht in diesem Boden, doch eignet er sich ganz vorzüglich für das Wachsthum des Kaffees, zu dessen Kultur er hauptsächlich angebaut wird; die Ernten sind ergiebig und die Frucht von trefflicher Qualität.

Hinter den Pegas-Ländereien folgen hohe Ketten von Sandbergen, die von Thälern durchschnitten sind, deren Boden eine Thon-Mischung haben. Diese Sandbänke bieten viele fruchtbare Stellen dar zur Kultur des Kaffee, Cacao, Arnotto, von Früchten und Boden-Erzeügnissen aller Art, und sind, indem sie sich in paralleler Richtung mit der Seeküste erstrecken, ausschließlich von der Arawaak Nation besetzt.

Südlich von diesem Saume beginnt die Felsen-Region, die aus hohen Bergketten und isolirten Bergkegeln besteht, welche auf einer Grundfläche von Sandstein, Granit, und Quarz ruhen, und eine große Manchfaltigkeit von Ocher und Eisen-Erzen, Glimmer, prismatischen und hexaedrischen Krystallen enthalten, und hin und wieder auch schwache Spuren von edlen Metallen darbieten.

Wenn es gleich nicht unwahrscheinlich ist, daß Gold und Silber in den primitiven Gebirgen der nördlichen, sowol als westlichen Küste vorkommen, so sind dennoch niemals von den Indiern innerhalb unseres Gebiets Handstücke gefunden worden. Zwei oder drei Mal machten die Holländer, bei ihrer ersten Niederlassung am Essequibo, Versuche auf Bergbau, allein man fand das Erz nicht der Kosten der Arbeit werth. Am wahrscheinlichsten ist es, daß edle Metalle in den Gebirgen der Attaraya und Attamacka Nationen vorkommen; und diese liegen außerhalb unseres Bereichs.

Die Felsen-Region besitzen die Accaways und Cariben, zwischen denen hin und wieder Niederlassungen von Macusi und Paramuna liegen; doch finden sich die zuletzt genannten hauptsächlich auf den strittigen Ländereien am Fuß der Gebirge, wo sie abwechselnd ein Opfer der Küsten- und der Gebirgs-Stämme werden.

Aberglauben.

Die Indier glauben an das Dasein einer höchsten Gottheit, den Schöpfer des Alls; und viele Stämme außerdem noch an eine untergeordnete Kraft, deren Hauptgeschäft in der Beschützung ihrer Nation besteht. Bei den Arawaaks ist Aluberi das höchste Wesen, und Kururumanny der Gott oder Patron der Arawaak Nation.

Wurecaddo und Emehsewaddo sind die Weiber von Kururumanny, von denen die eine die Handlungen in der Finsterniß und die andere die Coutschy bedeütet, oder die große rothe Ameise, welche in der Erde gräbt; zusammen genommen sind sie der Typus der Schöpfung aller Dinge außerhalb der Erde in der Finsterniß.

Die Cariben und Accaways nennen ihren Gott Maconaima, was ebenfalls den in der Finsterniß Wirkenden bedeütet. Ihre Begriffe von der Schöpfung (sind bereits oben S. 208 von Kapt. Alexander nachgewiesen worden). Die Einzelnheiten ihrer hierauf bezüglichen Überlieferung sind fast eben so abgeschmackt und unzüchtig als die in der Mythologie der Hindus; indessen beweisen sie zur Genüge die Anerkennung eines höchsten Wesens. Ohne Zweifel besteht unter den Indiern ein religiöses Princip; allein da sie keine Priesterschaft haben und keine Art der Anbetung kennen, so artet es, wie bei allen unwissenden Gemüthern, in Aberglauben und den Glauben an Zauberei aus.

Das böse Wesen hält man für den Urheber alles Elends, welches das Menschengeschlecht trifft; jeder Begriff von Schrecken knüpft sich an diese Kraft der Finsterniß; und der Pe-i-man, welcher die Kraft des Exorcismus zu besitzen vorgiebt, wird mit der größten Hochachtung und Ehrfurcht behandelt. Alle Versuche, sie zu bekehren, werden darum zu äußerst geringfügigen Resultaten führen, es sei denn, daß der Pe-i-man ins Interesse gezogen werden könnte. Unter den gegenwärtigen Verhältnissen borgt er alle seine Gewalt von der Überzeügung seiner übernatürlichen Wirkung; überdem empfängt er seinen Unterhalt von den Beisteüern, welche von der Leichtglaübigkeit der Unwissenheit erhoben werden.

Sprache.

Kein Gegenstand in der Kunde Süd-Amerika's ist so wenig bekannt als die Sprache der indischen Nationen im Osten der Andes.

Die spanischen Patres, weit entfernt von dem Eifer, der einen englischen Missionar verleitete, sich mit seiner Geschicklichkeit in sieben und zwanzig verschiedenen Neger-Sprachen zu brüsten, scheinen nicht im mindesten bemüht gewesen zu sein, ihre Lehren in der inheimischen Sprache ihrer Zuhörer zu predigen[1]; zu ihrer

[1] Anmerk. des englischen Herausgebers. — Dieser Tadel ist, mit allen seines Gleichen weder der Wahrheit angemessen noch gerecht. Sprachlehren und Wörtersammlungen von verschiedenen der südamerikanischen Sprachen sind von spanischen und portugiesischen Missionaren verfaßt worden; man sehe Adelung's Mithridates, Humboldt's Reisen, oder Southy's Brasilien. — [Hr. Hillhouse kennt

Entschuldigung haben sie behauptet: die Sprache der Indier sei arm, mangelhaft im Umfang und an Kraft der Beschreibung; und in dieser Anklage Dialekte und Sprachen zusammengefaßt, die von der entgegengesetztesten Konstruktion sind. Allein wenn wir erwägen, daß die ungeheûre Menge von Objekten, welche in jedem Zweige der Naturgeschichte unter den Tropen vorkommen, die ausgedehnteste Liste von Nennwörtern erheischen, und daß alle diese Gegenstände ihre eigenthümliche indische Benennung haben, da hingegen wir in Eûropa aus allen Sprachen Beiwörter erborgt haben, die zu ihrer Bezeichnung in unsrer eignen fehlten, so ist es einleûchtend, daß die Sprache, in diesem Zweige, nicht der Armuth im Ausdruck bezûchtigt werden kann.

Da die Indier so treffliche Naturkundige sind, so darf man wol mit Recht voraussetzen, daß der Umfang, welchen ihre Sprache in dieser Beziehung hat, auch von Einfluß auf andere zusammengesetzte Theile sein müsse; und mangelt es uns gleich hierfür an einem positiven Beweis, so hat man doch allen Grund es für wahrscheinlich zu halten, daß durch den oben erwähnten Umstand und die Üppigkeit des Klima ihre Sprache, wie im Orient, zu einer wort- und bilderreichen und einer harmonischen geworden ist.

Die Voraussetzung ist keines Weges unbillig, daß der erstaunliche Unterschied und die Manchfaltigkeit von Sprachen und Dialekten an sich selbst ein Kennzeichen sei von der Manchfaltigkeit und Kraft in den individuellen Zungen jeder Nation; hier fällt dann insbesondere die außerordentliche Unähnlichkeit zwischen den merikoischen und peruischen und den Sprachen von Guiana und denen der Ostküste auf.

Unter allen Theorien welche über den Ursprung der Bevölkerung von Amerika aufgestellt worden sind, gründet sich bis jetzt noch keine auf die natürlichste aller Basen — die Analogie der Sprachen. Niemand kann, wenn er die Sprache der Vereinigten Staaten von Nord-Amerika mit der anglischen Sprache vergleicht, auch nur einen Augenblick über die Herleitung ihrer Bevölkerung in Zweifel sein; und es muß auf dieses Princip gestützt, einleûchten, daß, bei dem, unter den Indiern herrschenden völligen Mangel an Traditionen, die Sprache das einzige Mittel darbietet, wenn wir in der That den Urstamm der amerikanischen Bevölkerung auf der andern Halbkugel aufsuchen wollen.

Eigenthümlichkeiten in den Lokal-Verhältnissen wirken auf Sitten, Gebraûche, und selbst Körperformen und Gesichtsbildung,

zwar A. v. Humboldt's Werke, ob er aber mit Barton, Gili, Wilh. v. Humboldt's Abhandlung in den Berliner Memoiren, und Vater's Werk über amerikanische Sprachen, als Resultat der vielen von A. von Humboldt gesammelten und an Vater mitgetheilten amerikanischen Grammatiken bekannt geworden, scheint sehr zweifelhaft zu sein. — B.]

indem sie viele merkliche Unterscheidungen und Veränderungen des Originals hervorbringen. In den Wüsteneien und ungeheüern Ebenen von Asia sind der Araber und Tatare Wanderhirten, weil sie keine andere Subsistenzmittel besitzen als die, welche ihnen ihre Heerden darbieten, und der Boden nicht die Mühe des Anbaues ersetzt; man versetze aber denselben Tataren in die Wälder von Guiana, wo er wenig Weide findet, aber eine Fülle von Wildprett, wo der Boden mit geringem Aufwand an Arbeit fruchtbar ist, und er wird, durch die Veränderung der Lokal-Verhältnisse ein Jäger, theilweise ein Ackerbauer werden. Indeß bleibt, obschon sich seine Gebraüche verändern, seine Sprache Jahrhunderte hindurch unberührt und zeigt mit Bestimmtheit den Stamm an, von dem er entsprossen, und das Land, aus dem er ausgewandert ist. Von diesem Gesichtspunkte bietet die Bevölkerung von Amerika verschiedene Eigenthümlichkeiten dar, welche die Annahme eines gemeinsamen Ursprungs durchaus unstatthaft machen.

Die Indier der nördlichen Staaten sprechen Dialekte, welche von den Sprachen Mexiko's, Peru's und Guiana's verschieden sind, sie schlafen auf dem Boden kauernd, in Haüte gehüllt; sie trinken ein Getränk, das aus in Gährung gebrachten Mais besteht, — sie skalpiren und martern ihre Gefangenen; — sie nöthigen ihre Jugend zu einer strengen Prüfung; — und sie haben keinen Sklavenhandel noch eine Sage von einem ehemals bestandenen Reiche.

Die Indier von Peru und Mexico haben große Monarchien gestiftet; ihre Sprache weicht im höchsten Grade von allen andern ab; lange Zeit haben sie die edlen Metalle gekannt und bearbeitet; und ihre Kalender und Hieroglyphen sind Merkmale der höhern Fähigkeiten eines gesellschaftlichen Zustandes, verglichen mit der isolirten Unabhangigkeit bloßer Jäger und Fischer. Sie besitzen auch ein geordnetes Religionssystem.

Die Indier von Guiana weichen von allen diesen ab und haben mit keinem dieser Völker eine Neigung gemeinsam.

Ihre Sprache nähert sich unleügbar mehr den Dialekten des östlichen Asia; sie schlafeu in Hangematten von gleichförmiger Konstruktion, obwol verschiedenartigem Material; niemals haben sie unter einer Souverainetät gestanden, wol aber treiben sie den Sklaven-Handel in großer Ausdehnung. Ihr Getränk ist allgemein von der Cassava (der Piworry); und von religiöser Anbetung findet sich bei ihnen nicht der mindeste Anklang.

Diese wesentlichen Unterschiede deüten auf drei verschiedene Wurzeln, ohne Rücksicht zu nehmen auf die fast unbekannten Stämme des Südens, die Patagonier.

Es gehört ohne Zweifel ein großer Aufwand an Zeit, Fleiß und Ausdauer dazu, von schriftlosen Sprachen so viel Kenntniß zu erlangen, um ihre Vorzüge und verhältnißmäßigen Trefflichkeiten beweisen zu können. Die nachstehenden Wörtersammlungen werden hier ohne eine Vermessenheit dieser Art aufgenommen; es geschieht blos in der Absicht durch die Vergleichung mit den orientalischen Sprachen von Europa und Asia Gewißheit darüber zu erlangen, ob man Grund genug zu der Vermuthung hat, die Indier für tatarischen Ursprungs zu halten, eine Hypothese auf die man durch die Ähnlichkeit in der Statur, Farbe, Gesichtsbildung und besonders der Stellung der Augenlieder auf natürliche Weise gelenkt wird.

Wörtersammlung von zwei und achtzig Nenn- und Zahl-Wörtern in den vier indischen Sprachen des britischen Guyana[1].

Wo das Accaway und Caribische übereinstimmen, ist das Eine hinweggelassen. Die Vokale haben meistentheils den breiten Accent.

Deutsch.	Arawaak.	Accaway.	Caribisch.	Warow.
1. Mann	Wadecly	Weenow		Neebooroo
2. Weib	Hearoo	Eboocley	Woorey	Teeda
3. Knabe	Elunchy	Weeuofutoonoh	Meh	Noboto
4. Mädchen	Headazaa	Yemooricoh	Yemooroh	Annebacka
5. Alter Mann	Habettoo	Tompoco	—	Edamoo
6. Altes Weib	Daaca Tay	Wabotorey	Peepeh	Natweet
7. Bruder	Dalookeytchey	Sayowa	Seewoh	Daheyey
8. Schwester	Dayoodaata	Yeynootey	Wahwah	Daakoocy
9. Oheim	Dedayinchy	Yaaooh	Yaawooh	Daatoo
10. Muhme	Daarey	Waapoh	—	Daakatey
11. Vetter	Daooenchy	Baatomoh	—	Hesenga

[1] Die englische Orthographie ist in der Uebersetzung beibehalten worden.

Deutsch.	Arawaak.	Accaway.	Caribisch.	Warow.
12. Großvater	Dadookootchy	Taamoh	Taamcoh	Nobo
13. Großmutter	Daacootuh	Peepeh	—	Naatu
14. Enkel	Daatekenchy	Eupaarey	—	Naatoosenga
15. Kopf	Daaseye	Eupopo	Eubooboh	Maquaw
16. Hals	Daanooroo	Yewasacorooey	Yenasally	Mahaabey
17. Augen	Daacousy	Yenooroo	—	Maamu
18. Nase	Daseery	Yenatarry	—	Mayheeaddy
19. Mund	Daleeroko	Eubotarry	Endarry	Maroho
20. Haar	Dabarra	Eyunsettey	Eusetty	Maaheo
21. Ohren	Dadeehy	Paanarrey	—	Mahohoko
22. Arme	Daadenaina	Yaboorey	—	Mahaara
23. Hände	Daacabboo	Yeynarroo	Yenarry	Maamuhoo
24. Finger	. . . . . .	Yeynaroo-seeteireh	Yenarry eteedeh	Mamuhoo
25. Knochen	Daaboonah	Yephoh	—	Moohu
26. Haut	Daada	Eupeehpoh	—	Mahoro
27. Fleisch	Daseeroquaw	Paacah	Eubonoh	Matoomuh
28. Rücken	Dahaborooh	Yaabooh	Enganarry	Maahuh
29. Unterleib	Daadeybayou	Youemboo	Euenboh	Moboonuh
30. Brust	Dalouasebou	Epopooruh	Epoboroh	Maameyhoo
31. Schenkel	Dabookeesa	Eupatoch	Eupeeteh	Marolo
32. Beine	Dadaanah	Eusairuh	Eusecdeh	Maahah
33. Fuß	Daacooty	Euboboruh	Pobooroh	Moomoo
34. Blut	Cooreesa	Mooenooroh	—	Hotuh
35. Feüer	Iche-kee	Wastuh	—	Ikkoonnh
36. Wind, Luft	Awadooley	Pepeytoh	—	Ahaaka
37. Wasser	Wunney-yabbo	Toonah	Tooniah	Ho

	Deutsch.	Arawaak.	Accaway.	Caribisch.	Warow.
38.	Erde	Ororoo	Eetoh	—	Hotah
39.	Himmel	Oraroo / Casaako	Caabeh	—	Nahaamootuh
40.	Bogen	Semaara-haaba	Doreybah	—	Ataboroo
41.	Pfeil	Semaara	Poolewah	—	Ataboo
42.	Bogenschne	S. h. Teemy	Laborey omooteh	Ocreybah amooteh	A. Ahootuh
43.	Hangematte	Daacorah	Eubaatey	—	Hah
44.	Haus	Baacheh	Yeowteh	—	Hanooko
45.	Kurial	Coriaal	Cooriaala	—	Wayeybacka
46.	Ruder	Nahaaley	Abagoeta	—	Haaheh
47.	Waschfaß	Dawadda	Toomayeng	Toomaany	Hahluh
48.	Messer	Eadawalla	Mareea	—	Daabo
49.	Angel	Bodeyhey	Kehweey	Kuhweh	Oseebokay
50.	Kalabasse	Eweedah	Quahey	—	Matalu
51.	Keûle	Moossy	Eubodooroh	Pooduh	Dooseh
52.	Kûgelchen	Corara	Casooroh	—	Naascey
53.	Tuch	Caremarry	Tebooroh	Cameesa	Heakaarah
54.	Zucker	Secaruco	Asekara	—	Secaramutuh
55.	Salz	Pamoo	Waaeyu	—	Bam
56.	Pfeffer	Haatchey	Pooeymuy	Poomeh	Hooko
57.	Flinte	Aracaboosa	Arakoobsa	—	—
58.	Pulver	Culbara	Culbara	—	Henehbwah
59.	Schuß	Bala	Peeroto	Beerotoh	A. Amu
60.	Taback	Yeury	Taamooy	Taamuh	Aoha
61.	Sonne	Hadalley	Weeyeyu	—	Yah
62.	Mond	Kaatchey	Noonoh	—	Waanehuh

Deutsch.	Arawaak.	Accaway.	Caribisch.	Warow.
63. Sterne	Weewah	Eeremah	Seereguh	Keorah
64. Regen	Wunney	Konobo	—	Naahaa
65. Wind	Awadooley	Pepeytoh	Beybeytuh	Ahaaka
66. Donner	Accollia cally	Gonomaru	—	Nahaa
67. Blitz	Beylebeleero	Cabeyta	—	Abeylebeyleh
68. Berge	Ororoo-Ayumuntuh	Wooeybooey	Wooboh	Hotaquay
69. Wälder	Konoko	Eetch	—	Daunah
70. Felsen	Seeba	Toeboh	—	Hoeyu
71. Sand	Murtooko	Sacow	—	Kahemrah
72. Inseln	Kai-eery	Paah-oh	Paahuh	Bulohoh
1. Eins	Abaaru	Tegeenah	—	Hesacha
2. Zwei	Beama	Asagreh	—	Monamu
3. Drei	Cabooin	Osorwoh	—	Deeanamu
4. Vier	Bee-y-beech	Asagreyney	—	Munebe-nahata kanuh
5. Fünf	Aba-dacabbo	Tegeneh seh	—	Mahabass
6. Sechs	Aba-temainy	Meah daroy	—	Mohomatuna-hesecka
7. Sieben	Beama temainy	Yacombeh	—	— Manam
8. Acht	Cabooin temain	Tosorwa-nobeh	—	— Deeanamu
9. Neün	Beeybeech temain	Yecombeh-nelly	—	— Nahata kanuh.
10. Zehn	Beama dacabbo	Yuma-cawuh	—	Mooreycooyt.

Das Vater Unser in der Arawaak-Sprache.

Kururumanny — haamary caleery oboraady — bachooty deweet boossa — baynse parocan, bayin so pareeka — yahaboo ororoo adiako — meherachehbeyn dacotooniah — Ebehey nebehedow wakayany odomay — Mayera toonebah dayensey — Boboro talidey; — Hedouainey.

Eine grammatische Zergliederung ist bei der gegenwärtigen beschränkten Kenntniß des Verfassers unmöglich; doch läßt sich aus der Konstruktion des Hauptinhalts des Gebetes unseres Heilandes, wie es ins Arawaak übersetzt ist, muthmaßen, daß wenigstens diese Sprache einige Ansprüche auf Harmonie und Ausdruck habe.

Bei den Arawaaks ist eine besondere klagende Intonation im Gebrauch, wenn sie sich nach der Gesundheit oder dem Befinden derjenigen erkundigen, welche krank oder unglücklich sind; und der Ton im Ausdruck wird immer den Verhältnissen und der Lage des Angeredeten angepaßt.

Obwol sie weder hieroglyphische noch symbolische Kalender, denen ähnlich, besitzen, welche Humboldt und Robertson beschrieben haben, so sind sie doch nicht ohne beträchtliche Kenntnisse in der Sternkunde. Jeder ausgezeichnete Stern, jedes Sternbild, hat einen indischen Namen, und den Unterschied der Jahreszeiten beurtheilen sie nach dem Stande gewisser Sterne am südlichen Himmel. Ihre Perioden des Pflanzens und Säens richten sich nach dem Mondswechsel; und auf ihren Landreisen über die steinigen Ebenen des Innern richten sich die Accaways Nachts nach dem Stande des Sieben-Gestirns, und am Tage nach der Hitze der Steine.

Was Humboldt's Bemerkungen über die Sprache der Indier anbelangt, so bedauern wir, daß die einzige Sprache, welche seine Aufmerksamkeit auf sich gezogen, die Tamanaca, oder Cheyma, ihn auf Schlüsse geführt hat, welche auf die allgemeine Struktur der Sprachen von Guiana nicht anwendbar sind.

Seine Beschreibung der Cariben, ihrer Sitten sowol als ihrer Sprache, gründet sich unleugbar nicht auf persönliche Beobachtungen und Erfahrungen. Aus seinen Erkundigungen geht jedoch hervor, daß das Tamanaca keine Ursprache, sondern eine Komposition des Arawaak von Guiana und der Sprache der Incas ist, weil in der Cheyma-Sprache Ausdrücke von Arawaak- sowol als peruischer Ableitung vorkommen. Das Tamanaca ist offenbar die Sprache, welche längs der Gränzen herrschte, die die alten Peru-Monarchien von den unabhangigen Volksstämmen der östlichen Küstenländer trennten.

Das Caribische ist mit seinen Dialekten die erste große Sprache auf dieser Seite der Gränze, das Arawaak die zweite, und das Warrow die dritte; die in der Zusammensetzung alle wesentlich von einander verschieden sind und niemals in einander übergehen.

In dem beigefügten Wörterverzeichniß ist die Accaway Sprache als Probe eines Dialekts des Caribischen gegeben, und bildet ein schönes Beispiel von den Schlußfolgen analoger Vergleichung. Die Cariben nennen die Accaways eine Brüder-Nation.

Ohne Zweifel liefert Ähnlichkeit in den Sprachen die sichersten Merk-

Merkmale von dem Ursprunge oder der Abstammung der Nationen; und, obschon Humboldt dies zu bezweifeln scheint (ventures to doubt this) so ist doch die große Sorgfalt (very anxiety), welche er auf die Vergleichung der Dialekte verwendet, ein hinreichender Beweis von der Eigenthümlichkeit dieses Verfahrens.

[Zusatz des deütschen Herausgebers. — Herr Hillhouse scheint mit sehr geringer Aufmerksamkeit Alexander von Humboldt's Relation historique und seine Recherches sur les Monumens des peuples anciens de l'Amerique gelesen zu haben. Nirgends hat dieser Reisende die wilde Behauptung ausgesprochen, daß die Sprache der Tamanaken ein Gemisch von Arawoak aus Guiana und Quichua (Sprache der Incas) sei. Man lese Relat. histor. T. I, Chap. 9, p. 479—497, wo Herr von Humboldt von der allgemeinen Struktur der Sprachen des Neüen Kontinents, gewissen Eigenthümlichkeiten ihrer grammatischen Struktur, von dem Feüerlande an bis zu den Esquimaux, handelt.

Abenteüerlich ist auch Hillhouse's Beschuldigung, daß unsers Reisenden Beobachtungen über die Cariben sich nicht auf persönliche Erfahrung gründen. Herr von Humboldt, als er vom Rio Negro und Orinoco zurückkam, durchzog zwischen Angostura und Nueva Barcelona die großen Missionen der Cariben, welche Missiones de Piritu heißen, und hatte Gelegenheit viele Tausende derselben zu sehen. Die astronomischen Beobachtungen, welche er in der Cariben-Steppe (Llano del Pao) machte, begründen die Thatsache [1], wie die Beschreibung des Aufenthalts unter den Cariben in Cari und der Fundacion del Pao [2]. Ueberall giebt unser Landsmann auf das bestimmteste an, was er selbst gesehen, was er von andern gehört.

Der Zweifel ‚über Zusammenhang der Sprache und Abstammung' bezieht sich auf die sehr allgemeine geschichtliche Erfahrung, daß Völker verschiedenen Stammes durch Unterjochung oder andere Verhältnisse eine ihrem Stamm ganz fremde Sprache annehmen; und wir vermuthen, daß Humboldt's Beobachtungen auf seiner letzten Reise durch das nördliche Asia, wo nach Klaproth und Remusat so viele mongolische Völker tatarisch (turkisch) sprechen, ihn in jenem Zweifel theilweise bestärkt haben.]

XII. — Beschreibung des Usumasinta-Flusses in Guatemala. Mitgetheilt von Don Juan Galindo, Obersten in Central-Amerikanischen Diensten, korrespondirendem Mitglied der Königl. geographischen Gesellschaft. Datirt aus Flores, am See Peten, vom 12ten März 1832. Gelesen am 26sten November 1832.

Der Usumasinta ist unter den Flüssen in diesem Theile von Amerika besonders merkwürdig, nicht nur wegen der Länge seines

[1] Recueil d'Observations astronomiques, T. I, p. 254. [2] Relat. histor. T. III, p 3—23.

Laufes, der Vortheile seiner Schifffahrt, der Fruchtbarkeit seiner Ufer-Landschaft und der Vorzüglichkeit des Klima seines Gebietes, sondern auch wegen der fast gänzlichen Unkunde, worin selbst die Bewohner des umgebenden Landes leben, Hinsichts seiner relativen Lage, seines Laufes und seiner Verzweigungen.

Wärend meines Aufenthalts in der Nachbarschaft dieses Flusses habe ich mir viele Mühe gegeben, ihn zu erforschen, und das Folgende ist eine Skizze des Resultats.

Der Usumasinta entspringt in dem Bezirke von Peten, einer Unterabtheilung von Verapas, einem der sieben Departements in welche der Mittel-Amerikanische Staat Guatemala zerfällt.

Die Quelle des Usumasinta ist nicht sehr entfernt von der des Belize (welcher an der entgegengesetzten Seite derselben Bergkette entspringt und an der südwestlichen Seite der Honduras Bai entlang fließt); in der Nähe seines Ursprungs, da wo er die alte Straße von Flores nach der Stadt Guatemala durchschneidet, wird er Santa Isabella genannt. Darauf nimmt er viele Zuflüsse auf, wird fahrbar für Kanoes und erhält, indem er die neüe oder westliche Straße nach Guatemala durchschneidet, den Namen Rio de la Pasion. Dann tritt er in das Land der wilden Mayas, wo sich von Süden her der wichtige schiffbare Chicsoi Fluß mit ihm vereinigt, welcher im Departement Totonicapan entspringt, und an dessen Ufern, gegen seine Quelle hin mehrere Dörfer liegen. Der Lauf des Usumasinta, von der Quelle bis zur Vereinigung mit dem Chicsoi, ist im allgemeinen von Ost nach West, von wo er sich bis zum Meere gegen Nordwest wendet.

Die Mayas besaßen vor der spanischen Eroberung die ganze Halbinsel Yucatan, nebst den Distrikten von Peten, Britisch-Honduras und dem östlichen Theile von Tabasco; und obgleich in mehrere Stämme getheilt, hatten sie doch durchgängig eine und dieselbe Sprache, deren sich noch jetzt die Bewohner dieser Gegenden bedienen. Der einzige reine Überrest dieser großen Nation sind einige zerstreüte Stämme, welche vorzüglich die Ufer der Flüsse Usumasinta, San Pedro und Pacaitun bewohnen; ihr ganzes Gebiet gehört politisch zu Peten. Sie sind im Vergleich mit andern ein harmloser, obgleich uncivilisirter Menschenschlag, bekleiden sich mit Baumwolle und der Rinde des indischen Reiber Baums (Indian-rubber tree) und leben vorzüglich von Fischerei und Jagd, indem sie sich bei letzterer der Pfeile mit Spitzen von Feüersteinen bedienen. Sie bauen auch Mais, Cacao und Taback, letzteren von sehr vorzüglicher Art.

Eine Bergkette, welche das Gebiet der Mayas von den Mexicanischen Staaten trennt, wird von dem Usumasinta durchbrochen, dessen fernere Beschiffung hier ein beträchtlicher Wasserfall unterbricht. In der Nähe dieses Falles und in einer weiten Höhle auf dem linken Ufer sind einige außerordentliche und prächtige Ruinen, und etwas weiter stromabwärts ist ein merkwürdiger Denkstein mit Schriftzügen. Diese Gegenstände, die Ruinen von Palenque[1] und andere zahlreiche Überreste in den vom Usumasinta und seinen Verzweigungen bewässerten Gegenden beweisen, daß in einer Periode des fernen Alterthums (gewiß vor dem 14ten Jahrhundert, da Mexico gegründet wurde) dies der civilisirteste Theil von Amerika war.

Nachdem der Usumasinta die Bergkette passirt ist, sind seine Ufer mit verschiedenen Mexikanischen Dörfern besetzt, deren Bewohner im Fällen des Campeche-Holzes ein einträgliches Geschäft finden. Weiter abwärts nimmt er von Osten her den San Pedro auf.

Der Rio San Pedro entspringt in der Nähe des Peten Sees, geht queer durch diesen District und bildet weiter abwärts, nachdem er sich mit dem Yalchilan vereinigt hat, die politische Gränze von Central-Amerika und Mexico. Die Gewässer des San Pedro besitzen versteinernde Kraft in außerordentlichem Grade, die zahlreichen Riffe und Dämme in seinem Strombette bestehen ganz aus versteinertem Holze. Wo Kanäle tief in die Felsen eingeschnitten worden sind, da scheint sowol der untere, als der obere Theil Versteinerung zu sein, welche allmälig über dem ursprünglichen Holze entstand; und wo der Strom am reißendsten ist, da bildet sich die Versteinerung am schnellsten. Ein schiffbarer Kanal, Chocop genannt, verbindet den San Pedro Fluß mit dem Pacaitun, welcher letztere Fluß in die Lagune von Terminos fließt.

Unterhalb der Mündung des San Pedro nimmt der Usumasinta von Süden her den schiffbaren Chacamas auf, der in den Hügeln, worauf die Ruinen von Palenque stehen, entspringt.

Der Tulija, welcher weiter unten von Südwesten her in den Usumasinta fällt, ist wegen der Überreste einer steinernen Brücke merkwürdig, deren Bogen unter Wasser sind und deren rechte Seite durch den Strom vom Ufer getrennt worden ist. Der Tulija ist an dieser Stelle etwa eine Viertel Meile breit. Diese Brücke halte ich für eben so alt, wie die übrigen Ruinen dieser Gegend.

Der Tabasco Fluß, welcher, nahe am Meere, sich von Westen her mit dem Usumasinta vereinigt, fließt bei der Stadt San Juan Bautista, früher Villa Hermosa, Hauptstadt des Staates Tabasco, vorüber, einem von Schiffen der Vereinigten Staaten von Nord-Amerika sehr besuchten Einfuhr-Hafen.

Unterhalb des Wasserfalls wird der Usumasinta mit Booten von

[1] Siehe die nächstfolgende Beschreibung, S. 244.

ansehnlicher Tragkraft befahren; er fließt in unzähligen Armen und Verzweigungen; aber seine Haupt-Mündung ist bei dem Hafen Vittoria, wo er sich in die Campeche Bai ergießt, westlich von der Terminos Lagune. Die Barre an der Mündung wird von Kauffahrteischiffen passirt, die nach San Juan Bautista hinaufsegeln.

XIII. — Beschreibung der Ruinen von Palenque. Von Don Juan Galindo, Obersten u. s. w.

Die Ruinen von Palenque erstrecken sich mehr als zwanzig Meilen längs des Gipfels des Rückens', welcher das Land der wilden Maya Indier (zum District von Peten gehörig) von dem Staate Chiapas trennt; und müssen vor Alters eine Stadt und ihre Vorstädte eingeschlossen haben. Die Hauptgebaüde sind auf den vorragendsten Höhen errichtet, und zu einigen, wenn nicht zu allen, führten Treppen hinauf. Von den untern Gängen an sind sowol die Stufen als alle andere Spuren, welche die Zeit übrig gelassen hat, von Stein und Mörtel. Das Hauptgebaüde, welches ich entdeckte und den Palast nenne, ist in mehreren Vierecken erbaut; aber die Haupthallen oder Gallerien laufen in der Richtung von NNO. nach SSW. Mit Rücksicht auf die Abweichung der Magnetnadel, welche 9° O. beträgt, bemerkt man diese Stellung und ihre senkrechte Höhe genau bei allen Gebaüden die ich untersucht habe, ihre Lage mogte sein, welche sie wollte. Dies ist um so merkwürdiger, als es nicht durch die Bildung von Straßen entsteht, da keine regelmäßige Verbindungen dieser Art zwischen den Haüsern vorhanden waren. Diese bestehen aus acht Fuß breiten Gallerien, welche durch Wände getrennt sind, die ein Yard dick sind; zwei Reihen von Gallerien vollenden das Gebaüde: die Höhe der Mauern bis zur Dachtraufe beträgt neün Fuß und dann noch drei Fuß bis zur Firste, gegen welche sich die Dächer neigen, die mit wagerecht gelegten, einen Fuß breiten Steinen gedeckt sind. Die Lücken zwischen den inneren Dächern der beiden Gallerien waren, obgleich sie breite Nischen enthalten, ursprünglich ausgefüllt, und sind jetzt völlig mit Gebüsch und Baümen überwachsen. Die Steine, woraus alle diese Gebaüde erbaut würden, sind ungefähr achtzehn Zoll lang, neün Zoll breit und zwei Zoll dick, durch Mörtel verbunden und stufenweise sich neigend, wenn sie ein Dach bilden, aber immer horizontal gestellt: die außere Dachtraufe wird durch Steine unterstützt, welche etwa zwei Fuß vorspringen. Alle Hallen haben eine Menge Thüren; und die Raüme, welche die

Dachbalken enthielten, haben sich im Stein vollkommen erhalten, obgleich das Holzwerk gänzlich verschwunden ist. Alle Wohnungen müssen übermäßig finster gewesen sein, wenn die Thüren von Holz waren und verschlossen gehalten wurden, da die Fenster, obgleich viele vorhanden, nur kleine, bald runde, bald viereckige Löcher und keiner besonderen Anordnung unterworfen sind. Die Architekten vermieden offenbar die Symmetrie, nicht aus Unwissenheit, sondern vorsätzlich. Außer den Nischen im Dach und den Fenstern sind die Mauern mit Öffnungen durchbrochen, welche die Gestalt eines halben Kreüzes haben, und deren jede etwa zwei Fuß weit ist; sie sind sehr haüfig, und obgleich sie ganz durch die Mauer hindurchgehen, so sind sie doch in der Mitte durch eine Scheidewand von Mörtel getrennt; ihren Gebrauch kann ich nicht errathen. Mehrere Öffnungen in den Mauern enthalten auch steinerne Pfeiler von sechs Zoll bis einen Fuß Höhe, unter denen einige im Stande sein mögen, das stärkste Thier zu halten, wärend andere ungemein klein sind; man findet sie sowol oben als unten, und nicht immer einander gegenüber angebracht.

Die Fronte des Palastes hat fünf Thüren, die bedeütend hoch und breit sind, wie man es bei allen Gebaüden findet; an jedem der Pfeiler, welche sie trennen, ist eine aufrecht stehende menschliche Figur in Relief; bei den meisten derselben ist es, überall in den Ruinen, schwer, Mann und Frau zu unterscheiden, da ihre Kleidung dieselbe scheint; der Kopf ist geschmückt mit hohen Federn, Brust und Arme sind nackt, mit Hals- und Armbändern und zuweilen mit einer kurzen engen Binde bedeckt; die Mitte des Körpers und die Schenkel sind in ein, mit Verzierungen bedecktes Gewand gehüllt, dessen Enden fein ausgearbeitet sind und zwischen den Beinen herabhangen, die, nebst den Füßen, nackt sind. Einige Figuren zeichnen sich durch ihren ungeschickt hohen Kopfputz und den unnatürlichen wagerechten Wurf der Schleifen und Enden der Schärpe aus, welche das Gewand befestigt: alle Köpfe sind im Profile und manche halten lange Stäbe in ihren Händen, mit unbestimmbaren Gegenständen an der Spitze; aber bei keiner der Figuren oder Halbreliefs hat man Waffen bemerkt und nie etwas anderes gefunden, als Pfeil- oder Lanzenspitzen von Feüersteinen, ähnlich denen, wie sie bei den heütigen wilden Indiern gebraüchlich sind, obgleich sie bedeütendere Größe als diese haben. Es finden sich auch einige sitzende Figuren, anscheinend vom Volke, mit Gewändern, aber ohne irgend einen Schmuck oder Kopfputz. Die Schärpen u. s. w. von einigen scheinen gefärbt gewesen zu sein und selbst vieles von der Schrift war gemalt.

Der mittlere Eingang des Palastes, welcher die beiden vorderen Gallerien verbindet und unter dem ich übernachtete, hatte nie eine Thüre und sein oberer Theil ist kreisförmig; hinter der zweiten

Gallerie führen Stufen in einen inneren Hof hinab und an jeder Seite derselben sind drei gigantische Büsten in Relief auf schrägen Steinen. Auf einem der anderen Höfe sind die Überreste eines viereckigen Thurms, der, nachdem seine Spitze heruntergefallen, noch etwa hundert Fuß hoch ist. Die Stufen, welche in sein Inneres hinauf führen, sind rechtwinklig, und er enthält eine regelmäßige Reihe von Thüren oder Fenstern. In einer der Gallerien des Palastes ist eine Art von Gemälde, auf einem ovalen Steine von etwa zwei Yards Durchmesser, die Figuren sind erhaben und führen noch den Beweis, daß sie gefärbt waren; eine weibliche, gekleidet, wie oben beschrieben, und mit Ohrringen, sitzt mit untergeschlagenen Beinen auf einer Bank oder einem Sopha, das gerade groß genug für sie ist, und an jedem Ende das Bild eines Thierkopfes hat, mit einem Halsbande um den Nacken; eine Person, anscheinend eine alte Frau, mit einer Halsbinde und einem Gewande bekleidet, die beide wie ein schottischer Mantel gearbeitet sind, überreicht, knieend, der sitzenden Frau einen Menschenkopf, welcher mit einem einzigen Federbüschel geschmückt ist. Der Hinterkopf ist gegen die Dame gekehrt, welche ernst auf denselben blickt, wärend ihr Ausdruck von Kummer und Schreck gut dargestellt ist, — die rechte Hand hält sie nahe an ihrem Herzen und die linke ruht auf ihrem Schenkel. Einige viereckige Täfelchen sind auf dem oberen Theil des Gemäldes gezeichnet, die Mauer rings um ist von verschiedenen Farben, und an dem oberen Karnieß ist eine Inschrift in zwei horizontalen Reihen kleiner viereckiger Täfelchen gezeichnet. In der Nähe derselben befindet sich der Haupteingang zu den Gewölben, welche sich unter dem Palaste hinziehen und die ich bei Kerzenlicht untersuchte, obwol sehr belästigt durch große Fledermaüse, mit denen alle Ruinen angefüllt waren. Über demselben Eingange sind, in erhabener Arbeit, an der einen Seite die Figur eines Kaninchens, an der anderen Seite eine häßliche Menschengestalt angebracht; beide mit DrathＡrbeit umgeben, dem Anschein nach Federn und Zweige vorstellend. Die Architektur der Gewölbe ist der an den Gebaüden über der Erde ähnlich. Ein weiblicher Kopf über einem der Eingänge, mit einem an der Nase hängenden Schmuck, stellt den Kummer oder Schlaf dar. Dieser Umstand, so wie, daß die Gewölbe eine Anzahl von Gegenständen enthalten, die offenbar steinerne Ruhebetten sind, läßt mich vermuthen, daß sie zu Schlafgemächern dienten.

Das Gebaüde, welches ich den Studien-Hof nenne, steht in der Nachbarschaft des Palastes auf einem höhern Hügel; der Weg zu demselben ist sehr steil; es hat fünf Thüren, von denen jede offenbar hölzerne Rahmen enthält. Die Pfeiler oder Mauern, welche sie von einander trennen, enthalten ganze Figuren von etwa sechs Fuß Höhe; eine derselben, mit einem Weiberrocke bekleidet, der fast bis auf die Knöchel reicht und unten mit Franzen besetzt ist, trägt, so wie eine andere Figur, nackte Kinder auf dem rechten Arme, also nicht auf die Art der heütigen Indischen Weiber, welche ihre Kinder stets mit gespreizten Beinen auf ihre Hüften setzen. Die innere Seite der Mauern des Studien-Hofs enthält drei breite steinerne Vierecke, jedes durch gezackte Linien in 240 gleiche Felder getheilt, von etwa sechs Zoll im Quadrat, zwölf von oben nach unten, und zwanzig von einer Seite zur anderen, welche verschiedene Zeichnungen in Relief enthalten.

Ich habe die am besten erhaltenen copirt; die nämlichen Zeichen scheinen sehr selten in den verschiedenen Täfelchen wiederholt zu sein.

Ein Gebaüde, welches dem Anscheine nach zu religiösen Zwekken bestimmt war, steht auf einem Hügel in der Nähe, und ist noch höher als die vorhergehenden Gebaüde; zwei Gallerien bilden seinen unteren Theil, die vordere derselben nimmt die ganze Länge ein, die hintere ist in drei Abtheilungen getheilt. Die östliche derselben hat das Ansehen eines Kerkers, obgleich ihr schmaler Eingang keine Spur einer Thür zeigt. Die westliche Abtheiluug ist ein einfaches Zimmer; der mittlere Theil ist auch ohne Thür, aber von den in den Mauern angebrachten und schon oben beschriebenen Pfeilern vermuthe ich, daß sie Vorhänge hatten. Dies Zimmer hat eine kleine darin erbaute Kapelle, mit einem flachen Dache. Die Rückseite der Kapelle und zwei Steinplatten, welche die Front bilden, aber einen breiten Eiugang zwischen sich lassen, sind hoch und ziemlich in Relief ausgearbeitet. Auf dem westlichen Steine befindet sich das Bild eines Mannes, der gegen den Eingang blickt; sein Kopf ist mit Zweigen und Federn geschmückt; ein kleiner Kranich sitzt auf einem der Zweige und hat einen Fisch im Schnabel; die Figur hat eine Halsbinde, weite Beinkleider, welche die Schenkel halb bedecken, Bänder um die Waden und eine Art von Stiefeln ohne Sohlen, nur die Hinterseite des Beins bedeckend — eine schreckliche Figur, kauernd, mit dem Rücken gegen die aufrechtstehende gekehrt, hat keine Füße, sondern seine Beine endigen in einen Schwanz. Die andere Platte enthält einen scheüßlichen alten Mann, mit einem Zweige in seinem Munde. Diesen beiden Figuren gegenüber sind steinerne Pfeiler, die schon anderswo beobachtet wurden, sowol näher am Boden, als höher hinauf, woran Schlachtopfer oder Verbrecher mögen gebunden worden sein. Inwendig, an der Hinterwand der Kapelle, sind zwei kleine menschliche Figuren, die größere derselben legt ihre Hand auf den Kopf eines Mannes, der mit Federn an der Spitze eines Kreüzes geschmückt ist, genau so, wie es bei den Christen gebraüchlich ist; die vordere stellt ein Kind dar, beide sehen nach dem Kopfe, sind barfuß und an den Knöcheln geschmückt. Hinter jeder derselben sind Reihen von viereckigen Täfelchen, die sehr sauber ausgeführte Zeichnungen enthalten. Vielleicht habe ich Unrecht, anzunehmen, dies sei eine Kapelle und daß man Menschen darin opferte, da dergleichen Handlungen allgemein vor großen Volks-Versammlungen vollzogen wurden, wärend doch verhältnißmäßig nur wenige davon Zeüge sein konnten, wenn die Handlung hier geschah. Dies könnte daher ein Baldachin gewesen sein, unter dem die obrigkeitlichen Personen saßen, wenn sie die Gerechtigkeit verwalteten. Über allen diesen Zimmern erheben sich zwei schmale, parallele Mauern bis zur Höhe von achtzig Fuß über dem Boden; sie sind von viereckigen Löchern durchbrochen und man steigt zwischen ihnen hinauf, vermittelst vorspringender Steine, bis zum Dache, von wo man eine sehr weite Aussicht über die Ebenen gegen Norden hat.

Etwa 200 Yards unter dem Palast hat ein klarer Fluß seinen Ursprung; er entsteht zwischen den Felsen und ist von seiner Quelle an, auf mehr als hundert Yards durch eine Gallerie verdeckt, die seinen Krümmungen folgt; wo die Gallerie endigt, da ist offenbar eine Fortsetzung der Gebaüde bis etwa fünfzig Yards weiter stromabwärts: das Ganze bildet eine seltsame Anordnung.

Nicht weit von hier ist ein Gefängniß am Rande eines erstaunlichen Abgrundes: legte man einen Stein über dasselbe, so konnte der Gefangene durchaus nicht entwischen, obgleich breite Fenster in dem Rande des Abgrundes Licht durchließen und eine weite Aussicht gestatteten.

Sämmtliche Ruinen sind jetzt in einem dichten Wald vergraben und Monate könnten auf angenehme Weise darauf verwandt werden, sie zu erforschen. Meine Zeit ist unglücklicher Weise beschränkt. Aber ich habe genug gesehen, um die hohe Civilisation ihrer früheren Bewohner behaupten zu können, und daß sie die Kunst besaßen, Töne durch Zeichen darzustellen, womit, wie ich bis jetzt glaubte, die Amerikaner vor der Eroberung nicht bekannt waren.

Das benachbarte Land enthält auf mehrere Meilen Entfernung Überreste der alten Bauten dieses Volkes — Brücken, Wasserbehälter, Denkstein-Inschriften, unterirdische Gebaüde u. s. w.; aber diese Stelle war augenscheinlich die Hauptstadt, und keine konnte besser gewählt werden für die Metropolis einer civilisirten, handeltreibenden großen Nation, indem sie, wegen ihrer hohen Lage, eine höchst angenehme Temperatur hat, hinter sich eine noch kühlere Gegend, zur Ergänzung solcher Produkte, die eine wärmere Sonne nicht zuläßt und vor sich die ausgedehnten, flachen und heißen Regionen von Tabasco und Yucatan, erstere in unmittelbarer Nähe, durchschnitten von breiten, tiefen und schiffbaren Flüssen, die durch ihre unzählbaren Verzweigungen und Verbindungen mit dem Meere jede Erleichterung für einen unermeßlichen Handel darbieten. Auffallend merkwürdig ist die fast genau übereinstimmende Lage dieses Landes in der neüen Welt mit der, welche Egypten in der alten Welt hat, liegend auf der Verbindung der nördlichen und südlichen Kontinente, mit einem mittelländischen Meere, einem Delta und einem Isthmus. Alles trägt Zeügniß, daß dies erstaunliche Volk physisch nicht verschieden war von den jetzigen Indiern; aber seine Civilisation übertrifft weit die der Mexicaner und Peruer: es muß lange vor dem vierzehnten Jahrhundert existirt haben, weil sonst die ersteren, welche seine Nachbaren gewesen sein würden, und denen es an Unternehmungsgeist und Talent nicht fehlte, gewiß die Kunst zu schreiben würden gelernt haben. Ich möchte vermuthen, daß diese Nation durch einen Einbruch von Barbaren von Nordwesten her vernichtet worden sei, welches ein neüer Grund ist, ihnen ein viel höheres Alter beizulegen, als die Gründung von Mexico, da es bekannt ist, daß lange vor diesem Ereigniß kein Einbruch dieser Art Statt gefunden hat.

Ich vermuthe auch, daß die Maya-Sprache von ihnen herstammt: sie wird noch von allen Indiern gesprochen und selbst von den meisten anderen Bewohnern in ganz Yucatan, im Distrikt Peten und dem östlichen Theil von Tabasco; eben so findet sich die Puctunc-Sprache, eine geringe Corruption derselben, in der unmittelbaren Nachbarschaft und weiter gegen Südwesten fast bis an das stille Meer. Warum diese Ursprache näher dem alten Sitze des Reichs sollte verdorbener sein, als in den entfernten Provinzen, ist nicht schwerer zu erklären, als die größere Ähnlichkeit des Portugiesischen, denn des Italischen mit dem Lateinischen. Die folgenden Wörter gehören der Maya- und Puctunc-Sprache an:

king — Sonne,	ha — Wasser,
uh — Mond,	kak — Feüer.
ek — Sterne,	

Es besteht eine große Ähnlichkeit unter diesen Sprachen und denjenigen, welche weiter gegen Süden im Staat von Guatemala gesprochen werden, vorzüglich in den Zahlwörtern, welche in der Puctunc-Sprache folgende sind, und die Maya-Sprache unterscheidet sich wenig davon, (die Orthographie ist englisch): —

1. — humpel,	6. — wokpel,
2. — chapel,	7. — hukpel,
3. — ushpel,	8. — washakpel,
4. — chumpel,	9. — bolompel,
5. — hopel,	10. — lakumpel.

Die gegenwärtigen Bewohner dieser Gegenden, die wilden Indier gegen Süden hin, sind ein uncivilisirter und furchtsamer Stamm, welcher eine unermeßliche Länderstrecke im Innern des Kontinents einnimmt; und die unterworfenen Indier, die in den Staaten von Chiapas und Tabasco wohnen, stehen gleichfalls auf einer niedrigen Stufe der Entwicklung. Fragt man sie, wer diese Gebaüde errichtete, so antworten sie: ‚Der Teufel!‘ Ein schönes Dorf, Palenque genannt, welches die Ehre gehabt hat, diesen Ruinen seinen Namen zu geben, wurde vor ungefähr einem Jahrhundert, sechs Meilen im Nordosten, erbaut. Das lange Leben seiner Bewohner und die Schönheit seiner Frauen beweisen die Vortrefflichkeit dieses Klima. Bei einem Ausfluge, den ich vor wenigen Tagen dahin unternahm, erkundigte ich mich bei dem Priester und Alcalden, den Orakeln von Palenque, wer die Erbauer dieser Gebaüde wären. Der Priester schüttelte den Kopf und spielte darauf an, daß sie antediluvianisch seien! wärend der Alcalde steif und fest behauptete, sie müßten vor der Eroberung von einer spanischen Kolonie erbaut worden sein!

XIV. — Bemerkungen über Anegada. Mitgetheilt von Robert Herrmann Schomburgk, Mitglied des Gartenbau-Vereins zu Berlin. Gelesen den 25sten Juni 1832.

Anegada, oder Anágada, ist die nördlichste in dem Haufen von Inseln und Kaien, welche unter dem Namen der Virginischen Inseln bekannt sind, und eine unglückliche Berühmtheit erlangt haben, durch die zahllosen Schiffbrüche, welche sie veranlaßten, und die in so vielen Fällen mit großem Verlust an Menschenleben verknüpft gewesen sind.

Von der Geschichte dieser Insel weiß man wenig; nichts spricht dafür, daß sie frühzeitig kolonisirt wurde. Pater Labat, der einzige unter den ältern Schriftstellern, welcher von den kleinern Westindischen Inseln spricht, bemerkt, daß die Urbewohner sie dann und wann als Sammelplatz benutzten, wo sie sich mit Schneckenmuscheln (strombus gigas) in großer Menge versorgten; und große Haufen dieser Schaalthiere finden sich noch heut' zu Tage am Ostende der Insel, anderswo aber nicht; was entschieden zu beweisen scheint, daß sie nicht für beständig bewohnt, sondern von Zeit zu Zeit bloß besucht wurde. Man fängt diese Schneckenmuscheln in bedeütenden Quantitäten am östlichen Ende, besonders in den Monaten vom Mai bis November; und die trocknen Muscheln, welche aufgehaüft sind, haben alle ein Loch im untern Ende der Spitze, weshalb es höchst wahrscheinlich ist, daß das Thier sehr leicht herausgezogen wird. Man könnte sich darüber wundern, daß auf ihre Aufhaüfung so viel Mühe verwendet worden ist, weshalb man auf die Vermuthung gekommen ist, diese Haufen seien Begräbnißplätze; es sind aber mehrere abgetragen und zu Kalk gebrannt worden (der von trefflicher Qualität ist) ohne eine Spur von Menschen-Knochen, oder einer andern Substanz gefunden zu haben. Viel wahrscheinlicher ist es, daß sie bloß des Aufraümens wegen zusammengehaüft wurden, indem die Strömung, wenn sie ins Meer geworfen worden wären, nicht stark genug war, sie hinweg zu führen; und hier konnten sie nicht liegen bleiben, ohne die Fischerei der lebenden Thiere zu stören.

In einer spätern Zeit dienten die einsamen Buchten der Insel den Buccanirs zum Schlupfwinkel, unter denen besonders Kirke und Bone sie besucht haben sollen. Letzterer hat seinen Namen einer Bucht auf der Nordseite, welche sein Lieblings-Ruheplatz gewesen zu sein scheint, beigelegt. Endlich, als der Handelsverkehr unter den Westindischen Inseln haüfiger wurde, und wiederholte Schiffbrüche in diesen Gegenden denjenigen Hoffnung auf Gewinn gaben, welche in der Nachbarschaft sein würden, sie zu benutzen, nahmen Ansiedler ihren dauernden Sitz auf der Insel, und waren, zu einer Zeit zahlreicher, als sie es selbst jetzt sind. Sie fanden, daß der lose Boden der Insel fähig sei, Korn, und selbst Baumwolle, zu tragen; wärend die Anlage von Vorraths-Magazinen, und der Verkauf des Unterholzes, welches nach und nach ausgerodet wurde und, weil es sehr viel Gummi abwirft, auf dem Markt von St. Thomas den Vorzug vor anderm hat, andere Quellen des Einkommens darboten.

Der Hauptgegenstand aber war und ist noch heüte der Schiffbruch; und die Trägheit der Bewohner wird nur durch den Ruf: — „Ein Schiff auf dem Riff," — gänzlich geweckt. Dann wird Alles zur Thätigkeit erregt; kaum ist die Neüigkeit verkündet, und sofort steüern Boote jeder Art, Schaluppen und Segelschiffe, mit aller Hast nach dem Wahlplatze; Arme, welche Wochen lang müßig gewesen sind, werden in Thätigkeit gesetzt; und Geschicklichkeit und Unerschrockenheit wetteifern um der Erste am Bord zu sein. Die Scene spottet in der That aller Beschreibung; leider muß man befürchten, daß nur wenige durch Bewegungsgründe der Menschlichkeit herbeigezogen werden, obschon einige derselben wol vorhanden sind; denn der Name des Hrn. Gildersleve im besondern muß von allen denen mit Hochachtung und Dankbarkeit genannt werden, welche Anegada besucht haben, oder an seine Gestade getrieben worden sind.

Die Oberfläche der Insel ist das Erzeügniß des industriösen Geschlechts der Lithophyten, welches (es darf wol vermuthet werden) wie gewöhnlich auf einer submarinen Erhöhung ruhet; und da man angenommen hat, daß Westindien durch einen Einbruch des Oceans von Florida getrennt worden ist, so läßt sich das Ganze als eine vom Amerikanischen Kontinente aus laufende Bergkette ansehen.

Die Tiefen zwischen Virgin Gorda und Anegada sind ziemlich regelmäßig von 8 bis 16 Faden; und es ist daher kein Zweifel, daß beide in Verbindung stehen und Theile eines Systems bilden. Ihre Natur ist aber völlig verschieden; primitive Gesteine sind auf der ersteren vorherrschend, wärend man auf letzterer nur Schichten von Kalk und Korallen findet. Sollen wir deshalb schließen, daß Virgin Gorda ihr Dasein der vulkanischen Thätigkeit verdankt, Anegada hingegen nur allmälig durch die Arbeit der Madreporen erhoben wurde? Über einer gewissen Höhe sind auf Virgin Gorda keine Bruchstücke von Korallen-Felsen gefunden worden; dagegen erhebt sich daselbst eine besondere Art von Granit in großen Massen, und an einem Orte, welcher das Bad genannt wird, zeigen sich ganz eigenthümliche Lager-Verhältnisse.

Der direkte Abstand zwischen den beiden Inseln beträgt $11\frac{7}{8}$ nautische Meilen; und der Anblick von Anegada, wenn man sich ihr von dieser Seite, d. h. von Südwest, nähert, isi merkwürdig. Zuerst zeigen sich einzelne Bäume am Horizont, dann der höchste Theil der Insel, Frank's Landing (Ruheplatz) genannt, den man bei heiterem Wetter ungefähr 8 Meilen weit unterscheidet, und ganz zuletzt das niedrigere Land. Das Senkblei bringt gewöhnlich Stücke von Korallen-Felsen herauf mit grobem Sande und zerbrochenen Muscheln. Die größte Tiefe des Wassers ist nahe bei Virgin Gorda. In acht Meilen Entfernung von Anegada ist sie 8 bis 14 Faden und nimmt, wenn man sich den Sandbänken nähert, bis auf 4 Faden ab. Der äußere Rand des Riffs wird an einigen Stellen durch die Brandung bezeichnet; an anderen zeigen nur die braunen Spitzen der Felsen, contrastirend mit der weißen Farbe des Grundes, wo er rein ist, die Gefahr an. Große Geschicklichkeit ist erforderlich, um durch die Öffnungen zu passiren; aber innerhalb derselben ist guter Ankergrund in $2\frac{1}{2}$ Faden, etwa eine Meile vom Strande. Fahrzeüge, welche mehr Wasser ziehen, ankern außerhalb in 4 bis 6 Faden. Beim Landen findet man den Strand überall bedeckt mit einer grauen, siliciösen und kalkigen Substanz (die vorherrschenden Bestandtheile derselben sind Thon, Kalk-Bruchstücke und Pflanzen-Fasern), welche durch das Wasser abgesetzt zu sein scheint und, wenn die Fluth sich zurückziebt, erhärtend, zur allmäligen Vergrößerung der Insel beiträgt. Diese Substanz findet sich indeß nicht an der nördlichen Seite, wo die Heftigkeit der Brandung ihr Entstehen verhindert, und wo daher das Land nicht, wie an der ganzen Südküste, dem Wasser etwas abgewinnt. Es ist jedoch kaum zu bezweifeln, daß sie einst, mit Ausnahme der äußersten Wetterseite, die ganze Insel bedeckte; der Eindruck von Füßen und Vogelklauen ist deütlich an mehreren Stellen zu sehen, die jetzt mit Gesträuch und Gras bewachsen sind; erstere glaubt man, rühren von Indiern her, bei ihren gelegentlichen, schon angeführten Besuchen, die anderen hat man für die von Vögeln erkannt, die noch jetzt häufig auf die Insel kommen. Und wird die Frage aufgeworfen, wie ist diese Substanz entstanden? so ist einleuchtend, daß ihr Stoff der Detritus des Stromes ist, welcher dies Meer in einer W.N.W. Richtung treibt, und von dem ich weiter unten ausführlicher sprechen werde, wärend er seine bindende Natur wahrscheinlich von der klebrigen Substanz empfängt, welche wir dem Munde der Zoophyten anhangend finden.

Die größte Länge von Anegada beträgt von O.S.O. nach W.N.W., 10,07 englische Meilen; die größte Breite zwischen Pearl Point und Soldier's Wash, 4,25 englische Meilen; von da vermindert sie sich gegen beide Enden, so daß die mittlere Breite nur zu 1,33 Meilen bestimmt werden kann; und der ganze Umfang, Ein- und Ausbiegungen mit eingeschlossen, beträgt 23,09 Meilen (1846 Chains). Das umgebende Riff nähert sich am meisten der Nordseite der Insel, wo es, an einer einzelnen Stelle (in der Diego Bai) sich mit der Küste verbindet. Die Entfernung des Riffs ist, im allgemeinen, in der That nur unbeträchtlich und dasselbe kann von der westlichen und theilweise von der südlichen Seite gesagt werden. Seine größte Ausdehnung ist gegen Südost und sein äußerstes Südende ist fast eben so weit von dem Ost-, als von dem Westende von Anegada, nämlich 7,68 Seemeilen, entfernt; — der Abstand des Riffs an der Südseite beträgt 1 bis $4\frac{1}{2}$ Meilen. Beim Sondiren nahe an dieser natürlichen Barriere, an der südlichen und westlichen Seite, wurde eine Tiefe von 4 bis 6 Faden gefunden; — an der nördlichen und östlichen Seite von 6 bis 9 Faden, aber $1\frac{1}{2}$ Meilen entfernt, in nördlicher Richtung, fand ich bei 100 Faden keinen Grund. Innerhalb der Hauptkette der Untiefen wechselt sehr häufig die Tiefe des Wassers plötzlich, so daß nur mit der größten Geschicklichkeit und Aufmerksamkeit eine kleine Schaluppe von Ost nach West und umgekehrt gesteüert werden kann, und das nur an der südlichen Seite; — an der Nordseite ist es durchaus unmöglich, da das Riff sich bis an den Strand erstreckt. Vom Westende dehnt es sich in südwestlicher Richtung fast bis zu dem Ostende von Jose van Dykes aus, einem seichten Grund, welcher, da der Boden meistens weißlicher Sand ist, von geringerer Tiefe erscheint, als er wirklich ist. Ich fand auf ihm nicht weniger als 7 Faden[1].

Das Hauptriff im Norden ist hier und da von Kanälen

[1] Unter dem Aberglauben der Bewohner ist die Tradition vorherrschend, daß dieser Grund, bekannt unter dem Namen des mittleren Grundes, ein Mal im Jahre sich aus seiner Tiefe zur Oberfläche des Wassers erhebt.

durchbrochen, welche zu geraümigen Ankerplätzen führen, aber obgleich sie am Eingange 4 bis 5 Faden tief sind, so sind doch die Bassins oft durch Sandbänke verstopft, welche sich bis an die Oberfläche des Wassers erheben. Wir finden diese Kanäle — aber von geringerer Breite — längs des ganzen umgebenden Riffs; die engsten sind in dem südöstlichen Hauptriff, wo nur zwei oder drei für Fahrzeüge geringerer Art fahrbar sein möchten; sie sind nichts destoweniger so verstopft, daß nur die Nothwendigkeit ein Fahrzeüg veranlassen kann, durch sie hindurch zu fahren. Ich passirte, während meiner Aufnahme, durch den Mary Kanal, und bewundere noch die feste und gewandte Hand des Steüermanns, da sowohl Fluth als Ebbe uns entgegen und wir oft so von Untiefen umgeben waren, daß ich glaubte, es sei unmöglich, ohne Beschädigung zu entkommen.

In einer Entfernung von etwa zwei nautischen Meilen von der Man of war Spitze verbindet sich das südliche Riff mit dem Hauptriff; es wird die ‚Long Shoal' genannt, von der Dichtigkeit der Schichten, welche, auf eine beträchtliche Strecke, eine fast ungetheilte Masse bilden. Von dort werden die Untiefen, mit Ausnahme des Hauptriffs, abgesonderter; letzteres erstreckt sich gegen Südost bis an den Ellbogen, oder das aüßerste südöstliche Ende, wo es sich allmälig gegen Südwest wendet und fast einen Halbkreis, der unter dem Namen Horse-Shoe (des Hufeisens) bekannt ist, bildet. Von hier nimmt die Tiefe des Wassers gegen das Ostende von Spanish Town zu, aber es liegen dort noch einige gefährliche Untiefen, mit nur 3 oder 4, ja selbst 2 Faden Wasser.

Nachdem ich einen Abriß der Umgebungen der Insel gegeben habe, nähere ich mich dem festen Lande, wenn die hohlen Erzeügnisse der Madreporen u. s. w. so genannt werden können. Für einen, der diesen seltsamen Ort besucht, und der, gewohnt, Hügel und Berge zu sehen, eifrig nach Erhöhungen dieser Art sucht, ist es eine vergebliche Bemühung, denn die Oberfläche ist größtentheils eine öde Fläche, hie und da mit einem Terpentin- oder Loblolly-Baum, der das Gestraüch überragt. An der Südost Seite erhebt sich indeß der Boden allmälig von Nord gegen Süd, etwa 60 Fuß, welches der höchste Punkt auf Anegada ist, und gewöhnlich Frank's Landing genannt wird. Ganz nahe bei Hrn. Gildersleve's Wohnung ist eine andere Erhebung des Bodens von geringerer Höhe und eine noch kleinere ist bei den Niederlassungen. Es hat sich wirklich bestätigt, daß die Lithophyten, sobald sie die Oberfläche des Wassers erreicht haben, ihre Arbeit einstellen, daher müssen dergleichen Bildungen immer dem Wasserspiegel nahe sein.

Die Südseite der Insel ist eine zusammenhangende Reihe von Sandbänken, locker mit vegetabilischer Erde bedeckt, die mehr oder weniger mit Sand gemischt ist. Diese Dammerde ist ohne Zweisel die zersetzte Substanz der Algen, welche, der Sonne ausgesetzt, ihre salinische Eigenschaft verliert, und eine höchstvortreffliche vegetabilische Erde bildet; — sie ist leicht, von dunkelbrauner Farbe und hinterläßt auf der Zunge einen etwas sauern Geschmack. Sie ist auf den Bänken so lose abgesetzt, daß sie oft nur auf wenige Zoll den Boden bedeckt. Die Lithophyten bauen nicht in dichten Massen, und die Bänke werden daher von Öffnungen durchschnitten, die zuweilen eng, zuweilen von beträchtlicher Weite und Tiefe sind; sie erstrecken sich wirklich dann und wann auf eine beträchtliche Entfernung unter die Bänke und ein tiefer, hohler Ton, wenn man über gewisse Stellen hinweggeht, beweist, daß sie unterminirt sind [1]. Eine bedeútende Menge von Meermoos ist in diesen Spalten zu der Zeit abgesetzt worden, als das Meer noch die Insel überströmte, und die zersetzte Masse wurde vermehrt durch den Detritus der Strömung, und, in einer späteren Periode vielleicht durch den Niederschlag der Regenbäche; eine sandige Vertiefung der Art enthält eine ziemliche Menge von vortrefflichem Erdreich, und bringt gewöhnlich einen reichlichen Pflanzenwuchs hervor, der sich durch sein gesundes und kräftiges Ansehen auszeichnet. Die einzigen Baúme, welche die Insel besitzt, wachsen aus diesen Höhlen hervor, wo sie nicht nur hinreichende Nahrung, sondern ihre Wurzeln auch einen so festen Halt finden, daß der Nordwind, welcher mit großer Schnelligkeit über die Insel hinstreicht, ihnen keinen Schaden zufügt [2]. Man hat beobachtet, daß, nachdem etwa 5 Fuß tief in die Sandbank gegraben war, man hin und wieder Lager von Sand fand mit kleinen Muscheln vermischt, wie man ihn noch in den Buchten findet, ein neúer Beweis, daß die Seethiere nicht dicht bauen; — das durch die Öffnungen stürzende Meer füllt die leeren Raúme mit Sand.

Das westliche Ende der Insel ist mit Sand bedeckt, welcher durch eine ungeheúre Grund- oder Widersee, der die Insel noch von Zeit zu Zeit unterworfen ist, angespült wurde; daher rührt die fortwährende Änderung der Gestalt der Buchten in diesem Theile der Insel. Ich beobachtete dieselbe vegetabilische Erde unter dem Sande, und wenn daher die Wurzel ihn durchdringen kann, so wird sie hinreichende Nahrung finden, um der Pflanze oder dem Strauch ein kräftiges Ansehen zu geben. Die ganze nördliche Seite ist einem ungestümen Meere ausgesetzt, am meisten jedoch im nordwestlichen Theile, wo der Sand kleine Hügel von 40 Fuß

[1] Geht eine Heerde Schaafe über eine solche Stelle, so glaubt man das Brüllen des Donners zu hören.

[2] Herr Gildersleve hat mehrere Kokos-Palmen in solchen Höhlen gepflanzt, von denen zwei eine beträchtliche Höhe erreicht haben, und, da sie die einzigen auf der Insel sind, als eine vortreffliche Landmarke dienen, wenn man von Virgin Gorda kommt.

Höhe gebildet hat. Hinter der ersten Reihe ist eine zweite und selbst eine dritte; — alle sind jetzt mit einer Arundo Species und der Suriana maritima bedeckt. Nachdem diese kleinen Hügel sich einige Meilen weit in östlicher Richtung erstreckt haben, gewinnt die Küste ein felsiges Ansehen, und statt des Sandes sind lose Kalk- und Korallen-Stücke aufgehaûft, welche eine Höhe von 30 Fuß und darüber erreichen. Der fruchtbare Boden liegt hauptsächlich hinter diesen Felsenhügeln (vielleicht wegen des Schutzes) und wird von den Bewohnern angebaut, um ihren Kornbedarf zu gewinnen. Nähert man sich dem Osten, so fangen die Sandhügel wieder an, sich allmälig zu erheben, bis an der südlichen Seite die Buchten mit der Fluthmarke fast in gleicher Höhe liegen. Der Sand ist so übermäßig fein, daß er kaum zum Mörtel wird angewandt werden können.

Die Teiche oder Weiher (Ponds) von Anegada bilden im aûßeren Karakter der Insel einen wichtigen Zug; — die gegen Westen haben die größte Ausdehnung. Der Flamingo Pond enthält mehrere Inseln, welche eine kräftigere Vegetation besitzen, als das umliegende Ufer, und Oasen in der Wüste gleichen; sie sind hauptsächlich geschmückt mit Bignonia leucoxylon, die, wenn sie blüht, ihre anziehende Erscheinung noch erhöht. Diese Teiche bilden an der Südseite eine Verbindung mit dem Meere; eine ähnliche war auch an der Nordseite, aber der Sturm von 1819 verstopfte diese Öffnung. Sie sind daher der Ebbe und Fluth unterworfen, welches zu der Vermuthung führen würde, daß die Höhe des Wassers in den Teichen von dem Stande des Meeres abhinge, entweder steigend oder fallend; aber dem ist nicht so, — ein Steigen oder eine plötzliche Zunahme findet oft Statt, ohne daß es möglich wäre, irgend einen Grund dafür anzugeben. Die umgebenden Ufer der Teiche sind im allgemeinen zwei Fuß höher, als die Oberfläche des Wassers; aber zuweilen haûft sich dies so plötzlich an, daß es überfließt und die ganze Südseite überschwemmt, wärend es dagegen zu anderen Zeiten fällt; dies scheint nicht blos von der Verdunstung herzurühren, sondern von einer Absorption durch die unteren Schichten. Die Ausdünstungen dieser Teiche sind wärend dieser Zeit ungesund und die sich von ihnen erhebenden Ausflüsse sind kaum zu ertragen.

Eine lang anhaltende Trockenheit vermindert jedoch die Wassermenge beträchtlich; und findet dies im August Statt, so kann man von einigen Teichen eine bedeûtende Menge Salz gewinnen. Ich sah einen kleinen Teich an der Ostseite der Insel, dessen Flächeninhalt kaum mehr als $1\frac{1}{2}$ Acres betrug und der eine Zeitlang jährlich 1500 Barrels Salz erzeûgte; in mehreren Jahren hatte er jedoch nichts geliefert, welches wahrscheinlich von seinem vernachläßigten und schmutzigen Zustande herrührte. Der Flamingo-Teich

Teich hat auch große Mengen Salz hervorgebracht, aber zuletzt aus demselben Grunde kaum etwas gegeben. Zu der Zeit, wenn das Salz sich bildet, werden weiße Massen, gleich Wolken, unter der Oberfläche des Wassers sichtbar, die mit der Zeit höher zu steigen scheinen, bis das Wasser, welches sie bedeckte, völlig verdunstet und absorbirt ist; dann wird das Salz sorgfältig gesammelt und in Tonnen und Säcke gepackt. Der gewöhnliche Preis für die Tonne ist ungefähr ein Dollar, jetzt aber ist er wegen des herrschenden Mangels, auf zwei und einen halben bis drei Dollars gestiegen.

Der Grund aller dieser Teiche ist klippig und uneben, mit Spitzen von Korallen-Felsen, welche oft über die Oberfläche des Wassers sich erheben; dies ist vorzüglich der Fall in einem Teiche nördlich von Hrn. Gilderslеve's Wohnung, wo nicht nur größere Massen von Korallen, als sonst wo, bemerkt wurden, sondern die Bänke erheben sich auch höher. Ein Beispiel anderer Art findet sich in einem kleinen Teich, westlich vom Salz-Teich, dessen Boden sinkt und schon von Zeit zu Zeit den Untergang von Menschen und Vieh verursacht hat. Dies muß von einer großen Menge dort aufgehaüfter vegetabilischer Masse herrühren, da die obere Schicht keinesweges Triebsand ist, und ich kaum die Anwesenheit des Sandes in einer großen Menge des Stoffes, welcher seinen lockern Grund bildet, entdecken konnte. Es scheint vielmehr hier dieselbe Substanz vorhanden zu sein, welche ich, als früher die ganze Insel bedeckend, erwähnte. In der Nähe der White Bai ist der Grund elastisch, so daß er sinkt, wenn man den Fuß darauf stellt und sogleich sich erhebt, wenn der Druck aufhört.

Süßes Wasser findet sich in großer Menge fast an allen Orten der Insel, haüfig sogar in der unmittelbaren Nähe der See und umgeben von Salzteichen. Auf der Nordseite, nahe bei Loblolly Bai, ist eine Reihe von Höhlen, welche Wells (die Quellen) genannt werden und mit frischem Wasser angefüllt sind. Fabelhafte Nachrichten waren früher über die große Tiefe dieser Löcher im Umlauf; aber ich sondirte die berühmtesten und das Resultat war 6 Faden, 5½ Faden, 2½ Faden und 4 Faden. Der Geschmack des Wassers dieser Löcher ist, obgleich sie nicht weit von einander entfernt sind, sich ungleich, — das eine, welches 6 Faden tief ist, hat mehr den Geschmack, welchen das Wasser durch Mineral-Theile erhält, als die von geringerer Tiefe; und ich zweifle daher nicht, daß es seinen Ursprung unter den Kalklagern hat, — in dieser Meinung wurde ich bestärkt, als ich, bei wiederholtem Sondiren, groben Grand aus dem ersten und zweiten, aber Korallen und zerbrochene Muscheln aus den beiden letzteren und einigen anderen von gleicher Tiefe erhielt. Nördlich von Hrn. Gilderslеve's Wohnung ist ein ähnliches Sandloch mit 2 Faden Wasser, Lilly-Well genannt, dessen Wasser bei weitem den angenehmsten Geschmack hat. Die Gestalt dieser Sandlöcher ist merkwürdig, — die Öffnung ist gewöhnlich 10 bis 25 Fuß weit; und nimmt nach unten zu trichterförmig ab. Waren ihre Seiten ursprünglich senkrecht und hat die Wirkung des Regens die oberen Lagen weggespült und ihnen ihre gegenwärtige Trichtergestalt gegeben? oder sind sie durch vulkanische Eruptionen entstanden? Das in ihnen enthaltene Wasser soll oft zu einer ungewöhnlichen Höhe steigen, als ob es durch einen Druck von unten in die Höhe getrieben würde; im Allgemeinen aber ebben und fluthen sie mit dem Meere.

Die Durchseihung des Wassers durch den oberen Boden, wodurch dasselbe seiner Salztheilchen beraubt wird, geschieht in sehr kurzer Zeit; so wurde z. B. an der Nordseite der Insel ein Loch, Cow-wreck-Well genannt, in den Sand gegraben, welches mit ziemlich gutem Wasser angefüllt ist, obgleich die Entfernung vom Meere nur 130 Fuß beträgt, und in der unmittelbaren Nachbarschaft Salzteiche sind. Wärend eines Nachtlagers am Westende der Insel beobachtete ich einen anderweitigen Beweis, daß eine fast augenblickliche Durchseihung Statt findet. Nachdem ich mein Tagewerk vollendet hatte, wurde ein Loch in den Sand gegraben, um süßes Wasser zu erhalten, und es strömte reichlich aus; aber am Morgen hatte, zu meinem großen Bedauern, eine hohe Fluth unsere Quelle überschwemmt und die Brandung sie mit Sand gefüllt. Wie angenehm wurde ich daher überrascht, als die Leute, welche mich bei meiner Aufnahme unterstützten, mir sagten, dies sei von keinem Einfluß, da der Sand nur dürfe weggenommen werden und das Wasser würde wieder so rein fließen, wie am Abend zuvor, — und dies bewährte sich als richtig. Ein wenig landeinwärts am Westende ist süßes Wasser demnach vorzüglich häufig; und da ein guter Ankerplatz in der Nähe ist, so könnten ganze Flotten mit jeder Quantität, deren sie bedürften, versehen werden. Man hat mir auch gesagt, daß dies Wasser beim Aufbewahren nicht verderbe.

Nahe bei einem dieser Sandlöcher wurden mir Fußspuren gezeigt, welche, nach ihrer Gestalt und den auswärts gekehrten Zehen, als von Indiern herrührend zu betrachten sind. Herr John Vanterpool, welcher über das große Stufenjahr hinaus ist, entsinnt sich, sie bei seinem ersten Besuche auf dieser Insel gesehen zu haben, wie denn auch die ältesten Bewohner sich derselben aus ihrer Kindheit erinnerten; es ist daher kaum zu bezweifeln, daß sie von den Urbewohnern herrühren, welche diesen Ort besucht haben müssen, als er noch mit der, schon erwähnten, weichen, zähen Masse bedeckt war. Stellte man das Thermometer in das Wasser dieser Sandlöcher, so zeigte es gewöhnlich eine Temperatur von 5 bis 8° F. unter der der Atmosphäre, und 3 bis 4° unter der des Meeres.

Betrachtet man die niedrige Beschaffenheit der Insel, und die von den Teichen aufsteigenden Ausdünstungen, so würde man vermuthen, daß das Klima der Insel ungesund sei; aber die Beispiele von hohem Alter beweisen fast das Gegentheil. Man hat bemerkt, daß die Insel in den letzten zehn Jahren nicht so gesund gewesen ist, wie früher; und vielleicht hat das jetzt vorgerückte Alter der Bewohner sie empfindlicher gemacht gegen die Veränderungen des Wetters[1]. Sobald die Regenzeit eintritt und der niedrigste Theil der Insel überschwemmt ist, herrschen Fieber und Influenza. Bemerkenswerth ist es, daß jetzt nicht ein einziger Fall von Elephantiasis auf der Insel sich findet; auch ist es nicht bekannt (wie man mir sagte), daß dies Übel je einen dort Geborenen befallen habe, ungeachtet ihre Beschäftigung sie zwingt, viel im Wasser zu sein.

Nebel, gleich denen, welche wir auf dem Festlande haben, entstehen hier sehr plötzlich; und ich war selbst Zeüge von einem, welcher eine große Bestürzung unter den Bewohnern verursachte, indem sich das Geschrei erhob, daß das Meer von Norden her über das Land getreten sei. Und, wahrlich, die Erscheinung war schrekkend genug, indem große Massen weißen Nebels, schwerfällig über das Land rollend, von Norden her sich näherten; auch war ich nicht überrascht, daß man es anfangs für das Meer hielt.

Bei Windstille und heiterem Wetter und vorzüglich bei der Fluth, scheinen Gegenstände auf Virgin Gorda, welche zu anderen Zeiten völlig unsichtbar sind, sich über die Oberfläche des Wassers zu erheben, indem sie scheinbar einen leeren Raum zwischen sich lassen; und Baüme, Felsen u. s. w. scheinen demnach in der Luft zu schweben. Bei trübem Wetter, oder wenn das Meer bewegt war, habe ich diese sonderbare Strahlenbrechung nie bemerkt.

Es ist bekannt, daß die West-Indischen Inseln heftigen Erdbeben unterworfen sind; aber Hr. Gildersleve, welcher die letzten zwanzig Jahre auf Anegada lebte und ein sehr achtungswerther und wahrheitsliebender Mann ist, versichert mich, daß er sich nur sehr weniger und unbedeütender erinnert. Ein starker Stoß wurde im Oktober 1830 auf Tortola, Virgin Gorda, St. Thomas u. s. w. gespürt, von dem man auf Anegada nichts wußte; und bei einem anderen Vorfalle wurde eine Erschütterung, welche wir am 23sten April 1830 auf Anegada hatten, nicht auf Tortola gespürt. Sollen wir schließen, daß dies Ereigniß nur zufällig war? oder, wenn das Gegentheil Statt findet, und da diese Stöße, welche gemeinschaftlich auf den Virginischen Inseln gefühlt werden, sich nicht bis Anegada erstrecken, sollten wir da nicht die submarine Verbindung

[1] Es ist eine herrschende Meinung unter den Bewohnern, daß die Insel weniger gesund ist, seitdem die Mosquitos aufgehört haben, sie in so großen Wolken zu besuchen, wie vor 1819; aber da es scheint, daß sie im Jahre 1831 in so großer Zahl, wie je zurückkehrten, so mögen diejenigen, welche diese Meinung hegen, hoffen, daß auch diese Wirkung ihres Wegziehens, aufhören werde.

zwischen ihnen, von der wir sonst Beweise haben, bezweifeln müssen? Die richtige Antwort dürfte sein, daß das unterirdische Feüer, oder vielmehr die elastischen Gasarten, keine Unterstützung in Anegada finden. Das Thermometer stand an jenem Tage um 12 Uhr auf 23°,13 R. und fiel, wärend des Stoßes, um 2 Uhr, auf 20°,4 R.

Ich füge unten das Resultat der Thermometer-Beobachtungen, welche wärend der Monate April, August, September und Oktober 1831 und, zur Vergleichung, einige andere, zu derselben Zeit auf Tortola angestellte hinzu. Die mittlere Temperatur ist größer auf Anegada, als auf Tortola und mag dem Kalkboden und den niedrigen, sandigen Buchten der ersteren Insel zuzuschreiben sein [1].

Die vegetabilischen Erzeügnisse von Anegada sind gewissermaßen eigenthümlich. Ich fand mehrere Arten von Malpighia, Mimosa, Eugenia, Croton, Agave, Epidendrum u. s. w., welche ich auf keiner der anderen Virginischen Inseln bemerkte. Diese Pflanzen scheinen in regelmäßige Familien vertheilt zu sein; daher beobachten wir an gewissen Orten einige, welche diese Stellen ausschließlich gewählt zu haben scheinen und sonst nirgends angetroffen werden. Dies ist der Fall mit Malpighia angustifolia, welche um die Niederlassung sehr haüfig ist, aber weder weiter östlich noch westlich vorkommt. Malpighia urens findet sich weiter gegen Westen, so wie auch eine andere Art (vielleicht coccifera), deren Beeren von den Kindern gegessen werden; diese beide sind hauptsächlich um die Wohnung des Hrn. Gildersleve. Ein kleiner Platz, fast von den Teichen eingeschlossen, und von Hrn. Gildersleve angebaut, bringt Laurus culilaban hervor, dessen Rinde, als einfaches Arzneimittel, sehr gesucht wird. Das Westende ist merkwürdig durch die große Menge von Seetrauben (Coccoloba uvifera). Die Sandhügel der Nordseite sind mit Suriana maritima bewachsen; andere Stellen sind von Rhizophora mangle, Scaevola lobelia besetzt; und eine Croton-Art, welche unter den Virginischen Inseln Anegada eigenthümlich ist, scheint sich fast über die ganze Insel auszubreiten. Der Saft, welcher aus ihren Zweigen und Blättern fließt, wenn sie gepreßt werden, färbt so stark, daß nichts es wegzuschaffen vermag; der Geruch ist stärker, als der von Croton balsamiferum.

Die schöne Robinia squamata wird haüfig angetroffen, und ihre gelben Blüthen-Trauben tragen nicht wenig zur Zierde der Flora von Anegada bei. Ich habe bemerkt, daß die gelbe Farbe

[1]

	Anegada.	Tortola.
Mittlere Temperatur im April 1831	20°, 8 R.	20°, 0 R.
— — — August	22, 7 —	22, 2 —
— — — September	22, 9 —	22, 2 —
— — — Oktober	22, 17 —	21, 3 —

unter den Blumen der Insel auffallend vorherrscht, wärend die rothe und blaue nur in wenigen Fällen sich findet.

Es kamen auch vier oder fünf Pflanzen von Agave vivipara vor, zwei in der Nähe der Niederlassungen und zwei nordwärts von Hrn. Gildersleve's Wohnung. In kurzer Zeit wird an diesen Stellen eine große Menge gefunden werden, denn eben jetzt haben sich Kolonien um die Mutterpflanzen gebildet. Die anderen Virginischen Inseln besitzen diese Pflanze nicht, auch erinnere ich mich nicht, sie auf Porto Rico gesehen zu haben.

Die Vertheilung dieser Pflanzen nach Geschlechtern, welche den anderen Virginischen Inseln durchaus fremd sind, läßt nicht zweifeln, daß die Samen durch Strömungen dorthin geführt wurden, und vielleicht auch durch Vögel, welche regelmäßig zwei Mal des Jahres von dem Spanischen Festlande ankommen.

Die Ränder der Teiche sind gewöhnlich mit rothen Ulven bedeckt, welche, zwischen den Fingern gepreßt, eine ähnliche rothe Farbe hinterlassen, und, wenn man sie aus dem Wasser nimmt und der Sonne aussetzt, so werden sie zersetzt und riechen sehr widrig. Ich entdeckte eine ähnliche Ulva auf einem Korallenfelsen, als die Fluth sich zurückzog.

Obgleich die Klasse der Lithophyten überwiegt, so verdankt doch Anegada seinen Ursprung der vereinigten nnd unermüdlichen Arbeit der folgenden Gattungen: Madrepora muricata, galaxea, astroites und porites, Millepora alicornis, compressa, Nullipora u. s. w. Die Kapitains Flinders und Basil Hall, so wie Hr. Quoy, haben die Oeconomie dieser Thiere beschrieben, daß ich es für völlig überflüssig halte, mehr über sie zu sagen [1]. Die Ceratophyten finden sich mehr auf der Südseite, als auf der Nord- und Ostseite. Im Allgemeinen sind die verschiedenen Gattungen der Polypen, Acephalen, und Echinodermen zahlreich um Anegada.

Von allen Insekten der Insel sind die Mosquitos (eine Simulia oder Atractocera Art) die lästigsten; die Qualen, welche sie den Bewohnern verursachen und ihr Besuch, der in unbestimmten Zeitintervallen Statt findet, hören in der That nie auf. Sie schwärmen nicht nur am Tage, sondern sie vermehren sich auch noch bei Nacht durch den „Gallon nipper,' eine größere und daher giftigere Art, als die gemeinen Mosquitos. In den letzten zwölf Jahren wurde Anegada von keinem so großen Schwarm dieser Insekten besucht, wie wärend des Sommers von 1831. Ich war in

[1] Ich sah an dem südöstlichen Riffe eine seltsame Bildung von ihrer Arbeit; — es war von der Gestalt eines Kessels, regelmäßig ausgehöhlt, und in der Entfernung von einem Fuß mit einem Wall von gleicher Höhe umgeben. Den Durchmesser des ganzen Werkes schätzte ich auf etwa 11 oder 12 Fuß. Ich schickte zwar einen Taucher hinab, um ein Stück abzubrechen, aber es wollte ihm nicht gelingen.

der That mehrmals genöthigt von meinen Vermessungen nach der Niederlassung zurückzukehren, da ich, in Folge ihrer schmerzhaften Stiche, nicht im Stande war, fortzuarbeiten. Nur durch einen, beständig um die Wohnung unterhaltenen Rauch ist es möglich, sie einiger Maßen los zu werden [1].

Von anderen giftigen Insekten finden sich Scolopendra morsitans, Scorpio americana, schwarze und blaue Spinnen; der Biß der letzteren ist gefährlich, indem er plötzliche Entzündung verursacht. Sonderbar ist es, daß man hier keine schwarzen Würmer oder Gongolos (Julus fuscus) antrifft, obgleich sie in großer Zahl auf den übrigen Virginischen Inseln vorkommen. Personen, welche einige von Spanish Town aus Neùgierde mit herüberbrachten, erzählten mir, daß sie, ohne sich fortzupflanzen, in kurzer Zeit starben. Es ist gewiß eine merkwürdige Thatsache, daß, da die Entfernung zwischen Virgin Gorda und Anegada so unbedeùtend und der Julus fuscus in so großer Menge auf der ersteren Insel sich findet, doch keiner auf der letzteren angetroffen wird. Kann die Luft der Grund davon sein oder die Anegada eigenthümliche Ausdünstung des Bodens? Wäre das letztere, so müßte es der kalkigen Beschaffenheit des Bodens zugeschrieben werden.

Die Arten von Crustaceen sind zahlreich und liefern einen beträchtlichen Beitrag zu dem Unterhalte der Inwohner. Die Menge der Astaisis, Scyllarius und Cancer, welche man auf den Riffen und, bei Nacht, auf den felsigen Küsten an der Nordseite fangen kann, ist beträchtlich. Man könnte vermuthen, daß die Mollusken gleichfalls zahlreich wären, und daß ein Conchyliologe durch eine Excursion dorthin, völlig würde belohnt werden; allein er würde sich sehr getaùscht finden, es giebt nur wenig Arten. Tellina radiata kommt in größter Vollkommenheit vor; ebenso Phola und Mya, einige Cypraeen und zuweilen ein schönes Exemplar der Königinn-Muschel (Buccinum flammeum). Im Mai, wenn die Fluth am niedrigsten ist und das Wasser sich von den Riffen zurückzieht, ist die Oliven-Muschel (eine Voluta-Art) durch die Sonnenhitze gezwungen, ihren Platz zu verlassen und nach dem Wasser hin zu kriechen, ein beträchtliche Menge wird wärend dieser Zeit gesammelt, aber es sind nur gewöhnliche und von keinem Werthe.

Das umgebende Meer ist voll von guten Fischen, denen auch die Teiche ihre Zahl hinzufügen; ohne ins Einzelne zu gehen, er-

[1] Sie waren seit 1819 meist verschwunden, ohne daß irgend ein Grund dafür anzugeben wäre; aber sie kehrten 1831 in größeren Schwärmen als je, zurück. Diese Insekten sind nicht nur eine Plage für die Menschen, sondern die armen Thiere leiden gleichfalls, und verschiedene Personen erzählten mir, es sei ihnen bekannt, daß die wilden Ziegen nach den Niederlassungen zurückkehrten, um Schutz zu suchen. Die Schaafe leiden am meisten von ihren Stichen, welche Entzündung, Krämpfe und selbst den Tod unter ihnen verursachen.

wähne ich nur einer Thatsache, welche eine genauere Untersuchung verdient. Es ist bekannt, daß der gelbmaülige Breitling (Clupea oder Thrissa), die Baracua (Perca, Browne), die dicknasige Cavalla (Scomber, Browne), der Klippenfisch (Perca marina (Catesby) und mitunter der Königsfisch (Xiphias) zuweilen giftig sind und unmittelbar den Tod verursacht haben. Welchem Umstande die giftige Eigenschaft der Fische zuzuschreiben sei, ist sehr ungewiß; man hat vermuthet, daß ihre Nahrung auf Kupferbänken, von denen sich einige bei St. Eustatia befinden, sie giftig mache; andere laügnen dies und schreiben es ihrer Nahrung von narkotischen submarinen Pflanzen zu. Obgleich indeß haüfige Fälle in den benachbarten Inseln sich ereignen, so ist doch nicht ein Beispiel von Fischgift auf Anegada bekannt; und der gelbmaülige Breitling, die breiteste Baracura und sogar der Amberfisch werden ungestraft gegessen. Wer kann dies Räthsel lösen? Wenn wir annehmen, daß die Nahrung auf Kupferbänken gewisse Fische giftig macht, dann müssen die Wasser um Anegada ein kräftiges Gegengift besitzen, dessen die Nachbarinseln beraubt sind; oder wenn die giftige Eigenschaft von dem Verzehren einer narkotischen submarinen Pflanze entsteht, dann muß Anegada nicht nur ohne diese, sondern die gefährliche Eigenschaft der Pflanze muß auch augenblicklich sein und der Fisch muß unmittelbar nachdem er sie gefressen, gefangen werden, weil die Entfernung zwischen Anegada und Virgin Gorda so unbedeütend ist, und man würde annehmen können (selbst zugegeben, daß das Meer in der Nähe der ersten Insel entblößt von ihnen sei), daß doch wenigstens ein Beispiel bekannt geworden, wo der giftige Fisch seinen Weg nach Anegada hin nahm, und dort gefangen, sich denen, welche von ihm aßen, schädlich bewies. Muscheln und Krebse sind gleichfalls unschädlich. Da es fast keinen Zweifel läßt, daß diese Thiere schädlich werden, wenn sie in der Nähe des Manschinell-Baumes (Hippomane mancinella) leben, und von seinen Wurzeln fressen, — und da Anegada nicht einen einzigen Baum dieser Art besitzt, — sollen wir deshalb schließen, daß nicht nur Muscheln und Krebse, sondern auch die erwähnten Fische, durch die Wurzeln des Manschinell-Baumes giftig werden, welcher bekanntlich am Rande des Wassers wächst und seine Wurzeln in dasselbe hinein verbreitet? Ich erkenne mich selbst für nachläßig darin, daß ich diesen Punkt nicht vorher untersucht habe, aber ich hoffe noch einige weitere Beobachtungen der geringen Kenntniß, welche wir davon haben, hinzuzufügen. Es ist ein, nur den Inwohnern von Anegada verliehener Seegen, daß sie unbesorgt jeden Fisch genießen können.

Von Reptilien finden wir die Schlangen allgemein auf den Virginischen Inseln. Ich traf eine kleine rothe Schlange an, sehr ähnlich im Äußeren der gefährlichen Korallen-Schlange; aber man versicherte mich, daß diese Art völlig unschädlich sei. Ich sah auch die Amphisbaena fuliginosa, welche den Bewohnern fremd war und von dem spanischen Festlande eingewandert sein muß. Der Leguan oder Guana (Iguana spadissima) findet sich häufig am Westende und erreicht eine beträchtliche Größe: er wird mit Hunden gehezt. Die Gally-Wasp, oder Waldsklave (eine Lacerta Species) ist selten. Die grüne Schildkröte (Chelonia mydas) legt häufig ihre Eier in den sandigen Buchten. Vor 1819 wurde Chelonia imbricata auf dem seichten Grunde um Anegada in Menge gefangen; aber es scheint, daß der furchtbare Orkan, welcher sich in diesem Jahre ereignete, sie vertrieben und ihre Nachkommenschaft zerstört hat; es ist jetzt sehr selten, eine von ihnen zu finden.

Das befiederte Geschlecht ist sehr zahlreich, wie schon vermuthet werden kann, da die Insel so viele und so große Teiche besitzt. Unter allen fremden Vögeln, welche Anegada gelegentlich besuchen, zeichnet sich der Flamingo (Phoenicopterus ruber) aus. Sie kommen gewöhnlich wärend der Regenzeit, wenn der Orinoco seine Ufer überschwemmt, und sie der Mittel, sich ihre Nahrung zu verschaffen, beraubt. Mit dem ersten Südwinde zu dieser Zeit, nähern sie sich in Zügen von Hunderten und wählen Flamingo Pond zu ihrem Lieblings-Aufenthalt; von dort aus begeben sie sich jeden Morgen bei Sonnen-Aufgang nach den Riffen, wo sie, bis die Sonne sich dem Horizont nähert, Nahrung suchen und dann zurückkehren. Es ist ein prächtiger Anblick, mehrere hundert zu sehen, wenn sie, regelmäßig geordnet, in Gestalt eines Kreuzes von Westen her sich nähern, ihre mächtigen Flügel schwingen, und die Sonne ihre Strahlen von ihrer rosenrothen Brust reflectirt, wärend die Luft von ihrem Geschrei wiederhallt, welches, da es aus mehreren Cadenzen besteht, einem Gesange verglichen worden ist. Es scheint, daß sie jährlich sich vermindern; auch brüten sie nicht auf Anegada, wie sie früher thaten. Auf dem spanischen Festlande werden diese Vözel für heilig gehalten und auf keine Weise von den abergläubigen Inwohnern belästigt. Unglücklicher Weise ist ihr Fleisch schmackhaft und die Bewohner von Anegada, nicht abgehalten durch religiöse Scheu, richten jährlich eine große Verwüstung unter ihnen an.

Die Teiche werden ferner häufig besucht von großen Zügen von Enten, Haematopus, Ardea (virescens und coerulea), Charadrius, Calidris, Dicholophus, Psophia, Parra, Tulica und andere von den Grallatoren, welche, bei der Annäherung eines Menschen, sich über die Oberfläche der Teiche erheben und die Luft mit ihrem betaubenden Geschrei erfüllen.

Mit Ausnahme der Hausthiere hat Anegada nur eine Saugethier-Species im Überfluß, und das ist die Ratte. Sie sind in der That eine Plage, und laufen des Nachts in großer Zahl über

Betten, Stühle und Tische. Sie dringen auch am Tage ein, indem ihnen, im Nothfall, die Sandlöcher eine sichere Zuflucht gewähren.

Die Bevölkerung von Anegada besteht jetzt aus eilf weißen und ein und zwanzig farbigen und schwarzen Familien.

Strömung. Es ist hinreichend bekannt, daß die durch die Drehung der Erde bewirkte Tropen-Strömung, westwärts geht und ihre große Bewegung in diesen Breiten durch das Caribische Meer führt; wahrscheinlich aber ist es, daß ein Arm derselben sich an der Nordost Küste von Süd-Amerika seitwärts wendet und längs der Caribischen Inseln gegen Nordwest streicht, bis er die Bahama Inseln erreicht, wo er von dem Golfstrom durch den Bahama Kanal abgeleitet wird; und dieser Arm ist es, welcher jetzt meine besondere Aufmerksamkeit auf sich zieht und dessen Dasein zu beweisen, ich die folgenden Bemerkungen anführe:

Schiffe, welche von Amerika nach Westindien und vorzüglich nach St. Thomas bestimmt sind, finden sich häufig im Norden der Virginischen Inseln; und diese Ablenkung von ihrem beabsichtigten Kurse hat sich zu oft verderblich gezeigt, indem sie auf die Riffe von Anegada geriethen, wenn sie glaubten, noch weit südwärts von dieser gefahrvollen Insel zu sein. Auch können wiederholte Vorfälle, wie diese, nicht ausschließlich den Beobachtungs-Fehlern bei Bestimmung der Breite oder der falschen Schiffsrechnung zugeschrieben werden.

Ich verließ Neu York am 28. Oktober 1829 in der Amerikanischen Brigg William und Thomas, welche nach St. Thomas bestimmt war. Wir erreichten Bermuda am siebenten Tage nach unserer Abreise, und als ein widriger Wind unsere Fahrt verzögerte, entdeckten wir Land am Morgen des 15. Novembers. Der Kapitain hielt es, seiner Berechnung zufolge, für St. Martin, aber bei der Annäherung wurde glücklicherweise bemerkt, daß es Virgin Gorda sei, sonst würde uns dieselbe Nacht sehr wahrscheinlich auf den Riffen von Anegada gesehen haben.

Ich sprach mit dem Kapitain Brown von der Englischen Brigg Francis, von Nassau (Neu-Providence) nach Trinidad bestimmt, welcher, mehrere Tage durch trübes Wetter verhindert, Beobachtungen anzustellen, nach seiner Rechnung weit von Anegada war und da er am Abend Land entdeckte, dies für St. Martin hielt, aber an demselben Abend um eilf Uhr an den Riffen von Anegada scheiterte.

Die amerikanische Brigg Lewis, Kapt. Turly, von Philadelphia nach St. Thomas und Maracaibo bestimmt, scheiterte, am 9. April 1831, an dem südöstlichen Riff von Anegada. Nach seiner Berechnung war er am Tage zuvor auf dem Parallel von St. Thomas; und man hat mir erzählt, daß er ein zweites Mal mit genauer Noth dem Scheitern, nahe an derselben Stelle, wo er den Lewis verlor, entging, indem er den Schaum der Brandung noch zur rechten Zeit entdeckte, um davon segeln zu können.

Wärend meiner Messungen auf Anegada und den Riffen dieser Insel hatte ich neüe Beweise für das Dasein dieser nordwestlichen Strömung. Ich fand auf dem südöstlichen Riff mehrere Boyen mit daran sitzenden Tyer Seilen welche, da Anegada den Tyer (Corypha) nicht besitzt, und sie auch nicht von den westlichen Inseln dahin getrieben sein können, wie ich glaube, von St. Martin kamen. Auch fand ich, einige Tage nach einer steifen Kühlte (24. Septbr. 1831) zwei Boyen auf demselben Riff, welche an Anker schienen befestigt gewesen zu sein. Als ich zwischen Virgin Gorda und Anegada lothete, warf ich das Log alle dreißig Minuten und erhielt eine regelmäßige Kunde wie unsere Stellung zwischen den einzelnen Lothungen gewesen sein mußte; aber ich unterließ nicht, zugleich die vorher bestimmte Lage einiger merkwürdigen Gegenstände aufzunehmen, und es war sehr selten, daß beide Methoden übereinstimmten, da unser Treiben immer westlich war; auch konnte ich dies nicht dem Einfluß der Fluth zuschreiben, indem das Resultat dasselbe blieb, sie mochte nördlich oder südlich gehen. Um fernere Beweise zu erhalten, verließ ich auch eines Tages meinen Ankerplatz und segelte zehn Meilen nördlich von Anegada, wo das Boot angehalten und durch einen mit Steinen gefüllten Kessel festgestellt wurde, indem damals südliche Fluth war; dessenungeachtet wurde das Log nach Nordwest bei West geführt. Ich wiederholte denselben Versuch in den Wassern zwischen Virgin Gorda und Anegada, wo ich den Vortheil des Ankerns hatte; und die Folge war immer dieselbe; die Strömung hatte nahe einen Knoten Geschwindigkeit.

Ich habe schon des kalkigen und siliciösen Absatzes, auf der Südseite von Anegada erwähnt, welchen ich als die Anschwemmung dieser Strömung betrachte und sehr wahrscheinlich wird ein Theil des Absatzes vom Orinoco herabgebracht. Dies erklärt den Grund, weshalb manche Pflanzen auf dieser Insel angetroffen werden, die auf keiner der andern Virginischen Inseln vorhanden, sondern Süd-Amerika eigenthümlich sind; und da sie an der Südseite von Anegada sich erhalten, wo die Brandung nicht so heftig ist, so unterscheidet sich die Flora dieser Seite wesentlich von der der anderen Seiten.

Ich sah an der Nordseite von Anegada sehr viele Korkspäne; und auf meine Erkundigung sagten mir die Inwohner, daß jährlich dergleichen schon seit vielen Jahren an die Küste getrieben würde, in hinlänglicher Menge, um sie reichlich mit Kork zu versehen, welchen sie an ihre Fischnetze befestigen. Da jetzt die Korkeiche (Quercus subor) in Süd-Europa und in Afrika inheimisch ist, so vermuthe ich, daß dies Angeschwemmte zuerst von der Küste von Spanien und Portugal gebracht und fortgetrieben wird mit der Südost-Strömung, welche dort vorherrscht, bis es die große West-Strömung trifft, durch welche es in dem Arme, der diese nordwestliche Richtung annimmt, zu den niedrigen Gestaden von Anegada geführt wird; und es würde wünschenswerth sein zu erfahren, ob ähnliche Korkstücke auch an die anderen Küsten der Caribischen Inseln getrieben werden.

Es ist auch eine merkwürdige Strömung innerhalb des Riffs von Anegada, welche längs der Küste von Westen gegen Osten geht, an der Nordseite; und von Osten nach Westen an der Südseite der Insel, bis sie den Umlauf vollendet, wenn sie durch einen Kanal nahe am Westende ausfließt.

Untersucht man die Liste der bei Anegada gescheiterten Schiffe, so wird man bemerken, daß die Amerikaner am meisten dort verlieren; die nächsten sind die Spanier; dann einige Engländer und noch weniger von anderen Nationen. Und es ist gewiß wahr, daß die Amerikaner am meisten mit St. Thomas handeln. Aber außerdem sind ihre Schiffe, nachdem sie den Golfstrom überfahren haben, auch am meisten dem Einfluß der Nordwest-Strömung ausgesetzt; nach ihnen kommen die von Spanien nach Cuba bestimmten Schiffe, welche aus der westlichen Tropen-Strömung mögen Nutzen gezogen haben. Die Ausdehnung der Strömung an der Außenseite von Anegada, kann ich nur vermuthen, aber es ist wahrscheinlich, daß sie sich nicht weiter, als Lat. 24° N. erstreckt, wo sie, wie ich glaube, durch den Arm des Golfstroms, welcher seitwärts durch den Bahama Kanal entweicht, abgelenkt wird, oder durch andere der vielen Local-Strömungen, welche bei jenen Inseln vorhanden sind, doch kann dies nur durch eine genaue Untersuchung bestimmt werden. Da sie einen Zweig der großen Strömung in den Golf von Mexico bildet, so ist es sehr wahrscheinlich, daß ihre Temperatur verschieden von der des übrigen Oceans sei, und wesentlicher Nutzen möchte daher, wenn man sich diesen Breiten nähert, aus dem Gebrauche des Thermometers zu ziehen sein.

Die Nordwest-Fluth ist zwischen diesen Inseln stärker, als die Südost-Fluth; ohne Zweifel wegen des Umstandes, daß Fluth und Strömung denselben Weg nehmen. Und hier ergeben sich zwei andere bemerkenswerthe Thatsachen: 1) Die meisten Schiffbrüche bei Anegada ereignen sich in den Monaten März und Juni. 2) Schiffe von großer Last stoßen gewöhnlich auf das Riff in Südosten, wärend kleinere Fahrzeuge weiter westlich auf die Küste gerathen. Aus der Beobachtung beider Punkte habe ich die folgende Ansicht entlehnt. Der Wind weht, vom März bis Juni, häufig aus Süd und Südost, und die Geschwindigkeit der Nordwest-Strömung wird also zunehmen; daher werden die Schiffe, welche in dieser Zeit nach diesen Inseln seegeln, Irrungen in ihrem Laufe mehr unterworfen sein, als zu irgend einer anderen Zeit. Und da die Strömungen auf leichtere Körper mehr Einfluß haben, als auf schwerere, so halte ich dies für den eigenthümlichen Grund der zweiten Bemerkung. Eine weitere Erforschung der oben aufgestellten Thatsachen scheint mir indeß von der größten Wichtigkeit zu sein; und es wäre sehr wünschenswerth, wenn die Aufmerksamkeit der Führer der nach diesen Inseln bestimmten Schiffe auf diesen Gegenstand gelenkt würde. Die Bekanntmachung ihrer Bemerkungen könnte einiger Maßen die traurigen Scenen verhindern, deren Schauplatz Anegada leider nur zu oft ist.

XV. — Geographische Bemerkungen über das Reich Marokko. Vom Lieutenant Washington, von der Königl. Marine. Gelesen den 11ten und 25sten April 1831[1].

Die vorzüglichsten Städte des Reiches Marokko, so wie die Sitten und Gebraüche seiner Bewohner, sind oft beschrieben worden; aber von der Geographie des Landes, von der Lage der verschiedenen Städte, von dem Umrisse der Meeresküste, vom Laufe seiner Flüsse, von der Höhe seiner Berge und Hochebenen und von seinem geognostischen Bau und seiner allgemeinen Gestaltung ist unsere Kenntniß sehr unvollkommen.

Ein kurzer aber genauer Bericht von den Beobachtungen, welche auf einer Reise von und nach der Stadt Marokko und dem Atlas-Gebirge, und wärend eines Aufenthaltes von einem Monate in der Hauptstadt, im Winter von 1829—30, angestellt wurden, ist auf den folgenden Seiten enthalten.

Die zur Gesandtschaft nach Marokko bestimmten Personen versammelten sich am Anfange des Novembers in dem gastfreien britischen Consulate zu Tanger. Diese Stadt liegt auf einer steilen, vom Strande jäh sich erhebenden Anhöhe und kehrt ihre östliche Seite, die einen nicht unanmuthigen Anblick gewährt, gegen eine, etwa drei Meilen breite Bucht. Sie ist von verfallenen Mauern umgeben, alle sechszig Schritte mit runden und viereckigen Thürmen und hat drei feste Thore. Ihre Befestigungswerke gegen das Meer bestehen aus zwei an der Südseite des Seethores gelegenen Batterien, von denen die eine über der anderen steht. Dem Landungsplatz gerade gegenüber sind oben auf der Mauer etwa zwölf Ka-

[[1] Von dieser Reisebeschreibung habe ich zwar schon einen Auszug in meinen Annalen der Erd-, Völker- und Staatenkunde, Band VI, S. 233 bis 255, mitgetheilt; da dieser Auszug aber nicht aus dem Originale, sondern von einer französischen Bearbeitung entlehnt wurde, so wird die vollständige Uebertragung in der Sammlung der Schriften der K. G. G. nicht fehlen dürfen. Der Leser wolle übrigens ‚das Sultanat Mogh'rib-ul-Aksa, oder Kaiserreich Marokko; von Graberg von Hemsö, Stuttg. und Tübing. 1833' zur Hand nehmen, um sich zu überzeügen, daß der Verf. den Bericht des englischen Reisenden fleißig benutzt hat. — B.]

nonen; gegen Norden in einer runden, die Bucht beherrschenden Batterie ungefähr zwanzig Kanonen, von allem Kaliber auf plumpen maurischen Lavetten, welche nicht zehn Minuten einem Feüer widerstehen würden; gegen Norden krönt Alles ein altes, geraümiges Schloß, L'Kassbah, die Residenz des Gouverneurs. Auf der Landseite sind eine verfallene Mauer und ein Graben die einzigen Befestigungswerke. Die Thore werden bei Sonnen-Untergang geschlossen und des Nachts bewacht.

El Djamaa Kibir, oder die Hauptmoskee, ist groß und ziemlich schön. Ihr Sma oder Thurm, an der nordwestlichen Ecke, ist hoch und mit bunter eingelegter Arbeit verziert; eben dasselbe gilt vom Fußboden der Moskee, der von einer Reihe niedriger Saülen, um einen Springbrunnen in der Mitte, eingefaßt ist.

Die Straßen, mit Ausnahme der Hauptstraße, welche die Stadt, vom See- bis zum Landthore, unregelmäßig durchschneidet, sind eng und krumm. Die Haüser niedrig mit platten Dächern, ausgenommen die der Eüropäischen Consuln, von denen einige bequem eingerichtet sind.

Auf einem freien Platze, etwa in der Mitte der Hauptstraße, ist ein Gemüse- und Obstmarkt. Aber der Hauptmarkt, Sok el Wahad, wird am Sonntag, außerhalb des westlichen Thores, gehalten und ist mit Geflügel, Wildpret, Gemüse, Datteln, Obst u. s. w. reichlich versehen. Das Fleisch ist gut und wohlfeil.

Diese Stadt ist die Residenz eines Paschas, dessen Gebiet sich etwa fünf und zwanzig Meilen südwärts erstreckt.

Außerhalb der Mauern liegen einige fruchtbare Gärten; sie gehören den verschiedenen hier sich aufhaltenden Consuln, welche zahlreich genug sind, eine sehr angenehme Gesellschaft zu bilden. Von einer Terrasse in dem Garten des schwedischen Consuls ist eine weite und schöne Aussicht über die Stadt Tanger und die Bucht an ihrem Fuße; im Süden erblickt man die entfernten Piks des kleinen Atlas und gegen Norden, über den tiefblauen Gewässern der Straße, die Küste von Spanien, von dem denkwürdigen Kap Trafalgar bis zum Felsen von Gibraltar. Der Ankerplatz in der Bucht ist ziemlich gut, ausgenommen bei starken Nordwest-Winden. Würde der Hafendamm, dessen Überreste noch unter dem Wasser sichtbar sind, wieder erbaut, so würde das Landen an der Küste immer sicher sein. Die Ruinen des alten Tanger, vielleicht Tingis der Alten, und eine römische Brücke, stehen noch am südlichen Theile der Bucht. Vier kleine Batterien, jede von etwa sechs Kanonen, vertheidigen die Sandhügel, welche längs der Küste liegen.

Die Bevölkerung von Tanger beträgt 7 bis 8000 Seelen, worunter 1500 Juden, welche vorzüglich Handwerker sind.

Erste Tagereise, — 1829, November 9.

Die britische Gesandschaft, bestehend aus einigen Offizieren, dem Dollmetscher, einem bunten Haufen von Mauren, Arabern und Juden, als Maulthiertreiber und Diener, eskortirt von einem Detaschement maurischer Reiterei und begleitet von dem Pascha der Provinz mit allen seinen Truppen und sämmtlichen europäischen Consuln, um der Mission Ehre zu erzeigen, — verließ Tanger, indem sie ihren Weg in südlicher Richtung nahm, über einen sandigen Boden, durch die fruchtbaren Gärten, welche die Stadt umgeben; dann durch ein welliges Land über abgerundete, etwa 300 Fuß hohe Schieferhügel (Glimmerschiefer mit Gängen von blättrigem Quarz wurde selten angetroffen; Streichen NW. und SO.; Fallen der Schichten 75° gegen SW.) und bedeckt mit wenigem Grase; hie und da passirten wir ein arabisches Dorf, aus wenigen Hütten bestehend, eingehägt mit einer Hecke von Aloë und Stechdorn, oder Indischer Feige [1]; hier und da ein Fleck Hirse, sonst kein Zeichen von Anbau. Unser erstes Lager war acht Meilen entfernt, ein gutgewählter Platz in einem Thale, umgeben von einem Amphitheater von Hügeln, deren entfernte Reihen in Südosten sich weit gegen Kap Negro hin erstrecken. Wir kamen in der Dämmerung an und fanden die Zelte schon aufgeschlagen; und als der breite Vollmond über den Bergen im Osten emporstieg, war die Scene in der That schön und malerisch. Zu beiden Seiten des runden, schönen Zeltes unseres maurischen Führers, Sidi Mohammed, welches weiß und blau gestreift und an der Spitze mit einer vergoldeten Kugel geziert war, bildeten die anderen Zelte einen Kreis mit den Arabern und dem Gepäcke in der Mitte; Kameele Pferde und Maulthiere waren rings herum angepfählt; hier und da eine Gruppe Mauren, deren dunkelbraune Gesichter von den Wachtfeüern beschienen wurden, über die sie sich hinneigten; und als die Moslems das Singen des Slat el Aschar oder Abendgebetes begannen, so vollendete dies eine Scene, von der wir Alle schon in unserer Jugend Schilderungen gelesen, die aber bis diesen Augenblick Keiner von uns in der Wirklichkeit gesehen hatte.

Zweite Tagereise, November 10.

Kurz vor Tagesanbruch weckte uns die männliche Stimme unseres Anführers, welcher alle seine Truppen zum Morgengebete versammelte; — und so war es nicht nur an diesem Morgen, sondern auf der ganzen Reise Gebrauch. Das Wetter mochte sein, wie es wollte — regnicht und stürmisch oder schön und still — lange vor Tage lagen die Musselims auf der Erde und sangen die vorgeschriebenen Kapitel ihres heiligen Korans.

[1] Cactus Opuntia (Kermuse d'Ensarrah, d. i. Christus-Feige.)

Die Reise ging heute in der Richtung S. g. W. 10 Meilen weit über den gut bewaldeten Hügel Dahr Acclaou; Korkbäume, wilde Oliven, Droo, Myrthe, Haidekraut, Ginster, Pflaumenpalmen [1] u. s. w. wurden gesehen, Massen zerklüfteten Sandsteins lagen in wilder Verwirrung umher; der Boden war sandiger Thon. Von der Spitze dieses 500 Fuß hohen Hügels, welcher ein westlicher Vorsprung von dem nördlichen Arme des kleinen Atlas ist, hat man eine weite Aussicht auf eine offene Berglandschaft im Osten und Nordosten, selbst bis zum Affenberg und dem Felsen von Gibraltar, jenseits Kap Spartel im Norden und auf den gekrümmten Lauf zweier Flüsse in der anliegenden Ebene, die sich am Fuße dieses Hügels vereinigen und drei Meilen westlich in den Atlantischen Ocean fließen. Wir durchwateten Wad Meschra'l Schef (steinige Furth) und übernachteten auf einer 400 Fuß hohen Hochebene an einer laulichten Quelle, Sanya d'Ulad Sbaida genannt, nachdem wir an fünf arabischen Dörfern und einem Grabe eines Heiligen Koubba, vorüber gekommen waren.

Dritte Tagereise, November 11.

Wir zogen zehn Meilen südlich durch ein etwa acht Meilen breites Thal, mit vielen Quellen; im Westen begränzt von einem Hügelzuge (500 Fuß), welcher die Meeresküste bildet und etwa vier Meilen entfernt ist; ostwärts durch eine Reihe massiger Berge (2500 Fuß), Djibbel Halib (d. h. geliebter Berg) genannt; der Boden besteht aus leichtem Thon; wenig oder gar kein Anbau; einige Felder von Dra oder Hirse [2]: wir passirten vier arabische Dörfer, drei Koubbas und lagerten am Eingange des Fas y Rechan (Myrthenthal). Ungefähr zwei Seemeilen ostnordöstlich von dieser Stelle steht ein sonderbarer Fels, L'Uted, oder Zapfenstein, genannt, nach der Beschreibung ähnlich denen, welche man in England Druidensteine zu nennen pflegt.

Vierte Tagereise, November 12.

Kurs S. sechszehn Meilen: die ersten vier über eine Myrthen-Ebene; dann durch ein enges, eine halbe Meile breites Thal, das sich in südlicher und südöstlicher Richtung windet, wovon es Kameel-Hals genannt wird; den übrigen Theil über eine Ebene mit grobem Grase, deren Boden ein leichter Thon und Sand mit Sandstein-Geschieben war, und durch einen Wald von schönen Korkbäumen, das östliche Ende des Waldes von El Araisch. Wir übernachteten zwei Meilen von Al Kantra (Brücke), dem Schau-

platze

[1] Palmetto, Palma prunifera.

[2] Das Wort Durrah oder Dhurrah, schnell ausgesprochen, nach der Art der Moghrebiner. Es ist eine Art Sorghum oder Hirse.

platze des Kampfes zwischen den Mauren und Portugiesen, i. J. 1578, wo Don Sebastian, welcher das Privilegium hat, gelegentlich wieder zu erscheinen, Leben und Krone verlor. Wir untersuchten, skizzirten, maßen und zeichneten diese Brücke, welche gut erhalten ist und noch immer über den Wad el M'Hagen führt. In dem Thale, durch welches dieser Fluß fließt, und an seinen Ufern wachsen Christus Palmen und verschiedene andere Straucher; und schönes Kornland giebt es bis auf den heutigen Tag, fruchtbarer Alluvial-Boden; wilde Artischocken, Disteln u. s. w.; einige Flecke Hirse [1]; waldige Hügel im Westen bildeten die Meeresküste; einige Schaafheerden; zehn arabische Dörfer; drei Koubbas, umgeben mit wilden Oliven und Feigen; einige wüste Gärten; mehrere Quellen und Mineralwasser [2].

Fünfte Tagereise, November 13.

Kurs SSO. zehn Meilen, schönes offenes Land; Boden leichter Lehm, größerer Anbau; viel bevölkerter; Heerden von Rindvieh, Pferden, Maulthieren, Schaafen; wir passirten zehn arabische Dörfer; drei Koubbas, blendendweiß, verborgen in wilden Oliven- und Feigen-Pflanzungen, welche einen schönen Contrast bilden. Von einem hohen Punkte hatte man einen schönen Anblick der Stadt.

Al Ksar (Kibir), welche in einem flachen, fruchtbaren, zum Theil waldigen Wiesenland liegt, durch das, in westnordwestlicher Richtung, der L'Khos, ein reißender aber gelber Bergstrom schlängelt; in dieser Jahreszeit war sein Bett etwa hundert Yards breit; die Ebene wird im Südosten durch eine schöne Berglandschaft begränzt. Ausgezeichnet durch seine sonderbare kegelförmige Gestalt erkennt man den Pik Sarsar, an dessen Fuße die Stadt Wazen liegt, welche von Scheriffs bewohnt sein soll.

Al Ksar, auf dem nördlichen Ufer des Flusses, eine halbe Meile entfernt, umgeben von Obst- und Orangen-Gärten, Granatäpfeln und Palmen im größten Überflusse, wurde von Jakob, dem Sohne des mächtigen Al Mansor (des Siegreichen), gegen das Ende des zwölften Jahrhunderts erbaut und in die Geschichte der Kriege von Granada verflochten. Die Stadt ist mit alten verfallenen, etwa $1\frac{1}{2}$ Meile im Umfang habenden, Wällen umgeben, die aus netzförmigem [3] Mauer- und Tápia-Werk [4] bestehen und mit Zinnen, Schießscharten und kleinen viereckigen Thürmen versehen

[1] Guinea-corn, Moorhirse. [2] Man wird bemerken, daß das Journal einfach geographisch ist. Wärend einer Reise von einigen hundert Meilen in diesem wenig bekannten Lande wurden natürlich auch manche andere wichtige Nachrichten erhalten, welche hoffentlich bald werden dem Publikum vorgelegt werden. [3] Reticulatum der Alten. [4] Fachwerk mit Wölbdecken und mit Pisee ausgefüllt.

sind, die fünfzig Schritt von einander entfernt stehen. Wir ritten durch die Straßen und zählten vierzehn Moskeen, von denen mehrere erleüchtet und geraümig waren; die Straßen sind eng und in Zwischenraümen quer über gewölbt; die Haüser sind merkwürdig durch ihre spitzen Ziegeldächer — die einzige Stadt in der Berberei, wo sie sich finden.

Al Kaisseria, oder Bazaar, enthält einige schlechte Buden; es werden keine Geschäfte gemacht; Soks (Märkte) und Fondaks (Gasthöfe) sind verlassen und ohne Leben. Die Bevölkerung beträgt etwa 8000 Seelen, worunter 500 Juden sein mögen; aber die Stadt ist ohne Zweifel volkreicher gewesen[1]. Ein geringer Handel wird mit Salz getrieben, welches man von den benachbarten Hügeln gewinnt[2]. Das Wetter war in dieser Zeit ausgezeichnet schön; die frühen Regen waren gefallen, und die Luft war mild — ähnlicher dem Frühling, als der Annäherung des Winters; die Nächte waren himmlisch, aber vorzüglich diese Nacht war windstill, ruhig und heiter; jeder Stern am Himmel deütlich zu sehen; Venus senkte sich wie eine Kugel flüssigen Feüers allmälig im Westen; nichts unterbrach die Stille, als das gelegentliche Bellen des Wachthundes, oder das schläfrige Zeichen der arabischen Trommel von den entfernten Zelten, deren Bewohner sich die langweiligen Stunden der Nacht mit Wiederholung ihrer seltsamen Erzählungen von Krieg und Liebe vertrieben.

Sechste und siebente Tagereise, November 14. 15.

Kurs SW. neün Meilen, W. g. S. zwölf Meilen; durch eine Landschaft, welche eine Folge von Thälern und niedrigen Hügelketten bildete; die eine wellenförmige Reihe ist etwa 200 Fuß

[1] Jackson's Schätzung der Bevölkerung in diesem Lande ist im Allgemeinen zu übertrieben, um Widerlegung zu bedürfen.

[2] Bei Untersuchung der Karte des Don Juan Badia (Ali Bei) über Marokko (der einzigen, welche einige Ansprüche auf Genauigkeit hat) muß es zugegeben werden, daß, wo er wirklich Beobachtungen anstellte, er gemeiniglich fehlerfrei ist; aber bei Anfertigung dieser Karte sind Irrthümer entstanden, wahrscheinlich durch Nachläßigkeit des Herausgebers. Man wünscht nicht ein Werk zu verlaümden, das ohne Zweifel großes Verdienst hat, aber Thatsachen müssen unbefangen bestimmt werden.

1) Al Ksar ist 4′, oder 16″ in Zeit östlich von Tanger gesetzt; es sollte vier Meilen westlich von Tanger sein.

2) Der Längen-Unterschied zwischen Kap Spartel und El Araisch wird zu $1\frac{1}{2}$ Meilen angenommen; er sollte fünfzehn Meilen betragen.

3) El Araisch ist $7\frac{1}{2}$ Meilen westlich von Tanger gesetzt; es sollten $8\frac{1}{2}$ Meilen sein. Diese Irrthümer finden sich innerhalb fünfzig Meilen von seinem Ausgangspunkte. Was seinen Plan von der Stadt Marokko betrifft, so muß derselbe zu Paris aus der Erinnerung gezeichnet worden sein, so unähnlich ist er dem Original.

hoch, der Boden ist tiefer Thon und die Hügel bestehen aus grobem Sande; Geschiebe von eisenfarbigem Thonstein; ausgetrocknet durch Disteln und Pflanzen dem Fenchel ähnlich, el Clag (Ammoniak-Gummi); einige Betten von Bergströmen, in östlicher und westlicher Richtung. Am Eingange der großen Ebene von Mamora waren zwei Grabhügel; Heerden von Rindvieh. Als wir das Weideland betraten, verwandelten sich die arabischen Dörfer in Douars oder runde Lager von zwanzig bis dreißig Zelten; bei siebzehn derselben und drei Koubbas kamen wir vorüber. Da wir uns dem atlantischen Ocean näherten, so wurde das Meer von den Anhöhen sichtbar.

Achte Tagereise, November 16.

Kurs SW. eilf Meilen; wir erreichten das Nordende des großen Sees, der zwanzig Meilen lang und anderthalb breit ist, mit süßem Wasser, Murdja Ras ed Dowra (oder See mit der gewundenen Spitze) genannt und bedeckt mit wildem Geflügel; seine westlichen Ufer sind nur eine und eine halbe Meile vom atlantischen Ocean entfernt, durch eine ungefähr 250 Fuß hohe Sandhügel-Reihe getrennt, die mit grobem Grase bedeckt ist und sich etwa $\frac{3}{4}$ Meile vom Westufer des Sees erhebt, längs dem unser Weg führte; der Boden war leicht und sandig; ein Wald von el Clagh (Ammoniak-Gummi); einige Pflanzen zehn Fuß hoch, der Stamm fünf Zoll dick; so sind die jährlichen Pflanzen in diesem fruchtbaren Lande. Fünf Koubbas, zehn Douars auf dem Ostufer des Sees einige Baüme und Rindvieh-Heerden.

Neünte Tagereise, November 17.

Wir ritten etwa dreizehn Meilen SW. längs des Ufers des Sees, in welchem mehrere Inseln mit Heiligen-Gräbern; inselförmige Plätze sind hier, wie anderswo, heiligen Zwecken geweiht. Der See war mit wildem Geflügel aller Art bedeckt — Pfeifenten, wilde Enten, Schnepfen, Brachvögel, Wasserhühner, Tauchenten, Reiher, Wasserraben, dann auch Regenpfeifer und Kiebitze. Der See enthält schöne Aale. Der Boden war leicht, sandig; grobes Kraütig; wenig oder kein Anbau; keine Waldung; Rindvieh-Heerden am gegenüberliegenden Ufer des Sees; entfernte Berge im Osten begränzen die große Ebene Mscharrah Rumella. Wir kamen heüt bei fünfzehn Douars und vier Koubbas vorüber.

Zehnte Tagereise, November 18.

SW. bei S. eilf Meilen. Der See verliert sich in einen sumpfigen Fluß; das Land wird hüglig — die größte Höhe 500 Fuß, Kies- und Sandboden; Koloquinthen und grobes Gras; wir kamen bei zwei Koubbas, neun Douars und drei Quellen vorüber. Von der Höhe dieser Sandstein-Hügel erblickt man den

Wad Sebu, der sich in den kühnsten Windungen durch eine reiche und abwechselnde Ebene schlängelt, so weit das Auge reicht; wir stiegen ein steiles Ufer hinunter, das mit Ginster, Myrthen und Wachholdersträuchern bedeckt war, und setzten über den etwa 400 Yards breiten Fluß; eine Sandbank, etwa ¼ Meile von seiner Mündung, erstreckt sich fast quer über den Fluß und ist im Frühjahr bei niedrigem Wasser beinahe trocken; innerhalb drei bis vier Faden Wasser, das Steigen der Fluth beträgt sieben oder acht Fuß; hundert Yards vom nördlichen Ufer des Flusses, der Stadt gegenüber, ist eine schöne Quelle. Wir ritten durch die Stadt

Mehedia, welche an dem südlichen Fluß-Ufer auf einer Anhöhe von etwa 10 Fuß liegt und eine Meile vom Meere entfernt ist; früher, im Besitz der Portugiesen, war es ein bedeutender Ort, wie die Ruinen der schönen Springbrunnen, Bogen und Kirchen bezeugen; auch ihre Befestigungswerke waren ansehnlich; eine doppelte Mauer, wo nicht ein Graben, an der Südwestseite; eine lange, niedrige Batterie vertheidigt die Küste und den Eingang des Flusses, und die Citadelle beherrscht das Ganze; jetzt sind acht Kanonen auf Lavetten ihr einziger Schutz. Die Stadt enthält jetzt drei bis vierhundert Bewohner, hauptsächlich Fischer, welche vom Verkaufe des Schebhel, eines vortrefflichen, dem Lachs sehr ähnlichen Fisches, der hier in großer Menge gefangen wird, sich ernähren. Zwischen dieser Stadt und Fas besteht eine Wasser-Verbindung, die aber nicht benutzt wird.

Eilfte Tagereise, November 19.

Kurs SSW., sechszehn Meilen, durch ein enges, tiefes Thal; ein See zur Rechten, drei Meilen lang; auf ihm vier, den Schwänen ähnliche Vögel, mit weißem Körper und Halse, rothen Federn an der Seite, die Flügel schwarz gefleckt und von den Mauren El Boch 'Hhamar genannt, eine Varietät von Anas casarca. Eine Reihe von Hügeln und Thälern, eine und eine halbe Meile vom Meere; leichter Boden; die Basis Sandstein; ostwärts der ausgedehnte Wald von

Mamora, der achtzig Meilen Landes bedecken soll; die Autorität ist zweifelhaft; der einzige Reisende[1], welcher durch ihn gekommen zu sein scheint, beschreibt ihn ‚als einen Wald von Steineichen, Mandelbäumen, Pistazien und großen Weiden, durch welchen er in wenigen Stunden reiste.' Löwen und wilde Eber, deren Spuren wir sahen, sind seine Bewohner. Wir gingen unter einer Wasserleitung durch, die sich eine Meile südostwärts erstreckt,

[1] Ali Bei.

ihre Bogen waren dreißig Fuß hoch, acht Fuß weit, und vier Fuß dick — sie ist von Mauerwerk, und stammt aus dem Alterthum, obgleich nicht zu sagen ist, von welcher Bauart — doch ist sie gut erhalten. Wir kamen in die Stadt

Sla oder Salli, einst der Schrecken der Meere, so berüchtigt durch ihre Seeraüber, deren kühne Thaten sich sogar bis an unsere christlichen Küsten erstreckten; und deren Stadt und Hafen ein beständiger Schauplatz von Aufruhr, Unruhe und Thätigkeit waren, jetzt in Ruinen, öde und ohne Leben: das sind die Früchte der Unwissenheit, des Depotismus und Mohammedismus. Die jetzige Stadt ist auf einer Sandspitze erbaut, die sich nach dem Meere erstreckt und das nordöstliche Ufer des Flusses bildet. Die Stadt ist etwa eine halbe Meile lang, und eine Viertelmeile breit, von dreißig Fuß hohen Mauern umgeben, die alle fünfzig Fuß einen viereckigen Thurm haben. Ihre Vertheidigungsmittel bestehen in einer gegen das Meer gerichteten Batterie, einem runden Fort am Eingange des Flusses und einer oder zwei Kanonen an den Thoren. Die Moskeen, Schwibbogen und Springbrunnen in der Stadt zeigten, als wir durch dieselbe ritten, Spuren schöner Bildhauerei von hohem Alterthume; die Straßen sind eng, und die Haüser finster, wie in allen Maurischen Städten. Die Bevölkerung beträgt etwa zehntausend Seelen, worunter fünfhundert Juden sein mögen, die scheinbar wenig oder gar keine Beschäftigung haben.

Der Fluß Bu Regreb, durch die Vereinigung des Weru und Bu Regreb gebildet, ist hier, bei hohem Wasserstande, etwa fünfhundert Yards breit. Die Sandbank, etwa eine achtel Meile von dem Eingange, laüft in West-Südwest-Richtung fast quer über den Fluß, mit drei oder vier Fuß Wasser bei niedrigem Stande und einem Fahrwasser an jedem Ende; die Mauern bedienen sich des östlichen, das bei der Fluth neün oder zehn Fuß Wasser hat; der innere Hafen ist völlig sicher mit Wasser für eine Fregatte. Hier ist das kaiserliche Schiffswerft; eine Korvette auf dem Stapel, ist bestimmt in See zu gehen, wenn im Frühling die Bergwasser eine Passage durch die Sandbank brechen. Mehrere Fähren, drei oder vier kleine Handels-Fahrzeüge, eine Österreichische Prise und einige Fischerboote gaben diesem Flusse eine Lebendigkeit, welche den Mauren ganz ungewöhnlich war.

Die Stadt Rabatt, an der Südwest-Seite des Flusses fünfzig bis sechszig Fuß über seinem Wasserspiegel, auf zerfallenen Sandstein-Ufern. Vom gegenüberliegenden Ufer gesehen, bietet sie mit ihren zahlreichen Minarets, ihren Palmbaümen, ihren verfallenen Mauern und alten Moskeen, gekrönt von der ehrwürdigen, mit Zinnen versehenen Kasibah, quer über einen breiten vollen Fluß, einen malerischen Anblick dar. Eine Curtine von fünfhundert Yards, dem Meere gegenüber, gedeckt durch zwei runde Batterien, jede von zwölf Kanonen, etwa einige mehr in der Kassbah oder Citadelle, und eine kleine, den Fluß bestreichende Batterie am Südwest-Ende der Stadt, bilden ihre Vertheidigungsmittel gegen das Meer. Auf der Landseite ist eine starke, dreißig Fuß hohe Mauer, alle fünfzig Schritt mit einem viereckigen Thurme — von Tapia-Werk, die Ecken von Mauerwerk. Die Stadt erstreckt sich drei Viertel Meile in die Länge und ein Drittel in die Breite und ummauerte Obstgärten von etwa zweihundert Acres ziehen längs des Flußufers bis zu einer verfallenen Moskee und einem 150 Fuß hohen Thurme, der von den Mauren

Sma Hassan genannt wird; er ist der ansehnlichste Gegenstand, zweihundert und zwanzig Fuß über dem Wasserspiegel des Flusses, und der erste, woran diese Küste, bei der Annäherung vom Meere her, erkannt wird, da er vom Verdeck einer Fregatte sechs oder sieben große Seemeilen weit sichtbar sein muß. Wir zählten hier zehn Moskeen, außer dem Mausoleum eines Sultans und dem des Helden vom Maurischen Afrika, des mächtigen Al Mansor. Die Hauptstraße der Stadt, welche dem Flusse parallel lauft, enthält die nicht sehr anziehenden Läden; die Märkte sind reichlich versehen mit Gemüse und Früchten; die Orangenhaine, Weinberge und Baumwollen-Pflanzungen sind ausgedehnt; die Früchte vortrefflich, obgleich sie auf einem leichten, sandigen Boden gewachsen sind. Die Maurische Bevölkerung mag achtzehn tausend, die Jüdische dreitausend Seelen betragen; erstere scheint begütert, letztere dürfen, wenn sie es sind, sich es nicht merken lassen. Die Jüdinnen sind gewiß die schönsten im ganzen Reiche. Millah, oder das Judenviertel, ist schmutzig, aber hier sind die vorzüglichsten Handwerker. Eine Meile südöstlich von der Stadt sind die Ruinen von der römischen oder karthagischen Stadt

Schella. Man zeigte uns römische Münzen, welche hier ausgegraben sein sollten. Sala war früher ein ansehnlicher Ort und, nach d'Anville, die Gränze der Römischen Station an dieser Küste. Der Fluß, welcher jetzt Bu Regreb heißt, war die Gränze des alten Mauritaniens.

Zwölfte und dreizehnte Tagereise, November 23 u. 24.

Als wir Rabatt verließen, reisten wir 28 Meilen in WSW. Richtung; die ersten eilf Meilen zur Seite einer gutgebauten Wasserleitung, die theils über, theils unter der Erde liegt und die Stadt reichlich mit vortrefflichem Wasser versorgt; leichter Sandboden, eine Palmen-Wüste. Nach sieben Meilen passirten wir das verfallene Dorf und den hohen Thurm von

Tomara, etwa drei Meilen von der Küste. Auf der folgenden Tagereise setzten wir über sieben Bergströme, welche ins Meer fließen, das etwa eine Meile zur Rechten entfernt war; leichter Sandboden; Pflaumen-Palmen und verschiedene zwiebelartige Wurzeln; Fußtapfen von wilden Schweinen; die letzten Paar Meilen gut bewaldet mit wilden Ölbaümen, Dru, Palmen u. s. w.; wir kamen heût bei zwei arabischen Dörfern und zwei Grabmälern vorüber und lagerten uns unter den Mauern der wüsten Stadt

El Mansoria, ein Viereck von 150 Schritt, welches ein arabisches Dorf einschließt; der Thurm der Moskee (achtzig Fuß hoch) steht hundert und achtzig Fuß über dem Meere, von dem er eine kleine Meile entfernt ist und von dem Verdeck einer Fregatte sechs Seemeilen weit sichtbar sein würde. Felsige, steil aufsteigende Küste, ohne Ankergrund dicht an derselben.

Vierzehnte Tagereise, November 25.

Kurs SW. gen W. fünfzehn Meilen, durch ein welliges Land, bedeckt mit einem Walde von Unterholz, wie gestern, und bei unserer Rückkehr im Frühjahr war der Boden mit Blumen, wie mit einem bunten Teppich überzogen; leichter Sand- und Kiesboden auf Thonschiefer, Fallen 45° östlich, wie an den Ufern zweier Bäche, die wir heût überschritten, beobachtet wurde; wir kamen, $\frac{3}{4}$ Meilen vom Meere, bei zwei arabischen Dörfern und zwei Heiligen-Gräbern vorüber. Sechs Meilen von El Mansoria steht die fast wüste Stadt

Fidallah, an dem Rande einer schönen, kornreichen Ebene, $\frac{3}{4}$ Meile vom Meere, vor der Erbauung von Mogador zu einem Korn-Magazin bestimmt; ein ummauerter Platz von etwa 250 Schritten umschließt jetzt eine ansehnliche Moskee, die Ruinen europäischer Kaufmannshaûser und ein arabisches Lager; etwa dreihundert Inwohner, Mauren, Araber und Juden; eine halbe Meile westwärts erstreckt sich eine felsige Halbinsel eine Meile gegen Ost-Nordost, bildet eine sandige Bucht von $1\frac{1}{2}$ Meilen Tiefe die eine schöne und gesicherte Rhede für kleine Kauffahrtei-Schiffe darbietet.

Fünfzehnte Tagereise, November 26.

WSW. sechszehn Meilen längs der Küste; das Meer $\frac{3}{4}$ Meile entfernt; Sandboden auf Sandstein; kein Wald; Rindvieh-Heerden; wir passirten heût zwei Gräber, ein arabisches Lager, zwei Quellen und einen Bach.

Dar el Beida, eine kleine ummauerte Stadt von einer halben Quadratmeile, am Strande und auf einer Landspitze, die sich nordnordöstlich eine halbe Meile weit erstreckt und eine kleine $\frac{3}{4}$ Meile tiefe Bucht bildet, eine gute vor Westwinden gesicherte Rhede und beschützt durch wenige Kanonen. Auch diese Stadt wurde wegen der Korn-Ausfuhr erbaut und war lange Zeit im Besitze der Portugiesen; die Thürme der drei Moskeen und mehrere gute europäisch gebaute Haûser, zeigten sich über den Zinnen der Mauern; viele Palmbaûme und zahlreiche Gärten umgeben die Stadt; Wasser ist reichlich vorhanden. Die Bevölkerung beträgt, mit Einschluß der Juden, wahrscheinlich siebenhundert Seelen.

Sechszehnte und siebenzehnte Tagereise, November 27. und 28.

SW. bei W. drei und dreißig Meilen, durch ein abwechselndes, welliges Land; der Boden wird besser; feiner Lehm; viele Gärten; ein kleiner Wald von Dru, einem schönen, immer grünen Baume, in Laub und Blüthe dem Arbutus sehr ähnlich, braune Beeren tragend, die eine schlechte Art Brennöl liefern; Zeichen von Anbau; viele Pflüge in Arbeit; weite Pflanzungen von 'Hhenna [1], die ersten, welche auf der Reise gesehen wurden; mehrere Quellen; Rindvieh= Schaaf= und Ziegen=Heerden; eilf arabische Lager, sechs Heiligen=Gräber. Von dem aufsteigenden Boden gewannen die Reisenden die Aussicht auf die Windungen des Flusses

Um=Erbegh (Mutter der Weideplätze), welcher, auf dem Atlas entspringend, die Provinzen Fas und Tedla scheidet, die Gränze bildet zwischen Temsena und Ducaila und durch tiefe Lager von sandigem Thon fließend, hier etwa 150 Schritte breit, ins Meer fällt; an seinem südwestlichen Ufer, anderthalb Meilen von seiner Mündung, liegt die Stadt

Azamor. Ihre in Tapia gebauten Mauern, anderthalb Meilen im Umfange und in Trümmer zerfallen, sind mit Storchnestern gleichsam bespickt; ihre Vertheidigungsmittel sind einige seewärts gerichtete Kanonen; aber eine Sandbank quer vor der Flußmündung, die fast trocken liegt bei der Ebbe, ist ihr Schutz gegen jeden Angriff, ausgenommen in Booten, — und ein Hinderniß für den Handel. Die Stadt ist dumpf und ohne Leben; die Straßen sind eng und schmutzig; die Lebensmittel, Fische, Gemüse und Obst reichlich und gut. Die Bevölkerung mag, mit den Juden, 3000 Seelen betragen. An der südöstlichen Ecke der Stadt ist eine Vorstadt mit einer Moskee und einer Freistätte. Die Gegend umher ist offen, holzleer, aber gut angebaut und mit vielen Gärten; schöner Lehmboden; große 'Hhenna=Pflanzungen; ein Feld derselben, von etwa sechs oder sieben Morgen, brachte, wie uns der Kaïd sagte, ihm jährlich 100 L. ein, und gab, durch Bewässerung, drei Ernten im Jahre.

Achtzehnte Tagereise, Dezember 1.

Als wir Azamor verließen, stiegen wir auf durch ein hügliges Land; leichter Lehmboden; Zeichen größeren Anbaues, Gärten u. s. w.; einige Mineral= und andere Quellen; zehn arabische Lager;

[1] Lawsonia inermis.

zwei Dörfer mit Baümen u. s. w. auf sieben Meilen; eine schöne Aussicht auf die, vier Meilen westlich liegende Stadt

Mazagan [1]. Sie liegt auf einer halbinselförmigen Landspitze, welche etwa eine Meile gegen Norden vorspringt und den westlichen Rand einer 1½ breiten Bucht bildet, die für kleine Fahrzeüge eine gute Rhede darbietet, weil die Landspitze von Azamor sie gegen Nordost-Winde schützt. Die Stadt wurde von den Portugiesen erbaut und im Jahre 1770 verlassen. Gegen das Meer ist sie durch mehrere Redouten ansehnlich befestigt. Sie treibt etwas Handel, hat vortreffliches Wasser und gute Lebensmittel. Die Bevölkerung beträgt 2000 Bewohner. Etwa drei Meilen südwestlich von diesem Orte an der Meeresküste sind die Ruinen,

Tett genannt (was im arabischen Titus bedeütet). Diese Stadt soll von den Karthagern gegründet sein! Wir lagerten uns in einem Thale, auf dem Rücken des Hochlandes, welches Kap Blanco bildet.

Neünzehnte Tagereise, Dezember 2.

Kurs SW. bei S. sechszehn Meilen; die Straße verließ nun die Küste und nahm eine mehr direkte Richtung auf die Hauptstadt, quer über eine Reihe erhöhter Ebenen oder Tafellandschaften, die bis an den Fuß des Atlas reichen, zu dem wir auf drei großen Stufen hinanstiegen. Wir betraten die Provinz Ducaila, berühmt durch ihre Pferdezucht und Wollenwaaren-Manufaktur, letztere in Gestalt von Sulhams, 'Haiks, Teppichen u. s. w.; der Boden der Ebene ist ein leichter Lehm, bedeckt mit Geschieben, Feüersteinen u. s. w.; acht arabische Lager; fünf Gräber; mehrere Mineral- und andere Quellen; viel Anbau; Gärten; Maisfelder; außer einigen zerstreüten Palmen kein Gehölz; wir stiegen einen felsigen Weg über dichten Sandstein etwa 300 Fuß aufwärts zu einer Hochebene, die sich bis an den Horizont erstreckte, ausgenommen im Südwesten, wo ein einzelner Hügel ist, der Djibbel 'Khaddar (grüner Berg) genannt wird und viel Ähnlichkeit hat mit dem ‚einsamen Soracte' in der Kampagna di Roma.

Zwanzigste und einundzwanzigste Tagereise, Dezember 3. und 4.

Kurs SSW. vierzehn Meilen, über eine offene Ebene; schneller ansteigend; leichter und steiniger Lehmboden; verkrüppelte Pal-

[1] Die verschiedenen Namen dieser Stadt sind bemerkenswerth. Im Jahre 1506, als sie zuerst erbaut war, wurde sie von den Portugiesen Castillo Real genannt; später Magazan; im Jahre 1507 von den Mauren, wegen der Nähe eines Heiligen-Grabes, Burija; im Jahre 1769, als es vom Sultan Sidi Mohammed belagert wurde, Ma'aduma, (laß es zerstört werden) und 1770, als es genommen wurde, durch eine Kaiserliche Verordnung die Neüe oder Jdaida.

men; Pflaumpalmen; einige Schaaf- und Rindvieh-Heerden; zehn arabische Lager; sieben Heiligen-Gräber; auf der Höhe der Ebene erhascht man den ersten Schimmer vom

Atlas; bei Sonnen-Untergang hatten wir den glänzenden Anblick der Schneepiks des lang ersehnten Atlas, welche wir jetzt in ihrer ganzen Pracht von der Abendsonne erleüchtet sehen; eine nach allen Richtungen ausgedehnte Ebene reicht scheinbar bis an ihren Fuß; die Schneemassen vor uns sind prachtvoll, aber abgesondert, aus dieser Entfernung von mehr als hundert Meilen gesehen; die ganze Gruppe begränzt der Bogen des Horizonts zwischen SO. gen S. und S. g. W., der höchste isolirte Pik ist in SSO.

Zweiundzwanzigste und dreiundzwanzigste Tagereise, Dezember 5. und 6.

SO. bei S. dreißig Meilen; wir wanderten noch über eine weite Ebene, so weit das Auge reicht; nicht ein Baum oder ein Haus, nur ein einzelnes Grab eines Heiligen unterbrach die einförmige Ebene. Sieht man einen Reiter oder ein hohes Kameel am Horizont, so ist dies wie bei einem Schiffe auf dem Meere; zuerst wird sein Kopf, dann sein Körper, dann das Thier worauf er reitet, sichtbar. Der Boden der Ebene ist leichter Lehm, hie und da sandig und kieslig; Pflaumpalmen und Koloquinthen wurden an sumpfigen Orten angetroffen; hin und wieder schönes Gras; ein Fleck Hirse; Gärten; zwölf Gräber; zwanzig arabische Lager; die Zelte nahmen jetzt die Gestalt von Bienenkörben an, und sind gewöhnlich noch mit Stroh gedeckt. Wir kamen heút bei einem großen Markte vorüber, der mitten in der großen Ebene gehalten wurde; Kameele, Pferde, Maulthiere, Esel, rohes Hausgeräth, grobes wollenes Zeúg, Getreide, Gemúse, Obst, Datteln, Mandeln, 'Hhenna u. s. w. waren zum Verkauf ausgestellt; die Schneegipfel des Atlas wurden schön versilbert durch die mittägliche Sonne, und wir lagerten uns an dem Fuße einer halbkreisförmigen Reihe kleiner Hügel, von hundert bis hundert und fünfzig Fuß Höhe; Kiesboden; auf dem Gipfel eines der höchsten Hügel steht die Ruine eines Gebaúdes,

Gherando genannt; ein Fort oder ein Wachtthurm; ist rund und gewiß fünfzig Fuß hoch bei zwanzig Fuß im Durchmesser; keiner von den Landleúten wußte zu sagen, wann oder weshalb es erbaut wurde. Vom Lager aus wurden achtzehn Heiligen-Gräber erblickt [1].

[1] Da die scharfsinnigen Bewohner dieses Reichs, wie man glaubt, nicht wünschen, daß ihr Land vermessen werde, so sollten sie nicht so viele ihrer unwissenden Landsleúte heilig sprechen oder nicht so viele Heiligen-Gräber bauen, denn wenn ein Beobachter Stationen für eine

Vierundzwanzigste und fünfundzwanzigste Tagereise, Dezember 7. und 8.

Kurs SO. bei S. vierzig Meilen; der Weg stieg allmälig, etwa 200 Fuß durch ein durchschnittenes Hügelland von Thonschiefer, bis zur Ebene von Smira, die sich zwölf Meilen weit erstreckt, dann stiegen wir wieder 200 Fuß zu einer zweiten Ebene, die 17 Meilen lang ist und

Peira heißt; die Grundlage ist Thonschiefer; der Boden ist zuweilen sandig, dann zersetzter Schiefer, viele Steine; Quarzbruchstücke; Feuersteine, viel Agat, in krystallisirtem Quarz eingelagert, einige sehr schöne Stücke; bedeckt mit Pflaumenpalmen und großen Kraütern, und einem dornigen Baume, von etwa zwanzig Fuß Höhe, der dunkelgelbe Beeren, Sidra Nebach genannt, trägt; (Rhamnus infectorius, oder gelbbeeriger Bocksdorn). Wir lagerten uns am Fuße einer Hügelkette, deren Höhe von 500 bis 1200 Fuß wechselte; sie sind schiefrig mit Quarzgängen; Streichen der Schichten von NO. nach SW., Fallen 75°; sie bilden die Nordgränze der Ebene von Marokko; bei unserem Ritt über diese beide Ebenen, wurde, ausgenommen bei unserem Nachtlager, nicht eine Hütte, und nur eine Quelle gesehen; aber Heerden von Gazellen und wilden Schweinen.

Sechsundzwanzigste Tagereise, Dezember 9.

Kurs S. bei O. zwölf Meilen; aufsteigend etwa zweihundert Fuß zwischen Hügeln von Glimmerschiefer; das Bett eines Regenbachs war besetzt mit spanischer Geniste, Sidra Nebach und Akazien; der Weg steinig, Eisenstein, Rollsteine und Feuersteine u. s. w. Als sich dieser steile Felsweg öffnete, zeigte sich uns die kaiserliche Stadt, mit ihren Palästen, Moskeen, Minarets und hohen Thürmen, in einer weiten Ebene mitten in einem Palmenhaine, im Hintergrunde der ewige Schnee des Atlas, welcher bis zu eilftausend Fuß aufsteigend, im auffallenden Abstich gegen den tiefblauen Himmel dahinter, hervortrat. Wärend wir diesen herrlichen Anblick mit Entzücken betrachteten, ließ unser Maurische Führer, beim ersten Anblick von Marokko, seine Truppen Halt machen, und alle beteten für das Wohl des Sultans, ihres Herren, und dankten für die glückliche Beendigung ihrer Reise. Wir übernachteten unter dem Schatten der Palmbaüme, der Kontrast war auffallend zwischen diesem Sinnbild des tropischen und heißen Klima und den Schneebergen, welche sich jetzt fast unmittelbar über unseren Köpfen erho-

trigonometrische Aufnahme ihrer Ebenen auszuwählen wünscht, so kann nichts besser geeignet sein, als diese Heiligthümer, um so mehr, da ihre Religion ihnen die Erhaltung derselben besiehlt.

ben; bei Sonnen-Untergang wurden viele Gipfel noch von der Sonne erleüchtet, wärend unten schon alles in Schatten gehüllt war.

Siebenundzwanzigste Tagereise, Dezember 10.

Wir überschritten den Fluß Tensift bei Al Kantra, einer Brücke von dreißig spitzen Bogen, und gingen über eine völlig horizontale Ebene durch einen Palmenhain, auf die Stadt zu; begleitet von der weiß gekleideten Garde des Sultans, und sämmtlichen Truppen und der ganzen männlichen Bevölkerung von Marokko, nicht weniger, als vierzigtausend Menschen; lebhafte Reiter-Angriffe; Abfeüern der Kanonen und Sprengen der Petarden, barbarische Musik, unaufhörliches Gejauchze, kreischendes und durchdringendes Weibergeschrei! kurz, es ist hinreichend zu sagen, alle mögliche Ehre erwartete uns, als wir uns näherten. — Am hohen Mittag, in dem Augenblick, als die weißen Flaggen von den Spitzen der Minarets weheten, und die laute und tiefe Stimme der Mueddins von den hohen Thürmen der Moskeen erschallte, und die glaübigen Musselims zu dem Bekenntniß ermahnte, ‚daß außer Gott kein Gott und daß Mohammed sein Prophet ist' — zogen wir unglaübige Nazarener ein in die kaiserliche Stadt Marokko. Eine plötzliche Wendung brachte uns zu unseren Wohnungen in einem großen Garten ‚auf einmal still, schattig, grünend und kühl' wo wir volle Freiheit hatten, uns auszuruhen.

Marokko.

Die Ebene von Marokko erstreckt sich von Osten nach Westen, zwischen einer niedrigen Kette von Schieferbergen im Norden und dem hohen Atlas im Süden, etwa fünfundzwanzig Meilen weit, ziemlich im Wasserpaß, bis an den Fluß der Berge, welche plötzlich zu der Höhe von 11000 Fuß aufsteigen und deren Gipfel mit Schnee bedeckt sind. Diese Ebene, welche, so weit das Auge gegen Osten oder Westen reicht, unbegränzt erscheint, liegt etwa 1500 Fuß über dem Meere, hat einen leichten sandigen Lehmboden, mit zahlreichen Rollsteinen von krystallinischem Quarz, Agat, Feüersteinen, Porphyr, einem Grünstein, Carneol u. s. w. und ist im Allgemeinen mit niedrigem Buschwerk bedeckt von dem dornigen Gewächse Sidra Nebach oder Bocksdorn; die Ufer der Bäche sind besetzt mit Oleander von größter Schönheit, wärend an der Nordseite der Stadt ein Palmen- und Olivenwald ist.

Der Fluß Tensift, entspringt auf den nördlichen Bergen, etwa vierzig Meilen östlich von der Stadt, fließt längs ihres Fußes etwa vier Meilen nördlich von Marokko, und erreicht, nachdem er mehrere Bäche vom Atlas aufgenommen, fünfzehn Meilen südlich von Saffy, den atlantischen Ocean, etwa hundert Meilen von Marokko.

Der Fluß ist seicht, aber reißend; das Bett ist hier ungefähr dreihundert Yards breit, aber, ausgenommen im Frühjahr, überall zu durchwaten.

Die Stadt Marokko liegt auf der Nordseite dieser fruchtbaren Ebene, umgeben von einer festgebauten, mit Schießscharten versehenen, dreißig Fuß hohen Mauer, von Tapiawerk, die auf einem gemauerten Fundamente ruht, etwa alle fünfzig Schritt mit einem viereckigen Thurme versehen ist; das Ganze hat nahe sechs Meilen im Umfange und sieben feste Doppelthore. Dieser weite Raum ist indeß keineswegs überall mit Gebaüden bedeckt, er enthält große Gärten und freie Plätze von zwanzig bis dreißig Morgen Flächeninhalt.

Der Palast des Sultans steht im Süden der Stadt, dem Atlas gegenüber, außerhalb der Hauptmauer; aber ein weiter Raum von etwa fünfzehnhundert Yards Länge und sechshundert Yards Breite, welcher in Vierecke getheilt ist, in denen Gärten angelegt sind, um die abgesonderte Pavillons stehen, welche die Residenz des Sultans bilden; der Fußboden der Zimmer ist mit verschieden gefärbten Ziegeln ausgelegt, sonst aber ganz einfach; eine Matte, ein kleiner Teppich an dem einen Ende und einige Kissen machen das Hausgeräth aus.

Moskeen — sind neünzehn innerhalb der Stadt, zwei Emdrasas oder Schulen und ein Hospital.

Die Hauptmoskee, El Kutubia genannt, steht allein auf einem wüsten Platze von zwanzig oder dreißig Morgen, alles überragend mit ihrem hohen vierrckigen Thurm, der sich zu der Höhe von 220 Fuß erhebt, ohne an Breite abzunehmen, und so einen sonderbaren Anblick gewährt; er ist in sieben Stockwerke getheilt, und seine Höhe scheinbar das Siebenfache seines Durchmessers: dieser Thurm hat Ähnlichkeit und soll gleich alt sein mit dem Sma Hassan zu Rabatt und der Giralda zu Sevilla, welche gegen Ende des zwölften Jahrhunderts erbaut wurden. (Nur möge hier erinnert werden, daß der obere Bau des Thurmes zu Sevilla sarazenisch ist und von Christen im dreizehnten Jahrhundert auf dem maurischen Unterbau errichtet wurde.) Auf dem Gipfel des Thurmes ist ein Thürmchen in Gestalt einer Laterne, woher er den Namen Sma el Fanar erhalten hat. Die Moskee selbst, obgleich geraümig, ist ein unregelmäßiges Gebaüde, aber unbedeütend, wenn man sie mit dem hohen Thurme vergleicht, der sich über ihr erhebt.

Beni Yusef, — die nächste an Höhe und Alter, doch modernisirt und gut bemalt, hat eine Schule der Tälebs (oder Sucher, d. h. Studenten), die mit ihr verbunden ist; das Grab eines Heiligen steht ihrem südlichen Thurm gegenüber, gebildet durch drei Schwibbogen, die von einer Kuppel überragt werden, mit reicher sarazenischer Malerei geschmückt.

El Moazin — soll die älteste Moskee sein; sie ist sehr geräumig und hat mehrere unter einander verbundene Höfe. Die maurischen Hufeisen-Bogen, mit erhabener Arbeit, in verschiedenen Richtungen sich schneidend, machen eine schöne Wirkung; die Thore dieser Moskee sollen die von Sevilla sein, der Triumph des mächtigen Al Mansor.

Bel Abbas, — der Schutzheilige der Stadt; Mausoleum; Sanctuarium; Moskee und ein Hospital, welches fünfzehnhundert Kranke aufnehmen kann. Sie ist wie ein Pavillon gebaut, und hat eine Kuppel, die mit grünen, lackirten Ziegeln gedeckt ist.

Emdrasa del Emschia, — Schule und Moskee, steht nahe der südlichen Stadtmauer; hier sind die Gräber der Moluk Saidia-Dynastie, einst geschmückt mit Bildsaülen und Büsten, jetzt, Dank der Bigotterie eines streng muselmännischen Sultans, völlig vernichtet.

Einige Springbrunnen zeigen Spuren schöner Bildhauerarbeit, besonders einer bei der Moskee El Moazin,

Schrub-u-Schuf, — (trink und bewundere) genannt, welcher ein Karnieß von weißem Marmor hat, der offenbare Spuren früherer Schönheit zeigt.

Von den eilf jetzt offenen Thoren der Stadt ist das in den Palast führende, welches Bab e 'Rom heißt, bei weitem die schönste Probe der Architektur, welche man sehen kann; ein maurischer Hufeisen-Bogen (der, obgleich falsch im Prinzip, doch dem Auge nicht unangenehm ist), reich mit Bildhauerarbeit in Arabesken-Manier verziert, Schuhnägel u. s. w. vorstellend: ihr Name würde anzeigen, daß sie das Werk von Eüropäern oder — von Römern sei! für beide wird dasselbe Wort gebraucht.

Die Straßen von Marokko — sind eng, unregelmäßig und selten breiter, als die Gassen in Eüropa, haüfig querüber durch Schwibbogen und Thore verbunden; vermuthlich zum Schutz, im Falle eines Angriffes; mehrere freie Raüme, die nicht Plätze genannt werden können, dienen zu Märkten u. s. w.

Die Haüser — haben gewöhnlich nur ein Stockwerk und flache, terrassirte Dächer; die Seite nach der Straße ist einfach und weiß getüncht; hier und da sieht man eine enge Öffnung, welche nicht den Namen eines Fensters verdient, und sämmtlich ohne Glas sind; aber die innere Einrichtung ist der Spanischen sehr ähnlich; die Zimmer öffnen sich in einen Hof, der zuweilen mit Arkaden umgeben und in der Mitte mit einem Springbrunnen versehen ist, manche Thüren sind von Cypressenholz, mit erhabener Arbeit; die Zimmer lang und schmal, welches wahrscheinlich vom Mangel an Bauholz herrührt; keine Fenster, keine Feürung, keine Hausgeräthe, außer einer Matte und einem oder zwei Kissen.

Al Kaisseria, — oder der Bazaar, ist eine lange Reihe von

Läden oder vielmehr Buden, die gegen die Witterung bedeckt und in Abtheilungen getheilt sind; zum Verkauf waren ausgestellt seidene Schärpen, Shawls und Schnupftücher aus Fas; Sulhams, Haiks, Djellakias und Teppiche aus Ducaila, Zeüg, Leinewand, Stahlwaaren, Thee und Zucker aus London! Mandeln, Rosinen, 'Hhenna und Al Kohol aus Susa; sehr gutes Getreide, Garvansen [1], Bohnen u. s. w. aus Schragna; sehr süße Datteln aus Tafilet; und Stiefel, Pantoffeln, Sättel, grobe Töpferwaaren, Matten, Stricke u. s. w. von einheimischer Arbeit, in Menge, so wie Gold- und Silberstickerei, worin sich die Marokkaner vorzüglich auszeichnen.

Es giebt zwei oder drei Märkte, von denen der vorzüglichste Sok el Khamise heißt und nahe dem nördlichen Stadtthore und, wie sein Name anzeigt, am Donnerstag gehalten wird; er ist gut versehen mit einheimischen Erzeügnissen. Außerhalb des Thores ist der Markt für Kameele, Pferde, Maulthiere, Hornvieh, Schaafe u. s. w.; aber es ist kein großartiges Schauspiel und nicht viel Lärm giebt's hier, außer beim Pferdeverkauf, welcher durch Versteigerung geschieht — der Ausrufer führt das Thier schnell hin und her und ruft den zuletzt genannten Preis aus.

Der Gerber-Hof — wurde besichtigt und genau untersucht, er soll 1500 Menschen beschäftigen. Großer Mangel an Ordnung und Einrichtung; der Gerbungsprozeß war zu unserer Zufriedenheit beendigt, und ungeachtet des Schmutzes und der Unsauberkeit, wurde eine glänzend gelbe Farbe hervorgebracht, welche für unnachahmlich in Europa gehalten wird.

Millah, — oder das Judenviertel, ist ein ummauerter Raum, von etwa anderthalb Meilen Umfang, an der Südost-Ecke der Stadt; volkreich, aber schmutzig; alle Juden zahlen dem Sultan eine Kopfsteüer und werden mit der größten Verachtung behandelt; durch den Scheik der Juden und einen Rabbi wurde uns die einzige Kopie des neüen Testaments in Hebräischer und Spanischer Sprache zum Verkauf angeboten, der letzte Überrest des spanischen Hospitiums, welches einst innerhalb dieser Mauern bestand. Der Mohammedismus mit seinem entnervenden Einfluß herrscht ungestört.

Die Bevölkerung kann 100,000 nicht übersteigen, vielleicht beträgt sie, mit Einschlüß von 5000 Juden, nicht über 80,000 Seelen; da die Frauen sich selten auf der Straße zeigen, so ist es schwer, ihre Anzahl zu schätzen; aber es finden sich hier Spuren einer weit größeren Bevölkerung. Die furchtbare Pest und die noch furchtbarere Hungersnoth, welche dieses Land seit einigen Jahren heimsuchten, haben schreckliche Verwüstungen angerichtet; nicht der halbe Raum innerhalb der Thore ist jetzt bewohnt; verfallene

[1] Maurische Kichererbsen.

Mauern und unbewohnte Haüser trifft man überall; nichts blühet, als die Vegetation, welche selbst im Dezember und Januar allgemein und üppig ist — ihre Frühlings-Frische bildet einen auffallenden Kontrast mit den zerfallenden Mauern ringsum.

Wasserleitungen. — Ausgedehnte unterirrdische Wasserleitungen umgeben die Stadt, einige sind zehn bis zwölf Fuß tief, aber meist verfallen; sie erstrecken sich über die Ebene bis an den Fuß des Atlas, zuweilen zwanzig Meilen weit, deütliche Zeichen einer größeren Bevölkerung und einer größeren Ausbildung der Künste.

Begräbnißplätze. — Einige große Begräbnißplätze sind außerhalb der Mauern, im Norden und Süden der Stadt, aber im Osten ist einer von mehr als hundert Morgen Flächenraum; Krieg, Pest und Hungersnoth haben sie dicht bevölkert.

Gärten. — Der Sultan hat drei große Gärten von etwa fünfzehn Morgen Flächeninhalt, innerhalb der Stadt und zwei, von ungefähr zwanzig Morgen jeder, zwei Meilen von den Mauern entfernt; wir ritten durch alle hindurch.

Djenan en Nil, so genannt von der Menge Wassers, womit er versehen ist, gewiß nicht, um die Produkte des Nil-Landes zu enthalten, da er gar keine ausländische Gewächse hat [1].

Djenan el Afia (oder Glückseligkeit) zum Gebrauch der Sultaninnen bestimmt.

Djenan el 'Hassira, bemerkenswerth wegen seiner schönen Trauben, etwa zwei Meilen östlich von der Stadt.

Semalatia, etwa zwei Meilen nordwestlich vom Dukaila Thore; schöne Oliven-Pflanzungen und Wohnung des Don Juan Badia wärend seines Aufenthalts in diesem Lande im Jahre 1804.

Die der Britischen Gesandschaft wärend ihres einmonatlichen Aufenthalts zu Marokko angewiesenen Wohnungen waren in einem der Gärten des Sultans an dem Südost-Ende der Stadt, welcher

Sebt el Mahmonia heißt; er bedeckt einen Raum von fünfzehn Morgen und ist, nach Art einer Wildniß, mit allen Arten von Frucht-Baümen bepflanzt — Oliven, Orangen, Granatbaümen, Citronen, Maulbeerbaümen, Wallnuß-Pfirsich-Äpfel-, Birnbaümen, Weinstöcken u. s. w.; mit Cedern, Pappeln, Akazien, Rosen, Myrthen, Jasmin — welche eine üppige und dichte Laubmasse bilden, nur unterbrochen durch die ernste Cypresse und die stattlichere Palme, und man konnte nichts durch dieselbe sehen, als die Schneegipfel des Atlas, die sich fast unmittelbar über unseren Köpfen erheben und den etwa eine viertel Meile entfernten hohen Thurm der Hauptmoskee. Nichts, als das Spielen der Gazellen und das in allen Richtungen reichlich tröpfelnde Wasser unterbrach die Stille dieses angenehmen Platzes, der Alles vereinigte, was in einem

[1] Siehe Jackson's Marokko.

einem heißen Klima wünschenswerth ist — Stille, Schatten, Grün und Wohlgeruch. Aber im Gegensatz zu der begränzten Aussicht unseres Gartens beherrscht das terrassirte Dach unseres Hauses eine Aussicht über die Stadt, die ausgedehnte, gegen Osten und Westen unbegränzte Ebene und den ganzen Dahir oder Gürtel des Atlas, welcher das Land von Südwest nach Nordost mit einem Schneebande gleichsam umgürtet; und wenige Tage vergingen wärend unseres Aufenthalts zu Marokko, wo wir nicht die Stunden des Auf- und Untergangs der Sonne dazu verwandten, diesen auffallenden und schönen Gegenstand zu betrachten [1], seine Massen und Schneegipfel aufzuzeichnen, und zu beklagen, daß diese mächtige Kette, welche in der Entfernung einer Tagereise jede Veränderung des Klima von der heißen bis zur kalten Zone vereinigt, und ein so großes Feld dem Naturforscher, dem Geognosten und Botaniker darbietet, noch unerforscht bleiben sollte und ein undurchdringliches Hinderniß für die Civilisation bildet.

Von Marokko aus gesehen begränzt die Schneekette des Atlas den Horizont von Osten bis Südwesten. In dieser Jahreszeit (Januar 1830) findet ein unmittelbarer Übergang von der Wald- zur Schnee-Region Statt; die Form der Berge neigt sich mehr zu scharfen Rücken und Spitzen, als zu Alpen-Piks. Die höchste von der Stadt aus sichtbare Spitze liegt gegen Süd-Süd-Ost, sieben und zwanzig Meilen entfernt; zwei andere merkwürdige Bergmassen, in Gestalt von Zuckerhüten, in Südost gen Ost und Südost, von den Mauren Glaui genannt, bilden eine hohe Kette von Süden gegen Südosten. Es ist bemerkenswerth, daß weder Mauren noch Araber einen besonderen Namen für den Atlas haben. Er wird gewöhnlich Djibbel Teldj d. h. Schneegebirge, genannt, oder er führt den Namen der Provinzen oder Bezirke, als Djibbel Tedla, Djibbel Misfywa. Das Wort Atlas ist nicht bekannt: woher stammt es? Könnte es nicht eine griechische Korruption des Libyschen oder Berber-Wortes Adrar oder Athraer sein, welches Berg bedeütet? —

Mehrere dieser Piks sind, vermittelst einer Grundlinie von 17 Meilen, trigonometrisch gemessen worden; der höchste derselben, von den Mauren Miltsin genannt, liegt in dem Bezirke Misfywa, in Lat. 31° 12′ N., 27 Meilen S. 20° O. von Marokko, und wurde 11400 (engl.) Fuß über dem Meeresspiegel gefunden; dies

[1] Aber Beschreibung ist nicht hinreichend. Glücklicherweise wurden wärend unserer Reise von einem Freünde und unterrichteten Reisegefährten, Herrn W. H. Smith, ein sehr genauer Umriß des Atlas, eine panoramische Ansicht der Stadt Marokko mit manchen anderen charakteristischen und geistreichen Skizzen von Landschaften in diesem Lande angefertigt, welche hoffentlich bald erscheinen werden.

ist unter der von Humboldt[1] bestimmten Gränze des ewigen Schnees und doch sah man diese Gipfel in zwanzig Jahren nur ein Mal frei von Schnee.

Es ist mehr als wahrscheinlich, daß dies nicht die höchsten Gipfel der Atlas-Kette sind, welche sich vermuthlich in der Provinz Tedla finden, um die Quellen der beiden großen Flüsse Umerbegh und Mulwia, die, nach den besten Nachrichten, auf entgegengesetzten Seiten desselben Berges zu entspringen scheinen; aber dies ist Muthmaßung. Bis auf die Messung im Jahre 1830 war die Höhe von keinem Schneegipfel des Atlas jemals bestimmt — wenigstens ist keine aufgezeichnet — Jackson aber hat eine Vermuthung über ihre Höhe gewagt, die durch das Zeügniß von asiatischen Transactionen u. s. w. für richtig befunden worden! Jackson's Angabe ist — ‚daß diese Berge, welche im Südosten von Marokko liegen, zwanzig Meilen westlich von Mogadore auf dem Meere gesehen werden, also auf eine Entfernung von zweihundert fünf und vierzig Meilen, weshalb sie eine Höhe von 29610 Fuß haben müssen'[2]. Daß diese Piks von Mogadore sichtbar seien, von wo sie einhundert und zwanzig Meilen Ost gen Süd entfernt liegen, ist sehr möglich; aber es trifft sich, daß der höchste von Mogadore sichtbare Pik gerade im Südosten liegt, folglich einen Theil der Kette ausmacht, die von Marokko deütlich gegen Südwesten gesehen wird und nur siebenzig Meilen von diesem Orte entfernt und gewiß niedriger ist, als die Piks im Südosten dieser Stadt. So schwindet die Entfernung von 245 Meilen bis auf 70 Meilen, und die nicht übertriebene Höhe von 11400 Fuß muß an die Stelle der erstaunlichen Höhe von 29610 Fuß gesetzt werden![3]

Was das astronomische Tagebuch betrifft, so befinden sich in demselben über hundert Beobachtungs-Reihen zur Bestimmung der Länge der Stadt. Das Mittel der Resultate aus Distanzen zwischen Mond und Sonne, zwischen dem Mond und östlichen und westlichen Sternen und Höhen des Mondes im ersten Vertikal, geben die Länge unseres Gartens an der Südost-Ecke der Stadt

Long. 7° 36′ W. Greenwich. (= 9° 56′ 15″ W. Paris.)
Lat. 31° 37′ 20″ N. Mittel aus etwa 20 Meridian-Höhen der Sonne.

[1] Rel. hist. I, 261. [2] Jackson's Shabeeny, pp. 92, 3, 4. Lond. 1820.

[3] Dies wird bemerkt, um Irrthümer zu berichtigen, nicht, um Herrn Jackson's Werk zu kritisiren, welches unstreitig das nützlichste über dieses Land ist. Er spricht das Occidental-Arabische oder Mo'greb fließend, ohne welches keine genaue Kenntniß erlangt werden kann, unabhangig von der ausgezeichneten Verachtung, welche die Mauren und Araber denen beweisen, die ihre Sprache nicht sprechen.

Abweichung $20\frac{1}{2}°$ W., nach zahlreichen Beobachtungen an dem Schmalcalderschen Kompasse.

Die merkwürdige Ruhe der Luft in dieser Ebene verdient hervorgehoben zu werden: — am Morgen und Abend gemeiniglich völlige Windstille; sanfte Winde wärend des Tages; wenig oder gar kein Regen; und das im Dezember und Januar; die Atmosphäre ist gewöhnlich rein.

Mittlere Barometerhöhe zu Marokko, beob. an 2 Bar., reduzirt auf die mittl. Temp. von 50° F. (8° R.), im Dezembr. u. Januar 1830.	Zoll. 28,410.	Giebt eine Höhe von 1450 (engl.) Fuß über dem Meeresspiegel [1].
Größte Höhe 26. Dezbr. 1829	28,590.	Schönes Wetter, NO. Wind.
Geringste Höhe 20. Dezbr. 1829.	28,250.	Regen, S. Wind, Cumulus und Wetterleüchten in SW.
Mittlere Temp. im Schatten zwischen 6 Uhr Morgens und 6 Uhr Abends	56°, 5 F. (10°, 89 R.)	
Höchste, am 21. Dezbr. 1829. .	64°, 0 F. (14°, 22 R.) SW. Wind.	
Niedrigste, am 27. Dezbr. . . .	40°, 0 (+ 3°, 56 R.) bei Tage, NO. Wind.	
Höchste, in der Sonne am 18. Dzbr.	118°, 0 F. (38°, 2 R.) 2 Uhr Nachmittags, Windstille.	

Die Bewohner dieses Landes können in sechs Klassen getheilt werden, nämlich:

Mauren, Araber, Schelluhs, Berbern (Berebers), Juden und Neger.

Die Mauren, — ein ausgeartetes Geschlecht edler Vorfahren, sind die Nachkommen derer, welche aus Spanien vertrieben wurden, als die Eroberung Granada's durch Ferdinand und Isabella, und die Flucht Boabdil's el Chico, der maurischen Herrschaft in diesem Lande ein Ende machte; diese bewohnen hauptsächlich die Städte, bekleiden die Regierungsämter und bilden das Militair; ihre Sprache ist das Mogreb, oder Occidental-Arabische, vermischt mit Spanischen Wörtern.

Die Araber, — ursprünglich aus der Wüste stammend, bedekken die Ebenen, leben in Zelten, die gewöhnlich kreisförmig aufgestellt und deshalb Douars genannt werden und führen ein Hirtenleben. Ist der Boden unfruchtbar, das Gras knapp, oder sind ihre

[1] Berechnet nach den Tafeln von Oltmanns im Annuaire für 1830.

Zelte so voll von Flöhen und anderem Ungeziefer, daß sie nicht mehr ruhig darin leben können, so brechen sie auf und suchen einen andern Platz; eine Quelle oder das Grab eines Heiligen bestimmen gewöhnlich ihre Wahl. Die Araber sind gastfrei und ihrem Versprechen kann man trauen; doch sind sie sonst große Diebe. Sie sind ein kühner Menschenschlag, von schwacher Statur und unter der mittleren Größe. Die jungen Mädchen sind schön, die Weiber furchtbar häßlich, welches von dem beständigen Einfluß und der harten Arbeit herrührt, da alle haüslichen Geschäfte (die in diesem Lande sehr zahlreich sind) auf sie fallen. Ihre Sprache ist das Koreisch oder das Arabische des Korans, obwol sehr verdorben.

Die Berber und Schelluhs — bewohnen die Bergkettedes Atlas; erstere den nördlichen Theil bis zur Provinz Tedla, letztere von da gegen Südwesten; sie bewohnen vorzüglich Dörfer mit Haüsern von Steinen und Lehm mit Schieferdächern, zuweilen leben sie aber auch in Zelten und selbst in Höhlen. Ihre Hauptbeschäftigung ist die Jagd, doch treiben sie auch Ackerbau und Bienenzucht. Ihre Lebensart macht sie stärker und thätiger, als ihre Nachbaren auf der Ebene. Sie sind wahrscheinlich die Urbewohner dieses Landes, unmittelbare Nachkommen des Ham, und durch die Einfälle der Araber und Mauren in die Gebirge gedrängt; ihre Sprache hat keine Ähnlichkeit mit der Arabischen, obgleich viele Wörter dieser Sprache unter den Ingebornen allgemein im Gebrauch sind. Es ist lange darüber gestritten worden, ob das Schelluh und Berber dieselben Sprachen sind: Jackson, welcher viele Jahre zu Mogadore und Santa Cruz lebte, erklärt sich für ihre Verschiedenheit und giebt eine Probe von achtzehn Wörtern aus beiden Sprachen, um zu zeigen, daß hier nicht die geringste Ähnlichkeit Statt findet. Von diesen achtzehn Wörtern fand ich, in zwei verschiedenen Berber-Vokabularien, fünf, welche dieselben sind, wie im Schelluh. Wärend unseres Besuchs des Atlas schrieben wir, aus dem Munde eines gebornen Schelluh, der sein ganzes Leben hier zugebracht hatte, einige hundert Wörter dieser Sprache nieder. Als ich bei meiner Rückkehr fand, daß die britische und fremde Bibelgesellschaft vor Kurzem eine Übersetzung eines Theiles der Bibel in einen der Dialekte des nördlichen Afrika's erhalten hatte, wandte ich mich an dieselbe, welche mir, auf die liberalste Weise, ihr Wörterbuch zeigte, das nach einem Manuscripte in der Berber-Sprache abgefaßt war; bei der Vergleichung desselben mit dem von mir unter den Schelluhs angefertigten, fand ich zwanzig allgemein gebraüchliche, vollkommen gleiche Wörter, von denen ich ein Verzeichniß hier beifüge [1].

[[1] Die englische Rechtschreibung ist für die arabischen, Berber- und Schelluh-Wörter beibehalten worden. — B.]

Deütsch.	Arabisch.	Berber [1].	Schelluh.
Brod.	El Khobs.	Aghroum.	Aghroom.
Kameel.	Jimmel.	Araam.	Arume.
Rufen.	Tsata.	Kerar (imp.)	Ir-kerah.
Datteln.	Tamar.	Tene Icayn.	Teene Icayn.
Mittagsessen.	El-iftor.	Imquilli.	Imkelli.
Essen, (Verbum).	Akal.	En-nitch.	Ai-nish.
Augen.	Ayun.	Allen.	Alen.
Füße.	Rijlain.	Etarran.	Idarn.
Gieb mir.	Ara.	Efikie.	Fikihie.
Honig.	Asel.	Tament.	Tamint.
Mann.	Rajel.	Erghaz.	Argaz.
Berg.	Jebel.	Addrar.	Adderar.
Morgen, (Subst.)	S'bagh.	Zik.	Zik.
Nase.	Anf.	Thinzarth.	Tinzah.
Sklave.	El abd.	Isimgham.	Issemg'h.
Sultan.	Sultan.	Aghoullid.	Aglid.
Morgen, (Adverb.)	Elgad.	Ezikkah.	Azgah.
Wasser.	Elma.	Aman.	Aman.
Dorf.	Dshar.	Thedderț.	Thedderth.
Frau.	Murrah.	Temthout.	Tamtoot.
Jahr.	Sanat.	Esougaz.	Ascougaz.

Diese beiden Sprachen können nicht sehr verschieden sein, und ich zweifle in der That kaum daran, daß es Dialekte desselben Sprachstammes sind; fernere Untersuchung ist nothwendig, so wie eine Kenntniß der Umstände, unter denen diese Übersetzung angefertigt wurde; wenn aber, wie ich stark vermuthe, daß es der Fall ist, ein Wörterverzeichniß, mitgetheilt von einem Ingebornen von den Kabylen oder Stämmen, welche den Atlas südöstlich von Algier bewohnen, und das von einem Bewohner der Berge im Süden von Marokko sich als dieselben ergeben, so werden wir einen Schlüssel zu einer Sprache erhalten haben, die überall durch die mächtige Kette des Atlas gesprochen wird und sich von Bahireh an den Ufern des Nils bis Kap Nun am atlantischen Ocean erstreckt, eine Entfernung von mehr als zweitausend Meilen; ja, noch mehr, es ist aller Grund vorhanden, zu glauben, daß das Berber die ur-

[1] Meine Gewährsmänner für das Berber sind, Hodgson on the Berebber Language in den American Philosophical Transactions, Vol. IV, und ein Franzose, der lange in Algier gelebt hat, — ich glaube: Hr. Venture; siehe den Anhang zu Langlès französischer Uebersetzung von Hornemann's Reisen.

Als die vorliegende Abhandlung in der Gesellschaft gelesen wurde, behauptete man, daß diese Sprachen nicht gleich seien; in der Unterredung, welche nach beendigter Vorlesung Statt fand, wurde indeß eine entgegengesetzte Meinung ausgesprochen und angedeütet, daß Hr. Barrow (welcher in allen afrikanischen Dingen die höchste Autorität ist) verschiedener Ansicht sei; worauf fernere Nachfrage gehalten wurden, — deren Resultat oben mitgetheilt ist.

sprüngliche Landessprache des ganzen nördlichen Afrika's sei; es ist die Sprache der Mozabics, Wadregans, Wurgelans, Tuaryks; und man kann die Spur der Berber-Worte bis an die Gränzen von Ägypten und Abyssinien verfolgen.

Die Juden — sind in diesem Lande, wie überall, ein lebender Beweis der buchstäblichen Erfüllung der vor mehr als dreitausend Jahren ausgesprochenen Prophezeihung: ‚Siehe, das Volk wird besonders wohnen und nicht unter die Heiden gerechnet werden, und, obgleich unbekannt mit dem Vorhandensein eines solchen Befehles, so sind die Mauren ihm strenge und buchstäblich gefolgt, indem sie dieselben zwingen, in besonderen Stadttheilen zu wohnen. Die Juden sind eine zahlreiche und diensteifrige Klasse; sie sind die vorzüglichsten Handwerker, Dolmetscher u. s. w. und das Mittel, wodurch alle Handelsgeschäfte mit den Europäern betrieben werden; auch müssen sie sich den niedrigsten Diensten unterziehen, als Diener, Lastträger, Straßenkehrer u. s. w. Verachtet und beschimpft von den Mauren, die sie bei allen Gelegenheiten betrügen, haben sie keine Hülfe, sondern müssen sich gefallen lassen beschimpft, geschlagen, ja selbst von den Muselmännischen Kindern mit Steinen geworfen zu werden; und hebt ein Jude seine Hand gegen dieselben auf, so wird er sie unfehlbar verlieren; geht er vor einer Moskee vorbei, so muß er seine Pantoffeln ausziehen; begegnet er einem von dem Hofstaate des Kaisers, und wären es selbst alte Negerinnen, die ehemaligen kaiserlichen Beischläferinnen, der Jude muß seine Pantoffeln ausziehen und dicht an der Mauer stehen bleiben, bis sie vorüber gegangen sind; zu solch einem Zustande der Herabwürdigung ist das von Gott erwählte Volk, die Nachkommen Abraham's, in diesem Lande gebracht. Doch sind solche Personen unsere offiziellen Dollmetscher, ja sogar unsere Konsular-Agenten; eine in Ausdrücken der Gleichheit abgefaßte Botschaft dem Sultan zu überreichen oder eine lebhafte Vorstellung würde er nur mit Verlust seines Lebens wagen.

Die nicht sehr zahlreichen Neger sind Sklaven und hier, wie in civilisirteren Ländern, ein Handelsartikel; doch erlangen sie oft eine Stellung von großer Wichtigkeit und erhalten ihre Freiheit; und so ist selbst in dem finsteren, barbarischen Afrika dieser schändliche Fleck in dem Rufe einer Nation nicht halb so schwarz, wie in dem aufgeklärten, christlichen Europa. — Die Neger stehen im Rufe großer Treue, und die Leibwache des Sultans, die einzige stehende Armee, ist vorzüglich aus ihnen zusammengesetzt; sie ist jetzt nicht über 5000 Mann stark, aber unter Muley Ishmael soll sie 100000 Mann betragen haben.

Die Regierung dieses Landes ist unumschränkt despotisch; der Sultan ist das Haupt der Kirche und des Staates, die untrennbar sind.

Der Mohammedismus ist ihre Religion, und einige ihrer bigotten Lehren werden von dem jetzigen Besitzer des Thrones streng durchgesetzt; in ihren religiösen Pflichten, z. B. vorgeschriebene Gebote, Abwaschungen u. s. w. sind die Mauren sehr pünktlich, selbst auf der Reise; sie halten die Christen für Menschen ohne Religion, und nicht ohne Grund, da es zu Tanger, dem Aufenthalte des eûropäischen und amerikanischen diplomatischen Corps, welches aus zehn oder zwölf Consuln besteht mit ihren Attaches und Untergebenen, nur einen römisch=katholischen Priester (ich glaube einen Spanier) giebt; die sechs protestantischen Stellvertreter und ihre Familien haben sogar nicht einmal den Schatten eines Dieners der Religion.

Ihre Gesetze sind der Wille eines Despoten, welcher in der Hauptstadt die Gerechtigkeit in eigener Person verwaltet; in den Provinzen ahmt der Kalifa oder Pascha getreû den Despotismus seines kaiserlichen Herren nach; doch ist die Entscheidung gewöhnlich richtig und immer schnell; der herrschende Grundsatz scheint zu sein: halte das Volk in der Armuth und es wird sich nicht empören.

Die Einkünfte entstehen von Abgaben die in Natura bezahlt werden, ein Zehntel vom Getreide und ein Zwanzigstel vom Vieh; einer Kopfsteûer von allen Juden, und Geldbußen von den Bezirken, wo Verbrechen begangen werden; aber diese Einkünfte sind ungewiß, ja oft müssen sie mit Gewalt von einigen arabischen Stämmen erhoben werden; das Ganze mag eine Million Pfund Sterling betragen.

Das Militair besteht in einer Art Miliz, die einberufen wird, wenn man ihrer bedarf; sie erhält keinen Sold, aber ein jeder ein Pferd, und wenn die aus den Provinzen nach der Hauptstadt kommen, ein unbedeûtendes Geschenk. Das einzig stehende Heer ist die oben erwähnte Leibgarde des Sultans. Alle Soldaten führen lange Musketen, deren sie sich mit großer Geschicklichkeit bedienen und im vollen Gallop abfeûern; sie sind abgehärtet und schlafen auf der bloßen Erde ohne eine besondere Decke, selbst in kalten, feûchten Nächten; aber sie sind nicht furchtbar, da sie keinen Begriff haben von dem Nutzen der Bewegung in Masse; ist ihr erster Angriff nicht entscheidend, so ist es leicht, sie zu schlagen; Viele von ihnen sind gute Schützen; die Handhabung der Artillerie im Felde geht über ihre Fassungskraft.

Die Erziehung der Mauren beschränkt sich auf die Kenntniß des Korans, den sie in den Schulen auswendig lernen, und auf die Behandlung des Pferdes und der Feûergewehre.

Musik ist fast unbekannt; eine rohe Pfeife und noch barbarischere Trommel sind üblich, aber nachdem wir lange zugehört hatten, konnten wir keine Ansprüche auf Harmonie entdecken, ausgenommen unter den Berg-Schelluhs, deren Gesänge klagend und angenehm waren.

Die Mauren sind gemeiniglich ein schöner Menschenschlag, von mittlerer Statur, obgleich ihr weiter, flatternder Anzug ihnen auf den ersten Anblick das Ansehen von Wohlbeleibtheit giebt; nach dem mittleren Alter werden sowol Männer, als Frauen, in Folge ihres unthätigen Lebens, korpulent. Sie haben gewöhnlich gute Zähne; Hautfarbe von allen Schattirungen wegen ihrer Gemeinschaft mit den Negern, und wir bemerkten, je dunkler die Farbe, um so schöner gemeiniglich der Maure, und von desto bestimmterem Charakter; die Weiber, welche in ihrer Jugend schön sind, schwärzen ihre Augenwimpern und Augenbraunen mit Alkohol (Bleierz, Lead ore) und malen sich die Enden der Finger (wie auch einige Männer thun, vermuthlich die Zierbengel ihres Landes) mit der 'Henna-Pflanze, welches, von dunkler Orangen-Farbe, weit entfent davon ist, ihre Schönheit zu erhöhen.

Die Kleidung der Mauren ist malerisch und anmuthig; ein Hemde mit weiten Ärmeln und weite Beinkleider von weißer Leinwand, worüber manche einen Kaftan mit kurzen Ärmeln tragen, der ganz zugeknöpft wird, von glänzend gelbem oder hellblauem Zeüge; eine vielfarbige seidene Schärpe um den Leib und über diese eine weiße. Der Haïk, ein langer, leichter, wollener, baumwollener oder seidener Mantel, der wie eine römische Toga getragen wird, und zuweilen noch eine Art Mantel mit einer Kappe, Sulham genannt, von blauem, doch gewöhnlicher von weißem Kasimir; eine rothe Mütze, um welche weißer Muselin in Form eines Turbans gewunden ist, und Pantoffeln oder Stiefel von gelbem Marokko-Leder; der Haïk wird von den Frauen sowol wie von den Männern getragen, oft ist er das einzige Kleidungsstück und zuweilen so fein, daß er durchsichtig ist; die Frauen tragen immer rothe Pantoffeln, und weder Männer noch Frauen tragen Strümpfe. Ein Djellabia ist ein grobes nützliches Kleidungsstück, aus Wolle gemacht und von dem ärmeren Volke getragen; und kann nicht besser dargestellt werden, als wenn man in dem Boden eines Sackes ein Loch macht für den Kopf und die unteren Ecken für die Armlöcher aufschneidet.

Den Juden ist es nicht erlaubt bunte Kleider zu tragen; ein schwarzer Bornus, eine schwarze Mütze, schwarze Pantoffeln bezeichnen ihre Erniedrigung.

Die gewöhnliche Nahrung im ganzen Lande ist ein Gericht, Kuskasu genannt; es besteht aus Hammelfleisch oder Geflügel, mit etwas Gemüse geschmort und wird in einer großen, flachen, irdenen Schüssel aufgetragen, die bis zum Überfließen mit körnigem Teige angefüllt ist, und bildet ein wohlschmeckendes und nahrhaftes Gericht; es wird auf die Erde gestellt und ein halbes Dutzend Personen sitzen mit untergeschlagenen Beinen um dasselbe herum; Stühle, Tische, Messer, Gabeln, Löffel und Teller sind unbekannte, überflüssige Dinge.

Kaffe ist nicht gebraüchlich; Thee dagegen sehr gewöhnlich; zu allen Tagesstunden wird er den Besuchenden gereicht, sonst ist Wasser das einzige Getränk.

Die Mauren rauchen nicht Taback, schnupfen aber stark; zuweilen rauchen sie die Blätter von Haschischa (Hanf), welche die berauschende Eigenschaft des Opiums in hohem Grade zu besitzen scheinen und einen angenehmen Rausch hervorbringen; sie bereiten auch eine Art von Zuckerwerk aus dem Samen dieser Pflanze, Kif genannt, welches dieselben Eigenschaften hat, und dessen Gebrauch sie sehr ergeben sind.

Die hervorstechendsten Züge der Mauren sind Trägheit, Gefühllosigkeit, Stolz, Unwissenheit und Sinnlichkeit; und obgleich sie in dem beklagenswürdigsten Zustande von Unwissenheit leben, so blicken sie doch mit Verachtung auf alle andere Völker und nennen sie Barbaren. Ihre Bigotterie ist eben so übertrieben; auf unserer Reise nach Marokko begegneten wir einer Reisegesellschaft, welche, nachdem sie den Anführer unserer Eskorte begrüßt hatte, ihm zurief: ‚Gott behüte Dich vor der Verunreinigung durch die Unglaübigen'. Bei solchen Gelegenheiten fühlten wir es mit doppelter Stärke, wie dankbar wir Eüropäer sein sollten für das gesegnete Licht des Christenthums. Die Sinnlichkeit des Mauren kennt keine Gränzen; selbst die Gesetze der Natur können sie nicht zurückhalten. Die haüfigen und oft wiederholten Gesuche bei dem Arzte der Gesandtschaft[1] geschahen, um Reiz- und Stärkungsmittel zu erhalten, selbst, nachdem sie mit den schädlichen Eigenschaften derselben bekannt gemacht waren; abgelebte, alte Männer, mit einem Fuße im Grabe, würden ihr halbes Vermögen hingegeben haben für einige Stunden einer kräftigen Jugend.

Der Tag wird gewöhnlich müßig hingebracht: mit Ausnahme der militairischen Übung, Lab el Barod, (buchstäblich: spielendes Pulver), welche im Laden und Abfeüern des Gewehres wärend des Gallopps und im plötzlichen Anhalten der Pferde besteht, bewegen sie sich selten aus ihrem lethargischen Zustande von Unempfindlichkeit und Trägheit; doch sind sie bei allen diesen Fehlern gastfrei und besitzen große Stärke im Unglück; ‚Allah brah, Gott hat es so bestimmt,' ist ihr Trost bei allen Widerwärtigkeiten. Das Volk ist im Allgemeinen gesund und erreicht ein hohes Alter; das Klima ist unstreitig gut, doch sind der Aussatz, Augenkrankheiten, Elephan-

[1] Hr. Williams, v. d. K. A., erhielt durch seine Bereitwilligkeit, den Ingebornen bei jeder Gelegenheit Rath und Beistand zu ertheilen, sie bei guter Laune und war im Stande, manche Nachricht einzuziehen.

tiasis, Wassersucht und Syphilis sind nicht ungewöhnlich; ihre Heilmittel sind sehr einfach, da ihre ganze Materia medica aus wenigen Kraütern besteht, aber die furchtbare Geißel dieses Landes, die Pest, sucht sie fast alle zwanzig Jahre heim, doch sind sie nicht dahin zu bringen, irgend Vorsichtsmaaßregeln gegen sie zu treffen.

Auch die Heuschrecken richten fürchterliche Verwüstungen an, indem sie zuweilen alles grüne Laub verzehren und den Boden, über den sie gehen, als eine Wüste zurücklassen. Doch der Stolz des Mauren ist sein Pferd, das in der That oft von großer Schönheit ist; es ist von stärkerem Knochenbau als das andalusische Roß, wahrscheinlich wegen der besseren Weide; auch Gang und Gestalt sind verschieden; es hebt den Fuß nicht so hoch und schreitet weiter aus; nie geht es im kurzen Trabe, sondern sein gewöhnlicher Gang ist ein weit ausgreifender Schritt; auch knickt es nicht ein mit den Hinterfüßen, wie das spanische Pferd; und hat einen sicheren Tritt selbst beim Gallopiren auf unebnem Boden, was wir oft bei der Jagd der wilden Schweine und Gazellen erfuhren. Die Pferde sind gewöhnlich vierzehn bis fünfzehn Hand hoch und von allen Farben; als die schönsten bemerkten wir die kastanienbraunen und die Rappen, obwol letztere nicht gewöhnlich sind; sie haben starke Mähnen und Schweif, die nie abgekürzt werden, nur bei den jungen Pferden wird der Schweif abgeschoren, was ihnen ein abgeschmacktes Ansehn giebt; wir fanden die Mähne eines kastanienbraunen Pferdes zwei und einen halben Fuß lang und der Schweif schleppte auf der Erde; sie werden selten vor dem vierten Jahre und die Stuten nie geritten. Im Inneren des Landes kann man zuweilen ein gutes Pferd für hundert spanische Thaler (20 Guineen) erstehen, doch dies ist mit Schwierigkeiten verknüpft, und es darf ohne Erlaubniß des Sultans nicht ausgeführt werden. Das Berber Roß beginnt seine Reise ohne Futter und Wasser, wird nach Beendigung derselben angepfählt, abgezaümt, aber nie abgesattelt und erhält so viel Wasser, als es saufen kann, dann wird Gerste und Heksel vor ihm auf die Erde geschüttet, soweit als es mit ausgestrecktem Halse reichen kann; es legt sich also selten oder niemals nieder noch schläft es und ist doch sehr lebhaft; Herzschlägigkeit ist selten, oft sind sie delikat auf den Füßen und werden durch das plötzliche Anhalten, was, selbst im vollen Galopp, beständig üblich ist, aüßerst buglahm.

Die Audienz bei dem Sultan, der Austausch der Geschenke, namentlich unserer ausgewähltesten Kunstwerke, als Kronometer und Fernröhre, gegen die wildesten Bestien der Natur, als Tiger,

Hyänen, Wölfe, die der britischen Gesandtschaft erwiesenen Ehrenbezeigungen, u. s. w. — fallen nicht innerhalb der Gränzen einer geographischen Skizze. Daher vorwärts zum Atlas.

Januar 7, 1830.

Wir sagten unserem irdischen Paradiese, dem Garten von El Mahmonia, Lebewohl und reisten über die Ebene in südlicher Richtung, nach dem Atlas; leichter, sandiger Lehmboden, bedeckt mit Geschieben und Sträuchern von Stechdorn und Tirnet (ähnlich einem Stachelbeerstrauche); mehrere Wasserbäche, besetzt mit Oleandern, große Oliven-Pflanzungen, und verfallene Wasserleitungen durchzogen die Ebene in verschiedenen Richtungen. Nachdem wir sechszehn Meilen zurückgelegt, traten wir in ein Thal des Atlas ein, das sich südlich windet und folgten dem Laufe eines Bergstromes; wir übernachteten in einer Höhe von etwa 2400 Fuß über dem Meeresspiegel und 1000 Fuß über der Ebene, und hatten eine herrliche Aussicht auf die Stadt, die ganze Ebene von Marokko und die Windungen des Flusses, der sich am westlichen Horizonte verlor.

Januar 8.

Als es Tag geworden, brachen wir unsere Zelte ab und setzten unsere Reise, steil aufsteigend, fort; unter uns im Thale ein rauschender Bergstrom, dessen Ufer gut bewaldet mit Oliven, Karuba (Al Kharob, d. i. Ceratonia siliqua), Wallnußbaümen, Cedern — dem schönsten Bauholze, welches ich noch in diesem Lande gesehen hatte, obgleich nicht sehr reichlich — und ein Überfluß von Oleandern, verkrüppelten Palmen und Rosensträuchern; wir wurden auf unserer Reise aufgeheitert durch das von Felsen zu Felsen wiederholte Jauchzen der Schelluh-Jäger, bei ihren Bemühungen, das Wild aufzujagen; jede Wendung des Weges enthüllte neüe Schönheiten in dem Thale und eine unbegränztere Aussicht auf die Ebene und die Stadt Marokko, mit ihren in der Morgensonne glänzenden Moskeen; die Basis der Straße ist Kalkstein; der Boden harter, steiniger Thon; Bruchstücke von Kalk, Sandstein, Agat, Feüerstein, Porphyr, Gneüs, Grünstein und Chalzedon, auf dem Gipfel der Berge eine senkrecht zerspaltene Kalkstein-Wand, ähnelnd einem Haufen gigantischer, künstlich aufgestellter Grabsteine; wir passirten mehrere Dörfer in der romantischsten Lage und bewohnt von den freien Schelluhs, den Urbewohnern dieses Gebirges.

Nach dreistündigem Ansteigen wurde der Weg eng und schwierig, wir stiegen ab, verließen unsere maurische Begleitung und vertrauten uns der Leitung der Schelluh-Gebirger an — unser einziges Ziel waren die Schneegipfel über unseren Haüptern; noch ansteigend durch einen Wald von Karuba, Oliven, Cedern, Wallnußbaümen u. s. w. überwachsen mit wildem Weinstock und der Hopfenpflanze in großer Üppigkeit; die Landschaft wurde jetzt wahrhaft romantisch; steil abgestürzte, unfruchtbare Sandstein-Berge erhoben sich auf beiden Seiten von uns; das Thal nicht eine viertel Meile breit, durch welches, 500 Fuß unter unseren Füßen, ein tobender Bergstrom rauschte, mit einem Bergpfade oft dicht am Rande des Abgrundes, wärend vor uns die Schneegipfel zurückzuweichen schienen, so wie wir höher stiegen.

Um Mittag hielten wir an auf dem Gipfel eines kegelförmigen, auf der Oberfläche sehr zersetzten Schieferberges; Streichen von Osten nach Westen, Fallen 30° NO.; eine Mittagshöhe der Sonne, vielleicht die erste, welche jemals im Atlas beobachtet worden ist, gab für die Lat. 31° 25½′ N., und nach unserm Barometer fanden wir eine Höhe von 4600 Fuß über dem Meere.

Wärend wir unsere Beobachtungen machten, waren wir von den ingebornen Schelluhs umgeben, welche mit Erstaunen unsere Personen, unsere Kleidung, vorzüglich die vergoldeten Knöpfe, anstarrten; schweigend betrachteten sie den Kompaß, das Fernglas, das Barometer, als Dinge, weit über ihrer Fassungskraft, als aber das Quecksilber zu einem künstlichen Horizont ausgegossen wurde, da brachen sie in einen von Erstaunen und Bewunderung gemischten Ausruf aus; jedoch ohne alle Unhöflichkeit und Rohheit: der Contrast zwischen der Unempfindlichkeit der Mauren und dem Verstande und der Wißbegierde dieser Urbewohner des Gebirges ist schlagend; sie haben ein Ansehen von Freiheit, das um sie her in den Ebenen unbekannt ist; wohlgebildete, athletische Menschen; nicht groß, keine markirten Züge und von leichtem Temperament. Der Kropf ist unbekannt unter ihnen; ihre Sprache war unserem Dollmetscher unverständlich, auch verstehen sie im Allgemeinen nicht Arabisch. Wir sprachen mit ihnen vermittelst des in diesem Thale wohnenden Scheiks der Juden, und erhielten fehlerfrei einige hundert Wörter ihrer Sprache; sie wohnen in Hütten, von rohen Steinen und Lehm erbaut, mit schwach geneigten Schieferdächern; ihre Hauptbeschäftigung ist die Jagd; sie geben sich sehr wenig ab mit den Arabern und Mauren der Ebene; wo nur ihr Thal einen Fleck Erde darbietet, da ist er umzaünt und angebaut; gegen uns waren sie gastfreündlich und freigebig. In jedem Dorfe sind mehrere Juden-Familien, welche hierher geflüchtet sind, um der Herabwürdigung nud den Angaben, welchen sie in den Städten unterworfen sind, zu entgehen; dies Thal enthält zehn Dörfer, zwischen vier und fünftausend Inwohner, worunter ein Viertel Juden. Hier wird Salpeter gefunden und gutes Pulver bereitet. Am oberen Ende des Thales sollen Kupferminen bearbeitet worden sein. Wie wenig sind die inneren Winkel des Atlas bekannt! Wahrscheinlich sind alle diese Thäler von einem so unvermischten Menschenschlage bewohnt, wie es nur irgend einen giebt, von dem nichts bekannt ist, kaum einige Wörter seiner Sprache! Hier ist ein Feld für einen forschenden Geist. Doch wir fahren fort: das Ansteigen währte noch zwei Stunden; der Boden bedeckt mit sparsamem Grase und verkrüppelten Cedern; wir erreichten die Schneegränze und setzten unseren Weg eine kurze Strecke über denselben fort, bis wir fanden, daß der Schnee unter unseren Füßen nachgab und unsere Führer erklärten, sie wollten uns nicht länger begleiten; wir machten mit Widerwillen Halt, und staunten die höchsten Schneegipfel an, noch weit außerhalb unseres Bereichs, der Raum zwischen uns und ihnen eine Masse von ungebahntem Schnee. Unser Barometer ergab hier eine Erhebung von 6400 Fuß. Der Berg, auf dem wir uns befanden, bestand aus hartem rothen Sandstein; Streichen von Osten nach Westen, Fallen 10° S.; wir trafen nur Kalkstein[1], Glimmerschiefer und Sandstein, nur Übergangs- und secondaire Gebirgsarten, keine Spur von Urgebirgen, ausgenommen einen Granit- oder vielmehr Gneùsblock unten im Thale und Gänge von blättrigem Quarz in den Schieferbergen; außerdem hat diese Formation das Bestreben, Tafelland, Rücken und Kuppen und nicht spitze Alpengipfel zu bilden; auch sahen wir auf unserem Wege durch das Land weder irgend eine Spur vulkanischer Thätigkeit, noch ist irgend etwas in dem Umrisse des Atlas, welches das frühere Dasein eines Kraters anzeigte. Wir kehrten zu unserem Nachtlager zurück.

[1] Diese Formation ist, wie ich glaube, ein sekundärer Kalkstein, und wahrscheinlich allgemein am Fuße des Atlas verbreitet; sie bildet das Gestein aller niederen Bergreihen bis zu der Höhe von vielleicht drei bis viertausend Fuß. Marmor sahen wir nicht auf unsrer Reise, ausgenommen an einigen Gebaùden in Marokko; und konnten, nach vielem Forschen, wegen der Unwissenheit oder Unempfindlichkeit der Mauren nicht bestimmen, woher er kam, aber ich glaube aus Italien. Die großen Saùlen und Pfeiler von weißem Marmor, die sich noch in diesem Lande finden, sind zwischen Faz und Mekinez, und werden als Ruinen eines Triumphbogens und eines Tempels beschrieben; aber von Rosso-antico und anderem antiken Marmor, von dem es historisch fast erwiesen ist, daß er aus Mauritanien kam, konnten wir nichts erfahren.

Es ist schwierig, über das Alter des Atlas eine Vermuthung aufzustellen; ist aber die sehr wahrscheinliche Theorie des Herrn Elie de Beaumont richtig, so ist der Atlas von späterer Entstehung als das Erzgebirge in Sachsen und die Côte d'Or in Burgund, — als die Pirȧneen und Apenninen, — als der riesenmäßige Montblanc und die südwestlichen Alpen, und wahrscheinlich gleichzeitig mit dem St. Gotthardt und den Central-Alpen, dem Kaukasus, dem Balkan, und der mächtigen Kette des Himalah in Asia, — das ist, von einem gegen die Schweizer Alpen, vergleichungsweise neùeren Alter, oder erhoben seit dem Absatz der secundären und tertiären Lager.

Januar 9.

Auf einem Hügel, fünfhundert Fuß über unserem Nachtlager sind die Ruinen einer Stadt, jetzt Tassremut genannt, offenbar von großer Ausdehnung; Mauern von unbehauenem Kalkstein und Mörtel, Bäder, Schwibbogen u. s. w. Alles, was wir von den Ingebornen erfahren konnten, war, daß es früher eine Christliche oder Römische Stadt gewesen sei und die Sage knüpft an sie dieselbe Erzählung, wie an die Einnahme von Troja, welches uns ein Schelluh-Jäger genau erzählte, indem er mit Schätzen beladene Maulthiere an die Stelle des hölzernen Pferdes setzte, und, eine bestimmte Stelle der Mauer bezeichnend, sagte: — ,und hier stand Bab el 'Ghraddar, oder ,das Verräther-Thor,' — ein Name, der sich bis auf diesen Tag erhalten hat!

Januar 10.

Nachdem wir drei Tage im Atlas zugebracht hatten, begannen wir beim Anbruch des folgenden Tages in die Ebene hinabzusteigen; wir passirten ein, von 500 Fuß hohen Hügeln gebildetes Bekken, welches einen merkwürdigen Anblick darbot, Streichen der Kalkschichten von NO. nach SW., Fallen etwa 70° SO., welches, den Undulationen der Hügel folgend, dem Nordwest-Abhange eine Ähnlichkeit mit einer Reihe von Halbmonden, die sich über einander erheben, giebt. Wir erreichten wieder die Region der Palmen, Oleander, Rosenbäume u. s. w.; auf der Ebene angekommen, wandten wir uns gegen Ost-Nordost, längs des Fußes einer Berg-Reihe, die, Arina-Reihe genannt, einen auffallenden Zug darbietet, der selbst von Marokko gesehen wird; das Gestein ist Kalk; Streichen von Osten nach Westen, Fallen 20° SO.; ihre Nordwestseite ist steil und ausgehölt durch Wasser-Läufe, mit dunkelrothem, wahrscheinlich metallischem Thon zwischen den Kalkschichten. Der Weg führt nördlich über die Ebene, leichter Thonboden, bedeckt mit Karneol, Agat u. s. w.; wir setzten über zahlreiche Bäche, die von allen Thälern des Atlas herabströmen; und deren Ufer allgemein mit Vegetation bekleidet sind, und über den Tensift-Fluß, und verloren den Anblick des hohen Thurmes der Moskee El Kutabia, welcher, hoch wie ein Leuchtthurm, weit hervorragt über der Horizontallinie des von den Gipfeln der Palmen um Marokko gebildeten Grüns, und uns bis hierher als Wegweiser über die Ebene gedient hatte. Wir lagerten uns dicht an dem nördlichen Ende der schiefrigen Bergreihe, welche die Nordgränze der Ebene bildet, und an der Quelle des Tensift-Flusses. Die Schieferberge, in der Höhe von fünf bis achthundert Fuß wechselnd, nehmen sehr verschiedene Gestalt an; abgekürzte Kegel, Pyramiden, Tannzapfen-ähnliche, Zuckerhutförmige u. s. w.; einer derselben war bedeckt mit Massen von Gneus oder kreuzkörnigem Granit, mit vielem schwarzen Glimmer; manche dieser Blöcke waren mehrere Tonnen schwer. Wie kamen sie hieher? Da doch die nächsten Granitberge fünf und zwanzig bis dreißig Meilen entfernt sind. Können sie Geschiebe sein? Sie hatten eher das Ansehen von roh viereckig behauenen Massen von vier bis fünf Fuß im Quadrat.

Januar 11. 12. 13.

Wir verließen die Ebene von Marokko und, durch die Schieferhügel gehend, kamen wir wieder in die ausgedehnte Ebene, die wir vierzig Meilen gegen Westen auf unserer Reise nach der Hauptstadt durchstrichen hatten; feiner Lehmboden; bewässert und gut angebaut; eine dreitägige Reise von etwa fünfzig Meilen, in Nord-Nordost-Richtung über diese große Ebene, brachte uns zu den Ufern des Flusses.

Um-erbegh, bei der Furth Meshra el 'Khalluf oder Furth des wilden Ebers, deren wir viele wärend unserer Tagereise jagten und tödteten; der Fluß ist hier nicht reißend, etwa 150 Yards breit und zu durchwaten; er fließt zwischen Ufern von tiefem Erdreich. Wärend dieser fünfzig Meilen passirten wir zwölf arabische Lager und sechs Heiligen-Gräber; sehr geringe Bevölkerung, was sich dadurch erklärt, daß das Land zur Weide bestimmt ist; Heerden von Rindern, Schaafen und Ziegen.

Januar 15 bis 21.

Eine Reise von siebenzig Meilen durch eine Reihe von Ebenen, in nordwestlicher Richtung, bringt die Reisenden von den Ufern des Um-erbegh an die Meeresküste bei Fidallah; der erste Theil der Ebene sandig; eine Wüste mit Pflaumenpalmen, aber der letzte Theil ein schöner, fruchtbarer Boden; dünn bevölkert und wenig angebaut; sobald aber der Frühling in diesem Klima sich naht, ist die Natur voll Leben; der Boden, reich an Zwiebeln, Blumen u. s. w., erscheint bunt, wie ein Teppich, mit Iris, Krokus, Narzissen, Lotus, Wolfsbohne, Sammtblume u. s. w. in voller Blüthe; auch die riesenmäßige jährliche Ammoniak-Gummi-Pflanze, dem Fenchel ähnlich, trieb schon ihre Schüßlinge und gefiederten Blätter. Wärend einer fünftägigen Reise passirten wir drei und dreißig arabische Lager, und zwanzig Heiligen-Gräber.

Wir übernachteten, zwanzig Meilen nördlich vom Um-erbegh, an einem Orte, der noch den Namen Kaisar führt — Name und Tradition stimmen überein, diesen Ort als von hohem Alter zu bezeichnen. Wir fanden das Fundament eines Gebaüdes, dessen Nordseite zwei hundert und fünfzig Fuß lang war; runde Thüren an den Ecken; die Mauern 5 Fuß dick von rohen, unbehauenen Kalksteinen und Mörtel, aber gleich mit der Erde; andere Fundamente waren auf eine große Strecke sichtbar; ein Brunnen und Wasserleitungen, die zu einer Quelle führten. Es gewährt dem Verfasser dieses Berichts großes Vergnügen, die Bemerkungen eines sehr unterrichteten Freundes (dessen Güte er es verdankt, daß er diese Gesandtschaft begleiten durfte) über diesen Ort mittheilen zu können, und dessen Urtheil, als das eines Alterthumsforschers und genauen Beobachters, von Wichtigkeit ist. ,Es waren keine Münzen zu erhalten, obgleich ihr Gewicht in Gold geboten wurde; da doch behauptet wurde, daß mehrere gefunden seien; es ist nicht unwahrscheinlich, daß dies eine Mauritanische oder Römische Station war; ausgedehnte Ruinen sind gewiß vorhanden, bei einer schönen Quelle, in einer kornreichen Ebene und etwa auf dem halben Wege zwischen den jetzigen Städten Fas und Marokko, beinah in grader Linie, und sehr wahrscheinlich eine Verbindungs-Station zwischen diesen beiden Städten, oder was sonst an ihrer Stelle vorhanden war. Am folgenden Tage bemerkten wir, etwa zwölf Meilen nördlich von dieser Stelle, mehrere Grabhügel; als wir hinritten, um sie zu untersuchen, fanden wir zwei von ihnen kreisförmig, etwa zwanzig Fuß hoch und hundert Fuß im Durchmesser, und einen langen Grabhügel. Als wir die Landleute, welche am Fuße derselben den Boden umpflügten, fragten, ob einige Ruinen in der Nähe seien, antworteten sie, daß eine Stadt, Caria genannt, versunken wäre, und daß viele gut gebaute Brunnen in der Nähe seien und daß man Münzen gefunden, die sie als von Erz beschrieben, von der Größe eines spanischen Thalers mit einer Inschrift von graden Strichen und Punkten. Kann dies etwas anderes gewesen sein, als der römische Denarius?'

Der jüdische Rabbi, Schalom Ezzowi, welcher zu Kaisar begraben liegt, soll einer von denen gewesen sein, die bei der Zerstörung Jerusalems durch Titus entflohen, und als solchem wurde ihm von dem Rabbi und den Juden unserer Partei die gebührende Huldigung dargebracht.

Wir machten Halt wegen einer zweitägigen Jagd, in einem schönen offnen Lande bei Kassbah dez Zettat, einem ummauerten Viereck von zweihundert und fünfzig Schritt, etwa fünfhundert Inwohner, Mauren und Juden, enthaltend. Bei einer Morgen-Jagd wurden neün wilde Schweine, mehrere Füchse, Hasen u. s. w. aufgetrieben und gejagt. Wir stiegen allmälig auf von der unermeßlichen Ebene von Dukaila, bis wir ihre westliche Gränze erreichten und wieder das willkommene Brausen des atlantischen Oceans hörten, den wir sieben Wochen lang aus dem Gesichte verloren hatten; wir kamen dicht bei Fidallah an die Meeresküste; und folgten unserem alten Wege durch Rabatt Mehedia u. s. w. bis

bis wir das Nordende des großen Sees erreichten, und setzten dann unsere Reise nordwärts fort durch einen Wald von Korkbaümen, der nach Dar el Krisi benannt ist, und längs dem Ostufer des kleinen Sees Muley Buselham; leichter, sandiger Lehmboden, mit reichem Pflanzenwuchse bedeckt; wir passirten heüt zwölf arabische Lager, und acht Heiligen-Gräber.

Januar 30.

Zwölf Meilen in nördlicher Richtung über einen besonders sandigen Boden, wenig angebaut, und den, etwa zwei Meilen weit ausgedehnten Korkbaum-Wald El Araisch berührend, kamen wir nach der Stadt El Araisch, die an einem steilen Sandstein-Abhang auf dem Süduser des Flusses El Kos liegt, bei seiner Mündung in den atlantischen Ocean; die Stadt ist ummauert, hat einen Graben an der Landseite und ist gekrönt mit einer Citadelle; eine Batterie von dreizehn Kanonen eine halbe Meile westlich von der Stadt und ein ehrwürdiges Schloß mit runden Flanken und runden Ecken, am Eingang des Flusses. Diese Stadt ist eine malerische Ruine; christliche Fundamente, entweiht durch muselmännische Gebaüde; die Hauptmoskee war eine römisch-katholische Kirche. Hier war früher der Wohnort der eüropäischen Konsuln, und ihre verlassenen Haüser stehen noch längs der Marina und beherrschen eine schöne Aussicht auf den Hafen und das atlantische Meer; die Stadt ist sehr in Verfall gerathen; die Bevölkerung mag, mit Einschluß der Juden, viertausend Seelen betragen; einiger Handel mit Holzkohlen u. s. w., woran überflüssiger Vorrath; eine schöne Quelle an der Nordküste ist sehr gelegen für Schiffe, die Wasser bedürfen.

Der Fluß El Kos, welches einen Bogen bezeichnet, wegen seiner Windungen so genannt, kann durch ein schönes Thal weit gegen Osten verfolgt werden; seine Ufer sind fruchtbar, mit vielen Gärten, welche völlig den Namen der Stadt ‚El Arais' d. h. Blumengarten, rechtfertigen; eine Inschrift auf der Mauer am Seethore, die wir mit einiger Schwierigkeit entzifferten, bezeügt, daß dieser Platz den Mauren im Jahre 1610 entrissen und von den Spaniern befestigt wurde. Eine Sandbank liegt in der Richtung von N. gen O. nach S. gen W., etwa zwei Kabellängen von der Flußspitze, bei Springfluthen mit sechszehn Fuß Wasser, aber innerhalb ist ein schöner Hafen für Fregatten, etwa dreiviertel Meile lang und eine viertel Meile breit, gebildet durch die letzte Windung oder Sea-reach des Flusses. Hier lagen die beiden maurischen Kriegsbrigs, von achtzehn Kanonen, die Kriegsflotte des Sultans, welche die Östreicher im Juni 1829 verbrennen wollten und bekanntlich aus grober Unkenntniß des Seewesens und der Geschützkunst verfehlten; — sie büßten hart dafür; — wir gingen über das Schlachtfeld — eine Sandspitze, unter der sechsundzwanzig ihrer Körper begraben liegen, ihre Köpfe wurden einige Zeit auf der Mauer zur Schau gestellt, dann eingesalzen und dem Sultan übersandt; viele von ihren Körpern wurden gespießt, und die Mauren belustigten sich damit, Kugeln nach ihnen zu schießen, wie nach einer Scheibe.

Februar 1.

Wir verließen El Araisch und setzten unseren Weg zehn Meilen weit längs des Strandes fort; setzten über zehn ins Meer fließende Bäche; Hügel in der Entfernung von einer viertel Meile, von drei bis vierhundert Fuß Höhe, mit Gras bedeckt, — wenig Wald. Nachdem wir sechs Meilen zurückgelegt, erreichten wir eine steil vorragende Klippe, Haffa el beïda (weiße Klippe) genannt, vier bis fünfhundert Fuß hoch, von schönem weißen Thonstein, dessen Spalten oder Schichten von N. nach S. streichen und 70° O. fallen. Vier Meilen weiter verließen wir den Strand und erstiegen die Hügel, welche mit Dru, Pflaumenpalmen u. s. w. bedeckt waren; vom Gipfel hatten wir eine weite Aussicht auf die Küstenlinie gegen Kap Spartel hin und über die Meerenge auf das ewig denkwürdige Kap Trafalgar; wir stiegen an den Strand hinab und erreichten die kleine Stadt

Arzilla, ein ummauertes Viereck von einer viertel Meile, am offnen Strande gegen das Meer sind einige Kanonen aufgepflanzt; die Mauer wurde von den Portugiesen erbaut; viele Häuser haben noch die spitzen Dächer; die Bevölkerung mag tausend Seelen betragen; das Land in der Umgegend abwechselnd und schön.

Februar 2.

Nach drei Meilen längs des Strandes durchwateten wir den Fluß Ayascha, stiegen dann auf die Hochebene und erreichten unser früheres Lager bei Sanya d'Ulad Sbaida, wo wir, nachdem wir drei Tage gewartet, daß der Fluß Meschra al Schef durchwatbar werden sollte, unseren alten Weg wieder einschlugen; am 6ten Februar, nach einer dreimonatlichen Abwesenheit, wurden wir im britischen Konsulate zu Tanger herzlich bewillkommt.

Beim Rückblick auf den von uns durchwanderten Landstrich muß auf die überall bemerkbare Neigung der Tafelland-Bildung aufmerksam gemacht werden. Im Allgemeinen sind alle Erhebungen gleich hoch; die Ebenen erheben sich in drei großen Stufen zu dem Gebirge; und die beiden großen Flüsse, Sebu und Um-erbegh, scheinen das Land in drei Abtheilungen zu theilen: die nördliche, von der Straße von Gibraltar, bis zur Breite von Fez, (ausgenommen der nördliche Vorsprung des Gebirges) ist, nach den kühnen Windungen der Flüsse und den Seen zu urtheilen, in gleicher Höhe mit dem Fuße des Atlas. Von dem Sebu bis zum Flusse Um-erbegh neigt sich das Land beträchtlich gegen Westen und noch mehr von letzterem Flusse bis zur Ebene von Marokko; in allen diesen Ebenen ist großer Holzmangel, selbst am Saume des Atlas erreichten die Stämme keine bedeütende Größe, nichts was wir sahen rechtfertigt die Nachricht des Plinius von Bauholz in Mauritanien (Lib. V.).

Aber wir wurden überrascht von der außerordentlichen Fruchtbarkeit des Bodens: von dem Fuße des Atlas bis zu den Küsten des atlantischen Oceans Eine ungeheüre Kornebene. Man gebe nur dem Wasser, woran kein Mangel ist, die gehörige Leitung, und Überfluß wird schnell folgen. Es ist kränkend, zu sehen, daß solche Segnungen von einer bigotten und fanatischen Regierung verachtet werden — das Land, welches Millionen Menschen Nahrung geben könnte, ist mit Unkraut bedeckt.

Es sollten wahrlich einige Anstrengungen gemacht werden, mit diesem Lande Handelsverbindungen zu eröffnen; die Consumtion einer Bevölkerung von fünf bis sechs Millionen, mögen sie auch aus Mauren und Arabern bestehen, muß von Wichtigkeit für die eüropäischen Nationen sein, aber vorzüglich für ein Land, das so wesentlich ein Handels-Land ist, wie Großbritannien.

XVI. — Bemerkungen über einen Theil der östlichen Wüste von Ober-Aegypten. Mitgetheilt von J. Wilkinson, Esq. Gelesen den 28sten November 1830.

[Die folgenden Bemerkungen sind aus einem handschriftlichen Werke, welches den Titel führt ‚Untersuchungen in Ober-Aegypten, von J. Wilkinson, Esq.' und hauptsächlich über die ägyptischen Alterthümer handelt, entlehnt; es dient insbesondere zur Erläuterung einer großen Sammlung von Zeichnungen, welche Hr. Wilkinson aufgenommen hat, wärend der nachfolgende Auszug alles das enthält, was die Handschrift für die Geographie Interessantes giebt; mit Ausnahme jedoch einer Reise nach dem Bahr Youssouf, auf der Hr. Wilkinson die in den Karten enthaltene Lage von Bahneseh zu berichtigen im Stande war, indem er dasselbe gerade West von Abugirge, am Nil, setzt.]

Im Februar 1823 brach ich, in Gesellschaft des Hrn. Burton[1], von Cairo nach demjenigen Theile der Wüste auf, welcher nördlich von Keneh liegt und verweilte in diesem Berglande bis zum Monat Juni, wo ich durch Unwohlsein genöthigt wurde, sobald als möglich nach Cairo zurück zu kehren.

In Benisouef, wo wir einige Wochen blieben, fingen wir mehrere Krebse, die genau unsern Meerkrebsen glichen, doch sehr klein waren. Viele derselben Art habe ich auch in Nubien und andern Gegenden des Nil-Laufs gesehen. Von Benisouef reis'ten wir nach dem Monasterium St. Anton, das im Arabischen Deïr (Kloster) Antonios, oder Mar (Sanct) Antonios heißt, und ungefähr sechs, oder sieben und zwanzig Meilen von da entfernt ist. Unser Weg war, wie man sich denken kann, uninteressant genug. Die Plattheit der Ebene[2] wird nur hie und da von sanften Unebenheiten unterbrochen; einige wenige Baüme und Straücher in den Betten von Regenbächen, welche die Pläne an einigen Stellen unaufhörlich durchkreüzen, sind die einzigen anziehenden Gegenstände; nnd die meisten Gießbäche waren wegen Mangels an Regen ausgetrocknet, da seit den letzten drei Jahren wenig (an vielen Punkten gar kein) Regen auf diesen Bergen und Flächen gefallen war.

Wady Arabah erstreckt sich vom Westende dieser Gebirge bis ans rothe Meer, in einer fast gerade östlichen Richtung; es soll seinen Namen von einer alten Kärner-Straße empfangen haben, die, wie unsere Araber versicherten, nach dem Wasser von Zaffarana und der See führte, von uns aber bei den Kreüzzügen über die Ebene niegends bemerkt wurde; in der That, als wir sie aufforderten, uns so zu führen, daß wir eine Spur davon entdecken könnten, gestanden sie, nicht genau zu wissen, wo sie zu finden sei. Ich halte es indessen nicht für unwahrscheinlich, daß noch jetzt Überreste

[1] Ein Auszug aus Hrn. Burton's Tagebuch, welches Hrn. Greenough überschickt worden war, erschien in der ‚Morning Chronicle' vom 23sten Oktober 1824.

[2] Nur ein sanftes Aufsteigen führt vom Nil zu demjenigen Theile von Wady Araba, welcher Wady Abourimth genannt wird; wärend, etwas jenseits desselben, das Hinabsteigen zum rothen Meer sehr steil ist. Browne, indem er von einem Verbindungs-Kanal zwischen dem Nil und dem rothen Meer, in der Richtung auf Cosseir, spricht, bemerkt, daß die Wasser, wenn sie jemals in solch' einem Kanal flossen, vom Nil ins Meer, und nicht von der See in den Nil gegangen sein müßten, eine Bemerkung, welche mit den Beobachtungen aller Reisenden, welche vom Strom nach dem arabischen Golf wandern, übereinstimmt. Plinius dagegen versichert uns (Bd. VI, K. 29), daß der Wasserpaß des rothen Meeres drei Kubits höher gefunden worden sei, als das Niveau des Landes von Aegypten; doch läßt sich diese Schwierigkeit leicht beseitigen, wenn die Behauptung eines Gelehrten: ‚das Delta sei jetzt vierzehn Kubitus höher als vor 3284 Jahren,' angenommen werden kann.

einer solchen Straße existiren, und wenn dem so ist, so werden sie in der Nähe jenes Wasserplatzes aufzusuchen sein. Ein anderer Scheikh versicherte mich, es gebe drei verschiedene Wege nach diesem Brunnen, — der eine, sagte er, ziehe in der Richtung von Areidy, von den zwei anderen wußte er nur so viel anzugeben, daß sie ausgepfählt seien, und mittelst großer Steine unterhalten würden.

Am Djebel Annaba [1] hielten wir an, um uns mit Wasser zu versorgen; es giebt hier, drei bis vier Meilen von der Pläne, zwei gute Quellen, und bei jeder derselben ein altes wüstes Haus, wahrscheinlich von den Mönchen des benachbarten Klosters erbaut. Die Thalschluchten sind sehr schön und steil; urtheilt man nach ihrer Tiefe, so muß hier wärend der Regenzeit sehr viel Wasser fallen. Die Entfernung von hier nach Deïr Antonios beträgt etwas weniger als zwölf Meilen.

Die Hausgenossen dieses Klosters sind Kopten, die natürlicher Weise ein höchst frugales Leben führen, in Folge nicht allein ihrer religiösen Vorurtheile, sondern auch der Nothwendigkeit, die ihre Selbst-Verbannung in eine ungastliche Wüste ihnen auferlegt hat; sie werden von den freiwilligen Gaben der ägyptischen Kopten erhalten. Ihr vornehmster Heiliger ist der heil. Georg von Cappadocien, ihr Patron aber der heil. Antonius der Thebais [2], ein Freund und Gefährte [3] vom heil. Paulus, oder Mar Bolos, der ein anderes Kloster stiftete, welches seinen Namen führt und ungefähr vierzehn Meilen Weges in südöstlicher Richtung entfernt ist. Deïr Antonios ist etwa siebenzehn Meilen, Deïr Bolos aber nur neun Meilen vom arabischen Meerbusen. Die Mönche in St. Anton sind so weit davon entfernt, angeben zu können, wann ihr Kloster gegründet wurde, daß sie nicht ein Mal wissen, wer ihr Stifter war; sie behaupten, es seien 1700 Jahre [4] seit ihrer Abgeschiedenheit in der Wüste und der Errichtung ihres Ordens verflossen, obwol dies erst ungefähr 1516 Jahre her ist, und zwar unter Constantins Regierung Statt fand. Darin haben sie nur Recht, daß ihr Gründer ein Zeitgenosse dieses Kaisers war.

Deïr Antonios ist von einer, dreißig bis vierzig Fuß hohen Mauer umgeben; der einzige Eingang ist eine Fallthüre, von der die Mönche ein Seil denen herablassen, welchen sie den Zutritt zu gestatten beabsichtigen; diese Erlaubniß wird niemals den Arabern

[1] Dies ist vielleicht Ainebe, ‚eine Weintraube'. [2] Gibbon, Band VI, S. 241. [3] Die Fratres erhalten das Gedächtniß an den freundschaftlichen Verkehr, welcher zwischen ihren Patronen bestand, dadurch, daß sie einem jeden ein Mal im Jahr einen ceremoniellen Besuch abstatten. [4] Das gegenwärtige Jahr (1823 n. Chr.) ist das 1539ste der Koptischen Zeitrechnung, welche von der Verfolgung unter Diolectian anfängt und die Aera der Märtyrer genannt wird; ihr Anfangspunkt ist der 29ste August 284 n. Chr.

bewilligt; vor diesen leben sie in beständiger Furcht und erkaufen ihre Schonung durch Lieferung von Holz und Lebensmitteln, wenn sie unter den Klostermauern ihr Lager aufschlagen. Das Innere des Klosters gleicht der Verwirrung eines arabischen Dorfs; das Ganze ist ohne allen Plan, ohne irgend eine Regelmäßigkeit angelegt. Ein einzelner Thurm, der durch eine Zugbrücke vertheidigt ist, bildet die vorzüglichste Befestigung. Es giebt drei Kapellen, von denen die eine aus den Zeiten Constantin's herstammen soll, was ich, nach der allgemeinen Form und dem Baustyl nicht für unwahrscheinlich halte. Die Wände sind mit alten Fresko-Bildern verziert und in den Fenstern bemerkt man noch Überbleibsel von Glas-Malereien; auch giebt es verschiedene arabische, armenische, koptische und andere Inscriptionen.

In einer andern Kapelle befinden sich einige alte Gemälde, die in so fern von Interesse sind, als sie einen Beweis geben von dem Zustande, in welchem sich die Malerkunst in diesem Lande wärend der frühsten Zeiten des Christenthums befand. Es befindet sich hier auch ein modernes Bild vom heil. Athanasius, dem verfolgten Bischof von Alexandrien; und ein anderes von der Jungfrau Maria, Joseph und dem Jesuskinde; beide Bilder sind ziemlich gut und dem Anschein nach aus der italischen Schule. In den Gängen und Schiffen der Kapellen sind Strauß-Eier aufgehängt, — ein alter ägyptischer Aberglaube, denn da der Strauß seine Eier bewacht, bis sie ausgebrütet sind, und niemals sie verläßt, so gelten die Eier als Sinnbild der Wachsamkeit. Die Zahl der Mönche ist, nach ihrer eigenen Angabe, drei und sechszig, obschon dies, wie ich glaube, die Wahrheit übersteigt, es sei denn daß sie die abwesenden Brüder mitrechnen. Sie erzählten uns, das Kloster sei vor zwei hundert und fünfzig Jahren wiederhergestellt und wiederbewohnt worden, nachdem es siebenzig Jahre lang leer gestanden habe, was daher rührte, daß die Mönche eine Menge Sklaven-Knaben in ihre Mauern aufgenommen hatten, die, nachdem sie im Lauf der Zeit das mannbare Alter erreichten, zu heirathen verlangten, wozu die Erlaubniß versagt wurde, in Folge dessen sie einen Aufstand anzeddelten und ihre Herren erschlugen. Es giebt hier zwei köstliche Gärten, die reich an Obst, besonders an Datteln sind; die hiesigen Olivenbäume tragen eine sehr große Frucht, von der eine gewisse Quantität aufbewahrt wird; in den Gärten wachsen auch der Johannisbrot- oder Heuschreckenbaum [1], die Aprikose, der Weinstock, u. s. w., eben so sind sie ergiebig an Gemüse aller Art. Die Gärten sind mit Gräben fließenden Wassers nach allen Seiten durchschnitten und es giebt Cisternen, die für viele Monate genug Wasservorrath liefern, wenn etwa die Araber [2] die Verbindung mit

[1] Ceratonia Siliqua.

[2] Der Name Araber wird eigentlich und ausschließlich allen Wüstenbewohnern beigelegt und ist gleich bedeu-

den Quellen, die außerhalb der Ringmauer liegen, abschneiden sollten.

Ich glaube, daß die Mönche im Besitz einiger Bücher sind; doch wollten sie uns nicht ein Mal ihre abgenutzten Bibeln zeigen, die, wie sie sagten, alles sei, was sie an Büchern besäßen. So benehmen sich alle Mönche im Orient, obschon es bekannt ist, daß in einigen Klöstern seltene und werthvolle Handschriften aufbewahrt werden. Deïr Antonios ist interessant, weil hier der Stifter des Mönchswesens lebte und begraben liegt. Die Berge, an deren Fuß, oder vielmehr Rand, dieses Kloster erbaut ist, bestehen aus kalkartigem Gestein und enthalten viel Salz.

März 12. — Von St. Anton durchschnitten wir Wadi Arabah in der Richtung von Deïr Ebkheit, oder Bekheit, ungefähr nach NO. g. N. Da uns erzählt worden war, daß in der Nähe dieses Ortes einige alte Kupferbergwerke zu finden seien, so entschlossen wir uns, sie, statt des Wasserplatzes, zu besuchen, wo, wie wir hörten, nichts als ein Paar Palmen [1] angetroffen würden, und nicht die mindeste Spur von einem Kloster. Doch glaube ich, dem Namen nach zu urtheilen, nicht zweifeln zu dürfen, daß diese Stelle einst der Wohnplatz von Mönchen war, wie so viele andere [2] innerhalb dieses Berglandes, welche dieselbe Vorsylbe führen. Außer Deïr Bekheit giebt es zwei andere Wasserplätze [3] in diesem Theil

tend mit Bedui oder Beddowi. Die Bewohner der Nil-Ufer heißen Fellahs oder Ackerbauer, ihr Ursprung möge sein, welcher er wolle; niemals machen sie auf die Benennung Araber Anspruch. Die Inwohner von Cairo nennen sich ‚Ebni Belet' d. h: Söhne der Stadt, oder Stadtbewohner.

[1] Palmen sah ich nie anders als in der Nähe von Wasser; auch hörte ich, daß es immer so sei; obschon es in vielen Thälern der primitiven Berge unzählige Seyale, Tamarisken und andre Bäume giebt, so fand ich die Palme doch nur an den Wasserplätzen selbst. [2] Z. B.: Deïr Bouerat, Deïr Abouderradje, u. s. w.; dies letztere soll eine Kuffri Gadim, oder alte Ruine gewesen sein. [3] Die Araber brachten uns auch Wasser von einer Stelle, welche Horrheh heißt; sie liegt, wie ich vermuthe, etwas östlich oder südöstlich von den Kupferminen, doch ist das Wasser mit Schwefel zu sehr geschwängert, um trinkbar oder zuträglich zu sein. Khohr bedeûtet Kanal oder Bette eines Bergstroms. Die andern Wasserplätze zwischen Deïr Bekheit und Suez sind:

1) Melheh; Salzwasser, wie der Name bezeichnet; zwei Malaga oder Stunden.
2) El Geseib.
3) Abouderradje, zwölf bis fünfzehn Meilen von der See.
4) Gwayb, oder Gwebb; Bitterwasser mit Salz geschwängert.
5) Alle-dthayb, im Wadi Ruayby, schlecht schmeckendes Wasser unterm Sande.
6) Athwayrig; zwei Malaga von der vorigen Stelle, schlechtes Wasser.
7) Ras Attaga, bei Suez; Regenwasser, doch nicht Vorrath genug für ein Jahr.

der Nord-Kalalla, zu El Abbeia und El Khullul; das Wasser wird daselbst nach dem Regen in natürlichen Felsenbecken aufbewahrt, wie es durchgängig in diesen Gebirgen der Fall ist, wo Quellen so selten sind. Die Regenzeit besteht nur aus fünfzehn, oder zwanzig Tagen, und man weiß sich nicht zu erinnern, wie mich die Araber versicherten, daß es im Lauf des Winters dreißig Tage lang geregnet hätte.

Nach einem kurzen Tagemarsch von wenig mehr als ein und zwanzig Meilen erreichten wir die niedrigen Berge, in denen die Kupfergruben von Neigatamereëh liegen: — sie sind unleügbar von den Alten betrieben worden, wie sich aus den daselbst befindlichen Topfscherben und Schlacken, den Überbleibseln der Wohnungen der Bergleüte und der regelmäßigen Art ergiebt, womit die Gräben, den Erzadern folgend, ausgehauen sind. Zu unserer Ankunft wurden wir mit einer Gazelle bewillkommt, die von einigen Scheïkhs [1] geschossen worden war. Glücklicher Weise hatten wir bald Ursache einzusehen, daß die Beschreibungen, welche ein neüeres Werk von den Schreckensscenen dieser Wüste giebt, nicht wenig übertrieben sind. Weit davon entfernt, zum größten Theil von jeglicher Spur des animalischen und vegetabilischen Lebens entblößt zu sein, oder eine Hölle für das gefiederte Geschlecht, oder eine ausgedorrte Sandfläche, die von allem Gewürm, außer der Ameise, verlassen wäre, hatten wir das Vergnügen, dann und wann Gazellen und Taytols [2] zu sehen, wie sie im Schatten des Seyale [3] weideten, oder von einem arabischen Jäger herbeigebracht wurden; — Geier und Habichte schwebten über unsern Haüptern, und Abends wurden wir von einem wandernden Haufen Skorpionen und einer Wander-Schlange besucht. Hr. Granger irrt sich überdem, wenn er behauptet, daß das Rebhuhn nur in der Nachbarschaft der Klöster St. Anton und St. Paul vorkäme; überall trafen wir an den Wasserplätzen große Volks von Hasel- und Rebhühnern, besonders bei Howashéea und den übrigen in den südlichen primitiven Gebirgen. Daß die Ruinen von Alabastron im Norden des Berges Kalil, und mit Oxyrhynchus nahe auf gleichem Parallel, noch immer sichtbar seien, wird Jedem als unmöglich einleüchten, der die relative Lage dieser Plätze untersucht, obschon diese Ruinen irgend anderswo in diesen Bergen existiren mögen.

Unser nächster Ausflug ging nach der See. Dieser Theil des arabischen Meerbusens heißt Merse [4] Zaffarana, nach dem benach-

[1] Sprich Schaykh. [2] Capra ibex. [3] Acacia Seyal.

[4] Es verdient bemerkt zu werden, daß Merse ‚flaches Ufer‘ oder ‚Landungsplatz,‘ zugleich aber auch ‚Anker‘ bezeichnet; in letzterer Bedeütung wird das Wort aber Mérsé geschrieben. Zaffarán bedeütet ‚Saffran‘; doch glaube ich, daß dieser Name sich weder auf den Berg noch auf das Promontorium bezieht.

barten Berge, der sich an der südlichen Kalalla anschließt und als ein Theil desselben betrachtet werden kann. Das Gestade ist sehr flach, und die feüchten Dünste, welche von dem sumpfigen Boden emporsteigen, müssen außerordentlich nachtheilig sein, ja in der heißen Jahreszeit selbst gefährlich werden. Das eine Ende der Bai, wo das Wadi Arabah auslaüft, wird von der Landspitze Abu Deradje, das andere von der Spitze Zaffarana gebildt. Die kleinen Vorgebirge auf der Südseite bestehen aus einem Breccia-Gestein neürer Bildung, das aus Steinen, Muscheln und andern Materien zusammengesetzt und durch ein kalkiges Cement verbunden ist. Unter diesen waren einige sehr schöne Schneckenmuscheln [1], die ich vergebens vom Felsen abzulösen suchte. Einer unsrer Araber entdeckte hier im Sande eine Menge Rosenkränze, gefärbtes Glas, eine oder zwei eüropäische Kugeln und Tuch, — was ohne Zweifel die Grabstätte von irgend einigen Eüropäern bezeichnet.

Von dieser Stelle ging die Karavane nach Deïr Bolos, auf dem kurzen Wege, der zwischen dem obern und untern Zaffarana Berge durchlaüft; indeß die Dromedare den Weg einschlugen, welcher zwischen dem zuletzt genannten Berge und der See geht und die Landspitze gleiches Namens schneidet. Nach anderthalb Stunden kamen wir mit dieser langen Erdzunge auf gleiche Linie; sie laüft weit in die See hinaus und verlängert sich bedeütend durch die Sandbank, welche davor liegt; jenseits derselben passirten wir ein Felsen-Vorgebirge, Namens E'Selymat Becud. Wir trafen nichts Interessantes längs dieses flachen Gestades, bis daß wir an den niedrigen Bergen von Wadi Girfe anlangten, das zwischen dem Djebel Kolzim und dem Meere gelegen ist. Hier bemerkten wir auf den Gipfeln einiger der Berge die Überbleibsel alter Haüser; die Mauern, welche wie gewöhnlich aus auf einander gelegten Steinen, ohne Cement-Verbindung, bestehen, sind größtentheils eingestürzt; doch scheint das Mauerwerk sehr gut gebaut gewesen zu sein und die Ruinen einer alten Stadt zu bezeichnen, welche unmittelbar zwischen Mar Bolos und dem Meere gelegen war. Die Dimensionen der Gemächer in den verfallenen Haüsern wechseln zwischen sechs auf drei Schritt bis acht auf acht Schritt, oder darüber. Unter dem Schutt, der umher liegt, fanden wir eine Menge Topfscherben, Gräten, Muscheln, u. s. w. Obwol wir keine Cisternen sahen, so zweifle ich doch nicht, daß von den Quellen beim modernen Kloster Wasser hierher geleitet und aufgefangen wurde. In der Nähe der Ruinen liegt ein kleiner Hügel, welcher achtzehn Höhlenkammern enthält, und vielleicht noch viele andere, deren Eingänge jetzt nicht mehr wahrgenommen werden können. Wir betra-

[1] *κογχους . . . . . μεγιστοι δε τυγχανουσιν, ὥστε μη ειδοσιν, απιστον αυτοις του μεγεθους την ὑπερβολην ειναι.* Agatharcides de Rubro Mari, p. 29. —

ten diejenigen, von denen die Thüren am wenigsten vom Sand oder zerfallenen Fels versperrt waren, und fanden, daß es Katakomben seien; sie sind gut ausgehauen und wechseln von achtzig bis vier und zwanzig Fuß Länge bei fünf Fuß Breite; ihre Höhe mag sechs bis acht Fuß betragen. Am obern Ende sind sie zugerundet und in vielen von ihnen, ungefähr drittehalb Fuß von dieser Wand, ist eine Scheidewand von behauenen Steinen, die von einer Seite querüber zur andern laüft, jetzt aber von geringer Höhe ist, wie es vielleicht immer der Fall war. Einige Kammern sind doppelt und stehen durch eine Thüre in Verbindung. In der größten Kammer fanden wir mehrere sehr schöne Salz-Krystalle: der Felsen ist Kalkstein und enthält eine große Menge Fossilien. Vergebens suchten wir nach Inschriften oder Hieroglyphen; unsre Neügierde wurde nur durch zerstreüte Bruchstücke von Vasen, Erdharz, Holzkohlen und Zeüg belohnt. Es leüchtet ein, daß die Leichname verbrannt, und die Asche, nach der gewöhnlichen Ceremonie des Badens und Einwickelns in diese Zeüge [1], wahrscheinlich in diese Vasen eingeschlossen wurde, von denen man nach allen Seiten hin unzählige Scherben sieht; — sie bestehen aus Töpferwaare; die meisten sind roth und herzförmig gestaltet, mit einer Öffnung von drei Zoll im Durchmesser, und endigen an der Basis in einer Spitze; Material und Arbeit sind gut.

Welchem Volke soll man diese Ruinen zuschreiben? [2] Die Ägypter verbrannten ihre Todten nicht; — die andern Völker, welche noch Anspruch darauf machen könnten, sind die Griechen und Römer; und von diesen mögte der Name Grady Rouémi, welchen das unmittelbar unterhalb der Ruinen liegende Vorgebirge führt, geeignet sein, die Annahme der erstern zu begünstigen, weil Rouémi, oder Rémi, Grieche bedeütet [3]. Grady ist eine Pflanze, welche an dem flachen Gestade unterhalb der Berge in großer Menge wächst, und nichts ist bei den Arabern gewöhnlicher, als ihre Thäler und Berge nach Pflanzen zu benennen, die darin vorkommen. Ein gewundener Weg von ungefähr sieben Meilen brachte uns nach dem Kloster von Deïr Bolos; — es liegt an einer malerischeren Stelle als das Kloster St. Anton und sieht hübscher und netter aus, weil es in neürer Zeit wiederhergestellt worden ist. Dazu erscheinen die Mönche reinlicher und reicher; — sie sind besser gekleidet und logirt und besitzen mehr Überfluß [4]; aber in dieser Bezie-

[1] Das Zeüg findet sich nur in kleinen Stücken und ist sehr verschieden von dem in den ägyptischen Mumien-Gräbern. [2] Stimmt diese Position nicht mit Ptolemäos' Clysma überein? [3] Grieche heißt im Arabischen Yunani. Die Araber entlehnten den Namen Rémi von den byzantinischen Griechen. [4] [Sie breiteten uns Teppiche auf einer großen Kairo-Matte aus, und der Kaffee, mit Gewürznägelein geraüchert, wurde in hübschen Tassen auf silbernen

hung allein übertreffen sie ihre Brüder des andern Klosters; denn sie sind grob und selbst ungastfreündlich, — unwissend, und folglich abergläubig und beantworten kaum die gewöhnlichen Fragen des Reisenden [1]. Ihr Garten ist zwar klein, hat aber eine Menge Obstbaüme, als Granatäpfel-, Aprikosen-, Stechapfel-, Oliven-, Feigenbaüme, den Nebeck und Überfluß an Dattelbaümen. Er wird von den Quellen außerhalb der Ringmauer bewässert und das Wasser in Cisternen aufbewahrt. Vor etwa sechs Jahren wurde ein neües Stück Land hinzugefügt; weil es aber höher lag als jene Behälter, so gaben sie sich nicht die Mühe, das Wasser hinaufzuleiten oder irgend einen Plan zum Anbau zu befolgen, der etwas Arbeit und Geld gekostet haben würde.

In ihren Kirchen [2] giebt es einige Bilder; — eins vom heil. Markus, ein anderes vom heil. Athanasius (das aus der italischen Schule zu sein scheint) sind die einzigen, welche Aufmerksamkeit verdienen; die übrigen sind groteske Darstellungen von Heiligen, Drachen, Wundern und Madonnen, die von alexandrinischen Künstlern auf Holz gemalt sind. Eine, dem heil. Merkurius geweihte Kapelle hat eine unterirdische, die der älteste Theil des Klosters sein soll; der untere Theil ist aus dem Felsen gehauen und ein Gemach darin wird als Wohnplatz und Gebetsstelle des Gründers gezeigt. Die Wände sind mit steifen alten Fresko-Bildern verziert. St. Paulus, so erzählte man uns, war ein Edelmann aus Alexandrien und von sehr verschwenderischem, lasterhaften Karakter; als er aber seine Sünden bereüte und durch wiederholte Visionen gewarnt wurde, gab er seine gottlose Lebensweise auf, wurde ein Frommer und gründete zuletzt, als er den Eitelkeiten der Welt Lebewohl gesagt hatte, in der Nachbarschaft des Zufluchtsortes seines Freündes St. Antonius, das Kloster, welches bis auf den heütigen Tag seinen Namen führt. Er gilt allgemein dafür der erste gewesen zu sein, welcher ein Einsiedler-Leben führte; der ehrwürdige Antonius dagegen war Mönch und Eremit zu gleicher Zeit — (*μοναχὸς καὶ ἐρημίτης*).

Brettern servirt. Dazu wurde uns eine treffliche Pfeife gereicht; — weder sie noch ihre Brüder in St. Anton betrachten es für ein Verbrechen, innerhalb ihrer Mauern zu rauchen. Pococke, Bd. I, Kap. 6. Dieser Reisende hat eine Skizze (Tafel II.) von beiden Klöstern gegeben, welche er im Buch II, Kap. 7 beschreibt. — D. Herausg.]

[1] [Hr. Wilkinson bedachte vielleicht nicht, daß diese Zurückhaltung, dieses Schweigen aus den Vorschriften ihres Ordens entspringt.]

[2] Beide Klöster haben Glocken; deren Klang für uns in Aegypten etwas Neües war. In Kairo hörte ich nie Glockenschall außer in den römisch-katholischen und koptischen Klöstern, aber hier sind die Glocken sehr klein und innerhalb der Kapellen. Wansleb sagt, daß St. Antonios das einzige Kloster in diesem Lande sei, welches eine Glocke habe; und Pococke macht dieselbe Bemerkung in Beziehung auf dieses und das St. Pauls Kloster.

Die Mönche rechnen 1539 Jahre seit der Stiftung ihres Klosters, was sehr gut mit der Zeit übereinstimmt, wann St. Antonius blühte; doch hält man nicht dafür, daß die Katakomben von Wadi Girfe von den Schülern ihres Patrons vor Erbauung des Klosters bewohnt waren. Früher war die Zahl der Mönche größer als jetzt, denn jede Zelle beherbergte vier, auch mehr Personen, — ihre Regel war strenger und haüfig legte der Superior Strafen auf, selbst beim geringsten Vergehen; — sie wurden in den oben erwähnten Höhlen vollstreckt, die stets vom Sande frei gehalten wurden, jetzt aber vom Regen versandet sind. Man behauptet, daß die Katakomben viel älter sind als selbst jene unterirdische Kapelle. Die Zahl der Mönche belaüft sich gegenwärtig auf achtzehn Layenbrüder und drei Fratres; erstere können Fratres werden, wenn sie zu dieser Erhöhung würdig befunden werden; die Wahl hangt vom koptischen Patriarchen in Kairo ab.

Sie berichteten uns, daß es einen Weg über die Berge nach Deïr Antonios gebe, der sowol für Kameele als Esel gangbar und viel näher sei als der, welchen die Araber gewöhnlich einschlagen, denn man braucht auf ihm nur eine kurze Tagereise. Sie erzählten uns auch, daß wärend der Kriege, die, bevor der gegenwärtige Pascha Ruhe und Ordnung unter den arabischen Stämmen wiederherstellte, zwischen den Maázy und Abábde Statt fanden, die zuletzt genannten oft bis an das Kloster vordrangen, indem sie ihre Feinde verjagten oder von diesen zurückgedrängt wurden. Die Abábde, fügten unsere Berichterstatter hinzu, übertreffen die Maázy im Betragen bei weitem; letztere sagten nie ein Wort des Dankes für das, was sie, außer an Lebensmitteln, vom Kloster erhalten haben; wogegen erstere, wenn ihnen Lebensmittel herabgelassen wurden, zum Zeichen des Danks das Seil küßten, und sofort von den Mauern wegzogen, ohne irgend eine Beleidigung auszusprechen. Doch muß man dabei bedenken, daß die Ababde sich in einem fremden Lande befanden; diese Wüste und der Fels, auf dem das Kloster erbaut ist, gehören den Maázy, die es bloß toleriren, weil sie dadurch ein Mittel gewonnen haben, sich in diesem Theile des Berglandes Lebensmittel zu verschaffen. Gegenwärtig fürchten die Mönche keinen Angriff irgend eines Stammes mehr, und diese Sicherheit verdanken sie Mohammed Ali [1]. Die Abábde sind jetzt mächtiger und zahlreicher al die Maázy, und einige sind mit ihren Familien und Heerden in die nördlichen Gegenden dieser Wüste, jenseits Djebel Dokhan, gewandert; doch scheinen sie ein sehr friedliches Volk zu sein, das sich durch größere Einfachheit in den Sit-

[1] Die Maázy und nördlichen Abábde können als Nachkommen der Ichthyophagen, — die südlichen Abábde und Bisharéëh als Abkömmlinge der Troglodyten betrachtet werden; obwol, wie Agatharcides berichtet, die erstern bloß ein Zweig der Troglodyten waren. —

ten auszeichnet, als ihre nördlichen Nachbarn; ihre Waffen sind hauptsächlich Lanzen, lange Messer, Schwerter und einige Flinten; mit den zuletzt genannten sind die Maázy aber besser versehen. Sie haben wie die Nubier langes, buschiges Haar, was ein Unterscheidungszeichen beider Stämme ist, indem die andern Mützen und Turbane tragen.

Die Mönche sind Ichthyophagen und gehen in kleinen Parteien nach der See um Fische zu fangen; Reis, Linsen und Brod bilden ihre Haupt-, wenn nicht ihre einzigen andern Nahrungsmittel.

Einige hundert Yards nördlich vom Kloster steht ein einzelner Fels, durch welchen im obern Theil ein drei bis vier Zoll breites gerades Loch gebohrt worden ist; von wem und mit welchem Werkzeüge dies geschehen ist, konnte nicht ermittelt werden. Es giebt in diesen Bergen viele Fossilien.

Die Araber hatten wärend unseres hiesigen Aufenthalts ein großes Fest; ein Kameel, welches vor ihrem Abmarsch vom Nil durch Zusammenschießen des Stammes gekauft worden war, wurde geschlachtet, und ein Theil des Fleisches bei dieser Gelegenheit gegessen [1] und der Überrest an der Sonne getrocknet.

Von Deïr Bólos machten wir einen Streifzug nach dem Meere, in der Richtung auf Grády Rouémy. Nach einem Ritt von drei Stunden (ungefähr neün Meilen) kamen wir an den Strand, dem wir in der Hoffnung folgten, irgend eine Hafenstelle, welche mit dem verfallenen Dorfe korrespondirt, aufzufinden, doch vergebens. Wir fanden nur eine Mauer von Röhrigt, Sand und Fischgräten, die in Gestalt eines halben Mondes gegen den Nord- und Ost-Wind errichtet war; — wahrscheinlich war es der Lagerplatz der Mönche von Deïr Bólos. Eine Menge zerbrochener Sparren, Bambu und Kokosnüsse, die Überbleibsel von irgend einem indischen Schiffe [2]; die Skelette einiger verunglückten Matrosen, die hoch auf den Strand geworfen waren; eine öde Fläche ohne Baum und Kraut, außer den Pflanzen, welche in der Nähe von Salzwasser zu wachsen pflegen; — seichtes Wasser, das kaum die spitzen Klippen bedeckte [3], wo die Schiffe, die auf sie treiben,

[1] Es wundert mich, wenn Pococke sagt, daß die Araber nicht das Fleisch dieses Thiers genössen. Bd. II, Kap. IX. [2] Wir fanden ein Stück angestrichenes Holz das zu einem Schiffsstern gehörte, gewiß von indischer Arbeit. Ich glaube, daß dieses die Stelle ist, wo das Transportschiff Calcutta im Jahre 1802 Schiffbruch litt.

[3] Vergl. den Periplus des erythräischen Meeres: *καθολου μεν ουν οὗτος ὁ της Αραβικης χωρας ηπειρου παραπλους εστιν δυσορμος και αναθαρτος, ραχιαις και σπιλοις απροσιτος, και κατα παντα φοβερος· διο και εισπλεοντων μεσον πλουν κατεχομεν.* Der größere Theil dieser fürchterlichen Klippen besteht aus Korallen, von denen man glaubt, daß der Name des rothen Meeres abgeleitet worden.

unwiederbringlich verloren sind; — das sind die Gegenstände, welche man auf dieser Küste erblickt. Mehrere Züge Heidelerchen flogen über unsern Haüptern auf ihrem Fluge nach Norden. Wir fanden einige trockene Fische[1] von sonderbarer Gestalt; hatten aber weder Zeit noch Mittel welche lebend zu fangen.

Bald nach unsrer Rückkehr ins Kloster sagten wir der letzten in diesen Bergen gelegenen menschlichen Wohnung Lebewohl und setzten uns nach dem Djebel Tenasep in Marsch; in drei und drei viertel Stunden erreichten wir einige Hügel, welche Ammoniten enthielten. Noch ungefähr drei Stunden weiter kamen wir mit den primitiven Bergen[2] zu unserer Linken in eine Linie, wärend die Kalkstein-Kette von Kolzim zur Rechten lag. Hier fanden wir zum ersten Mal einen Baum, Namens Touthop[3]; er trägt eine blaßrothe Blüthe, mit sechs langen Staubfäden, einem Pistil und drei Blumenblättern. Die Beere ist roth, schmeckt bitter und ist nicht eßbar.

In geringer Entfernung jenseits liegt Wadi Dthähal, an dessen Ende eine Quelle guten Wassers ist, die denselben Namen führt. Wir kamen an einigen Felsen vorbei, die aus einem dem Gneüs nahe verwandten Glimmerschiefer bestanden, und etwas weiter an die Vereinigung des primitiven Gesteins und des Gritsteins, von wo wir in das Wadi Ghrasheca hinabstiegen. Hier fanden wir einige Risse in dem Felsen und zwei oder drei griechische Worte oder Namen auf demselben eingegraben.

Ungefähr acht Meilen liegt der Djebel Tenásep. Die Araber brachten uns hier einen Taytal oder Steinbock (capra ibex); das Fleisch dieses Thieres schmeckt fast wie Hammelfleisch, steht aber dem Gazellenfleisch weit nach. Das Weibchen sieht ganz anders

[1] Agatharcides, indem er von der Art des Fischfangs bei den Ichthyophagen spricht, sagt, daß, wenn die Ebbe die Fische zwischen den Klippen und seichten Löchern zurückgelassen hatte, die Fischer ins Wasser stiegen, und sie, oft nicht ohne Mühe und selbst Gefahr fingen. Er begreift die σκοϱπιοι unter die, welche gefürchtet wurden, worunter er wahrscheinlich Seekrebse versteht; gewiß ist es, daß diese Thiere sich nicht allein zur Wehre setzen, sondern auch jeden angreifen, der ihnen zu nahe kommt, wie es mir in Myos Hormos begegnete. Der Hundshai ist in diesen Gewässern auch sehr haüfig. [2] Die Berge auf dieser Seite des arabischen Meerbusens bestehen aus Kalkstein, Grit, Granit, Trapfels, Porphyr, u. s. w. hie und da mit Breccien; nichts Vulkanisches giebt es hier, wol aber auf der arabischen Seite des Golfs, wo sich eine vulkanische Bergreihe nach Syria erstreckt, durch welche verschiedene Städte in frühern sowol als spätern Zeiten theils durch Eruptionen, theils durch unterirdische Umwälzungen der vulkanischen Materie gelitten haben. [3] Obschon die Araber kein P in ihrer Sprache haben, so wird es doch im Aussprechen der Namen von Pflanzen, Städten u. s. w. oft gebraucht, weshalb ich mich desselben hier bedient habe.

aus als das Männchen; es ist viel kleiner und, in geringer Entfernung, von der Gazelle fast gar nicht zu unterscheiden; die Hörner sind kurz und beinahe gerade, doch ist die Stirne breiter als bei der Gazelle, die überdem auch dünnere Beine hat. Die Hunde fingen wärend unseres Rastens beim Tenasep einen Jackal; er war sehr klein und hatte unverhältnißmäßig lange Ohren und eben solchen Schwanz.

Nun sagten wir den sekundären Bergen Lebewohl, die sich süd- und südwestwärts erstrecken, indem sie Stufenweise an Höhe abnehmen.

Am Djebel Howashia giebt es treffliches Wasser in Überfluß; es wird nach der Regenzeit in einem natürlichen Granitbecken aufbewahrt, das mit Rollsteinen von dem zerbröckelnden Fels angefüllt ist; werden diese bei Seite geschafft, so findet sich das Wasser dicht unter der Oberfläche. Wir sahen hier viele Reb- und Haselhühner[1].

Ungefähr zwei Stunden weit gegen Norden liegt eine kleine Kupfergrube, deren Bearbeitung vor der Erfindung des Schießpulvers mit großer Mühe verbunden gewesen sein muß, denn das Gestein ist ein harter Granit. Hier sind die Überreste von drei alten Hütten; möglich ist es, daß die oben erwähnten Worte von den Bergleuten in den Felsen gehauen worden sind, an dem Wasserplatze, von dem sie ihren Vorrath herholen mußten[2]. Ungefähr drei Stunden von diesen Kupferminen und in gleicher Entfernung von dem Brunnen Howashia trifft man einen andern Wasserplatz, Namens E'resays elli fi sayl el Howashia, oder Ereys el Howashia; das Wasser ist gut, findet sich aber nur in sehr geringer Menge; und das Becken ist so klein, daß die Kameele kaum daraus saufen können; so berichteten wenigstens die Araber.

April 10. — Um Mittag stand das Thermometer auf 93° Fahrenheit (27°,1 R.); am 3ten hatte es Nachts auf 45° (5°,78) gestanden. Ich halte dafür, daß man den mittlern Unterschied zwischen der Tages- und Nacht-Temperatur in diesem Lande auf ungefähr 30° (13°,2) annehmen könne.

Von Howashia gingen wir auf einem Richtwege über die Berge nach Wadi Abouhadth, wo wir auf die Ankunft der Kameele warteten. Dieses Thal enthält viel Rasen und auch einige Baüme, insbesondere den Seyále; unsere Araber erzählten uns, daß das Gummi dieses Baumes binnen acht Wochen gesammelt

[1] Perdix Katá, oder Damascena, im Arabischen: Guttur oder Kutta; ein Vogel, von dem die Araber sagen, er kenne die Stelle, welche er verlasse, so gut, daß er sie aus der höchsten Höhe, ohne suchen, wiederfinde; daher das Sprichwort: ‚Yaraf el mowde ahder min el kata', — d. h.: ‚Er kennt (diesen oder jenen) Ort besser als ein Haselhuhn'.

[2] Bei dem Wasserplatz Dara sieht man auf dem Felsen Merkmale von gleicher Gestalt.

werden könne, und daß es dem Sont-Gummi vorzuziehen sei. Die innere Rinde seiner Borke wird, wie die des Yessur (eine Art Ginster) zum Gerben benutzt. Wir sahen mehrere Wachteln, doch immer einzeln fliegend.

April 13. — An diesem Tage wehte ein warmer Wind; das Thermometer stand um Mittag auf 91° (26°, 22 R.). Abends erreichten wir Djebel Hem-t-elabd [1], und früh am andern Tage den majestätischen Ghrarib [2]. Das Wasser des zuletzt genannten Berges ist vortrefflich und wird in einem natürlichen Granitbecken aufgefangen, das groß genug ist, um für mehrere Jahre, wenn der Regen ausbleibt [3], Vorrath halten zu können; es giebt hier noch viele andere, aber kleinere Wasserbehälter, welche die Gießbäche gebildet haben, jetzt aber, bis auf zwei oder drei, trocken sind. In dem großen Becken ist jetzt ein Abstand von zehn Fuß zwischen der Oberfläche des Wassers und der höchsten Wassermarke. Es ist wahrscheinlich, daß in den Thälern des primitiven Gebirges unter dem Sande oder vielmehr den verwitterten Gesteinstrümmern, welche die Gießbäche herabgeführt haben, noch Stellen-Weise ähnliche Wasserbehälter im Granit sein müssen, welche, da sie dicht und der Verdampfung nicht unterworfen sind, das Wasser auf lange Zeit aufbewahren können. Auf andere Weise kann ich die Menge der Baüme, das üppige Ansehen ihres Laubes und das Grün der Kraüter nicht erklären, die in den Thälern des secundären Gebirges immer verdorrt sind, oder, aufs Höchste, nur ein geringes Lebenszeichen geben.

Wärend unseres hiesigen Aufenthaltes erstiegen wir den Berg, was, wegen seiner Steilheit und der haüfig vorkommenden Regenbäche, ein beschwerliches Unternehmen war. Am ersten Abend erreichten wir die Basis des höchsten Kegels, wo wir schliefen, und stiegen am nächsten Morgen auf den Gipfel, von dem wir eine Aussicht auf die Berge zu beiden Seiten des Meeres und auf die verschiedenen Ebenen hatten. Wir fanden sehr nahe am Gipfel Spuren von Gazellen, und selbst hin und wieder in den Schluchten einige einsame Pflanzen, welche unter dem Schatten eines vorspringenden Steines grünten. Die Spitzen des Berges gleichen den Nadeln in der Nähe des Mont blanc; um jedoch diesem Berge an Schönheit gleich zu kommen, müßten die unteren Regionen mit den

[1] Eigentlich Themil-t-el-Abd, — ‚die Quelle des Sklaven.‘ —
[2] Ich will nicht entscheiden, ob dieser Name von Hor, Horath, Horeb, oder den Horebiten (die ein neürer Schriftsteller als den des Landes der Troglodyten erwähnt) herkommt, oder damit verwandt sei; er bedeütet im Arabischen ‚der Untergang‘ (der Sonne), von Ghrarb, Westen, wahrscheinlich, weil der Berg auf der Ostseite der Wüste die Sonne lange vor ihrem Untergange verbirgt. [3] Burckhardt, S. 10. ‚Ueber die Regenzeit.‘

den Wäldern und dem Grün der Alpen bedeckt sein und die wüste Ebene am Fuße ausgetauscht werden gegen die grünen Matten der Schweiz. Ich berechnete die Höhe zu 5513 (engl.) Fuß über der Schlucht in der Ebene, welche sich einige hundert Fuß über den Spiegel des Meeres erhebt. Wir fanden einen sehr auffallenden Unterschied zwischen der Wärme unten und der auf dem Berge. Das Thermometer im Thale zeigte, einen oder zwei Tage vor unserem Hinaufsteigen, bei Sonnen-Aufgang 80° F. (21°, 3 R.), um 9 Uhr Vormittags 95° F. (28°, 0 R.) und am Mittag über 100° F. (über 30°,2 R.); aber wir fanden, daß es auf dem Berge (und nicht ein Mal auf dem höchsten Theile) bei Sonnen-Aufgang 46° F. (6°, 2 R.) zeigte und eine Stunde später hatte das Wasser in dem Zemzemayeh[1] nicht 40° F. (3°, 6 R.) erreicht.

Mai 1. — Thermometer bei Sonnen-Aufgang 70° F. (16°, 9 R.), Mittags 93° F. (27°, 1 R.); NW. Wind. Der Khamsin hatte jetzt begonnen, aber wir spürten wärend unserer ganzen Gebirgsreise keine übeln Wirkungen von ihm; die Winde waren dann und wann heiß, doch nicht so drückend, wie am Nil, wo immer eine größere Menge feinen Sandes erhoben wird, der die ganze Atmosphäre verfinstert. Es ist irrthümlich angenommen worden, daß der SW. Wind der heißeste und häufigste Wind in dieser Jahreszeit sei, einer der ärgsten Khamsin-Stürme, welche ich jemals erlebte, war von einem nördlichen Winde begleitet; ein anderer kam aus SSO.; und ich weiß, daß der Wind in diesem Jahre, so wie im vorigen, wärend der Monate Mai und Juni, vorherrschend aus N. und NW. wehte.

Vier Stunden südlich vom Ghrarib ist die Tränke Djebel Dara. Hier fanden wir einige verfallene Hütten von Bergleüten, welche offenbar, wie die Öfen und Kupferschlacken zeigen, an dieser Stelle Erz schmolzen. Es sind etwa siebenzehn Hütten; in einer derselben, die viel länger war, als die übrigen, fanden sich mehrere gebrannte Mauersteine, die vielleicht zu einem Ofen gehörten; aber die beiden Haupt-Öfen, welche von beträchtlicher Größe sind, liegen etwas weiter abwärts, an der Seite des Regenbaches, wo eine bedeütende Menge Schlacke sich findet. Die Wände dieser Haüser oder Zimmer sind vier, fünf und sechs Fuß hoch; und einige hatten, wie es schien, noch genau ihre ursprüngliche Höhe: sie bestehen aus übereinander gelegten Steinen, die durch befeüchteten Sand und Kies verbunden sind; die Thüren haben etwa vier Fuß Höhe und werden durch einen platten, querüber von Mauer zu Mauer gelegten Stein gebildet. Wir fanden einen Granit-Block, der zum Mühlstein ausgehöhlt war, und von dem ich glaube, daß er eher zum Zermalmen der Erzstufen als zum Korn-Mahlen diente. Hier

[1] Eine Flasche von russischem Leder.

sind einige Spuren einer Straße nach dem Wasserplatz, der aber seitdem durch den Gießbach, in dessen Bett er lag, zerstört worden ist. Wenn der Quell nicht ergiebiger war, als er jetzt gefunden wurde, so muß der Vorrath für die hier beschäftigte Menschenzahl nur gering gewesen sein; doch mögen sie, was mehr erfordert wurde, vom Ghrarib geholt haben.

Wir besuchten zunächst die Kupfer-Gruben, welche etwa acht Meilen südwärts, an einer Stelle liegen, wo weder Holz noch Wasser ist: dieserhalb ist es wahrscheinlich nach Djebel Dara zum Verschmelzen gesandt worden. Das Gestein an letzterem Orte fand sich nur an einer Stelle bearbeitet, wo ein Schacht abgeteuft war; er hatte fünf und einen halben Fuß im Durchmesser, und jetzt nicht mehr, als fünf und zwanzig Fuß Tiefe. Das Gestein enthält nur wenig Kupfer und das Erz ist weit geringer, als das der Haupt-Minen.

Die niedrigen Berge, in welchen diese Gruben liegen, sind sämmtlich auf Erze untersucht worden, aber in wenigen sind die Aushöhlungen von einiger Größe. Es möchte scheinen, daß die größeren das Werk irgend einer Regierung wären, wärend die kleineren, welche auf die Oberfläche beschränkt sind, spätere Versuche Einzelner gewesen sein mögen. Wir fanden keine Überbleibsel von Hütten. Wärend wir hier lagerten, kamen mehrere Vögel-Züge vorüber, die höchst wahrscheinlich nach dem Winter in ein kälteres Klima wanderten, da sie alle nördlich gingen. Einige bestanden aus Reihern, andere aus Bienenfressern (Merops) und Pirolen (Oriolus) und aus Falken-Arten u. s. w.

Mai, 5. — Heißer Wind SO. bei S. Thermometer 101° F. (30°, 7 R.), um 11 Uhr Vormittags. Die Nacht war sehr stürmisch und Regen fiel im Gebirge nordwestlich von uns. Das Thermometer zeigte 80° F. (21°, 3 R.) und am nächsten Morgen, bei Sonnen-Aufgang, 78° F. (20°, 4 R.)

Auf unserem Wege nach Djebel Dokhan durch die Ebene passirten wir mehrere Kalkfelsen und dann eine Reihe von Sandstein[1], mit Kalkstein bedeckt, der, in fast gleichem Abstande von beiden primitiven Rükken, denselben parallel lauft. Die Baume waren, wegen des großen Übergewichts des Nordost-Windes, sämmtlich gegen Süden gebogen. Dies ist überall in Ägypten der Fall, wo einzelne Baume dem Windzuge sehr ausgesetzt sind.

Mai, 6. — Heißer SO. Wind. Thermometer 103° F. (31°, 6 R.), um 11 Uhr Vormittags, und jeder heiße Windstoß erhob es sogleich auf 107° F. (33°, 3 R.). In einiger Entfer-

[1] Nach dem Winkel des Fallens zu urtheilen, stieg er früher über die niedrigere oder östliche primitive Reihe empor, von der er indeß jetzt durch ein Thal oder das Bett eines Gießbaches getrennt ist.

nung gegen Osten bemerkten wir die Lage eines Wasserplatzes, El Enned [1] genannt. Er liegt am Fuße einiger Kalkstein-Hügel, welche sich mit der östlichen primitiven Kette verbinden.

Wir erreichten bald darauf Djebel Koossra, wo man Wasser findet. Es ist zu salzig, um trinkbar zu sein, ausgenommen für Kameele. Einige der Araber wußten indeß anderes Wasser, höher hinauf auf dem Berge, doch waren sie nicht gewiß, daß es süß sei. Nachdem sie gegangen waren, um sich hiervon zu überzeugen, brachten sie uns etwas, das vortrefflich war. Wir litten großen Mangel daran und hatten schon nach Moie Mesayd geschickt, aber vergebens, alles war dort ausgetrocknet. Ich stelle mir vor, das Wasser von Koossra, welches auf dem Berge süß ist, wird nachher auf seinem Wege zu dem Orte, wo die Araber ihre Kameele tränken, mit Salz imprägnirt.

Zu Djebel Dokhan hatten wir die Befriedigung, Ruinen [2] von einiger Ausdehnung zu sehen; die ausgedehnten Steinbrüche [3] zu besichtigen, aus denen Rom so manchen schönen Porphyrblock zum Schmuck seiner Bäder und Hallen erhielt; die Arbeit und Kosten zu betrachten bei Anlegung so vieler schöner Straßen, welche das Gebirge in allen Richtungen durchschneiden; umherzugehen in den Straßen und Häusern der alten Bewohner einer ehemaligen Stadt; und vor allem, mitten in einem, jetzt wüsten und unbewohnbaren Thale einen Tempel zu finden.

Die Haupt-Schwierigkeit bei Bearbeitung dieser Steinbrüche war der Mangel an Wasser. Sie wurde beseitigt durch das Abteufen zweier Brunnen, von denen einer eine unermeßliche Arbeit gekostet haben muß, indem ein Schacht von etwa fünfzehn Fuß im Durchmesser in dichtem Porphyr niedergebracht wurde; — es ist jetzt unmöglich seine Tiefe zu beurtheilen, da er sehr weit mit Erde ausgefüllt ist, aber bis zur Quelle ist noch immer ein gewisser Abstand; — die wirkliche Tiefe des Theiles, wo festes Gestein ist, beträgt acht und dreißig Fuß, und bei weitem mehr mußte erforderlich sein, um gutes Wasser zu erhalten. Es war eine Zisterne damit verbunden, von der Tröge abgeleitet wurden für das Vieh. Der andere Brunnen ist mehr angefüllt, da er zusammen genom-

[1] Wadi Enned enthält einige hundert Palmen und einen Ueberfluß an Tamarisken-Bäumen. Ein kleiner Bergstrom läuft den sanften Abhang des Thales herab und bildet einen Bach des klarsten Wassers, das sich in dem Sande verliert; aber obgleich der Reisende diese Stelle als eine ungewöhnlich angenehme betrachten möchte, so würde seine Bewunderung aufhören, wenn er erfährt, daß der Bach, welcher die Landschaft belebt, weder ihm noch seinen Kameelen nützlich ist.

[2] Herr Burton war im Jahre 1822 der erste Reisende, welcher diese interessanten Trümmer besuchte. [3] Plinius beschreibt ihre ungemeine Größe sehr gut, indem er bemerkt: — Quantislibet molibus caedendis sufficiunt lapidicinae. L. 36. c. 7.

men nur zwei und zwanzig Fuß Tiefe hat, mit einem Durchmesser von fünfzehn Fuß; — der noch sichtbare Theil ist mit Steinen ausgesetzt. Er liegt an einer Seite eines kreisförmigen Raumes, der vielleicht früher mit einem auf Saülen ruhenden Dache bedeckt war; von den Saülen sind noch fünf übrig. Auf ihnen sind Fahrzeüge und verschiedene Figuren eingegraben, auch einige griechische Buchstaben über einem Kreüze. Der zuletzt erwähnte Brunnen liegt in der Nähe der Stadt, welche die Araber Belet Kebir oder das große Dorf nennen; der andere ist zehn Minuten entfernt in einem anderen Thale.

Die Stadt lag auf einer kleinen Anhöhe, am Fuße des östlichen Berges und enthielt viele Haüser von verschiedener Form und Größe. Am Nordende ist ein Platz, um den herum Werkstätten gewesen zu sein scheinen, wo kleine Porphyr-Mörser verfertigt wurden, wie wir aus der Menge der unvollendet von uns gefundenen, schlossen. In einem anderen langen Zimmer sind einige runde Löcher in der Erde, die mit Terra cotta ausgeschlagen sind und dem Anschein nach, zum Schlämmen irgend eines Erzes dienten; obgleich ich sonst keine Spur sehe, daß hier irgend etwas anderes bearbeitet wurde, als Porphyr. Ein Haus, vielleicht das des Präfecten, besteht aus einem freien Platze, welcher an jeder Seite fünf Saülen hat, die vielleicht einst eine Decke trugen; jenseits ist eine Zisterne mit Stukkaturarbeit, und auf diese folgt ein Zimmer, von welchem eine Treppe in das obere Stockwerk führt, wenigstens zu den Zimmern, welche oben sind, denn die Stadt ist an einem Abhange erbaut. Das Ganze ist mit einer Mauer umgeben, die durch Thürme verstärkt wurde, welche der Natur des Bodens gemäß angebracht sind. Ich halte das Ganze für einen Militair-Posten, der Werkstätten, Magazine und Alles enthielt, was der Platz etwa nöthig hatte. Außerhalb der Mauer gegen Süden ist ein einzelnes Gebaüde, entweder ein Schmelzofen oder ein Bad, wahrscheinlich aber das letztere.

Außer dieser Stadt findet man auf jeder Seite, am Fuße des Berges oder auf den anliegenden niedrigen Hügeln, Haüser, welche wahrscheinlich Wohnungen von Handwerkern waren. Etwas weiter das Thal aufwärts gegen Süden ist ein kleiner, dem Sarapis geweihter Tempel; — er wurde nie vollendet, obgleich alle Materialien zur Stelle waren; nicht eine Saüle war jemals aufgestellt, — nichts war vollendet, als die Stufe auf der sie stehen sollten, und die zur Basis eines Portikus bestimmt war. Die Ordnung ist die ionische, die Ecksteine sehr einfach, und die Architektur übertrifft Alles, was man in diesem Gebirge zu finden erwartete. Auf dem Platze, welcher mit rohen, flachen Steinen gepflastert ist, steht ein Altar ohne Inschrift; er ist drei Fuß zwei Zoll hoch und war früher mit Stuckaturarbeit geschmückt. Alle architektonischen Verzierungen des Tempels sind von rothem Granit; der innere Theil, welcher aus einer Gallerie und zwei Flügeln bestand ist von den gewöhnlichen, übereinander gelegten Steinen, wie die Haüser der Station, und war früher mit Stuckaturarbeit verziert. Das Ganze wurde von einer Mauer eingeschlossen, an deren Nordende das Thor war; von ihm führt eine Treppe herab, die sich statt an der Front, an einer der Seiten befindet, offenbar um den Gießbach zu vermeiden. Am Architrav befindet sich folgende Inschrift aus der Zeit des Hadrian: das Sigma hat die alte Form Σ, wärend das Ω so gebildet ist: ω.

Ὑπὲρ σωτηρίας καὶ αἰωνίου νίκης αὐτοκράτορος Καισαρος Τραϊανοῦ Ἀδριανοῦ σεβαστοῦ καὶ τοῦ παντὸς αὐτοῦ οἴκου. Διῒ Ἡλίῳ μεγάλῳ Σαράπιδι καὶ τοῖς συννάοις θεοῖς, τὸν ναὸν καὶ τὰ περὶ τὸν ναὸν, Ἐπαφρόδιτος Καίσαρος Σιγηριανὸς ἐπὶ Ῥαμμιῳ Μαρτιάλι ἐπάρχῳ Αἰγύπτου, Μάρκου Οὐλπίου Χρησίμου ἐπιτροπεύοντος τῶν μετάλλων ἐπὶ Ρ. Προκουληιανοῦ[1].

Sarapis, der Gott, welchem dieser Tempel geweiht ist, scheint eine Lieblings-Gottheit der Bergleüte gewesen zu sein, da ihm allein in den beiden Hauptgebirgen Dokhan und Fatire, aus denen die Römer ihren Porphyr und Granit bezogen, Altäre und Tempel geweiht sind.

Dieser Gott, welcher Pontischer und nicht Ägyptischer Abstammung ist, wurde in Ägypten unter der Regierung des ersten Ptolemäos eingeführt und von den Priestern absichtlich mit dem Gemahl der Isis verwechselt, der damals die populärste Gottheit in Ägypten war; auch scheint es nicht, daß die Ägypter, wenn sie ihn auch überall verehrten, auf irgend eine Weise ihn, als vom Osiris verschieden, betrachteten, ausgenommen in sofern er, nach Plutarch ,die bloße Vereinigung des Osiris und Apis' war, ,indem Apis ein schönes Bild der Seele dieses Gottes ist'[2]. Die Griechen erwiesen ihm jedoch eine eigenthümliche und vorzügliche Verehrung; er ist identificirt worden mit Pluto, Apis, Äskulap und Osiris. Seine Geweihten waren hauptsächlich Fremde, oder solche, die ihre religiösen Grundsätze den Wünschen ihres Monarchen unterwürfig machen, denn, sagt Macrobius, der Druck der Ptolemäer konnte die Ägypter niemals dahin bringen, diesen Gott in anderen Theilen des Landes mit denselben Formen und Ceremonien

[1] (Diese und die anderen Inschriften sind in Fac-simile im Manuscripte des Hrn. Wilkinson, d. h. sie sind in Kapitalschrift mit den ungetheilten Worten, wie gewöhnlich in griechischen Inschriften.)

[2] Plutarch. de Isid. et Osir. C. 28, 29.

zu verehren, wie in Alexandrien, weil sie nicht mit den für ihre anderen Götter gebräuchlichen übereinstimmten [1].

Er wurde häufig gemeinschaftlich mit der Isis verehrt, die mit ihm zusammen in den Dedikationen seiner Tempel gefunden wird, und wirklich oft mit ihrem Namen zuerst; ein Vorzug des weiblichen Geschlechts, der eine alte ägyptische Sitte war, wie wir aus dem Diodor lernen.

Etwas weiter das Thal aufwärts und an der entgegengesetzten Seite ist eine kleine Ruine, bestehend aus einem ummauerten Platz, von dem eine Treppe auf eine Platform führt, die sich mit einer Gallerie vereinigt, welche fast ein Quadrat bildet — ein Säulengang, auf den Mittelpunkt zuführend, trug das Dach, an jeder Seite desselben war eine erhöhte Bank, — nahe dabei, im Bette eines Regenbaches, lag ein runder Block, auf dessen Umfang sich die Überbleibsel einer Inschrift finden, welche eine Dedikation der Isis (*Εισειδι* geschrieben) enthalten, von einem Offizier Namens Phanius Severus, im zwei und zwanzigsten Jahre der Regierung Adrians. Da dieser Fürst ein und zwanzig Jahr weniger einen Monat regierte, so scheint er zur Zeit der Dedikation gestorben zu sein, obgleich die Kunde von seinem Tode diese entfernte Station noch nicht erreicht hatte.

Eine große Menge von Töpfergeschirr wurde in allen Richtungen unter den Ruinen gefunden, vorzüglich eine blaue und glasirte Art, die wahrscheinlich zu häuslichen Zwecken gebraucht wurde. Auch fanden wir viel Glas und Muschelschaalen; letztere sind wahrscheinlich die Überreste von einem Haupt-Nahrungsartikel der alten Bewohner. Sie hatten Verbindung mit dem Meere vermittelst einer Landstraße, die von der Südost-Seite dieser Berge herabführte, wovon ich später zu sprechen Gelegenheit haben werde. Die Straßen an der Ostseite des Thales sind nicht so breit, auch sind die Steinbrüche nicht so ausgedehnt, wie auf dem westlichen Berge; doch sind die Straßen keinesweges der Aufmerksamkeit unwerth; mit derselben Sorgfalt erbaut, entsprechen sie völlig dem beabsichtigten Zwecke, obgleich die Kenntnisse des Baumeisters nicht so sehr in Anspruch genommen wurden.

In den Steinbrüchen ist nichts merkwürdig, als die Überreste einiger Öfen zum Ausbessern und Härten der Werkzeuge; denn es ist, wegen der Menge kleiner Porphyr-Stücke, klar, daß die großen Blöcke behauen und wahrscheinlich auf dem Berge fast vollendet wurden. Es waren dort mehrere kleine Hütten, und andere auf dem Gipfel des Hügels, welche Wachtthürme, vielleicht zum Auslugen, auf den verschiedenen Höhen gewesen zu sein scheinen; in

[1] Macrobius, Lib. I. cap. 4.

einer dieser Hütten ist ein Stein, welcher einen Theil der Mauer bildet, mit dem Namen Sokrates bezeichnet.

Der westliche Berg bietet dem Reisenden mehr Interesse dar. An seinem Fuße liegt ein kleines Dorf, worin der Porphyr verarbeitet wurde, welcher auf der schönen Straße, die hier endigt, herabgesandt ward. Die größeren Blöcke wurden zu Sarkophagen oder Badewannen und Schaalen ausgehauen in einem Hofe außerhalb der Haüser, die selbst sehr klein sind. Manche Steine befinden sich noch in der Lage, worin die Arbeiter sie verließen. Die Straße, welche von diesem Dorfe auf den Berg führt, ist fünfzehn Schritt breit: in der Entfernung von je zwölf Schritt stehen Steinpfeiler. Unzählige schmalere Wege gehen von ihr aus nach allen Richtungen zu den verschiedenen Steinbrüchen.

Auf der Hauptstraße sind Strebepfeiler oder starke steinerne Saülen in Zwischenraümen aufgerichtet, wahrscheinlich um die größeren Blöcke herabzulassen; und an einigen Stellen bemerkten wir geneigte Ebenen, die mit großer Sorgfalt gepflastert waren und wahrscheinlich zu demselben Zwecke dienten. Es ist wahrscheinlich, daß die Saüle oder ein anderer bearbeiteter Stein, auf einen Schlitten (ähnlich dem in den Grotten von Massara abgebildeten) gelegt, und vermittelst der, an den Strebepfeilern angebrachten Krahne, sanft herabgelassen wurden.

Die in den Felsenabhang gehauene Straße überbrückt die schmaleren Regenbäche, windet sich längs der Abgründe der breiteren und wird da, wo das Gestein nicht fest war, von einer gut gebauten Mauer gestützt. Von einem dieser Steinbrüche wurden die Steine unten auf die Straße herabgeworfen, von der sie dann weiter geschafft und entweder weggetragen oder in die Schlucht unten hinabgerollt wurden: jenseits dieser war ein großer Steinbruch, in welchem wir eine unvollendete Porphyrsaüle[1] fanden, die zwanzig Fuß zwei Zoll Länge und drei Fuß sechs Zoll im Durchmesser hatte. Diese, so wie mehrere Saülen-Füße höher am Berge hinauf, zeigen hinreichend, daß große Blöcke in mehr als neünhundert bis tausend Fuß Höhe über der Ebene gebrochen wurden; auch war dies nicht ohne Vortheil bei einem so schweren Steine, besonders da es weder an zahlreichen, noch an geschickten Arbeitern fehlte, und daß folglich die Gefahr des Herunterbringens der Blöcke nur unbedeütend war, wenn man sie mit dem Vortheil verglich der aus

[1] Alle diese Steinbrüche sind in rothem Porphyr von sehr schöner Art; — es ist das feinkörnige Gestein, welches unter den Ruinen und der Pracht des alten und neüen Roms so haüfig gefunden und noch immer bewundert wird. Es ist beschrieben worden als ‚lapides porphyretici tenuibus astris distincti;‘ und Plinius nennt es ‚Leucostictos,‘ indem er bemerkt, daß weiße Flecke eingesprengt seien — ‚candidis intervenientibus punctis.‘

der Verminderung ihrer Schwere entstand. Manche Blöcke sind auf Steine gehoben, damit sie für die Arbeiter zugänglicher seien.

Einige Zeichen an den Blöcken scheinen die Zahl der von jedem Arbeiter behauenen Steine anzuzeigen, und daß die Menschen, welche hier arbeiteten, verurtheilt waren [1], eine bestimmte Arbeit zu vollenden, dem Vergehen, weshalb sie verurtheilt waren, angemessen; denn nichts kann mich bewegen, zu glauben, daß irgend Jemand, als die zu dieser Arbeit Verurtheilten, die Hitze und das beschwerliche Geschäft, Steine aus einem Porphyr-Bruche zu brechen, in diesem Klima, ohne Schutz gegen die sengenden Strahlen der Sommer-Sonne, würden ertragen haben. Die, welche im Thale beschäftigt waren, oder in der Stadt lebten, hatten ein besseres Loos. Einer Inschrift zu Gertassi in Nubien zufolge scheint es, daß die Arbeiter eine bestimmte Anzahl Steine fördern mußten, worauf sie wahrscheinlich von der Arbeit befreit waren, wenn sie nicht zeitlebens verurtheilt wurden, was zuweilen ihr Loos war. Der Schreiber dieser Inschrift brachte, nach Vollendung seiner Arbeit, sehr natürlich der Schutzgottheit der Steinbrüche seinen Dank für seine Befreiung dar.

Bei fortgesetzter Ersteigung des Berges fanden wir den Fuß einer Saüle von drei Fuß neun Zoll im Durchmesser; und darüber kamen wir zu einer steil geneigten Fläche, ähnlich der auf dem östlichen Berge. Auf der Spitze dieser Höhe war ein Wachtthurm, der, obgleich in einiger Entfernung vom Gipfel des Berges, hier das Ende der Arbeiten anzuzeigen scheint. In dem Thale oder der Schlucht gegen NW. von diesen Steinbrüchen ist ein anderes Dorf, aber offenbar aus einer späteren Zeit, als Belet Kebir; die Mauern der Haüser sind gut erhalten und die Thüren und Fenster noch ganz. Es liegt zu beiden Seiten des Bettes eines Bergstroms, dessen Lauf innerhalb der Mauern von einer Schälung eingefaßt war, welche die Haüser gegen seine Gewalt schützten und ihnen als Fundament dienten. An einer Seite ist eine Zisterne, von der das Wasser dem Bergstrome, durch einen kleine Kanal, der schräg von ihr wegführte, zugeleitet wurde; an der anderen Seite steht ein großes Haus, wahrscheinlich dem Aufseher gehörend, an einem Ende desselben führt eine Treppe zu einer darüber liegenden Terrasse. Es waren hier mehrere aus rohen Blöcken gehauene Mörser, die offenbar in dem Orte gebraucht waren, mit den Überresten von Öfen und vielen blauen und anderen Töpferwaaren. Beim Ersteigen des westlichen Berges fiel es mir auf, daß die Arbeiten

[1] Ich finde seitdem, daß Aristides, Orat. Aegypt. Oper. Vol. III., indem er von diesem Berge spricht, sagt, daß zu diesen berühmten Porphyrbrüchen solche Verbrecher genommen wurden, die zu öffentlichen Arbeiten verurtheilt waren; und Eusebius erzählt uns, daß auch Christen dorthin geschickt wurden.

hier aus einer späteren Zeit waren, als die auf der östlichen Seite des Thales, und das Ansehen des Dorfes bestätigte meine Meinung; in der That wurde nach der Zeit des Adrian viel Porphyr nach Rom geschafft und daselbst verbraucht; und die größere Wichtigkeit dieses Berges kann man schon aus dem unvollendeten Zustande schließen, worin der Tempel des Adrian, in dem anderen Thale gelassen wurde. Etwas weiter abwärts im Thale liegen noch andere Häuser; in einem derselben fanden wir eine zerbrochene Badewanne und eine Schaale, die nur ihre Form erhalten hatten.

Djebel Dokhan, ‚der Berg des Rauches,' ist vielleicht ein alter traditioneller Name, womit das Volk dieser Wüste den Ort bezeichnete, als zahlreiche Öfen fortwärend hier rauchten; sein lateinischer Name war porphyrites mons.

Es war lange ein Gegenstand des Zweifels [1], wo die berühmten Porphyrbrüche gelegen wären, obgleich sie oft von alten Schriftstellern erwähnt werden. Einige gingen so weit, zu fragen, ob dieser Stein überhaupt in Ägypten vorkomme, da es sich traf, daß die Steinbrüche nicht am Nil gelegen, und die ägyptischen Bildsaülen selten aus diesem Material gemacht waren; — es wurde angenommen, er sei aus Arabien gekommen, und das ‚rubet porphyrites in eadem Aegypto' des Plinius war nicht überzeügend genug. Ptolemäus zeigt jedoch, daß die Steinbrüche in den Bergen lagen, welche sich von dem Kalkrücken des Troicus [2] seitwärts an der Westseite des arabischen Golfs erstrecken.

Zur Zeit des Claudius [3] wurden zuerst von Triarius Pollio Porphyr-Statuen nach Rom gebracht; aber wir erfahren nicht, daß Steinbrüche irgendwo wären bearbeitet worden, oder daß der Berg, woher der Stein kam, den Römern wäre bekannt gewesen. Es ist indeß wahrscheinlich, daß die Ägypter oder die Gräco-Ägypter sie lange vor der Zeit des Claudius bearbeiteten, wenn wir auch keine Beweise dieser Thatsache an Ort und Stelle finden.

Die Gegenstände, zu denen der Porphyr bei den Griechen und Römern hauptsächlich verwendet wurde, waren Badewannen, Saülen, Schaalen, Bildsaülen und Verzierung der Haüser: wir können auch

[1] Aber wenn das Dasein der Porphyrbrüche in Aegypten bezweifelt wurde, was ist nicht über die Goldminen von Osymandyas gesagt worden? Dies hat sich als Fabel erwiesen, nur ersonnen, um die Griechen zu betrügen; die Goldminen des Diodorus, Agatharcides und Scherif Edrisi sind indeß jetzt aufgefunden in den Ababde-Bergen, im Süden der Cosseïr-Straße.

[2] Universale litorale latus juxta Arabicum Sinum tenent Arabes Aegyptii, Ichthyophagi, in quibus dorsa montium sunt, Troici lapidis montis, et alabastreni montis, et porphyriti montis, et nigri lapidis, et basaniti lapidis. — Ptol. Geogr. lib. IV. c. 5.

[3] Statuas ex eo Cl. Caesari procurator ejus in Urbem ex Aegypto advexit Triarius Pollio, non admodum probata novitate. — Plin. lib. 36. c. 7.

hinzufügen, zur Anfertigung von Mörsern, obgleich ich nicht glaube, daß das pyrrhopoecilum, welches, nach Plinius, zu diesem Zwecke sehr gesucht wurde, und aus der Thebaïs kam, Porphyr war, sondern eher Syenit. Zu Bildsaülen war der Porphyr, wegen seiner Härte und Farbe, wenig geeignet; auch scheint es nicht, daß sie jemals wären in Rom sehr bewundert worden; aber dieser Stein diente oft zur Bekleidung, wärend die Köpfe, Arme und Beine von weißem Marmor waren. Die spätere Zeit erneüerte den schlechten Geschmack der Porphyr-Bildsaülen und mehrere derselben sind noch vorhanden. Über den Berg, welcher das Südende des Thales von Belet Kebir schließt, laüft eine Straße im Zickzack, auf deren Gipfel ein Wachtthurm steht; es scheint, daß die Passage, wenn es nöthig war, durch ein Thor konnte verschlossen werden. Unten, auf der anderen Seite ist ein anderes kleines Gebaüde; und jenseits, in diesem Thale, gegen SO., ist ein Posten von einiger Größe[1]; er besteht aus zwei Forts, das eine ist blos eine dicke Mauer, die um einen Granitfelsen herumlaüft, mit einem, durch zwei Thürme vertheidigten Thore; es sind keine Überreste von Haüsern darin, und an einigen Stellen ist zwischen der Mauer und dem Felsen kaum mehr Raum, als daß ein Mann hindurchgehen kann. Das andere ist eine in diesen Posten gebraüchliche Art Fort, versehen, wie ich glaube, mit einem Brunnen und mit bequemen Haüsern oder Zimmern; es ist mit Thürmen befestigt; der am Eingange hat eine Treppe, welche auf seine Spitze führt; an der Außenseite ist ein ummauerter Raum, der große Zimmer enthält, die wahrscheinlich zur Aufspeicherung der, von Dokhan kommenden Steine, der Waaren von Myos Hormos, so wie zur Aufstellung der Lastthiere und zur Beherbergung der sie begleitenden Menschen bestimmt waren; wärend das Fort besonders eingerichtet war für die Soldaten oder die beständigen Bewohner, welche die Oberaufsicht über die nothwendige Ergänzung des an diesen Orten immer aufbewahrten Wassers hatten, oder die hier postirt waren, um den Reisenden, nöthigenfalls, Beistand zu leisten und die Wege auszubessern. Von dieser Station führt eine schöne Straße durch die Ebene und über die Betten der Bergströme, welche wärend der Regenzeit zwischen diesen Bergen laufen. Sie war an einigen Stellen acht und vierzig bis fünfzig Fuß breit; längs der Seiten waren Steine aufgestellt, die von der Straße entnommen wurden und später dienten, ihre Gränzen zu bezeichnen; in Zwischenraümen waren größere Haufen und auf den Höhen, an der Seite, regelmäßig gebaute Steinpfeiler, um als Wegemarke zu dienen; da letztere außer dem Bereich der Gießbäche sich befinden, so sind sie

[1] Noch ein anderes Dorf liegt im Osten von Djebel Dokhan, im Thale am Saume des Berges; doch habe ich es nicht gesehen.

im Allgemeinen gut erhalten. An den meisten Stellen giebt es jedoch keine anderen Spuren einer Straße, welche, da sie seit langer Zeit der Gewalt jener Wasserläufe ausgesetzt waren, längst zerstört sind. Es muß viel Arbeit gekostet haben, sie in gutem Zustande zu erhalten; aber die Hände waren zahlreich und es ereignete sich nur alle fünf bis sechs Jahre, daß die Bergströme mit so großer Gewalt herabstürzten, als erforderlich war, die Straße zu beschädigen. Ich versuchte vergeblich, die Inwohner der Dörfer und Haüser von Dokhan und Fetireh zu schätzen; es müssen mehrere tausend gewesen sein, ohne eine große Zahl, die beständig bei den Arbeiten auf den Bergen lebte; in der That, rechnen wir nur die Hausgenossen dieser verschiedenen Posten und von Myos Hormos, so mußte eine beträchtliche Bevölkerung in dieser Wüste leben, wo wir jetzt nur selten einigen wandernden Arabern mit ihren Heerden begegnen. Bei dem oben erwähnten Posten (welcher der letzte auf der Kopten-Straße genannt werden kann) vereinigen sich die Straßen von Myos Hormos und Koptos mit zwei aus dem Thale von Dokhan, nämlich der von Belet Kebir, welche das Südende dieses Thales durchschneidet, und eine andere, welche bei Dehr Amyessur vorüber geht, und von dort zwischen den Rändern der Berge auf ihrem Wege das andere kleine Dorf berührt, welches ich nicht besuchte. Dieser letzteren Straße folgen die Kameele auf ihrem Wege nach Guttar, die andere ist nur gangbar für unbeladene Dromedare; es führt ein anderer kürzerer Weg nach Guttar zwischen Djebel Dokhan und Thundebug, den Dromedare leicht passiren können, aber er scheint von den Alten nicht benutzt worden zu sein. Vor Djebel Guttar, am Nord- oder Nordwest-Ende der El Memsayah-Kette ist ein Wasserplatz, Moie-t-el-abd, oder ‚das Wasser des Sklaven' genannt; aber das Wasser ist in so geringer Menge vorhanden, daß es nur hinreicht, einen Schlauch auf ein Mal zu füllen. Zwischen Guttar und Djebel Thundebug, nicht weit von ersterem, fanden wir etwas Breccia verde; andere Arten von Breccia hatten wir in großer Menge und Verschiedenheit zu Dokhan beobachtet.

Das schöne Thal, welches zu dem Wasser von Guttar führt, ist mit schönen Seyales angefüllt, die zu dieser Zeit, ungeachtet des Regen-Mangels, vorzüglich grün waren; weiter aufwärts vermindert sich die Breite des Thales allmälig und zeigt das wilde Ansehen eines Bergstrom-Bettes, mit großen Steinen angefüllt, bis es mit einem jähen Felsen endigt, der mit hangenden Wassersträuchern bewachsen ist, von denen das Wasser langsam herabtröpfelt; unten sind Palmen und Binsen, und ein Becken, welches einen reichlichen Vorrath von vortrefflichem Wasser gewährt, wenn man ein Loch in den Sand von verwittertem Granit gräbt, womit es angefüllt ist. Unzählige Figuren sind in die Felsen, auf dem

Wege nach der Wasserstelle eingegraben, und unter ihnen ist ein altes, wahrscheinlich christliches Grab. Ich erstieg den Felsen und indem ich oben quer über die Schlucht ging, in welcher einige kleinere, natürliche Wasserbehälter waren, kam ich zu einem steinernen Gebaüde, das, seinem Ansehen nach, nicht sehr alt ist: es besteht aus drei Zimmern und einer Art Portikus, oder Decke von zwei Saülen unterstützt; nichts, als das Dach fehlt — die Mauern, Fenster und Thüren sind alle vollständig. Dem arabischen Scheikh, meinem Führer, gelang es nach vielem Suchen einen ,beschriebenen Stein' aufzufinden, der sich als eine griechische Inschrift erwies und zeigte, daß dieses Gebaüde eine Kirche gewesen sei. Er liegt außerhalb auf der Erde und ist zerbrochen, aber nur wenige Buchstaben sind, wie ich glaube, verloren. Die Worte sind folgende:

Φλαύιος Ἰούλιος ὁ διασημότατος ἡγεμὼν Θηβαΐδος ὁ κατασκευάσας . . . . . καθολικὴν ἐκκλησίαν. Ἐπὶ . . . ητος ἐπισκόπου Μαξιμιανοπόλ(εως).

Wärend unseres Aufenthaltes zu Guttar litten die Gazellen so sehr Mangel an Wasser, daß sie durch unser Lager in das Thal liefen, und nachdem sie ihren Durst gelöscht, auf demselben Wege zurückkehrten, da es der einzige zu dem Wasserplatze war, und diese Thiere ziehen immer die Thäler vor, wenn sie über das Gebirge gehen, außer da, wo sie gebahnte Wege haben. Dies ist selbst der Fall, wenn sie von den Hunden hart bedrängt werden; ich habe sie umkehren und zwischen ihren Verfolgern hindurchsetzen sehen, wenn sie fanden, daß das Thal bald zu Ende war. Wärend unseres hiesigen Aufenthaltes brachten einige Ababde einige Kepsch (Bergschafe), mehrere Taytals und einen Hasen. Wir bemerkten auch, auf unserem Wege nach Guttar, und nahe am Wasser, mehrere Rebhühner urd Haselhühner, von denen wir auch einige in der Nähe der Ruinen sahen.

Von Guttar begab ich mich nach dem Meere um die Ruinen von Myos Hormos zu sehen, die mein Freünd, Hr. Burton, im letzten Jahre bei einem Besuche des Küstengebirgs entdeckte. Myos Hormos ist nichts weiter, als ein gewöhnlicher Posten, nur ist es mit größerer Regelmäßigkeit angelegt; es besteht hauptsächlich aus Magazinen für Kaufmannswaaren, die von hier mit Kameelen auf einer bequemen Straße nach Koptos geführt wurden. Diese Straße, welche, wie ich oben bemerkte, bei der zuletzt erwähnten Station sich mit der von Dokhan verbindet, laüft von diesem Posten nach dem Meere in einer vollkommen graden Linie (außer wo der Vorsprung der Berge, nahe dem Meere, ihr eine leichte Biegung giebt). Sie läßt sich vermöge der großen Steinpfeiler, die in Zwischenraümen zu beiden Seiten angebracht sind, leicht verfolgen, und es sind noch einige Stellen vorhanden, wo man die kleineren

Steine aufgesammelt und längs der Seiten zusammengehaüft sieht. Hr. Burton sah höher hinauf noch andere Straßen, die auch nach Myos Hormos geführt haben müssen.

Diese Station, so berühmt als das Emporium Arabiens und der indischen Waaren, von wo hundert und zwanzig Schiffe nach Indien [1] segelten, hat jetzt nicht einen einzigen Bewohner, ausgenommen das Thier, dessen Namen es trägt. Ihre aüßeren Mauern wurden durch Thürme vertheidigt, die aus Kalkstein von den benachbarten Bergen gebaut sind; die anderen Theile waren von rohen Steinen verschiedener Art aufgeführt und mit Mörtel verbunden. Die Fundamente der Haüser bestanden aus ähnlichem Material, worauf sich ein Überbau von rohem Mauerwerk erhob, welches durch die Einwirkung des Regens und der feüchten Seeluft seitdem völlig verschwunden ist. Die Gegend ist eine flache, sumpfige Ebene, so niedrig, daß ich glauben sollte, das Meer müßte zuweilen das Ganze bedecken, mit Ausnahme der Ruinen, die auf einem etwas höheren Grunde, wahrscheinlich einem künstlichen Damm, liegen. Kein Ort kann ungesunder sein [2]; wärend der Sommer-Monate ist die Atmosphäre mit Wasserdämpfen angefüllt; sie ist außerordentlich drückend und ähnlich der eines türkischen Bades. In der Zeit des Wohlstandes von Myos Hormos wurden ohne Zweifel Viele das Opfer seiner ungesunden Luft.

Der Hafen ist eine kleine Bucht, die sich, in geringer Entfernung von der Nordseite der Station ins Land erstreckt. Hier konnten die Schiffe, geschützt gegen die Gewalt des Meeres, ankern und ruhig ihre Ladungen löschen, die entweder innerhalb der Mauern niedergelegt oder unmittelbar mit Kameelen nach dem Nil geführt wurden. Die Anhaüfung des beständig in die Bucht getriebenen Sandes hat dieselbe so seicht gemacht, daß selbst bei der Fluth kein Fahrzeüg darin schwimmen kann; dasselbe muß der Fall sein bei dem Hafen von Kosseir oder jedem anderen Hafen an dieser Küste (Plinius versichert uns, daß einst viele an dieser Seite des Meeres waren), wenn sie vernachläßigt werden; das Wasser in dieser Bucht ist indeß tiefer, als an irgend einem anderen Theile der Küste, und

[1] Nach Gibbon segelten sie zur Zeit des Winter-Solstitiums ab, und ihre Rückkehr war auf die Monate Dezember und Januar bestimmt; ‚die Hauptgegenstände des orientalischen Handels' fügt er hinzu, ‚waren glänzend und unbedeütend; Seide — ein Pfund derselben wurde an Werth nicht unter einem Pfunde Gold geschätzt, — Edelsteine und verschiedene Gewürze.'

[2] Obgleich ich nur eine Nacht dort blieb, so kehrte ich doch nach Guttar mit einer heftigen Dysenterie zurück. Ein Reisender, welcher diesen Ort besuchen will, sollte dies nicht später, als im Mai, nicht früher, als im Oktober thun, und selbst dann sollte er Chinarinde als Schutzmittel mitnehmen. Aber diese ganze Küste ist ungesund, und wie ich glaube, zu beiden Seiten des Golfs.

an einer Seite scheint eine Art von Kanal zu sein, wo die Hauptströmungen bei der Ebbe und Fluth ihren Lauf nehmen. An der Südseite springt eine Landspitze vor, die bei der Fluth eine Insel wird und den Eingang zu dem kreisförmigen Hafen gebildet zu haben scheint [1]. Wir fanden keine Überreste von Zisternen oder Brunnen. Was Fons Tadnos betrifft, so mußten wir sie auf der niedrigen Bergreihe, etwa drei bis vier Meilen entfernt, aufsuchen; — ein Wasserplatz ist hier noch vorhanden; aber das Wasser ist salzig, jedoch trinkbar für Kameele. Mox deserta ad Myos Hormon, sagt Plinius; und mit Recht kann dies von der ganzen Küste auf Meilen weit gesagt werden. Gegen Süden schweift das Auge über eine Ebene, auf der weder Pflanze noch Baum vorhanden ist, ausgenommen das buschige Saffaf [2], dicht am Rande des Wassers; eine Stelle an der Küste wird des Salzes wegen besucht, womit sie ganz bedeckt ist; Araber sowol als die Seefahrer des rothen Meeres sammeln es ein; die Stelle liegt den Saffagi oder Jaffatine Inseln fast gegenüber. Gegen SW. wird der Platz von der primitiven Gebirgskette El Memsayah begränzt, die in beträchtlicher Entfernung vom Meere steht; im W. und NW. nähert sich eine niedrige Reihe von Kalkbergen (welche sich etwas weiter nördlich mit einer ähnlichen primitiven Reihe vereinigt) bis auf vier Meilen dem Meere; und im Norden sieht man in der Entfernung den Berg Ez-zeït, so genannt wegen der Menge des dort vorkommenden Erdöles; von da ragen zwei kleine Vorgebirge vor, welche zwei Meerbusen bilden, an deren Eingang mehrere lange Sandbänke liegen. Kann dies nicht der ‚Mons Eos des Plinius, oder der *ὄρος ἐν πεδίῳ μιλτῶδες*‘ des Strabo und Agatharcides sein?

Strabo beschreibt drei Inseln, Myos Hormos gegenüber, zwei derselben (sagt er) waren dicht beschattet mit Olivenbaümen, die dritte weniger, aber voll von Meleagriden. Die Saffagi liegen nicht genau dem Hafen gegenüber; aber die große Insel Shadwan liegt grade im Angesicht desselben und mag vielleicht die ‚insula Lambe‘ des Plinius sein. Es wäre möglich, daß die von Strabo erwähnte Olive das Saffaf gewesen sei, denn es findet eine große Ähnlichkeit zwischen beiden Baümen Statt; und ich zweifle nicht, daß viel Öl aus der Beere des Saffaf gezogen werden könnte, die klein und grün ist. Die Araber bedienen sich des Holzes um Kohlen zum Schießpulver daraus zu brennen; die Verhältnisse sind ein Kantar Kohle, ein halbes Kantar Salpeter und vom Schwefel ein Rottle oder der hundert und fünfte Theil eines Kantar. Der Baum wächst im Meere oder dicht am Rande des Wassers. Er ist buschig, immergrün und erreicht zuweilen die Höhe von zehn

[1] (*Εἶτα Μυὸς ὅρμον . . . λιμένα μέγαν, τὸν εἴσπλουν ἔχοντα σκολιόν.* Strabo, pg. 769.) [2] Elaeagnus.

bis zwölf Fuß, auch erinnere ich mich nicht, ihn jemals mit einem einfachen Stamm gesehen zu haben.

Trotz der Unpäßlichkeit konnte ich diesen Bergen nicht Lebewohl sagen, ohne die Ruinen von Fatireh besucht zu haben. Eine gekrümmte Straße führte uns hinter den Bergrücken E'Memsayah zu dem Wasserplatze Sheïb-el-benat; auf dem Wege passirten wir den von Gezza, wo Salzwasser ist; das sich von ihm erstreckende Thal hat Überfluß an Seyale Baümen; nachdem wir fünf und zwanzig Minuten getrabt, erreichten wir jenseits desselben einen anderen, Moie-t-Uksayar genannt, da aber das Wasser dort nur für ein Jahr nach dem Regen bleibt, so war er jetzt trocken. Wir bemerkten mehrere Steinpfeiler, die eine alte Straße in dieser Richtung bezeichneten; in einiger Entfernung jenseits desselben ist Amkohleh[1], wo noch ein guter Vorrath von Wasser war; und etwa zwei Stunden weiter ist Sheïb-el-benat, wo auch noch etwas Wasser übrig geblieben war. Dieser Ort wird so genannt, weil er der Zufluchtsort zweier arabischer Mädchen war, die ihren Eltern entliefen und hier aufgefunden wurden.

Mai 29. — Thermometer bei Sonnen-Aufgang 66° F. (15°,1 R.), es war gewöhnlicher zu derselben Stunde 68° F. (16°,0 R.). Wir trafen wieder Steinhaufen, und unter ihnen einen, der die Grabstätte eines Arabers vom Maazy Stamm gewesen war, welcher hier von einem Trupp Ababde's erschlagen wurde; die Angreifer hatten, nach den Berichten unserer Araber (welche Maazy's waren) Ursache, ihr Verbrechen zu bereüen, denn kaum war es bekannt, als eine große Anzahl ihrer Gefährten sich nach den Wüsten der Ababde's begab, und achtzig der Beleidiger abschnitt, welche sie ermordeten, als eine Vergeltung für den Tod ihres Freündes. Viele wunderbare Thaten wurden von diesem Manne erzählt, der, wie es scheint, kein gewöhnlicher Karakter war, weder in seinen Thaten, noch in seiner Gestalt: man sagte, daß sein Blick stets Schrecken unter seinen Feinden verbreite, und daß er seinen Knebelbart hinter seinem Kopfe zusammenbinden könne. So sind die gewöhnlichen Erzählungen, welche die Araber aus früheren Tagen berichten. Aber da der Schauplatz der Handlung gemeiniglich in der Maazy-Wüste liegt, so würde es scheinen, daß sie immer der schwächere Stamm waren, wie sich's, bei Erneüerung der Feindseligkeiten, gewiß auch ausweisen würde. In der That scheinen die Ababde's, seit dem Streifzuge, der Veranlassung zu der Wiedervergeltung gab, zu dem äußersten Ende dieser Wüste vor-

[1] Kohhel wird von den Frauen und zuweilen auch von den Männern gebraucht, um die Ränder ihrer Augenlieder zu färben. Es giebt vier bis fünf verschiedene Arten, alle bestehen hauptsächlich aus Antimonium und alle dienen zu demselben Zweck. Vielleicht hat der Berg seinen Namen von dem Vorkommen des Antimoniums.

gedrungen zu sein und ohne Widerstand die Beûte weggeführt zu haben.

Djebel Kabrit (der Schwefelberg) liegt gegen W. oder SW. von Howasheea; und fünf Meilen jenseit desselben, in einer Ebene, ist ein Ort, Moggat-el-Halfat, oder die Station der Memmen genannt, von folgendem Umstand: einige Ababde's hatten viele Kameele und Beûte weggeführt, welche den Maazy vom Djebel Maksary [1], einem Berge irgendwo zwischen Kairo und Suez, gehörten, und zogen sich mit denselben bis an diesen Ort zurück, wo eine Partei Maazy's sie überfiel, ihnen den Raub abnahm und etwa vierzig tödtete.

Bei dem Grabe des Arabers ist ein Wasserplatz, Moie Rooayshid [2] nach ihm genannt; aber der Vorrath war hier jetzt auch erschöpft; eine Straße führt zu ihm die Schlucht hinauf und da sie durch große Steinhaufen [3] bezeichnet wird, so ist sie wahrscheinlich alt. Wir stiegen bald darauf in eine große Ebene hinab, an deren entgegengesetzter Seite Djebel Fatireh war. Am Ostende der Ebene [4] führt eine andere Straße zu dem Wasserplatze Amune Masser; nach seinem Namen, so sehr unähnlich denen neûeren Ursprungs, hofften wir, einige Überreste zu finden, aber wir wurden getaûscht. Das Wasser, welches in einem natürlichen Becken in dem Granitfelsen enthalten ist, ist vortrefflich.

Nachdem wir den Bergrücken Fatireh zurückgelegt hatten, erreichten wir zuletzt ein kleines Dorf, das zwanzig bis dreißig verfallene Hütten enthielt. Von da in OSO. Richtung ein anderes Thal aufwärts, erreichten wir die Ruinen einiger Haûser und einige große, unvollendete Saûlen lagen auf der Erde; sie waren von derselben Art von grauem Granit, der in allen Steinbrüchen dieses Berges vorkommt; die beiden größten waren neûn und zwanzig Fuß eilf Zoll lang, bei einem Durchmesser von drei Fuß vier Zoll, und die übrigen zwanzig Fuß drei Zoll lang, bei drei Fuß zwei Zoll im Durchmesser. Auch die Füße von mehreren lagen dort in verschiedenen Richtungen; an einem derselben entdeckten wir einige Buch-

[1] Vielleicht Djebel Massara, denn die Araber der Wüste sprechen nie einen Namen richtig aus. [2] Eine Corruption des ursprünglichen Namens Rashid. Wenn Jemand einen anderen fragt, welchen Weg er nach irgend einem Orte zu nehmen habe, und der andere nennt ihm einen guten und sicheren Weg, so heißt sein Wegweiser Rashid, weil (yoorshid-ile tareek) ‚er ihm den guten Weg zeigt;' der, welcher diesen Weg nach seiner Anweisung geht, wird Murshed; in diesem Sinne bezeichnet daher Rashid ‚einen guten Führer.' [3] Die heûtigen Araber begnügen sich damit, ihre Wege-Marken aus zwei oder drei Steinen zu bilden, oder sie stellen zuweilen einen einzelnen Stein auf einen Felsen an einem sichtbaren Theile der Schlucht.

[4] Im SSW. des Abhanges dieser Ebene ist ein anderer Wasserplatz, Djebel Euchdt genannt. Das Wasser war ausgetrocknet.

Buchstaben; und nachdem die Erde, welche sie fast bedeckte, hinweggeraümt wurde, fanden wir eine griechische Inschrift, die den Namen Ennius Priscus, eines Chiliarchen (Tribunen) von der zwei und zwanzigsten Legion, enthielt.

Bald nachdem wir diesen Ort verlassen hatten, erreichten wir eine sehr große Station, welche das alte Ὑδρευμα Τραϊανοῦ zu sein scheint; sie besteht aus einem großen Fort von der gewöhnlichen Art, fähig, eine große Anzahl Menschen zu fassen, vertheidigt durch Thürme und mit mehreren Zisternen versehen. An einer Seite ist eine beträchtliche Vergrößerung angebracht worden, aber wir suchten vergeblich nach irgend einer Inschrift, welche uns in Stand setzen könnte, die Zeit dieser Erweiterung zu bestimmen.

An ihrer Außenseite ist ein anderer ummauerter Platz, der zwei große Raüme enthält, die wahrscheinlich zur Aufnahme von Vieh oder Getreide bestimmt waren; jenseits derselben ist ein Brunnen. Außerhalb der Mauern ist ein erhabenes Seiten-Pflaster, welches wahrscheinlich nur wärend der Regenzeit benutzt wurde; und östlich von dem Fort sind Bäder und das Haus des Präfekten; erstere sind, mit einer Ausnahme, sämmtlich Dampfbäder, und, wie es gebraüchlich war, gewölbt, indem das Licht von oben einfiel, von wo eine Kette herabhing, um die Hitze des Zimmers zu reguliren [1]. Am Ende des mittleren Zimmers ist eine Nische. Die Badestuben sowol, als das Pflaster über ihnen sind vortrefflich und die Rauchfänge an den Seiten der Mauern haben sich bis auf den heütigen Tag erhalten. Über den Dampfbädern (Sudatoria) ist das warme Bad, wo wir nur ein kleines von Steinen gebautes und mit Stuckatur bekleidetes Becken fanden.

Hinter den Bädern ist ein runder Tempel, zu dem, von dem Fort aus, eine breite Straße führt. Oben auf einer großen Treppe an der Vorderseite stand ein Altar von grauem Granit (jetzt zerbrochen); an einer Seite desselben war folgende Inschrift:

> Anno XII. Imp(erante) Traïano Caesare Aug(usto) Germanico Dacico, per Sulpicium Simium praefectum Aeg(ypti).

Auf dem Platze umher liegen Kapitäler und Fußgestelle [2] unvollendeter Saülen; noch keiner der Schäfte ist hierher gebracht worden, obgleich zwei von den Fußgestellen gehörigen Orts auf der

[1] Vitruvius, lib. 5. c. 10. Mediumque lumen in hemispherio relinquatur, ex eoque clypeum aeneum catenis pendeat, per cujus reductiones et demissiones perficietur sudationis temperatura. [2] Bei einem oder zwei dieser Füße bildet der Block auch einen Theil des unteren Endes des Schaftes, welcher hier zwei Fuß, einen und einen halben Zoll im Durchmesser hat. Das Kapital hat einen Fuß sieben und einen halben Zoll Durchmesser und dieselbe Höhe.

Stufe oder dem Fundament des Portikus stehen, über den ohne Zweifel vier korinthische Saülen, mit einem Architrav, Fries und Gesims sich erheben sollten. Aber von diesen zusammengesetzten Theilen des Tempels ist das einzige Stück, welches zur Aufstellung fertig zu sein scheint, ein Architrav, welches gerade unter dem Platze liegt, und eine Zueignungs-Inschrift trägt, von der das Folgende eine Copie ist:

Ὑπὲρ σωτηρίας καὶ αἰωνίου νίκης αὐτοκράτορος Καίσαρος Τραϊανοῦ Ἀδριανοῦ σεβαστοῦ καὶ τοῦ σύμπαντος αὐτοῦ οἴκου καὶ τῆς ὑπ' αὐτοῦ ἐπιταγέντων ἔργων ἐπιτυχίας. Διῒ Ἡλίῳ μεγάλῳ Σαράπιδι καὶ τοῖς συννάοις θεοῖς τὸν ναὸν καὶ τὰ ἐπὶ τὸν ναὸν πάντα, Ἐπαφρόδιτος δοῦλος Σειγηριανὸς μισθωτὴς τῶν μετάλλων, κατεσκεύασεν ἐπὶ Ραμμίῳ Μαρτιάλι ἐπάρχῳ Αἰγύπτου· ἐπιτρόπου τῶν μετάλλων Χρησίμου Σεβαστοῦ ἀπελευθέρου ὄντος πρὸς τοῖς τοῦ Κλαυδιανοῦ ἔργοις, Αουΐτου χιλιάρχου σπείρης πρώτης Φλαουΐας Κιλίκων ἱππικῆς. Β (Ἔτει δευτέρῳ) αὐτοκράτορος Καίσαρος Τραϊανοῦ Ἀδριανοῦ, φαρμοῦθη κη̄ (28).

Nachdem man durch den beabsichtigten Portikus gekommen ist, führen drei Thüren in ein Zimmer, in welchem entweder Saülen oder Pfeiler standen oder hatten stehen sollen; in der Mitte ist ein verfallener Altar, auf welchem wir, nachdem der ihn fast ganz bedeckende Schutt weggeraümt war, folgende Inschrift fanden:

Annius Rufus Leg XV Apollinaris praepositus ab optimo Traiano operi marmorum Monte Claudiano v(otum) s(olvit) l(ibenti) a(nimo).

Der Altar, welcher fast ein Quadrat bildet, war nie vollendet, ausgenommen an der Seite der Inschrift.

An der rechten Seite, wenn man in das Zimmer tritt, ist ein anderes Gemach mit einer Nische, hinter welcher eine doppelte Mauer, und in dem Zwischenraum gerade Platz genug ist, daß ein Mann bequem stehen kann. Diesem Gemache gegenüber ist ein anderes, welches auch einen geheimen Ausgang hinter der Mauer hat; und zwischen zwei Treppen, welche von dem Platze dahin führen, ist ein einzelnes rundes Kabinet, von den Mauern gestützt. Es ist sonst nichts Merkwürdiges in diesem Gebaüde, außer zahlreichen Nischen an verschiedenen Theilen der Mauern und an einer Stelle eine Sonne und Schlangen von römischer Arbeit. Die Zimmer waren gewölbt und mit Stukkaturarbeit versehen, so daß, wie es scheint, nur noch der Portikus hinzuzufügen war, als die Werke des Mons Claudianus verlassen wurden. Dieser Name wurde wahrscheinlich von irgend einem Präfekten unter der Regierung Trajans entlehnt, nicht vom Kaiser Claudius, da in diesem Falle der Name Mons Claudius gewesen sein würde. Ich bin geneigt zu glauben, daß diese Steinbrüche nur unter den Regierungen des Trajan und Adrian bearbeitet wurden.

In der Stadt waren die Haüser mit zerbrochenen Bechern nnd Vasen angefüllt, und an einigen befanden sich griechische Buchstaben und Devisen verschiedener Art. Nahe am Thorwege (im Innern) war ein Altar, den wir nur mit Mühe aus dem Boden herauszugraben vermochten, und der zu unserem größten Bedauern keine Inschrift hatte; in der Nähe desselben war ein in Gestalt eines Kelchs ausgehöhlter Stein.

In einem der Haüser fanden wir etwas, das ich für die Console eines Tisches halte; in anderen Mörser; und bei einem war ein großer roher Granitblock wie zum Wasser ausgehöhlt; in einem anderen sahen wir eine unvollendete Sphinx, von hartem Schiefer (dem schwarzen Stein des Ptolemäus) und bei derselben einen sehr zierlichen kleinen, dem Sarapis geweihten, Altar. Der obere Theil ist ausgehöhlt in Form einer Mulde oder eines länglichen Beckens, zwei und einen halben Zoll tief und am Boden zwei und fünfachtel Zoll breit. Er ist von dem grauen Granit der Steinbrüche, gleich dem großen Altar vor dem Tempel. In einer der Straßen liegt ein Granitblock mit dem Worte *Κραμβυς* bezeichnet.

Wir fanden sehr wenig Muschelschaalen, aber eine große Menge Glas, von dem einiges sehr zierlich geschliffen war; und zwei kleine Flaschen von dickem grünen Glase, die ich für Tintenfässer halte. Auch fanden wir einige kleine Kelche von Terra cotta in der Nähe des Tempels.

Im NW. der Bäder und des Tempels sind Steinbrüche, wo ich große Blöcke bemerkte mit den Zeichen PDXXXII, PDXXXIIII, PDXbIIII, vielleicht die Anfangsbuchstaben von dem Namen des Arbeiters und die Zahl der Steine, welche er gebrochen hatte. In der Nähe derselben ist ein Felsen, unter dessen Schutz zwei mit Stuck. verzierte Wasserbehälter sich befinden, welche wahrscheinlich für die in diesem Steinbruche arbeitenden Leute bestimmt waren, wie es bei den zur Ausgrabung der Alterthümer im Nilthale gemietheten Fellahs noch gebraüchlich ist. In den obern Arbeitsstellen sah man einen runden Block von zehn Fuß, einen und einen halben Zoll im Durchmesser, mit einem vorspringenden Theil an einer Seite, welcher die Ergänzung eines anderen Fußes bildete; seine Höhe betrug drei Fuß und er hatte die Gestalt eines rohen Kapitäls. Nahe dabei war ein anderes von ähnlichen Dimensionen. In diesem Steinbruch befand sich auch eine mit Stuckatur. geschmückte Zisterne; in der That hatten alle Steinbrüche kleine Becken oder Zisternen, die in Felsen ausgehauen oder von Stein gebaut und später mit Stukkatur versehen worden waren. Die Steinbrüche sind sehr ausgedehnt und mehrere bequeme Straßen führen durch sie hin, obgleich nicht so zahlreich und schön, wie die von Djebel Dokhan. Sowol in den Steinbrüchen, als unten im Thale bemerkten wir viele große Blöcke, anscheinend zu Kapitälern bestimmt; einer derselben war rund, zehn Fuß zwei Zoll im Durchmesser und vier Fuß zwei Zoll hoch; — darüber liegt eine Saüle, acht Fuß im Durchmesser und zwanzig Fuß lang, außer, was vom Boden bedeckt ist. Nahe dabei ist eine andere von gleicher Größe, aber mehr bedeckt. Herr Burton sah zwei Saülen, neün und fünfzig Fuß drei Zoll lang und acht Fuß sechs Zoll im Durchmesser, ganz vollendet, außer daß noch ein oder zwei Stücke des Steines, ähnlich den Schildzapfen einer Kanone, für die Taue zur Fortschaffung der Saülen, übrig waren; die anderen waren durch irgend einen Zufall zerbrochen und einige Stücke waren zu anderen Zwecken zerschnitten. Eine andere Saüle liegt in der Ebene, der Schaft derselben ist sechs und zwanzig Fuß, sieben und einen halben Zoll und jeder Saülenkranz einen Fuß lang; der Kranz am Fußgestell hat vier Fuß zwei Zoll im Durchmesser. Nahe dabei ist ein runder Block, vielleicht zu einem Kapitäl bestimmt, acht Fuß sieben Zoll im Durchmesser und vier Fuß vier Zoll hoch; ein anderer hat sechs Fuß sechs Zoll Durchmesser und vier Fuß sechs Zoll Höhe; einer neün Fuß ein und einen halben Zoll im Durchmesser und vier Fuß vier und einen halben Zoll Höhe; ein anderer Block liegt auf einer der Straßen, die zu den Steinbrüchen auf dem Berge führen, ist siebenzehn Fuß lang und hat etwa acht Fuß im Durchmesser; er war einst viel länger, aber beim Herabbringen zerbrochen; andere Stücke von zehn und einem halben Fuß und etwas kürzer; — einige kleinere liegen in der Nähe, ohne Zweifel Theile eines und desselben [1]. Viele der großen Blöcke sind auf kleine Steine gelegt, wodurch ihre Lage, nach Gefallen des Arbeiters leicht zu verändern war. Sie standen gewöhnlich auf einer Bettung, etwas erhaben über der Ebene oder der Straße, von der sie, nach ihrer Vollendung, leicht auf Schlitten oder Walzen herabzubringen waren. Ich zeichnete zwei so aufgestellte, die acht und einen halben Fuß im Durchmesser hatten. Das Gebaüde, für welche diese großen Saülen bestimmt waren, konnte nicht von gewöhnlichen Dimensionen sein, da die Saüle, mit Einschluß des Fußes und Kapitäls, nicht kürzer als acht und sechszig Fuß sein konnte; fügt man hierzu ein Architrav, Fries und Karnies von siebenzehn Fuß, so würde die Höhe, ohne das Gesims, sich bis auf fünf und achtzig Fuß vermehren.

[1] Zu Sheikh Seïd, etwas südlich von den Ruinen von Antinoe, am Nil, fand ich einen Block, — bestimmt, wie es schien, zu einem Kapitäl, — der vierzehn Fuß im Durchmesser hatte und sechs Fuß neün Zoll hoch war; aber dieser war von Kalkstein, dagegen die zu Fatireh von hartem Granit.

Waren die Saülen zugerichtet, so wurden sie nach dem Nil geschafft; geschah dies auf dem graden Wege nach Koptos, so betrug die Entfernung über sechszig Meilen; verfolgte man aber die Straße von Dokhan, welches, wegen der großen Bequemlichkeit der Stationen, der wahrscheinlichere Weg war, so war die Entfernung beträchtlich größer. Es ist kaum möglich, daß eine Saüle von diesen Steinbrüchen in weniger als einem Jahre nach Rom gelangen konnte.

In geringer Entfernung westlich von der Stadt oder dem Fort, ist ein langer Raum, dessen Dach einst auf von Steinen erbauten Pfeilern ruhte; er war vielleicht zu einem Stall für die Lastthiere bestimmt. Indem wir das Thal etwas weiter abwärts gingen, bogen wir zu unserer Linken in ein anderes, durch welches die alte Straße nach Kosseir lief. Wir erreichten bald die erste Station, welche zu beiden Seiten des Bettes eines kleinen Bergstromes erbaut ist. An einer Seite, auf einem erhöhten Damm, steht eine Festung oder befestigte Stadt, vertheidigt durch Thürme, mit denen ein Platz verbunden ist, welcher eine große Zisterne enthält; — eine andere kleinere ist außerhalb der Mauern, bei welcher sich Tröge zum Gebrauch für die Kameele und andere Thiere befinden. In keinem dieser Forts habe ich mehr, als ein Thor gesehen, ausgenommen zu Myos Hormos; auch können sie nicht als regelmäßige römische hibernacula oder als beständige Militair-Stationen betrachtet werden, sondern nur als Festungen oder befestigte Städte. Jenseits dieser sahen wir die gewöhnlichen Wege-Marken, welche mit großer Sorgfalt auf den Höhen errichtet waren. Die Entfernung von hier bis Kosseir, ist, nach den Arabern, folgende:

Von Fatireh nach Kreimousif	1½ Tage, oder, in Wirklichkeit nur 13 bis 14 Stunden; — hier ist Wasser und eine alte Station.
— — — Ankeil	1½ Tage; — Wasser.
— — — Ambagi ...	0 — 5 Stunden; — Wasser.
— — — Kosseir ...	0 — 2 —
	3 Tage 7 Stunden.

Aber diese Entfernung ist, wie gewöhnlich, bedeütend vergrößert; die ganze Reise von Guttar nach Kosseir möchte in drei Tagen mit Leichtigkeit zu vollenden sein, da von Guttar nach Fatireh nur eine sehr kurze Tagereise ist. Hinter Ankeil ist Djebel Siga, wo Ruinen im Gebirge sein sollen, und mehrere alte Straßen führen durch den Wadi gleiches Namens, der, wie ich glaube, sich bis ans Meer erstreckt; ich bin der Meinung, daß die Entfernung von Ankeil nach Kosseir in der Wirklichkeit nicht mehr als achtzehn bis zwanzig Meilen, oder etwa vier Dromedar-Stunden, beträgt.

Nach unserer Rückkehr nach Guttar nahm ich Abschied von Hrn. Burton und begab mich nach Keneh, auf der alten Straße von Dokhan nach Koptos. An dem Wadi Guttar, da, wo die Straße das Thal durchschneidet, ist eine kleine Station, wo ich eine Mulde bemerkte, die wahrscheinlich zu einer Zisterne gehörte, welche durch den Bergstrom zerstört war, der die östliche Mauer der Station und fast jede Spur der gewöhnlich außerhalb dieser Forts befindlichen Gebaüde weggeführt hatte. Die Richtung der Straße ist noch sichtbar an den Steinpfeilern, die auf den Höhen oder an der Seite der Straße errichtet wurden. Drei und eine halbe Stunde Trab brachten uns zu der dritten Station, wo wir zuerst einen der von Strabo beschriebenen großen Brunnen sahen: er nimmt etwa ein Viertel des Forts ein und bot, ohne Zweifel, einst einen reichlichen Vorrath an Wasser dar. Bei der Abnahme dieses Vorrathes wurde wahrscheinlich ein anderer Brunnen abgeteüft, den man an der Seite sieht und der das Ansehen einer späteren Entstehung hat; von ihm führte ein Kanal zu einer Zisterne, aber der größere Theil desselben ist jetzt zerstört. Die außeren Mauern dieses Platzes sind von den gewöhnlichen rohen Steinen gebaut, die mit Mörtel verbunden sind; die Thürme sind von rohen Ziegelsteinen; die an den Seiten des Thores hatten, wie gewöhnlich, Treppen, und enthielten ein oberes Zimmer, das an jeder Seite ein gewölbtes Fenster hatte; die anderen scheinen nur zur Verstärkung der Mauern gebaut worden zu sein, und eher Strebepfeiler, als Thürme. Die Mauern der Haüser sind von rohen Ziegelsteinen, über einem Fundament von Stein erbaut: die Dächer waren augenscheinlich gewölbt; eins derselben ist noch vorhanden. Bei dem Brunnen ist ein Thurm von rohen Ziegelsteinen, der gedient haben mag, Wasser zu erheben. An der Nordseite ist ein ummauerter Raum, der vielleicht die durchgehenden Ladungen aufnahm und die Menschen und Kameele beherbergte. In der Südost-Ecke befinden sich Tröge, die aus der Zisterne gefüllt wurden, von der das Wasser wahrscheinlich durch Stangen und Eimer oder Körbe erhoben wurde, wie es noch bei den Fellahs in Ägypten Gebrauch ist.

Wir hatten jetzt den hohen Berg E'Memfayah weit zur Linken gelassen; und unsere Straße führte an den niedrigen Rändern der primitiven Kette hin, die wir endlich verließen und kamen in eine große Ebene, an der einen Seite begränzt durch das primitive, an der anderen durch das secundäre Gebirge, das sich bis an den Nil ausdehnt; vor uns lagen andere secundäre Berge, nach denen wir unseren Weg richteten. Die größte Breite der Ebene, das ist, zwischen der westlichen secundären und der höheren primitiven Kette beträgt etwa vierzig Meilen. Die erstere dieser Ketten heißt, in diesem Theile, Djebel Abouselebbe, nach Aussage der Araber, so genannt, weil sie gutes Wasser enthält, das in einem Becken im Felsen aufbewahrt wird, welches so tief ist, daß sie sich eines ‚Selebbe' oder Seiles bedienen müssen, um es zu schöpfen. Gegenüber und im Südosten von diesem ist ein anderer kleiner gleichfalls secundärer Berg, Eggeer genannt; zwischen diesen beiden endigt die Ebene oder wird wenigstens schmaler. Am Ende einiger niedriger Berge, welche den östlichen und südöstlichen Rand des Djebel Abouselebbe bilden, stand die zweite Station, auf der Straße von Keneh nach Dokhan, von den Arabern ‚Saghi' oder ‚das Wasserrad' genannt, ohne Zweifel von großen, noch vorhandenen Brunnen, aus denen das Wasser wahrscheinlich durch Räder erhoben wurde. Einer der Brunnen ist von ungewöhnlicher Größe und in den Felsen abgeteüft, aber zum Theil angefüllt mit verfallenem Mauerwerk, Schutt, und Erde, welche der Regen hineingespült hat; an seinem Rande sind Tröge, eine Zisterne, und ein gepflasterter Kanal, in dem das Regenwasser von dem Hofe oder ummauerten Raum, worin er stand ablief. Dieser ist auf drei Seiten von einem künstlichen Wall umgeben, dessen Thor aus behauenen Steinen erbaut ist. An der Westseite steht das Fort und im Norden desselben ist ein anderer Brunnen, unter dem der Raum ist, welcher die Magazine oder die Herbergen enthielt.

Da wir, wegen der schlechten Beschaffenheit unserer Schlaüche, großen Mangel an Wasser litten, so schickten wir, um neün ein halb Uhr Morgens zwei schnelle Kameele nach dem Nil ab, mit dem Befehl, so schnell als möglich zurückzukehren und uns auf der Straße entgegenzukommen.

In der Abendkühle des 9ten Juli begaben wir uns nach der ersten Station, von den Arabern Alt Keneh genannt, welches wir, in langsamem Schritt, in vier und einer halben Stunde erreichten. Eine kleine Stunde von da passirten wir die Ruinen von vier oder fünf Haüsern, dicht bei zwei Straßen-Marken; sie sind vielleicht die Überreste irgend eines Diversoriums. Alt Keneh ist eine alte Station am Fuße eines kleinen Berges auf dessen Gipfel ein anderes Fort stand. Das obere enthält keine Haüser, aber das untere ist, wie gewöhnlich in Zimmer getheilt, und hat den, seinen Mauern gewöhnlich angebauten, ummauerten Raum für Magazine oder Herbergen. Außerhalb sind Tröge und eine kleine Zisterne. Nichts kann abgeschmackter sein als der Name, welchen die Araber diesen Ruinen gegeben haben, die eine Station an einer alten Straße nach Keneh waren, und von dem wirklichen Coene oder dem alten Keneh, welches in der Nähe der heütigen Stadt lag, wenigstens fünf und dreißig Meilen entfernt waren. Ein gut bewaldetes Thal laüft von diesem nach der großen, offenen und pflanzenleeren Ebene von Keneh.

Am nächsten Morgen, den 10ten Juli, brachen wir etwas vor sechs Uhr auf und trafen die Wasser-Kameele auf ihrer Rückkehr vom Nil. Da wir den Schlaüchen nicht völlig trauten, so hatten wir uns mit einigen Flaschen voll Wasser versehen, welche noch unberührt geblieben waren und ein hinreichender Vorrath bis zu unserer Ankunft in Keneh gewesen sein würden, aber unsere Dromedare hatten seit drei Tagen nicht einen Tropfen Wasser gekostet, was in dieser Jahreszeit und bei ununterbrochener Reise mehr für sie ist, als ein doppelter Zeitraum im Winter. Im letzten Theile des Aprils hatten sie einst sechs Tage ohne zu trinken zugebracht, und waren so wenig ermattet, daß sie fünf und zwanzig Meilen zu dem Wasser machten ohne ermüdet zu sein. Wir gaben jedem derselben einen halben großen Schlauch, oder etwa vierzig Pinten, welches, obgleich eine kleine Quantität für ein durstiges Kameel, hinreichend war, sich von ihrer Erschöpfung zu erholen.

Wir verließen die alte Koptos Straße und setzten unseren Weg in beinah südlicher Richtung nach den Palmbaümen von Keneh fort, wo, nach einem so langen Aufenthalte in der Wüste, alles neü und anmuthig erschien. Reife Wassermelonen waren im Überfluß und ein allgemeines Grün umgab uns; aber nichts war so auffallend, als der Überfluß und die Nachläßigkeit, womit das Wasser schien verschwendet zu werden, ein Artikel, den wir als den köstlichsten Theil unseres Proviants bewacht hatten. Der Nil hatte schon begonnen zu steigen und versprach aufs Neüe eine reiche Erndte, welche nur ein kräftigeres Volk und eine bessere Regierung verlangt, um doppelt ergiebig zu sein.

XVII. — Bericht über eine Expedition auf dem Zambezi nach Senna, ausgeführt durch drei Offiziere von Sr. Maj. Schiff Leven, wärend der Aufnahme der Ostküste von Afrika im Jahre 1823. Nach den Materialien mitgetheilt von Kapitain W. F. W. Owen, v. d. K. M. Gelesen am 11ten Juni 1832.

Die Partei bestand aus dem Lieutenant Browne, dem Midshipman Hrn. Forbes, und dem Assistenz-Wundarzt Hrn. Kilpatrick, die zwei Schwerze zur Bedienung hatten, von denen einer aus dem Schiffswerfte am Kap war, wo er, nach seiner Befreiung aus einem Sklavenschiffe, in die Lehre gegeben wurde; der andere ein

Freier, der portugiesisch sprach und deshalb angeworben war. Der Zweck der Expedition bestand in der Erforschung des Zambezi.

Am Abend des 23sten Juli verließen die Reisenden Quilimane, unter den Zurufungen und guten Wünschen der Mannschaft zweier Boote des Leven, welche zu der Zeit dort vor Anker lagen. Das Kanoe, worin sie sich befanden, war von der größten Art und fähig, acht bis zehn Tonnen zu tragen. Es wurde vom Gouverneur von Quilimane besorgt und stand unter dem Befehl eines schwarzen Subaltern-Officiers, der beordert war, die Partei zu begleiten. Am 24. bei Tages-Anbruch, passirten sie den kleinen Fluß Masave, der sich von der Nordseite her vereinigt. Der Quilimane behielt noch dieselbe Breite, wie der Stadt gegenüber (eine Meile) und das sumpfige Ansehen der Ufer war noch vorherrschend, mit Mangobäumen[1] bis zum niedrigsten Wasserstande. Zuweilen zeigten sich Hippopotamen und die Bäume zu beiden Seiten waren mit Wasservögeln bedeckt, von denen sie, im Laufe des Tages, vier Stück schossen. Um Mittag landeten sie an der Südseite des Flusses bei dem Dorfe Marangane (Lieutenant Browne nennt dies Dorf Nusongo, — Antonio, Tschingoalla, — Adonis, Millambahney, — und Hr. Forbes, Marangane), wo sie angewiesen waren, von dem Gouverneur von Quilimane, dem dieser Ort gehörte, Erfrischungen zu fordern. Indeß bestand Alles, was sie erhalten konnten, in zwei Stück Federvieh und einigen Orangen von außerordentlichem Wohlgeschmack. Marangane ist etwa acht Meilen von Quilimane entfernt und weitläufig gebaut auf einem Theile des Bodens, der über dem allgemeinen Wasserpaß des umliegenden Landes, einige Fuß erhaben ist. Es wird nur von Sklaven bewohnt, die einen Landstrich in der Nähe für ihren Herren bebauen, theils um sich selbst und theils die ihrer Brüder, welche in den Depots für die brasilischen Märkte zusammengebracht werden, zu versorgen. Im Kontraste mit dem düsteren Ansehen der mit Mangobäumen bedeckten Sümpfe ringsherum erschien selbst das armselige Marangane, wegen seiner hervorragenden Lage, pittoresk, unter ausgedehnten Wäldern von Kokospalmen und Orangenbäumen. Hr. Forbes sammelte einige schöne Pflanzen und schoß verschiedene Vögel, hauptsächlich von der Gattung der Eisvögel[2]. Nachdem sie Marangane verlassen hatten, kamen sie zu mehreren Inseln; bei zwei derselben, Massaney und Tinlong (nach Lieutenant Browne) fuhren sie vorläufig vorüber, um zu der großen, Concevo oder Conrevo, zu gelangen. Doch hatte diese, obgleich als groß bezeichnet, nur eine Meile Länge. Sie war sehr flach und dicht mit Mangobäumen bedeckt, und zahlreiche Vögel vom Geschlecht der Wasserhühner besuchten ihre Ufer um sich von den Würmern, mit deren Löchern, so wie

[1] Rhizophora mangle. [2] Alcedo.

mit denen der kleinen Landkrabben, ihre schlammigen Ufer durchlöchert sind, zu nähren. Bald, nachdem sie die Insel passirt hatten, erreichten die Reisenden ein kleines Dorf in dem Distrikte Eloba, wo sie kurze Zeit verweilten. Es ist am nördlichen Ufer etwa zweihundert Yards vom Flusse, auf einem trocknen, sandigen Theile des Bodens erbaut, nur zugänglich auf einem Hippopotamus-Pfade durch das hohe Rohr des zwischenliegenden Sumpfes. An dieser Stelle war das Ufer ganz frei von Baümen, eben so die Gegend im Nordosten, so weit das Auge reichte. Nachdem sie dies Dorf verlassen hatten, gingen sie bald darauf vor Anker, um zu übernachten, und setzten am Morgen des 26sten ihre Reise weiter fort. Eine Heerde wilder Büffel weidete am Flußufer, aber, aufgeschreckt durch die Annäherung des Bootes, zogen sie sich, ehe sie innerhalb eines Büchsenschusses gekommen waren, in größter Furcht, aus dem geringen Schutz, welcher ihnen das zerstreüte Dickicht gewährte, in den anstoßenden Wald znrück. Bald nachher passirten die Reisenden zwei kleine Inseln, Copson und Covello genannt; jenseits derselben verengte sich der Fluß bis auf etwa dreihundert Faden und etwas weiter hin noch weit mehr. Die Stärke der Ebbe hielt sie eine kurze Zeit bei dem kleinen Dorfe Muna auf; nach derselben fuhren sie weiter, passirten eine lange Sandbank und das Dorf Tschumbasac, wo der Fluß kaum ein Zehntheil einer Meile breit war. Um zehn Uhr Abends passirten sie auch die Insel Cotscha, die mit prächtigen Baümen bedeckt und von dem Hauptlande durch einen schmalen seichten Arm getrennt ist. Der Kanal hatte jetzt eine so geringe Breite, daß er an einigen Stellen kaum zwanzig Yards querüber maaß, und die Tiefe seines Wassers betrug nicht mehr als acht Fuß; aber die Ufer nahmen ein weit gefälligeres Ansehen an, besonders das linke, welches hoch und dick bewaldet ist. Sie setzten ihren langweiligen Weg bis bald nach Mitternacht fort, wo angehalten und bei dem Dorfe Antari am linken Ufer vor Anker gegangen wurde. Von dieser Zeit an bis zum Nachmittag des 28sten als man Boca de Rio erreichte, ging es durch einen vollkommenen Archipelagus von kleinen Inseln, zwischen denen die Kanäle so seicht waren, daß selbst die drei kleinen Kanoes, welche die Reisenden mit ihrem Gepäck am letzten Tage bestiegen hatten, nicht höher hinauf vordringen konnten. An dieser Stelle war der Fluß nicht mehr als zwanzig oder dreißig Yards breit; und die Entfernung von Quilimane beträgt nach den verschiedenen Stromkrümmungen berechnet, sieben und vierzig Meilen, in gerader Linie aber nur zwei und dreißig Meilen in WSW. Richtung. Die Breite des Stromes in der nassen Jahreszeit ist viel größer. Das Wasser war vollkommen süß, aber schmutzig und sehr mit zersetzten Pflanzenstoffen angefüllt. Boca de Rio ist ein kleines Dorf und sein einheimischer Name, nach Lieut. Browne, Munbush, aber nach

Adonis und Antonio (den schwarzen Dienern) Maccombush, welcher letztere wahrscheinlich richtiger ist, da er mit dem Namen des Oberhauptes desselben übereinstimmt, welcher, nach einem fast allgemeinen Gebrauche in dem Lande, den Namen des Dorfes oder Distriktes, den er beherrscht, annimmt. Maccombush war ein großer, starker Mann, der gelaüfig portugiesisch sprach. Die Partei begab sich mit ihrem Gepäck nach seiner Wohnung, und schlug daselbst für zwei Tage ihr Quartier auf, wärend welcher Zeit die H. H. Forbes und Kilpatrick eine große und interessante Vermehrung ihrer Sammlungen von Pflanzen und Vögeln erhielten, indeß Hr. Browne sich mit Zeichnen und astronomischen Beobachtungen beschäftigte.

Da die Jahreszeit ihr weiteres Vordringen zu Wasser unmöglich machte, so waren sie genöthigt, um den Fluß oberhalb der Untiefen zu erreichen, einige Meilen zu Lande zu reisen. Demgemäß verließen die Reisenden, am 30sten Nachmittags, Boca de Rio, nachdem sie von Maccombush mit Palankins und Ingebornen, versehen worden waren, um ihr Gepäck zu tragen. Das Land, durch das sie kamen, war flach, aber trocken, gut angebaut und reich an Dörfern. Zuweilen kamen sie an den Fluß, dessen Breite an einigen Stellen nur sechszehn Fuß betrug, mit hohen Ufern in einiger Entfernung an jeder Seite, welche den Fluthen der nassen Jahreszeit zur Gränze dienen. Am 2. August, Nachmittags erreichten sie das Haus des Pasco Mariano, eines Ingebornen von Kannara, welcher sie auf die gütigste gastfreündlichste Art empfing. Der Morgen des 3. brach an in aller Schönheit eines wolkenlosen Himmels, und obschon eine tiefe Windstille herrschte, so war doch die Luft nicht schwer und drückend, sondern angenehm und erfrischend. Unsere Reisenden hatten, seit ihrer Abreise von Quilimane, sich keiner so guten nächtlichen Bequemlichkeit erfreüt, so daß Lieutenant Browne der einzige war, welcher sich entschließen konnte, sein Lager zu verlassen, um das gewöhnliche Morgenbad in dem Flusse zu nehmen, welches jetzt der Zambezi war, gerade da, wo er sich theilt, und einerseits den schönen Fluß Luabo, andrerseits den Arm bildet, welchen sie heraufgekommen waren und der mit dem Quilimane zusammenhangt. Als Hr. Browne im Begriff stand, sich ins Wasser zu stürzen, wurde er durch das laute Rufen seines gütigen alten Wirthes zurückgehalten, welcher in großer Angst um seine Sicherheit herbeigelaufen kam, und ihm berichtete, daß er sich nicht in den Strom wagen solle, da derselbe voll von Alligatoren wäre, die vor Kurzem einen Sohn der Doña Pascoa, einer Dame, an welche die Partei einen Empfehlungsbrief hatte, verschlungen habe. An diesem Tage fühlte sich Hr. Forbes zuerst so unwohl, daß er, nachdem Hr. Browne seiner kleinen Versammlung die Gebete vorgelesen hatte, unfähig war, diesen Herrn und Herrn Kilpatrick auf einem langen Spaziergange, den sie an die Ufer des Flusses und in dessen Nachbarschaft gegen Westen machten, zu begleiten. Wo das Land unter Kulturstand, da war es hauptsächlich mit Erbsen und anderen Arten von Hülsenfrüchten besäet; aber wo es unangebaut lag, da war es mit einem langen, groben Grase bedeckt. Das Dorf, worin Pasco Mariano lebt, ist weitlaüfig und besteht aus etwa vierzig Hütten, deren jede, im Durchschnitt, fünf Menschen enthalten möchte. Mariano's Wohnung ist, wegen ihrer Größe, ein ins Auge fallender Gegenstand unter den übrigen. Sie ist, nach der Landessitte, von Bambusstäben und Gras erbaut, und von weiten Einzaünungen umgeben, die Ochsen, Schaafe, Ziegen, Gänse, Enten und anderes Geflügel enthalten. Der Fluß windet sich majestätisch zwischen steilem mehr als zwanzig Fuß hohem Ufer, das, wärend der Regenzeit, welche vom November bis März dauert, überfluthet wird; Meilen weit steht dann das Land unter Wasser und der tiefe Kanal nimmt eine Breite von einer und einer halben Meile an. Dennoch fahren oft, ungeachtet der Schnelligkeit der Strömung, Boote aufwärts, indem sie die verminderte Stärke derselben über dem überschwemmten Lande benutzen. Mehrere Ströme zweigen sich von dem Luabo ab, deren einer das Land zwischen diesem Flusse und dem Quilimane durchschneidet und bei einem, Melambey genannten Orte, sich ins Meer ergießt. Der Luabo ist, auf seinem Laufe zum Meere, durch Sand verstopft, dessen Vorkommen sogar im Zambezi auf der Höhe von Maruro, in jeder Richtung sichtbar war.

Mariano hat den Rang eines Obersten der Miliz und etwa hundert mit Feüergewehren bewaffnete Ingeborne unter seinem Befehl. Er ist, nach der Sitte des Landes, auch Kaufmann, und treibt einen ausgedehnten Handel mit Elfenbein und Goldstaub. Seine Tage vergehen alle auf eine unveränderte Weise, und das Tagebuch eines einzigen würde für alle übrigen hinreichen. Er stand früh auf und vertrieb sich die Zeit auf dem Balkon bis zur Frühstückszeit mit dem Rauchen mehrerer Caroten, einer Art kleiner Cigarren, die von langgeschnittenem Tabak gemacht und in Bananen-Blättern aufgerollt sind, was ihnen einen eigenthümlichen und für die Raucher angenehmen Wohlgeruch giebt. Um acht Uhr frühstückte er, beschäftigte sich dann unter seinen Leüten, verschlief die Mittagsstunde und speiste um zwei Uhr, wo dann der Tisch unter einem Überfluß von Speisen seüfzte, die auf sehr verschiedene Weise zubereitet waren, wobei der Portwein im Allgemeinen einen Hauptbestandtheil bildete. Nachdem die Mahlzeit beendigt war und er eine andere Carote geraucht hatte, begab sich der alte Herr noch ein Mal zur Ruhe und stand nicht eher wieder auf, als bis ihn die Kühle des Abends hervorlockte, um, in einen Mantel gehüllt, die Frische der Luft zu genießen. Um neün Uhr aß er zu Abend und bald darauf ging er zu Bett.

Am Abend des vierten hatte Hr. Forbes, der sich ziemlich wohl zu befinden schien, einen heftigen Rückfall und mußte zur Ader gelassen werden. Oberst Mariano tadelte indeß diese Behandlung sehr, und empfahl statt derselben die, welche er immer bei seinen eigenen Leüten befolgte, nämlich, durch alle nur mögliche Mittel eine übermäßige Ausdünstung hervorzubringen, und Reißwasser in Menge zu trinken. Aber Hr. Kilpatrick wollte diesem nicht beipflichten, indem er als seinen Grund angab, daß eine eüropäische Constitution eine Behandlungsweise erfordere, die sehr verschieden sei von der, welche bei einer an das Klima gewöhnten befolgt werden müsse.

Obgleich das Bett des Flusses sandig ist, so ist doch der Boden in der Nähe von ganz andrer Beschaffenheit. Um Maruro ist das Land vollkommen eben; und in der Nachbarschaft der Wohnung und des Dorfes des Obersten ist es drei bis vier Meilen weit nach allen Richtungen angebaut, vorzüglich mit dem schon angeführten langen Grase, welches, ehe es völlig reif ist, ausgezogen, getrocknet, in einem großen hölzernen Mörser gestoßen und dann zwischen zwei rohen Steinen gemahlen wird; der eine Stein liegt auf der Erde, und hat einen Korb unter sich zur Aufnahme des Mehles und den andern setzt man oben mit der Hand in Bewegung. Das Mehl wird zur Suppe gebraucht und gewöhnlich mit Fischen gegessen, die von der größten Art und vorzüglichsten Beschaffenheit im Flusse in Menge vorhanden sind. Je weiter unsere Reisenden von der Küste vordrangen, um so mehr bemerkten sie, daß die Ingebornen in ihrem Ansehen sich veredelten. Zu Maruro waren viele muskelhaft, stark und schön proportionirt; besonders waren die Diener des Obersten vollkommene Modelle der menschlichen Gestalt. Mit Ausnahme eines Stückes Zeüg um den Leib, das nur eben für den Zweck des Anstandes hinreicht, gehen sie nackt. Einige haben ihre Bärte geschoren, andere nur zum Theil, aber viele gar nicht. In letzterem Falle wird das Haar (denn es ist bemerkenswerth, daß sie kein Wollhaar haben) lang, ist zierlich geflochten, hangt in dünnen Zöpfen herab und giebt dem Gesicht ein wildes und grausames Ansehen; hierin gleichen sie den Bewohnern von Madagaskar, deren Haar weder Wolle noch Haar ist, und, im Allgemeinen, völlig gleich getragen wird. Das weibliche Geschlecht ist von kleiner Gestalt und bemerkenswerth ist es, daß im Allgemeinen nur Weiber von einem gewissen Alter oder Mädchen gesehen wurden. Mit Ausnahme der oben erwähnten Kultur-Stellen ist das Land um Maruro mit langem rankendem Grase, Binsen und Bambus bedeckt, einem Dickicht, zwischen denen sich ausgedehnte Sümpfe hinziehen. Furchtbar müssen in der That die stinkenden Ausdünstungen sein, welche wärend der unerträglich heißen Regenzeit aus diesen aufsteigen und die Atmosphäre anfüllen! Selbst den Inwohnern ist dann die Luft merklich schädlich und drückend und unseren Reisenden war, ungeachtet der kühlen Temperatur in den Abendstunden, wenn sie die schmalen Fußsteige entlang gingen, welche durch das Gras und Bambus, das weit über ihre Köpfe wuchs, gebahnt waren, die Empfindung der Beengung höchst drückend. Unter den wenigen Baumarten, welche bemerkt wurden, bildeten zwei verschiedene Palmen-Species den größten Antheil; sie waren über die unbegränzte Ebene verbreitet, aber so abgesondert und gering an Zahl, daß sie kaum die Einförmigkeit der Aussicht unterbrachen.

Am Abend des 5. war Hr. Forbes sehr krank; nachdem er aber eine gute Nacht zugebracht hatte, fühlte er sich am Morgen so gestärkt, daß er fähig war, die Reise nach Tschapongah, dem Wohnorte der Doña Pascoa, zu unternehmen. Das Kanoe, worin er sich einschiffte, war für ihn eigends besser und bequemer ausgerüstet und hatte oben einen Baldachin von Binsen und darunter ein gut eingerichtetes Lager. Vor der Abreise setzte der gastfreie alte Freünd unserer Reisenden ihnen ein Frühstück vor; dann hatte er auch eine fertig gekochte Mahlzeit für sie bereiten lassen, damit sie unterweges zu essen hätten; außerdem rüstete er sie mit Wein und einem großen Vorrath an Geflügel und Reiß aus; und beschloß so eine Reihe unverminderter Gefälligkeiten durch eine vorsorgliche Aufmerksamkeit auf die zukünftige Bequemlichkeit seiner Gäste. Er bat sie, sich in Acht zu nehmen, belud sie mit guten Wünschen für ihren Erfolg und lange nachdem sie das Ufer verlassen hatten, fuhr er fort, zum Lebewohl mit seinem Taschentuche zu wehen und sie dem Schutz des Allmächtigen zu empfehlen.

Ungeachtet der großen Breite des Flusses war das Fahrwasser eng und wand sich zwischen ausgedehnten, oft trocken liegenden Sandhegern. Die Strömung, welche an diesen vorüber rauscht, ist so heftig, daß es einem Boote nur in dem Gegenstrome möglich ist stromauf zu fahren, wenn es nicht gezogen wird; und auf diese Weise kamen Hr. Browne und seine Partei im Durchschnitt etwa anderthalb Meile in der Stunde vorwärts. Viele von den Sandbänken waren fast zwanzig Fuß hoch, dennoch hatten sie das Ansehen, daß sie in der Regenzeit überschwemmt würden. Die Ufer des Flusses waren meistens mit Binsen und langem Grase begränzt, hin und wieder eine einsame Palme. Die Tiefe des Wassers wechselte beträchtlich; an einigen Stellen betrug sie mehr als zwei Faden, und an anderen kaum so viel Fuß. Als der Abend hereinbrach, kam die Partei zu Tschapongah, der Wohnung der Doña Pascoa de Almeyda an, welche sie an der Halle ihres Hauses aufs Freündlichste willkommen hieß.

Am nächsten Morgen, den 7. stand Hr. Browne früh auf und vertrieb sich die Zeit mit Herumstreifen in der Nähe des Hauses der Doña. Dies war von erträglicher Bauart, bestand aus einem Stockwerke und war auf einem Abhange nahe dem Flusse erbaut; das Land umher ist gereinigt und angebaut, mit Ausnahme eines kleinen Fleckes, wo vier oder fünf Baüme von gigantischer Größe bestimmt waren unberührt zu bleiben, der größte hatte über sechszig Fuß im Umfange. Hinter ihnen war ein beträchtlich großes Dorf und jenseit desselben wieder ein kleiner Hügel mit Baümen bedeckt, die nach Erzählung der Inwohner, ihnen Schutz gewähren gegen die unzähligen Löwen, Tiger, Elephanten u. s. w. deren verwüstende Unerschrockenheit sie durch manchfaltige Erzählungen verherrlichen. Im Osten war ein Wäldchen von Mangobaümen, unter deren Schatten mehrere große Kanoes aufbewahrt wurden; eins derselben, aus einem einzigen Baume ausgehöhlt, hatte fünfzig Fuß Länge, vier Fuß Tiefe und fünf Fuß Breite.

Die Niederlassung der Doña war in einem weit prachtvolleren Maaßstabe, als die von Mariano, und der Aufwand, der bei den Mahlzeiten herrschte, in jeder Hinsicht kostbar: massive silberne Geräthe, mancherlei Weine, und zahlreiche Gerichte, auf die verschiedenste Weise zubereitet, bedeckten den Tisch. Die Doña treibt Handel und wurde für die reichste Person in der Kolonie gehalten. Ihr Hauptagent ist ein Bengale [1], der mit indischen und europäischen Waaren herum reist und dagegen von den Ingebornen Gold, Elfenbein und Sklaven eintauscht.

Hr. Browne hatte viel von einem See gehört, der in einiger Entfernung südwärts von Tschapongah liegt; um ihn zu besichtigen, reiste er am Morgen des 8ten in seinem Matschilak (einem Bette oder vielmehr einer Hangematte, die an einen Stab gebunden und von Sklaven getragen wird) mit Hr. Kilpatrick, gegen den Rath der Doña ab, welche fürchtete, sie möchten den Angriffen der wilden Thiere im Walde ausgesetzt sein. Ihr Weg führte zuerst über einen sanften Abhang und dann längs einer ausgedehnten, mit Wald bedeckten Ebene; sie konnten daher nichts sehen, als eine Aufeinanderfolge von Baümen, aber schon diese allein reichten hin, Bewunderung zu erregen, nicht allein wegen der großen Verschiedenheit ihres Laubes, sondern auch des schönen Anblicks halber, den die Schlingpflanzen darboten, indem sie in die Höhe steigen und von den Zweigen in Festons von Baum zu Baum herabhangen. Ein zweistündiger, schneller Marsch brachte sie zu dem See; es ist eine große Wasserfläche, die etwa drei Meilen im Umfange hat, auf allen Seiten von einem dichten und fast undurchdringlichen

[1] Längs der ganzen Ostküste von Afrika sind die Haupthandelsleüte und Handels-Agenten ebenfalls Indier. — W. F. W. O.

Walde umgeben ist. Die Hippopotamen sonnten sich in großer Zahl auf den schlammigen Ufern, begaben sich aber sogleich ins Wasser, aus dem sie sich nachher nur zuweilen erhoben um zu athmen; man bemerkte keine Schlingen oder Gruben sie zu fangen, aber Hr. Browne erfuhr, daß die Ingebornen sie entweder mit Flinten, deren sie viele haben oder mit Assagayen, in Menge tödteten, wenn sie unbesorgt durch den Wald gehen, dessen Ausdehnung nicht weniger als sechs Meilen beträgt. Vor der Rückkehr nach Hause spazierten unsere beiden Reisenden eine Zeit lang in der Nähe des Sees herum und kamen bei zwei oder drei von Holzhauern bewohnten Dörfern vorbei, scheuchten ein Rudel Hirsche auf und schossen einige Vögel. Dona Pascoa ist Gouvernante des Distrikts, wofür sie jährlich dem Könige sechs und achtzig spanische Thaler zahlt, außer verschiedenen Ausgaben, welche bei der Verwaltung vorkommen. Sie hat keine anderen Soldaten als die aus ingebornen Negern gebildete Miliz, aber man sagt, daß sie, wenn es erforderlich wäre, mit Leichtigkeit in acht Tagen von Sofola Unterstützung erhalten könne. Von der Ausdehnung ihres Gebietes kann man sich einen Begriff machen durch die zu einer Reise nach seiner südwestlichen Gränze nöthige Zeit. Dort verschaffen sie sich die Bäume, aus denen die ungemein großen Kanoes gehauen werden, und um sie zu diesem Zwecke auf Walzen nach dem Flusse zu bringen, ist, bei fünf Meilen täglich, die Arbeit eines Monats erforderlich. Diese Bäume bringen der Doña einen beträchtlichen Gewinn; aber ihr Wohlstand würde sehr zunehmen, wenn es ihr erlaubt wäre, zwei kürzlich auf ihrem Gebiete entdeckte Goldminen zu bearbeiten, von denen sie eine Probe, etwa eine Viertel Unze schwer, dem Lieut. Browne schenkte. Jeder Ansäßige entrichtet ihr Abgaben in Natura, bestehend in gelbem Wachs, Geflügel, Mehl, Pflanzen-Ölen, Reiß u. s. w., aber bis zu welchem Belauf, wurde nicht bestimmt. Obgleich sie dafür galt, den anderen portugiesischen oder kreolischen Damen in der Kolonie weit überlegen zu sein, so war sie doch gewaltig unwissend.

Das Fieber an dem Hr. Forbes litt, zeigte sich in seinen Wirkungen sehr verschieden; — zuweilen hielt er sich für schnell geheilt, aber zu anderen Zeiten bekam er einen so heftigen Rückfall, daß man nur geringe Erwartung hegte, er könne noch den nächsten Tag überleben. Am 11ten fühlte er sich indeß so wohl, daß er den lebhaften Wunsch ausdrückte, die Reise nach Senna fortzusetzen; demgemäß wurden zwei Kanoes ausgerüstet, von denen das größere vorzügliche Bequemlichkeit für ihn darbot. Die Partei verließ Tschapongah, begleitet von den guten Wünschen ihrer gütigen Wirthin, der Hr. Kilpatrick bei der Trennung verschiedene medizinische Vorschriften hinterließ, die in einem so verborgenen Theile der Welt von nicht geringem Werthe sind. Die Doña erwiederte

wiederte diese Artigkeit sofort mit einem kleinen Zeichen der Erinnerung für jeden und einem großen Vorrath von Proviant aller Art auf die Reise.

Der Fluß war beinahe eine Meile breit, das Fahrwasser aber fast ganz mit Sand verstopft, und obgleich die Ufer zuweilen aus Felsen bestanden und sich zwanzig Fuß senkrecht über das Wasser erhoben, so zeigte doch die bedeûtende Ablagerung von abgestorbenem Rohr und angeschwemmten Baumstämmen offenbar, daß sie wärend der Regenzeit überfluthet werden. Zuweilen erschien die Nordseite mit Palmen und anderen Baûmen bedeckt; und so wie die Reisenden weiter stiegen, hatten sie eine Aussicht auf die malerischen und entfernten Berge von Yemale, was auch durch seine Neûheit angenehm und interessant war, besonders aber weil sich damit die Idee eines günstigeren Klima verbinden ließ. Der Morgen des 12. war ungewöhnlich feucht und kühl, und das Thermometer, welches nie zuvor unter 70° F. (16°, 9 R.) gestanden hatte, fiel auf 62° F. (13°, 3 R.) Hr. Forbes ward von diesem Wechsel sichtbar angegriffen und seine Gefährten fingen an zu bedauern, daß sie ihn nicht zu Tschaponga gelassen hatten. Nachmittags speisten sie, nach erhaltener Einladung, bei einem Mulatten, der an der Nordseite wohnt [1], bei dessen Hause sie eine Gesellschaft herumziehender Schauspieler fanden, die mehrere theatralische Darstellungen und Gaukeleien zum Besten gaben. Die Verfolgung eines Mannes durch einen Löwen bildete einen Theil der Unterhaltung. Die letztere Rolle wurde durch einen Ingebornen dargestellt, der auf das Fürchterlichste mit einer scheûßlichen Maske und einem Fell bekleidet war. Der Plan war folgender: — Der Mann erreicht nach langem Laufen einen Baum, ersteigt ihn und sucht sich in den Zweigen zu verbergen, wärend der Löwe, nach mehreren ungeschickten Versuchen, ihn durch Springen zu erreichen, sich auf die Erde legt und sein Herabsteigen bewacht; der Mann ruft laut um Hülfe; ein Jäger nähert sich vorsichtig, der Löwe wird getödtet und die Vorstellung endigt mit lautem Frohlocken über den Tod des Unthiers und die erfolgte Rettung seines bestimmten Schlachtopfers. Drei Trommeln bildeten das Orchester.

Hr. Browne beschreibt in seinem Tagebuche die Sitten seiner Bootsleûte ungefähr mit folgenden Worten: — Sobald die Zelte zur Nacht aufgeschlagen waren, nahmen sie die Stangen, womit sie zuweilen das Boot fortbewegten, steckten sie, gegen die Richtung des Windes in die Erde, befestigten Matten zwischen sie und bildeten so einen Schirm, um sich gegen die scharfe Kälte des Nachtwindes

[1] Dies ist höchst wahrscheinlich ein Irrthum, da die Nordseite des Flusses von Wilden besetzt ist, die gegen die Portugiesen feindlich gesinnt sind. — W. F. W. O.

zu schützen. Unter diesem Schutz, den eine etwas schiefe Ebene bildete, wurde ein Feüer angezündet, um das sie sich in verschiedenen Stellungen drängten, um sich für die Nacht durchzuwärmen; dann nahmen sie glühende Asche in ihre Hände, ohne dem Anschein nach eine andere Empfindung davon zu haben, als die einer angenehmen Wärme. Wärend sie ihr Abendessen von Suppengras in kleinen irdenen Töpfen kochten, saßen sie dicht am Feüer in der besten Laune, laut in ihrer Unterhaltung und Freüde und gewährten einen höchst anziehend Anblick von zufriedener Heiterkeit unter so gleichgültigen Umständen: in der That bot das kleine Lager, von seiner Errichtung bis Mitternacht eine fortwärende Scene von Freüde und Fröhlichkeit dar, welche Lieut. Browne, wärend der Beobachtungen der Sterne, oft betrachtete, indem er sich zugleich der Neüheit und der angenehmen Wirkung auf seine Gefühle erfreüte. Die Art dieses Volkes zu schlafen, ist außerordentlich. Jeder hat einen großen Sack, in den er, so bald er Neigung zum Schlafe spürt, sich einhüllt, und es zeigte sich oft die spaßhafte Scene daß zwei Säcke in ernster Unterhaltung mit einander waren, ohne daß irgend eine Bewegung ihren lebenden Inhalt angezeigt hätte. Dieses Mittel eignet sich vortrefflich, um den belästigenden Stichen der Moskitos zu entgehen. Die Schläfrigkeit des Subalternen, der, nachdem er oft eilf Stunden wärend der Nacht geschlafen hatte, doch noch am Vormittag zu schlummern fortfuhr, war der eines erbärmlichen Wesens von halb portugiesischer, halb malayischer Abkunft gleich, das die Reisenden bei einem kleinen Dorfe vor ihrer Ankunft zu Maruro antrafen. Dieser Mensch, der kaum Lumpen zur Bedeckung seiner Blöße hatte, war, um unseren Reisenden einen Begriff von seiner Wichtigkeit zu geben, eifrig bemüht, ihrem Gedächtnisse einzuprägen, daß er nicht arbeite, sondern den ganzen Tag schlafe, indem er die Neger sein Geschäft, welches im Einsalzen der Fische bestand, verrichten ließ.

An der Nordseite der Flußufer begann das Land sich zu den oben erwähnten Bergen, Yemale genannt, zu erheben, der höchste war nicht unter achthundert Fuß hoch, theilweise bewaldet und hat ein sehr stattliches Ansehen. Das Gebiet auf dieser Seite ist, bis Maruro hinab, ausschließlich im Besitz der freien Schwarzen und steht durchaus nicht unter der Gerichtsbarkeit der Portugiesen, deren Besitzungen gänzlich auf die Südseite beschränkt sind. Das Volk ist kriegerisch und oft in Streit mit den Portugiesen. Einige sind mit Flinten, andere mit Assagayen oder mit Bogen und Pfeilen bewaffnet.

Am 15ten als die Partei diese Berge von Yemale passirte, erschienen die von Mirambole (wahrscheinlich Morumbola) in einer großen Masse gegen Nordwest streichend: ihre Höhe wurde auf zwei bis dreitausend Fuß geschätzt. Es ist unnöthig, den Bericht des langsamen Stromauffahrens für jeden einzelnen Tag speciell anzuführen, besonders weil weder das allgemeine Ansehen des Flusses sich veränderte, noch auch irgend etwas Bemerkenswerthes vorfiel, bis am Morgen des 16ten Hr. Forbes seinen Geist aufgab. Der Tod dieses verdienter Weise geachteten jungen Mannes war ein harter Schlag für die Überlebenden, denn außer den Diensten, welche er, wegen seiner Talente und Beharrlichkeit der Expedition zu leisten fähig war, besaß er ein äußerst sanftes und verträgliches Gemüth; und das traurige Ende seiner Krankheit konnte nur einen trüben Eindruck auf die Gemüther derjenigen hervorbringen, die ihn überlebten. Als sie noch eine Tagereise von Senna entfernt waren, wurde ein Bote zu Lande nach diesem Orte geschickt, um einen Sarg zu bestellen und Vorbereitungen zur Beerdigung des Verstorbenen zu treffen. Seit einigen Tagen zeigten sich im Flusse sehr viele Alligatoren, die oft, zu fünfzig und mehr, auf den Sandbänken sich sonnend, bemerkt wurden; in der Nacht hörte man gewöhnlich auch das Gebrüll der wilden Thiere in den Wäldern, vorzüglich von Löwen, welche, wie man erzählte, in großer Zahl vorhanden waren. Die Nacht, welche dem Ableben des Hrn. Forbes folgte, brachte der Partei nur wenig Schlaf, denn außer den traurigen Gedanken, die sie nicht verbannen konnten, wurden sie von Myriaden von Moskitos angegriffen und froren wegen der Feuchtigkeit der Luft, welche durch die am vorhergehenden Tage gefallenen starken Regen bewirkt war.

Sieben Uhr war schon vorbei, als die Reisenden am nächsten Abend Senna erreichten. Nach der Landung wurden sie zur Wohnung des Kommandanten geführt, wo sie, da er nicht zu Hause war, etwa eine halbe Stunde warteten, dem Anstaunen einer Schaar Mulatten und Kanaraer, die sich zur Befriedigung ihrer Neugier versammelt hatten, ausgesetzt. Endlich, als die Geduld der Reisenden fast erschöpft war, entbot man sie zum Kommandanten, nach dem Hause des einzigen Priesters der Stadt, der mit ihm zusammen nur einen Tisch führt. Der Contrast zwischen beiden war auffallend: der Priester, anscheinend ein Europäer, hatte einen widrigen, schlauen Ausdruck in den Gesichtszügen, wärend der Kommandant, bei seiner dunkleren Tinte der inheimischen Farbe, einen gütigen Blick und gefällige Sitten zeigte. Lieut. Browne setzte dem Kommandanten über den Zweck der Expedition in Kenntniß, der, nachdem er ihn angehört hatte, unsern Reisenden eine Wohnung anwies und die Einwilligung gab, sie am nächsten Tage bei sich zu empfangen, um die Briefe und Pässe zu lesen, mit denen sie, Behufs der Verfolgung ihrer Reise durch die portugiesischen Besitzungen, sich versehen hatten. Das Haus, welches der Partei zugetheilt war, hatte ein kürzlich verstorbener Offizier von hohem Range besessen; es war von der größten Art, was den Aufenthalt darin, und weil es auch völlig ausgeraumt gelassen war, sehr unbehaglich machte; außerdem hatte es einen höchst unangenehmen Geruch, der bis zuletzt ihren beständigen Versuchen, ihn durch Pulver-Raucherungen zu überwinden, Trotz bot. Am nächsten Morgen begaben sie sich nach der Kirche, die Begräbniß-Feierlichkeit am Grabe ihres abgeschiedenen Gefährten zu vollziehen, dessen Leichnam, weil er sehr in Verwesung übergangen war, in der Nacht hatte beerdigt werden müssen; und bei ihrer Rückkehr waren sie froh, die traurige Natur ihrer Gedanken durch einen Spaziergang in den Umgebungen der Stadt lindern zu können. Sie richteten ihre Schritte nach einer kleinen Erd-Redoute, mit zwei kleinen Feldstücken besetzt, der einzigen Befestigung dieser Art zu Senna, darauf kamen sie durch einen Haufen von Hütten, beträchtlich an Zahl, aber keineswegs mehr so, wie die zu Quilimane. Hier waren zehn Haüser, worin Portugiesen wohnten, doch umfaßten sie, so unbeträchtlich auch diese Zahl ist, Alles, was irgend einen eúropäischen Anstrich hat. Die Haüser waren sehr groß und glichen denen zu Quilimane. Unsere Landsleúte gingen über die Ebene, auf der die Stadt, mitten in einem Walde von Tamarinden, Mangoa, und Kokospalmen steht, und richteten ihre Schritte nach zwei kleinen Hügeln, die sich in geringer Entfernung im Hintergrunde erhoben. Als sie fortfuhren, einen derselben zu ersteigen, wurde die grobsandige Beschaffenheit des Bodens durch die Felsbildung des Berges ersetzt; es war eine Art Schiefer, vermischt mit kleinen Sandsteinstücken. Von dem etwa hundert und fünfzig Fuß über der Ebene erhabenen Gipfel, breitete sich eine weite Aussicht aus, welche die Haüser und Hütten von Senna umfaßte, wie diese zwischen schmutzigen, stehenden Sümpfen liegen, — ein eben so großer Beweis für die Ungesundheit des Ortes, als für die Trägheit und Faulheit der Bewohner. Der Fluß windet sich, so weit das Auge ihn erkennen kann, majestätisch durch die Ebene; Sandbänke erfüllen sein Bette, das von der reißenden Sommer-Strömung in engen Kanälen durchfurcht wird. Gegen Nordost zeigt das Land ein gebirgiges Ansehen, wärend es gegen Südosten flach ist mit Ausnahme von zwei oder drei kleinen Bergen, die demjenigen ähnlich sind, auf welchem sie standen: diese, so wie das niedrige Land, waren mit einer verbrannten Vegetation und Baúmen von verkrüppeltem Wuchse bedeckt.

Indem wir jetzt die Reisenden auf eine kurze Zeit verlassen, geben wir eine Nachricht über die Stadt und Provinz Senna, so gut, als die gesammelten Materialien es gestatten; das wichtigste unter ihnen ist ein Manuskript von Señor Terão, Gouverneur des Distrikts von Rios de Senna, einem vielversprechenden jungen Manne, der bald nachdem er dies Memoir im Jahre 1810 geschrieben hatte, von einem seiner eigenen Offiziere ermordet wurde.

Die Kapitania von Rios de Senna wird im Osten vom Meere

begränzt; im Süden durch die Berge von Sofala, und westwärts gehen ihre Gränzen durch die Königreiche Quiteve und Barue und umfassen die Länder zwischen dem Reiche von Monomotapa [1] und dem Zambezi. Im Norden ist der Zambezi die Hauptgränze, nur die Provinz Quilimane an der Küste, liegt jenseits des Flusses. Das Ganze ist zwischen Lat. 15° und 20° S. und Long. 27° und 37° O. von London eingeschlossen, und enthält, nach einer unbestimmten Berechnung, etwa dreitausend sechshundert Quadratmeilen Flächeninhalt.

Die Bevölkerung besteht aus drei Klassen, nämlich: — 1) Weiße und freie Mulatten, welche Abgaben zahlen; — 2) Sklaven; — 3) Freie, größtentheils auf den Ländereien angesiedelte, Neger. Es sind nur sehr wenige Angaben vorhanden, wonach man die Zahl einer jeden Klasse berechnen kann, aber im Jahre 1806 nahm man an, daß die erste Klasse fünfhundert nicht übersteige; nach den Kirchenlisten belief sich die Zahl der Geburten bei der ersten Klasse im Jahre vorher auf sechs und dreißig, — die Gestorbenen auf zwei und dreißig, — und die Ehen auf sechs. Die Zahl der in demselben Jahre aufgezeichneten Sklaven war 21827, wovon indeß 10867 als abwesend, betrachtet wurden oder mit anderen Worten, sie waren entflohen und suchten eine Zuflucht bei den freien schwarzen Stämmen in der Nachbarschaft. Von der dritten Klasse, den freien Negern, war es unmöglich, irgend eine Schätzung zu geben, obgleich sie für zahlreicher gehalten werden, als die beiden anderen zusammen genommen. Ihre Menge verändert sich, je nachdem Kriege unter den benachbarten Stämmen sie zusammendrängen, oder, im Gegentheil, der Hunger sie vertreibt; da sie, dem größten Theile nach, nur so lange Ansiedler sind, als es ihnen gefällt; doch liefert diese Bewohnerklasse beständig freiwillige Arbeitsleute, welches, in Verbindung mit der Trägheit der europäischen Ansiedler, dazu beiträgt, die Gleichgültigkeit hervorzubringen, womit das Entlaufen der Haussklaven betrachtet wird.

In der Provinz ist die Herrschaft der Portugiesen stark befestigt, obgleich mit den angränzenden Stämmen oft Krieg geführt werden muß; dabei sind die Sklaven und freien Neger gelehrig und treu, in einem Grade, daß es unsere Reisenden scheint überrascht zu haben. Nichts ist indeß mehr zu beklagen, als die Trägheit, Unwissenheit und Unempfindlichkeit, worin Alle auf gleiche Weise versunken sind, — der Ursachen, welche diese Wirkung hervorbringen, lasse sich gar manche aufzählen. Das Land ist so über-

[1] Die Nachrichten weichen hinsichts der Gränzen, welche dem Reiche Monomotapa angewiesen werden, so sehr ab, daß es unmöglich ist, aus ihnen ein festes Resultat abzuleiten; gegenwärtig scheint es nur eine geographische Abtheilung zu sein, die von einander unabhangige Länder umfaßt. — W. F. W. O.

schwenglich fruchtbar, daß ein sehr geringer Aufwand von Arbeit hinreicht, alle Bedürfnisse zu befriedigen. Die Landgüter sind so groß, daß aus ihrem Anbau kein Vortheil gezogen wird. Der Ackerbau ist daher so vernachläßigt, daß selbst Hungersnoth in den entfernten Distrikten haüfig ist. Die Hauptbeschäftigung ist der Handel mit den benachbarten Stämmen um Sklaven, Elfenbein, Goldstaub, und selbst haüfig Lebensmittel. Die Priester, durch Geschenke bezahlt, verrichten dann und wann eine Menge aberglaübiger Ceremonien, und sind gegen jeden Versuch, ihre Heerde zu unterrichten über die Maßen argwöhnisch. Einer aus ihrer Mitte, welcher eine Schule zu Tette eröffnete, wurde deshalb von seinem Oberen abgesetzt und entfernt.

Die Stadt Senna ist schon beschrieben; ihre Lage ist in Lat. 17° 30′ S., Long. 35° 38′ 8″ O. von Greenwich (33° 17′ 53″ O. Paris) nach Lieut. Browne's Beobachtungen. Sie ist die Hauptstadt der ganzen Provinz, obgleich geringer an Ausdehnung, als Quilimane, und steht sowol in Hinsicht der gesunden Lage, als der Thätigkeit der Bevölkerung unter Tette, welches sechszig Seemeilen weiter aufwärts liegen soll. Außer diesen drei Städten giebt es noch andere Stationen, als Manica, Chicori, Zumbo u. s. w., letztere soll eine Insel im Zambezi sein, achtzig große Seemeilen oberhalb Senna. Die ganze Beschiffung des Flusses wird auf dreihundert Seemeilen bestimmt, aber dies ist wahrscheinlich übertrieben. Viele beträchtliche Flüsse fließen in denselben an verschiedenen Punkten seines Laufes, einer von ihnen, der Shirry, wurde von unseren Reisenden unterhalb Senna gesehen und ist, wie man sagt, tief und kann mit Booten dreißig Tagereisen aufwärts befahren werden. Seine Strömung war da, wo er sich mit dem Zambezi vereinigt, sehr reißend.

Die natürlichen Produkte des Landes sind von aller tropischen Manchfaltigkeit; aber die angebauten sind gering an der Zahl, nämlich: Reiß, Weizen, Zuckerrohr, Baumwolle, Hirse, Taback, Hülsenfrüchte oder Gartengewächse, und einige Arzneipflanzen, worunter Ricinus und andere ölige Pflanzen, Euphorbia, Rhabarber, Jalap und Senna die vorzüglichsten sind. Eine Varietät der Baumwolle von dunkler Scharlachfarbe wird erwähnt, aber ob diese Färbung ihr natürlich ist, oder durch Krankheit veranlaßt wird, ist unbekannt. Indigo wächst wild als ein gewöhnliches Unkraut. Die Gegenstände, welche den Handel des Landes bilden, gehören hauptsächlich dem Thier- und Mineralreiche an, nämlich: Hippopotamus-Zähne und Öl [1], Stoßzähne des Elephanten, Rhinozeros-Hörner, Ti-

[1] Wahrscheinlich ausgezogen für medizinische Zwecke, sonst würde die geringe Menge, welche das Thier liefern könnte, wenn es überhaupt etwas giebt, nicht die Mühe, es zu verschaffen, belohnen: — aber ich glaube eher, daß es ein Irrthum ist. — W. F. W. O.

gerfelle, Honig und Wachs, Goldstaub (hauptsächlich von Quiteve, Manica, Majizuros, Abutica, Zumbo, Mesconga und Mano, und konnte in jeder Quantität aus den Kronländern gezogen werden), Kupfer, Eisen, Salpeter und gewöhnliches Salz. Das Kupfer wird vorzüglich aus den Provinzen Zumbo, Mongas und Cazembe; das Eisen aus dem Distrikt Senna und durch Handel von den Maraves, die auch sehr geschickt in Verarbeitung desselben sind, bezogen; Salz und Salpeter kommen überall vor.

Der auswärtige Handel der Provinz ist, ungeachtet seiner manchfachen Vortheile, sehr unbedeütend; und da es folglich nicht ein Mal ein Zollhaus zu Quilimane giebt, so muß jeder Ein- und Ausfuhrartikel durch Mozambique gehen. Im Jahre 1808 betrug der ganze Werth der Ausfuhr 1,090,420 Cruzados, die folgendermaßen vertheilt waren: — Gold 100,000; Elfenbein 525,000; Sklaven 192,000; Reiß 112,000; Weizen 61,420; Vermischtes 100,000. (Der Werth von 1000 Cruzados wechselt von 35 bis 50 Pfd. Sterling). Die Einfuhr wärend desselben Jahres war: —

Gefärbte Baumwolle (jeder Ballen enthält 400 Stücke, und jedes Stück 31 Yards)	611	Ballen
Glaskorallen	50	Fässer
Wein	61	—
Brantwein	10	—
—	16	Gefäße
Zucker	34	Ctr.
Zuckerkand	6	Zober
Annaida-fogo, oder Feüer-Ringe	270	
Schießpulver	33	Ctr.
Seife	8	—
Pökelfleisch	8	Fässer
Butter	8	—
Gesalzene Fische	9	—
Zinn	8	Ctr.
Pech	4	—
Getreide	29	Säckel
Lavendel	2	Bündel
Töpferwaare	1	Kiste
Glaswaaren	2	—
Thee	8	Büchsen
Chokolade	6	Packete
Kaffee	8	Ballen
Wohlriechendes Öl	7	Fäßchen
Öl	6	Tonnen.

Viele von diesen eingeführten Gegenstände sollten wahrlich ausgeführt werden; und trotz aller Trägheit der Inwohner ist es kaum denkbar, daß in ihren inheimischen Erzeügnissen Mangel eintreten könnte.

Die Einkünfte der Provinz sind erstlich die auf dem Ausfuhrhandel haftenden und zu Mozambique zu zahlenden Zölle, welche zu ihrem Vortheil angelegt werden; und zweitens, die Revenüen, welche aus den Lehnsgeldern und den von den Kron-Ländereien zu entrichtenden Zehnten entspringen. Wegen der beschränkten Ausdehnung des Ausfuhr-Handels ist der Belauf der ersteren begreiflich nur unbedeütend; — der Ertrag der zweiten ist für das Jahr 1808 in Señor Ferao's Memoir folgender Maßen bestimmt:

	Cruzados.
48 Krongüter im Distrikt von Tette, welche an Lehnsgeldern und Zehnten entrichteten	708,522½
6 Schatzkammer-Güter, desgleichen	56,077½
27 Krongüter im Distrikt von Senna	1,527,917½
4 Schatzkammer-Güter daselbst	97,375
13 Krongüter im Distrikt von Quilimane	421,441½
2 Schatzkammer-Güter daselbst	88,666
Im Ganzen	2,900,000

oder etwa 1,200,000 Pfund Sterling. Pachtungen von Kron-Ländereien können nur für drei Generationen gegeben werden, und müssen nach dem Gesetze auf die Frauen übergehen, welche geborene Portugiesen zu heirathen verpflichtet sind. Und daher kam es, daß Doña Pascoa, die gütige und freigebige Wirthin unserer Partei, die Wittwe eines nur vor Kurzem gestorbenen Offiziers von hohem Range war, von dem sie aber mehrere Jahre getrennt gelebt hatte.

Im Jahre 1808 betrug die in der Provinz unterhaltene, regelmäßige portugiesische Macht nur zwei hundert vier und siebenzig Mann, von denen 72 die Garnison von Quilimane, 49 die von Senna, 94 die von Tette, 37 die von Zumbo und 12 von Manica bildeten. Die relative Lage der letzteren Örter ist nur aus dem Bericht der Portugiesen zu Senna und Quilimane bekannt; das Ganze der hiedurch erhaltenen Nachrichten ist Folgendes:

Tette liegt, wie schon bemerkt, sechszig Seemeilen jenseit Senna, aber die zur Vollendung der Reise nöthige Zeit ist sehr verschieden, da die Schnelligkeit der Strömung im Flusse, welche immer schwierig zu überwinden ist, durch die Regen im Innern so vermehrt wird, daß die Reisenden in ihren Kanoes oft zwei bis drei Tage aufgehalten werden, ohne vordringen zu können: sechs Wochen nennen sie eine gute Reise. Die Stadt wird als Senna und Quilimane an Größe übertreffend, beschrieben, und sie ist nicht gleich diesen an einer niedrigen, sumpfigen Stelle erbaut, sondern in einem hohen, bergigen Distrikte, wo der Zambezi unten vorbeifließt; daher die Berühmtheit ihrer Gesundheit und schönen, malerischen Landschaft. Das umliegende Land ist außerst fruchtbar, doch oft in einem leidenden Zustande, und zuweilen durch den unruhigen und zänkischem Karakter der umgebenden Stämme der Moizas und Maraves fast in eine Wüstenei verwandelt; indem letztere beinahe immer mit den Portugiesen im Kriege leben.

Das Dorf Chicora soll fünfzehn Tagereisen jenseit Tette, und Zumbo fünf weiter liegen; Manica wird zu acht Tagemärschen von Sofala gerechnet, von dort wieder acht Tagereisen landeinwärts bis zu einer großen Stadt, Barne genannt, welche fünfzehn Tagereisen von Tette entfernt ist. Dieser Weg von Tette nach Sofala ist indeß nicht gerade, da Barne weit im Innern liegt; aber von Senna führt eine Straße nach Sofala, die fast in grader Linie durch Maccai geht. Auf dem halben Wege zwischen Senna und Manica sind Marmorberge, von welchen mehrere Flüsse herabfließen, die voll von Alligatoren und Hippopotamen sind. Von Manica geht ein Fluß südwärts, aber wohin er fließt, ist unbekannt, obgleich man vermuthet, daß es der Manica ist. Der Zambezi macht, nachdem er Chicora passirt hat, höchstwahrscheinlich jenseit Zumbo, einen großen Umweg nach Manica. Das Gold wird um diesen Ort rein im Alluvial-Boden gefunden, und das Eisen durch Bergbau, indem die Gruben nach Art der Stollen in die Berge getrieben werden. Das gewonnene Gold wird zu Barren für den Handel verschmolzen.

Kehren wir zu unseren Reisenden zurück, — am 10ten August empfing Hr. Browne einen Besuch von dem Priester, der seine Rechnung für Hr. Forbes' Begräbniß mitbrachte, die sich auf die unmäßige Summe von einhundert sieben und zwanzig spanischen Thalern belief; ohne alle die feilen und hassenswerthen Kunstgriffe dieses Mannes aufzuzählen, mag es hinreichen, zu sagen, daß er auf alle Weise suchte, von unsern Landsleuten Geld zu erpressen, daß er ihren Absichten entgegen war, und sie durch seine Unverschämtheit belästigte und dadurch ohne Zweifel viel zu ihrem Tode und dem Mißlingen der Expedition beitrug. (Auch war sein Betragen in anderen Punkten nicht weniger strafbar.) Bald darauf kam auch der Kommandant dazu, der, wahrscheinlich auf des Priesters Eingebung, erklärte, sich durch die Befehle des General-Gouverneurs zu Mozambique nicht für bevollmächtigt zu halten, die Expedition als eine Regierungs-Unternehmung zu betrachten. Hr. Browne protestirte gegen dies Betragen und erklärte, daß er ihn für das der Fortsetzung und dem Erfolge der Expedition verursachte Hinderniß verantwortlich mache; dies hatte die Wirkung, den Kommandanten in Verwirrung zu bringen und ihn zu veranlassen, eine Abschrift von Hr. Browne's Ordre zu verlangen, damit er sich mit Muße über die Öffnung der Regierungs-Magazine berathen könne. Aber die dadurch herbeigeführte Verzögerung und Ungewißheit, zugleich mit dem Tode ihres Gefährten, scheinen einen üblen Einfluß auf die Lebensgeister der Partei gehabt zu haben, und in sehr kurzer Zeit schloß sich die Scene.

Am 27sten August wurde Hr. Browne, der schon seit einiger Zeit leichte Fieberanfälle gehabt hatte, ernstlicher krank, und sein Tagebuch endigt am 2ten September. Er scheint etwa den 4ten gestorben zu sein. Adonis und Antonio wurden zunächst von der Krankheit ergriffen, erholten sich jedoch wieder. Hr. Kilpatrick wurde am 1sten September krank, und obgleich er eine beträchtliche Zeit sich hinquälte und endlich die Erlaubniß erhielt, nach Tette zu gehen, so sanken seine Kräfte doch allmälig und er kehrte auf dem Flusse nach Chaponga zurück. Er wurde hier wieder gastfreündlich von Doña Pascoa empfangen, die ihre Bemühungen, ihn zur Anwendung der im Lande üblichen Heilart zu überreden, erneüerte, aber statt dessen suchte er, obgleich er vorher enthaltsam gewesen war, Linderung und Trost in Ausschweifungen, welche seinem Leben am 28sten Oktober ein Ziel setzten. Er wurde bis ans Ende von den beiden schwarzen Dienern treü gepflegt, die, nach seinem Tode, nach Quilimane zurückkehrten und wieder eingeschifft wurden.

Wärend der ersten drei oder vier Tage nach Ankunft der Partei zu Senna, herrschten leichte Nordost-Winde und das Thermometer wechselte von 70° F. (16°,9 R.) bis 76° F. (19°,6 R.). Letzteres zeigte es in einer Nacht um 12 Uhr. Später veränderte sich der Wind in Südwest, mit Zwischenraümen von Windstillen, aber das Thermometer blieb im Mittel nahe wie vorher. Die Empfindung der Hitze war indeß immer größer, als man nach dem Stande des Thermometers erwarten sollte.

XVIII. — Einige Bemerkungen über die Geographie der Maldiva-Inseln und die (jetzt den Europäern bekannten) schiffbaren Kanäle, welche die Atolls von einander trennen. Mitgetheilt von James Horsburgh, Esq., Hydrographen der ostindischen Kompagnie. Gelesen am 9ten Januar 1832.

Die Veränderlichkeit der geographischen Kenntniß ist in einem Falle, in der ersten Nummer des Journals der K. G. G. durch ein Mitglied, welches ungewöhnliche Kraft in der Aufklärung der Wissenschaft im Allgemeinen und der Geographie im Besonderen bewiesen hat, bemerkt worden,' — die Neü-Schetlands Inseln sind, wie es dort dargethan wird, nur eine Wieder-Entdeckung durch Hrn. Smith im Jahre 1819. Und die Thatsache, daß diese Inseln oder Trinity-Land, im Süden derselben, am 7ten September 1599, von Dirck Gheritz, auf einem Holländischen Schiffe, gesehen wurden, scheint nie von den Seefahrern geglaubt worden zu sein, obgleich in Burney's South Sea Discoveries, Vol. 2. Seite 198, erwähnt wird, daß die von dem oben genannten Seefahrer befehligte Jacht von hundert und fünfzig Tonnen, in einem Sturm von den anderen vier Schiffen des Geschwaders getrennt, und ‚durch das stürmische Wetter südlich von der (Magalhaens) Straße bis Lat. 64° S. verschlagen wurde, wo sie ein hohes Land mit Bergen, die mit Schnee wie in Norwegen bedeckt waren, fanden.' [1]

Ein anderer merkwürdiger Fall, in Beziehung auf orientalische Geographie, ist von dem verstorbenen Dalrymple, in seinem Memoir über die Chagos und die benachbarten Inseln, angeführt worden. Er bezieht sich daselbst auf ein Manuskript in seinem Besitz, welches dem verstorbenen Sir Joseph Banks gehörte und, wie sich aus seinem Inhalte ergiebt, vor dem Jahre 1575 verfaßt sein muß. Dies höchst merkwürdige Manuskript (bemerkt Dalrymple) ist auf Pergament gemalt mit dem Wappen des Dauphin, und enthält viele verlorene Kenntnisse. Kerguelens Land scheint deut-

[1] Neü-Schetland soll auch von Sir Francis Drake gesehen worden sein; und wurde bestimmt von den Anglo-Amerikanischen Kaufleüten aus Neü-York, vor Smith besucht. (s. oben S. 128.)

lich bezeichnet; und die Ostküste von Neü-Holland, wie wir sie nennen, stimmt mit Kapt. Cooks Manuskript auf eine höchst merkwürdige Weise überein.

Was er nennt

Bay of Inlets, heißt im Manuskript Baye perdue,

Bay of Isles, — — — R. de Beaucoup d'Isles.

Wo die Endeavour strandete, heißt im Manskrpt. Coste dangereuse, so daß wir (bemerkt Dalrymple) mit Salomo sagen können, ‚Es giebt nichts Neües unter der Sonne.'

Aristoteles bemerkt in seiner, Alexander d. G. gewidmeten Abhandlung über die Welt, in den Nachrichten über die größeren, damals bekannten Inseln, daß ‚Taprobane (Ceylon) und die Phebol genannte Insel, welche gegen den arabischen Meerbusen hin liegt, nicht kleiner seien, als die britannischen Inseln.' Es giebt in diesen Meeren keine Inseln von hinreichender Größe, um der obigen Beschreibung zu entsprechen, als Socotra und Madagaskar; erstere scheint dem Aristoteles gut bekannt gewesen zu sein, denn man sagt, daß auf sein Ersuchen, Alexander eine Kolonie aus Griechenland auf diese Insel brachte, um den mit Aloe'n betriebenen Handel zu sichern. Andrerseits liegt Madagaskar nicht in der Nähe des arabischen Golfs, und es scheint daher ungewiß, ob Socotra oder Madagaskar die von dem großen Naturkundigen unter dem Namen Phebol erwähnte Insel sei, obgleich das Letztere weit wahrscheinlicher ist.

Die vorstehenden Bemerkungen sollen blos als eine Einleitung dienen zu den jetzt mitzutheilenden, die Maldiva-Inseln betreffenden Beobachtungen, die bestimmt sind, die schiffbaren Kanäle und geographischen Gränzen dieser Inseln einiger Maßen zu erlaütern, nachdem sie der Kenntniß der Eüropäer so lange verborgen gewesen, bis kürzlich die Wieder-Entdeckung mehrerer sicherer Kanäle bewirkt wurde.

Diese Korallenkette von unzähligen Inseln und Riffen erstreckt sich fast in Meridian-Richtung von Lat. 7° 6' N. bis Lat. 0° 40' S. oder 466 geographische Meilen; aber an keiner Stelle übertrifft die Breite der Kette 46 bis 48 Meilen in gerader Linie, obschon die westlichste Gränze der nördlichsten Gruppe oder Atoll, in Long. 72° 48' O. und die östlichste Gränze der Kette in Long. 73° 48' O. Grw. liegt.

Da diese ausgedehnte und merkwürdige Barriere von Inseln und Gefahren grade auf dem Wege der Schiffe liegt, die aus Eüropa kommen und nach Ceylon oder den südlichen Theilen der Halbinsel Hindostan bestimmt sind, so mag es auffallend erscheinen, daß nie eine Erforschung der Maldiva-Inseln unternommen wurde, um so mehr, da sie sehr von den Seefahrern gefürchtet werden. Zur Erwiederung und zur Rechtfertigung des Directorien-Hofes der ostindischen Kompagnie muß es bekannt werden, daß zu diesem Zwecke mehrmals eine Empfehlung an das Gouvernement zu Bombay abgesandt wurde; aber leider hat die unvermeidliche Verwendung der Fahrzeüge der Kompagnie-Marine zum regelmäßigen Dienst immer die Ausführung des lobenswerthen Vorschlages verhindert.

Eine Erforschung von vier sicheren Kanälen zwischen den südlichen Atolls wurde durch die geschickten Anstrengungen des Kapt. W. F. W. Owen von der Königl. Marine, und anderer neüerer Seefahrer ausgeführt, und ist von großer Wichtigkeit für die Schiffe, welche diese Gewässer besuchen. Der südlichste ist Addon oder Süd-Kanal, etwa fünf bis sechs große Seemeilen breit, zwischen Pona Molubque Atoll (dem südlichen Atoll) und der Insel Addon, die in Lat. 0° 20′ S. liegt und etwa fünf Meilen lang ist.

Der Äquatorial-Kanal, der Addon Insel im Süden und dem Atoll Souadou oder Suadiva im Norden, ist zehn große Seemeilen breit und frei von Gefahren, die Südgränze dieses Atolls ist in Lat. 0° 11′ N. Aber die beste der alten Karten bezeichnet die Südgränze in Lat. 0° 3′ S.; und Pirard de la Val, welcher sich, nach dem Schiffbruche des Corbin im Jahre 1602, lange auf den Maldiva-Inseln aufhielt, beschreibt den Äquatorial-Kanal als zwanzig große Seemeilen breit und breiter als irgend einer der anderen Kanäle, — was nicht genau ist, da dieser Kanal nur zehn große Seemeilen breit, und weit enger als der andere jetzt zu beschreibende Kanal ist.

Der anderthalb Grad-Kanal ist siebenzehn große Seemeilen breit, zwischen Suadiva-Atoll und Adoumantis-Atoll, die Nordgränze des ersteren ist in Lat. 0° 58′ N. und das Südende von Adoumantis-Atoll in Lat. 1° 49′ N., Long. 73° 33 O. Grw. (70° 13′ O. Paris), diese Gränzpunkte des Kanals liegen in Meridianrichtung einander gegenüber. Dies ist der breiteste und sicherste aller Kanäle der Maldiven und wird jetzt häufig von den Schiffen, welche im westlichen Monsun nach Ceylon segeln, benutzt.

Collomandous-Kanal, ist nur sieben bis acht Meilen breit, kann aber, nach dem Bericht des Kapt. Chatfield, vom Schiffe Daphne, welcher ihn am 27sten August 1822 passirte, als sicher betrachtet werden; und Sr. Maj. Schiff, Sir Francis Drake ging früher durch ihn, im Juli 1808. Im Süden ist er durch Adoumantis Atoll begränzt, dessen nördliche Inseln in Lat. 2° 7′ und 2° 9′ N. liegen; und an der Nordseite ist seine Gränze der Südrand von Collomandous Atoll, in Lat. 2° 13′ N., Long. 73° 21′ O. Grw. (71° 1′ O. Paris).

Diese vier oben erwähnten Kanäle waren, bis vor Kurzem, den Englischen Seefahrern unbekannt. Es mag auch hier bemerkt werden, daß die Inseln Diego Rais, Gama und andere, welche auf alten Karten nahe an die Südgränze der Maldiven gesetzt werden, nicht vorhanden sind; aber der Irrthum ist wahrscheinlich durch Schiffe entstanden, welche die Insel Addon oder vielleicht die Südgruppe Pona Molubque, sahen und sie als weit von den Maldiven getrennte Inseln verzeichneten, indem die wahre Lage dieser Schiffe unbekannt war, da sie nach der Schiffs-Rechnung segelten.

Wir sind noch sehr unbekannt mit der geographischen Lage aller Kanäle nördlich von den schon genannten, obgleich man weiß, daß andere vorhanden sind, deren einer, etwa in Lat. 4° N., oder ein wenig darunter, zwischen Poulisdous Atoll im Süden und Male Atoll im Norden, der Poulisdous-Kanal genannt wird und vorzugsweise eng und unsicher sein soll.

Vom Cardiva-Kanal, obgleich den jetzigen Seefahrern wenig bekannt, glaubt man, daß er sehr sicher sei und er scheint, vor etwa zweihundert Jahren stark befahren worden zu sein, wie man aus der folgenden Nachricht des Kapt. Davis, von Limehouse, der im Jahre 1600 Pilot auf einem Holländischen Schiffe war, ersieht. Am 23sten Mai in dem genannten Jahre trafen sie auf die Maldiva-Inseln und gingen vor Anker; die Position ist jedoch nicht angegeben: hier blieben sie bis zum 27sten, als die Anker gelichtet und in den wahren Kanal eingesegelt wurde, von Davis Maldiva genannt, welcher Name damals auf den Cardiva Kanal scheint angewandt worden zu sein. Er beschreibt ihn als in Lat 4° 15′ N. liegend und daß zahlreiche Schiffe, aus allen Gegenden, durch diesen Kanal gingen, welcher der einzige sicher zu befahrende sei, da ihn zu verfehlen, im Allgemeinen Gefahr brächte.' Die von Davis bestimmte Lat. dieses Kanals, 4° 15′ N., kann nicht richtig sein, da dieser Parallel grade über die Mitte von Ari Atoll und auch über Male Atoll geht; aber der Cardiva-Kanal ist ohne Zweifel mehrere große Seemeilen nördlicher, wenn einiges Vertrauen in die Beobachtungen zu setzen ist, die am Bord der Kompagnie-Schiffe Abington und Josiah, welche auf ihrer Fahrt von England nach Madras ihn am 3ten und 4ten März 1704 gemeinschaftlich passirten, angestellt wurden und welche die Lat. 4° 50′ N. bis 4° 45′ N. angeben. Diese Schiffe trafen wärend schwacher Nordostwinde auf die Ostseite der Maldivas, wurden in den Cardiva-Kanal getrieben und von einer Strömung, die etwa zwei Meilen in der Stunde lief, westwärts durch ihn hindurch geführt.

Die Concordia, von England nach Madras bestimmt, passirte diesen Kanal am 8ten September 1709, nach dem folgenden, aus dem Schiffstagebuch gemachten Auszuge. Um ein Uhr Morgens sahen wir Land auf der Steuerbordseite: — Um zwei ein halb Uhr Morgens segelten wir N. gen O., indem wir, in dem Fahrwasser zur Umschiffung Ceylons zu sein glaubten, aber bald sahen wir Land in SW., lavirten und machten mehrere Gänge bis neün Uhr, dann ergab es sich, daß wir uns an der Westseite der Maldiven befanden; wir sahen Haüser und Menschen an der Küste. Als wir eine weite Öffnung gegen Osten bemerkten, beschlossen wir, in dieselbe einzusegeln und fanden einen breiten, bequemen Kanal, in welchem kein Grund erreicht wurde. Um Mittag waren wir zwischen den Inseln, eine der westlichsten im Gesicht, gegen W. bei N., drei Meilen entfernt, wo die Lat., nach guten Beobachtungen, 5° N. war.'

Diese Inseln waren wahrscheinlich die des Goidu Atoll, welche die Nordseite des Kanals bilden; und von der oben angegebenen Mittags-Station steüerte die Concordia meistentheils ungefähr ONO., vier und zwanzig Meilen weit, bis fünf Uhr Nachmittags, zu welcher Zeit eine Insel, die für Cardiva gehalten wurde, gegen Süden, in zwei Meilen Entfernung erschien, und nachher wurden gegen Osten keine Inseln mehr gesehen, indem man in dieser Richtung steüerte. Die Abweichung des Kompasses war zu der Zeit, im Jahre 1709, in dem Cardiva-Kanal etwa 7° W. Die Mittags-Beobachtungen der Concordia scheinen den westlichen Eingang des Kanals etwa in Lat. 4° 50′ N. zu setzen, was nicht sehr von den Beobachtungen des Abington und Josiah abweicht.

Nachdem wir alle schiffbaren Kanäle zwischen den Atolls der Maldiva-Kette, welche jetzt als sicher für große Schiffe bekannt sind, kurz beschrieben haben, mag es sowol interessant, als nützlich sein, einige Auszüge aus Tagebüchern von Kompagnie-Schiffen zu geben, um zu zeigen, daß nicht alle Atolls mit einer zusammenhangenden Kette oder Barriere von Riffen und Inseln begränzt sind; sondern daß sich im Gegentheil, mehrere Öffnungen in diesen Barrieren befinden, welche für die Schifffahrt sicher sind, so wie auch hinreichende Wassertiefe, um über einige dee Atolls, innerhalb des See-Walls oder der Barriere, von einer Kante zur andern zu passiren.

1682. März, 20. — Das Schiff Recovery, von Bengal, Wind ONO., um Mittag beobachtete Lat. 5° 30′ N., sah dann die Maldiven, die nächsten Inseln NW. gen W., etwa vier bis fünf gr. Seemeilen und bestimmte die Meridian-Distanz zu 6° 30′ W. von Point de Galle.

März, 21. — Leichter Ostwind in der Nacht, mit einer schweren Bö um vier Uhr Morgens. Bei Tage fanden wir, daß die Strömung uns gegen NW. zwischen die Inseln geführt hatte und daß wir fast von ihnen umgeben waren. Um zehn Uhr Morgens kam ein Boot zu uns mit einem Piloten, Namens Husan Tackra, der auf der Insel Mapara wohnt. Um Mittag ankerten wir in fünf und zwanzig Faden, Sand, die Insel Mabar oder Mafer lag OSO., die Insel Watten O. g. N., Landu NO. gen O., Malendu NO. Das Wetter war unbeständig, mit Donner,

Bliß, Regen und Windstillen am 22sten und 23sten, und stürmisch aus NO. am 24sten, wir blieben der Sicherheit wegen vor zwei Ankern an dieser Stelle bis zum 26sten März, wo wir um vier Uhr Morgens bei NO.-Wind die Anker lichteten, SSO. und S. bis sechs Uhr Abends steüerten, und dann in vier und zwanzig Faden ankerten.

März, 27. — Um zwei Uhr Nachmittags bei NO.-Wind die Anker gelichtet, steüerten wir zwischen zwei Inseln und ankerten in zwei und zwanzig Faden bei der Insel Seckdiva oder Sediva, auf der eine Pagode steht.

März, 28. — Um ein Uhr Morgens lichteten wir bei N. g. W. Wind die Anker und passirten um vier Uhr Nachmittags die Insel Cordue oder Cardiva, und wollten ankern, erreichten aber, in einer halben Kabellänge von einem Riff, das eine halbe Meile von der Insel vorragt, keinen Grund, daher segelten wir weiter, in der Erwartung, bei einer anderen Insel, Gafer oder Gafor genannt, einen Ankerplatz zu finden.

März, 29. — Wir steüerten S. und SSO. bis sieben Uhr Abends, mit einem lebhaften WNW. Winde, bis wir bei der Insel Gafer ankamen: da es Nacht und unser Pilot furchtsam war, wir auch keine Lothtiefen hatten, so wandten wir das Vordertheil des Schiffs bis zwei Uhr Morgens gegen Norden, lavirten dann südwärts und passirten um acht Uhr Morgens Gafer, indem wir es an unserer Steüerbordseite ließen — unser Kurs südlich, mit einem leichten WNW. Winde, die Strömung ging nördlich.

Ungefähr drei Meilen südlich von Gafer ist eine nicht über zwei Kabellängen breite Straße, durch die wir kamen; und von dieser engen Straße gegen Süden liegt die kleine Insel Coddue oder Cagui, wo wir Tiefen von neünzehn Faden fanden, bei der Insel Muckandu in SSW., seit wir die vier Inseln bei Sediva verlassen, hatten wir keine Lothtiefen gehabt.

März, 30. — Um fünf Uhr Abends ankerten wir in zwei und dreißig Faden, die Insel Muckandu im W. etwa drei Meilen entfernt. Unser Pilot fürchtete sich, das Schiff näher an King's Insel zu bringen, bis er weitere Befehle erhielt; sie war im Gesicht, wie wir glauben, doch will er es uns nicht sagen. Um sieben Uhr Morgens schickten wir ihn nach einem Boot, das nach Maldiva bestimmt war, und man sagte ihm, er brauche sich nicht zu fürchten, das Schiff weiter hinein zu bringen, zugleich wurde er gefragt, wieviel Kanonen und wieviel Urippe (Eüropa) Leüte wir an Bord hätten. Als unser Boot zurückkehrte lichteten wir bei einem schwachen Westwinde die Anker, den Kurs verschieden haltend, luvten an wegen einer Untiefe, und fielen wegen einer andern ganz ab; diese Untiefen sind leicht zu erkennen.

März,

April, 1. — Um drei Uhr Nachmittags ankerten wir in fünf und zwanzig Faden, der Wind frisch aus Westen, lichteten am Tage und ankerten um acht Uhr bei der Maldiva-Insel. Hier fanden wir zwei Suratische Schiffe, zwei Schiffe von Atschen und ein Schiff aus Bengal, welches den Hafen etwa einen Monat vor uns verlassen hatte, und ungefähr eine Stunde nach uns bei Maldiva vor Anker ging. Von Balasore bis zu unserem ersten Ankerplatze zwischen den Inseln waren wir dreißig Tage und bis wir diesen Ort erreichten, noch fünfzehn Tage unter Weges gewesen.

Aus dem vorstehenden Auszug aus dem Tagebuche der Recovery ist leicht zu ersehen, daß sie von einer NW. Strömung zwischen die Inseln auf der Ostseite des großen Atoll Milla Doue Madue getrieben wurde, wo sie ankerte und fünf Tage innerhalb Maser und der übrigen benachbarten Inseln verweilte; daß sie, nach der Abfahrt von der obenerwähnten Station über den Atoll Padypolo passirte; dann in den Male oder Maldiva Atoll durch einen schmalen Kanal an seinem Nordende schiffte und endlich von Norden gegen Süden über die ganze Ausdehnung des Atolls fuhr, bald nahe bei Inseln, bald zwischen zahlreichen Untiefen, die leicht zu erkennen sind um vermieden zu werden, wenn man zwischen ihnen fährt.

Das Kompagnie-Schiff Rochester von Benculen, nach Madras bestimmt, traf am 14ten Februar 1715 auf die Ostseite der Maldiven; um Mittag bemerkten sie in Lat. 3° N. dreizehn Inseln in SW. g. W., 2½ bis 3 gr. Seemeilen entfernt; diese scheinen die Inseln des Molucque Atoll zu sein. Von hier aus machten sie mehrere Gänge mit dem Ostwinde und sahen die Inseln zuweilen westwärts; und am 15ten, um 2 Uhr Nachmittags, eine von ihnen in NNO. Sie fuhr fort, mit einem gewöhnlichen schwachen Ostwinde und einer südwärts gehenden Strömung, bis zum 21sten Februar zwischen Inseln zu kreuzen. Am 19ten waren bei Sonnen-Aufgang siebenzehn Inseln im Gesicht zwischen SW. und NNO., ½ O. Am Mittag dieses Tages war die Lat. 3° 25′ N., als dreizehn Inseln nordwärts im Gesicht lagen, die von den bei Sonnen-Aufgang gesehenen Inseln verschieden waren. Am 20sten, bei Sonnen-Untergang, mehrere Inseln in N. g. O. und S. g. O. ½ O., die kleinste Entfernung etwa 3 gr. Seemeilen. Es wurden Untiefen bemerkt, welche die nördlichen Inseln mit einander verbanden, und da der Wind östlich war, so kamen wir, genau leewärts der nördlichsten Inseln, in einen guten Kanal, denn wir konnten die ganze Nacht mit der großen Lothleine keinen Grund finden; und um acht Uhr Morgens sahen wir ein und zwanzig Inseln von NO. ½ O. bis SO. g. O., 4 bis 5 gr. Seemeilen entfernt. Um Mittag, beobachtete Lat. 3° 52′ N., zwei Inseln leewärts, eine in W. g. S. und die andere W. g. N., letztere ist die westlichste Insel in dieser Breite. Beim Aufhissen der französischen Flagge kam ein Maldivisches Boot an uns heran und brachte etwas Federvieh. Am 21sten Februar steuerten wir N. g. W., vierzehn Meilen bis Sonnen-Untergang, wo dann die westlichste Insel in S. g. O., 3 Seemeilen entfernt war. Da uns die Strömung westwärts von dieser Insel getrieben hatte, wollten wir bis 8 oder 9° nordwärts steuern, in der Hoffnung, einen westlichen Wind zu treffen, um gegen Osten zu halten. Von Sonnen-Untergang steuerten wir wärend der Nacht des 23sten bis Sonnen-Aufgang N. und NNW. und sahen keine Inseln mehr.'

Es scheint nach dem was wir aus dem Tagebuch des Rochester entlehnt haben, daß die zuerst gesehenen Inseln die an der Ostseite des Molucque Atoll waren, und wärend der sechs Tage, die er zwischen den Maldiven herumschiffte, passirte er wahrscheinlich über einen Theil dieses Atolls, oder zwischen ihm und Poulisdous Atoll, dem nächsten gegen Norden; vielleicht auch über einen Theil des letzteren Atolls und wurde dann von der Strömung westlich zwischen Nillandous Atoll im Süden und Ari Atoll im Norden getrieben. In dieser Gegend ist jetzt den europäischen Seefahrern keine sichere Passage oder Kanal bekannt, obgleich der Rochester durch die Strömung von Ost nach West grade über diesen Theil des Maldiva Atolls geführt wurde, und häufig in der Nacht zwischen den Inselgruppen lavirte, ohne irgend eine derselben vor Anbruch des Tages zu entdecken; woraus man schließen kann, daß hier entweder durch einige dieser Atolls oder zwischen ihnen für Schiffe fahrbare Kanäle sind.

Die Fregatte Rooke, Kapt. Simmonds, nach der Malabarküste bestimmt, sah am 4ten Februar 1700 die Ostseite des nördlichen Atolls der Maldiven; die nächste Insel, in Lat. 6° 40′ N. war etwa 2½ gr. Seemeilen entfernt, und hatte fünf andere Inseln an jeder Seite. Mehrere Boote näherten sich, wollten aber nicht an das Schiff kommen. Diese Inseln, bemerkt Kapt. Simmonds, hangen nicht zusammen, wie es auf den Karten dargestellt wird, sondern sind von einander getrennt und haben schöne Passagen zwischen sich. Eine starke Strömung führte dies Schiff längs der Inseln nordwärts und um 1 Uhr Morgens waren sie 2 gr. Seemeilen von der nördlichsten Insel; bei Tagesanbruch war jedoch keine der Inseln mehr sichtbar, obgleich leichte Lüfte und Windstillen die Nacht hindurch vorherrschten. Abweichung des Kompasses 7° 5′ W. am Morgen, und 6° 57′ W. am Abend.

Der Albemarle, von Bombay, nach England bestimmt, sah am 31sten Oktober 1707, um 10 Uhr Morgens die Inseln an der Westseite des Nillandous Atoll in NO. g. O. 5 bis 6 gr. Seemeilen entfernt. Um Mittag war die beobachtete Lat. 3° 34′ N., wonach es scheint, daß dieser Atoll sich weiter ausdehnt, als auf der von dem verstorbenen Dalrymple im Jahre 1784 herausgegebenen Karte bemerkt ist; diese zeichnet den Atoll als ein breites, kreisförmiges Riff, von Inseln entblößt, wogegen der Albemarle, in 5 bis 6 gr. Seemeilen Entfernung, an der Westseite desselben Inseln wahrnahm. Dies Schiff wurde von einer Strömung bedeûtend ostwärts geführt, und steûerte von dem Nillandous Atoll mit leichten Winden nach SSW., wurde aber von der Strömung durch den anderthalb Grad-Kanal ostwärts abgetrieben, ohne irgend eine von den Inseln zu beiden Seiten zu bemerken, bis er hindurch war: dann sah er am 7ten November die Inseln an dem NO. Theile des Suadiva Atolls, den er in Lat. 0° 51′ N. bestimmte und Diego Rais nannte, indem er keine Idee davon hatte, daß diese Inseln ein Theil der Maldiven wären oder daß er zwischen den Atolls hindurch ostwärts getrieben sei; er glaubte vielmehr die gesehenen und Diego Rais benannten Inseln lägen beträchtlich westwärts von den Maldiven.

Zu der Zeit, als diese Schiffe durch Strömungen zwischen die Maldiven geführt wurden, kamen haûfig erstaunliche Fehler in der Rechnung vor, wie man aus der folgenden kurzen Darstellung ersehen wird, die aus dem Tagebuche des Kompagnie-Schiffes Darby, Kapt. W. Fitzhugh, von England nach Bengal bestimmt, entlehnt ist. Am 28sten Mai 1715 verließ dies Schiff das Kap der guten Hoffnung und traf am 18ten Juli auf Se-Biru, oder Great Fortune Insel, in Lat. 1° 23′ S., an der Küste von Sumatra, welches irrthümlich für die Maldiven gehalten wurde, ein Irrthum von 1500 nautischen oder geographischen Meilen im Laufe von ein und fünfzig Tagen. Mit veränderlichen Winden aus SO. und SW. drang das Schiff südwärts vor, zuweilen im Gesicht der Inseln, und als es sich bei der Süd-Poggy Insel in Lat. 3° S. befand, wurde sie in das Tagebuch als die südlichste der Maldiven eingetragen. Die Insel Trieste in Lat. 4° S. ist Djameo genannt (oder die eingebildete Insel Gamo der alten Karten), indem Kapt. Fitzhugh glaubte, daß sie südlich von den Maldiven liege. Er fuhr fort, südwärts zu steûern, zuweilen im Angesicht des Hochlandes von Sumatra; in Lat. 6° S. wurde Keyser's Pik gesehen: indem der Kapitain irrthümlich die Gipfel der sichtbaren Berge auf Sumatra für Inseln im Süden der Maldiven hielt, steûerte er noch südlich bis zum 2ten August, in Lat. 7° S. Glücklicherweise traf er hier ein Schiff und erfuhr, daß das niedrige Land, welches damals im Gesicht wär, Clap's Insel an der Südküste von Java sei. Er hatte damals vierzig Mann am Skorbut krank und ging wegen Erfrischungen nach Batavia.

Belohnend ist es, die wundervollen Fortschritte der nautischen Astronomie zu betrachten, seit der Zeit, wo diese, der ostindischen Kompapnie gehörenden Schiffe solchen beklagenswerthen Irrthümern in ihrer Rechnung unterworfen waren; denn in der jetzigen Zeit werden die Kompagnie-Schiffe mit einer Bestimmtheit geführt, daß ein Irrthum von zwanzig oder fünf und zwanzig Meilen in Länge für unzulässig gehalten wird.

Vor etwa dreißig Jahren waren die amerikanischen Schiffe, welche auf ihren Reisen nach Indien nur der Schiffs-Rechnung zufolge geführt wurden, Irrthümern von höchst gefährlicher Art unterworfen, indem sie westlich von den Maldiven hinaufgingen, wenn sie glaubten schon im Meerbusen von Bengalen zu sein. Ein Fall dieser Art begegnete einem amerikanischen nach Calcutta bestimmten Schiffe, welches auf das Vorgebirge von St. John in Lat. 20° N., bei Surate traf, und anfangs glaubte, es sei die Küste von Arrakan. Dies war ein gefährlicher Irrthum, denn das stürmische Wetter des SW. Monsuns hatte begonnen, wo es, wenn ein Schiff nördlich von Bombay getrieben ist, wegen der häufigen schweren Windstöße, und weil eine hohe See vom Ocean grade gegen die Küste schlägt, schwierig ist, sich von der Küste abzuarbeiten. Doch gelang es diesem Schiffe, welches ein guter Segler war, nachdem es seinen Irrthum entdeckt hatte, eine Fahrt längs der Küste gegen Süden und um Ceylon zu machen und endlich in Calcutta anzukommen. Der Befehlshaber war des Glauben gewesen, daß in Indien gewöhnlich schönes Wetter herrsche, und da er vorher Handelsreisen nach dem baltischen Meere gemacht hatte, so bemerkt er, daß selbst in dem Meerbusen von Finnland er niemals so fürchterliche Windstöße erlebt habe, wie an der Westseite von Indien.

XIX. — Über denselben Gegenstand. Mitgetheilt vom Kapitain W. F. W. Owen, v. d. K. M. Gelesen am 9ten April 1832.

Kapitain Horsburgh's Zweck in der vorstehenden Abhandlung scheint zu sein, die Aufmerksamkeit auf die sehr merkwürdige Thatsache zu lenken, daß die Maldiva-Inseln, eine der frühesten Entdeckungen der Portugiesen in den östlichen Meeren, die sich über fünfhundert Meilen längs der Westseite von Indien und Ceylon ausbreiten, also auf dem graden Wege aller dorthin bestimmten Schiffe liegen, uns vergleichungsweise noch unbekannt sein sollten. Und da er meiner geringen Dienste bei dem Versuch, diesen Vorwurf zu beseitigen, erwähnt hat, so wage ich es, den seinigen einige Bemerkungen hinzuzufügen, die mehr unsere Unwissenheit als unsere Kenntniß von diesen Inseln darthun; unsere Belehrung über sie datirt sich noch von den früheren Reisenden, und ist für die letzten dreihundert Jahre fast stillstehend geblieben.

Meine Aufmerksamkeit wurde zuerst im Jahre 1806, als ich die Kriegsbrig Seaflower in der ostindischen Station kommandirte, besonders dadurch auf sie gelenkt, daß ein französisches Schiff an derselben scheiterte, dessen Kapitain sich genöthigt sah, seine Freiheit, so wie die seiner Familie und Mannschaft mit der Keüschheit seiner Frau zu erkaufen, welche er dem Sultan zum Opfer bringen mußte; denn eins von den Privilegien desselben ist, daß alle schiffbrüchige Seeleüte sein Eigenthum werden. Ich befand mich damals, nach Madras bestimmt, bei den Seychellen, und weil ich es für eine Schande hielt, daß diese Gruppe fortwärend ein absolutes Schreckniß für die Seefahrer des neünzehnten Jahrhunderts sein sollte, da die des sechszehnten und siebenzehnten Jahrhunderts ganz vertraut mit ihr gewesen waren, so beschloß ich sogleich, eine Passage durch sie gegen Osten zu suchen, um auf der Fahrt ihr Südende zu erforschen. Als demnach das Land, wie erwartet, etwa in Lat' 0° 10′ N. entdeckt und eine heftige Strömung grade gegen Osten gehend gefunden wurde, so war es klar, daß an dieser Stelle eine Passage sei: da indeß eben die Sonne unterging, und die Karten quer über den rechten Kanal Inseln in ununterbrochenem Zusammenhange darstellten, so wurde es nicht für rathsam gehalten, in der Nacht hindurch zu segeln, um so mehr da die herrschende, von Regen begleitete Kühlte an den so in den Karten niedergelegten Inseln nachlassen konnte. Ich holte daher auf, und beschloß, die Nacht hindurch unter dicht gerefften Topsegeln windwärts zu kreüzen; als ich aber etwa um vier Uhr Morgens erwachte, und die Seegel flattern hörte, — auch erfuhr, daß der Wind plötzlich aufgehört habe, und da ich mich erinnerte, daß diese Erscheinung haüfig bei den Korallen-Inseln vorkomme, so halsete ich sogleich und hielt die entgegengesetzte Richtung bis zum hellen Tage, wo wir die Riffe innerhalb drei Meilen vom Hintertheil des Schiffes entdeckten, so nahe waren wir an sie herangetrieben worden. Ich untersuchte jetzt den Äquinoktial-Kanal und bestimmte seine Gränzen, aber trübes Wetter verhinderte mich damals, irgend entscheidende Beobachtungen zu machen. Seitdem versaümte ich jedoch keine Gelegenheit, welche sich darbot, um meine Nachforschungen fortzusetzen, und, durch den Beistand mehrerer Kameraden[1], die sich für denselben Gegenstand interessirten und verschiedene Punkte, als sich in der Folge die Gelegenheit darbot, mit mir besuchten, verbunden mit Nachforschungen unter den inheimischen Piloten und anderen, welche zu verschiedenen Zeiten sich dieser Gruppe genähert hatten, gelang es mir endlich, die Materialien zu sam-

[1] Vorzüglich Lieut. Henderson, von Sr. Maj. Schiff Sir Francis Drake.

meln, welche Kapt. Horsburgh bei Anfertigung seiner ersten Karte benutzte und zu denen seitdem nichts hinzugefügt worden ist. Ich nahm auch jede Gelegenheit wahr, die von mir gesammelten Nachrichten zu verbreiten; und führte bei einer Gelegenheit auch ein Konvoi durch eine der Passagen, um ihre Brauchbarkeit durch einen Versuch zu zeigen und das Vorurtheil zu überwinden, welches gegen die Schifffahrt in ihrer Nähe besteht: ich war darin auch so weit glücklich, daß die Äquinoktial- und andere südliche Passagen jetzt ziemlich gebraüchlich, die nördlichen dagegen noch völlig unbekannt sind; doch bedauere ich, dem Kapt. Horsburgh nicht beistimmen zu können, das ostindische Direktorium in dieser Beziehung völlig von allem Tadel frei zu sprechen.

Das Wort Maldiva, sagt Juan de Barros, ist von Mal, was in der Malabar-Sprache tausend oder eine unberechenbare Zahl bedeutet, und Diva, eine Insel, abgeleitet; und die Gruppe, fügt er hinzu ,obgleich Öffnungen von fünf bis zwanzig großen Seemeilen breit in ihr sind, ist doch an anderen Stellen so gedrängt, daß sie den Anblick eines halb überschwemmten Baum-Gartens giebt; die Tiefe des Wassers in den Zwischenraümen ist hinreichend für die größten Schiffe und doch in ihnen nicht Raum genug für ihre Raaen und Segel.' Auch ihre Produkte zählt er haarklein auf, besonders die Kokosnuß [1], sowol die gewöhnliche, als auch die Coco-de-mer [2] genannte Art, welche den Seychellen fast ausschließlich eigen ist und deren Saame durch die Meeres-Strömungen von da nach den Maldiven geführt zu sein scheint, welche sich also als hauptsächlich von Westen nach Osten fließend, zeigen, wie ich sie fand. Die schöne Kauri-Muschel erwähnt er auch als häufig vorkommend, sie wird auf eine sonderbare, aber hinlänglich bekannte Weise gefischt. Die Zweige und Blätter der Kokospalme werden zusammengelegt und in Bündel, etwa von der Größe einer Weizengarbe, gebunden, zwei von ihnen bilden das, was eine Balse heißt, die so gemacht ist wie an den Küsten von Chili und Peru, wo sie an manchen Orten das einzige Mittel sind, wodurch Schiffe mit der Küste in Verbindung treten können. Auf diesen Balsas

[1] So hoch wird diese Frucht in diesem Theile der Welt geachtet, daß es sowol hier als auch längs der ganzen Malabarküste, im Sprichwort heißt: ,so fruchtbar, so einträglich, so schön u. s. w. wie ein Kokosbaum.'

[2] Berühmt als Arznei und einst für ein besseres Gegengift, als selbst der Bezoarstein, gehalten. Wenn sie keimt, so erhält sie ein eigenthümliches Ansehen; daher soll ihr Fleisch, welches eine unschmackhafte Gallerte ist, die Fruchtbarkeit befördern, und ihre Schaale galante Krankheiten heilen. Ein Exemplar der Frucht und eine Zeichnung befinden sich in dem Naval and Military Museum. Zubereitungen daraus haben noch einen sehr hohen Werth in Indien.

nehmen sie dann eine Anzahl Angelschnüre mit Köder, wie bei uns zum Aalfang, nämlich mit kurzen Fäden in Abständen von fünf bis sechs Zoll, jeder mit einem Bissen Fleischabfall, der mit einem Knoten befestigt ist, um das Abgleiten zu verhindern. Das Schalthier verschlingt dies sammt dem Knoten und wird mit der Angelschnur heraufgezogen; auch ist diese Art zu fischen nicht allein für Kauris gebraüchlich, viele andere Muscheln von den werthvollsten Arten werden auf dieselbe Weise gefangen. Wenn die Balsas beladen sind, so werden sie ans Ufer gerudert und die Muscheln in die Erde gegraben, bis das Thier herausfault. Sie werden dann ausgewaschen und sind fertig zur Versendung, und sind, fügt Barros hinzu, um so viel besser zur Münze, als Kupfer, da sie weder die Hand beschmutzen, noch einen unangenehmen Geruch haben. (Und um zu zeigen, daß diese Inseln, vom kommerziellen Gesichtspunkt betrachtet, nicht ohne Werth sind, und wäre es nur für diesen einen Artikel, so möge hier hinzugefügt werden, daß in diesem Augenblicke die Tonne Kauris in England nicht weniger als 20 Pfund Sterling, und 50 bis 60 Pfund Sterling an der Küste von Afrika werth ist, wo das Innere im Begriff zu sein scheint, unseren Handels-Unternehmungen durch den Niger geöffnet zu werden, längs dessen Ufern diese Münze die einzig gangbare ist.)

Diese Inseln, sagt Barros ferner, haben Überfluß an Fischen, welche zu seiner Zeit eingesalzen und mit Thran und Djauggry oder rohem Zucker nach allen Theilen von Indien ausgeführt wurden, wogegen sie Baumwolle (ihre Weber werden als die besten in Indien betrachtet), Reiß, Rindvieh, Schaafe, Butter, Ghee u. s. w. einführen; von diesem ganzen Handel besteht nur noch ein höchst unbedeütender Verkehr mit Ceylon. ‚Der König und das Volk, bemerkt er, sind Hindus, aber die untergeordneten Statthalter Mauren, welche nach und nach zu ihrer Stellung gelangen; da sie als Kaufleüte zugelassen werden und hernach die öffentlichen Zölle von dem Könige pachten, so werden sie mit administrativer Gewalt bekleidet, um sie in den Stand zu setzen, die Zölle zu erheben.‘ Ich bemerke dies, weil es eine sonderbare Thatsache ist, daß im Gegentheil in allen arabischen Gouvernements, von Muskat bis Zanzibar, die Geldmäkler und Zollpächter, als Untergeordnete, meistens Banyanen oder Hindus sind.

Eine viel genauere Nachricht von den Maldiven findet sich in dem Werk von François Pyrard de Laval, welches in Paris im Jahre 1697 erschien und einen Bericht über seine Reisen von 1602 bis 1607 giebt, von denen ich beilaüfig bemerken will, daß sehr viele seiner Beschreibungen der Sitten u. s. w. im Osten längs der Ostküste Afrika's bis auf den heütigen Tag richtig sind; und eine abgekürzte Übersetzung dieses Buches würde daher, wie ich glaube, ein angenehmes und nützliches Geschenk für den bloß Englischen

Leser sein. Der Theil desselben, welcher sich auf die Maldiven bezieht, giebt nicht dasselbe innere Zeugniß scharfer Genauigkeit, als der übrige; doch werde ich ausführlich daraus anführen — das Buch ist selten geworden.

Die geographische Beschreibung der Maldiven von François Pyrard beginnt Seite 71, und ist in Kurzem folgende: —

‚Die Maldiven fangen an bei Lat. 8° N. und endigen in Lat. 4° S., sind 240 große Seemeilen lang, aber selten über dreißig oder fünf und dreißig große Seemeilen breit; und 100 bis 150 große Seemeilen von dem festen Lande von Kap Comorin, Collan, Cochin u. s. w. entfernt.

‚Sie sind natürlich und politisch in dreizehn Attollons und Provinzen getheilt. Es ist außerordentlich, diese Atollons von einem großen Steinwalle in der Art umgeben zu sehen, daß kein Raum des trocknen Landes selbst von Mauern so gut umschlossen sein könnte, als sie es sind.

Diese Atollons sind im Allgemeinen rund oder oval und etwa dreißig große Seemeilen im Umfang. Sie begränzen einander von Norden nach Süden, ohne sich zu berühren, und zwischen je zweien sind schiffbare Kanäle, die mehr oder weniger breit oder brauchbar für kleine Fahrzeüge sind. Innerhalb eines Atollons sieht man, daß dieser Wall ihn überall gegen die Wuth des Meeres schützt; und es ist Schrecken erregend, wenn man, an der inneren Seite des Ufers, die Wellen eine der andern folgen, und endlich mit unbeschreiblicher Gewalt sich an dem Walle brechen sieht, da jede Welle, vorzüglich bei der Fluth, im Augenblick des Überschlagens oder Brechens, höher ist, als ein gewöhnliches Haus, und wie ein schneeweißer Wall erscheint, dem man sich von außen durchaus nicht nähern kann.

‚Innerhalb dieser Mauern ist eine fast unendliche Zahl von Inseln und Eilanden, die sich zusammen auf mehr als 12000 belaufen; und der König führt deshalb den Titel: „Ibrahim Sultan, König der dreizehn Atollons und zwölftausend Inseln“ [1]. Die Inwohner sagen, daß die Fluthen und heftige Strömungen beständig die Zahl derselben vermindern; und Pyrard bemerkt, daß jeder Atollon eine seichte Bank ist und früher eine einzelne Insel war, seitdem aber durch das Eindringen des Wassers in kleine Theile zerrissen wurde. Aber dies ist nicht der angenommenen Hypothese oder dem Resultat neuerer Beobachtung gemäß.

Innerhalb der Atollons ist immer glattes Wasser und selten irgendwo mehr als zwanzig Faden, und auch so viel nicht einmal an manchen Stellen; alle Untiefen bestehen aus Felsen, Steinen

[1] Ich glaube, daß die wirkliche Zahl wol das drei- bis vierfache dieser Angabe beträgt.

oder Sand, mit zwei bis drei Fuß Wasser bei der Ebbe, oder selbst noch weniger, so daß es nicht schwierig sein würde, alle Inseln desselben Atollons ohne ein Boot zu besuchen, wäre es nicht wegen eines gefährlichen, großen Fisches, der von den Ingebornen Paimones (wahrscheinlich ein Haifisch) genannt wird, und weil der Boden meist aus scharfen Korallen besteht, welche die Füße zerschneiden. Es giebt auch viele Baumkorallen, Aquiry oder Ackerry genannt, welche zu feinem Sande zerbrochen, zur Bereitung des Zuckers oder Honigs aus der Kokosnuß, durch Kochen mit ihrem Wasser angewandt wird [1].

‚Unter ihnen ist eine Anzahl unbewohnter Inseln, einige mit Baümen und Kraütern, andere nackte Sandbänke, andere bedeckt bei der Fluth und trocken bei der Ebbe; die meisten von ihnen angefüllt mit Landkrabben (Cacouoc) und Seekrebsen; und viele von Vögeln, Pingay (Pinguin?) genannt, welche eine so erstaunliche Menge Eier legen, daß man vor ihnen nicht gehen kann. Diese Vögel fürchten sich wenig vor den Ingebornen, von denen sie nicht gegessen werden; dennoch sind sie ein sehr gutes Nahrungsmittel und haben die Größe einer Taube, mit schwarzem und weißem Gefieder. Die Hitze des Sandes hilft ihnen ihre Jungen schnell ausbrüten [2]. Die Sandbänke, welche so von den Vögeln benutzt werden, haben kein süßes Wasser; aber alle mit Baümen bewachsene sind damit versehen, obgleich es auf einigen entweder schlecht oder sparsam ist.‘

Pyrard giebt dann die Namen der Atollons, die hier abzuschreiben überflüssig wäre; und fährt fort, —

‚Der Name der ganzen Kette der Attollons oder des Königreichs ist in der Sprache der Ingebornen Male-rague, oder Königreich Male, aber das andere Volk Indiens nennt es Male-diva, und die Bewohner werden von den anderen Indiern ‚Dives,‘ Insulaner, genannt. Die Kanäle, welche die Atollons trennen, können, dem größten Theile nach, nicht von großen Schiffen passirt werden; aber vier, bedeütend breiter als die übrigen, sind von den

[1] Ich habe nie einen solchen Gebrauch von der Kokosnuß machen sehen und der Verfasser sagt nicht, ob in der natürlichen Milch der Kokosnuß gekocht wird, was nicht gewöhnlich ist, oder in dem, welches vom Durchziehen der geraspelten Nuß durch reines Wasser zurückbleibt, welches letztere immer angewandt wird um Oel zum Kochen zu bereiten.

[2] Nie habe ich vorher von Pinguinen auf den Maldiven gehört. Die Holländer auf dem Kap der guten Hoffnung benutzen die Pinguinen mit großem Vortheil; auf den isolirten Felsen, wie Dassen-Insel, zerbrechen sie alle schlechte Eier, nehmen die guten wöchentlich mit und senden viele Tausende das Jahr hindurch auf den Kap-Markt. Gleich dem zahmen Geflügel fährt der Pinguin fort Eier zu legen, wenn gleich sein Nest beständig beraubt wird.

größten Schiffen zu befahren. Nichts destoweniger sind sie alle äußerst gefährlich, zumal in der Nacht.' Er sagt auch

,Ich habe auf den Maldiven mehrere Karten gesehen, auf denen die Gefahren und Kanäle sehr genau angegeben waren.

,Es ist auch merkwürdig, da, wie ich vorhin sagte, die Atollons alle in einer Linie liegen, und sich gegenseitig begränzen, getrennt durch Meeresarme, daß sie Öffnungen oder Eingänge haben, zwei an jedem Ende eines jeden Atollons, welche den beiden des benachbarten Atollons entsprechen; vermittelst deren die Verbindung zwischen ihnen zu allen Zeiten und Jahreszeiten Statt finden kann.

,Dies ist sehr vorsorglich; denn wäre nur eine Öffnung in jedem, so könnte ihre Verbindung nicht bewirkt werden, weil die sehr reißenden Strömungen, welche durch die Kanäle gehen, nach den Jahreszeiten östlich oder westlich laufen.

,Wenn also die Strömungen von Westen gegen Osten laufen, so gehen die Fahrzeüge der Maldiven durch die westliche Passage in die See, setzen über den Scheidungs-Kanal und fahren in den nächsten Atoll durch seine östliche Öffnung; sie verfahren beim Hin- und Zurückfahren auf gleiche Weise, so daß sie nie durch dieselbe Öffnung zurückkehren, durch die sie abfuhren. Ungeachtet dieses großen Vortheils in der natürlichen Anordnung der Öffnungen, gehen doch viele Boote jährlich verloren, indem sie durch plötzliche Stürme verschlagen oder auf ihrer Fahrt von Atoll zu Atoll von Windstillen befallen werden.

,Überdies unterscheiden sich diese Eingänge von einander in der Breite; einige sind ziemlich breit, andere sehr schmal — der weiteste hat nicht mehr als hundert Yards, und einige nicht zehn Yards Breite. Diese Pforten oder Eingänge sind sämmtlich durch eine Insel an jeder Seite gleichsam bewacht, die, wenn sie befestigt würden, beständig die Annäherung oder das Einlaufen eines jeden Fahrzeüges verhindern könnten.

,Von den Kanälen, welche alle Candou genannt werden und die Atollons trennen, sind vier leicht zu befahren; große Schiffe können sie zum Passiren der Maldiven benutzen, wie es auch häufig von vielen Fahrzeügen aller Art geschieht; aber sie sind nicht ohne Gefahr, und in jedem Jahre gehen viele Fahrzeüge in ihnen verloren. Die Schiffe fahren nicht absichtlich durch diese Kanäle, sondern die Inseln bilden eine so lange Kette, daß es schwierig ist, sie zu vermeiden; und bei Windstillen und widrigem Winde werden die Schiffe haüfig, trotz ihren größten Anstrengungen, auf sie getrieben.'

Pyrard giebt zunächst eine Beschreibung dieser Passagen; da sie aber an mehreren Stellen widersprechend und gewiß irrig ist, so will ich die Zeit der Gesellschaft nicht dafür in Anspruch nehmen, sondern lieber zu seinen allgemeinen Bemerkungen über die ganze Gruppe übergehen.

„Die Maldiven sind ergiebig an Obst und anderen zur Erhaltung des Menschen nöthigen Artikeln; sie erzeügen Hirse und ein anderes ähnliches kleines Korn, das aber schwarz wie Rübsaamen ist; erstere wird Ura, letztere Bimby genannt; beide Kornarten geben im Jahr zwei Ernten; man bereitet Mehl daraus, welches mit Milch und dem Zucker der Kokosnuß gekocht wird; auch werden Kuchen und Pasteten und andere Lebensmittel daraus gebacken.

„Sie bringen auch viele Wurzeln hervor, vorzüglich eine, Itel pul genannt, die ohne angepflanzt zu werden, gewonnen wird; sie ist rund und so groß wie zwei Faüste. Sie wird zerbrochen und zwischen rohe Steine gelegt und dann zum Trocknen auf einem Tuche der Sonne ausgesetzt, wo sie zu einer Art Stärke oder weißem Mehle wird und sich lange Zeit hält: es giebt vortreffliche Kuchen oder Pasteten, nur liegt es schwer im Magen, und muß, um gut zu sein, frisch gegessen werden.

„Es giebt noch eine andere Art Wurzeln, Alas genannt, einige roth, wie die rothen Rüben, andere weiß, wie Steckrüben — diese werden angebaut und nur im September gesammelt: sie halten sich fast das ganze Jahr hindurch und bilden ihr Haupt-Nahrungsmittel; sie werden auf verschiedene Weise zubereitet, und mit dem Zukker oder Honig der Kokosnuß sind sie sehr wohlschmeckend. Der Weizen heißt Godang, der Reiß Andone, aber beide wachsen nicht auf den Inseln. Es wird viel Reiß eingeführt, welcher, als ein Haupt-Nahrungsartikel einer großen Manchfaltigkeit in der Zubereitung fähig ist, und, einfach gekocht, statt des Brodes gebraucht wird. Er wird auch gekocht, getrocknet, und dann in Mehl gelegt, das mit Eiern, Honig, oder mit der Milch oder dem Öl der Kokosnuß vermischt ist, und giebt so vortreffliche Torten und andere Gerichte.

„Geflügel ist in solchem Überfluß vorhanden, daß es ohne haüsliche Pflege sich fortpflanzt, und wird gewöhnlich für weniger, als einen Penny das Stück verkauft, und drei Dutzend Eier erhält man für dieselbe Summe. Sie haben viele andere Landvögel; ihre Seevögel sind schon angeführt. Ratten und Maüse sind so zahlreich, daß die Ingebornen genöthigt sind, ihre Vorrathshaüser auf Pfählen und zuweilen an dem Meere, hundert und mehrere Yards von der Küste zu bauen. Es sollen, mit Ausnahme einer Art sehr gefährlicher Schlangen, keine giftigen Thiere vorkommen. Es giebt keine Pferde und nur wenig Rindvieh, welches sämmtlich dem Könige gehört. Es ist alles von anderen Orten hergebracht, oder einiges wurde vielmehr als Merkwürdigkeit eingeführt und vermehrte sich seitdem bis zu vier oder fünfhundert Stück, denn ihr Fleisch wird nur an einigen besonderen Festtagen im Jahre gegessen. Sie haben keine Hunde und zeigen einen wahren mohammedischen Abscheu vor ihnen.

‚Die Atollons sind wunderbar reich an allen Arten von Fischen, großen und kleinen, welche in der That einen Haupt-Nahrungs- und Handelsartikel der Ingebornen bilden. Haifische sind zahlreich; viele Insulaner sind von ihnen verschlungen und viele sieht man, die Arme und Beine durch sie verloren haben.

‚In Folge dieses großen Überflusses an Nahrungsmitteln aller Art ist es dort wohlfeil zu leben; vierhundert Kokosnüsse werden für einen Sixpence verkauft, fünfhundert Bananen, ein Dutzend Geflügel oder dreihundert Bündel Wurzeln u. s. w. für dieselbe Summe.

Es ist sprüchwörtlich, daß die Ingebornen niemals, die Fremden dagegen schnell reich werden; weil erstere weder Sorgfalt, Ehrgeiz, noch Habsucht besitzen.

‚Nirgends sind auf den Inseln feste Städte, sondern die Haüser sind einzeln gebaut, jedes mit seinem eigenen Garten und Acker; und die Ländereien der verschiedenen Eigenthümer sind durch schmale Wege getrennt, die durch Hecken von Straüchern gut beschattet sind.

‚Die Haüser des gemeinen Volkes sind aus dem Holze der Kokospalme gebaut und mit den Blättern gedeckt; aber die der Haüptlinge und der Wohlhabendsten aus Korallenstein, den sie zu diesem Zwecke an verschiedenen Orten auffischen; er nimmt eine gute Politur an, und wird in die verlangten Formen gehauen und gesägt. Zuerst ist er sehr weiß, verliert aber diese Farbe, nachdem er dem Wetter einige Zeit ausgesetzt gewesen; und wird mit der Zeit völlig schwarz.

‚Die Art der Auffischung der großen Korallenblöcke ist sonderbar. Ein auf den Inseln wachsendes Holz, Candou [1] genannt, ist, getrocknet, leichter als Kork; der Baum gleicht einigermaßen der Espe, auch in der Größe; er trägt keine Frucht und taugt nicht zur Feürung: aber seine Bretter werden wie unsere Tannen-Bretter gebraucht. Haben sie den Korallenblock, dessen sie bedürfen, aufgefunden, so wird, selbst in großen Tiefen, ein Tau von hinreichender Länge daran befestigt, denn beide Geschlechter sind äußerst geschickte Schwimmer und Taucher; Stücke von Candou werden dann versenkt und an den Block gebunden, bis es genug sind, um ihn flott zu machen, und nachdem er vom Boden abgelöst ist, steigt er, an seinem Floß befestigt, in die Höhe und wird durch dasselbe an die verlangte Stelle getragen. Dies Holz wird indeß bald vom Wasser durchdrungen, daher muß es an der Sonne getrocknet werden, ehe es wieder zu demselben Zwecke angewendet werden kann.‘

[1] Pyrard gebraucht das Wort Candou sowol zur Bezeichnung der Passagen zwischen den Atollons, als für schwimmendes Holz.

(Ich nehme hier Gelegenheit, zu bemerken, daß ein allgemeiner Glaube herrscht, daß die Korallenblöcke Pflanzen gleichen, daß ihnen eine Wurzel nöthig sei, daß, wenn sie blos an der Oberfläche abgerissen werden, sie fortfahren zu wachsen, sie aber auch ausgerottet werden können. Und nach diesem Grundsatze machte ein verstorbener Gouverneur der neüen französischen Kolonie St. Marie auf Madagaskar, durch Ausraümen, einen kleinen schönen Hafen an diesem Orte; und durch ähnliche Mittel können die Bewohner der Maldiven sich beständig gute Aus- und Eingänge von und zu ihren Atollons sichern. Und so sagt Pyrard — ‚wurde der Hafen der Insel Male, welcher voll von großen Felsen war, so daß die Fahrzeüge nicht darin ankern konnten, völlig von ihnen gereinigt und schiffbar und sicher gemacht.‘)

‚Es giebt zwei Sprachen auf den Maldiven, die gemeine, welche dem Volke eigenthümlich ist, und das Arabische, welches die gelehrte Sprache ist und sehr in Achtung steht; es ist für sie, was das Latein für die Christen.‘ (Es scheint auch, daß sie bis heüt ein eigenes Alphabet haben, verschieden von dem Arabischen und dem Sanskrit und deren abgeleiteten in Hindostan, Ava, Siam und den Malayischen Inseln. Es wird wie das Arabische von der Rechten zur Linken geschrieben und die Vokale auf dieselbe Weise durch Punkte bezeichnet. Von dieser Art ist ein Manuskript im Besitz von Sir Alexander Johnston.)

Nachdem ich so einen kurzen Umriß von dem bis jetzt über die Maldiva-Inseln Bekannten gegeben habe, werde ich der Gesellschaft einige flüchtige Bemerkungen mittheilen, die zu sammeln, ich Gelegenheit gehabt habe.

Über die Insel Diego Garcia, welche die südlichste der ganzen Gruppe ist, und die lange als mit keiner anderen verbunden betrachtet wurde, haben wir zahlreiche Nachrichten; und Hr. Horsburgh, in seinem Werke: East India Directory giebt eine vortreffliche Beschreibung derselben. Sie ist ein Verbannungsort für Aussätzige von Mauritius und Isle de Bourbon, die dort Kokosöl bereiten und Schildkröten zur Ausfuhr fangen; und sie ist in dieser Hinsicht in den indischen Gewässern so berühmt, wie Ascension im atlantischen Meere. Ihre Lagune bildet einen der schönsten Häfen in der Welt; aber man glaubt, daß es mehrere andere von ähnlicher Art und gleich gut in den andern Atollons gebe. Als ich im Jahre 1811 die Baracouta kommandirte, lief ich durch den westlichen Kanal ein und verließ ihn durch den östlichen, welchen ich, im Gegensatz von Hr. Horsburghs Bemerkung, völlig rein und sicher fand, mit nicht weniger als drei und einem halben Faden Wasser. Und es würde nichts leichter sein, als alle diese Inseln auf dieselbe Weise zu untersuchen; denn ihr Oberhaupt ist stolz darauf von den Briten auf Ceylon abhangig sein zu wollen, wohin er jährlich eine

Gesandschaft sendet, welche Geschenke von den Erzeugnissen der Insel überbringt und dafür andere nebst bestimmten Handelsprivilegien erhält.

Das Wort Atoll oder Atollon, zur Bezeichnung der Gruppen, worin die Maldiven getheilt sind, gebraucht, bedeütet eigentlich einen Kranz oder Kreis von Korallen, worauf die Inseln ruhen, und von denen sie eingeschlossen werden — kurz, den Seewall, welchen Pyrard beschreibt. Dieser erreicht an vielen Stellen kaum die Oberfläche des Wassers; an anderen bildet er ein langes sandiges Gestade, vielleicht weniger als sechs Fuß über dem Meeresspiegel, und das höchste Land in diesen Gruppen übersteigt, wie ich glaube, nicht zwanzig Fuß. Die Inseln sind in der That nur die höheren Theile, welche allmälig mit Erde und Vegetation bedeckt wurden, und die, sobald dies Statt findet, aufhören an Höhe zuzunehmen, wo dann die Arbeiten der kleinen Thiere, welchen sie ihr Entstehen verdanken, sich nach anderen Richtungen hinwenden. Ein merkwürdiger Umstand charakterisirt alle Inseln, welche gesehen oder besucht wurden und wird wol bei allen gefunden, nämlich ihre kreisförmige Gestalt, eine Lagune, oder was eine Lagune war, einschließend; dies ist um so auffallender, da es fast ohne Ausnahme bei allen Inseln dieser Entstehung vorherrschend gefunden wird. Z. B. die Inseln auf der Höhe des Kap St. Anne, bei Sierra Leone, (obgleich diese keinesweges von so reiner Korallen-Natur, wie die Maldiven und verschieden beschaffen sind, da sie an der Mündung einer beträchtlichen Meeresbucht liegen, wogegen die Maldiven einhundert bis dreihundert große Seemeilen von einem Kontinent, das keine großen Flüsse hat, entfernt liegen,) behalten noch diese Eigenthümlichkeit, bis auf die kleinste von ihnen, — eine isolirte Sandbank vor dem Eingange von Port Owen Tudor, mit keinem Grashalm, nur zweihundert Yards im Umfange, weniger als vierzehn Fuß hoch, liegt an der außeren Seite der Korallenmauer, zu der sie gehört und dem vollen Angriff des atlantischen Oceans ausgesetzt, — doch hat sie noch auf ihrem Gipfel zwei beträchtliche Teiche mit süßem Wasser, das einige Fuß tief ist. Und die Scherboro Insel, an derselben Küste, hat eine noch merkwürdigere Eigenthümlichkeit; denn an ihrer Südküste oder Seeseite ist ein Süßwasser-See von beträchtlicher Ausdehnung, genau in der Fluthöhe; und an der inneren Seite desselben und dicht an ihm ein noch größerer, mit Salzwasser.

Alle Maldiva Inseln von einiger Ausdehnung sind dicht mit Baümen, hauptsächlich Palmen, bedeckt; aber man sieht kein Gebaüde, wenn man an ihnen vorübersegelt, woraus man schließen kann, daß es kein Gebaüde giebt, welches höher wäre als ein Palmbaum. Da Pyrard bemerkt, daß die meisten von diesen Inseln Überfluß an süßem Wasser haben, vielen dasselbe aber ganz fehlt, so mögen einige Bemerkungen, über die regellosen und außerordentlichen Lagen, in denen es in den verschiedenen Theilen der Welt, gefunden oder nicht gefunden wird, und über seinen vermutheten Zusammenhang mit dem Wachsthum der Kokosnüsse, nicht mißfällig sein, da sie zu meinen eigenen Beobachtungen gehören.

Zu Madras, welches von Meerwasser umgeben ist, muß das reinste süße Wasser in Brunnen gesucht werden, die unter dem Meeresspiegel liegen; sonst ist das Wasser, wie tief auch die Brunnen gegraben werden, salzig; und dies ist das Land der Palmen und Kokosnüsse. Dagegen ist eine Kette von niedrigen Korallen-Inseln im Mozambique-Kanal, von den Portugiesen Primera-Inseln genannt, die keine Palmen aber zahlreiche stattliche Kasuarina-Baüme von den größten Dimensionen haben. Auf mehreren derselben wurden im Jahre 1823, von der Mannschaft der Lewen, vierzehn Fuß tiefe Brunnen gegraben, und viele ähnliche Versuche von anderen Seefahrern gemacht, aber immer ohne Erfolg; woraus sich eine andere Thatsache ergiebt, nämlich, daß der Kasuarinabaum nicht süßes Wasser für seine Wurzeln verlangt; in der That, ich habe ihn anderswo sogar auf Riffen, die meist vom Meere bedeckt waren, gesehen. Es möge auch hinzugefügt werden, daß diese Inseln in jeder Beziehung den schon angeführten Scherboro und Kap St. Anna Inseln in der Beschaffenheit und Lage, mit dieser einzigen Ausnahme gleichen; denn sie sind Korallen-Inseln und nahe bei einem großen Kontinent, welcher alle Palmen im Überfluß hervorbringt, mit vielen großen Strömen, welche sich in ihrer unmittelbaren Nähe ins Meer ergießen. Die große Comoro Insel endlich, welche dreißig große Seemeilen im Umfange hat und deren Berge sich, wie man glaubt, zu der Höhe von achttausend Fuß über dem Meere erheben, soll kein Wasser in ihrem Boden enthalten, da sie vulkanisch ist, obgleich sie Überfluß an Kokosbaümen hat; und sie ist daher sehr dünn bevölkert, und die Inwohner sind häufig genöthigt, den Durst ihrer Rinder mit der jungen Kokosmilch zu stillen, und sie selbst trinken nie eine andere Erfrischung. Dieser letztere Umstand zeigt indeß nicht immer einen Wassermangel an, denn auf allen Malayischen Inseln und auch in einigen Theilen von Madagaskar und der Ostküste von Afrika, wird, wenn man Wasser zum Trinken verlangt, immer eine junge Kokosnuß gebracht und mit abgeschnittenem Ende überreicht.

Diese Abhandlung soll jetzt schließen mit einigen flüchtigen Beobachtungen über die Strömungen und Fluthen in dem indischen Meere, welche, ohne vielleicht selbst von großem Werthe zu sein, einige Aufmerksamkeit auf diesen merkwürdigen Gegenstand erwecken mögen.

Alle Nachrichten stimmen überein, daß zwischen den Maldiven reißende Strömungen von Osten her zu gewissen Jahreszeiten sehr gewöhnlich sind, und noch heftiger zu anderen Jahreszeiten von Westen her. Im September 1806, oder gegen den Schluß des Südost-Monsuns, wurde vergleichungsweise geringe Strömung durch die Maldiven gefunden. Im Dezember 1810, mit dem Nordwest-Monsun [1], führte eine Strömung von mehr als vier Meilen in der Stunde die Baracouta durch den Äquinoktial-Kanal, und ihr Einfluß wurde merklich, doch mit geringer Stärke, weiter als auf dem halben Wege durch den Meerbusen von Bengalen empfunden; es ist auch bekannt, daß sie sich von den Seychellen her erstreckt, vierhundert Seemeilen westlich von den Maldiven, wie es das Antreiben der Coco-de-mer beweist.

Im November 1811 wurde eine ähnliche Strömung in denselben Gegenden angetroffen. Obgleich Strömungen in entgegengesetzter Richtung, von Osten her, im März, April und Mai und vielleicht später im Jahre vorkommen, so ist doch ihr Einfluß weder so ausgedehnt noch so heftig. Man glaubt daher, daß diese augenscheinlich beschleunigte Bewegung des Wassers im freien Ocean, durch submarine Hindernisse bewirkt werden müsse, die in den Regionen der Strömung der Oberfläche weit mehr genähert sind, als gegen den Südpol, von wo das Wasser herkommt.

Es ist eine beständige Strömung von den Querimba-Inseln, oder von Lat. 10° S., nach dem Kap der guten Hoffnung und in den atlantischen Ocean, welche die Küsten von Madagaskar umfließt. Diese Strömung ist besonders deütlich von der Sandbank von Pinda, bei Mozambique bis Quiliman, in dem Kanal dieses Namens, — um die Bank des Südendes von Madagaskar, und von dem St. Lucia-Flusse, ganz herum um die Agulhas-Bank. Hieraus könnte man schließen, daß der atlantische Ocean nur ein großes mittelländisches Meer sei, dessen Verdunstung von beiden Polen her ergänzt werden müsse; daß die Kanäle von Norden für diesen Zweck im Sommer unzureichend sind; und daß das Gefrorene im Winter ersetzt werden muß, weshalb ein beständiger Zufluß von Süden her, der Quelle der großen Tiefe, nothwendig ist. Nach dieser Hypothese würde auch nothwendigerweise eine Strömung um das Kap Hoorn gehen; was auch Thatsache ist; denn obgleich sie einige Meilen vom Kap nicht so deütlich ist, so ist sie doch hinreichend ausgezeichnet in den Straßen von Le Maire und Magellan.

Von Quiloa, an der Ostküste von Afrika, nordwärts nach dem rothen

[1] Die Monsuns im eigentlichen Indien werden in Nordost-Monsuns, vom Oktober bis April, und in Südwest-Monsuns, in den übrigen Monaten, unterschieden; aber in den östlichen Gewässern und im Süden der Linie, in Nordwest- und Südost-Monsuns. Bei den Maldiven sind die Nordwest- und Westwinde die herrschendsten.

rothen Meere, nehmen die Strömungen die Richtung der Monsuns an, und sind gleich stark nach beiden Richtungen, besonders zwischen Zanzibar und Mogadoxa, oder Mukdischa. Die Breite des Stromes starker Strömungen wird selten groß gefunden. Sie können im Allgemeinen nur von Schiffen, die sich sehr nahe an die Küste halten, oder die sie durchkreüzen, bis sie außer ihrem Einflusse sind, überwunden werden. Die, welche die Küsten streifen, dehnen sich selten so aus, daß sie die Schiffahrt mehr als zwanzig oder dreißig Seemeilen über Tiefen von hundert Faden, belästigen. An den öden Küsten des südwestlichen Afrika's hat man eine Menge Treibholz von solchen Dimensionen gesehen, wie nur von dem Mozambique-Kanal oder von Madagaskar geliefert werden konnte, wenn nicht Neü-Holland oder Java, als ihr Ursprung würde bezeichnet werden. Es ist auch merkwürdig, daß die oben beschriebenen Strömungen, wie sie von der Bewegung der Ebbe und Fluth abweichen, welche letztere bekanntlich halbtäglich ist, eben so auch von ihr in anderen Verhältnissen abweichen. Die Fluthen sind immer sehr reißend um die Zeit der Syzygien, die Strömungen zu dieser Zeit sehr schwach; und wenn die Fluthen am niedrigsten sind, dann sind die Strömungen am reißendsten. Diese Beobachtung ist an den Theilen der Küsten von Afrika, welche den Strömungen ausgesetzt sind, von dem rothen Meere bis zu der Gambia, bestätigt.

Die Erscheinungen der Ebbe und Fluth erfordern auch noch einige genaue Erforschung, um von allen ihren Wirkungen hinreichend Nachricht zu geben. So ist volle Fluth bei Sicilien, etwa sechs oder sieben Stunden, ehe sie bei den Dünen voll ist, welche mehr als hundert große Seemeilen entfernt sind; und es ist eine allgemeine Bemerkung, daß die Wassermasse zur Erzeügung des Unterschiedes zwischen der vollen Fluth und der Ebbe, wenigstens diese Entfernung durchlaüft. Aber wenn dies wahr wäre, so müßte das Wasser fünfzehn Meilen in der Stunde machen; wogegen die Fluthen im Kanal nie über zwei Meilen, ausgenommen an den Küsten und dann selten mehr als vier Meilen zurücklegen. Nehmen die Fluthen auf irgend eine Weise Theil an der Natur der Wellen (billow or wave), deren Bewegung nicht von derjenigen der Wassertheilchen woraus sie bestehen, abhangt und ihr sogar entgegengesetzt sein kann? Die sehr abweichenden Erscheinungen im südlichen Ocean verdienen Berücksichtigung. Es ist Fluth bei Mauritius zwischen zwölf und ein Uhr, und an der ganzen Ostküste von Afrika, so wie an beiden Küsten von Madagaskar, vom Kap Guardafui bis Delagoa Bai, fast zu derselben Zeit, oder zwischen halb vier und halb fünf Uhr, das heißt, in den gegen den Ocean gekehrten Häfen, wo die Fluth nicht über eine große Ausdehnung erreichbarer Lothtiefen zu fließen hat. An dem äußeren Rande der Lothungen in der ganzen Erstreckung, tritt, wie sich behaupten läßt, Hochwasser bei Voll- und Neumond ungefähr um drei Uhr ein, am Kap der guten Hoffnung eine halbe Stunde früher, oder zwischen zwei und drei Uhr; und nahe zu derselben Zeit im ganzen südatlantischen Ocean, aber um so später, je mehr man nordwärts geht. Zu St. Paul de Loando, Fernando Po, Ascension, und Fernando Noronha, in dem atlantischen Ocean, und zu Delagoa-Bai, Mozambique und Mombas, in Ost-Afrika, ist Fluth am Tage des Vollmondes und des Mondwechsels nahe zu derselben Zeit, nämlich von vier bis halbfünf Uhr, und es ist Fluth zu Rio Janeiro fast in dem nämlichen Augenblick, wie am Kap der guten Hoffnung, nämlich zwischen zwei und drei Uhr. Zu Sierra Leone und Gambia und zu Sofala, welche innerhalb der Küsten-Linie der Lothungen liegen, werden die Fluthen um fast drei Stunden verspätet.

Dies sind flüchtige Bemerkungen; aber ich glaubte, diese allgemeine Übersicht des Gegenstandes möchte einiges Interesse erregen, da die verschiedenen Schriften, in denen die Fluthstände aufgezeichnet sind, sehr von einander und viele derselben von der Wahrheit abweichen; was beweisen mag, daß dies ein weites Feld ist, einer genaueren Untersuchung und eines tieferen Studiums würdig, als es bis jetzt noch erfahren.

XIX. — Nachricht über die Kokos- oder Kiling-Inseln. Eingesandt vom Contre-Admiral Sir E. W. C. R. Owen, K. C. B., und mitgetheilt von John Barrow, Esq. M. d. K. S. Gelesen am 24sten Januar 1831.

Die Kokos- oder Kiling-Inseln erstrecken sich von Lat. 12° bis Lat. 12° 14′ S., in Long. 97° 4′ O. Grw. (94° 44′ O. Paris) und sind jetzt im Besitz zweier Engländer, Alexander Hare, Esq. und Kapt. J. C. Roß, die es unternommen haben, sie urbar zu machen. Sie scheinen ganz aus Korallen gebildet zu sein, — der Sand und die Bruchstücke, welche aus den Brunnen gegraben wurden, sind ohne Ausnahme von derselben Masse, abgerundet durch die Reibung im Wasser, wie die, welche jetzt die Ufer und den Strand bilden. Die kreisförmige Gestalt der Gruppe, so wie der getrennten nördlichsten oder Kiling-Insel, mag jedoch die Ansicht unterstützen, daß sie ursprünglich auf submarinen, längst erloschenen Vulkanen ruhen, obgleich keine Spuren vom Vorkommen der Erdbeben oder anderer Natur-Umwälzungen jetzt sichtbar sind.

Rund um den äußern Rand der Inseln ist das Ufer durch die Brandung zwölf bis ein und zwanzig Fuß hoch über den Meeresspiegel (Fluthmarke) aufgethürmt; und das Innere ist im Allgemeinen nicht höher, als drei bis sechs Fuß über diesen Wasserpaß.

Der Boden besteht hauptsächlich aus feinem kalkigen Sande, der an einigen Stellen merglig ist, an anderen aber aus abgerundeten Korallen- und Muschelstücken, mit einer geringen Mischung von vegetabilischer Erde besteht. Er ist einen bis zwei Fuß tief und liegt auf einer starken Unterlage von zusammengehäuften Korallen und Muscheln. Bimsstein und Lava werden in Menge vom Meere an die Küste geworfen und fügen durch ihre Zersetzung allmälig einige Erde hinzu.

Das Haupterzeügniß der Inseln ist; — Erstens, die Kokospalme, welche, da sie gehörig gelichtet werden, so ergiebig, wie in irgend einem Theile der Welt, werden kann.

Zweitens. — Ein Baum, der hartes Holz von dunkler Farbe liefert, das nicht nur zur Feüerung sondern auch zu Bauholz für kleine Fahrzeüge und Schiffe bis zu dreihundert Tonnen brauchbar ist.

Drittens. — Ein Baum, dessen Laub in Größe und Form dem des Buchsbaums gleicht. Das Holz ist hart und schwer, von röthlicher Farbe, und zu kleinen Stücken bei Maschinenbau und zu Bauholz für Boote geeignet. Die Rinde, welche eine ungewöhnliche Menge Gerbestoff enthält, kann zur Gerberei und zur Aufbewahrung von Netzen gebraucht werden.

Viertens. — Ein großer, gradgewachsener Baum, welcher Pfähle und Sparren zu Queerbalken liefert. Unter Bedeckung ist es dauerhaft, aber einem schnellen Verderben unterworfen, wenn es der Luft ausgesetzt wird.

Fünftens. — Ein anderer großer gradgewachsener Baum, mit Blättern und Früchten, welche dem Königsbaum der westindischen Inseln gleichen. Das Holz ist jedoch weich und von geringem Werthe.

Sechstens. — Ein Baum, haüfig von großen Dimensionen, dessen Holz sogar schneller verdirbt, als es trocknet. Seine Blätter können als Küchengewächs gebraucht werden: sie sind ein gutes Futter für Schweine, und geben mit den Stämmen dem Boden eine beträchtliche Menge vegetabilischer Erde.

Siebentens. — Der von den Javanesen Waru genannte Baum. Sie pflanzen ihn, seines Schattens und seiner Blüthen wegen vor ihre Haüser. Das Holz ist brauchbar und dauerhaft, und die Rinde, wenn sie ausgewachsen ist, bietet ein gutes Material dar, um Bindfaden oder Angelschnüre daraus zu machen.

Achtens. — Der Tschinkauen oder Dadap, ein grüner Baum mit weichem Holze und stachlichter Rinde; er dient in Sumatra dazu, den Pfefferbaum daran zu ziehen.

Neüntens. — Ein Baum, dessen aufgeschnittene Frucht einem Rosinenkuchen gleicht und eingemacht werden kann. Seine Wurzeln geben, geschabt und in eine Lauge von Potasche gelegt, eine Scharlachfarbe.

Es giebt einige andere zerstreüte Baüme, und staudenartige Gewächse, welche ziemliches Brennholz liefern und nahe an der Küste wachsen.

Zehntens. — Mehrere Species von Schlingpflanzen, von denen eine oder zwei höchst antiskorbutisch sind und zu Salat gebraucht werden können.

Eilftens. — Es kommen etwa vier Arten von Gras vor, alle sind strenge und bitter und behagen dem Vieh nicht.

Es möge bemerkt werden, daß alle diese Erzeügnisse durch das Meer können fortgeführt werden, in welchem ihre Saamen und Wurzeln ihre Keimkraft lange behalten.

Zwei Species des weißen Seeraben und der Fregattenvogel sind besonders zahlreich um diese Inseln, und mehrere andere Seevögel besuchen sie zuweilen. Einige Kraniche, blaülichgrau und weiß, Strandlaüfer und eine Rallen Art, sind alle hier vorkommende Vögel ohne Schwimmfüße; eßbare Landkrabben finden sich reichlich.

Schildkröten sind sehr zahlreich, und können ohne Schwierigkeit in allen Jahreszeiten gefangen werden.

Viele Arten von Fischen, fast alle wohlschmeckend, sind um alle Inseln und in allen Buchten in großem Überflusse vorhanden. Haifische sind nicht sehr zahlreich, aber eine kleine Species mit schwarzen Spitzen an dem Schwanze und den Flossen, ist besonders haüfig. Giftige Fische sind noch nicht gefunden. Weder Seehunde noch Reptilien oder Schlangen leben bei diesen Inseln.

Seit der Errichtung der Niederlassung sind folgende Pflanzen und Thiere eingeführt worden und werden wahrscheinlich gedeihen: — Der Feigenbaum, der virginische Maulbeerbaum, Pompelmusbaum, Flaschenbaum, Pomeranzenbaum, Zitronenbaum, Langsap, Dsjambu, Alay, Tamarindenbaum, Granatbaum, Papayabaum, Mongua, Tandjung, Tschilies, Aloe, die Waldrebe, Howeang-Straücher, mehrere Gewächse von Mauritius, Lemonien-Gras, und fünf Arten von gutem Grase für das Vieh; die Baumwollen-Staude von Bourbon, zwei Arten Zuckerrohr; sieben Arten Pisang und Bananen; Kladdy; eine außerst mehlige Art großer Pheben-Kürbisse; gemeiner Kürbis, Brindjals, Wassermelonen, verschiedene andere indische Pflanzen, süße und gemeine Kartoffeln. Wärend die Sonne sich in der nördlichen Halbkugel befindet, treiben Lauch mit lilienförmigem Blatt, Petersilie, Sellerie, Sallat, Endivien, Senf, Kresse, Rüben, Rettig und Kohl; aber es ist nicht gelungen, Saamen von ihnen zu erhalten. Der sehr ergiebige Mais blüht das ganze Jahr und giebt in dieser Zeit vier auf einander folgende Ernten. Kafferkorn, vom Vorgebirge der guten Hoffnung, wird beinah fünfzehn Fuß hoch. Rindvieh, Ziegen, Schweine, Federvieh, Enten, Gänse und Truthühner sind auch eingeführt worden.

Das Klima ist, obgleich warm, vollkommen gesund. Die Schwankungen des Thermometers sind, in der heißesten Jahreszeit, von 78° F. (20°,4 R.) bis 86° F. (24°,0 R.) und in der kältesten, von 72° F. (17°,8 R.) bis 81° F. (21°,8 R.). Die herrschenden Winde, von Süd bis Ost, sind wegen der Nähe des Nordwest-Monsuns, der vom Januar bis März währt, Störungen unterworfen. Nicht zwei Jahreszeiten sind bisher seit der Bildung der Niederlassung, gleich gewesen; aber bis jetzt haben sie nur eine gelegentliche Bö aus Norden oder Westen von einigen Stunden gehabt.

Das süße Wasser, welches man aus den auf den Inseln gegrabenen Brunnen erhält, ist gut, gesund und überflüssig vorhanden. Der Ankerplatz ist sicher — die enge Öffnung zwischen den Riffen der Inseln Horsburgh und Direction gestattet einer schweren See keinen Eingang, wie wir es unlängst, wärend einer nördlichen Kühlte erfuhren. Der Kanal, welcher zu dem inneren Ankerplatz führt, hat nur 3¾ Faden bei der Ebbe und ist, fast eine Meile weit, gewunden und eng. Kein Schiff, welches mehr als zwölf Fuß Wasser zieht, kann sicher hinein segeln; aber Schiffe die gekielt werden müssen, können zu diesem Zwecke in das innere Bassin der Direction-Insel gewerpt werden. Es kann indeß, außer zur Sicherheit im Kriege, keine Veranlassung geben, in den Hafen, jenseits des äußeren Ankerplatzes einzulaufen. Die Verwickelung des Einganges ist dann ein Vortheil.

Die Fluth tritt am Ankerplatze bei Voll- und Neumond etwa um halb fünf Uhr ein. Ist die Sonne nahe am Äquator, so sind beide Fluthen fast gleich, und steigen drei und einen halben bis vier Fuß. Wenn die Sonne nahe am südlichen Wendekreise, so steigt die Zenith- oder Abendfluth fünf bis fünf und einen halben Fuß, und die Morgenfluth einen und einen halben bis drei Fuß. Das Gegentheil findet Statt, wenn die Sonne nahe dem nördlichen Wendekreise steht.

XX. — Tagebuch einer Reise durch Azerdbidjan und längs der Küsten des Kaspischen Sees. Mitgetheilt vom Colonel Monteith, v. d. O. J. K. Gelesen am 13ten Februar 1832.

Von Sr. K. H. Abbas Mirza beauftragt, die ganze Provinz Azerdbidjan, welche unmittelbar unter seiner Verwaltung steht, so wie die Provinz Ghilan und die Küsten des Kaspischen Sees zu besuchen, begab ich mich zuerst auf den Gipfel des hohen Gebirges Sahend, das, zwischen Tabriz und Maradja gelegen, eine höchst merkwürdige geographische Gestaltung bildet, indem es ganz isolirt grade, im Mittelpunkte von Azerdbidjan steht und sich zu der Höhe von 9000 Fuß über den Meeresspiegel erhebt. Von diesem Gebirge fließen die Ströme herab, welche sowol Tabriz und seinen Distrikt, als auch Maradja allein mit gutem Wasser versorgen. Es war mir jede Erleichterung bei der Anwendung der Instrumente gewährt und gestattet, so lange, als ich es für nöthig halten mögte, in Gegenden zu verweilen, welche die Reisenden immer in großer Schnelligkeit durchreisen mußten, sowol aus Mangel an Unterhalt, als auch wegen der Gefahren von den Kurden und anderen Raubern, welche die ganze Gränze unsicher machen. Von Tabriz zog ich — am ersten Tage, 10. August — längs der Ufer des Bosmitsch Flusses, den ich bis an seine Quelle verfolgen und bestimmen sollte, ob einer von den Strömen, welche von dieser Bergmasse, Sahend, herabfließen, in ihn geleitet werden könnte. Vier Meilen weit führt die Straße durch ein enges Thal, das völlig von den Vorstädten und Gärten eingenommen wird; letztere sind ganz durch Gräben aus dem vorhin erwähnten Strömen bewässert.

Das Klima ist hier viel kühler, als zu Tabriz und zwischen dieser und der Westseite der Stadt ist ein Unterschied von fünfzehn Tagen in der Zeit der Fruchtreife. Zur Rechten ist eine niedrige Reihe von Thonschiefer-Bergen, mit Gyps vermischt, in dem sich einige schwache Spuren von Steinkohlen finden. An der linken Seite sind die Berge viel höher und zeigen ein zerrissenes, unzusammenhangendes Ansehn; bestehen allgemein aus Pudding- und Sandstein, die stark von Eisen gefärbt und durch die zahlreichen Erdbeben, denen Tabriz unterworfen ist, zerrissen sind. Mit der zwölften Meile erreichte ich das schöne Dorf Bosmitsch; es liegt auf einer kleinen Ebene die drei Meilen im Durchmesser hält, durchgängig sumpfig und wo das Klima merklich kälter ist, als das von Tabriz. Da die berühmte Höhle von Secundereah, ähnlich der Grotta del Cane in Italien, nur sechs Meilen entfernt war, so begab ich mich nach dem Dorfe Secunderеah, am Eingange eines starken Engpasses, der durch den Strom Sind Abad gebildet wird; und nachdem ich mir eine Anzahl Dorfbewohner mit Werkzeügen, Brennmaterialien u. s. w. verschafft hatte, reiste ich ab, fest entschlossen, die Höhle zu untersuchen, oder wenigstens zu bestimmen, bis zu welchem Grade das schädliche Gas vorhanden sei; wir nahmen auch einige Vögel mit, um zu sehen, welche Wirkungen es auf sie hervorbringen werde. Nach einem ermüdenden Marsche von drei Meilen, eine felsige und steile Schlucht aufwärts, erreichten wir den Eingang dieser seltsamen Höhle, deren Mündung fünfzig Fuß breit und dreißig Fuß hoch ist, und sehr schnell zu einer Tiefe von dreißig Fuß sich hinabsenkt.

Die Führer machten Feüer an einem Bündel Reisholz und fanden die Luft viel weniger schädlich, als gewöhnlich; und nur bei einem Hinabsteigen von zehn Fuß fühlten wir einige Unbequemlichkeit. Wir standen durchaus auf Knochen einiger Thiere, die hier bei einer früheren Gelegenheit umgekommen waren; wir bemerkten einen Hund, einen Hirsch und zwei Füchse: der Kopf eines Wolfes lag in einiger Entfernung. Wir verjagten zu gleicher Zeit eine große Anzahl Tauben, die in dem Dache der Höhle nisteten, und fanden, daß das Feüer, wenige Fuß tiefer, als wir standen, verlöscht war, und die Vögel in einer halben Minute starben. Die Seiten der Höhle hatten mehrere Spuren von Schwefelanflug zwischen dem weichen Sande und Kalkstein, welche auch stark mit Eisen gefärbt waren. Obgleich das mit trocknem Reisholz und Dornbüschen angezündete Feüer, selbst als es mit Naphtha besprengt wurde, sogleich erlosch, so brannten doch Zündruthen und Zunder fast eben so lange, wie in der freien Luft. Ich konnte daher eine Quantität Schießpulver am Boden selbst entzünden, die Menge belief sich zuweilen auf mehrere Pfunde, und da es oft wiederholt wurde, so füllte sich die Höhle so gänzlich mit Dampf an, daß wir nicht länger etwas am Boden erkennen konnten. Als wir wieder einige Vögel hineinwarfen, flohen sie sogleich und das Feüer brannte am Boden. Ich wollte indeß keinem von den Leüten erlauben, hinabzusteigen, was sie gern zu thun schienen, auch ein Hund lief hinein und kehrte in einigen Minuten zurück. Bei einer früheren Gelegenheit, als diese Höhle von einer Partei der Gesandschaft, bei der sich Hr. Browne, der berühmte afrikanische Reisende, befand, besucht wurde, wollte das Feüer, zwei Fuß unter dem Eingange nicht brennen, und man fühlte eine Beängstigung dicht an der Mündung der Höhle. Hr. Browne ging einige Schritte hinein, indem er den Athem anhielt, aber ein englischer Offizier, welcher zur Gesandschaft gehörte, wäre fast umgekommen, als er ihm zu folgen suchte. Er wurde augenblicklich herausgezogen und erholte sich nur schwer. Im Winter (bei meinem zweiten Besuche) als ein starker Nordwest-Wind einige Tage grade in die Mündung der Höhle geweht hatte, konnten wir überall herumgehen und nur in einem tiefen Loche am Boden war einige schädliche Luft vorhanden, worin ein Vogel in zwei Minuten starb, der, nach seinem Geschrei zu urtheilen, viel leiden mußte. Sechszig Fuß weiter fanden wir die Höhle wieder ansteigend, und ein Wenig rechts gekrümmt; dann wurde sie außerordentlich eng und sehr niedrig, und bildete eine Art von Durchgang, welcher nicht aufrecht zu stehen erlaubte; wir konnten das Ende derselben, selbst mit einer Reflektions-Lampe nicht sehen, und Keiner von uns fühlte sich geneigt, die Entdeckung zu verfolgen. Ich habe diese Umstände nur erwähnt, um zu zeigen, wie sehr die Ausdehnung und Stärke des Gases durch den Zustand der Atmosphäre und durch besondere Umstände bedingt wird. Da der Boden der Höhle sich schnell, sowol nach der Thalschlucht, als nach innen, senkt, so möchte er mit geringer Schwierigkeit hinwegzuraümen und dem schädlichen Gase zu entweichen gestattet sein, aber mit Ausnahme eines Winterstalles für Schafe würde sie sich zu keinem anderen guten Zwecke eignen. Hier war früher ein menschliches Skelet, welches weggebracht worden ist; es war das eines alten Mannes in dem Dorfe, der, lebenssatt, dieses Mittel ergriff, um sein Elend zu endigen. Die Landleüte betrachteten es fast als ein Wunder, daß die Höhle zugänglich sei, waren aber sehr getaüscht, da sie den Schatz nicht fanden, den Alexander hier niedergelegt haben soll, wovon sie den Namen erhalten hat. — Kehren wir nach Bosmitsch zurück.

Der Fluß kommt hier aus Süden durch ein steiniges, aber fruchtbares Thal; das Dorf Lewan liegt sechszehn Meilen oberhalb. Hier ist die Ärnte zwei Monate später, als in der Ebene und von dieser beginnt das Ansteigen des steilen Abhangs des Sahend. Das Thal wird jetzt zu einer engen und tiefen Schlucht, welche viele sonderbare Massen eines sehr weichen Sandsteins zeigt, von unzähligen Löchern durchbrochen wie eine Honigscheibe, und worin das Volk viele Ställe, zum Unterbringen des Rind- und Schafviehs im Winter, wie auch des Getreides u. s. w. ausgehöhlt hat. Nach drei Meilen passirte ich einige lauliche Quellen, die stark mit Eisen geschwängert waren, welches den Rand des Bodens mit einer rothen Substanz überzog. Das Ansteigen wurde jetzt sehr steil längs der Ufer desselben Stromes — hier ein schmaler, aber reißender Gießbach; und nach zwölf Meilen erreichte ich einen kleinen ebenen Platz, bedeckt mit schwammigem Moos, mit einigen sehr tiefen Löchern und einem kleinen See, welcher von geschmolzenem Schnee entstanden ist, der indeß, an geschützten Stellen, in dieser Höhe niemals schmilzt. Ich fand, daß das Wasser bei 196° F. (72°,9 R.) kochte, was, mit Hinzufügung von 300 Fuß, für die gemessene Höhe des nächsten Piks, eine genäherte Höhe von 8500 Fuß über dem Meeresspiegel giebt. Von diesem Punkte war der Ararat (in N. 38° W. nach dem Kompas) und das ganze Land, welches man eigentlich Azerdbidjan nennt, sichtbar. Ich blieb hier vier Tage, und fand das Thermometer nie über 60° F. (12,° 4. R.) und des Nachts fror es beständig; die größte Kälte war 27° F. (— 2°, 2 R.). Nachdem die Quellen aller vom Sahend herabfließenden Ströme besucht worden waren, überzeugte ich mich, daß, mit Ausnahme des Karangu, der durch Huschlerud in den Kizil-Ouzan und den Kaspischen See fließt, alle Gewässer in den Rhumia-See fallen. Das Wetter war unverändert heiter und schön, so daß wir sehr genau Bestimmungen der Hauptpunkte für die Karte machen konnten. Da ich fand, daß keiner der Ströme für den verlangten Zweck geeignet war, so stieg ich herab von den Bergen längs des Karangu-Flusses, in den Distrikt von Huschlerud (acht Flüsse) und machte Halt bei dem schönen Dorfe Khalifa, von dem bis nach Sares-Kend, der Hauptstadt des Distriktes, fünfzehn Meilen sind, wo ich einige Tage zu bleiben beschloß, um die Kulla Zohak genannten Ruinen zu besuchen, so berühmt in den persischen Romanzen als die Residenz eines Tyrannen, der täglich zwei seiner Unterthanen den Schlangen opferte, von denen er gequält wurde. Dies beweist jedoch nur, daß sie von größerem Alter wären, als das die Bewohner des Landes jetzt dafür angeben können. Früh am folgenden Tage fuhr ich den kleinen Bach, Sares-Kend hinab, der vier Meilen weiter in den Karangu fällt, welcher hier ein beträchtlicher Strom ist. Wir durchwateten ihn mit einiger Schwierigkeit und erstiegen den steilen Felsen, worauf die Festung steht: obgleich ein Theil ihrer Mauern auf den jähen Felsen erbaut ist, unter welchen der vorhin erwähnte Strom fließt, so mußten wir doch zwei Meilen zurücklegen, ehe wir das ehmalige Thor erreichen konnten — überall umgeben von tiefen Schluchten, die zur Rechten bildet der Schur Tschin, ein kleiner von Süden kommender und so salziger Fluß, daß sein Wasser zum Trinken untauglich ist. Beim Eintritt in die Ruinen war es sehr leicht wahrzunehmen, daß sie lange vor der mohammedischen Zeitrechnung erbaut wurden, sowol wegen der Einfachheit der Konstruktion, als auch wegen der halbkreisförmigen Bogen, und des völligen Mangels arabischer Architektur. Es wurde in der That nicht eine einzige Inschrift gesehen, und es war höchstwahrscheinlich schon eine Ruine vor der Eroberung dieses Theiles des Landes. Es scheinen früher zwei Festungen gewesen zu sein, die eine gegen Süden, die stärkste und höchste und die andere gegen Norden, welche, wie ich mir vorstelle, ein Palast gewesen sein muß. Ein leichter und schöner halbkreisförmiger Bogen, der ohne Zweifel eine Thür oder ein Fenster war, steht noch an dem steilen Abhang nach dem Karangu hin. Er ist 14 Fuß hoch und acht Fuß breit; über ihm war früher, wie man mir sagte, eine Steinplatte mit einer Inschrift, aber ich suchte vergebens danach unter den Ruinen, obgleich ich allen Schutt, der unter den Bogen gefallen war, hinwegraümte. Meine Führer erzählten mir, daß sie erst kürzlich müsse heruntergefallen oder herabgenommen worden sein, denn sie erinnerten sich derselben genau, und daß sie einige unbekannte Buchstaben darauf gesehen hätten, auch vermutheten sie, daß sie, mit einigen anderen behauenen Steinen, noch in der Residenz des Khan zu Sares-Kend, zu deren Bau eine Menge Material von diesen Ruinen entnommen wurde, möchte aufzufinden sein. Keine andere Inschriften irgend einer Art wurden gefunden; aber ich habe nicht den geringsten Zweifel, daß es das alte Atropatana ist, welches man irrthümlich als zu oder bei Miana befindlich, angenommen hat. Die beiden Festungen sind 500 Yards von einander entfernt und an der Südostseite durch eine starke Mauer, deren Flanken durch Thürme gedeckt sind, verbunden. Beim südlichen Kastell stehen diese weit dichter, als beim andern, auch ist es besser mit Schießscharten versehen, die noch gut erhalten sind. Die Mauern sind fester, und das Ganze scheint eine Art von Citadelle der Festung gewesen zu sein. Diese beiden Kastelle sind an der Südostseite, längs des Bergrandes verbunden; gegen Nordwest war keine Verbindung nöthig, da der Fels hier eine senkrechte Höhe von 200 Fuß hat. Es hatte sich noch eine Sage erhalten von der Belagerung dieses Platzes durch die Truppen von ganz Persien, als sie durch die Grausamkeit des Zohak zur Empörung getrieben wurden; und sie bezeichneten die Posten, welche von den Truppen von Khorasan, Arabien und Fars eingenommen, und durch eine Anzahl halbkreisförmiger etwa vier Fuß hoher Verschanzungen aus losen Steinen bestehend, kenntlich waren, genau gleich dem Lager des Nadir Schah in seinen Türkenkriegen. Seine natürliche Festigkeit würde ihn zu einer Gränzstadt, wie Atropatana nach der Beschreibung gewesen sein soll, geeignet haben; und die Fruchtbarkeit des umliegenden Landes, sein Wasserreichthum und seine Lage auf der graden Linie, welcher die Straße von Parthien nach Ganzaca damals folgen mußte, bestätigen die Vermuthung. (Tabriz konnte es nicht gewesen sein, wie von den meisten Schriftstellern behauptet wird.)

Da ich dem Flusse, welcher hier durch eine tiefe Felsenschlucht fließt, bis zu dem Punkte gefolgt war, von dem ich früher ausging, so kehrte ich zu den Steinsalzgruben, zwölf Meilen südlich von Zohak, zurück; und überschritt eine hohe Bergreihe, welche den Distrikt Tap-Tap begränzt und jetzt ganz dem großen Stamme der Schekakies, die ihr Vieh wärend der Sommermonate hier weiden, überlassen ist. Ich stieg auf einem sehr beschwerlichen Wege in das Bette des Subliga, eines Zuflusses des Djagatty, hinab. Am folgenden Tage ging ich nach Lylau, bei dem ein großer Damm queer über den Fluß, der zu dieser Jahreszeit fast trocken war, aufgeführt worden ist; und unmittelbar bei diesem Dorfe sah ich ausgedehnte Ruinen von denjenigen festen Erdwällen, welche alle alten Städte in Persien karakterisiren. Das Volk konnte uns keine Nachricht über sie geben, außer, daß sie glauben, sie seien von Eüropäern erbaut und von den ersten mohammedischen Eroberern zerstört worden. Die Ausdehnung der Mauern kann nur sehr unvollkommen verfolgt werden, und der Fluß scheint haüfig seinen Lauf verändert zu haben — was bei dem vollkommen ebenen Lande und der weichen Beschaffenheit seiner Ufer, nicht zu bewundern ist. Wärend des Frühlings steht der größere Theil der Ebene unter Wasser, entweder durch das Übertreten des Djagatty oder des Tatowa, die nur drei Meilen von einander entfernt sind. Sie war zu allen Zeiten berühmt wegen der Menge und Vortrefflichkeit ihrer Weiden, und deshalb der Lieblings-Aufenthalt vieler tatarischer Fürsten. Die Hauptstadt Tabriz scheint viel zu weit nördlich zu liegen, um mit der Lage von Ganzaca übereinzustimmen, wie es bei diesen Ruinen der Fall ist; und liegt in dem kältesten und unfruchtbarsten Theile von Azerdbidjan, ist daher wenig geeignet zu Winterquartieren für ein so großes Heer, wie das des Kaisers Heraclius bei seinem zweiten Zuge nach Persien war. Sie befinden sich auch bei der Vereinigung der drei Straßen, die von Ktesiphon, damals Hauptstadt von Persien, nach Senna, Soudj-Bulak und Burrandizi führen. Die Ruinen haben etwa vierzehn Meilen im Umfange und ihre größte Ausdehnung liegt in der Richtung von Osten nach Westen. Die Stadt bestand ganz aus Haüsern von Luftsteinen oder Lehmgebaüden, auch ist hier nichts, was die Aufmerksamkeit erregt. Es sind indeß unlängst mehrere Dörfer an ihrer Stätte erbaut, und seit vielen Jahren ist das Volk beschäftigt gewesen, auf Salpeter zu bauen, was jede Ruine, die vorhanden gewesen sein möchte, zerstört haben muß. Ich untersuchte die ganze Ebene bis zum Rhumia-See, der hier nur einige Zoll tief ist, konnte aber keine Ruinen von Bedeütung finden, ausgenommen bei Satelmisch, wo man auf einem kleinen Kalkstein-Felsen, noch die Trümmer eines, jedoch nicht beträchtlichen Feüertempels sieht. Ein Kurden-Haüptling erzählte mir von einer anderen eüropäischen Stadt, die jetzt in Ruinen liegt und Scheher-Subz genannt wird. Ich ging dreißig Meilen mit ihm auf der Soudj-Bulak-Straße, und sah nur eine kleine, aber sehr alte Festung, offenbar zur Bewachung dieses Haupt-Einganges in Kurdistan bestimmt, ohne Inschriften und wichtige Trümmer. Zwölf Meilen von Soudj-Bulak und nicht weit von hier, war einer der am besten erhaltenen Feüertempel, die ich in Persien gesehen habe. Er wurde von acht aus dem Felsen gehauenen Saülen getragen und ist nur zugänglich vermittelst einer Leiter; der Altar war vortrefflich, so wie auch einige leidliche Reliefs, Priester darstellend, welche das heilige Feüer bedienen, denen vollkommen gleichend, welche auf den sassinischen Münzen vorkommen. Einige Inschriften in Keilschrift sollten vorhanden sein, wir waren aber nicht so glücklich, sie aufzufinden.

Nachdem ich die Aufnahme der Ebene vollendet hatte, fuhr ich wieder den Djagatty hinauf, der, sechs Meilen von Lylau, durch ein enges, sehr angebautes und mit Dörfern angefülltes Thal fließt. Bei der dreizehnten Meile erreichte ich Sienkulla, die Hauptstadt des eben so genannten Distrikts, bei der sich die beiden Hauptarme des Djagatty vereinigen; der eine, dem ich folgen wollte, kommt von Tukht-Suliman, der andere aus der Nähe von Banna, in Kurdistan. Da dies eine Hauptstation ist, so blieb ich vier Tage, um astronomische Beobachtungen anzustellen, ging dann längs des östlichen Flußarmes und kam bald in ein sehr enges Thal, das wir weiter hinauf stiegen, mit sehr hohen Bergen zur Linken, die einen Theil der Bergmasse Sofa Khona bilden. Bei der eilften Meile kam ich über eine Bergreihe, durch die der Fluß eine sehr enge, nicht mehr als 20 Fuß breite Passage, mit senkrechten Felsen zu beiden Seiten, gebrochen hatte. Unmittelbar beim Herabsteigen kam ich wieder zu dem Flusse, an dessen linken Ufer eine Quelle ist, die stark mit Gas durchdrungen ist, wie das Selterser Wasser. Es ist ein kleines rundes Becken, von vier Fuß im Durchmesser und etwa drei Fuß hoch; obgleich das Wasser 30 Zoll hoch getrieben wird, so fließt doch nur wenig aus. Das Becken ist offenbar durch den allmäligen Absatz der Gewässer gebildet. Es wird im Lande Yakout Buttak genannt, da zuweilen Smaragde sollen ausgeworfen worden sein. Ich hob ein kleines Stück eines grünen Quarzkrystalles auf, was vielleicht der Quelle den Namen gegeben hat. Bei der zwanzigsten Meile überstieg ich eine andere Kette, Sursat genannt, und ging dann über eine sehr erhöhte Strecke ebenen Landes, zehn Meilen weit, als wir das kleine Dorf Youngalli, von Kurden des Mekri-Stammes bewohnt, erreichten. Zu unserer Linken waren die Berge von Balkas; auf deren Gipfel ein muhammedisches Grab Yakoub Ansar genannt, sich befindet. Das Land, über welches wir auf den letzten zehn Meilen passirten, war 5000 Fuß hoch, kalt und dürre, und die wenigen Kurden- und Affschar-Dörfer arm und elend; wir verschafften mit Mühe um jeden Preis die nöthigen Vorräthe für uns und unser Vieh. Am folgenden Tage kamen wir durch ein reicheres Land, das von mehreren schönen Strömen aus den Balkas-Bergen bewässert wird, und bei der fünfzehnten Meile erreichte ich das Kastell und Dorf Tscherak Tihha, die Residenz von Mahomed Khan, Oberhaupt dieses Zweiges der Affschars, an den Ufern des Seriffchan Flusses, welcher die Hauptquelle des Ost-Armes vom Djagatty ist. Nachdem wir uns eine Anzahl Reiter verschafft hatten, gingen wir über einen sehr ungleichen Boden fünf Meilen weit in OSO. Richtung, und kamen zu den Ruinen des Palastes, der von Suliman, einem der ersten Kalifen von Bagdad aufgeführt wurde. Es ist ein schönes, viereckiges Gebäude, um ein natürliches Becken von 70 Yard Durchmesser erbaut und zeigt einen der sonderbarsten Erscheinungen in der Natur. Ein kleiner Kanal, vier Zoll breit und drei Zoll tief, führt das überflüssige Wasser ab, welches durch eine starke Quelle bedeutend aufgeregt zu sein scheint; bei größerer Annäherung findet man, daß dies, wie bei der kleineren Quelle von Yakout Buttak, durch Gas verursacht wird, welches nur vom Wasser, durch das es sich seinen Weg bahnt, gesperrt ist. Das aus diesem schönen Becken abfließende Wasser bildet außerhalb der Thore kleine Teiche und es findet unmittelbar ein Absatz von Tuff Statt, woraus der ganze Hügel besteht, der höchst wahrscheinlich auf ähnliche Weise gebildet worden ist, obgleich er jetzt eine Höhe von 300 Fuß erreicht hat. Das Wasser scheint unten einen größeren Raum einzunehmen, als oben, aber die ganze Linie, welche ich erhalten konnte (400 Fuß) war unzulänglich um Grund zu finden, weder an den Seiten, noch in der Mitte, wohin ich auf einem Balken gehen konnte. Alle Berge hierherum scheinen von einer ähnlichen Bildung zu sein, und die Bäche sind fast angefüllt mit großen Massen eines leichten porösen Tuff's. Madreporstein [1] ist auch in Menge vorhanden. Der Palast ist sehr verziert auf arabische Weise und war eines der schönsten neueren Gebäude in Persien. Gegen Norden, auf der Spitze eines der schönsten Piks des Balkas, steht ein starkes Kastell mit vier Thürmen und etwa 100 Yards Breite. Ich konnte nicht bestimmen, welcher Zeit es angehörte aber ich stelle mir vor, daß es lange vor dem Muhammedismus und wahrscheinlich ein Feuer-Tempel der späteren Periode war. Es hat keine arabische Inschriften, welche überall die Mauern der niedrigeren Gebaüde bedecken. Nach einer genauen Aufnahme des Palastes und nachdem ich einige der arabischen Inschriften copirt hatte, die nur Verse aus dem Koran oder Sittensprüche waren, ging ich nach einem merkwürdigen spitzen Berge, etwa zwei Meilen im Südwesten, Zendan oder Gefängniß genannt. Mit beträchtlicher Schwierigkeit erstiegen wir den Gipfel des Berges, der höher und steiler, als die früheren, aber von ähnlicher Formation ist. Als wir den Gipfel erreichten, fand ich eine unermeßliche Öffnung von derselben unregelmäßigen Gestalt, mit Zeichen, daß das Wasser beträchtlich gegen seine Seiten gewirkt habe, aber in anderen Beziehungen gleicht er genau dem Krater eines Vulkans. Das Auge konnte

[1] So seltsam dies auch scheinen mag, so wird doch Madreporstein in großer Menge durch Azerdbidjan gefunden, und ist an einigen Orten wirklich im Zustande der Bildung begriffen, durch kleine Thierchen, die in einer strohähnlichen Masse eingeschlossen sind.

den Boden nicht erreichen, so daß ich nicht zu bestimmen vermochte, ob dort noch Wasser vorhanden ist; der Durchmesser desselben war bedeütend geringer (vielleicht vierzig Fuß). Wir stiegen fast mit noch mehr Schwierigkeit hinab, als wir hinaufgestiegen waren und begannen um die Basis des Berges eine genaue Untersuchung, um zu bestimmen, ob jemals das Wasser sich einen Weg durch die Felsmasse gebrochen habe. Auf der Westseite schien der Berg weniger fest, als an anderen Stellen, und ein beträchtlicher Kanal, in dem jetzt kein Wasser ist, wurde augenscheinlich durch einen reißenden Strom ausgespült. Ich halte es daher nicht für unmöglich, daß dieser Hügel, wie der frühere einst dieselbe Art von Bekken gewesen ist, allmälig gebildet durch den Absatz des Wassers, welches, nachdem es eine solche Höhe erreicht, daß die Seiten dem Druck desselben nicht mehr zu widerstehen vermochten, einen Weg durch den schwächeren Theil fand. Ob dies der Fall ist oder nicht, überlasse ich der Entscheidung tüchtigerer Geologen, als ich bin; aber die Thatsache ist unzweifelhaft, daß diese Masse von Bergen in der Nachbarschaft, 7500 Fuß hoch, bis zum Gipfel hinauf aus demselben leichten Absatz besteht. In dem Südwest-Ende sind ausgedehnte Schwefelminen, und es wurde mir eine weiße Masse, die sie in ihrem Scherbet gebrauchen, von angenehm saurem Geschmack, gezeigt; sie rühmten sie als ein vortreffliches Stärkungsmittel. Der unruhige Zustand des Landes verhinderte mich, länger in dieser Gegend zu verweilen, und die Jahreszeit war für die Berge, welche jetzt von den Iliats oder wandernden Stämmen verlassen sind, zu weit vorgerückt. Unsere Reise führte über den höchsten Theil des Balkas und wir fuhren den Serifschan-Fluß hinauf, welcher, bei der dritten Meile, aus einem engen, etwa eine Meile langen Thale herausfließt. Er geht durch das Dorf Kum Tippa (Sandberge) von einem merkwürdigen Damm von Steinen und weichem Sande, in einer Erweiterung des Thales; von hier beginnt das steile Ansteigen der Berge, und wir ließen den Fluß zu unserer Linken. Bei der dritten Meile erreichten wir den Gipfel von dem wir eine sehr weite Aussicht hatten und die Höhe, auf der wir uns befanden, beurtheilen konnten, da wir alle Gipfel der sekundären Berge von Azerdbidjan weit unter uns hatten; wenn irgend ein Schluß aus dem Kochpunkte des Wassers zu ziehen ist, so waren wir 7500 bis 8000 Fuß über dem Meeresspiegel, aber wir fanden keinen Schnee, obgleich das Wasser am 12ten September um acht Uhr gefroren war. Wir blieben an dieser Stelle bis vier Uhr Abends, um Beobachtungen anzustellen, dann stiegen wir auf einem sehr beschwerlichen Wege hinab, und erreichten bei der dritten Meile einen kleinen Bach, von dem ich fand, daß er der Hauptarm des Eye Dagemisch Flusses sei, der bei Miana in den Karangu fällt. Wir fuhren fort, zahlreiche Schluchten auf und ab zu steigen, fünf Meilen weit bis nach Sind Kenday, einem Schekakie Dorfe, welches wir verlassen fanden; unsere Führer und Beschützer konnten wir nur mit Mühe überreden, weiter zu gehen, weil damals eine Fehde zwischen den Afschars und Schekakies Statt hatte, in deren Lande (der Schekakies) wir uns jetzt befanden. Bei der fünfzehnten Meile kamen wir nach Kara Dasch; der Befehlshaber ersuchte uns, unsere Zelte in einiger Entfernung von seinem Kastell aufzuschlagen, befahl aber, uns mit allem zu versorgen, und besuchte mich spät am Abend. Er war ein Afschar, aber nicht in gutem Vernehmen mit dem Haüptling, welchen wir eben verlassen hatten. Ein altes Kastell, Gour Kulla genannt, auf einem dunkelfarbigen Felsen erbaut, liegt unmittelbar unterhalb des Dorfes, besitzt aber nichts merkwürdiges. 'Wir fuhren fort, eine Strecke von fünfzehn Meilen hinabzusteigen, als wir nach dem schönen Dorfe Yengaga kamen, das fast ganz in Gärten versteckt liegt, worin selbst Pomeranzen wachsen, so sehr hat sich das Klima auf einer Strecke von vierzig Meilen geändert. Da ich immer den Kisil-Ouzan als die Gränze von Azerdbidjan und dem Gouvernement des Prinzen Abbas Mirza betrachtet hatte, so war ich nicht wenig überrascht zu finden, daß sich die Herrschaft des Prinzen von Zendjan über drei große Distrikte außer mehreren Städten auf dieser Seite erstreckte.

Ich erwähne dieses Umstandes, um zu zeigen, wie unbestimmt die Eintheilungen und geographischen Beschreibungen des persischen Reiches sind. Meine Befehle konnten nicht von Nutzen sein unter einem Prinzen (Abdalla Mirza), der kein Geheimniß aus seinem Hasse gegen den Thronerben machte. Die natürliche Gastfreündschaft der Perser überwand indeß alle diese Schwierigkeiten und ich fand gleiche, wenn nicht größere, Unterstützung von dem Befehlshaber Abdallah Khan. Er gewährte mir nicht nur eine gütige und gastfreie Aufnahme, sondern begleitete mich auch noch zu den Bleiminen von Ouriard, in welchem Distrikte ich damals war. Diese Minen sind nie regelmäßig bearbeitet worden, auch möchte kein bedeütender Gewinn aus ihnen zu ziehen sein. Ein schwacher Gang von sehr reichem grauem Bleierz erstreckt sich fast sechs Meilen weit durch ein dichtes Schiefergestein; er streicht hart an der Oberfläche, und ist nie mehr als einige Zoll mächtig. Das Stück, welches ich in einer gewöhnlichen Schmiede untersuchte, hielt 70 p. C. Die Berge sind hier mit niedrigem Gebüsch bewachsen, das zu Kohlen tauglich ist; die Ufer des Flusses geben eine beträchtliche Menge Weiden und anderes leichtes Holz. Da wir uns vor Kurzem an die kalte Luft der Berge gewöhnt hatten, so machte die Hitze in den engen Thälern des Kizil Ouzan einen höchst unangenehmen Eindruck. Das Wasser wurde hier besonders salzig, obgleich es von Menschen und Vieh getrunken wird. Zwei

Meilen von Yenjatscha erreichten wir die Ufer des Kisil Ouzan, der in dieser Jahreszeit nur ein seichter und schmaler Fluß war, dagegen ist er im Frühjahr, oder vom April bis Juli wegen der Schneeschmelze nur da zu passiren, wo Brücken und Fähren sind. Der Fluß ist hier durch hohe Berge begränzt, die uns zuweilen nöthigten, seine Ufer zu verlassen, doch war die Straße für Truppen durchgängig praktikabel, und für Wagen möchte leicht eine anzulegen sein.

Bei der zehnten Meile kamen wir an einen sehr festen Engpaß, der früher durch zwei Forts auf dem rechten Ufer vertheidigt wurde. Dies datirt sich auch aus dem fernsten Alterthum. Es wurden weder Inschriften noch irgend etwas Bemerkenswerthes angetroffen. Dieser Paß heißt Derbund oder Pforten, bildet eine natürliche Festung, in welche die Inwohner, zur Zeit des Krieges, mit ihren Familien u. s. w. sich zurückziehen. Bei der dreizehnten Meile öffnet sich das Land und ein Fluß, Kulla Tschik genannt, fließt von Nordosten her. Bei der fünfzehnten Meile passirten wir einen salzigen Fluß von der rechten Seite her, der mit Salz überzogen und nicht zum Gebrauch tauglich war; bei der siebenzehnten Meile ein anderer Fluß, von der rechten Seite her, Makrawan genannt, von einem Dorfe sechszehn Meilen höher hinauf; und bei der achtzehnten Meile machten wir Halt zu Kara Butta, einem großen Dorfe der Affchars, wo eine jener seltsamen Scenen Statt fand, die so haüfig in diesem wilden Lande sind. Der Haüptling, Bruder meines Wirthes zu Yengaga, hatte sich nach einem Lager des Schekakie-Stammes begeben, um einen Streit wegen der Ländereien an den Ufern des Flusses beizulegen, und wurde wärend der Berathschlagung erschossen. Das ganze Land war in Aufruhr und die anderen Dorfbewohner versammelten sich in der Residenz ihres ermordeten Haüptlings; der kleine Haufe, welcher den Frevel begangen hatte, floh; da er aber gewiß war, von seinem zahlreichen und kriegerischen Stamme (Schekakies) Hülfe zu erhalten, so versammelte sich die andere Partei sowol, um sich vor der Plünderung zu schützen, als auch zu versuchen, den Tod hires Anführers zu rächen. Am folgenden Morgen brach ich, so früh als möglich auf und ging den Fluß hinab. Bei der sechsten Meile fällt der Zendjan Fluß in den Kizil Ouzan, dem ich neün Meilen weiter bis zu dem Dorfe Kulliga, auf dem rechten Ufer folgte. Da ich früher diesen Fluß von Miana aufwärts bis zu diesem Punkte verfolgt hatte, so verließ ich hier seine Ufer und wandte mich sogleich über die Kette des Koflau Kous, die weit niedriger ist, als die Straße bei Miana; in der That war hier, selbst für Wagen, durchaus kein Hinderniß. Bis zu dem Dorfe Karagulla waren acht Meilen über ein allmälig ansteigendes Land und vier Meilen weiter erreichte ich die Ufer des Flusses Eye Dagemisch, wärend

Scheikh-

Scheikhterabad uns drei Meilen zur Linken blieb. Bei diesem sind die berühmten Kupferminen, welche, in Hinsicht des Reichthums und der Leichtigkeit der Bearbeitung, vielleicht von keinen anderen übertroffen werden. Das Land ist indeß ohne Brennholz — ein gewisser Vorrath desselben findet sich nur in der Entfernung von hundert Meilen oder fünf Tagereisen für Maulthiere. Der Fluß bietet reichliche Kraft dar zur Betreibung des Maschinenwerks, und unter besserer Verwaltung könnten die Minen höchst ergiebig sein. Drei Meilen weiter passirte ich den Karangu bei seiner Vereinigung mit dem Eye Dagemisch, der jetzt ein beträchtlicher Strom ist; von hier ist es zwei Meilen bis Miana, wo die Hitze (am 16ten September) noch sehr drückend war. Ich durchforschte das Land in jeder Richtung, um zu bestimmen, ob dort Ruinen vorhanden seien, welche die Lage einer alten Stadt (Atropatana) anzeigen könnten, aber ohne Erfolg. Dies elende Dorf wird als die Hauptstadt des fruchtbaren Distrikts Gerniarud betrachtet, war aber durch die Russen, bei ihrem letzten Einfalle in Persien, fast zerstört. Es wird von allen Reisenden sehr gefürchtet, wegen einer Art giftiger Wanzen, die den Fremden gefährlich sein sollen, und mehr als ein Diener der britischen Gesandschaft hatte bei der Durchreise daran gelitten. (Der Leidende zeigt alle Zeichen eines bösartigen Gallenfiebers, mit häufigen Rückfällen und endigt mit dem Tode, selbst unter den Bemühungen unserer besten Ärzte); aber ob man dies dem Fieber, wodurch der Ort gleichfalls berühmt ist, oder dem Stich zuzuschreiben habe, ist nie völlig ausgemacht worden. Eine Abtheilung des russischen Heeres passirte im Winter hier durch und ich glaube es ist nicht ein gut beglaubigter Fall dieser Art vorgekommen. Es wurden mir mehrere von diesen Insekten gebracht, da aber schon einige von derselben Art nach England gesandt worden sind, so hielt ich es nicht der Mühe werth, sie aufzubewahren.

Wir stiegen die fruchtbaren Ufer des Karangu, der hier Miana-Fluß genannt wird, hinab, über den eine gut erhaltene Brücke von fünfzehn Bogen führt. Das Wasser fließt jetzt nur durch drei derselben; die übrigen dienen den Karavanen zum Obdach, welche, wegen der vorhin erwähnten giftigen Wanzen selten in die Stadt kommen. Bei der fünften Meile bricht sich der Kisil Ouzan seinen Weg durch die Berge des Koflau Kou und bildet einen Engpaß, wo der Weg kaum für Saumthiere breit genug ist. Die Flüsse erhalten, nach ihrer Vereinigung, den Namen Kizil Ouzan, laufen durch ein mit Gebüsch bedecktes Thal und theilen sich in mehrere seichte Arme. Wir waren erstaunt über die Menge der Wasserschlangen, die giftig sein sollen, doch konnte ich nicht bestimmt erfahren, daß Menschen oder Vieh, obgleich beständig in den Reißfeldern beschäftigt, jemals von ihnen gelitten hätten. Bei der zwölften Meile passirten wir ein schönes Dorf am linken Flußufer,

Mamau genannt, durch welches die große Ardabile Straße führt. Der Paß des Koslau Kou ist hier für Wagen gangbar, und würde dem Marsche eines Heeres kein Hinderniß entgegensetzen. Drei Meilen unterhalb desselben läuft die Straße längs des Randes eines steilen Berges und bildet einen sehr festen Engpaß, durch den der Fluß strömt, hundert Fuß tiefer als die Stelle, wo wir standen. Auf zwei und eine halbe Meile ist die Straße noch sehr beschwerlich und gefahrvoll; dann stiegen wir in das Bette des Flusses hinab und bogen um einen hohen senkrechten Felsen. Die Straße ist alsdann ziemlich gut bis Koubulak, das im Ganzen ein und zwanzig und eine halbe Meile entfernt ist. Wo die Straße das Dorf verläßt, ist sie steil und beschwerlich und bildet einen Paß, der noch fester ist, als der gestern passirte. Wir setzten über einige reißende Flüsse, die vom Midan Daug herabkommen, und passirten, zwei und eine halbe Meile weiter, das Dorf Khalack mit einigen schönen Gärten an den Ufern des Flusses gleiches Namens. Eine und eine halbe Meile von hier führt eine schöne Brücke von sechs Bogen über den Kizil Ouzan; und eine halbe Meile weiter abwärts weichen die Berge zurück und lassen einen kleinen Raum von Tafelland, welches plötzlich zu beiden Seiten des Flusses endigt, dem man sich hier nur mit großer Mühe nähern kann; eine Meile weiter stiegen wir auf einem beschwerlichen und steinigen Wege an die Ufer des Flusses hinab, die gut angebaut sind und passirten eine andere Thalschlucht von der linken Seite her, Sukus Tschin genannt. Zwei Meilen weiter ist der Fluß wieder von hohen Felsen eingeschlossen; die Straße ist kaum gangbar, und ist es nur einiger Maßen durch Pulversprengungen geworden, da sie jedoch nie vollendet wurde, so bleibt die Passage immer gefahrvoll; die Straße ist dann ziemlich gut bis Alwar, wo wir Halt machten. Dieser Tagemarsch betrug nur zwölf Meilen und ein Furlong, war aber sehr ermüdend für die Leute, welche den Wegemesser trieben. Eine halbe Meile von der letzten Station passirten wir das Thal Miskeal, und zwei Meilen weiter das Thal des Kabak Tschin, das dicht bewaldet und mit Weiden und niedrigem Gebüsch eingefaßt ist. Wir betraten hier den Distrikt Khulkhal, der sich auf eine beträchtliche Entfernung zn beiden Seiten des Flusses ausdehnt. Unmittelbar nachdem wir den Fluß überschritten, stiegen wir das Hochland hinauf und nach anderthalb Meilen wieder hinab, auf einer im Zickzack gehenden, steilen Straße, in dem Bette des Flusses, setzten wir längs desselben unseren Weg anderthalb Meilen weit fort, und wandten uns dann zur Linken in das Thal von Muzra, das sehr angebaut und mit Gärten angefüllt ist, die zu dem Dorfe gleiches Namens gehören, welches wir nach einem Marsche von einer und einer halben Meile erreichten. Nachdem wir die Führer gewechselt, stiegen wir zu dem Bette des Kizil Ouzan hinab, dem wir, so nahe als es die Beschaffenheit des Landes erlaubte, sieben Meilen weit folgten bis zu der kleinen Stadt Hisigine, die auf einem ansteigenden Boden, nahe am Flusse liegt und gut berechnet ist für einen Militair-Posten, um die Passage dieses beschwerlichen Engpasses zu vertheidigen. Die Stadt enthält etwa dreihundert Häuser. Die Inwohner treiben einen beträchtlichen Handel mit der Provinz Ghilan, welcher sie Baumwolle und Getreide zuführen, und haben zweihundert Packpferde, die sie an die Kaufleüte vermiethen. Wir verließen die Ufer des Kizil Ouzan, welche als beinahe ungangbar zu betrachten sind. Unser Weg führte über ein unebenes und sehr beschwerliches Land, das sehr von Schluchten durchschnitten wurde, die einander so ähnlich waren, daß wir nicht leicht die Straße finden konnten. Die Berge bestanden meist aus verwittertem Thonschiefer mit Gängen von Gyps. Bei der achtzehnten Meile kamen wir in das Thal Berendeh, worin eine beträchtliche Stadt ist, schön gelegen an einem Flusse gleiches Namens, der auf den hohen Bergen von Auk Daug (weißer Berg) entspringt; sie enthält 1200 Inwohner, und das Thal und die Seiten der Berge bilden einen vollkommenen Wald von Obstbaümen und Weinreben — sie ist abhängig von Khulkhal. Die Inwohner dieser Stadt sind hauptsächlich Sunniten und zeigten großen Widerwillen, uns als Führer zu begleiten, da sie meist von ihren Landsleüten, welche Schiiten sind, schlecht behandelt werden. Als diese Schwierigkeit überwunden war, setzten wir unseren Weg vier Meilen weit über dieselbe Art von Bergen fort, wie gestern. Wir erreichten dann die verfallene Karavanserei von Mianserai, welche an der Vereinigung der Thäler Berendeh und Scha Rud liegt; das Land war schön bewaldet und ganz nahe zu unserer Linken lagen die hohen Berge von Ghilan. Dieser Theil des Landes ist reicher an Wild als irgend ein anderer Ort, den ich je gesehen habe. Unzählige Rebhühner, Hasen und wilde Schweine liefen beständig über den Weg, der vier und eine halbe Meile weit über drei Bergreihen führt, die mit Baümen bedeckt und gut bewässert sind. Dann geht die Straße vierzehn Meilen weit durch ein schönes Thal nach Durram im Distrikt Tahram, einer schönen Stadt, bei welcher der Palast des Prinzen von Zendjan steht, der gewöhnlich einen Theil des Winters hier zubringt. Er hat eine Brücke über den Kizil Ouzan angefangen, welcher nur bei sehr niedrigem Wasserstande, und selbst dann nicht ohne Schwierigkeit durchwatet werden kann; der Fluß laüft nicht mehr als zwei Meilen in der Stunde. Dies war der erste Ort, wo wir den Olivenbaum sahen, indem einige in dem Garten des Prinzen angepflanzt waren. Die hohen Berge von Ghilan begränzen das Thal an der rechten Seite in der Entfernung von sechs Meilen und senden Arme bis nahe an den Fluß. Sie sind nie völlig frei von Schnee, so daß dies Thal, in dieser kurzen Entfernung, alle Grade der Temperatur genießt. Die Berge an der entgegengesetzten Seite sind eine Fortsetzung des Koflau Kou, aber weit höher als bei Miana; und wegen des großen Zulaufs von süßem Wasser ist der Fluß nicht länger salzig; die Berge sind mit einem Walde von verkrüppelten Eichen bedeckt, die ein grünes und üppiges Ansehen haben. Wir wurden von den Dienern des Prinzen von Zendjan höchst gastfrei bewirthet, und setzten am folgenden Tage unseren Weg das Thal hinab fort, welches einen, dem beschriebenen völlig ähnlichen Anblick darbietet. Bei der zwölften Meile machten wir bei Kullat, einem anderen schönen Dorfe, umgeben von einigen der größten Baume, die ich jemals sah, Halt, um zu frühstücken; der Wallnußbaum wächst zu der Höhe von fünfzig bis sechszig Fuß, und einige Platanus waren in der That riesenhaft. Diesem unmittelbar gegenüber, auf der anderen Seite des Flusses, sind die Ruinen eines alten Kastells; das Volk versicherte mich, es sei dort nichts zu sehen und ich fand die Fahrt sowol beschwerlich, als gefahrvoll. Es ist von Steinen erbaut und steht auf einem niedrigen Hügel am Flusse; es war nichts Bemerkenswerthes in seinem Äußeren. Wir folgten dem Thale etwa zwölf Meilen weit und wandten uns dann nach Ziterabad, das etwa eine und eine halbe Meile von dem Flusse entfernt ist. Die Bewohner hatten sich, wegen der Hitze, höher auf die Berge begeben, und ließen nur einige Wächter, um nach ihrem Eigenthum zu sehen. Der Olivenbaum war hier ganz gewöhnlich. Wir gingen sehr früh durch ein sehr angebautes Land mit zahlreichen, schönen Dörfern, und kamen bei der dreizehnten Meile zu den Ruinen, die einst eine bedeûtende Stadt gewesen sein müssen, Byram Abad genannt, und auf der entgegengesetzten Seite des Flusses war eine Festung von einiger Berühmtheit wegen Beherrschung dieses Passes. Es wird, wie Alles, wovon das Volk keine Nachricht zu geben weiß, Giaour Kulla (Festung der Unglaûbigen) genannt; es ist ohne Inschriften und Bildhauerei, aber beträchtlich fest und ausgedehnt. Das Thal wird hier, nahe am Flusse dicht bewaldet, und sechs Meilen weiter aufwärts ist der Boden steinig, sandig und wenig angebaut. Bei der zehnten Meile tritt ein hoher Berg nahe an den Fluß heran, längs desselben war mit großer Schwierigkeit eine Straße ausgehauen worden, und eine Meile weiter überschritten wir die Brücke von Mendjile, einen neûeren Bau von keiner Wichtigkeit. Eine kleine Stadt gleiches Namens liegt eine und eine halbe Meile von der Brücke entfernt; der Zugang zu derselben führt durch eine Allee sehr großer Ölbaûme, die hier in großer Ausdehnung kultivirt werden; die Ausfuhr des Öls und der Seife ist sehr beträchtlich; die Frucht wird sehr wenig zur Nahrung gebraucht. Es ist ein sonderbarer Umstand, daß dieser Distrikt und der Paß von Rudbar die einzigen Gegenden Persiens sind, in denen dieser Baum inheimisch ist. Da Mendjile ein sehr wichtiger geographischer Punkt war, so beschloß ich, einige Tage hier zu verweilen, um das Thal des Scha Rud oder des südlichen Armes des Kizil Ouzan zu erforschen, welches berühmt ist als der Aufenthalt des Anführers der Assassinen oder des alten Mannes vom Berge. Seit unserem Eintritt in Tarim, was, nachdem wir Berendeh verlassen hatten, geschah, fanden wir, daß das Volk nur Djilla oder Taut sprach und selbst nur wenige Türkisch oder Persisch verstanden. Dies muß einst, wie ich mir vorstelle, die Hauptsprache des ganzen Reiches gewesen sein, denn sie weicht wenig ab von dem Lack, Lur und Kurdischen. Selbst in Mazanderan, wo das Volk die am meisten barbarische Sprache in Persien spricht, scheint es nur ein verdorbener Dialekt des Djilla zu sein; und ich habe oft einsame Dörfer in den entlegenen Distrikten Karadaug und Karabaug gefunden, welche diese Sprache redeten.

Wärend unseres Aufenthalts an diesem Orte wurden wir sehr belästigt durch einen heftigen Wind, der unveränderlich etwa um eilf Uhr Morgens sich zu erheben begann, und bis um Mitternacht zu wehen fortfuhr; er war stark genug, unsere Zelte umzuwehen, bis sie sicherer, als gewöhnlich befestigt wurden. Ein dicker Nebel bedeckte meistens den Gipfel drs Berges, aber es gab selten Regen: das Volk sagt, daß es ihn als die größte Wohlthat betrachtete, und daß sie ohne ihn, wegen der Hitze, den dürren Platz, wo das Dorf erbaut ist, nicht bewohnen könnten, da es auf einen nackten Felsen, welcher die Sonnenstrahlen mächtig zurückwirft, steht. Dieser Wind erstreckt sich nur wenige Meilen das Thal aufwärts und wir trafen ihn nicht in einer Entfernung von achtzehn Meilen von dem Eingange des Passes.

Die Höhe von Mendjile beträgt nicht mehr, als achthundert Fuß über dem Meeresspiegel, wie sich aus dem Kochen des Wassers ergab; aber dies würde noch mehr als tausend Fuß über dem Kaspischen See sein. Nachdem ich mich über das Vorhandensein der von den Assassinen bewohnten Festung gut unterrichtet und mehrere angesehene Leüte zu Kasbine aufgefordert hatte, mich dorthin zn begleiten, war ich erstaunt, daß alle Bewohner von Mendjile erklärten, sie hätten die Erzählung nie gehört und wären unbekannt mit dem Vorhandensein der Ruinen. Da ich wußte, daß sie an den Ufern des Scha Rud lagen, so beschloß ich, diesem Flusse bis zu seiner Quelle oder bis ich den Gegenstand meiner Forschung fände, zu folgen. Am nächsten Tage stieg ich, auf einer vortrefflichen Straße, das Thal hinauf und durchwatete den Fluß mit großer Schwierigkeit bei der siebenten Meile, um einige Ruinen, die sich als von neüerer Bauart ergaben, zu besichtigen. Ich passirte bei der zwölften Meile Louschan und bei der achtundzwanzigsten Berenzini, wo wir erfuhren, daß der Gegenstand unserer Nachsuchung noch fünf und dreißig bis vierzig Meilen entfernt sei; die Straße war überall gut und das Thal etwa drei Meilen breit. Wir fuhren fort, den Strom auf derselben Seite aufwärts zu steigen und fanden, daß einige Illiaten bereits ihre Winterquartiere in dem Thale aufgeschlagen. Nach einem langen und ermüdenden Marsche von sechs und dreißig Meilen von Berenzini erreichten wir Djirandi, grade da, wo der Strom aus den Bergen Ala Mout in Mazanderan, die beständig mit Schnee bedeckt sind, sich mit dem Strom von Kherzau, der aus den Bergen hinter Kasbine kommt, vereinigt. Wir begannen jetzt das Ersteigen eines holperigen und steilen Berges, auf dessen Gipfel oder vielmehr um seine Abhänge (denn sie schließt einen bedeütenden Theil des Gipfels ein) eine fest aus Steinen gebaute Mauer laüft. Auf dem Gipfel ist ein Thurm, welcher, da er ganz von der außeren Mauer eingeschlossen ist, wahrscheinlich nur zu einer Warte bestimmt war. An einer Seite, über einer tiefen Schlucht, scheint eine beträchtliche Wohnung gestanden zu haben, die früher, vermittelst einer engen Treppe, mit einem unten befindlichen Garten in Verbindung stand. Der untere Theil des Berges war früher terrassirt, aber das Ganze ist weit entfernt, der Beschreibung, welche einige Schriftsteller vom irdischen Paradiese gegeben haben, zu entsprechen; das Klima ist entschieden kalt und wenigstens ein halbes Jahr lang muß es ein unangenehmer Aufenthalt sein. Die Herrschaft dieses Oberhauptes den ich für das Haupt irgend einer religiösen Sekte der Ismailiten halten kann, soll sich sowol über den Distrikt von Tarum, als auch von Rud Bar erstreckt haben; das heißt, die Fürsten, welche damals Persien beherrschten, erlaubten ihm, die Einkünfte dieser Distrikte als ein Geschenk für seine Schonung oder um sich seines Beistandes gegen ihre Feinde zu versichern. Die Gränzen dieser Schrift erlauben nicht eine Erörterung dieser Sekte, über die schon Bücher geschrieben worden sind. Da sie ursprünglich in dem eben beginnenden Muhammedismus Schismatiker waren, so wurden sie mit der gefühllosesten Grausamkeit von den ersten Kalifen verfolgt, und hatten zuletzt ihre Zuflucht zum Meuchelmorde genommen, als einer Vertheidigung gegen ihre mächtigen Feinde. Sie leiten ihren Namen, Assassinen, ab von einer Corruption von Hassain, einem ihrer berühmtesten Anführer. Mehrere Zweige derselben waren durch Syrien, Kurdistan (bei dem Kap Wan) und Kleinasien zerstreüt; aber alle erkennen als den Imaum oder hohen Priester, den am erwähnten Orte wohnenden Anführer. Unzählige Anekdoten werden noch erzählt von der Geschicklichkeit, womit sie sich in den Dienst der größten Männer in Asien einführten. Mehr als ein Fürst, der einen Feldzug gegen sie unternahm, wurde getödtet, ehe er ihre Festung erreichte. Houlaku Khan, Enkel des Djengis, eroberte ihre Festung und ließ Viele über die Klinge springen; es muß ihnen indeß später gelungen sein, sich wieder zu sammeln, als Timor einen Zug mit seinem gewöhnlichen Erfolge gegen sie unternahm. In dem Gebaüde, welches ich besuchte, sind keine Inschriften. Ein Becken zum Baden und ein ausgedehnter Platz sind die einzigen jetzt übrig gebliebenen Bauwerke. Da wir das Thal auf demselben Wege wieder hinabstiegen, so ging es, zwölf Meilen von Mendjile, über eine Reihe hochbewaldeter Berge und wir besuchten die Alaungruben bei dem Dorfe Surdar.

Das Mineral ist sehr haüfig und wird mit großer Sorgfalt bebaut; es sind beständig acht Siedekessel in Arbeit, und die Minen verzinsen sich zu 2000 Tomans (etwa 1200 Pfund Sterling) jährlich. Wir erstiegen dann die Berge von Schama Dasch, von welchen ich die Ebene und das Dorf Vizier Tschumman (Wiese des Ministers), welches ich auf einer früheren Reise besucht hatte, sehen konnte, und kehrte, längs der Berggipfel, auf einem sehr beschwerlichen Wege, ermüdet und getaüscht von unserer Reise, nach Mendjile zurück. Wir blieben hier noch einen Tag, um unsere Thiere zu stärken und stiegen dann die Thalschlucht des Kizil Ouzan, der jetzt den Namen Suffied Rud annimmt, hinab; anderthalb Meilen weiter gingen wir über die vorhin erwähnte Brücke von 500 Fuß Länge und sieben Bogen. Ungeachtet der Breite des Flusses, bricht der Strom im Frühjahr zuweilen über die Brücke. Wir kamen unmittelbar in den festen Engpaß von Rud Bar; die Straße ist außerordentlich steinig und felsig, bietet aber nicht denselben furchtbaren Anblick dar, wie der Paß des Kaukasus, oder der des Kara Daug (schwarzer Berg), und möchte für Artillerie und Wagen in Stand zu setzen sein. Nach drei und einer halben Meile kamen wir zu einem Schlupfwinkel im Gebirge, der hier dicht mit Ölbaümen bepflanzt ist, auf der andern Seite waren, hoch auf den Bergen, einige Dörfer sichtbar; eine und eine halbe Meile weiter setzten wir über einen kleinen Fluß, Zearut Tschin genannt, mit einem Dorfe gleiches Namens, das ganz in Oliven-Pflanzungen versteckt war; und eine halbe Meile abwärts kamen wir zu der kleinen Stadt Rud Bar, wo der Fluß, mit Ausnahme der Frühlings-Monate, durchwatbar ist. Die Stadt mag 500 Haüser enthalten, und obgleich, außer in ihren Gärten, wenig angebaut ist, so treibt sie doch einen beträchtlichen Handel mit Öl, Oliven und Seife, welches alles nach Russland ausgeführt wird. Unsere Straße führte in dasselbe Thal, welches starke Vertheidigungspunkte darbietet und dicht mit Oliven bewaldet ist. Bei der zehnten Meile erreichten wir die Karavanserei von Rhustom Obad, die auf einer Anhöhe liegt und bewundernswürdig für die Vertheidigung dieses Passes berechnet ist. Die Straße führt nun durch ein enges, sehr angebautes Thal, das aber schon die größere Annäherung an den Kaspischen See anzeigt. Der Ölbaum beginnt selten zu werden und ein dichter Wald bedeckt die Seiten der Berge. Das Volk verliert die frische Farbe des oberen Landes und sieht bleich und weniger kräftig aus. Nach einer Reise von eilf und einer halben Meile durch ein weites, aber dicht bewaldetes Thal erreichten wir Imaum Zada Haschim, das Grab eines Lieblings-Heiligen der Schiiten, dem, an der anderen Seite des Flusses, der hohe Berg Dufeh Daug gegenüber liegt. Nichts kann einen größeren Kontrast zu den verbrannten Ebenen Persiens bilden, als die Provinz Ghilan, welche mit Wald, Nebel bedeckt, morastig und ungesund ist. Das Volk lebt nicht länger in großen Dörfern, sondern ist in kleinen Partien von vier bis zehn Haüsern durch den Wald zerstreüt und immer in einiger Entfernung von der Straße. Ihre Gesichtsbildung gleicht mehr der indischen und das Vieh ist klein und hat auch den, diesem Lande eigenthümlichen Buckel. Obgleich ein Versuch gemacht wurde, die Straße brauchbarer zu machen, so ist sie doch noch außerordentlich schlecht, und mit der größten Schwierigkeit werden Waaren von der Haupthandelsstadt in Persien nach dem Inneren geführt. Da der Reiß das einzige Getreide ist, welches in den Ebenen von Ghilan wächst, so stehen die Felder beständig unter Wasser. Die Straße ist für den Zweck der Bewässerung durchschnitten, und da der Boden entweder aus vegetabilischer Erde oder Thon besteht, so sinken die Maulthiere mit den Beinen ein, was unsere Reise sehr unangenehm machte. Die Pflanzungen von Maulbeerbaümen sind so ausgedehnt, daß sie schwer von den sumpfigen Wäldern zu unterscheiden sind, durch die, wie ich glaube, nur Personen, welche durch lange Übung mit ihnen bekannt sind, ihren Weg finden können. Wir mußten auf die Strecke von zwei und zwanzig Meilen (von Imaum Zada Haschim bis Rescht) oft unsere Führer wechseln, da die Leüte selten mehr als das Land unmittelbar um ihre Haüser kennen. Rescht, die Hauptstadt von Ghilan, enthält 50000 Bewohner, und ist bei weitem der blühendste Ort, den ich in Persien gesehen habe: die Haüser sind von einer besseren Bauart und die Straßen meistens gut gepflastert. Die natürlichen Schwierigkeiten des Landes haben es vor der Plünderung geschützt wärend der Bürgerkriege, die so viele Jahre die anderen Provinzen verwüsteten. Die Regierung ist immer viel in den Händen ihrer eigenen Vorfahren gewesen, die gewöhnlich die reichsten und angesehensten Leüte waren, ohne Verbindung mit den großen Krieger-Stämmen, und ihr Einfluß hing allein von der Zuneigung des Volkes ab. Die Furcht, daß sie fremde Hülfe herbeirufen möchten, hat die Persische Regierung immer vorsichtig gemacht, sie nicht aufs außerste zu treiben. Es giebt in Ghilan eine wohlhabende Klasse von Land-Eigenthümern; und das Volk wohnt bequem und ist gut gekleidet und genährt. Eigentlich giebt es keine Dörfer in dieser Provinz; die Landleüte wohnen entweder in einzelnen Haüsern oder kleinen Weilern, die selten mehr als acht Haüser haben; Märkte werden auf Centralpunkten an bestimmten Tagen gehalten. Die Verkaüfer fürchten sich nicht, ihre Waaren wärend der Zwischenzeit zurückzulassen, und vielleicht ein Grobschmidt, ein Bäcker und ein Zimmermann mögen beständig daselbst wohnen. Die einzigen anderen Städte sind Enzilli (der Hafen von Rescht), mit 2500 Inwohnern; Fomen mit 1200; Mosulla mit 2000 und Labigan mit 7000 Bewohnern. Das Klima dieser Provinz ist so ungesund, daß. es zu dem Sprichworte: ‚Wer seines Lebens überdrüssig ist, der gehe nach Ghilan,' Veranlassung gegeben hat; und Rescht ist das ärgste, selbst die Inwohner tragen Spuren seiner Bösartigkeit. Fieber, Wassersucht und Erweiterung der Milz sind die gewöhnlichsten Krankheiten, und Hautausschläge sind so allgemein, daß sie hier gar nicht als Krankheiten betrachtet werden. Die Menge des in Ghilan fallenden Regens übertrifft weit die aller anderen Kaspischen Provinzen; sie scheint durch die vorherrschenden Nordost-Winde verursacht zu werden. Sie wehen grade in diese Krümmung des Kaspischen Sees hinein, die durch sehr hohe Berge im Hintergrunde begränzt wird, welche die Wolken aufhalten und bewirken, daß sie sich in Regenströmen auf einen sehr beschränkten Raum herabstürzen. Dieser Wind ist in solchem Grade überwiegend, daß alle Baüme auf dem Berge nach der entgegengesetzten Richtung gebogen sind. Baumwolle will nicht gedeihen, und das Obst hat einen sauren, herben Geschmack. Zuckerrohr und Orangenbaüme, welche in Mazanderan im Überfluß vorhanden sind, werden hier nur als Zierpflanzen gezogen. Eine höchst seltsame Erscheinung soll (denn ich war nicht selbst Zeüge derselben) wärend des Winters sich zeigen. Ein heißer Südwind erhebt sich zuweilen, der sogleich die Temperatur auf eine merkwürdige Weise verändert, und unmittelbar Holz und andere brennbare Substanzen in solch einem Grade austrocknet, daß sie durch den kleinsten Funken in Brand gerathen. Die Polizei wird dann umher gesandt, das Volk zum Auslöschen der Feüer zu ermahnen, da viele traurige Fälle sich ereignet haben. Dies wärt meistens vier und zwanzig Stunden und unmittelbar darauf folgt ein kühler Nordost-Wind, der Schnee und Regen bringt. Da die Berge und das Tafelland von Persien zu dieser Zeit mit Schnee bedeckt sind, so kann dieser Wind seine Hitze nicht davon entlehnen, daß er über sie hinweht, auch giebt es kein Mittel, diese Erscheinung genügend zu erklären. Ich maß dieser Erzählung Anfangs keinen Glauben bei, doch erhielt ich, indem ich bei Leüten aus allen Ständen, sowol in der Stadt, als auf den umliegenden Dörfern, nachforschte, immer dieselbe Beschreibung.

Von Rescht ging ich zu der Mündung des Suffied Rud — auf einem Wege der wegen des Reißbaues und der dichten Pflanzungen von Maulbeerbaümen höchst ungesund und beschwerlich ist. Ich hatte meine eigenen Pferde zurücklassen und hierländische miethen müssen, die allein in dieser Jahreszeit den Weg durch den tiefen Schlamm machen können. Nach einem höchst unangenehmen und ermüdenden Marsche von ein und zwanzig Meilen kamen wir in den Districkt Laschtenascha, wo ein großer, sehr besuchter Bazar ist. Von hier bis zu der Mündung des Suffied Rud sind sechs und dreißig Meilen, durch eine Gegend von derselben Beschaffenheit, über eine so schlechte Straße, als nur immer angetroffen werden konnte. Der Fluß ist hier von großer Breite und beträchtlich tief innerhalb der Barre, auf welcher zuweilen sieben, haüfig aber nicht mehr, als drei Fuß Wasser sind. An der Mündung dieses Flusses ist eine große Stör-Fischerei, die jetzt von den Kaufleüten aus Aschterkhan, welche sie gepachtet haben, betrieben wird. Einer derselben erzählte mir, daß in einem Monat fast 200 Tonnen Kaviar eingesalzen und nach Russland versendet worden seien. Fünfzehn Meilen vom Meere theilt sich der Suffied Rud (weiße Strom) in zwei Arme, und bildet, wie der Araxes, eine ausgedehnte Insel oder ein Delta. Von dem südlichen Arme trennt sich wieder ein anderer Strom oder Kanal, der parallel mit der Küste durch mehrere kleine Lagunen laüft und Langerud erreicht. Dieser war früher für Boote schiffbar, ist aber jetzt durch zahlreiche Untiefen verstopft, und wird selten, wenn überhaupt jemals, benutzt. Ich kann nicht genau über die Entfernung urtheilen, da unsere Reise haüfig durch die Sümpfe unterbrochen wurde und wir, um die schwierigen Stellen zu vermeiden, zahlreiche Umwege im Walde machten. Wir kehrten längs der Ufer des Flusses auf einer weit besseren Straße, als die frühere, zurück, da sie meistens über das Kiesbette des Stromes führte, der in dieser Jahreszeit nur einen kleinen Theil desselben einnahm und etwa eine und eine halbe Meile in der Stunde floß; er hat haüfig eine Tiefe von vier und zwanzig Fuß, aber die Schiffahrt wird durch Treibsand und umgefallene Baumstämme behindert. Wir machten Halt bei dem Dorfe Rescht Abad, dicht am rechten Flußufer. Dies ist die große Straße von Mazanderan nach Rescht; einige Theile der vom Schah Abbas angelegten Kunststraße sind noch vorhanden, und sie würde in gutem Zustande gewesen sein, wenn man Sorge getragen hätte, sie vor den Überschwemmungen der Bergströme zu schützen, die, wegen der Anhaüfung der umgestürzten Baüme, oft ihren Lauf änderten und sie mit tiefen Kanälen durchschnitten. Wo solche Fälle nicht vorkommen, ist die Straße noch gut und scheint durch die Sümpfe auf einem, mehrere Fuß mächtigen Aufschutt von Holzkohlen, worauf ein Lager von Erde und das Pflaster ruhte, geführt zu sein. In diesem Theile wird sie, wegen der haüfigen Umwege zur Vermeidung der vorhin erwähnten Hindernisse, selten benutzt; und nach einer Reise von zehn Meilen über eine abscheuliche Straße erreichten wir Lahidjan, eine reinliche und schöne Stadt. Da sie viel höher liegt, als Reſcht, so ist sie gesunder und zum Wohnort weit vorzuziehen. Der große Eigenthümer war hier Ali Akber Beg, dessen Haus mehr einem Palaste, als dem Hause eines persischen Kaufmanns glich. Von einem Berge dicht bei der Stadt kann man die Küste des Kaspischen Sees nach allen ihren Windungen auf eine beträchtliche Strecke zu beiden Seiten verfolgen. Wir kehrten auf dem graden Wege nach Reſcht zurück, eine Entfernung von fünf und zwanzig Meilen, zu der wir dreizehn Stunden gebrauchten.

Der beunruhigende Gesundheitszustand der Partei verpflichtete mich, darauf zu denken, Ghilan so schnell als möglich zu verlassen, da schon ein Diener am Fieber gestorben war und die meisten der übrigen Symptome eines Anfalles zeigten. Aus diesem Grunde nahmen wir am 18ten Oktober den kürzesten Weg nach Fomen, welches sechszehn Meilen entfernt ist; das Land zeigte dieselben Reißsümpfe oder Wälder. Diese erbärmliche Stadt hat nichts Merkwürdiges, als den Palast Haddje Djemal, wo Elton im Jahre 1746 ermordet wurde. Der Ort war in den Bürgerkriegen durch Aga Mahomed Khan fast ganz zerstört. Wir konnten am folgenden Tage nur acht Meilen bis Zedic zurücklegen, wozu wir acht Stunden gebrauchten. Von hier beginnt das Ersteigen der Berge durch den Paß von Mosulla, einen beschwerlichen, unebenen, zwanzig Meilen langen Engpaß, bedeütend fester, als der von Rud Bar; da wir aber jetzt das Sumpfland hinter uns hatten, so fanden wir die Reise in den Bergen, im Vergleich zu jenem, bequem; wir passirten mehrere Eisenhütten, deren Ertrag indeß nur sehr unbedeütend ist. Die Stadt enthält 500 Haüser, die an den steilen Seiten der Berge erbaut sind, von denen gelegentlich Steine herabfallen und alle Gebaüde auf ihrem Wege hinwegreißen. Ich nahm den Höhenwinkel des höchsten Piks über der Stadt und fand ihn 34°; kochendes Wasser ergab die Höhe 3500 Fuß über dem Kaspischen See. Das Ansteigen war gewunden und außerordentlich steil. Bei der sechsten Meile standen wir auf dem Gipfel der Berge, hier 7000 Fuß hoch, und nichts kann einen stärkeren Kontrast darbieten, als das Ansehen des Landes auf der Ost- und Westseite derselben. Die Seite nach Ghilan war dicht bewaldet, und mit einem dicken Nebel bedeckt, wärend auf der andern Seite die Sonne hell schien, wo das Land ein trockenes, selbst verbranntes Ansehen hatte, ohne eine Spur von Holz. Unser Herabsteigen war weniger schnell und nicht beschwerlich bis zum Dorfe Baddillan, das in einem Walde von Äpfelbaümen liegt, weswegen es berühmt ist; das Wasser kochte bei 202° F. (75°,6 R.), was eine Höhe von 5300 Fuß giebt; aber hier erfordern die Obstgärten und selbst das Getreide, Bewässerung. Am folgenden Tage kamen wir, bei einem allmäligen Herabsteigen auf einer guten Straße, bei der vierten Meile an den Scha Rud, den wir bei seiner Vereinigung mit dem Kizil Ouzan, in einem früheren Theile unserer Reise, bei Berendeh passirt waren. Wir stiegen nun den Strom hinauf, der durch ein sehr schönes, in Gärten verwandeltes Thal fließt, und passirten haüfig große und blühende Dörfer. Wir rasteten zu Derou, welches auf einem hohen Damm über dem Flusse liegt. Wir stiegen noch den Fluß vierzehn Meilen weit hinaüf, wo er fast in einem rechten Winkel mit seinem früheren Laufe fließt; und indem wir eine niedrige Bergreihe auf eine Strecke von acht Meilen passirten, kamen wir nach Herou, einer beträchtlichen Stadt und Hauptstadt von Ober-Khulkhal. Am folgenden Tage setzten wir unseren Weg fort, über ein unebenes, aber sehr angebautes Land bis Ahmed Eyea, einem armen Dorfe, am Midan Daug (wörtlich ‚leichtes Aufsteigen'). Bei der zwei und zwanzigsten Meile erreichten wir die hübsche kleine Stadt Terk, umgeben von Obstgärten, welche den Schekakies gehören. Von hier sind neünzehn Meilen bis nach Turkeman Tschin, einem Dorfe an der Landstraße von Tehran nach Tabriz. Der letztere Theil ist so oft von Reisenden betreten worden, daß ich nach Rescht zurückkehren werde; von wo aus ich später längs den Küsten des Kaspischen Sees reiste.

Von Rescht schickten wir unsere Pferde auf einer Straße fort, die um die Südseite des großen Haffs, da sie nicht eingeschifft werden konnten und, selbst unbeladen auf dem Wege durch die Sümpfe und Gräben, welche den Reisenden überall in diesem beschwerlichen Lande Hindernisse entgegen setzen, sehr große Schwierigkeiten würden gefunden haben. Die Bewohner von Pir-i-Bazar haben immer die Ausbesserung der Straße nach Rescht zu verhindern gewußt, da sie so das Monopol des Waaren-Transportes von diesem Orte für einen übermäßigen Preis besitzen, und selbst, wenn das Land in der Hitze des Sommers trocken ist, so überschwemmen sie es haüfig künstlich, um es unwegsamer zu machen. Ihr Vieh allein ist vermögend, den Weg durch den Schlamm und die verwickelten Baumwurzeln, durch welche die Straße führt, zu machen. Die Entfernung beträgt nur vier Meilen, aber wir brauchten ebenso viel Stunden um sie zurückzulegen; und wäre ich nicht gezwungen gewesen, sie zu passiren, so würde ich keinen Anstand nehmen, die Straße für ungangbar zu erklären. Die ganze Straße besteht aus tiefen Löchern, in welche die Pferde bis ans Kniee versinken und aus beständiger Gewohnheit ziehen sie ein Bein nach dem andern heraus, um sie auf dieselbe Weise in andere zu versenken. Ich versuchte zu gehen, mußte aber bald mein Pferd besteigen, da ich meine Stiefel verloren hatte. Die Russen versuchten einst, auf dieser Straße vorzudringen, wurden aber leicht durch die Ghilan-Miliz zurückgetrieben; und diesen Einfall giebt man als Grund an, daß sie in ihrem gegenwärtigen Zustande gelassen wird. Zwei kleine Flüsse fließen durch die Stadt, welche leicht für Boote schiffbar gemacht werden könnten, und auf keinen Fall die Vertheidigung erschweren würden.

Von Pir-i-Bazar schifften wir uns ein in einem schönen Boote, das drei Fuß tief ging, erfuhren aber große Schwierigkeiten und Verzögerung, wegen der vielen umgefallenen Bäume, von denen einer erst zerhauen werden mußte. Nach einer Meile erreichten wir den großen See oder das Haff, auf dem wir mit großer Beschwerde einen Weg durch das Rohr, anderthalb Meilen weit, zu bahnen hatten. Es wehete ziemlich stark, und unsere Mannschaft, mit Ausnahme von zwei Tataren, bestand aus den furchtsamsten Matrosen, die man nur sehen kann; sie wünschten, vor Anker zu gehen, wurden aber gezwungen, ihren Weg zu verfolgen, und in zwei Stunden erreichten wir Enzilli, eine Entfernung von vierzehn Meilen. Da dies ein wichtiger Punkt ist, so blieben wir hier einige Tage, sowol um Beobachtungen zu machen, als auch unsere Pferde ausruhen zu lassen, die am dritten Tage, sehr ermüdet und angegriffen von ihrer Reise, zu uns stießen. Die Stadt Enzilli, auf einer niedrigen Landzunge, welche das Haff vom Kaspischen See trennt, erbaut, ist ein Haufen elender hölzerner und Rohr-Häuser, mit drei steinernen Karavansereien. Einige niedrige einzeln stehende Thürme, bilden ihre sämmtlichen Vertheidigungsmittel. Als wir ankamen, waren dreißig Schiffe von 50 bis 70 Tonnen, im Hafen, die hauptsächlich nach Baku gehörten, und drei russische Brigs von Aschterkhan, welche nicht in das Haff, dessen Eingang 500 Yards breit ist, einlaufen, aber die Barre hat selten (ausgenommen nach NO. Winden) mehr als vier Fuß Wasser, obgleich die Tiefe in geringer Entfernung innerhalb weit größer ist. Würde die Einfahrt zu beiden Seiten eingeengt, was bei dem Überfluß an Holz, leicht auszuführen wäre, so zweifle ich nicht, daß bald ein tiefes Fahrwasser durch den Strom, der beständig hinausgeht, gebildet sein würde.

Vielleicht ist über keine Frage so viel gestritten worden, und keine bleibt auch jetzt noch so unsicher zn beantworten, als die Frage über den wirklichen Spiegel des Kaspischen Sees, uud die Veränderungen, denen er unterworfen sein soll. Ich will hier mittheilen, was ich darüber zu sammeln Gelegenheit gehabt habe. Da ich damals die Beobachtungen von Engelhardt noch nicht kannte, so hatte ich keinen Begriff davon, daß der Kaspische See wirklich niedriger sei, als der Ocean; und als ich den Siedepunkt des Wassers um $\frac{1}{4}$ eines Fahrenheitischen Grades ($212\frac{1}{4}$° F.; 80°, 33 R.) höher fand, so schloß ich, es möchte entweder irgend ein Zufall das Thermometer betroffen haben, oder das Wasser Unreinigkeiten enthalten, welche dies bewirken möchten. Da ich glücklicher Weise vier vortreffliche Thermometer hatte, von denen eins im Observatorium zu Paris verfertigt worden war, so verschaffte ich mir eine Quantität destillirten Wassers und wiederholte den Versuch in eigends hierzu gemachten Gefäßen; das Resultat war unveränderlich dasselbe, welches (wenn das nämliche Gesetz über und unter dem Kochpunkt gültig ist) einen Unterschied von °90 Fuß engl. unter dem Ocean würde gegeben haben. Da ich dies für unmöglich hielt, so beachtete ich diese Versuche nicht weiter, bis ich die Messungen Engelhardts sah, welche, aus einer langen Reihe von Barometer-Beobachtungen, diesen Unterschied zu 54 Toisen bestimmen. Ich will nicht sagen, ob diese Frage endlich entschieden ist, oder nicht, da meine Beobachtungen rein zufällig waren, indem ich keine Idee davon hatte, daß eine so große Differenz vorhanden sei. Eine andere Frage ist fast auf gleiche Weise erörtert worden, nämlich: — Welchen Veränderungen ist der Kaspische See selbst unterworfen? Die Bewohner von Enzilli sagen, daß es, in Perioden von nahe dreißig Jahren, um mehrere Fuß steigt und fällt, unabhängig von dem zufälligen und vorübergehenden Steigen und Fallen von vier Fuß, welches durch das lange Vorherrschen der Winde aus einer besonderen Weltgegend entsteht. Hiervon war ich oft Zeüge; aber die größte Veränderung betrug drei und einen halben Fuß, wärend dessen sich drei unterschiedene und sehr hohe Widerseen längs der Westküste brachen; die erste eine Meile von der Küste.

Mehrere Schriftsteller haben über das Steigen und Fallen zu verschiedenen Perioden geschrieben. Hanway erwähnt in seinen Schriften über diesen Gegenstand, daß im Jahre 1746 der See weit höher stand als im Jahre 1722, wo die Expedition unter Peter d. G. absegelte; zu dieser Zeit waren nur sechs Fuß Wasser im Bette der Wolga, zu Hanway's Zeit aber zwölf. Im Jahre 1784 bemerkte Forster, daß das Wasser zu solch einer Höhe gestiegen war, daß es die Seemauern von Baku einriß; dagegen war der See im Jahre 1828 von den nächsten Gebaüden der Stadt Baku wenigstens eine Viertel-Meile entfernt. Die Mündungen der Wolga können jedoch niemals für ein sicheres Merkzeichen genommen werden, da sowohl dieser Strom immer das hauptsächlich Wirkende dei der Bildung der Tiefen des Kanals sein muß, als er auch selbst großen Anschwellungen unterworfen ist. Da sich meine Wahrnehmung nur vom Jahre 1811 bis 1828 erstreckt, so kann ich nicht darauf Anspruch machen, diesen Punkt zu entscheiden, ausgenommen, daß wärend dieser Periode sowol der Kaspische See, als auch jeder andere See in Persien, sehr sichtbar an Tiefe abnahm. In dem See oder Haff von Enzilli sind (außer der einen ursprünglichen, Mian Puschta genannten, Insel) drei neüe Inseln entstanden und jetzt mit Rohr und Gras bedeckt, wo das Vieh weidet, — selbst einige Weidenbüsche wachsen hervor. Das Haff von Gemischawan, bei Lankeran, kann man jetzt durchwaten, was im Jahre 1812 nicht der Fall war; und da es, wie ich vorhin bemerkte, an der Seeseite keine Befestigungswerke hat, so wäre es im Jahre 1826 fast von den Persern genommen worden, da die Stadt jetzt eine viertel Meile vom Wasser entfernt ist [1].

Von Enzilli gingen wir auf der schmalen sandigen Nehrung, die das Haff vom Kaspischen See trennt. Der Sand ist vom Winde in regelmäßige Gestalten getrieben, aber meistens mit einer Art von grobem Grase und einer großen Menge wilder Pomeranzenbaüme bedeckt, deren Schalen einen bedeütenden Handelsartikel mit Russland bilden. Bei der dreizehnten Meile machten wir Halt bei einigen Haüsern, Namens Kopper Tschall, an der West-Gränze des Haffs, wo es früher mit dem Meere verbunden gewesen sein soll; da es aber hier seicht war, so wurde die andere Öffnung bei Enzilli gemacht, worauf sich diese von selbst schloß. Die Überreste der früheren Öffnung sind noch sichtbar, und man könnte in wenig Stunden einen Kanal anlegen. Wir setzten unsere Reise längs der Küste des Kaspischen Sees fort, die hier dieselbe Beschaffenheit hat, wie die Nehrung, ein Sandgestade etwa 100 Yards breit und mit Pomeranzen-Baümen bedeckt ist — die zu dieser Jahreszeit mit Früchten beladen waren. Unmittelbar zu unserer Linken lag ein dichter, sumpfiger Wald, mit zahlreichen Lagunen, in denen mehrere Entenfänge angelegt sind; die Straße war vortrefflich, ausgenommen da, wo wir die zahlreichen Bergströme durchwaten mußten. Bei der vierten Meile passirten wir den Malarud, wo eine beträchtliche Lachsfischerei betrieben wird. Dieser Fisch findet sich in großer Zahl in allen klaren Bergströmen, aber nie in denjenigen, welche aus den Sümpfen heraus oder durch sie hinfließen. Sie steigen selten einmal den Kizil Ouzan hinauf, der noch schlammiger ist, als selbst der Kur, Tereck oder die Wolga. Mit großer Beschwerde durchwateten wir den Fluß an seiner Mündung, die nur vier Fuß Wasser hat, obgleich er, unmittelbar innerhalb derselben, zwanzig Fuß tief ist. Bei der sechsten Meile passirten wir den Schief Rud in einem Boote; der Fluß war fast von derselben Größe, wie der vorige. Drei und eine halbe Meile weiter durchwateten wir den Noucandau, jenseits desselben liefen, parallel mit der Küste, eine Anzahl kleiner Seen; das Wasser derselben, welches durch den Sand in den Kaspischen See zu sickern scheint, wurde von unseren Pferden getrunken und war kaum salzig. Bei der

[1] Ueber die Veränderungen, welche die Oberfläche des Kaspi Sees bis zum April des Jahres 1830 erlitten hat, vergleiche man die treffliche Abhandlung von Lenz, im 6ten Bande meiner Annalen der Erdkunde, August-Heft, 1832. — B.

neünten Meile wurden wir über den Ali Kam gesetzt', den größten Fluß, über den wir noch gekommen, auf ihm waren drei Boote von Baku. Bei der fünfzehnten Meile erreichten wir Dana Tschall, welcher die Gränze von Ghilan und Asalim gegen Talisch bildet. Dieser Fluß ist drei Meilen aufwärts schiffbar und hat immer vier Fuß Wasser über der Barre. Wir wandten uns unmittelbar in den Wald und machten Halt bei einem schönen Dorfe, Kulleserai genannt. Die letzte Meile war sehr beschwerlich und unsere Pferde brauchten eine Stunde, um sie zurückzulegen. Am folgenden Tage gingen wir den Kulleserai-Fluß, der nur an seiner Mündung zu durchwaten ist, abwärts, und setzten unseren Weg, wie früher, längs des Sandufers, welches hier mit Gras bedeckt war, bis zu der Mündung des Narraran fort, und von hier zu dem Hindakan, wo wir in den Wald einbogen und auf einer sehr morastigen, schlammigen Straße nach Minarabine kamen, wo wir Halt machten. Dies war eine Sammlung von vier wohleingerichteten Meierhöfen, die keiner Gegend von Eüropa würden Schande gemacht haben. Von hier sind acht Meilen bis zum Kirganarud-Flusse, dem breitesten, welchen wir, seit der Abreise von Rescht, passirten. Auf diesem Flusse waren viele Boote, hauptsächlich von Baku oder Baud-Ku. Der Distrikt ist sehr fruchtbar, und eine sehr brauchbare in gutem Zustande erhaltene Straße führt den Fluß aufwärts nach Ardebile. Die in Talisch gewonnene Seide ist von weit schlechterer Beschaffenheit, als die von Ghilan; das Volk ist kriegerischer und weniger gewerbfleißig, und steht unter geringem Zwang. Wir wurden jedoch gastfreündlich und gütig behandelt und erhielten ohne Schwierigkeit, was wir nöthig hatten. Da ich beständig die Gewohnheit hatte, in dem Kaspischen See zu baden, so fand ich längs der ganzen Küste, auf 100 Yards weit, den See nur drei Fuß tief, welches stufenweise, bis auf sechs und auf eine kurze Entfernung bis zehn Fuß zunimmt, der Zwischenraum ist vollkommen eben und der Sand hart. Kleine Fischereien werden auf den meisten Flüssen betrieben, und eine beträchtliche Menge von Lachsen gefangen. Ich sah nur zwei andere Arten von Fischen, den Blei (Seam oder Silber-Blei genannt) und eine Art Karpfen, beide von sehr geringer Güte. Man fischt nie auf offener See, auch haben die Fischer keine Netze, welche dazu tauglich wären. Obgleich die Heringe in beträchtlicher Menge im Terek und Aras gefangen werden, so finden sie sich doch nie im Süden des zuletzt genannten Flusses.

Wir verfolgten unseren Weg längs der Seeküste; das Wetter war vollkommen ruhig und nicht die kleinste Welle auf dem Kaspischen See sichtbar. Wir passirten mehrere kleine Flüsse an ihren Mündungen, und bemerkten eine erstaunliche Menge von Süßwasser-Quellen, in oder unter dem Niveau des Kaspischen Sees,

Meeres, deren Wasser kaum den gerinsten Salzgeschmack hatte. Bei der neunten Meile bogen wir in einen Wald ein, um das alte Kastell von Lissar zu sehen. Der Wald war, wie gewöhnlich, dicht, aber der Boden hart und trocken. Wir sahen einige sehr schöne Baume, die mit wilden Reben und Hopfen bedeckt waren, welche sich haufig über drei bis vier Baume erstrecken; doch waren die, jetzt reifen, Trauben klein und von sehr schlechter Beschaffenheit. Fast jede Obstart wächst wild im Überfluß; und dies ist vielleicht das Land, woher die meisten ursprünglich gebracht wurden. Das Kastell von Lissar liegt zwei und eine halbe Meile vom Kaspischen See auf einem niedrigen Berge, dessen Gipfel es ganz einnimmt; die Mauern sind gut und fest gebaut und scheinen älter, als die mohammedische Eroberung. Ein bedecktes Becken ist gut erhalten und bekommt sein Wasser wahrscheinlich durch Quellen in den Bergen, da es immer in derselben Höhe bleibt, wieviel man auch herausnimmt; die Richtung der Röhren, wenn dergleichen vorhanden sind, ist nicht bekannt, und es scheint große Sorge darauf verwandt zu sein, sie zu verbergen. Es finden sich hier keine Inschriften und überhaupt nichts Merkwürdiges an dem Gebaude, das noch in gutem Zustande ist. Wir rasteten bei einigen Meierhöfen, Numandan genannt, am Lissar, einem unbedeutenden Flusse. Wärend der Nacht fiel, bei einem starken Nordwest-Winde, der Regen in Strömen. Gegen Morgen hörte der Regen auf, aber der Wind blieb wie vorher. Wir gingen auf einer hölzernen Brücke über den Fluß und erreichten bald die Küsten des Kaspischen Sees, wo drei sehr hohe Widerseen sich mit großer Gewalt brachen. Bei der achten Meile kamen wir zu dem kleinen Flusse Khutwasera, den ich bei einer früheren Reise passirte, ohne ihn zu bemerken; er war jetzt ein reißender, schaumender Gießbach, der Baumstämme und große Steine mit fortriß. Wir wurden drei Stunden aufgehalten, ehe wir hinuber konnten, und kamen dann unmittelbar zu einem Vorgebirge, das hier an den See tritt. Als ich zuletzt hier vorbeikam, war zwischen dem Wasser und den Felsen ein Raum von wenigstens fünfzig Yards, jetzt aber brandete das Wasser hin und wieder zwischen dem Gebüsch an ihrem Fuße. Da die Entfernung um die Spitze dreißig Yards nicht überstieg, und in der Pause zwischen zwei Wellen ein trockener Weg vorhanden war, so hofften wir, unsere Thiere hindurch zu bringen; indem wir dies versuchten, kehrten unglücklicher Weise die Leitpferde um, als wir auf der Mitte des Weges waren und die anderen standen fest — in einem Augenblick waren wir von den Wellen ergriffen und die Thiere schwammen im Meere. Wir kamen ohne weiteren Unfall, mit dem Verlust eines Maulthieres und seiner Ladung, glücklich davon und waren völlig durchnäßt. Wir fanden eine kleine Meierei, wo wir bis zum folgenden Tage blieben, und als der Wind sich gelegt hatte, setzten wir, obgleich noch mit einiger Schwierigkeit, hinüber und erreichten bei der vierzehnten Meile den Fluß Khevey, der Boote von fünfzig Tonnen trägt. Dies ist ein großes Dorf und war, vor der Erbauung von Lankeran, die Hauptfestung in Talisch; es hat noch einen guten Bazar, aber der Handel hat fast ganz aufgehört. Von hier an ist nichts bemerkenswerthes bis Astara, einer kleinen neueren Festung, an einem Flusse gleiches Namens, die viele Jahre von den Russen besetzt war. Das Land ist auf eine beträchtliche Strecke gelichtet worden und es wird viel Reis und Baumwolle gebaut. Das Talisch-Gebirge ist hier etwa 800 Fuß niedriger, als in anderen Gegenden der Kette, daher ist die Thalschlucht des Astara-Flusses von den Karavanen zur allgemeinen Verbindungslinie gewählt und Lankeran, seit der Einnahme durch die Russen, eine beträchtliche Handelsstadt geworden. Ich fand die Schwierigkeiten dieser Straße sogar größer als die von Rud Bar, der einzige Grund zu ihrer Wahl ist, daß sie etwas kürzer und der Schnee im Winter nicht so tief, wie auf den Gipfeln der Berge liegt; sonst ist sie steil, steinig und gefahrvoll. Dieser Fluß bildet jetzt die Gränze zwischen dem russischen und persischen Gebiet. Bei der vierten Meile passirten wir die Brücke, Pul Dullak (Brücke des Barbiers) genannt, weil sie von einem Menschen dieses Gewerbes gebaut worden ist. Ein Kadjar Khan glaubte, es sei unter seiner Würde, sie zu passiren, und versuchte, den Fluß zu durchwaten, allein sein Pferd wurde vom Strome hinweggerissen und er rettete kaum sein Leben. Bei der sechszehnten Meile in einem fortgesetzten und starken Engpasse erreichten wir die berühmte, obgleich jetzt verlassene Festung Schindan, welche, auf dem Gipfel eines kahlen, isolirten und unebenen Felsens von 7000 Fuß Höhe stehend, den hervorstechendsten Punkt der Kette bildet. Nur auf der Westseite ist sie zugänglich, wo sie mit der Hauptkette durch einen Bergrücken zusammenhangt, der mit diesem festen Punkte plötzlich endigt. Man steigt dann auf einem steilen, felsigen Fußpfade zu einem anderen ebenen Platze, der auch durch eine Mauer von Steinen eingeschlossen war; und innerhalb der Ruinen einer Anzahl Gebaüde sind noch einige Theile der Gewölbe übrig. Ein schrofferes Ansteigen führt zu einem platten Steindache, welches den höchsten Theil des Kastells bildet, mit einer Zisterne, und einem einzelnen, länglichen Gebaüde, dessen Gebrauch jetzt nicht mehr bestimmt werden kann. Von dieser Höhe erscheint der Kaspi See wirklich zu den Füßen des Beschauers und selbst den weißen Schaum am Strande kann man erkennen. Ein Berg, den ich nur für den Demavund halten kann, lag S. 31° O., Ardabile S. 57° W.; das Sevellan-Gebirge S. 85° W. Das einzige Mittel, welches mir zur Höhenbestimmung zu Gebote stand, war das Kochen des Wassers und dies geschah bei 200° F. (74°,7 R.). Wir blieben bis Sonnen-Untergang, um Winkelmessungen anzustellen, in der Hoffnung auf eine bestimmtere Ansicht des Berges, den wir für den Demavund hielten, was die Entfernung unmöglich zu machen schien; doch giebt es, außer diesem, keinen Berg von der Gestalt und Höhe in der Elbors-Kette. Vier Meilen von hier nahmen wir unser Quartier in dem Dorfe Khan Aga, und am folgenden Tage gingen wir, sechszehn Meilen weit, über eine schöne grüne Ebene nach Ardabile. Ich konnte nicht umhin, den vollkommenen Wasserpaß einiger Theile dieser Ebene zu bemerken, die durch eine Art Ufer von angespültem Sande begränzt ist; und hier war ohne Zweifel einst ein See, der endlich durch das Bette des jetzigen Kara Su einen Ausgang fand. Die Stadt Ardabile und das Grabmal des Scheik Seffi, des Gründers der Schi-Religion, sind zu oft beschrieben worden, um sie hier noch zu erwähnen. Die schöne Bibliothek wurde nach Russland gesandt, als der Ort dem Grafen Soukthalin übergeben wurde, und das Grabmal ist, wenigstens in dem äußeren Ansehen, durch Erdbeben sehr beschädigt worden.

Die Sage von dem gefrorenen Propheten auf dem Berge Sevellan, dessen Morier, in seiner zweiten Reise, gedenkt, hatte die Aufmerksamkeit der Engländer erregt, welche im Jahre 1827 in Ardebile waren; und ein Theil derselben rüstete eine Expedition aus, um den Berg zu ersteigen. Die folgende Nachricht wurde mir von dem Kapitain Schee, von der Madras-Infanterie, gütigst mitgetheilt: —

„Nach einem Ritte von achtzehn Meilen erreichten wir ein Lager der Illiauts; kaum hatten wir uns niedergelassen, als eine Gesellschaft, die aus dem Mulla Baschi von Tehran und Ali Khan bestand, den Berg herabstieg. Sie waren auf Befehl des Königs hierher gesandt und erzählten uns, daß es nicht der Mühe werth sei, hinaufzusteigen, indem dort nichts zu sehen und die Schwierigkeiten sehr groß wären. Wegen ihres munteren Aussehens bezweifelten wir jedoch sehr, daß sie auf dem Gipfel gewesen waren, und beschlossen, am folgenden Tage die Erreichung unseres Zweckes wenigstens zu versuchen. Zwei Stunden vor Tagesanbruch bestiegen wir, nebst zwei Führern, unsere Pferde und ritten sechs Meilen, dann mußten wir unsere Pferde verlassen und zu Fuß weiter gehen. Der Berg schien nicht sehr beschwerlich zu sein, aber wir fanden bald daß wir uns geirrt. Nachdem wir vier verschiedene Reihen überstiegen hatten, deren jede uns tauschte, weil wir der Hoffnung waren, daß sie die letzte sei, erreichten wir von der OSO. Seite um 11 Uhr Vormittags, nach fünfstündigem Steigen, den Gipfel, wobei unser Führer, ein Greis von siebenzig Jahren, der Erste war. Auf der Spitze des Berges fanden wir ein Grabmal, das aus zierlich zusammen gefügten Steinen bestand, und mit Ausnahme des einen Endes, wo einige Steine, um den Körper zu sehen, weggenommen waren, bedeckt. In demselben fanden wir das Skelett eines Mannes, liegend und mit dem Kopf und dem Körper nach der rechten Seite (nach Mekka) gewandt; die halbe Vorderseite des Schädels, das linke Schlüsselbein, der linke Arm, von der Schulter bis zum Ellbogen, nebst vier Rippen an der linken Seite, waren allein sichtbar: etwas getrocknetes Fleisch und Stücke des Sterbekleides hingen noch am Skelett. Der Überrest des Körpers war in dem Eise und in der Erde verborgen. Der Schädel war, mit Ausnahme einiger Vorderzähne, die um das Grab herum lagen, vollständig; zwanzig Zähne sind noch an ihrer Stelle, völlig glatt und schön weiß. Es scheint unbezweifelt, daß, vor Wegnahme der Steine, der Körper vollständig war und daß der im Eise vergrabene Überrest es noch ist. Als wir unsere Neugier befriedigt hatten, gingen wir, um einen außerordentlichen Stein zu sehen, aus dem (wie die Perser sagen) Öl destillirt, und an dessen Spitze in einem Loche ein Diamant gesehen wurde. Nachdem wir etwa eine Meile über Schnee und Eis auf der Höhe des Berges zurückgelegt hatten, kamen wir zu einem Amphitheater von etwa 600 Yards im Umfange, welches einen Teich mit dem reinsten Wasser enthält; die Seiten waren mit Schnee bedeckt und lange herabhangende Eiszapfen gaben dem Ganzen ein schönes Ansehen. Zur Rechten des Teiches, etwas höher hinauf, war ein gereinigter Fleck mit einer etwa drei Fuß hohen Mauer, die einen Stein von drei Fuß Höhe und vier Fuß Länge einschloß, über den eine Quantität Öl schien ausgegossen worden zu sein; in seiner Mitte war ein Loch, welches das Ansehen hatte, als ob es zu einer Lampe gedient habe, und in demselben ein Stück Blei, um einen Docht zu halten, welches die Perser einen Diamant genannt hatten. Zahlreiche Opfer lagen um ihn her. In der Nähe war ein anderer Stein, in den einige rohe Buchstaben gehauen waren. Aus dem Ansehen des Platzes schloß ich, daß die Illiauts zu gewissen Zeiten des Jahres diese Stelle besuchen und einige religiöse Gebraüche vollziehen, wobei der Stein als Lampe dient. Wir gebrauchten drei und eine halbe Stunde, um den Platz zu erreichen, wo wir unsere Pferde verließen. Wir kehrten nach dem Lager, das wir vorhin verlassen hatten, zurück, völlig überzeugt, daß der Mulla Baschi niemals den Berg erstiegen hatte. Wasser kochte bei 188° F. (69°, 3 R.); die Temperatur in dem Grabmal war genau der Gefrierpunkt.'

Da der Berg Sevellan höher ist, als irgend einer in Azerdbidjan, mit Ausnahme des Ararat, so habe ich gewagt, den Brief fast so zu geben, als ich ihn empfing. Die von meinem Freünde angegebene Höhe wird sehr nahe 13000 Fuß betragen; welche obgleich größer als die meinige, ich für die wahrscheinlich richtige halte; das Thermometer war dasselbe, welches ich an dem Kaspischen See anwandte. Dieser Berg scheint ein Vulkan gewesen zu sein, und vielleicht der letzte, der in dieser Gegend in Thätigkeit war. Die Felsen um den Berg sind entschieden vulkanisch, und ausgedehnte Lavaströme sieht man auf der Nordseite. Es sind jedoch jetzt keine Überreste eines Kraters mehr sichtbar, was durch das Ersteigen völlig erwiesen ist. Der Berg hat vier verschiedene Piks oder Gipfel, die einander so genau gleichen, daß man in einiger Entfernung leicht getaûscht wird, was mir bei trübem Wetter haûfig große Verwirrung in der Aufnahme verursachte. Um die ganze Basis sind heiße Quellen, aber nicht von höherer Temperatur, als 104° F. (32° R.). Geschäfte hielten mich einige Monate zu Ardabile zurück, und wärend dieser Zeit nahm ich das Land bis Tabriz genau auf. Es ist oft durch Reisende beschrieben und seine Beschaffenheit ergiebt sich hinlänglich aus der Karte [1].

Da die persischen Offiziere, welche mich auf der Gränze begleiten sollten, endlich ankamen, so gingen wir längs der Kette des Talisch-Gebirges, dessen einer Zweig eine scharfe Wendung nach dem Kara Daug macht; der andere, dem wir folgten, verliert sich in der Ebene von Modjan, im Distrikt Burzund. Der größere Theil dieser Straße ging von Ardabile über ein sehr fruchtbares Land, das dem großen Stamme Schah Sewund gänzlich zur Weide überlassen war, der keinem anderen erlaubt, die reichen Länder von Geurney, Alzer und Burzund anzubauen. Unsere Partei versammelte sich am 5ten März bei einem kleinen verfallenen Kastell, Kizil Kulla (das rothe Fort) genannt, wo vier Ströme sich vereinigen und den Fluß Balarud bilden, der durch die Ebene Modjan fließt und sich in dem Morast am Kaspischen See, oberhalb Kizil Agateh, verliert. Da die Entfernung von diesem Punkte bis zum Aras vierzig Meilen betrug, so war es schwierig, sie in einem Tage zurückzulegen, und noch schwieriger, wegen des Mangels an Wasser und der großen Menge an Schlangen, welche die ganze Ebene unsicher machen, anzuhalten. Wir gingen indeß den vorhin erwähnten Fluß sechszehn Meilen abwärts, zu einem merkwürdigen, runden Damm von Hügeln, wie sie in der Ebene von Modjan, sehr haûfig vorkommen; schwer ist es zu bestimmen, ob sie künstlich sind, oder nicht. Das Gras zeigte sich schon und die verschiedenen Arten von Krokus u. s. w. färbten den Boden völlig. Die Nächte waren noch kalt und die Schlangen hatten erst zum Theil angefangen, ihre Löcher zu verlassen. An warmen, geschützten Stellen sahen wir sie jedoch in beträchtlicher Menge. Ich sah zwei oder drei Vipern von geringer Größe; die übrigen waren die gewöhnlichen bunten Schlangen, die in Frankreich Couleuvre genannt werden, und, obgleich von den Persern sehr gefürchtet, nicht giftig sind. Bei einer früheren Reise,

[[1] Colonel Monteith meint hier seine treffliche Vermessungskarte von Azerdbidjan, welche die K. G. S. auf vier Blättern herausgegeben hat. — B.]

im Monat Juni, bedeckten die Schlangen wörtlich genommen den Boden. Wir trafen Anstalten, um eine Nacht in der Wüste zu rasten, die, mit Ausnahme des Wassermangels, nichts von dem Karakter der arabischen Wüsten hat. Der Boden besteht meistens aus Thon, bedeckt mit hohen Kraütern, an einigen Stellen jedoch aus der fruchtbarsten Gartenerde, haüfig mit derselben Art von Muscheln vermischt, die wir am Kaspischen See fanden, von dem wir damals sechszig Meilen entfernt waren. Wir machten bei der sechszehnten Meile halt, an einem kleinen Hügel, Koiler Tipha (Damm der Quelle), der genau dasselbe Ansehen hatte, wie der frühere und bei dem einst eine Quelle vorhanden war; sie war jetzt ausgefüllt, aber wir fanden etwas Wasser in einem kleinen Teiche, welches für das Vieh trinkbar war. Unsere Richtung war im Allgemeinen nordwestlich, aber es war weder ein Weg noch Steg vorhanden. Die Illiauts hatten die mittleren Theile der Ebene verlassen und waren nur in dem Bette des Flusses Aras anzutreffen. Ich hatte mich glücklicher Weise mit Mundvorrath versehen, aber wir fanden kein taugliches Gras für die Pferde. Am folgenden Tage erreichten wir die Ufer des Aras, wo es Gras in Überfluß gab, und machten Halt bei dem Hügel Aga Mazar. Wildpret war sehr reichlich vorhanden und es hatte keine Schwierigkeit, mehr zu erlegen, als wir brauchten. Das Bette des Aras ist hier von beträchtlicher Breite (drei bis vier Meilen), wovon das Wasser einen sehr kleinen Theil einnimmt; das Übrige ist ganz mit dicken Wäldern angefüllt, welche der Fluß in vielen Armen durchfließt, aber man kann haüfig meilenweit längs des Ufers hingehen, ohne sich dem Wasser nähern zu können. Bei der zwölften Meile passirten wir die Fuhrt Yedi Baluk (sieben Distrikte), die beste in dem Aras, gangbar zu allen Jahreszeiten. Eilf Meilen weiter kamen wir bei den Ruinen einer beträchtlichen Stadt vorbei, Altun Tukht (die goldenen Throne) genannt, die ganz das Ansehen eines weit größeren Alters haben, als der Name zu bezeügen scheint. Die Arbeiten sind von der einfachsten Konstruktion und die Mauersteine weit größer, als man sie an neüeren Gebaüden sieht. Die Festung hat eine und eine halbe Meile im Umfange, und scheint eine aüßere oder Vor-Stadt gehabt zu haben. Ein Kanal leitete früher die Wasser des Aras zur Bewässerung des umliegenden Landes, doch ist er längst ausgetrocknet und diese Stadt endlich durch Nadir Schah zerstört worden. Von hier stiegen wir das linke Ufer des Aras hinauf, der auf einer Strecke von achtzehn Meilen durch zahlreiche Inseln getheilt wird; und nachdem wir die trocknen Betten von vier Kanälen, die aus dem Aras hinausführen, passirt hatten, kamen wir zu dem Berge von Aslanduse (Ebene der Löwen) und lagerten uns am Fuße des von Timour errichteten Walles. Der obere Theil ist unlängst eingestürzt und zeigte einen ungeheuren Kanal oder Brunnen von Mauerwerk, um den die Erde aufgehöft worden zu sein scheint. Die Gebeine der im Jahre 1812 Gebliebenen waren noch dicht über den Boden zerstreút. Anderthalb Meilen den Fluß Karra Su, der zuweilen Derra Yourd genannt wird, aufwärts, sieht man noch die Mündung des von der Armee des Timour gegrabenen Kanals, den er, nach seinem Vater, Hadji Berlas nannte. Dieser Kanal erstreckt sich durch ganz Modjan, und kann für die Zeit, in der er angelegt wurde (in einem Winter), als eines der größten Werke, die jemals ausgeführt wurden, betrachtet werden. Man kann ihn noch auf sechszig Meilen deútlich verfolgen, und er ist, an den meisten Stellen, zehn Fuß tief und vierzig breit. Mit sehr geringen Kosten könnte er wieder eröffnet und die Wüste von Modjan in einen der fruchtbarsten Distrikte Persiens verwandelt werden. Der Karra Su wird in dieser Jahreszeit fast ganz zur Bewässerung der Felder verwandt, im Frühling aber ist er ein beträchtlicher Fluß. Längs seiner Ufer ist einer der Haupteingänge in Persien. Die Thalschlucht hat zwar mehrere feste Punkte, doch wird sie, bei irgend einem künftigen Kriege, wahrscheinlich stets die Hauptverbindungslinie eines angreifenden Heeres sein. Wir stiegen den Fluß aufwärts, der, wie vorher, zwischen bewaldeten Inseln in viele Arme getheilt ist. Bei dem sechsten Meilensteine passirten wir das verfallene Dorf Immauret Melik (Palast des Prinzen), wo die Berge an den Fluß herantreten und nur einen engen Fußpfad übrig lassen. Das Land öffnet sich dann bis zum Dorfe Meralian, am rechten Ufer. Eilf Meilen weiter durch ein offenes Land mit dem schönsten Boden, war ein anderer Kanal, auch von dem Heere des Timour gegraben, als es in Kara Baug überwinterte und die Stadt Bellican, jetzt Biaut genannt, wiedererbaute. Dieser Kanal erstreckt sich bis zum Kur, wurde in vierzig Tagen vollendet und ist nahe fünfzig Meilen lang. Von hier sind zwanzig Meilen bis zur Brücke Khuda Auferine (Gottes Werk), so benannt wegen einer Felsreihe, die den Fluß durchsetzt und worauf die Brückenpfeiler erbaut wurden. Dies muß die Stelle sein, welche gewöhnlich die Fälle von Kresbar oder vielmehr Aras Bar genannt wird. Es ist dies die einzige von mir gesehene Stelle, die man einiger Maßen für einen Wasserfall halten kann, obgleich der Fall sechs Fuß nicht übersteigt und von sehr geringer Ausdehnung ist. Eine Meile oberhalb desselben ist eine weit besser gebaute und ältere Brücke, wie die frühere auf einer Reihe Felsen konstruirt. Hier stand ich an der Gränze meiner Vermessung. Ich ging über den Aras mit dem Entschluß, Tiflis zu besuchen.

Unser Weg führte über ein unebenes, aber fruchtbares Land, durchschnitten von Schluchten, und bei der sechszehnten Meile hielten wir an bei dem großen Dorfe Dasch Kussan, wo wir eine entschiedene nachtheilige Veränderung in dem Zustande des Landvolkes sahen, das indeß erst kürzlich zu seinen Wohnungen, welche wärend des Krieges völlig zerstört worden waren, zurückkehrte. Wir kamen durch Ak Ouglan uud ein schönes Land bis Askeran, wo der von Schische kommende Fluß sich zwischen Rohr und Morast verliert. Diese sonderbar gebaute Festung scheint bestimmt gewesen zu sein, den Eingang in das Thal von Schische zu versperren, indem sie an den Abhängen von zwei gegenüberstehenden Bergen erbaut ist. Von hier machten wir einen Ausflug nach den Ruinen von Biaut oder Bellican, sahen aber nichts Merkwürdiges; es ist augenscheinlich ein neüerer Ort und liegt seit etwa fünfzig Jahre in Ruinen, weil die Inwohner ihn, wegen der neüen Stadt Schische, die seitdem die Hauptstadt von Kara Baug geworden ist, verließen. Nichts konnte den Reichthum des Bodens oder die Üppigkeit der Vegetation übertreffen, aber es war, wegen der beständigen Einfälle der Perser im letzten Kriege, völlig öde. Wir setzten unseren Weg fort über ein Land, das mit Wäldern und Gärten bedeckt war, die jetzt verwildern, wo einige elende Landleüte beschäftigt waren, ihre verfallenen Wohnungen wieder aufzubauen, und mit der acht und dreißigsten Meile kamen wir nach der Stadt Berda, am Flusse Tartar, bei den Ruinen einer ausgedehnten Festung gelegen, deren Mauern noch fast ganz vollständig sind; vierzehn Meilen vom Kur-Flusse entfernt, der weit seichter sein muß, als der Aras. Das Wasser kochte bei $211\frac{1}{2}°$ F. (79°, 8 R.), und die Erzeügnisse (Pomeranzen und Feigen) wuchsen wild und zeigten ein wärmeres Klima an, als die Ufer des Aras. Die Ebene war so wagerecht wie das Meer, mit einem dichten Waldgürtel an den Ufern des Kur, eines tiefen und breiten, aber trägen Stromes. Diese Ruinen hatte man uns als etwas Merkwürdiges geschildert, unsere Taüschung war daher nicht gering. Die Arabischen Inschriften zeigten nur ein Alter von etwa fünfhundert Jahren. Wir richteten unseren Weg jetzt nach Gandja, wo wir am zweiten Tage ankamen; der Ort verfällt schnell, obgleich hier noch die Überreste einiger schönen Gebaüde und eine schöne Allee von Ahornbaümen vorhanden sind. Die Lage wird für sehr ungesund gehalten, und die Russen haben daher ihre Garnison abberufen. In der Nähe dieses Ortes sind zwei deütsche Kolonien, und die Bevölkerung besteht jetzt hauptsächlich aus Armeniern. Diese Stelle könnte niemals den Engpaß vorstellen, in welchem Cyrus getödtet wurde, da die Ebene vier und zwanzig Meilen breit ist und keinen festen Paß, ausgenommen gegen Erivan hin, darbietet. Sechszehn Meilen von Gandja, nach Tiflis hin, passirten wir die Ruinen einer ausgedehnten Stadt, Schumkher genannt, wo noch ein Minaret von schöner Arbeit, siebenzig Fuß hoch, steht. Die Mauern scheinen nicht aus einer viel früheren Zeit und in den alten persischen Schriftstellern wird sie als die vornehmste Stadt dieser Gegend beschrieben. Es finden sich hier nur arabische oder armenische Inschriften. Wir hielten an zu Zagun, vier und zwanzig Meilen entfernt, ein großer und gut angebauter Distrikt, der fast ganz von Muhammedern des Schumsadineln Stammes bewohnt wird. Am folgenden Tage erreichten wir die Ufer des Khram (so genannt von dem haüfigen Vorkommen der Barbe) über den eine schöne Brücke führt, in deren Nähe die Ruinen einer anderen sind, die von den Römern erbaut sein soll. Wärend der letzten drei Tage hatten wir eine schöne Ansicht des mit ewigem Schnee bedeckten Kaukasus zu unserer Rechten; zur Linken die waldigen Berge von Kara Baug und Georgien.

Von hier sind vier und zwanzig Meilen bis Tiflis, welches den festen Engpaß des Kur völlig einnimmt und mehr dem Orte gleicht, wo Cyrus seinen Tod gefunden haben soll. Es macht vielleicht keine Stadt schnellere Fortschritte in ihrem Gedeihen und Wohlstande, als Tiflis seit seiner Einnahme durch die Russen, ungeachtet seiner beschränkten und ungünstigen Lage. Es ist zu gut bekannt, als daß es hier einer Beschreibung bedürfte. Im Jahre 1829 hatte es 27000 Inwohner. Ich hörte oft versichern, daß in Asien mehr Frauen, als Männer geboren würden. In Georgien hatte ich Gelegenheit, das Gegentheil zu bestimmen. Es sind 12041 armenische Familien im Königreiche Georgien und den umliegenden dazu gehörenden Distrikten, worüber sehr genaue Zählungen erlangt wurden, die 39274 Männer und 34027 Frauen ergaben. Ein sehr bedeútender Theil der armenischen Männer ist immer in Handelsgeschäften abwesend, und kehrt oft in einigen Jahren nicht zurück, so daß das Verhältniß wahrscheinlich noch größer ist. In Schirvan sind 1688 (christliche) Familien, 5337 Männer, 4143 Frauen. Ich besitze noch mehrere Nachrichten dieser Art, die unveränderlich ein ähnliches Resultat geben.

Da wir uns hinlänglich von dem Ghilanischen Fieber erholt hatten, so verließen wir am 3ten März Tiflis, in der Hoffnung, unsere Reise nach dem schwarzen Meere zu vollenden, ehe das Schmelzen des Schnees die Passage über die Bergströme würde gefahrvoll gemacht haben. Am ersten Tage machten wir Halt bei der verfallenen Stadt Meschiti (dreizehn Meilen), früher Hauptstadt von Georgien, die, mit Ausnahme zweier schöner Kirchen, in denen die Beherrscher von Georgien beerdigt sind, kein bemerkenswerthes Gebaúde hat. Hier vereinigen sich der Kur und Aragua, so wie die Straßen vom schwarzen Meere und Russland; über den ersteren führt eine Brücke, die von Pompejus erbaut sein soll. Wir stiegen das linke Ufer des Kur hinauf, der am Fuße einiger sehr hoher Berge hinlaúft, und nur Raum für eine schmale und beschwerliche Straße läßt, obgleich hin und wieder Erweiterungen sind, in denen Dörfer liegen, die nur, seitdem die Russen das Land besitzen, bewohnt werden, da sie besonders immer von den Lesghiern überfallen wurden. Bei der zwanzigsten Meile passirten wir die kleine Ebene Howly und durchwateten in einer Entfernung von sieben Meilen den Kur bei der schönen kleinen Stadt Gori, mit ihrem romantischen Kastell, das auf einem über den Fluß hangenden Felsen erbaut ist. Nichts kann die Schönheit der Lage dieses Ortes übertreffen. Gegen Norden erstreckt sich eine schöne, gut bewohnte Ebene bis an den Fuß des Kaukasus, dessen Gipfel die seltsamsten, mit ewigem Schnee bedeckten Gipfel zeigen. Gegen Süden fließt der Kur; und jenseit desselben sind Reih'n schön bewaldeter Berge und einige prächtige, an beherrschenden Stellen erbaute Kl'ster. Der reißende Bergstrom, die Liasa, trägt bedeütend zur Wirkung der Landschaft bei.

Dieser Ort erhebt sich schnell zu großer Wichtigkeit und ein hier einquartiertes Grenadier-Regiment verhindert wirksam die Einfälle der Bergbewohner. Unser Weg führte acht und zwanzig Meilen weit über die schöne Ebene von Kartuel; dann erreichten wir den Thurm Souram am Eingange des zum Phasis führenden Passes. Das Kastell, an den Gränzen der türkischen Provinz Akhaltsick und Immeretia gelegen, war von beträchlicher Wichtigkeit; da aber beide Provinzen jetzt unter Rußland stehen, so bildet es jetzt nur einen malerischen Gegenstand und verfällt sehr schnell. Wir stiegen den Paß sechs Meilen weiter aufwärts durch einen Wald von Zwergeichen und erreichten dann den Gipfel einer Bergkette, die sich vom Kaukasus trennt und deren Verzweigungen sich durch Persien und Kleinasien erstrecken. Ihre Höhe übersteigt an dieser Stelle nicht sechstausend Fuß, die Str'me im Osten fallen in den Kur, die im Westen in den Phasis. Unser Hinabsteigen geschah weit schneller; bei der sechsten Meile erreichten wir die Station Maletza, wo ein Militair-Posten und etwas Artillerie ist. Der Schnee hatte jetzt zu schmelzen begonnen, und der Weg war abscheülich. Die Russen haben, mit großer Anstrengung, einen Paß längs des Bergrandes geöffnet, viele Brücken über die Schluchten geschlagen, nnd überdies den Wald zu beiden Seiten gelichtet, um einen Überfall von den Inwohnern zu verhindern, die zu einer Zeit sehr feindlich gesinnt waren. Die russische Macht hat indeß jetzt in diesem Lande festen Fuß gefaßt, und Reisende haben nichts zu fürchten (1825), was sechs Jahre früher durchaus nicht der Fall war — (im Jahre 1819 sah ich sechs todte Körper in dem Passe und auf mich wurde wiederholt geschossen). Bei der dritten Meile erreichten wir das Bette des Quirilla (eines Zuflusses des Rion oder Phasis), wo neüerlich eine vortreffliche Straße längs der Ufer des Flusses angelegt worden ist, und fünf Meilen weiter passirten wir eine Kosacken-Station gleiches Namens. Das Thal war sehr schön und Gommey oder Hirse wurde in beträchtlicher

Menge angebaut. Das Thal dehnt sich allmälig aus und man sieht zahlreiche Dörfer auf den Bergen. Reben werden in Menge gepflanzt und zahlreiche Schweine-Heerden in den Wäldern gemästet, die hauptsächlich aus Buchen und Eichen bestehen. Bei der zwölften Meile passirten wir die Stadt Scharapan, die an der Stelle einer alten Stadt erbaut sein soll; ist dies der Fall, so sind keine Uberreste mehr vorhanden, um dies anzuzeigen. Einige Kirchen und eine schwache Steinmauer bilden, außer hölzernen Hütten und den russischen Barracken, die einzigen Bauwerke. Unmittelbar hinter diesem Orte laüft der Hauptzufluß des Quirilla, der vom Elbrous herabkommt und vielleicht mehr Wasser hat, als der Phasis, in den er fällt. Wir wurden vier Stunden an den Ufern zurückgehalten, ehe das auf zwei Kähnen zugerichtete Floß flott gemacht werden konnte; dann stiegen wir über eine Bergreihe, welche eine der Schlammquellen enthielt, die auf der Nordseite des Kaukasus so gewöhnlich sind. Von hier sind sechs und zwanzig Meilen bis nach Kutais, der Hauptstadt von Immeretia und Hauptquartier einer russischen Division. Die Ruinen einer einst prachtvollen Kathedrale und des alten türkischen Kastells gaben, aus einiger Entfernung gesehen, der Stadt Kutais ein taüschendes Ansehen, das beim Eintritt in dieselbe völlig verschwand. Die Russen haben breite und regelmäßige Straßen angelegt, aber die Wohnungen sind größtentheils Hütten von Holzstämmen oder Flechtwerk, mit Lehm beworfen. Die Bevölkerung hat um mehr als das Doppelte in fünf Jahren zugenommen und es ist ein großer Markt errichtet, der haüfig von allen benachbarten Bergbewohnern besucht wird. Das Volk befindet sich in dem niedrigsten Zustande der Sklaverei, ist sehr arm, und daher träge und sorglos. Der Rion oder Phasis ist hier etwa dreißig Yards breit, aber wegen Felsen und anderer Hindernisse nicht schiffbar. Auf den Pfeilern einer alten Brücke, deren Alter nicht bekannt ist, haben die Russen einen hölzernen Bogen errichtet; aber dies ist Alles, was jetzt von den dreißig Brücken, die einst über diesen berühmten Fluß geführt haben sollen, übrig ist. Ich ging den Rion eine Strecke aufwärts, um die Goldminen aufzusuchen, fand aber nur einige Pfeile und Kessel, mit einigen Merkmalen von Kupfer; das Erz dieses Metalls findet sich noch, aber weit weniger ergiebig, als in den Gruben von Georgien. Wenn jemals Gold vorgekommen ist, so muß dies, wie ich glaube, am Quirilla und nicht am Rion gewesen sein. Diese beiden Flüsse vereinigen sich bei dem georgischen Kastell Gwertsziche, zwölf Meilen unterhalb Kutais, und erhalten von dort an den Namen Phas oder Rion und sind dann zu allen Jahreszeiten für Boote schiffbar; von hier bis zum Meere hat der Fluß keine Hindernisse, ist meistens zwanzig bis dreißig Fuß tief und die Strömung beträgt etwa zwei und eine halbe Meile in der

Stunde. Das Land erscheint an manchen Stellen vollkommen eben — die Ufer sind höher, als die umliegenden Ländereien. Ihr Ansehen kann zu der Annahme führen, daß der Fluß früher durch Eindeichungen beschränkt war. In dieser Provinz fällt mehr Regen, als in irgend einem anderen Theile der Küsten des schwarzen Meeres; und die Flüsse, welche ihre Quellen am Kaukasus haben, sind sowohl periodischem Steigen durch das Schmelzen des Schnees, als auch plötzlichen Anschwellungen durch die zahlreichen Bergströme unterworfen, welche das Land überall durchschneiden und in ihrer Nachbarschaft sehr häufig Überschwemmungen verursachen. Es ist fast so ungesund, wie Ghilan, aber da es noch schlechter verwaltet wird, so ist es nicht mit jener Provinz, in Hinsicht auf die Erzeügnisse oder die Betriebsamkeit seiner Bewohner, zu vergleichen. So lange das Feudalsystem mit seiner jetzigen Strenge existirt, ist wenig Verbesserung zu hoffen.

Wir gingen von Kutais die Militair-Straße nach Marinal, einem beträchtlichen Kosacken-Posten am Jtskhini Jtskali (Pferde-Fluß), dem größten aller Zuflüsse des Rion und der Gränze zwischen Immereti und Mingrelien. Drei Meilen abwärts fällt er in den Rion oder Phasis, der von diesem Punkte für Boote von sechszig Tonnen schiffbar ist, und möchte es, mit Ausnahme der Barre an seiner Mündung, wo nur sechs Fuß sind, für die größten Fahrzeüge sein. Zwölf Meilen unterhalb der Vereinigung ist eine beträchtliche Insel, auf der die Russen einen Hafen, Magazine u. s. w. haben. Wir überschritten den Rion an dieser Stelle und erreichten, nach einem höchst ermüdenden Marsche, Lanskoum, einen gutbevölkerten Distrikt in den Staaten des Prinzen von Gouriel. Die Straße war fast so schlecht, wie die schlechteste in Ghilan, und wir brauchten sechs Stunden zur Vollendung der Reise. Die Schwierigkeit des Weidens unserer Pferde veranlaßte uns, sie nach Kutais zurückzusenden, und wir schifften in einem Kanoe den Pitschori hinab, der, wie es mir scheint, ein alter Kanal gewesen ist. In zehn Stunden erreichten wir die russische Fischerstation Paristan an einem großen See, welcher, wie der von Enzilli, mit dem Meere verbunden ist. Wir kamen jetzt durch einen seichten Kanal in den Rion oder Phasis, fuhren drei Stunden den Fluß abwärts und erreichten dann das russische Fort Riauski Pristan — einen Posten, der damals zur Bewachung der türkischen Festung Poti bestimmt war; (sie wurde wärend des letzten Krieges genommen und die Russen besitzen jetzt die ununterbrochene Schiffahrt des Phasis). Von hier sind acht Meilen bis Redut Kalla, damals die russische Hauptstation an dieser Küste des schwarzen Meeres. Die Festung steht an der Mündung des Kalla, der nicht mehr als dreißig Yards breit ist, aber, ausgenommen auf der Barre, wo das Wasser mit den Fluthen, oder vielmehr mit den Winden von vier bis sieben

Fuß wechselt, innerhalb derselben zwanzig Fuß Tiefe hat. Die Barre besteht aus Sand und ist nicht von großer Ausdehnung. Der Kalla hat, vierzig Meilen weit, achtzehn Fuß Wasser und die Strömung ist kaum bemerkbar; er überschwemmt daher die Stadt und das umliegende Land, das, den größten Theil des Jahres hindurch, ein vollkommener Sumpf ist. Das Klima ist sehr ungesund und die Russen verlieren meistens jährlich ein Fünftheil ihrer Mannschaft. Dies ist leider in noch höherem Grade an der ganzen Westküste der Fall, und Redut Kalla wird wahrscheinlich wegen der neüen Stellung von Poti, bald ganz verlassen werden. Die Küsten des schwarzen Meeres sind, wie die des Kaspischen Sees, sehr seicht und Schiffe, die nur zehn Fuß tief gehen, liegen eine und eine halbe Meile von der Küste. Eine Strömung geht von Süden nach Norden. Die Brandung ist hier geringer, als in dem Kaspischen See. Das schwarze Meer hat auch den Vortheil, frei von Sandbänken und Klippen zu sein. Ein mäßiger Wind weht gewöhnlich von der Küste abwärts von 10 Uhr Morgens bis Mittag, aber die steifen Kühlten kommen fast unveränderlich aus Westen und dann steigt das Meer vier Fuß. Das Land ist so niedrig, daß ein frischer Wind auf dem Meere zugleich bewirkt, daß die Flüsse ihre Ufer übersteigen. Die Ankerplätze sind nicht geschützt, aber der Grund ist nicht schlecht. Einige Zeit vor unserer Ankunft wurde ein russischer Transport an die Küste getrieben und scheiterte gänzlich (sechszig Menschen kamen um). Die Russen besitzen jetzt durch den letzten Vertrag die ganze Küste von Cirkassien, das heißt, so weit türkische Abtretung es ihnen geben kann. Die Türken hatten nie mehr als einige befestigte Stationen, um sich Sklaven zu verschaffen, die sie, bis zum Belauf von mehreren Tausenden jährlich, nach der Türkei ausführten, und die rohe Wildheit der kaukasischen Nationen möchte diesem Handel mehr als irgend einer anderen Ursache zuzuschreiben sein. Ein sehr beträchtlicher Theil derselben waren russische Unterthanen. Bis zum Jahre 1819 war es unsicher, sich weit von den Militair-Posten zu entfernen und eine georgische Dame wurde von den Türken nach Poti entführt.

Nachdem wir die nöthigen Beobachtungen zur Bestimmung der Länge, Breite und Abweichung gemacht hatten, so fand ich die letztere geringer, als sie von den französischen Seefahrern bestimmt wurde; doch maße ich mir nicht an, die meinige für genauer zu halten, als die ihrige; meine Beobachtungen der Sonne und eines Sternes gaben 4° 40′ bis 5°; das Wetter war ungünstig, aber ich glaube nicht, daß dies weit von der Wahrheit entfernt ist. Da jeder, der von Poti kommt, der Quarantaine unterworfen ist, so konnte ich diese Station nicht zu Lande besuchen, verschaffte mir aber ein Boot und fand, da ich den Kalla hinabging, kein Hinderniß durch die Brandung. Wir ruderten dann die Küste entlang und erreichten mit der siebenten Meile den nördlichen Arm, der seicht und nur für kleine Boote fahrbar ist. Der südliche Arm hat immer sechs Fuß und zuweilen zehn Fuß Wasser über der Barre. Die Insel, welche an der Mündung des Phasis gebildet ist, erstreckt sich sehr wenig in das Meer und ist nur klein. Der berühmte Tempel an der Mündung des Phasis stand, wie ich glauben möchte, auf der Stelle, die jetzt von dem Kastell Poti eingenommen wird, das höchst wahrscheinlich aus seinen Ruinen erbaut wurde. Es steht auf einer erhabenen Stelle und um es zu erbauen (wenn ein solches Gebaüde nicht vorhanden gewesen wäre), hätten die Materialien aus der Ferne herbeigebracht werden müssen. Die Zeichen der Civilisation sind mehr als in irgend einem von mir besuchten Lande verschwunden. Nicht ein Gebaüde ist an den Ufern des Phasis vorhanden, die einst mit Städten, Brücken und Tempeln sollen bedeckt gewesen sein. Sechszig Meilen im Norden des Flusses besitzen die Russen eine bedeütende Station im Lande der Abbas und bei derselben bezeichnen das Kap Iskurias und die dabei liegenden Ruinen deütlich die Lage des in der römischen Geschichte so berühmten Dioskurias. Es findet sich jedoch hier nichts, was anzeigen würde, daß eine Stadt von hinreichender Bedeütung vorhanden gewesen wäre, um, wie Gibbon erzählt, die Dienste von hundert Dollmetschern zu erfordern. Jeder Zugang zu diesem Lande ist jetzt unbrauchbar, ausgenommen zur See. Fürst Gotschakof, welcher mit einer beträchtlichen Militairmacht zu Lande längs der Küsten des Euxinus glücklich vordrang, erreichte mit großer Schwierigkeit Sokhumkulla und kehrte zur See zurück.

Diese Gebirger werden jedoch nicht lange dem allmäligen Vordringen der Russen, sowol von Norden als von Süden, zu widerstehen vermögen. Der Tod jedes Haüptlings veranlaßt eine Fehde in der Familie, und sie wenden sich meistens an Rußland, welches jeden Tag längs der ganzen Ausdehnung des Gebirges Land gewinnt. Nur die Eroberungen Russlands konnten die christlichen Staaten Georgiens vor der völligen Zerstörung bewahren. So tapfer sie sich lange Zeit hindurch vertheidigten, so wurden sie doch allmälig geschwächt. Die Bergbewohner, von den Türken unterstützt, wurden täglich kühner und glücklicher in ihren Streifereien, und wenn sie besiegt wurden, so waren sie der Unterstützung und des Schutzes von den türkischen Paschas gewiß, die Banden von Menschenraübern unterhielten. Die Personen der Inwohner waren der einzige Gegenstand der Beüte; die Verwüstungen dieser Ungläubigen zu Akhaltsik, Akhiska, Poti und Anapa haben für immer den Handel unterdrückt. Bedenkt man, daß Russland nur fünf und zwanzig Jahre und wärend einer fast beständigen Reihe von Kriegen dies Land besessen hat, so ist es erstaunlich, wie viel schon ausgeführt wurde; und wo ein Reisender über schlechte Wege und

Beschwerlichkeit des Reisens klagt, der lese die Beschreibung von Chardin, die völlig der vom Jahre 1805 entsprochen haben würde. Jetzt kann man in vollkommener Sicherheit mit Postpferden von den Mündungen des Phasis bis zum Kur und zum Kaspischen See reisen. Meine, mit kochendem Wasser (212° F.) angestellten Beobachtungen gaben dem schwarzen Meere gleiche Höhe mit dem Ocean.

Am 15ten April schifften wir uns ein auf dem Flusse Tzic, der in den Kalla oder Koppi, eine Meile vor dessen Mündung, fließt. Dieser Fluß, der das Ansehen eines schlammigen Grabens hat, durchfließt den großen Morast, welcher sich fast bis an den Phasis erstreckt; wir beschifften diesen Fluß bis eine und eine halbe Meile von dem Dorfe Khiladid, wo von Ochsen gezogene Karren uns für den Rest der Reise aufnahmen. Wir verpflichteten jetzt ein Boot, den Phasis bis Merani hinauf zu gehen. Starker Regen und Ostwind machten unser Fortkommen sehr langsam, da wir den Fluß aufwärts ziehen mußten und niemals ein Seegel gebrauchen konnten. Nach zwölf Meilen passirten wir zwei beträchtliche Inseln (wahrscheinlich der alte Aufbewahrungsort der Phasanen; sechs und zwanzig Meilen weiter ist die Mündung des Tekouri, der von NNO. kommt; und nach vierzehn Meilen, jenseits der russischen Sation Kodori, und vier Meilen von derselben vereinigt sich der Khenis Kari von S. 35° O. Eilf Meilen weiter ist eine andere kleine Insel, und noch neun Meilen weiter mündet der Pilchori von S. 57° W. — von wo zwei Meilen bis zum Militair-Posten Meraui am Itskhini Itskali sind, der sechs Meilen bis zur alten Station Meraui schiffbar ist. Von hier kehrte ich auf demselben vorhin erwähnten Wege nach Kutais und Tiflis zurück, wo wir am ersten Mai ankamen. Die Flüsse waren niedrig und der Weg schwierig und ermüdend. Starkes Unwohlsein hielt mich zwei Monate zurück. Ehe ich Tiflis verlasse, wird es gut sein, das, was ich in Beziehung auf die Passagen über den Kaukasus und nach dem schwarzen Meere und dem Kaspischen See zu beobachten Gelegenheit hatte, zu erwähnen. Längs der Gestade des schwarzen Meeres giebt es durchaus kein Hinderniß für die Anlegung einer Straße, und die einzige Schwierigkeit wird jetzt durch die zahlreichen Flüsse bewirkt, die überall von dem Abassischen Berge herabfließen. Längs des Kaspischen Sees trennt ein festes Sandufer von beträchtlicher Ausdehnung die Sümpfe von dem See, aber die Flüsse sind ohne Boote oder Brücken gar nicht zu passiren. Diese Passage wurde früher durch die starke Festung Dioskurias und die jetzige Stadt Anaklia, von der eine Reihe von Forts und die Ruinen einer Mauer sich bis gegen den Kaukasus hin erstrecken, vertheidigt. Obgleich zahlreiche Fußpfade über den Kaukasus führen, so können sie doch nur von Jägern und selbst dann nur mit Hülfe der Bergbewohner, aufgefunden werden. Den

Phasis aufwärts führt eine Straße durch die Dirgar Cirkassier, aber man muß über eine Ebene, die neün Monate des Jahres mit tiefem Schnee und Eise bedeckt, und für eine große Anzahl Menschen nicht brauchbar ist. Bei Gori führt ein Thal den Kaukasus hinauf, durch welches die Russen eine Straße führen wollen, aber bisher ist es nur von den Gebirgern besucht, und nie allgemein benutzt worden. Jetzt kann man es nur zu Fuß passiren; aber durch Anwendung von Brücken über tiefe Schluchten würden die Haupt-Hindernisse hinweggeraümt werden. An dem Flusse Araga ist das Ansehen der Berge ein hinreichender Beweis, daß hier keine allgemeine nützliche Straße vorhanden sein kann. Wenn man den Fluß erreicht, so führt ein schönes, breites Thal zu dem Engpaß bei Anarora, der nicht beschwerlich ist. Dies außere Thal des Kaukasus führt, durch allmäliges Ansteigen, zu dem Berge oder vielmehr Passe des Kreüzes, da die Berge zu beiden Seiten zweitausend Fuß hoch sind. Das Hinaufsteigen auf der neüen, auf Befehl des General Paskewitsch angelegten Straße ist, so wie das Hinabsteigen in die Thalschlucht des Terek, leicht für einen Wagen. Drei Meilen weit führt sie durch eine enge, von hohen Schieferfelsen begränzte Schlucht. Dieser Paß ist im Frühjahr gefahrvoll, wegen der haüfigen Lawinen, die die Straße wegführen. Sie ist mit großer Geschicklichkeit und bedeütenden Kosten gebahnt. Zwei andere Schluchten führen zwar nach Georgien, aber sie werden jetzt nur von den Bergbewohnern benutzt. An der Vereinigung dieser Schluchten liegt der Posten Kodi. Wir waren auf den letzten dreißig Meilen erstaunt über die Dichtigkeit der Bevölkerung in dieser kalten und unwirthlichen Gegend. Nicht ein leerer Fleck war zu sehen, und die Dörfer waren dicht über die Berge verbreitet; alle waren befestigt oder hatten einen hohen Thurm in der Mitte, der als Zuflucht im Falle eines Angriffes oder zur Bewachung des umliegenden Landes diente. Roggen, Gerste und Weizen wachsen in der Höhe von 7500 Fuß; letzterer kommt selten zur Reife; einige verkrüppelte Gebüsche und große Mengen von Rhododendron waren das einzige Holz. Unser Weg führte eilf Meilen weit an den Ufern des Terek hin, die Straße war meist gut und das Thal gut angebaut, bis wir zu Kasi Beg, einem beträchtlichen Dorfe am Fuße des hohen gleichnamigen Berges, ankamen. Es enthält zwölfhundert Inwohner, hauptsächlich Osseten, und nahe dabei ist das berühmte Kloster Stephen Zeminda, unmittelbar über dem Eisthale, das sich bis Kasi Beg ausdehnt, erbaut. Der Weg wurde jetzt beschwerlicher und schroffer, das Thal verengte sich allmälig, bis es bei der achten Meile eine bloße Kluft wurde, durch welche sich der Terek seinen Weg gebrochen zu haben scheint. Zur Rechten und Linken waren erstaunliche Schieferfelsen, die haüfig herabfallen und auf einige Zeit den Lauf des Flusses hemmen; das aufgestaute

gestaute Wasser führt bald das Hinderniß hinweg und verursacht unten im Thale eine Überschwemmung. Am Eingange dieses Passes steht der Posten und das alte Kastell Dariel, und ich stehe nicht an, dasselbe für die Lage der Pylä Caspiä zu halten. Hier ist das Ansehen des Passes fest und unüberwindlich, die Felsen nähern sich einander so, daß sie dem schäumenden Terek einen Durchgang gestatten; und die Berge sind steil und ungangbar, außer auf der engen Straße, die gerade unter die Mauern des Kastells, welche alt und gut gebaut sind, führt.

Beide Seiten waren früher besetzt und die Befestigungen offenbar bestimmt, den Eingang des Thales zu versperren. Diese Stelle liegt etwa 4000 Fuß, und der höchste Punkt, den wir passirten, etwa 8000 Fuß über dem Meeresspiegel (Kreüzberg). Unterhalb desselben ist die Anlegung der Militair-Straße ein Werk würdig einer großen Nation, und die Ausführung derselben macht den Offizieren, durch die sie geschah, Ehre. Die gezwungene und schlecht bezahlte Arbeit, welche von den Gebirgern gefordert wurde, war ein großer Druck für sie, und hat große Unzufriedenheit der christlichen und heidnischen Osseten mit der Russischen Regierung verursacht. Wären diese Mißbraüche verbessert, so würde dies mehr, als jede andere Maßregel, zur Beruhigung des Landes beitragen. Unterhalb desselben, bis Wladi Kaukasus, sind die Berge, obgleich mehrere starke Punkte für einen Reisenden sehr beschwerlich sind, zur Rechten und Linken zugänglich und würden dem, bei den kaspischen Pforten beabsichtigten Zwecke nicht entsprochen haben. Von dem Passe von Dariel an ist das Land bewaldet nnd fruchtbar, aber diese Vorzüge sind, wegen der beständigen Kriege der Cirkassier, von keinem Nutzen. Man kann über den fruchtbarsten Boden Meilen weit gehen, ohne eine Spur menschlicher Wohnung zu sehen; dies muß unveränderlich das Resultat sein, wo eine mahommedische Bevölkerung in der Nachbarschaft eines christlichen Staates lebt.

Der einzige andere Paß zwischen dem schwarzen Meere und dem kaspischen See ist der berühmte von Derbund, der haüfig beschrieben ist. Das obere Kastell von Derbund ist auf einem jähen Felsen, drei Meilen von der Küste, erbaut, und das andere steht dicht am Wasser (einige Leute sagen, daß die aüßeren Ruinen sogar unter dem jetzigen Spiegel des Sees sichtbar sind). Diese Kastelle sind durch einen doppelten Wall verbunden, der, gleich den langen Mauern Athens, die Citadelle mit dem Hafen verbindet. Welchem Zeitalter die ursprünglichen Werke angehören, ist jetzt unmöglich zu bestimmen, doch glaube ich, daß sie älter sind, als das Zeitalter Cyrus d. G. Die Fundamente dieser Mauern bestehen aus ungeheüren Steinen, und ein Damm scheint sich einst in den See erstreckt zu haben.

Man kann diese Position auf einer Gebirgsstraße, welche einige Meilen weit entfernt ist, umgehen, wo man einige Überreste einer Mauer sieht, die sich wahrscheinlich bis auf beträchtliche Entfernung in den Kaukasus hinein erstreckte, der hier die beschwerlichste Masse der ganzen Kette bildet. Die kaukasischen Nationen waren nie mehr, als dem Namen nach unter der Herrschaft irgend einer Regierung und nur seit wenigen Jahren haben die Russen diese wichtigen Engpässe völlig in Besitz genommen. Außer diesen giebt es mehrere Fußpfade, die nur mit Hülfe der Inwohner überstiegen werden können, der brauchbarste führt von Ober-Kakhetia, durch das Gebiet des Terek und Kisti, nach den Flüssen Soundja und Kislar; die anderen über Balikan, durch Kasi Komauk, längs des Kai Son nach demselben Orte. Die Nachfolger des Alexander Mirza (des letzten Fürsten von Georgien, nicht eines Gefangenen), die drei Jahre hindurch eine Zuflucht in diesen Bergen fanden, hielten sie für unbrauchbar für Reiterei und selbst beschwerlich für Fußvolk; wärend acht Monate des Jahres sind sie durchaus unzugänglich.

Indem wir mit großem Bedauern von Georgien Abschied nahmen, gingen wir über die Brücke des Khram, die ich zuvor überschritten hatte; dann wandten wir uns in das Thal Akistafa und mit der fünfzehnten Meile von Tiflis erreichten wir das Dorf Karavanserai, welches an dem Eingange des starken Engpasses liegt, wodurch der Fluß sich seinen Weg gebrochen hat. Wir gingen das schön bewaldete, basaltische Thal zwölf Meilen aufwärts, dann öffnet es sich in ein reiches und fruchtbares Land. Bei der sechszehnten Meile machten wir Halt bei Dalligan, einst ein großes Dorf, aber im letzten Kriege zerstört; hier gingen wir einen Nebenfluß des Akistafa aufwärts (die von Nadir Schah angelegte Kanonen-Straße), durch ein enges, dicht bewaldetes und beschwerliches Thal. Mit der achten Meile erreichten wir den Gipfel der Berge, die ein Zweig derjenigen sind, die wir bei Souram und an den Gestaden des kaspischen Sees überschritten. Wir stiegen nun schnell hinab zu den Ufern des Sees Goukeka oder Sevan und lagerten uns gegenüber der Insel und dem Kloster gleiches Namens, nachdem wir zuvor einen kleinen Fluß überschritten, der, von einer Fischerei an seiner Mündung, Paluk Tschic genannt wird. Die Mönche sandten uns, nach einigem Zögern, ihre Flöße, um uns nach der Insel zu bringen, die etwa 1200 Yards vom Ufer entfernt ist. Bald, nachdem wir vom Lande abgestoßen waren, verloren wir mit einer 400 F. langen Lothleine den Grund, und der See hatte das dunkelblaue Ansehen eines tiefen Wassers. Die Insel hat drei Meilen im Umfange und ist nur von den zum Kloster gehörigen Leüten bewohnt, welches für das älteste in Armenien gehalten wird. Man zeigt eine kleine Zelle, die von einem der Apostel soll bewohnt worden sein; wie dem auch sei, keine Lage konnte besser gewählt werden für religiöse Abgeschiedenheit, als diese Insel, die wahrscheinlich einst bewaldet war und einer kleinen Anzahl Bewohner Unterhalt verschaffen kann, da sie einen See hat, der zu allen Jahreszeiten reich an den schönsten Fischen ist. Der Theil, den wir befuhren (der Nord-Eingang), scheint die tiefste Stelle des Sees zu sein, und viele Felsen, wenig unter dem Wasserspiegel laufen gegen den Mittelpunkt hin und würden wahrscheinlich die Schiffahrt hemmen. Es giebt keine Fahrzeüge auf ihm und bis vor Kurzem waren die Ufer den wandernden Stämmen überlassen, die reiche und vortreffliche Weide fanden. Nachdem wir uns aus dem Kloster einen Führer verschafft hatten, traten wir eine Reise um den See an, und kehrten längs des Randes eines Abhanges zurück, der drei Meilen weit über ihm hangt, auf dem aber von dem armenischen Patriarchen eine für Wagen fahrbare Straße angelegt worden ist. Mit der vierten Meile stiegen wir in das Thal Tschubuklu hinab; bei der achten setzten wir über den Paluk Su Fluß, nahe bei seiner Mündung. Zwei und zwanzig Meilen weit führte die Straße über schönes Weideland; dann erstiegen wir die niedrige Reihe felsiger Berge, welche Gun Bakhau (der Sonne ausgesetzt) genannt wird. Eine Zeit lang folgten wir einem schmalen, gewundenen Pfade, der über dem Wasser hing, das hier seicht und dessen Grund geneigt und felsig ist. Nach einer beschwerlichen Reise von fünf Meilen wandten wir uns von dem See ab in das Phulat Thal (Stahl-Thal), das jetzt mit den Zelten des Schumsadentu Stammes bedeckt war; und drei Meilen weiter, bei dem verfallenen Dorfe Tokliga, das in einer engen Schlucht liegt, die sich nach dem drei Meilen entfernten See erstreckt.

Wir verließen wieder die Ufer des Sees und gingen durch ein schönes Weideland an der Quelle des Tersi Flusses; und mit der neünten Meile erreichten wir den Gipfel des Djiller Danisch, unmittelbar hinter dem Vorgebirge Ada Tippa, welches eine beträchtliche Strecke in den See vorspringt, und ein anderes auf der gegenüberstehenden Seite verengt seine Breite bis auf sechs Meilen. Vom hohen Grunde ist eine Felsenreihe sichtbar, die sich, nur wenig unter der Wasserfläche, fast quer über erstreckt. Das Vorgebirge Ada Tippa und der Berg sind theilweise bewaldet. An den Ufern ist in beträchtlicher Ausdehnung schönes Land. Sieben Meilen weiter passirten wir die Ruinen von Patriarch Bund — außer den Kirchen sind dort keine Ruinen von Wichtigkeit. Mehrere Grabsteine waren acht Fuß hoch und mit armenischen Inschriften bedeckt; einige trugen das Datum des dreizehnten Jahrhunderts und enthielten meistens eine kurze Nachricht von dem Leben der dort Beerdigten. Wegen der Schönheit des Landes, der Vortrefflichkeit der Weiden und der Kühle des Klima, war diese Stadt häufig die

Residenz der Könige von Armenien, und die Gestade des Sees waren mit sechszig volkreichen Dörfern bedeckt. Die Kirchen sind noch vorhanden und bezeugen die Fortschritte, welche die Armenier einst in der Architektur gemacht hatten. Drei Meilen von hier kamen wir an die Seite eines kleinen Sees, der an dem Südwest-Ende des großen liegt und mit ihm zusammenhangt. In diesen fließt ein beträchtlicher Fluß, Sogut Su (Weiden-Fluß) genannt. Wir gingen ihn acht Meilen aufwärts bis zu dem Passe Yelliga (die Weide), welcher Erivan von Kara Baug trennt. Der Tartar entspringt nahe bei demselben in dem Gebirge der heißen Quellen, aber die Ruinen, welche wir aufsuchten, ergaben sich als unwichtig und hatten keine Ansprüche, ein römischer Posten gewesen zu sein. Indem wir der Bergkette sechs Meilen weit folgten, bekamen wir einen See von zwölf Meilen Umfang zu Gesicht, dessen Ufer außerordentlich jäh und felsig waren; deshalb wird er das schwarze Wasser genannt und liegt am Fuße des hohen Gebirges Diktscha Billekan (Spitze der Leiter). Die Armenier halten dasselbe für den Thurm von Babel und bezeichnen den See als die Stelle, wo die Erde zu seiner Errichtung ausgegraben wurde. Unser Lager bot keine schlechte Probe der Sprachverwirrung dar, denn unter vier und vierzig Personen waren sieben verschiedene Sprachen — Türkisch, Persisch, Kurdisch, Armenisch, Georgisch, Lesgisch und Englisch. Das Klima war außerordentlich kalt und es fror stark in der Nacht. Mehrere von der Partei wurden hier von einem bösartigen Gallenfieber befallen, und es war sehr beschwerlich, die Kranken an die Ufer des Sees Kouktscha zu bringen, wo sie zehn Tage zurückgehalten wurden; zwei von der Partei starben, und zehn andere mußte ich nach Erivan senden, die sich erst nach mehreren Monaten erholten. Ich war weniger heftig angegriffen, und da dies eine vielleicht nie wieder vorkommende Gelegenheit war, so beschloß ich die Reise durch diese bisher unerforschte Bergkette fortzusetzen.

Ein kleiner Fluß fließt aus dem schwarzen See in den Sevan, aber wir fanden die Thalschlucht unzugänglich, und indem wir eine mit Weide bedeckte, aber ganz von Holz entblößte Bergkette überstiegen, gelangten wir in das Gazell Derra (schönes Thal) und lagerten uns an seiner Mündung. Der See ist hier seicht, mit einem felsigen, aber ebenen Boden; der Fluß wimmelt von Fischen, hauptsächlich Forellen, von denen es mehrere unterschiedene Species giebt, die einander das ganze Jahr folgen sollen. Eine Art wird häufig sechszehn bis zwanzig Pfund schwer gefangen und hat ganz das Ansehen vom Lachs. Außer diesen giebt es zwei Arten von Meer-Barben so wie auch Karpfen und Barben. Niemals sah ich Hechte, Barsche oder Aale; Weißfische, Gründlinge und andere kleine Fische sind häufig.

Da unsere Partei endlich weiter zu gehen vermochte, so gingen wir sieben Meilen weit längs des Seeufers bis zu dem Flusse Ada Yaman (schlechter Name), der bei weitem der größte in den See fallende Fluß ist, in dessen Nähe einst eine bedeütende armenische Stadt lag. Klöster und Kirchen waren dicht über die umliegenden Berge verbreitet. Drei Meilen von hier, an den Ufern des Sees ist das Lager, welches Nadir Schah zwei Monat besetzt hielt. Die Verschanzungen sind noch sichtbar und es scheint mit Regelmäßigkeit angelegt gewesen zu sein. Bei demselben ist ein kleiner Felsen durchbrochen worden, damit ein Fluß hindurch laufe, aber zu welchem Zwecke, ist jetzt unmöglich zu bestimmen. Wir folgten noch dem See bis zum Flusse Kabar, wo ein Vorgebirge, dem Vorgebirge Ada Tippa gegenüber, sich auf eine beträchtliche Strecke ausdehnt, was die Breite des Wassers auf sechs Meilen verengt. Hohe senkrechte Lava-Felsen verhindern die Passage nahe am See, und unsere Pferde litten sehr durch die Steilheit des Gesteins. Wir waren erstaunt über die ungeheüre Menge des über das Land verbreiteten Obsidians. Bei Ak Kulla näherten wir uns wieder dem See und fanden das Ufer bedeckt mit sehr leichtem Bimsstein bedeckt, der auf dem Wasser schwamm. Wir gingen um eine tiefe Bucht herum und kamen zu der Stelle, wo ein Nebenfluß des Zengue aus dem See herausfließt. Dieser Fluß entnimmt nur einen kleinen Theil seines Wassers aus dieser Quelle, die künstlich sein soll. Das glaube ich jedoch nicht; da zugleich die Thalschlucht einen sehr starken Fall hat, so konnte die Menge des Wassers nach Gefallen vermehrt und, wenn es zu irgend einem Zwecke erforderlich war, ein beträchtlicher Theil des Sees ausgetrocknet werden.

Wir waren nun sehr nahe bei der Insel Sevan, von der wir ausgingen, und hatten mit dem Wegemesser oder mit der Kette die ganze Entfernung gemessen. Die größte Länge ist von Tschubuklu, gegen SO. bis Sogut Su (sieben und vierzig Meilen); die Breite wechselt sehr: bei Ak Kulla ist sie sechszehn Meilen; bei Ada Tippa sechs, und die größte von Nadir Schah's Lager bis Patriarch Bund, ein und zwanzig Meilen. Die Lat. der Insel Sevan ist 40° 30′ 30″ N., aber der See erstreckt sich bis Lat. 40° 37′ 15″ N. das Südende liegt in Lat. 40° 9′ 40″ N. Wasser kochte an seinen Ufern bei 202° F. (75°,6 R.), was eine Höhe von 5300 Fuß über dem Meeresspiegel giebt. Er war im Januar 1813 theilweise gefroren. Ich kann nicht bestimmen, woher die bedeütenden und ausgezeichneten vulkanischen Überreste stammen könnten, augenscheinlich jedoch nicht aus großer Entfernung. Wo Erdreich vorhanden ist, da ist es von der besten Beschaffenheit. Die russische Regierung hat, wie ich glaube, die Absicht, 20,000 Kosacken-Familien an die Ufer dieses Sees und an die Bergkette an den Gränzen von Georgien zu versetzen.

Wir gingen den Zengun dreizehn Meilen weit hinunter bis zu der Karavanserai von Soudagan, wo er sich mit dem Hauptfluß verbindet, der aus dem Derra Khitschick kommt. Die vereinigten Flüsse bilden einen beträchtlichen Strom, der vier und dreißig Meilen durch ein basaltisches Thal nach Erivan, und dann durch die horizontale Ebene von Erivan fließt und vier und zwanzig Meilen von dieser Stadt in den Aras fällt.

Wir stiegen das Derra Khitschick hinauf, so genannt von der Schönheit seiner Blumen. Die Seiten der Berge sind mit Wäldern bedeckt, zwischen denen zahlreiche runde Kirchen sichtbar sind. Zwanzig Meilen weit war der Weg gut und der Boden vortrefflich. Wir passirten dann einige reiche jetzt nicht mehr bearbeitete Kupferminen, kamen dann in eine enge Thalschlucht, überstiegen bald darauf eine hohe Bergkette und stiegen dann in die Ebene von Abbaran hinab, wo wir mit der fünfzehnten Meile bei dem alten Lager Nadir Schah's, welches er vor der entscheidenden Schlacht von Arpa Tschie besetzt, hielt Halt machten. Diese Ebene oder dies Thal liegt zwischen 5000 und 6000 Fuß über dem Meere und der hohe Berg Ali Guz begränzt sie im Süden. Er ist beständig mit Schnee bedeckt und wenig niedriger als der Sevellan. Von hier brachte uns ein langer, ermüdender Marsch von zwei und dreißig Meilen an die Ufer des Arpa Tschie, dem großen Kloster Kockevang gegenüber, und wir hatten auf unserer Reise nur einen Fluß passirt. Der Boden war mit üppigem Grase bedeckt. Dieser ganze Landstrich scheint auf einer basaltischen Basis zu ruhen und der Fluß strömt durch eine tiefe Schlucht von derselben Beschaffenheit. An einer Krümmung des Flusses steht das Kloster und die Festung, die von beträchtlicher Ausdehnung sind. Der Beg von Magasbaerd, ein Kurden-Häuptling, kam, um uns am folgenden Tage zu den Ruinen von Ani, welches viele Jahre die Hauptstadt von Armenien war, zu begleiten. Die Gränzen dieses Tagebuchs erlauben nicht, in eine detaillirte Beschreibung dieses merkwürdigen Platzes einzugehen. Drei Meilen von dem Kloster kamen wir zu den Mauern der Stadt, welche von einem weichen rothen Steine im besten architektonischen Style erbaut waren; sie sind noch vollständig, außer da, wo die Tataren eine Bresche gemacht haben, und durch das Beschießen die Steine umhergestreût worden sind. Die Mauern hatten ein frisches und vollendetes Ansehen, ungeachtet die Zinnen an manchen Stellen durch die Maschinen der Tataren zerstört worden sind, und der weiche Stein trägt Spuren der Gewalt, womit die Pfeile bei den Schießlöchern abgeschossen wurden. Die Stadt wurde an der Seite des Arpa Tschie durch einen senkrechten Basaltfelsen vertheidigt, und im Westen eben so durch eine tiefe Schlucht beschützt. An der Nordseite war eine doppelte Mauer (kein Graben) von behauenen Steinen und im Süden eine befestigte Citadelle oder Palast. Einige Kirchen waren von der größten Art und sechs noch völlig erhalten. Die größte war 100 Fuß lang und 60 breit, und scheint von ausgedehnten Klöstern umgeben gewesen zu sein. An einer bemerkte ich eine Inschrift mit griechischen Karakteren, aber ich glaube, es muß in irgend einer anderen Sprache gewesen sein, da ich sie nie zu entziffern vermochte. (Die Armenier bedienten sich zu einer Zeit der griechischen Buchstaben.) Ein Zweig der Thalschlucht gegen Westen besteht aus sehr weichem Sandstein. Er ist zu zahlreichen Kammern ausgehöhlt, die durch eine, an der Seite mit Fenstern versehene Gallerie verbunden sind; sie dehnen sich eine Viertel Meile weit aus. Jetzt ist es unmöglich, zu bestimmen, zu welchem Zwecke sie mögen gemacht worden sein, da der ganze Felsen auf gleiche Weise ausgehöhlt wurde, obgleich an keiner Stelle in solcher Ausdehnung. Es sind hier mehrere Gebaüde, die Theater oder öffentliche Gebaüde gewesen sein mögen: aber die Haüser scheinen im Allgemeinen aus rohen Steinen ohne irgend einen bestimmten Plan erbaut zu sein. Die Größe der Bevölkerung (400,000), wie sie von den Armeniern angegeben wird, muß sehr übertrieben sein, da sie nicht mehr, als sechs Meilen Umfang und, mit Ausnahme der vorhin erwähnten Höhlen, keine Überreste von Vorstädten hat. Ich blieb zwei Tage an diesem interessanten Orte und am dritten begleiteten wir unseren Kurdischen Wirth nach seinem Kastell Magasbaerd, welches auf einem der beherrschenden Felsen, die so haüfig in diesem Flusse sind, erbaut worden ist. Er war damals in offener Empörung gegen den Pascha von Kars, empfing uns aber mit Wohlwollen und Gastfreündschaft.

Da ich, bei einer früheren Gelegenheit, dem Laufe des Arpa Tschie gefolgt war, der bis zu seiner Vereinigung mit dem Aras bei Hadje Byram Su, unverändert dasselbe Ansehen darbietet, indem er das tiefe Bette einer Basaltschlucht durchfließt, mit zahlreichen verfallenen Kastellen auf jähen Felsen, so wandte ich mich nach Talun, wo ausgedehnte Ruinen sein sollten. Die Entfernung betrug fünf und dreißig Meilen auf einem steinigen, aber sonst guten Wege, der ganz ohne Wasser ist. Die Perser waren damals emsig beschäftigt, eine Festung um ein altes, im schönsten Style der armenischen Architektur erbautes Kastell, anzulegen. Die Mauern sind vierzig Fuß hoch und ganz aus behauenen Steinen erbaut. Beträchtliche Ruinen, aber unwichtig, erstrecken sich gegen Süden, doch fanden wir keine römische oder griechische Inschriften. Auf einem hohen Berge im NW. steht eine sehr alte Festung, Ziegenfelsen genannt; und zwei Meilen östlich davon eine andere verfallene Stadt, Alt-Talun genannt, in der noch drei gute Kirchen übrig sind. Von hier gingen wir nach Hadje Byram Su, indem wir beschlossen, dem Laufe des Aras zu folgen und, wo möglich, die Lage von Artaxata zu bestimmen.

Der Vereinigung der beiden Flüsse grade gegenüber steht auf einem hohen Felsen ein Kastell, Kiskulla (Mädchen-Festung) genannt, unterscheidet sich aber in keiner Hinsicht von den zahlreichen Kastellen in Armenien; und etwa fünf Meilen westlich ist die berühmte Festung Kur Ougley, Residenz des Robin Hood von Armenien. Gleich den Bergfestungen Indiens konnte sie nur durch Hunger bezwungen werden, und hat mehr als ein Mal den Kurden-Haüptlingen der Nachbarschaft als Zufluchtsort gedient. Ihr Alter reicht wahrscheinlich weit über die christliche Zeitrechnung hinaus. Wir gingen den Aras vier Meilen weit hinab und passirten den Eingang des Thales, in dem die Salzwerke von Kulpia liegen. Sie haben seit langer Zeit Georgien und selbst den Kaukasus mit diesem nothwendigen Artikel versorgt. Das Salz ist so reichlich vorhanden, daß die Leüte bis jetzt noch keine Veranlassung hatten, in die Tiefe niederzugehen. Eine Bergreihe, welche das Thal auf der Ostseite begränzt, besteht offenbar ganz aus diesem Mineral, und in den Seiten derselben sind zahlreiche Aushöhlungen gemacht worden. Unter den Persern waren diese Gruben für 3000 Liv. Sterling jährlich verpachtet und ein Dorf von 100 Familien war ausschließlich mit Bearbeitung derselben beschäftigt. Drei Meilen von hier erreichten wir Kara Kulla, bei dem die Ruinen einer Brücke sind. Dies wird für die Lage von Armavera gehalten. An drei Seiten machten die senkrechten Felsen einer Schlucht und der Aras die Mauern unnöthig; die Westseite wurde durch eine starke und hohe gut gebaute Mauer vertheidigt. Die Werke umschließen einen Raum von zwei Meilen im Umfange, der aber schmal ist und nur ein großes Gebaüde an der Westseite enthält, wo die Thalschlucht sich mit dem Aras verbindet.

Ich ging von hier sechs und zwanzig Meilen südlich, um einen großen See im Gebirge zu untersuchen, der, wie ich glaube, nie von irgend einem Reisenden erwähnt worden ist. Unser Weg führte zwanzig Meilen weit durch das Thal Eiramlu, das allmälig ansteigt und gut bevölkert ist; dann fingen wir an, die Mosischen Berge, welche mit dem Ararat zusammenhangen, zu ersteigen und mit der vierten Meile erreichten wir den Gipfel. Der See erschien zu unseren Füßen, aber wir machten drei Meilen, ehe wir ihn erreichten. Der Umweg beträgt vier und zwanzig Meilen, und die Ufer sind holzleer. Hohe Felsen verhinderten an manchen Stellen die Annäherung. Dies ist das einzige Gewässer in Persien, worin ich die Forelle (the char or yellow trout) gesehen habe. Seinem Westende entfließt ein Fluß, der bei Byazid und Maku vorüber geht, und zuletzt in den Aras fällt. Nicht eine menschliche Wohnung war zu sehen und die Gegend wird von den Kurden nur im Sommer besucht. Die durch kochendes Wasser angegebene Höhe war 6000 Fuß. Wir kehrten auf demselben Wege zurück und machten Halt bei dem Dorfe Arab Kerry, wo eine zu allen Jahreszeiten gangbare Fuhrt ist. Wir setzten auf das rechte Ufer hinüber und untersuchten einige Ruinen auf dem merkwürdigen Berge Tippa Dieb. Sie scheinen einst den ganzen Gipfel des Berges eingenommen zu haben, und auf dem höchsten Punkte kann man noch ein festes Gebaüde von behauenen Steinen verfolgen; es soll (und sein Ansehen bestätigt es) vor Einführung des Christenthums erbaut sein. Wir folgten dem Aras bis zu seiner Vereinigung mit dem Kara Su, einem sehr bedeütenden Fluß, der bei Jtsmiasdin aus Sümpfen und Quellen in der Ebene entsteht. Der Fluß ist nur an einer Stelle, sieben Meilen oberhalb dieses Punktes, durchwadbar, laüft eine Zeit lang dem Aras parallel und bietet eine vortreffliche Lage für eine Festung dar. Drei Meilen abwärts fließt auch der Zengun in den Aras, der jetzt ein breiter und tiefer Strom wird. Wir gingen nach dem Kloster Jtsmiasdin, das auf den Ruinen von Valarsapat, einer Residenz der armenischen Könige, liegt, in der Hoffnung, einige Nachricht über Artaxata, Tovin und andere Städte, welche früher in dieser Provïnz vorhanden waren, zu erhalten. Ich sandte eine Partei, nach dem Berge Ali Guz; sie berichteten, hoch im Gebirge die Ruinen einer starken Mauer gesehen zu haben, welche einige Kirchen und einen unordentlichen Haufen anderer Gebaüde enthielt, aber nur mit armenischen Inschriften. Die Festung hatte zwei Meilen im Umfange und lag nur einige hundert Fuß unter der Schneeregion. Sie kehrten über Kerpey zurück und vereinigten sich mit mir bei den Ruinen von Guerney, deren Beschreibung man bei Moses von Chorenae findet. Diese Stadt wurde von Timur zerstört, der mit großer Anstrengung den schönen Tempel der Diana niederreißen ließ. Die Saülen sind schöne Proben der korinthischen Ordnung, und könnten bald wieder aufgestellt werden. Aber sowohl dies, als auch die sieben Kirchen sind von Sir Robert Ker Porter und Hr. Morier beschrieben worden. Das Thal von Guerney zeigt einige der schönsten Basaltsaülen, die ich jemals gesehen habe.

Indem wir den Fluß sechs und zwanzig Meilen abwärts gingen, kamen wir zu dem Takt Tiridate (Thron des Tiridates), aber er entspricht keinesweges der Lage von Artaxata, da es zwanzig Meilen vom Flusse entfernt ist und seine Festigkeit nur seinen Festungswerken verdankt. Es sind hier jetzt keine Spuren der von Chardin gesehenen Saülen, auch scheinen keine Steine bei ihrem Bau angewendet worden zu sein. Die Mauern müssen von großer Dicke und der Graben breit und tief gewesen sein. Wir kehrten zur Mündung des Zengun zurück und folgten dem Aras vier und zwanzig Meilen weit und passirten das berühmte Kloster Vedi, aber ohne die geringste Spur von Ruinen anzutreffen. Der Fluß windet sich hier sehr stark und es zeigten sich wenigstens zwanzig

Stellen, die fast von dem Flusse umgeben wurden. Wir waren jetzt nicht fern von dem Fuße des Berges Ararat. Ich ging über den Fluß und hatte große Mühe, durch die Sümpfe, die sich fünf Meilen weit erstrecken, hindurchzudringen; wir fingen dann an, hinaufzusteigen und kamen über große Mengen von Bimsstein. Bald wurde das Hinaufsteigen felsig und beschwerlich und mit der achtzehnten Meile kamen wir zu den Ruinen von Khram, einer in der armenischen Geschichte oft erwähnten Stadt. Wir fanden nichts zur Belohnung unserer Anstrengung, und kehrten am folgenden Tage zu der Stelle zurück, von der wir ausgegangen waren. Wir folgten dem Flusse durch die Sümpfe und Reißfelder sechszehn Meilen weit und erreichten denn eine dürre, unfruchtbare Ebene, die sich sieben Meilen weiter erstreckt, wo der Fluß durch eine Masse niedriger Berge laüft. Fünf Meilen abwärts von hier kamen wir zu einer merkwürdigen Krümmung des Flusses, auf deren Grunde die Ruinen einer Brücke von griechischer oder römischer Bauart waren. Ein hohes Ufer, das oben völlig eben ist und dessen Seiten so regelmäßig waren, daß sie das Ansehen von künstlichen hatten, (dies ist jedoch nicht der Fall) erstreckt sich den ganzen Weg entlang. Dreißig Yards von der Brücke ist noch ein Theil einer Steinmauer mit einem halbkreisförmig gewölbten Thore und zwei Reihen von Schießscharten; Bruchstücke von Ziegelsteinen liegen umher, aber keine andere Merkmale von Gebaüden. Als ein Militair-Posten scheint es mir weit unter denen zu stehen, die wir in Menge passirten, und der Raum konnte keine, auch nur mäßig große Stadt enthalten haben. Ich habe zu verschiedenen Zeiten den Lauf des Aras von seinem Eintritte in Persien bis zu seiner Vereinigung mit dem Kur verfolgt und kann versichern, daß es, außer diesen, keine Spuren giebt, um völlig der Beschreibung von Artaxata zu entsprechen.

Unterhalb Abbas Abad fließt der Fluß durch einen starken Engpaß, und fast dem Kloster St. Stephan gegenüber sind die Ruinen einer alten persischen Festung (ich glaube Araxenae); fünf Meilen weiter, am Südende des Passes, liegt die alte Stadt Djulfa. Die Bergfestung Elandjak, welche sieben Jahre durch einen Theil von Timur's Heer belagert wurde, liegt sechszehn Meilen östlich von Nukschewan an einem Flusse gleiches Namens. Vierzig Meilen unterhalb Djulfa sind die Städte Eglis und Ourdabad, aber beide entfernt vom Flusse. Der Aras bricht sich dann seinen Weg durch eine große Bergkette. Es ist eine Straße angelegt worden, die selbst jetzt kaum einem beladenen Maulthiere erlaubt, auf einem von beiden Ufern zu gehen. Mit der sechszehnten Meile passirten wir Medjeri an der Nord- und Kurdascht an der Südseite; letzteres ist eine neuere Stadt, aber vor etwa vierzig Jahren von den Lesghiern zerstört worden. Von hier bis zur Brücke Khuda Auferine ist keine Ruine von einiger Bedeütung. Hr. St. Martin giebt in seinem vortrefflichen Werke über Armenien eine genaue Beschreibung der meisten von mir gesehenen Plätze.

Ich verließ nun die Ebene von Araxenae, weil die Umstände damals zu einer Ausflucht in die kurdischen Distrikte, in der Nähe des Sees Wan, günstig schienen. Wir stiegen die Ufer des Flusses Maku aufwärts, dessen eine Quelle, wie vorhin erwähnt, aus dem See bei Kara Kulla kommt. Die Ebene war mit Lavaströmen bedeckt, die man drei große Seemeilen weit bestimmt verfolgen konnte. Die Zersetzung ist in Persien so unbedeütend, daß die Dammerde eine geringe Mächtigkeit hat. Der Fluß war an manchen Stellen nicht über zehn Fuß breit, aber tief und schien durch eine Spalte in dem Felsen zu fließen. Mit der zwanzigsten Meile überschritten wir ihn auf einer natürlichen Brücke, welche von der Lava gebildet wird, unter der sich der Fluß einen Durchgang gebahnt hat. Zwölf Meilen jenseits derselben machten wir Halt bei dem Dorfe Azim Kind, bei dem ein beträchtlicher Strich des Landes frei von Steinen ist. Die Richtung der Lava zeigt deütlich, daß sie nicht vom Ararat kam. Am folgenden Tage setzten wir unsere Reise fort, und als wir uns den Bergen näherten, nahm die Mächtigkeit der Lava bedeütend zu. Wir erreichten mit der fünfzehnten Meile das Dorf Bilga, welches am Eingange des Thales Maku liegt, wo wir eine andere Brücke, gleich der früheren überschritten. (Das Volk sagt, sie sind sehr zahlreich.) Das Thal ist eng und die Felsen zu unserer Rechten zeigten die eigenthümliche Erscheinung eines Lagers von dichtem Kalk, das auf einem Lavastrome ruhte, und von demselben unter einem Winkel von 45° gegen Westen erhoben und gegen Osten plötzlich abgebrochen und zertrümmert ist. Hier waren mehrere kreisförmige Vertiefungen, wie Krater eines kleinen Vulkans, und sehr große Kalksteinmassen lagen zerstreüt umher. Mit der siebenzehnten Meile erreichten wir die Stadt Maku und ihre gigantische Höhle. Unsere ganze Partei war von Erstaunen ergriffen und machte instinktmäßig Halt, und wir trauten unseren Augen nicht, in Bezug auf die Wirklichkeit der Scene vor uns. Ein ungeheürer Bogen, 600 Fuß hoch, von 1200 Fuß Spannung und 200 Fuß dick am Gipfel, stellte sich auf ein Mal unserem Blicke dar. Diese Höhle ist 800 Fuß tief, aber da die Sonne damals grade hineinschien, so erregte die Höhe und Breite allein unsere Aufmerksamkeit. Auf dem Boden derselben ist ein Kastell, das von einem Haüptlinge des Stammes Biaut bewohnt wird; und an der Verbindung des Kalksteins und der Lava ist eine Anzahl kleiner Höhlen gemacht, die nur vermittelst einer Leiter zugänglich sind. Von einer derselben tröpfelt ein kleiner Bach den Felsen herab; aber die künstlichen Werke erscheinen in dem ungeheüren Raume dieser natürlichen Aushöhlung wie Ameisen-Nester in einer Mauer. Es scheint mir, daß dies nur zur Zeit großer Natur-Umwälzungen gebildet werden konnte. Wegen der Breite der Lavaströme glaube ich nicht, daß sie aus einem Vulkan, sondern durch die plötzliche Erhebung einer großen Strecke des Landes entstanden. Hätte eine Anzahl kleiner Vulkane zu irgend einer Zeit existirt, so könnte die, auf die ganze Provinz angewandte Bedeûtung von Azerdbidjan (Feûerland) nicht zweifelhaft sein. Der Haûptling war argwöhnisch gegen eine genaue Untersuchung seiner Festung, und eine Leiter, welche ich anwenden wollte, um eine Inschrift an der Westseite zu untersuchen, wurde zwar versprochen, kam aber nicht zum Vorschein. Von dem Boden aus konnte ich sehen, daß die Schrift weder Arabisch noch Armenisch war und einiger Maßen das Ansehen griechischer oder römischer Buchstaben hatte. Der Palast ist ein neûerer Bau, aber die oberen Höhlen sind immer als Zufluchtsörter gebraucht worden. Es sind etwa 400 Haûser in der Stadt; einige stehen unter dem Felsen, da aber haûfig Steine herunterfielen, so sind die meisten außerhalb und werden von einer niedrigen Mauer beschützt; sie könnten von der Spitze des Felsens leicht zerstört werden.

Von Maku gingen wir den Fluß hinauf. Das Gebirge wird allmälig höher und das Thal enger. Nach drei Meilen kamen wir zu einem starken Engpaß; jenseit desselben verbinden sich die Flüsse von Byazid mit einem anderen von Awadjuk Tschalderan her, welches vierzehn Meilen entfernt ist. (Ich habe einige Karten gesehen, auf denen die Ebenen von Tschalderan am Aras niedergelegt sind; dies sind die einzigen Ebenen von Tschalderan.) Wir wandten uns darauf links, über einen unebenen, steinigen Bergweg, sechs Meilen weit und erreichten mit der zehnten Meile das Kloster St. Thaddeus, eines der größten in Armenien. Das Klima ist außerordentlich kalt, und die Höhe beträgt 5400 Fuß; am Anfang des September fror es stark in der Nacht; das Kloster ist vor Kurzem von einem Vetter des Abbas Mirza geplündert worden, der dagegen seinen jungen Verwandten nach diesem Ort brachte und ihn tüchtig ausprûgelte, und selbst den Mönchen volle Genugthuung gab. Die nächste Tagereise ging über ein unebenes Land bis Zava (eine Entfernung von vier und zwanzig Meilen), in dem Distrikte Sokhmanabad; das Land ist reich an Weide, aber völlig ohne Baûme. Wir gingen an dem Fluß von Sokhmanabad hinauf, in dessen Bette einige Bûsche und Weidenbaûme waren. Die Thalschlucht bildet einen von den Pässen in die Türkei; der Weg war beschwerlich, aber für Artillerie brauchbar. Bei der achten Meile passirten wir Malhamlu, ein Kurden-Dorf, das in einem Schlupfwinkel des Passes liegt. Der Weg geht sechszehn Meilen weit in derselben Thalschlucht fort, und dann betraten wir den Distrikt Mahmudeah, der die Gränze zwischen Persien und der Türkei bildet. Diese vier

Meilen breite Ebene liegt nahe 6000 Fuß über dem Meeresspiegel und hat ein ödes, bleiches Ansehen, mit dem Dorfe Miskar am Eingange einer anderen Thalschlucht, die sich allmälig gegen Schumsadentu, einen beträchtlichen kurdischen Distrikt, hinabsenkt. Bis Kursat sind sechs Meilen: der Weg führt ein schönes Thal entlang, durch welches der Fluß Bund-y-mohey fließt, so genannt von einer Fischerei an seiner Mündung in den See Wan, in den er sich ergießt, nachdem er eine Ebene von acht Meilen durchflossen hat. Zu unserer Rechten war der hohe Berg Supan Daug. Wir gingen längs der Ufer des Sees nach Argisch, einer kleinen Festung, fünf Meilen von derselben sind einige merkwürdige, mit Keilschrift bedeckte Felsen. Dieser Ort wird sehr besucht von Pilgern aller Religionen. Selbst die Mahommeder betrachten sie als heilig, obgleich sie einraumen, daß dieselben älter sind, als ihre Religion. Ich schickte einen von der Partei über Akhlat nach Tidia Wan, mit dem Auftrage, so nahe als möglich an dem See entlang zu gehen und zu Wasser nach Wan zurückzukehren, wohin ich reis'te; aber der Pascha wollte uns nicht gestatten, in der Stadt zu wohnen, und wir lagerten uns bei Scha Baug, einem ehmaligen Palaste der Könige von Persien. Nachdem ich die verlangten Nachrichten erhalten, und mir von einem Theil der Keilschriften auf dem Felsen einen Abdruck verschafft hatte, versuchte ich, über Wastan in das Land der Hukkaney einzudringen. Wir passirten den Semiramis-Fluß bei dem Dorfe Artemick und gingen von da nach Wastan, dem Vaterlande und Geburtsorte von Mustapha Khan, Haüptling des großen Kurden-Stammes der Hukkaney. Hier fanden wir das Land in einem zu aufgeregten Zustande, um uns das Vordringen zu gestatten. Wir kehrten auf demselben Wege zurück und machten Halt bei Ak Yokausch oder dem weißen Paß, acht Meilen von Wan. Der See von Wan soll 240 Meilen im Umfange haben, was, nach der Skizze, die ich entwerfen konnte, nicht weit von der Wahrheit ist. Das Wasser ist salzig, aber das Vieh trinkt es, vorzüglich in der Nähe der Flüsse. Die einzigen Fische, welche ich sah, waren eine kleine Art von Sardellen, die eingesalzen und nach allen Theilen Klein-Asiens ausgeführt werden. Sie wurden in den Flüssen Bund-y-mohey und Wastan in ungeheürer Menge gefangen und sind selten über vier Zoll lang. Es liegen hier zwei beträchtliche Inseln, auf denen armenische Klöster erbaut worden sind. Vierzehn Schiffe sind beständig beschäftigt, die Waaren von den verschiedenen Städten an seine Ufer zu schaffen und der See soll von großer Tiefe sein.

Ich war sehr überrascht von der Verehrung, welche die Bewohner in der Nähe dem Andenken der assyrischen Könige bezeigen, deren Namen sie, ungeachtet der Einführung des Christenthums und des Mohammedismus aufbewahrt haben. Ein schöner

Fluß bei Wastan heißt Semiramis; das Gebirge bei Bitlis, Nimrods Berge und die bei Akhlat, Berge des Ninus. Im Norden von Persien (an keinem anderen Orte sah ich jemals die Keilschrift oder hörte die Namen der Könige von Babylon), nicht weit von Talawan, sieht man einige Lavamassen, welche die Gräber oder die Versteinerungen Nimrods und seiner Kinder genannt werden. Diese Stellen werden, ungeachtet der Befehle der Mullas und Priester, von Christen, Muhammedern und Ghebern mit gleicher Verehrung besucht. Die Ufer des Sees, vorzüglich die östlichen, sind sehr bergig und zum Theil mit Wald bedeckt; der Boden ist fruchtbar und die Weide vortrefflich. Acht Flüsse fallen in den See, aber keiner von ihnen ist von großer Wichtigkeit. Wan mag 20000 Bewohner enthalten. Wastan, Bitlis (acht Meilen entfernt), Tidiawan, Akhlat, Adaldjewas, Ardisch sind von weit geringerer Wichtigkeit.

Ich halte es für wahrscheinlich, daß Xenophon den Paß von Bitlis hinaufstieg; der einzige Einwurf dagegen ist, daß er den See nicht erwähnt. Die grade Straße von dieser Stadt nach Mousch und Trebizond liegt auf der anderen Seite des Nimrod Gebirges; er konnte daher den See niemals erblicken. Nachdem er Mousch passirt hatte, mußte er die Hochebenen überschreiten, die jetzt, wegen des beständigen Nebels, womit sie bedeckt sind, Doman genannt werden. Hier verirrte er sich, weil ihn sein Führer verließ und kam endlich an die Ufer des Phasis (der griechische Bericht). Der Distrikt, durch welchen der Aras oberhalb Kagasman fließt, wird damals, wie auch noch jetzt, von den Inwohnern Phasin oder Pasin genannt und der Fluß Pasin Tschie. Hier betrat er dann wieder die Landstraße, welche vom Norden her sowol nach Trebizond, als nach den anderen Städten Klein-Asiens führt.

Von Al Yakousch gingen wir, über Alekek, zwölf Meilen weit, indem wir einen Süßwasser-See zur Linken ließen, und hielten an zu Mulla Hussain, einem hohen, aber schönen Graslande, — im Ganzen vier und zwanzig Meilen. Von hier bis Kasley Gul waren zwanzig Meilen, wo ein See gleiches Namens ist, von dem wir die Thalschlucht von Kotana sechs Meilen weit hinabstiegen und bei der Stadt dieses Namens Halt machten. Von hier sandte ich das Gepäck und einen großen Theil unserer Diener direkt nach Khoy. Wir gingen den von Süden kommenden Fluß, der durch ein schönes, fruchtbares Thal fließt, acht Meilen weit stromaufwärts; dann wurde das Ansteigen außerordentlich schnell, und zwei Meilen weiter erreichten wir den höchsten Theil der Ebene Ali Baug, die selten frei von Schnee ist und deren Höhe das kochende Wasser zu 7500 Fuß angab. Dies kann als die Quelle des Zab, eines Zuflusses des Tigris, angesehen werden. Der Fluß, den wir herauf kamen, vereinigt sich mit dem Aras, und ein anderer, welcher nahe an derselben Stelle entspringt, ergießt sich in den Rhumia See.

Fünf Meilen weit war das Land sumpfig, mit wenigem Grase, dann passirten wir das armenische Dorf Khanaga (Kälte) und sahen hier zum ersten Male die eigenthümliche Art der Inwohner, sich gegen die Überfälle der Raüber, denen sie beständig ausgesetzt sind, zu schützen. Auf der höchsten Stelle ist ein großer Thurm errichtet, um denselben werden die Haüser so nahe als möglich erbaut und die Gassen oder Durchgänge zwischen ihnen sind bedeckt; sie führen sämmtlich an den Fuß des Thurmes und bei Annäherung der Gefahr steigt eine Anzahl Schützen hinauf und besetzt die Thore, welche in dies bedeckte Labyrinth führen, wo es für einen Fremden außerordentlich schwer ist, den Weg zu finden und so den Thurm zu besteigen.

Als wir das schöne, hier sechs Meilen breite Thal von Ali Baug hinabstiegen, verbesserte sich das Land allmälig, und eilf Meilen von Khonia schmückten die Kastelle der Kurden-Haüptlinge jede Höhe. Am Fuße derselben hatte ihr Gefolge seine Hütten und es waren beständig Wachen ausgestellt. Sechs Meilen weiter kamen wir zu dem Kloster Derrie, welches damals von einem Theile des russischen Bataillons im persischen Dienste bewohnt wurde. Der Zab hatte jetzt eine beträchtliche Wassermenge, das Land war gut angebaut und bildet den wichtigsten Theil des Gebietes der Hukkaney. Zwölf Meilen von hier, an der Westseite des Thales, steht der Thurm und das schöne Kastell von Ali Baug, der Sommer-Residenz von Mustapha Khan, jetzt aber von den persischen Truppen besetzt. Der Haüptling befand sich in einem anderen Kastell, Erza Atis, wohin er mich einlud. Ich sah jetzt aus den vielen Einwendungen, die er über die Gefahr des Weges machte, daß er mir nicht gestatten wollte, das Land der chaldäischen Christen, die seine Verbündete und dem Namen nach von ihm abhängig sind, zu besuchen, — indem er argwöhnte, ich sei mit einer Botschaft der persischen Regierung beauftragt, deren Truppen damals einen Theil seines Landes besetzt hielten und versucht hatten, dieses Volk in ihr Interesse zu ziehen. Endlich schien er bereitwillig, mir eine Begleitung zu geben. In der Nacht wurde unser Lager von einer Partei seiner Leüte angegriffen, wir waren völlig auf unserer Hut und sie zogen sich sogleich zurück. Die Christen benachrichtigten mich, daß es im Werke sei, uns in dem, nach Djulamerck führenden Passe abzuschneiden; und am nächsten Tage erhielt ich ein dienstfertiges Anerbieten des Beistandes. Da ich bei dem schändlichen Karakter des Haüptlings sehr auf meiner Hut war, so kehrte ich zu dem persischen Lager zurück. Ich begleitete ein Kommando bis zu der Gränzstadt der Chaldäer; da ich aber fand, daß, wenn ich weiter ginge, es unmöglich sein würde, auf demselben Wege zurückzukehren, daß ich vielmehr über Amadia und Kermanschaw, was eine Reise von sechs Wochen ist, gehen müsse, so gab ich widerstrebend die Expedition auf. Schultz, der berühmte deutsche Reisende, wurde nachher von Mustapha Khan bei diesem Orte ermordet.

Ich habe häufig mit verschiedenen Häuptlingen und Bischöfen dieses Volks gesprochen und einige von demselben bewohnte Distrikte gesehen. Mar Simeon, ihr Khalif kam kurz darauf nach Persien, wo er zurückgehalten wurde und starb. Dies eigenthümliche Volk, das, durch alle großen Revolutionen Asiens, seine Existenz erhalten hat, besteht aus 40,000 Familien, welche in die Stämme Tearce, Tokhabi, Bass, Diss und Djelu getheilt werden: sie sind die Nachkommen der Christen, die vor der Verfolgung des Justinian flohen und bewohnten einst das ganze Land von Rhumia bis Bitlis; aber der Stamm des Volkes hat seine Zuflucht zu der unüberwindlichen Festigkeit des Djidda Daug genommen, und wird von einem erblichen Priester regiert, der von Mar Simeon abstammt, welcher ihre Auswanderung leitete. Er als Priester konnte keine Familie haben, aber die Nachkommen der Kinder seines Bruders, deren einige zu Mönchen erzogen wurden, sind unveränderlich gefolgt. In ihren Kirchen werden weder Bildwerke, noch Gemälde von Heiligen geduldet; die Fasten sind weder so strenge, noch so zahlreich, wie die der armenischen oder griechischen Kirche, und so viel ich bemerken konnte, ist das Volk einfach, tapfer und edel, — weit vorzüglicher von Karakter, als die anderen Christen in Asien. Sie sollen merkwürdig sein wegen ihres Mangels an Intelligenz — mir erschienen sie dumm. Timur versuchte, nach der Einnahme von Wan, in ihr Land einzudringen, stand jedoch nach einem großen Verluste davon ab und war, bei einem anderen Versuche, von der Seite von Amadia her, ebenfalls unglücklich. Die Türken hatten keinen besseren Erfolg. Sie erlauben keinem Muhammeder, ihr Land zu betreten und besuchen Märkte, wo sie mit den umliegenden Staaten Handel treiben. Ich sah nie ein Land, das so von tiefen und beschwerlichen Thalschluchten durchschnitten war, über die sie Brücken von zwei mit einander verbundenen und an einem Ende befestigten Baumstämmen, gemacht haben; Wachen sind an jede Passage gestellt, so wie Signalposten, um das Volk im Falle der Gefahr zusammen zu rufen. Sie besitzen Blei-, Kupfer- und Eisenminen, die sie mit großer Sachkenntniß bearbeiten. Die Seiten der Felsen sind durch terrassirte Mauern, die mit großer Mühe erbaut wurden, fruchtbar gemacht. An manchen Stellen sind die Berge mit Baümen bedeckt; Zedern erreichen eine bedeütende Größe und die Eichen erzeügen Galläpfel, — Arsenik wird haüfig gefunden. Sie betrachten die syrischen Christen der Malabar Küste als einen Zweig ihres Volkes und stehen gelegentlich mit ihnen in Verbindung; außer diesen sind sie in beträchtlicher Anzahl durch Persien und Kurdistan zerstreüt, aber Alle zahlen dem Mar Simeon eine kleine Abgabe, jede Familie 1 Schilling 6 Pence.

Ich

Ich war nicht nahe genug, um die Höhe des Djidda Daug zu bestimmen, aber aus dem Schnee, womit die Berge das ganze Jahr auf eine bedeûtende Strecke herab bedeckt sind, schließe ich, daß sie so hoch sind, wie die höchsten Piks des Kaukasus.

Ich war bei einer Versammlung der Hukkaney-Haûptlinge zugegen, und sah nie einen Haufen Menschen, die so gänzlich alles Gefühl für Schaam verloren hatten: sie nahmen keinen Anstand, sich selbst als Lügner, Memmen und Mörder zu bekennen; und machten keinen Anspruch, auch nur einen kleinen Theil von Rechtschaffenheit zu besitzen. Sie waren versammelt, um über ihr Benehmen gegen Persien zu entscheiden; zu gleicher Zeit betrieben sie einzelne Intriguen mit ihnen und schlugen ihrem Oberhaupte zur Nacht einen geheimen Angriff vor. Dies verhinderte jedoch wirksam ihre Feigherzigkeit. Der Paß, welcher längs des Zab hinführt ist selbst stärker, als der schwierigste Theil des Kaukasus und ist nahe sechszehn Meilen lang: er entspricht der von Xenophons Führern gegebenen Beschreibung; kein Heer könnte eine Passage erzwingen und es ist sogar für ein einzelnes Pferd schwierig. Ich war genöthigt, den mir von Mustapha Khan gegebenen Führer gefangen zu nehmen, um meine Absicht zu verbergen, die Berge nach Rhumia hin zu übersteigen; er sandte eine Partei zu Pferde, um nns aufzufangen, aber ich hatte mich auf dem Wege einer anderen Partei angeschlossen, die er nicht bemerkt hatte. In dem Gefechte, welches entstand, wurden einige seiner Leûte getödtet. Obgleich wir über eine Erhebung von 9000 Fuß (das Gebirge Mur) passirten, wo der Schnee auf dem Boden lag, so war doch der Weg gut und die Berge mit Weide bedeckt. Die vier und zwanzigste Meile brachte uns in das Bette des Tscharey Flusses, der sich in den Rhumia See ergießt, und den wir acht Meilen weit hinabgingen; dann wandten wir uns über eine andere hohe Bergkette in den Distrikt Sumie, der von Rhumia abhangt; — die ganze Entfernung war heut vierzig Meilen. Bei dem Dorfe Sumie sind die Überreste von drei Feûertempeln, von der ältesten Art, aus großen rohen Steinen erbaut. Von hier sind es vierzig Meilen bis Rhumia über ein ebenes und sehr angebautes Land.

Die Stadt Rhumia ist eilf Meilen von dem großen See Schahey entfernt, von dem ich, wärend eines mehrjährigen Aufenthalts zu Tabriz, eine genaue Aufnahme anfertigte; und bei dieser Veranlassung hatte ich Gelegenheit, die Inseln, welche er enthält, zu besuchen. Bezou, ein im Osten von Rhumia gelegener Berg, wo die Boote (deren nur zwei sind) meistentheils liegen, weil das Wasser dort weit tiefer ist, als an anderen Theilen der Küste, soll der Ort sein, den Zoroaster besuchte, ehe er seine Religion ausbreitete. Er ist ungefähr 500 Fuß hoch und besteht aus weichem rothen Sandstein. Auf der halben Höhe ist eine unvollendete Höhle oder

Zelle, die nur sehr unzureichenden Schutz gegen den Ostwind dargeboten haben muß, da sie nur von einigen lockeren Steinen eingeschlossen ist. In einem kleinen am Fuße gelegenen Thale sind einige Baume, die noch vom Volke erhalten werden und eine kleine Quelle. Er wird sehr von Pilgern, sowol von Muhammedern, als von Ghebern, besucht — selbst einige Indier sind zuweilen dorthin gekommen. Die Muhammeder haben einige arabische Buchstaben auf den Stein gezeichnet, dem sie übernatürliche Kraft zuschreiben. Als wir einige Steine bei der Quelle hinweggraumten, entdeckten wir einen Topf, der Asche und einige Knochenstücke, eine Schnur Glasperlen und eine Metallmasse enthielt. Unglücklicherweise wurde die Urne beim Ausgraben zerbrochen, aber die Bruchstücke gleichen genau den zu Buschui und bei Babylon gefundenen.

Das zu unserer Reise ausgerüstete Fahrzeüg hatte ein sehr wenig versprechendes Ansehen, indem es wie eine Kiste gestaltet und vollkommen flach war; obgleich von beträchtlicher Größe, zog es doch nur vierzehn Zoll Wasser, und konnte nur gerade vor dem Winde segeln, und nicht mehr als zwei Meilen in der Stunde zurücklegen. Es mogte etwa fünfzig Tonnen tragen. Wir schifften uns, zusammen zwölf Personen, ein, und gingen, als ein guter Wind sich erhob, unter Segel. Ein beständiger, aber leichter Wind führte uns zu einem Haufen Inseln, woher der größte Theil des zu Rhumia und Tabriz gebrauchten Brennholzes gebracht wird. Der See hat auf den ersten beiden Meilen nur drei Fuß Wasser, der Boden ist ein völlig glatter, harter, blauer Thon; dann vertieft er sich plötzlich ungefähr auf dieselbe Weite bis auf fünf Fuß, und dann wieder bis auf zehn Fuß; diese Veränderung findet Stufen Weise Statt; dann beträgt die nächste Zunahme auf einmal zwölf Fuß, darauf achtzehn, und zwei und zwanzig, die größte Tiefe, welche wir fanden. Dies setzte fort bis auf einige Yards von den Schaaf-Inseln (Coin Adasay), sogenannt von einer Anzahl Schaafe, die im Winter der Weide wegen dort hingebracht werden. Die Gruppe besteht aus drei großen und fünf kleinen Inseln: die Pferde-Insel ist die größte und fruchtbarste; einst hatte sie ein beträchtliches Dorf, aber ihr einziger Wasservorrath ist in Teichen, da nicht eine einzige Quelle vorhanden ist; der Boden ist vortrefflich und man findet hier die größten Baume. Die Schaaf-Insel hat ungefähr dieselbe Länge (fünf Meilen), aber selten mehr als eine und eine halbe Meile in der Breite; sie besteht größtentheils aus einem feinen, dichten, aber kahlen Kalkstein, in dem man zuweilen Feüersteine gefunden hat. Hier giebt es eine kleine Quelle und es ist eine Zisterne zur Aufnahme des Regenwassers gegraben worden; sie war damals voll und wir fanden drei todte Rebhühner darin, die, bei dem Versuche zu trinken, ertrunken waren. Es ist hier etwas gutes Land, auch findet sich noch einiges Holz. Ispera ist nicht mehr als eine und eine halbe Meile lang; sie hat mehr Boden, aber kein Wasser. Es sind jetzt keine Thiere auf der Schaaf-Insel, ausgenommen ein Esel, der hier schon einige Jahre lang frei herumlaůft, und von dem die Insel zuweilen die Eselsinsel genannt wird; die Schaafe werden im Sommer immer weggeholt. Unser Boot hatte zuweilen bis 200 auf einmal hinweggeführt. Im Süden dieser Inseln liegt ein Haufen von neůn Felsen, die zwanzig bis dreißig Fuß Höhe haben; Holz findet sich auch auf ihnen, aber sie sind von keiner weiteren Bedeůtung. Die ganze Anzahl in dem See soll sechs und fünfzig betragen. Es hing jetzt ganz vom Winde ab, an welchem Theile des Sees wir landen würden; da ein Wind aus Osten sich erhob, so hatten wir die Hoffnung, fast denselben Ort, von dem wir ausgefahren, wieder zu gewinnen. Der Wind setzte nach Süden um, was uns in der Nacht bis Goudjertschene Kulla (auf der Höhe von Salmas) brachte. Hier landete ich und fand vier und vierzig Fuß Wasser um die Spitze dieser unüberwindlichen Festung, bei der, wie ich erfahren hatte, die tiefste Stelle des Sees ist. Dies ist eine natürliche Festung, indem sie zuweilen eine Insel bildet, mit einem steilen Abhang gegen das Land, und bis dreißig Fuß vom See geneigt, wo die Vorderseite auch senkrecht wird. Ein Weg, um sie zugänglich zu machen und ein Thor sind die einzigen künstlichen Werke. In dem Kalkstein bemerkte ich große Austerschalen, die jetzt nicht im Kaspischen See vorkommen. Es giebt hier Wasserbehälter und dicht am See einen Teich. Wir waren nun vier und dreißig Meilen von unseren Pferden, aber glücklicher Weise führte uns gegen Abend ein Nordwind hinab, und ich beschloß, nicht wieder eine Reise auf diesem Wasser zu machen.

Wir kehrten auf dem gewöhnlichen Wege zurück nach Ali Scha, einem Dorfe, vier und zwanzig Meilen von Tabriz, wohin ich mein Gepäck schickte; der Weg lief über eine dürre Sandebene, so eben wie das Meer, nach der Halbinsel Schahey, die zuweile eine Insel ist, — in der That ist sie es jetzt, wenn drei Zoll Wasser sie dazu machen, diese Tiefe erstreckt sich rund um sie. Diese Felsenmasse hat vierzig Meilen im Umfange und zwölf gut bewohnte Dörfer. Es sind hier zwei Festungen, eine beinah so fest, wie Goudjertschene Kulla, und eben so genannt, — sie datirt sich aus der Zeit der Nachfolger des Zoroaster. Dieser See ist großen Veränderungen in Tiefe und Ausdehnung unterworfen: als ich ihn zuerst, im Jahre 1812, sah, wurde ein glatter Stein, auf dem ich stand, vom Wasser bespült, das jetzt zehn Fuß niedriger ist. Das Volk giebt dieselbe Nachricht, wie vom Kaspischen See, daß nämlich dieser Wechsel in Zeitraůmen von dreißig Jahren Statt finde; ich kann darüber nichts sagen. Sie behaupten auch, daß, wenn er am niedrigsten steht, die Zunahme nicht Stufen Weise, sondern in wenigen

Monaten geschieht, durch Ursachen, die völlig unabhangig sind von dem Wasser, welches er durch Regen oder durch die Flüsse erhält. Eine Anzahl Quellen sieht man, sowol im See, als in dem trocken gelegten Boden ihr Wasser ausstoßen; sie fahren fort, zu fließen, bis der See sein früheres Niveau wieder erreicht. Man zeigte mir einige Löcher und Wälle von reinem Sande, gleich denen, rund um die Quellen; aber in Bezug auf diese unwahrscheinliche Erzählung habe ich keine Bemerkung zu machen. Mir ist die Ursache seiner Abnahme klar. Wärend ich in Persien war, hatte der Anbau sehr zugenommen, und fast alle Gewässer, die früher in den See flossen, wurden zur Bewässerung verbraucht; nur im Frühling, wenn das Schmelzen des Schnees einen größeren Vorrath verschafft, erreichen einige den See. Das Wasser ist so salzig, daß keine Fische darin sind; die Versuche, welche ich machte, zeigten, daß es fast doppelt so viel Salz enthält, als das Meer; es hat eine so tragende Kraft, daß man in drei Fuß Wasser nur mit Schwierigkeit stehen kann und wirklich auf der Oberfläche schwimmt. Über Untiefen bildet das Wasser, wenn es nicht vom Winde bewegt wird, fast eine Salzmasse, die sich auflöst, wenn sie stark bewegt wird.

Meine unmittelbare Abreise nach Indien wird, wie ich hoffe, eine hinreichende Entschuldigung darbieten, für die eilfertige und unvollkommene Beschreibung des Landes, die ich jetzt der Gesellschaft zu übergeben wage. Ich habe nur die von anderen Reisenden nicht besuchten Wege angegeben, obgleich ich jeden Theil von Azerdbidjan durchreist bin. Merand ist als das alte Moranda beschrieben worden; die Ruinen dieser Stadt sind nur eilf Meilen im Westen von Mehrande aufzufinden.

XXI. — Hauptinhalt einer geographischen Abhandlung über den Indus. Vom Lieutenant Burnes, im Dienst der ostind. Komp. Mitgetheilt von dem Direktoren-Hofe der ostindischen Kompagnie. Gelesen am 25sten März, 8ten und 22sten April, 13ten und 27sten Mai 1833.

Allgemeine Ansicht des Indus.

Es findet eine ununterbrochene Beschiffung des Indus vom Meere bis Lahore Statt; und die Entfernung beträgt, nach dem Laufe des Flusses, ungefähr tausend englische Meilen.

Der Indus wird, nach der Vereinigung mit den Pundjab-Strömen, selbst in der trocknen Jahreszeit, nie seichter, als fünfzehn Fuß und erhält selten eine Breite von einer halben Meile. Der Tschenab oder Acesines hat eine mittlere Tiefe von zwölf Fuß, und der Ravi oder Hydraotes etwa die halbe Tiefe dieses Flusses. Dies sind die Minima der Sondirungen auf der Reise, aber die gewöhnliche Tiefe der drei Ströme kann nicht auf weniger, als vier, drei und zwei Faden geschätzt werden.

Diese ausgedehnte Binnen-Schiffahrt, offen wie sie nach meinen Untersuchungen ist, kann nur mit inheimischen Booten ausgeführt werden, die einen flachen Boden haben und wenn sie schwer beladen sind, nicht mehr als vier Fuß Wasser ziehen. Die größten tragen etwa fünf und siebenzig Tonnen. Wissenschaft und Geld könnten den Bau dieser Fahrzeüge vervollkommnen, aber für die Ausdehnung unseres Handels würde die jetzige Form immer die passendste sein. Dampfboote, auf diese Weise gebaut, ließen sich anwenden, nicht aber Fahrzeüge die mit einem Kiel gebaut sind.

Die Reise nach Lahore erforderte genau sechszig Tage; doch war die Jahreszeit die günstigste, indem die SW. Winde herrschten, wärend die stärkere Überschwemmung des periodischen Anschwellens noch nicht begonnen hatte. Wir erreichten Multan am vierzigsten, und die übrige Zeit wurde auf die Beschiffung des Ravi, der ein sehr gewundener Fluß ist, verwendet. Die Boote segelten von Sonnen-Aufgang bis Sonnen-Untergang, und wenn der Wind ungünstig war, so wurden sie mit Tauen gezogen.

Es sind wenige Ströme in der Welt, auf denen die Dampfkraft mit besserem Erfolge anzuwenden sein möchte, als auf dem Indus. Er hat keine Felsen oder Stromschnellen, die das Hinauffahren hemmen und die Strömung übersteigt nicht zwei und eine halbe Meile in der Stunde. Unser tägliches Vordringen betrug zuweilen im Mittel zwanzig Meilen nach dem Laufe des Stromes, denn ein Fahrzeüg kann gegen den Strom in einer Stunde nur eine und eine halbe Meile weit gezogen werden. Mit leichten Winden kamen wir in einer Stunde zwei Meilen vorwärts und nur als sie orkanähnlich wurden, konnten wir drei Meilen gegen den Strom seegeln. Dampfboote würden die Unbequemlichkeiten dieser trägen und langweiligen Fahrt vermeiden, und ich zweifle nicht, daß Multan in zwanzig, statt in vierzig Tagen zu erreichen sein möchte. Von dieser Stadt aus könnte am besten eine Handelsverbindung mit den Nachbarländern eröffnet werden.

Ein Boot kann von Lahore bis zum Meere in fünfzehn Tagen hinabfahren, nämlich: — bis Multan in sechs — bis Bukkur in vier — bis Hyderabad in drei — und bis zu den Seehäfen in zwei Tagen. Dies ist unstreitig die schnellste Zeit der Hinabfahrt und ich kann hinzufügen, daß sie kürzlich nicht versucht worden ist, da es keinen Handel zu Wasser zwischen Sinde und dem Pundjab giebt.

Der Benutzung des Indus als Handelsweg treten politische Hindernisse entgegen. Das Volk und die Fürsten sind unwissend und barbarisch. Erstere plündern den Handeltreibenden und Letztere fordern zu viel Abgaben von den Kaufleüten, so daß die Waaren zu Lande und auf Umwegen versandt werden. Der Mangel an Handel entsteht nicht aus physischen Hindernissen, sondern muß hauptsächlich dieser falschen Politik der Regierung von Sinde zugeschrieben werden. Zwischen dem Meere und Lahore giebt es etwa siebenhundert Boote und diese Zahl reicht zum Übersetzen und zu allen anderen Zwecken hin.

Über die Mündungen des Indus.

Der Indus ist einer der größten Ströme in der Welt. Gleich dem Nil und dem Ganges erreicht er das Meer durch viele Mündungen, die, divergirend von dem Hauptstrome, ein Delta von fruchtbarem Alluvium bilden. Sechszig Meilen vom Meere entfernt und etwa fünf Meilen unterhalb der alten Stadt Tatta, theilt sich der Indus in zwei Arme. Der rechte Arm heißt Buggaur, der linke Sata. Dies ist eine Eigenthümlichkeit des Stromes, so alt wie das Zeitalter der Griechen, und der Geschichtschreiber Alexanders d. G. erwähnt ihrer ausdrücklich mit diesen Worten: — ‚Bei Puttala (Tatta) theilt sich der Indus-Strom in zwei große Arme.' — Arrian, Lib. IV.

Von diesen beiden Armen hat der linke, oder Sata, fast einen südlichen Lauf zum Ocean, indem er der Richtung des großen Stromes folgt, der ihn speist, wärend der rechte, oder Buggaur, auf einmal von der allgemeinen Richtung des Indus abweicht und mit einem westlichen Laufe, fast unter rechtem Winkel mit seinem Zwillingsstrome, das Meer erreicht.

Der Ostarm, oder Sata, ist der größere von beiden und unterhalb des Theilungspunktes tausend Yards breit; er bietet auch der Haupt-Wassermasse den Ausgang, und obgleich er sich wieder in zahlreiche Kanäle theilt und sein Wasser durch nicht weniger, als sieben Mündungen, innerhalb einer Strecke von fünf und dreißig Meilen, in das Meer ergießt, so ist doch die Schnelligkeit und Gewalt des Stromes so groß, daß er Sandbänke oder Barren aufwirft, und nur in einem Arm dieses mündungsreichen Stromes können Fahrzeüge von fünfzig Tonnen einlaufen. Wärend der Anschwellung des Stromes ist das Wasser, zwei große Seemeilen weit in das Meer hinaus, von ihnen süß, und der größte von ihnen, Gorah, hat eine gefährliche Sandbank aufgeworfen, die vom Lande fünfzehn Meilen weit vorragt.

Der westliche Arm, Buggaur genannt, fließt dagegen in einem Strome, bei Pir Putta, Behaur und Daradji vorüber, bis fünf oder sechs Meilen vom Meere, dann theilt er sich in zwei schiffbare Arme, Pitti und Pietiani, die, etwa fünf und zwanzig Meilen von einander entfernt, in den Ocean fallen. Diese beiden werden als die großen Mündungen des Indus betrachtet, und wurden bis vor Kurzem von den größten inheimischen Booten, denen sie noch zugänglich waren, besucht; aber seit drei Jahren ist der Kanal des Buggaur verhältnißmäßig von dem Strome verlassen, und obgleich er, bis Daradji hinauf, zwei Faden Wasser enthält, so ist er doch oberhalb dieser Stadt seicht und in der trocknen Jahreszeit an einigen Stellen nur knietief, und sein Bett, das gewöhnlich fast eine halbe Meile breit ist, hat an dieser Stelle nur eine Breite von hundert Yards. Der Name „Buggaur' bedeütet „zerstören,' und soll diesem Arm des Delta, wegen der zerstörenden Schnelligkeit, mit der er in das Meer fällt, Baüme und Straücher umreißt und das Land an seinen Ufern zerstört, beigelegt worden sein. Obgleich diese Veränderung den Handel von Daradji an die Ufer des Sata versetzt hat, so ist doch das Land an dem Buggaur so reich, als es früher war; und obgleich der Arm selbst nicht beschifft wird, so sind doch haüfig noch zwei Faden in seinem Bette und nirgend Wassermangel für flachgebaute Boote. Wärend der Anschwellung ist er ein schöner Fluß und wird höchst wahrscheinlich in Kurzem seine frühere Bedeütung wieder gewinnen.

Das von diesen Armen des Indus umschlossene Land dehnt sich, bei der Vereinigung der Flüsse mit dem Meere, ungefähr siebenzig engl. Meilen aus; und dies ist im eigentlichen Sinne das wahre Delta dieses Stromes. Die Richtung der Meeresküste längs dieser Linie ist NNW.

Der Indus bedeckt jedoch mit seinen Wassern einen größeren Raum, als den so beschriebenen, und hat westlich von diesen zwei andere Mündungen, die vom Sata ausgehen, nämlich Sir und Kori, der letztere ist die Gränzlinie, welche Cutsch von Sinde trennt. Die Beherrscher dieses Landes haben jedoch diese Arme im Laufe gehemmt und das Wasser von beiden durch Kanäle zur Bewässerung abgelenkt, so daß keiner von ihnen das Meer erreicht. Mit Hinzufügung dieser verlassenen Arme bietet der Indus dem Meere eine Strecke von etwa hundert und fünf und zwanzig engl. Meilen dar, die man durch eilf Mündungen soll befahren können. Die Lat. der westlichsten Mündung ist ungefähr 24° 40,' die der östlichsten 23° 30' N., so daß es in wirklicher Lat. eine Ausdehnung von etwa achtzig gesetzmäßigen Meilen beträgt.

Die Unbeständigkeit des Indus in seinem Delta ist sprüchwörtlich und seine Beschiffung mit großen Schwierigkeiten und Gefahren verknüpft. Er hat deshalb heütigen Tages unter den Bewohnern von Sinde einen so schlechten Ruf als derjenige, welcher ihnen vom griechischen Geschichtsschreiber überliefert worden ist. Das Wasser wird mit solcher Heftigkeit von einem Ufer zum anderen geworfen, daß der Boden beständig hineinfällt und man große Thonmassen, oft mit furchtbarem Krachen, stündlich in den Strom stürzen sieht. An einigen Stellen bildet das Wasser, wenn ihm ein festes Ufer widersteht, Strudel und Wirbel von großer Tiefe, welche die Fahrzeuge herum drehen und alle Aufmerksamkeit erfordern, um ein Unglück zu vermeiden. Die Strömung ist an solchen Stellen in der That fürchterlich und bei einem starken Winde toben die Wellen wie im offenen Ocean. Diese Strudel und die schadhaften Stellen des Ufers zu vermeiden, schien der Hauptgegenstand der Sorge der Bootsleute zu sein.

Es ist werth, hier in Bezug auf den Indus Strom zu bemerken, daß die Mündungen, welche am wenigsten mit süßem Wasser versehen sind, für große Schiffe vom Meere aus am zugänglichsten sind, denn sie sind freier von Sandbänken, welche die Flüsse, wenn sie mit Heftigkeit herausstürzen, immer aufwerfen. So hat der Buggaur, den ich eben als voll von Untiefen geschildert habe, ein tiefes und reines Fahrwasser von Daradji bis zum Meere. Der Hugly-Arm des Ganges ist, wie ich glaube, aus einer ähnlichen Ursache schiffbar.

Nachdem ich so die Hauptzüge des Indus unterhalb Tatta allgemein dargestellt habe, werde ich die verschiedenen Mündungen mit ihren Häfen, ihrer Tiefe und Allem, was sonst noch zu meiner Kenntniß gekommen ist, beschreiben.

Von Westen anfangend, haben wir den Pitti, eine Mündung des Buggaur, der in die Bai von Curatschi fällt. Er hat keine Barre, aber eine große Sandbank und eine Insel an der Außenseite verhindern eine direkte Einfahrt vom Meere aus, und verengen das Fahrwasser an seiner Mündung bis auf etwa eine halbe Meile; bei niedrigem Wasser ist er selbst geringer, als fünfhundert Yards und weiter aufwärts engt er an einigen Stellen sich ein bis auf hundert und sechszig Yards; aber die allgemeine Breite ist dreihundert Yards. An den seichtesten Stellen des Pitti war bei der Ebbe eine Tiefe von neun Fuß und die Fluth stieg neun Fuß höher bei Vollmond. Bis Daradji hinauf ist überall eine Tiefe von zwei Faden, und häufiger noch fünf bis sechs, zuweilen selbst sieben bis acht Faden. Wo zwei Arme sich vereinigen, ist das Wasser unwandelbar tief. In der Entfernung von sechs Meilen den Pitti aufwärts, ist ein Felsen, der sich queer über den Fluß erstreckt, doch aber bei der Ebbe neun Fuß Wasserstand hat. Der allgemeine Lauf des Pitti für die ersten dreißig Meilen ist WNW., aber er fließt durch einen genau nördlich gerichteten Kanal ins Meer. Der Pitti ist außerordentlich gewunden und besteht aus einer Reihe kurzer Wendungen, nach den entgegengesetztesten Richtungen, sogar von Süden nach Norden; das Wasser wird von einem Winkel auf den anderen gedrängt, was den Fluß abwechselnd auf beiden Seiten tief läßt. Wo die Ufer steil sind, da findet sich das Fahrwasser, und wo sie dagegen sich allmälig abdachen, da ist das Wasser beständig seicht. Dies kann jedoch bei allen Flüssen, die durch ein flaches Land fließen, bemerkt werden. Ich kann hier erwähnen, daß der Pitti erst dreißig Meilen vom Meere süßes Wasser hat. Das Gebüsch an seinen Ufern ist sehr dicht und auf fünfzehn Meilen aufwärts drängt es sich ganz nahe an den Fluß. Wir beschifften diesen Arm bis zu dieser Strecke und setzten höher hinauf an zwei Stellen über ihn, wo er zwei Faden Wasser hatte.

Der Piettiani verläßt den Pitti ungefähr zwanzig Meilen vom Meere, in das er sich in Lat. 24° 30′ N. ergießt. Er ist schmaler als der Pitti und in jeder Hinsicht ein geringerer Arm. Es liegen Sandbänke in seiner Mündung, die einander überragen und die Schiffahrt schwierig und gefahrvoll machen. Wir fanden über seiner Barre bei der Ebbe eine Tiefe von sechs Fuß und bei der Fluth fünfzehn Fuß, ist man aber einmal in seinem Bette, so hat man drei Faden Wasser. An seiner Mündung ist er nur dreihundert Yards breit und höher hinauf verengt er sich sogar bis auf fünfzig, aber er hat überall dieselbe Wassertiefe bis zu seiner Verbindung mit dem Pitti. Der Piettiani fließt beinah nördlich ins Land hinein und wegen seines kürzeren Laufes tritt auf ihm die Fluth früher ein, als auf dem Pitti, was häufig den sonderbaren Zufall veranlaßt, daß zu gleicher Zeit der eine Arm aufwärts, der andere abwärts fließt.

Drei geringere Arme, Kudi, Khow und Dubbu hangen mit diesen beiden Mündungen des Indus zusammen. Die beiden ersten sind mit dem Pitti verbunden und Kudi war in früheren Jahren einer der großen Eingänge nach Daradji; aber seine Stelle wurde von dem Piettiani eingenommen und er ist jetzt verstopft. Dubbu ist nur ein anderer Eingang zum Piettiani.

Wie zugänglich auch diese beiden Mündungen gefunden worden sind, doch wird keine von ihnen mit anderen als mit flachen Booten befahren, welche die ganze Ladung zu und von der Mündung des Flusses selbst führen, innerhalb welcher die Seeschiffe ankern. Es war ein unerhörtes Ereigniß für Boote, wie die vier, welche uns führten (keines war von fünf und zwanzig Tonnen), den Pitti so hoch hinauf zu steigen, als sie es thaten, aber wir trafen wirklich kein Hinderniß.

Von den sieben Mündungen, welche den Wassern des Sata oder östlichen Armes Ausgang verschaffen, liegen der Djua, Retschel und Hudjamri innerhalb zehn Meilen von einander. Eine dieser Mündungen ist zu allen Zeiten mehr oder weniger schiffbar gewesen, und wärend sie die Mündungen der Gewässer der Sata sind, erreicht sie ein Theil der vom Buggaur wärend des Anschwellens ausgestoßenen Wassers durch geringere Arme und bildet eine wunderbare Binnen-Schiffahrt durch alle Theile des Delta. Die Mündungen des Djua und Retschel sind verstopft, aber letztere war bis auf eine späte Zeit, die besuchteste von allen Mündungen des Indus. Sie wurde früher durch ein Minaret bezeichnet, das, wie ich glaube, jetzt herabgefallen ist, da dieser Umstand besonders nur von unseren früheren Seefahrern erwähnt wird. Ein Dorf, ‚Munara' genannt, liegt an seiner Mündung. Der Hudjomri ist jetzt für Boote von fünfzig Tonnen zugänglich. Sein Hafen ist Vickur, fünf und zwanzig Meilen vom Meere, das mit Schah-bunder (noch weiter östlich) abwechselnd den Alleinhandel des Delta zu treiben scheint. In dieser Jahreszeit wird Schah-bunder kaum betreten, und in der nächsten wird vielleicht Vickur verlassen sein. Wir kamen in den Indus durch die Hudjamri-Mündung und landeten bei Vickur. Auf der Barre hatten wir bei der Fluth fünfzehn Fuß Wasser und auf dem ganzen Wege bis Vickur eine Tiefe von vier Faden, selbst wenn die Fluth vorüber war.

Der Khedywari ist die nächste Mündung östlich vom Hudjamri, mit dem er durch kleine Kanäle verbunden ist; er ist seicht und außer von Booten, um Brennholz zu fällen, nicht sehr besucht.

Von den übrigen Mündungen des linken Arms ist die nächste Gorah, die größte von allen Mündungen. Er erhält seinen Wasservorrath direkt vom Sata, der in der Nähe des Meeres zahlreiche kleine Arme speist, und wird Wanyani genannt. Als wir den Hudjamri hinaufstiegen, passirten wir durch einen engen Arm in diese Mündung des Indus. Der Gorah (oder wie auch, gegen das Meer hin genannt wird, Wanyani) hat überall eine Tiefe von vier Faden. Er ist nicht breiter als fünfhundert Yards und fließt mit großer Schnelligkeit, sein Lauf ist etwas gewunden, aber er folgt im Ganzen einer südlichen Richtung zum Meere, bei einem schönen Dorfe, Kelaun, an seinem linken Ufer vorüber. Obgleich der Gorah solche Erleichterungen für die Schiffahrt besitzt, so wird er doch, wegen einer vorhin erwähnten gefahrvollen Sandbank, auch nicht von den kleinsten Booten vom Meere aus befahren. Es ist klar, daß solche Sandbänke durch die Heftigkeit des Stromes aufgeworfen werden, denn der Retschel hatte, bis er von dem Hauptstrom des Indus verlassen wurde, eine so große Barre, wie jetzt dem Gorah gegenüber, und diese ist mit der Abwesenheit des süßen Wassers gänzlich verschwunden. Dieser Arm des Indus war im letzten Jahrhunderte offen für große Boote und ein englisches Schiff von siebenzig Tonnen liegt jetzt auf trocknem Lande, wo es durch die Laune des Stromes verlassen wurde.

Unterhalb des Gorah hangen die Mündungen Khair und Mall

mit ihm zusammen. Alle drei ergießen sich innerhalb zwölf Meilen von einander. Der Khair ist, gleich dem Gorah, unschiffbar. Der Mall ist sicher für Boote von fünf und zwanzig Tonnen, und da er jetzt der einzige freie Zugang nach Schah-bunder ist, so wird er deshalb sehr besucht. Die Boote ankern vier Meilen aufwärts in einem künstlichen Arm, Lipta genannt, und erwarten die flachgebauten Fahrzeuge aus dem, etwa zwanzig Meilen nordöstlich entfernten Hafen.

Ungefähr fünf und zwanzig Meilen unterhalb des Mall, trafen wir die Indus-Mündung Sir, aber sie hat Salzwasser statt des süßen. Es sind mehrere geringere Arme dazwischen, aber sie bilden keine Verbindung. Der Sir ist einer der zerstörten Arme des Indus. Unterhalb Mughribbi, fünfzig Meilen von seiner Mündung, ist queer über ihn ein Damm aufgeworfen und obgleich er aus diesem Grunde aufhört, ein fließender Strom zu sein, so bahnt sich der Überfluß des süßen Wassers von oben her doch durch kleine Kanäle einen Durchgang, bis es den Sir wieder erreicht, der also zwanzig Meilen von seiner Mündung süßes Wasser enthält, obgleich er nur ein Meeresarm ist. Unmittelbar unterhalb Mughribbi heißt der Fluß Gungra, höher hinauf Pinyari und verläßt den Hauptstrom zwischen Hyderabad und Tatta. Der Strom ist für Boote von hundert und fünfzig Candies (acht und dreißig Tonnen) zugänglich, bis zu einem Orte, Gunda genannt, wo sie aus den flachen Booten von Mughribbi Ladung einnehmen. Mit einiger Extra-Anstrengung könnten die Boote den Damm von Mughribbi erreichen; von dieser Stadt an ist dann die Binnen-Schiffahrt für flache Boote ununterbrochen bis zum eigentlichen Indus, obgleich sie in der trocknen Jahreszeit schwierig wird. Der Damm von Mughribbi ist vierzig Fuß breit; der Sir an seiner Mündung etwa zwei Meilen, aber er wird landeinwärts sehr schmal; innerhalb hat er eine Tiefe von vier bis sechs Faden, aber unterhalb Gunda ist eine Sandbank mit nur einem Faden Wasser. Von diesem Arm aus wird mit den Nachbarländern Cutsch und Kattywar ein beträchtlicher Handel mit Reis, der Stapelwaare von Sinde, die im Überfluß zu Mughribbi zu erhalten ist, getrieben.

Der Kori oder östliche Arm des Indus, macht die eilf Mündungen des Stromes vollzählig. Ich habe wenig über ihn zu sagen. Er führte einst einen Theil der Wasser des Fulaili, der Hyderabad passirt, ab, so wie auch die eines Flusses, der den Indus bei Bukkur verläßt und wärend des Anschwellens durch die Wüste fließt; aber er ist seit dem Jahre 1762 gegen beide verschlossen worden, als die Sinder, um ihren Nachbarn, den Bewohnern von Cutsch, Schaden zuzufügen, Bunds oder Dämme aufwarfen. Von allen Mündungen des Indus giebt der Kori die großartigste Idee von einem mächtigen Strome. Ein wenig unterhalb Lukput öffnet er sich trichterförmig; und bei Cotasir ist er etwa sieben Meilen breit und fährt fort, an Breite zuzunehmen, bis die Gestade von Cutsch und Sinde von einander nicht mehr sichtbar sind. Als das Wasser hier süß war, muß es ein herrlicher Strom gewesen sein. Die Tiefe dieses Meerarmes (denn man kann ihn mit keinem anderen Namen belegen) ist bedeütend. Wir hatten auf der Höhe von Cotasir zwanzig Fuß Wasser und der Kanal bleibt gleichmäßig tief bis Busta, das nur acht Meilen von Lukput entfernt ist. Ein Kreüzer der Kompagnie fuhr einst bis Cotasir hinauf, aber es wird für gefährlich gehalten, da an der Mündung eine ausgedehnte Sandbank, Adhiari genannt, über der bei der Ebbe das Wasser nur knietief ist, sich befindet. Zwischen dieser und Cotasir sind auch mehrere Sandbänke und eine große diesem Orte gegenüber. Der Kori hat keine Verbindung mit dem Sir, oder mit irgend einer anderen Mündung des Indus, aber es zieht von ihm aus ein Haff in der Richtung auf Cutsch und gewährt für kleine Fahrzeüge eine sichere Binnen-Schiffahrt von Lukput bis Djuckow, einem Hafen am indischen Ocean, an der Mündung des Meerbusens von Cutsch.

Es scheint daher, daß die Sinder die beiden östlichen Arme des Indus zerstört haben und dennoch gebrauchen, um sowol aus der Beschiffung eines derselben, als aus der Bewässerung Vortheil zu ziehen. Da zwischen Sinde und dem Kori keine Wasser-Verbindung Statt findet, so wird nur wenig von dem Handel dieses Landes durch ihn ausgeführt. Er findet einen Ausweg durch den Sir, aber dieser hat noch zu keiner an seinen Ufern neuerbauten Stadt Veranlassung gegeben; und ihre Feüchtigkeit ist in der That so groß, daß die Steüereinnehmer von Mughribbi nur einen Theil des Jahres daselbst sich aufhalten können.

Das Meer ist, dem Indus gegenüber, seicht, aber die Tiefen sind regelmäßig, und ein Schiff hat, eine und eine halbe Meile von der Küste ab, zwölf bis fünfzehn Fuß Wasser. Die Gorah-Bank verursacht die einzigen Schwierigkeiten in der Beschiffung der Küste von Mandvi bis Curatschi. Brandungen sind längs derselben zwölf Meilen weit zu verfolgen. Die Schiffe arbeiten sich von ihr ab, indem sie sich auf einmal aus dem Gesicht des Landes begeben, und dort in zwölf Faden Wasser bleiben, bis die Gefahr vorüber ist: man versichert sogar, daß ein Schiff von fünf und zwanzig Tonnen auf einem Kurse, wo die Tiefe zehn Faden beträgt, scheitern würde. Diese Bank wird jedoch von den Fischern viel besucht und ist kenntlich an ihren Booten und Netzen.

Die Küste von Sinde ist, nach ihrer ganzen Ausdehnung gegen den Ocean, so wenig gegen Stürme geschützt, daß die Schiffahrt viel früher aufhört, als in den benachbarten Ländern. Wenige Schiffe nähern sich ihr nach dem März, denn der Südwest-

Monsun, der dann zum Theil beginnt, regt das Meer so auf, daß die Wellen sich in drei bis vier Faden Wasser brechen, wärend die Küste, wegen ihrer Niedrigkeit nicht zu erkennen ist, als bis man sich dicht an ihr befindet, und es ist große Gefahr, wenn man den Hafen verfehlt, denn es bietet sich bei solchem Ereigniß kein Schutz dar.

Die Fluth steigt in den Mündungen des Indus bei Vollmond etwa neün Fuß; und sie fluthen und ebben mit großer Heftigkeit, hauptsächlich am Meere, wo sie mit gleicher und unglaublicher Schnelligkeit die Ufer überschwemmen und verlassen. Es ist gefährlich, den Anker, außer bei der Ebbe, auszuwerfen, indem das Fahrwasser haüfig verborgen ist und demnach das Schiff leicht aufs Trockene gerathen könnte. Die Fluth ist nur fünf und siebenzig Meilen vom Meere, d. h. etwa fünf und zwanzig Meilen unterhalb Tatta, wahrzunehmen.

Die Wasser des Indus sind so mit Schlamm und Thon beladen, daß sie das Meer auf etwa drei Meilen vom Lande färben, aber sie sind doch nicht so sehr überwiegend, daß sie das Wasser irgendwo, als vor der Mündung des Gorah, wärend der Überschwemmungen in süßes verwandeln könnten. Man sieht aus dem Indus zahlreiche braune, ölige Flecke, die von den Ingebornen Pit genannt werden, herausschwimmen. Bei der Untersuchung fand ich, daß es runde, mit Wasser gefüllte Kügelchen waren, die eine braune Haut hatten, und einem kleinen Ei ohne Schaale sehr ähnlich sahen; als man sie auf einen Teller legte, so hatten sie etwa die Größe eines Schillings und zerplatzten leicht. Die Ingebornen berichteten mir, daß dies durch die Vereinigung des See- und Flußwassers von den Sandbänken abgesondert und dann ausgeschwemmt würde. Sie geben dem Wasser ein eigenthümliches, schmutziges und öliges Ansehen und zeigen immer die Gegenwart des süßen Wassers in dem salzigen an.

Schwer dürfte es sein, sich ein elenderes Land, als die niedrigen Landstriche an den Mündungen des Indus, zu denken. Vom Meere aus entdeckt man das Land nur in der Entfernung von einer gr. Seemeile; nicht ein Baum ist zu sehen, obgleich die Luftspieglung oft die verkrüppelten Büsche, welche die Küste umsaümen, vergrößert und ihnen ein hohes und grünendes Ansehen giebt; aber diese Taüschung verschwindet bei genauerer Ansicht. Die Fluth überschwemmt die Ufer aller Mündungen und zieht sich zurück, um eine wüste, traurige Einöde zu hinterlassen. Wird unglücklicherweise ein Schiff an diese Küste geworfen, so ist es nach zwei Fluthen begraben, und die größte Anstrengung vermag kaum, die Ladung zu retten. Wir hatten hiervon einen Beweis an einem unglücklichen Boote, das nahe bei uns strandete: und zu dem Elende dieses Landes kommt noch hinzu, daß die Beherrscher desselben, nach einem barbarischen Gesetze, Alles, was an die Küste geworfen wird, in Anspruch nehmen und jedes Schiff, welches wegen des ungestümen Wetters in ihre Häfen einläuft, konfisciren.

Der Handel auf dem Indus ist so, wie sich von einer schlechten Regierung erwarten läßt. Außer dem an seinen eigenen Ufern erzeugten Reiß giebt es durchaus keinen anderen Ausfuhrartikel; und die in dies Land eingeführten Waaren werden bei Curatschi gelandet. Es mag merkwürdig scheinen, daß dieser Hafen einer der ersten von Sinde sein sollte, da seine Beherrscher auch im Besitze des Indus sind; aber dies ist leicht zu erklären. Curatschi ist nur vierzehn Meilen von dem Pitti oder westlichen Mündung des Indus, und es ist wenig Mühe beim Ein- und Ausladen der Waaren, die dann auf dem Flusse von Daradji oder Schah-bunder in flachen Booten verschickt werden. Curatschi kann auch seine Einfuhr-Artikel ohne Schwierigkeit in die bevölkerten Theile von Sinde bringen, indem man einer besuchten und guten, ebenen Straße nach Tatta folgt. Die Ausladung in diesem Hafen überhebt auch der Nothwendigkeit, die Ladung zuerst in flache Boote einzuschiffen; und die wirkliche Entfernung zwischen Curatschi und Tatta (etwa sechszig Meilen) wird um die Hälfte vermehrt, wenn man den Windungen des Stromes zu irgend einem der Bunder in dem Delta folgt. Da sowol die Häfen in dem Flusse, als auch Kuratschi, Sinde unterworfen sind, so ist es einleuchtend, daß der Seehafen vor denen des Flusses Vorzüge hat, die das Verlassen der letzteren durch die Schiffer herbeigeführt haben. In früheren Jahren, ehe Kuratschi von den Sindern eingenommen wurde, war die Ausfuhr aus dem Delta beträchtlicher, aber seitdem werden alle Artikel von Werth zu Lande nach Kuratschi gebracht und dann verschifft; und besonders das Opium von Malwah wird nie in ein Boot gelegt, als zur Überschiffung des Indus, auf seinem Wege nach Kuratschi.

Die Boote des Indus nehmen die Aufmerksamkeit ebenfalls in Anspruch. Mit Einschluß von Kuratschi und aller Häfen des Landes sind vielleicht nicht hundert Dindjies oder Seefahrzeuge, die zu der Herrschaft des Emir gehören. Diese sind von eigenthümlicher Konstruktion, scharf gebaut, mit einem sehr hohen Hintertheil; die großen gehen nie die Flüsse hinauf, und werden hauptsächlich im Bunder von Kuratschi gebraucht, und segeln von diesem Hafen nach Muskat, Bombay und der Malabar-Küste. Eine große Anzahl kleinerer Dindjies werden auch an den Mündungen des Indus hauptsächlich zur Fischerei angewendet. Sie sind gute Seeboote und segeln sehr schnell.

Der Handel auf dem Flusse, von seinen Mündungen selbst anfangend, wird jedoch mit flachen Booten, Dundis genannt, getrieben. Diese Boote sind groß und plump; sie tragen nie mehr als hundert Kurwars (fünfzig Tonnen) und ziehen, wenn sie beladen sind, etwa vier Fuß Wasser. Sie haben zwei Maste, den größeren vorn und hissen ihre Segel nach hinten. Das Focksegel ist oft ein lateinisches; das hintere ist viereckig und sehr groß. Mit diesen Seegeln können sie, bei einem guten Winde, drei Meilen in einer Stunde gegen die Strömung segeln. Wenn der Wind aufhört, so werden sie geschleppt oder mit Stangen gegen den Strom fortgestoßen. Mit Tauen können sie eine und eine halbe Meile in der Stunde gezogen werden. Das Steüer hat die Gestalt des Buchstaben P, und wird in größeren Fahrzeügen durch Taue von jeder Seite regiert: in der Entfernung scheint es ganz von dem Dundi getrennt. Diese Fahrzeüge sind auch mit einem langen, biegsamen Ruder am Hintertheil versehen, welches vorwärts und rückwärts gebraucht wird, indem es der Steüermann auf einem erhöhten Gerüste bewegt: — es erinnerte mich an das, was man wricken [1] nennt. Es ist möglich, das Dundi mit seinem Ruder allein fortzubewegen, und es wird sonst nichts beim Übersetzen der verschiedenen Fährboote gebraucht. Kommt man stromabwärts, so wird dies Ruder auch angewendet; und sie bewegen es auf und ab, um die breite Seite des Fahrzeüges dicht bei der Strömung zu halten. Bei der Thalfahrt werden die Maste beständig niedergelassen und sogar das Steüer weggenommen. Ich kann diese Boote mit nichts so treffend vergleichen, als mit den Abbildungen der chinesischen Djunken; die größten sind etwa achtzig Fuß lang, und achtzehn breit, einem Schiffe ähnlich, mit hohem Hintertheil und vorn niedrig, dessen Rumpf an beiden Enden zugespitzt ist, um dem Wasser weniger Widerstand zu leisten. Sie sind schwimmende Haüser, denn die Leüte, welche sie fahren, nehmen ihre Familien, und selbst ihr Federvieh mit sich. Alle Boote auf dem Flusse, große und kleine, sind von derselben Art. Bei der Führung der Dundis wählt der Bootsmann immer das seichte Wasser, um die Stromschnellen zu vermeiden.

Über das Delta des Indus.

Herodot sagt von Ägypten, es sei „das Geschenk des Nils;" und dasselbe kann von dem Lande an den Mündungen des Indus gesagt werden. Ein Durchschnitt der Flußufer zeigt eine beständige Folge von Erde, Thon und Sand in parallelen Lagern und ohne Zweifel zu verschiedenen Zeiten abgesetzt. Es würde zu gewagt sein, anzunehmen, daß das ganze Delta allmälig vom Meere gewonnen sei, aber es ist klar, daß das Land sehr eingegriffen hat in den Ocean. Nichts bestätigt diese Thatsache mehr, als die Seich-

[1] Wricken heißt, ein Boot mit einem einzigen Tau vorwärts bewegen.

tigkeit des Meeres vor den Mündungen des Indus, und der thonige Boden und die Färbung des Wassers.

Das Land von Tatta, das an der Spitze des Delta liegt, bis zum Meere hinab, ist größtentheils den Einwirkungen der periodischen Anschwellungen des Indus unterworfen. Die großen Arme des Indus sind selbst so zahlreich und senden eine so unglaubliche Zahl von Armen aus, daß die Überschwemmung allgemein ist; und an denjenigen Orten, welchen dieser Vortheil durch zufällige Umstände versagt ist, leiten künstliche, ungefähr vier Fuß breite und drei Fuß tiefe Gräben das Wasser durch die Felder. Die Anschwellung beginnt etwa am Ende des Aprils, nimmt zu bis zum Juli und verschwindet gänzlich im September. Sie beginnt mit dem Schmelzen des Schnees im Himalaya-Gebirge. Zu anderen Zeiten wird das Land mit dem persischen Rade, das von einem Kameel oder Ochsen gedreht und überall angewendet wird, bewässert.

Der Indus sendet seine Arme zuerst etwa sechszig Meilen vom Meere, aus, und jede Seite des Dreiecks ist ungefähr hundert engl. Meilen lang.

Die Basis des Delta dehnt sich hundert fünf und zwanzig Meilen weit aus und ist gegen den Ocean gerichtet. Es wird also eine Grundfläche von siebentausend Quadratmeilen; vielleicht ein Achtel desselben ist von Strom- und kleineren Flußbetten eingenommen.

Aber so sonderbar es auch scheinen mag, diese werthvolle, fruchtbare Fläche ist fast ganz vernachläßigt. Nicht der vierte Theil des Landes ist angebaut; und statt Ackerbau zu treiben, führt das Volk meist ein Hirtenleben. Das Delta des Indus ist daher mit Tamarisken und anderen wilden Straüchern bewachsen; und statt der Felder finden wir eine harte, zusammengebackene Thonfläche, von der Hitze gespalten und von der schlechtesten und unfruchtbarsten Beschaffenheit. Diese Vernachläßigung entspringt aus einer schlechten Regierung, denn die Bearbeitung des Landes erfordert, von Seiten des Landmannes, wenig oder gar keine Anstrengung und der Same, ohne Sorgfalt und Aufmerksamkeit ausgestreüt, giebt eine reichliche Ernte. Schwere Besteürung und Unterdrückung gewähren keine Ermunterung, selbst da, wo so geringe Kraft erforderlich ist.

In einem von Hirten bevölkerten Lande sind, wie zu erwarten ist, wenig bleibende Städte oder Dörfer. Mit Ausnahme von Daradji, Bickur, Schah-bunder, Mughribbi und einer oder zwei anderen Städten, wohnen die Inwohner in temporären Dörfern, Radj genannt, die sie nach Gefallen verlegen; und ihre Hütten sind aus Rohr und Matten von Reisstroh errichtet, jede mit einem Gras-Tatty oder einer Umzaünung umgeben, um die kalten Winde und feüchten Dünste, die in diesem niedrigen Lande vorherrschen

und

und für schädlich gehalten werden, auszuschließen. Dies sind die von Nearch bemerkten Haüser, und sie sind, wie ich glaube, dem Indusstrome eigenthümlich. Sie gleichen sehr den Hütten der Tänzerinnen in Indien.

Es ist eine schwierige Aufgabe, in einem Lande, wo die Hauptmasse des Volks umherzieht, und nicht auf enge Gränzen beschränkt ist, sich eine irgend richtige Ansicht von der Zahl der Inwohner zu bilden. Hütten sieht man jedoch überall, und die Bevölkerung kann, mit Ausnahme der Stadt Tatta, auf nicht weniger, als dreißigtausend Seelen geschätzt werden; ein Drittel von dieser Schätzung kann aus denen bestehen, die in ständigen Städten wohnen. Dieser Census giebt vier und einen halben Bewohner auf die Quadratmeile.

Der wandernde Stamm in dem Indus-Delta heißt Djut; diese Menschen sind das Urvolk des Landes; eine abergläubische muhammedische Rasse, und außerordentlich unwissend. Die verschiedenen Ufer der Flüsse sind von Fährleuten, vom Stamme Muana, bevölkert; sie sind Auswanderer aus dem Pundjab und mit Führung der Boote oder dem Fischen im Meere oder im Flusse beschäftigt. Es giebt noch einen anderen Stamm aus demselben Lande, Seik Labana genannt, der Rohrmatten anfertigt. Sie tödten auch reißende Thiere und Wild, werden aber von dem übrigen Volke nicht geachtet. Man findet Djukias oder Djokrias, einen Urstamm aus dem Gebirge oberhalb Kuratschi, aber sie sind nicht zahlreich. Einige ihrer Haüptlinge haben Land, das ihnen abgetreten worden ist. Es giebt auch einige Belutsches. Über die ansäßige Bevölkerung ist wenig zu bemerken; sie besteht hauptsächlich aus Hindus, von der Kaste der Kaufleüte, die den Handel von Sinde mit den Nachbarländern führen. Sie unterscheiden sich nicht von ihren Brüdern in Indien.

Der einzige Stamm, welcher noch eine weitere Erklärung erfordert, ist der Djokia-Stamm; diese Leüte sind die Nachkommen der Sama Radjputs, die in früheren Jahren Sinde beherrschten. Sie wurden zu dem Glauben bekehrt, als die Hindu-Dynastie gestürzt wurde, und bewahren noch den Hindu-Namen ihres Stammes, und machen Ansprüche auf die Verwandschaft mit den Djharedja Radjputs von Kutsch. Sie sind Gebirger vom Westufer des Indus, nicht sehr zahlreich und wenig von der Regierung begünstigt. Sie können zweitausend Mann ins Feld stellen.

Die Fischereien auf dem Strome und außerhalb seiner verschiedenen Mündungen sind ausgedehnt; sie werden hauptsächlich mit der Angel betrieben und einige der gefangenen Fische sind von ungemeiner Größe. Eine Species, Kudjdjuni genannt, wird wegen ihrer Blasen getödtet, die mit den Flossen der kleinen Haifische, welche in der Nähe des Indus haüfig sind, einen Ausfuhrartikel nach China bilden. Die Flußfische sind gleichfalls in Menge vorhanden; von diesen ist der merkwürdigste der ‚Pulla‘, der an Wohlgeschmack völlig dem Lachs gleicht. Er findet sich nur wärend der vier Monate, die dem Anschwellen des Flusses vorhergehen.

Ich habe nicht bemerkt, daß es einige dem Indus-Delta eigenthümliche Thiere gäbe. Kameele sind zahlreich und vorzüglich; Büffel werden in großer Anzahl gezogen; Hornvieh und Schaafe sind in Menge; auch der Hund ist hier zu seiner gehörigen Stellung erhoben, und ist ein gehorsamer Diener des Menschen, — sie bewachen die Heerden und sind von einer wilden Art, und schwimmen durch die Flüsse mit großer Stärke und Gewandheit.

Das Haupterzeügniß des Indus-Delta ist der Reiß; es giebt sehr verschiedene Arten, aber sein Werth scheint von seiner Zubereitung zum Verkauf abzuhangen. Badjra und alle andere indische Getreidearten werden gebaut. Von den ausgedehnten Zuckerpflanzungen wird Gur, eine grobe Art Zucker, erzeügt; dieses Gewächs, mit Weizen, Gerste und Mung wird, einige Monate vor dem periodischen Anschwellen, durch Bewässerung der Felder vermittelst kleiner Gräben aus dem Flusse, erhalten, und bildet, was man eine zweite Ernte nennen kann. Salpeter findet sich im Delta, aber er wird jetzt nicht ausgeführt, obgleich er früher ein Gegenstand des Handels mit der ostindischen Kompagnie war.

Das Klima dieses Theils von Sinde ist schwül und unangenehm, das Thermometer stand im März auf 90° F. (25°, 8 R.) und der Boden ist ein fruchtbares Alluvium, doch wird der Staub unaufhörlich in die Höhe gehoben. Der Thau ist sehr stark und gefährlich. Es ist in jeder Hinsicht ein Prüfungs-Land für die menschliche Constitution und dies war an dem frühzeitigen Alter der Inwohner bemerkbar; aber ich konnte nicht erfahren, ob sie irgend einem Sumpffieber oder einem anderen von der Überschwemmung erzeügten Übel unterworfen seien, da ihre Klagen sich auf die Unbequemlichkeit und Plage, welche sie von den in dem Schlamm erzeügten Insekten und Moskitos erleiden, beschränkten.

Der Indus von Tatta bis Hyderabad.

Von der Stadt Tatta, die drei Meilen vom Flusse entfernt ist, hört der Indus auf, sich in viele Arme zu theilen. Auf dem rechten Ufer ist er durch niedrige, felsige Hügel begränzt, und auf dem linken ist nur ein schmaler Arm, der Pinyari, welcher von der Stadt bis Mughribbi für Boote zugänglich ist, da das überflüssige Wasser der Überschwemmungen seinem Laufe zum Meere folgt. Doch beträgt in diesem Theile des Indus die größte Breite seines Bettes weniger, als eine halbe Meile. Bei Hyderabad ist er nur achthundert und dreißig Yards breit; bei Tatta siebenhundert, und unterhalb des Dorfes Hilaya, fünfzehn Meilen von dieser Stadt, nicht über sechs Yards. Die größte Wassertiefe ist der Hauptstadt gegenüber und beträgt fünf Faden; die geringste bei Tatta, wo sie nur fünfzehn Fuß ist: im Allgemeinen hat er eine Tiefe von zwanzig Fuß.

Die Kanäle des Indus im Delta sind frei von Sandbänken; aber von Tatta bis Hyderabad trifft man diese überall, und da die Ufer haüfiger abschüssig als steil sind, so ist es schwierig, das tiefe Fahrwasser zu entdecken, und die Schiffahrt wird dadurch verwickelt. Viele Sandbänke sind nur knietief im Wasser und verändern beständig ihre Lage; da aber die Strömung weniger reißend ist, als in der Nähe des Meeres, so werden sie selten hinweggespült. An mehreren Stellen sind sie zu Sandinseln geworden und theilen den Strom in zwei Arme, deren einer immer schiffbar ist. Die Unterabtheilung des Flusses hat veranlaßt, daß mehrere dieser Arme auf unseren Karten als besondere Flüsse angegeben sind, aber es ist, wie ich vorhin dargethan habe, mit Ausnahme des Pinyari, keiner vorhanden. Bei der Überschwemmung ist ein enger Arm oberhalb Trikkul, welcher mit dem Fullali-Arm, der zu dieser Jahreszeit Hyderabad zur Insel macht, zusammenhangt.

Die Entfernung von Tatta bis Hyderabad beträgt zu Lande weniger als fünfzig Meilen, und zu Wasser vergrößern die Windungen des Stromes sie nur bis auf fünf und sechszig Meilen; sein Lauf ist südwestlich und südlich und sehr grade, mit einer bestimmten Krümmung unterhalb Djurruk, wo er den Arm, der nach Mughribbi führt, aussendet. Wir machten die Reise gegen den Strom in zwei Tagen.

Zwischen Tatta und der Hauptstadt giebt es nicht ein Dutzend Ortschaften; die einzige von Bedeütung ist Djurruk, welches bei einigen niedrigen Felsenhügeln liegt und dessen Bevölkerung sich nicht über fünfzehnhundert Seelen erhebt. Keiner von diesen Orten ist befestigt.

Das Land, welches eines der reichsten und fruchtbarsten in der Welt sein könnte, ist zur Unfruchtbarkeit verdammt. Jagdgehäge oder wie sie genannt werden ‚Schikargahs' folgen einander so dicht, daß sie kein Land zum Ackerbau übrig lassen; und die Gehäge, welche das Wild einschließen, nähern sich dem Indus bis auf wenige Yards. Das Innere dieser Gehäge bildet ein Dickicht von Tammarisken, Salzgesträuch und anderem Unterholz mit verkrüppelten Stämmen, die nie beschnitten oder abgehauen werden dürfen, so daß die Ufer des Indus, wären sie in den Händen eines furchtbaren Feindes, einen Schutz darbieten, von wo aus eine Expedition zu Wasser beständig und empfindlich belästigt werden könnte. Die Straßen durch diesen Landstrich sind gleich verborgen und fest. Lebensmittel sind jedoch im Überfluß vorhanden. Getreide ist überall wohlfeil und reichlich; und Tatta und Hyderabad sind die alte und die neue Hauptstadt des Landes.

Über Hyderabad kann ich wenig zu den schon mitgetheilten Nachrichten hinzufügen. Es enthält nicht über zweitausend Seelen, die in Häusern leben, welche um einen Felsen herum zerstreut liegen. Das Fort, welches auf diesem Felsenhügel steht, ist ein einfaches Blockhaus, mit einem einzigen, etwa fünf und zwanzig Fuß hohen Wall, der theilweise von einem trocknen, zehn Fuß breiten und acht Fuß tiefen Graben, über den eine hölzerne Brücke führt, umgeben ist. Es ist von Mauerwerk, nicht fest und beinah verfallen. In der Mitte desselben steht ein dicker Thurm, der das umliegende Land überschaut, aber er ist nicht mit den Werken verbunden; in ihm ist der Wohlstand von Sinde niedergelegt. Die Häuser sind von Lehm erbaut und selbst die der Emirs sind bloße Hütten. Der Platz könnte leicht mit Sturmleitern genommen werden. Hyderabad steht drei Meilen vom Indus; der Fullali Fluß, welcher ostwärts vorbeifließt, war ganz trocken, als wir Hyderabad besuchten; aber er ist, wenn die Anschwellung beginnt, ein bedeutender Strom. Die Insel selbst, auf der die Hauptstadt liegt, ist unangebaut gelassen, und es sind mehrere Felsenreihen auf ihr, die den Ackerbau wesentlich verhindern würden.

Der Boden bei Tatta ist fruchtbarer und seine Gärten geben hinreichendes Zeügniß ihrer Fruchtbarkeit. Die Rebe, so wie auch die Feige und Pomeranze, werden mit gutem Erfolge in ihnen gebaut; Apfelbaüme sind in Menge vorhanden, und obgleich die Frucht von Natur klein ist, so nimmt doch ihre Größe mit der Kultur zu. Auf den Feldern sieht man Indigo, Taback, Zuckerrohr mit Weizen, Gerste und allen anderen indischen Getreidearten; aber es ist die eigenthümliche Politik der Beherrscher von Sinde, Alles in einem Naturzustande zu lassen, damit ihr Gebiet nicht die Begierde der umliegenden Staaten erregen möge. Ackerbau und Handel sind auf gleiche Weise unterdrückt.

In Bezug auf den Handel kann man sagen, daß es wenig oder keinen als zu Kuratschi giebt. Der Indus ist, als ob er nicht vorhanden sei, da er nicht benutzt wird, um Waaren nach Hyderabad zu führen. Die Einfuhrartikel werden zu Kuratschi gelandet, und der werthvollste Ausfuhrartikel, das Malwah-Opium, wird aus demselben Hafen verschifft. Die Kaufleüte, welche ihre Reise nach Kandahar und den oberen Provinzen des Indus fortsetzen, verlassen das Gebiet von Sinde mit großer Eile. Die einzige Ermunterung lassen die Haüptlinge dem Opiumhandel angedeihen, von dem sie die unmäßige Abgabe von zweihundert und fünfzig Rupien von jeder Kameel-Ladung erheben; und die Einkünfte von diesem Artikel allein betrugen im letzten Jahre sieben Lak Rupien, eine Summe gleich den Landeinkünften des Hyderabad Amir. Auch ist keine

Hoffnung auf Verbesserung oder Zunahme des Handelsverkehrs auf diesem Strome vorhanden, bis die Beherrscher desselben eine richtigere Ansicht von der Politik haben und einige derselben, aufgeklärter, als ihre Vorgänger, einsehen, daß die Reichthümer und Fähigkeiten eines Landes nur dadurch entwickelt werden können, daß die Industrie und Kunst des Volkes unterstützt wird. Gegenwärtig giebt es keinen Reichthum in Sinde, als den, welchen seine Beherrscher besitzen; und hätte das Volk auch Neigung, die eüropäischen Erzeügnisse zu kaufen, so hat es doch nicht die Mittel dazu. Anders war es am Anfange dieses Jahrhunderts, als die ostindische Kompagnie zu Tatta vermittelst einer Faktorei handelte, und die Beherrscher, nicht in Furcht gesetzt durch ihren Oberherrn in Kabul, sich dem Waaren-Durchgange nach diesem und anderen Ländern nicht widersetzten. Sinde muß jedoch dem Schicksal des übrigen Theiles von Asien folgen; und wenn noch irgend eine Familie der Durani fähig ist, sich der verlornen Krone von Kabul zu bemächtigen, so können wir in ihren abhängigen Provinzen an den Indus-Mündungen eine Veränderung zum Besseren erwarten.

Jetzt giebt es nicht Fahrzeüge genug für irgend einen bedeütenden Handel; zwischen der Hauptstadt und Tatta sind nicht mehr als fünfzig — viele von ihnen sind klein und werden zur Fischerei gebraucht — andere alt und abgenutzt, welche an gewissen Stellen als Fährboote über den Strom setzen. Unterstützung würde dies bald abändern, was, sowol aus militärischem, als kommerziellem Gesichtspunkte betrachtet, ein Fehler ist.

Von Hyderabad nach Sehwun.

Die Stadt Sehwun steht zwei Meilen vom westlichen Ufer des Indus entfernt, und liegt genau einen Grad Lat. nördlich von Hyderabad, indem es von dem Parallel von 26° 22′ durchschnitten wird; die Reise dahin ist gegen den Strom in acht Tagen zu vollenden und die Entfernung beträgt 105 Meilen.

Der Fluß heißt in diesem Theile seines Laufes ‚Lar', was in der Belutsch Sprache Süden bedeütet; er fließt etwa SSO., indem bei Sehwun sich ihm Felsen entgegenstellen, wodurch die Richtung verändert wird. Seine Ufer sind sehr niedrig und das an sie gränzende Land wird, besonders an der Ostseite, haüfig überschwemmt; das Westufer ist stärker, aber nie über acht Fuß hoch. Diese Ausdehnung des Flusses vermindert seine allgemeine Tiefe bis auf achtzehn Fuß; wärend der Anschwellung steigt sie zwölf Fuß höher und die Weite beträgt dann haüfig tausend Yard und darüber. Etwa sechs Meilen oberhalb Hyderabad theilt sich jedoch der Fluß in zwei Arme, deren einer durchwatbar, und der andere nur vierhundert Yards breit ist. Bei Sehwun schließen die Felsenpfeiler des Lukki

Gebirges die Wasser in ein Bett von fünfhundert Yards Breite ein, aber die Tiefe ist nahe vierzig Fuß mit einer reißenden Strömung.

In diesem Theile seines Laufes theilt sich der Fluß nicht in Arme, mit Ausnahme des Fullali, der den Indus zwölf Meilen oberhalb Hyderabad verläßt und östlich von der Stadt vorbeifließt; er ist nur wärend des Anschwellens ein Fluß. Er war bei Hyderabad trocken, als wir uns in dieser Stadt befanden, und da wo er sich vom Indus trennt, nur hundert Yards breit und knietief; doch ist er ein bedeutender Fluß in der nassen Jahreszeit, und befruchtet einen großen Theil von Sinde mit seinem Wasser, das zwischen Hyderabad und Kutsch gleichsam erschöpft wird. Die Karten geben höchst irrige Ansichten vom Indus, denn die zahlreichen Arme, welche auf ihnen den Fluß zu verlassen scheinen, sind bloße Wasserlaüfe wärend der Anschwellung; viele von ihnen sind künstlich zur Bewässerung gegraben. Der Fluß laüft neün Monate lang in einem Bette.

Die Strömung in diesem Theile des Indus übersteigt nie drei Meilen in einer Stunde, außer da, wo er eingeengt ist, dann untergräbt seine reißende Schnelligkeit die Ufer und führt ganze Dörfer mit hinweg. Die Städte Madjieda und Amri, auf dem rechten Ufer, sind beide hinweggerissen, erstere in den letzten zwölf Jahren nicht weniger als acht oder zehn Mal; aber das Volk zieht sich einige hundert Yards zurück und errichtet seine Wohnungen aufs Neue. Hala, an der Ostseite, erfuhr ein gleiches Schicksal: aber das Fahrwasser des Flusses liegt westwärts, wo die Ufer steiler sind; und das linke Flußufer, obgleich aus einem flachen Sandfelde bestehend, wird nur bei dem Anschwellen überschwemmt. Zu dieser Zeit ist es, acht Meilen weit östlich vom Indus, wegen der Menge der zurückbleibenden Kolke unmöglich, zu reisen. Der Indus selbst ist hier ziemlich beständig in seinem Laufe; und obgleich das Land gegen Osten, wie ich bemerkte, dem Ablaufen des Wassers nach dieser Richtung günstig sein würde, so verweilt es doch einige Zeit hindurch an dem Lukki Gebirge.

Über das Land und die Städte, welche zwischen Sehwun und der Hauptstadt liegen, genügen wenige Worte. Außer Sehwun sind keine von einiger Größe: Muttari, sechszehn Meilen von Hyderabad, enthält etwa viertausend Inwohner; und Halla Bagan, Madjuida und Leu, ungefähr tausend jede. Der anderen Orte sind wenige und dünn bevölkert, — drei oder vier haben haüfig einen Namen. Das Land ist daher vernachläßigt und die Flußufer sind an den meisten Stellen mit Tamarisken bedeckt; aber gegen die Hügel hin ist es offen. Baumwolle, Indigo, Weizen, Gerste, Zucker, Taback u. s. w. werden durch Bewässerung in der trocknen Jahreszeit erzeügt; aber die beschränkte Ausdehnung des Anbaues kann man daraus entnehmen, daß auf einer Seite des Indus, zwischen

Hyderabad und Sehwun, auf einer Strecke von hundert Meilen, wo der größte Theil des Bodens fruchtbar und des Anbaues fähig ist, nur hundert und vier und neünzig Brunnen, oder Kanäle aus dem Flusse, sind. An einigen Stellen ist das Land salzhaltig und unfruchtbar. Reiß wird wärend des Anschwellens gewonnen; und doch sind die Lebensmittel hier theürer, als in dem benachbarten und weniger begünstigten Lande Marwar. Das Volk lebt hauptsächlich von Fischen und Milch.

Die Stadt Sehwun allein trägt in diesem Theile von Sinde die Spuren von Reichthum und sie verdankt ihren Wohlstand dem Reliquienkästchen eines Heiligen aus Khorassan, Namens Lal Sah Baz, dessen Grab, ein schönes Gebaüde innerhalb der Stadt, sowol für die Hindus, als die Moslem ein Wallfahrtsort ist: sie hat jedoch nicht eine Bevölkerung von zehntausend Seelen. Sie wird zuweilen, aber selten, Lewistan oder Sehwun, genannt. Es ist ein Ort von hohem Alterthum, und wird an der Nordseite von einem höchst merkwürdigen, jetzt verfallenen Kastell beherrscht. Die Stadt selbst steht auf einer Anhöhe, und es sind unzählige Moskeen und Gräber in der Nähe, die ihren früheren Reichthum beweisen. Sie hat einen gut versehenen Bazaar; aber der Ort ist allmälig in Verfall gerathen, seitdem er aufgehört hat, die Residenz eines Gouverneurs zu sein. Ein Arm des Indus, Arrul genannt, fließt auf seinem Laufe von Larkhanu unmittelbar bei der Stadt vorüber; aber dies wird später beschrieben werden. Vier Jahre früher floß der Indus selbst dicht unter Sehwun vorbei, aber er hat sich ostwärts zurückgezogen und ließ auf allen Seiten der Stadt einen Sumpf zurück.

Das Land um Sehwun ist reich und fruchtbar. Gegen Norden ruht das Auge auf einer grünen, sehr angebauten Ebene. Maulbeeren, Äpfel, Melonen und Gurken wurden uns gebracht; und zum ersten Male sahen wir Getreide. Die Melonen sind geschmacklos, — wie ich vermuthe, von der Fruchtbarkeit des Bodens. Die Gurken wachsen nirgends im Lande, als zu Sehwun. Das Klima wird für schwül und unangenehm gehalten; und wir fanden es wirklich so, denn das Thermometer stieg im April auf 112° F. (35°, 6 R.) und blieb bis neün Uhr Abends auf 100° F. (30°, 2 R.). Die heißen Winde waren auch sehr drückend.

Das Kastell von Sehwun ist ein höchst seltsames Gebaüde; es besteht aus einem sechszig Fuß hohen Erdwalle, der vom Boden an mit einer Mauer aus gebrannten Steinen umgeben ist. Es ist von ovaler Form, zwölfhundert Fuß lang bei einem Durchmesser von hundert und fünfzig Fuß. Das Innere ist ein Haufe Ruinen; und ohne die Überreste eines Gebaüdes zwei Fuß hoch, die ganze Oberfläche ist bestreüt mit zerbrochenen Gefäßen und Mauersteinen. Das Thor liegt auf der Stadtseite und ist gewölbt gewesen; es ist besser erhalten, als irgend ein anderer Theil der Werke. Nach dem Durchschnitte durch die Berge, welchen es bloßlegt, ist das ganze Kastell ein künstlicher Erdwall. Der Fluß Arrul fließt dicht an dem Fuße der Ruine vorüber.

Die Ingebornen konnten mir keine genügende Auskunft über diese Ruine geben, sie schrieben sie dem Zeitalter der Fee Budurul Djumal zu; auf deren Wirken alles Alte oder Unerklärliche in diesem Lande bezogen wird. Ferischta erwähnt jedoch, daß Sehwun im Jahre 1541 von Humeron belagert wurde, und daß der Kaiser, unfähig, es zu erobern, auf seinem Zerstörungszuge durch die Wüste nach Omerkote-Akliers floh. Der General Mirza Khan griff es gleichfalls im Jahre 1591 an; aber Djani, der rebellische Gouverneur von Sinde, hielt sich sieben Monate gegen das Heer des Kaisers, so stark war das Fort von Sehwun in jenen Tagen: seitdem sind seine Mauern entblößt, und es ist zum Verfallen bestimmt. Die Ingebornen brachten viele silberne und kupferne Münzen aus der Regierungszeit des Akber, aber unter dreißig fand ich keine Spur des griechischen Alphabets.

Man muß bekennen, daß eine Ruine von solcher Größe, die unbezweifelt auf dem Wege Alexanders stand, uns völlig berechtigt, sie für eine Beute des Eroberers zu halten. Im Äußeren gleicht sie sehr dem in Hr. Rich's Werke über Babylon beschriebenen Mudjilibe oder (umgestürzten) Thurm, denn sie gewährt einen höchst verworrenen Anblick. Quintus Curtius erzählt, daß Alexander, in dem Lande des Sabus Radjah, die stärkste Stadt durch einen von seinen Minirern angelegten unterirdischen Gang einnahm. Jetzt steht diese Ruine dicht am Rande eines schiffbaren Armes des Indus, und wenn sie durch einen nnterirdischen Gang erobert wurde, so schließen wir, daß er vom Flusse aus gegraben wurde, und daß dies dieselbe Stadt ist, wo ‚die Barbaren, ungeübt in der Minirkunst, bestürzt waren, als ihre Feinde fast mitten in der Stadt erschienen, indem sie auf einem unterirdischen Wege, von dem früher keine Spur zu sehen war, heraufkamen.' Die Lage von Sehwun stimmt überein mit der des Gebietes von Sabus Radjah, und es ist nicht anzunehmen, daß die Beherrscher des Landes in späteren Zeiten einen Platz von solcher Festigkeit, wie Sehwun, vernachläßigen würden, was uns unstreitig darauf führt, daß es noch unter dem mongolischen Kaiser als Festung erhalten wurde. Der Heilige Lal Sah Baz wurde vor fünf und dreißig Generationen oder etwa sechshundert Jahren zu Sehwun begraben, und das Volk bezeichnet allgemein eine weit frühere Periode für das Alter seines Kastells.

Als Zusatz zu den Überresten von Sehwun ist, acht Meilen weiter abwärts und auf derselben Seite des Flusses, bei dem Dorfe Amri, ein Wall. Die Ingebornen glauben, es sei die Stelle einer alten Stadt und der Lieblings-Aufenthalt eines der Beherrscher des Landes gewesen, bei dem ein König einst mit seinem Heere rastete und den Pferdemist von seiner Reiterei in einen Haufen zu sammeln befahl, wodurch der Wall von Amri entstand. Es ist gewiß ein künstlicher Erdhaufen von derselben Art, wie zu Sehwun, aber er ist nicht vierzig Fuß hoch und viel zu beschränkt, um Überrest einer Stadt zu sein. Theile des Dorfes Amri sind von dem Flusse hinweggeschwemmt, der seine Größe vermindert haben mag, oder er ist blos ein Grabhügel. Es sind einige Gräber bei dem Dorfe Amri, aber sie sind nur aus der Zeit von Madad Khan's Einfall am Ende des letzten Jahrhunderts. Amri war früher eine große Stadt.

Die Lukki-Berge, welche westlich vom Indus liegen, streichen südlich von Sehwun bis nahe an Kuratschi, indem sie sich allmälig von dem Flusse entfernen, man erblickt sie von Hyderabad in der Entfernung von zwanzig Meilen. Sie scheinen aus Porphyr zu bestehen, sind sehr vegetationsleer und sehr von Wasserrinnen ausgefurcht und alle kehren ihre konkave Seite gegen den Fluß hin. Sie haben in den höchsten Theilen, die flach und nicht kegelförmig sind, eine Höhe von etwa tausend Fuß. In dieser Kette, etwa fünfzehn Meilen von Madjiedu am Indus, liegt der befestigte Berg Runna, in früheren Zeiten ein fester Platz, aber bis vor Kurzem vernachläßigt. Er soll acht Meilen im Umfange haben und mit Wasser gut versorgt sein, da keins in der Nähe ist. Die Amris haben ihn unlängst mit bedeütenden Kosten wieder hergestellt; aber so wie ich höre, besteht seine Festigkeit hauptsächlich in dem Mangel des Wassers von den bleichen Bergen, welche ihn umgeben. Am Fuße des Gebirges, bei dem Dorfe Lukki, ist eine heiße Quelle, die sich mit einer der kältesten verbindet; und eine Quelle derselben Art findet sich an dem anderen Ende, bei Kuratschi, so daß sie wahrscheinlich in dem zwischenliegenden Theile zusammentreffen. Die Quelle bei Lukki ist ein Wallfahrtsort der Hindu und ihr Wasser wird als ein Mittel gegen Hautkrankheiten betrachtet.

Der Indus von Sehwun bis Bukkur.

Die Insel-Festung Bukkur liegt auf einem Felsen im Indus, zwischen den Städten Rori und Sukur; einen Grad und zwanzig Minuten nördlich von Sehwun, in Lat. 27° 42′ N. und in Long. sechs und fünfzig Meilen östlich von dieser Stadt. Die Entfernung auf dem Flusse beträgt einhundert und sechszig Meilen und wurde von uns in neün Tagen zurückgelegt.

Auf dieser ganzen Strecke fließt der Indus in einem Zickzack-Laufe, nahe SW., bis er durch die Lukki-Berge, unterhalb Sehwun, aufgehalten wird. Das zwischenliegende Land ist durch seine Windungen reichlich bewässert, und wird wegen der Niedrigkeit der

Ufer vom Flusse und seinen Verzweigungen streitig gemacht, und in zahlreiche Inseln mit der üppigsten Weide verwandelt. Bei der geringsten Annäherung der Anschwellung werden beide Ufer überschwemmt.

Etwa fünf und zwanzig Meilen unterhalb Bukkur, sendet der Indus westwärts einen Arm, Nara genannt, aus, der den Fuß des Hala, oder Gebirges von Belutschistan, bespült, und nachdem er mehrere Meilen einen, mit dem Flusse parallelen Lauf verfolgt hat, vereinigt er sich wieder mit ihm bei Sehwun. Seine Wasser sind gestauet und durch Kanäle vertheilt, welche die Segnungen, die die Natur diesem flachen und fruchtbaren Lande verliehen hat, vermehren. Das Ostufer, obgleich weniger begünstigt, als das gegenüberliegende, ist in hohem Grade angebaut und die meisten Städte und Dörfer stehen am Rande von Kanälen, welche gütig die Wasser der periodischen Anschwellung vertheilen, und die Industrie und Ausdauer der Inwohner bezeügen.

Der Fluß fließt hier selten in einem ungetheilten Bette und behält, bei einer Breite von drei Viertel Meilen, an einigen Orten eine Tiefe von fünfzehn Fuß in seinen seichtesten Stellen. Nirgend in seinem Laufe findet sich etwas, das einer Fuhrt ähnlich wäre. Die Abdachung, auf der der Indus zum Meere fließt, muß gering sein, denn er schleicht langsam dahin, weniger als zwei und eine halbe Meile in der Stunde. Von Sehwun aufwärts wird der Indus ‚Sira' genannt, welches Norden bedeütet, zur Unterscheidung von dem südlichen Theile, der ‚Lur' heißt. Mehraun ist ein fremdes Wort, mit dem die Ingebornen nicht bekannt sind.

Die unmittelbare Nachbarschaft von diesem Theile des Indus ist ebensowol von Schönheit als Bewohnern entblößt. Die Uferlandschaft ist mit Tamarisken-Gebüschen überwachsen und die Dörfer sind vorsätzlich in der Entfernung von zwei bis drei Meilen erbaut, und beweisen das haüfige Vorkommen von Überschwemmungen; doch waren hundert Räder am Rande des Flusses thätig. Das Ostufer von Sehwun bis Bukkur ist bei weitem der am besten bevölkerte Theil von Sinde, und die bewohnten Plätze sind zahlreich und gedeihen, und obgleich nicht groß und reich, so haben doch viele fünfhundert Haüser. Dieses Gebiet ist dem Haüptling von Khyrpur unterworfen und durch einen vierzig Fuß breiten Kanal ‚Mirwah' genannt, bereichert, der mit südlichem Laufe, die Wasser des Indus aus der Gegend von Bukkur neünzig Meilen weit leitet, wo sie sich im Sande verlieren oder in den Feldern verbraucht werden. Außer diesem giebt es noch viele andere Kanäle, und da ihre Ufer mit Dörfern und Ackerbau besetzt sind, so bieten sie gleichfalls die Mittel, für den Transport der Produkte des Bodens auf Booten. In der schönen Jahreszeit, wenn sie trocken sind, werden sie die gebahnten Fußwege für das Volk, und sind vortreffliche Fahrwege, dem gewöhnlichen Fußwege immer vorzuziehen, der, wegen der Üppigkeit der Vegetation in diesem fruchtbaren Lande, meist durch Gebüsch versperrt ist.

Das westliche, vom Nara durchschnittene Indus-Ufer, Tschandkoh genannt, nach einem Belutschen-Stamme dieses Namens, liefert den größten Theil der Landes-Einkünfte des Amirs von Hyderabad. Dieser Arm, welcher den Indus unterhalb Bukkur in der Lat. von Larkhanu, verläßt, bildet auf seinem Wege zu dem Hauptstrom einen, fischreichen See, Muntschar genannt. Weiter abwärts verändert er, ehe er in den Indus fällt, den Namen Nara in Arrul. Er ist ein schmaler Fluß, etwa hundert Yards breit und nur wärend der Überschwemmung schiffbar. Zahlreiche Gräben, deren vorzüglichster der Larkhanu-Kanal ist, verbreiten die Kultur jenseit seiner Ufer; und zur Vermehrung der Anschwellung des Indus wird dieses Pergunna durch Bäche von den hohen Bergen im Westen bewässert. Der See Muntschar ist in der trocknen Jahreszeit von Weizenfeldern umgeben, da seine Wasser theilweise sinken und einen fruchtbaren, der Sonne ausgesetzten Schlamm zurücklassen.

Die Festung Bukkur ist, auf einem niedrigen Granit-Felsen, vierhundert Yards vom linken Ufer des Indus und etwa dreihundert und fünfzig von seiner Westseite, aus Mauersteinen erbaut. Ihre Mauern sind mit Schießscharten versehen, werden durch Thürme flankirt und senken sich gegen den Wasserrand; sie sind nicht über zwanzig Fuß hoch. An jeder Seite der Befestigung, Rori und Sukur gegenüber, ist ein Thor und ebenso zwei Pförtchen. Das Innere der Werke ist gedrängt voll von Haüsern und Moskeen, deren mehrere, so wie Theile des Felsens selbst, über der Mauer erscheinen. In der Gestalt nähert es sich einem Oval, das etwa achthundert Yards lang und dreihundert breit ist. An einigen Stellen ist der Felsen ausgehauen, dennoch hat Bukkur keine Festigkeit in seinen Werken, und ist nur durch seine Lage furchtbar. Die Garnison besteht aus hundert Mann des Khyrpur Amir, mit fünfzehn Geschützen, von denen wenige brauchbar sind. Auf beiden Seiten der Insel wurden vier Faden Tiefe gefunden, aber der östliche Kanal wird in der trocknen Jahreszeit seichter und soll einmal durchwatet worden sein. Die Indus-Schiffahrt bei Bukkur ist gefahrvoll wegen der Wirbel, welche bei der Festung selbst und bei mehrern anderen kleinen felsigen Inseln, unterhalb derselben gebildet werden; aber die Fährleüte werden für die erfahrensten in Sinde gehalten, und da ein Boot niemals ohne einen Piloten auf- oder abwärts zu gehen wagt, so ereignen sich nur wenig Unglücksfälle.

Die Stadt Rori, Bukkur gegenüber, steht dicht am Ufer des Indus, auf einem vierzig Fuß hohen Absturz, über den die Haüser emporragen. Die Bewohner von einigen derselben können sogar aus ihren Fenstern Wasser heraufziehen; aber ein in Felsen gehauener Weg bis an den Rand des Flusses hinab, an einer Stelle, wo er sich nicht dem Absturze nähert, versorgt die Bürger von Rori mit diesem Bedürfnisse des Lebens, ohne ihr Leben zu wagen. Dies ist der Einschiffungsplatz für die, welche nach Bukkur reisen, aber eine Landung würde schwierig und gefahrvoll sein, wenn der Fluß hoch ist. Die Stadt Rori hat etwa achttausend Inwohner, meistens Hindus. Ostwärts von ihr zeigen einige abgesonderte Granit-Hügel ein höchst bleiches und dürres Ansehen, vermehren aber die Festigkeit des Landes; jenseits ihrer Gränze erstreckt sich ein Wald von Dattelbaümen drei bis vier Meilen südwärts von der Stadt, und beschattet zahlreiche Obst- und andere Gärten.

Sukur, welches Rori gegenüber liegt, hat etwa die halbe Größe dieser Stadt; beide waren in früheren Jahren bedeütende Städte, und die Ruinen von Minarets und Moskeen sind noch übrig. Das Ufer des Flusses bei Sukur ist nicht steil, und die Stadt entfernt sich von ihm, statt, wie Rori, sich längs der Ufer auszudehnen. Diese beiden Städte verdanken ohne Zweifel ihre Lage Bukkur, welches in unruhigen Zeiten den Muth und die Hoffnungen der Inwohner vermehrt.

Rori, Bukkur und Sukur erheben sich auf den Ruinen von Alore, die man jetzt noch auf einer Felsenreihe, vier Meilen gegen SSO. entfernt, sehen kann. Diese Stadt war die Hauptstadt von Sinde, und wurde von dem Dilora Stamme, Dhur bin Tschutsch genannt, beherrscht, als Mahomed Kassim, im drei und siebenzigsten Jahre der Hedjira (692 n. Chr.) Indien angriff, um Ornamente für das Serail des Kalifen aufzusuchen. Der Beherrscher von Alore wurde von dem Angreifenden geschlagen und sein Königreich, das sich von Kaschmir bis an den Ocean erstreckt haben soll, fiel vor den muhammedischen Waffen. Die Tschagtyn Kaiser unterhielten eine Zeit lang die Festung Alore, wegen ihrer berühmten Festigkeit, aber jetzt ist sie in ein kleines Dorf mit einigen verfallenen Gräbern verwandelt. Eine niedrige Brücke von drei Bogen, aus Mauerwerk und Steinen erbaut, das ‚Wunder von Alore' genannt, ist allein übrig von aller ihrer Größe. Sie führt über ein Thal, das in früheren Jahren das Bett eines Armes des Indus bildete, von wo seine Wasser die Wüsten befruchteten und bei Omerkote und Lukput das Meer erreichten. Bei jeder großen Überschwemmung findet das Wasser noch einen Ausgang durch diesen Kanal, der von den Inwohnern Nora genannt wird.

Die einzigen neüeren Städte von Bedeütung, welche Erwähnung verdienen, sind Khyrpore und Larkhanu, fast unter demselben Parallel und beide ungefähr vierzehn Meilen vom Indus entfernt und durch Kanäle, welche aus seinem Bette abgeleitet sind, bewässert. Khyrpur ist eine neue Stadt, erbaut von dem Talpur-Häuptling Sohrab, der sich, nach der Vernichtung der Coloras, des nördlichen Theiles von Sinde bemächtigte. Es hat eine Bevölkerung von etwa fünftausend Seelen, ist aber blos eine Sammlung von Lehmhütten, die in engen Gassen zusammengehaüft sind. Es ist ohne Festung und Schutz, wenn nicht eine, ungefähr einen Fuß dicke Lehmmauer, welche die Haüser des Amir und seiner Familie umgiebt, dafür gehalten werden kann. Das Land in der Nähe ist eben und buschig und ein niedriger Damm ist um die Stadt gezogen, um die Überschwemmungen des Indus abzuhalten. Larkhanu, welches auf dem westlichen Ufer steht, ist die Hauptstadt des Pergunna Tschandkoh; es hat nur zehntausend Bewohner und ist das Hauptquartier und der Versammlungsort der Amirs von Sinde an ihrer Nordwest-Gränze. Es hat eine kleine Lehmfestung; und ein untauglicher Artilleriezug, etwa zwanzig an der Zahl, verscheücht die Widerspenstigen in den benachbarten Bergen und erhält den Frieden von Sinde. Es wird von einem Nuwab, der unmittelbar nächste im Range nach den Beherrschern des Landes, regiert.

Die Erzeügnisse von Sinde sind sich in verschiedenen Theilen des Landes sehr ähnlich, und dieselben Getreidearten wachsen hier wie bei Sehwun. Eine Staude, sehr ähnlich dem Goldlack, ‚Syar' genannt, deren Saft für eine schätzbare Arznei bei Kinderkrankheiten gehalten wird, wächst in dieser Gegend. Die Weizenfelder sind immer, wie das Reißland, mit einem niedrigen Damme umgeben — Tabak wächst sehr üppig bei Rori. Der größte Mangel in Sinde ist Gras, welches von den Tamarisken erstickt wird; die Bewohner zünden oft diese Gebüsche an und erhalten auf diese Weise eine reiche Ärnte. Es giebt nur wenig Baüme in Sinde. Selbst der Baboul erreicht keine bedeütende Größe; den Nim und die Fichten, so haüfig in Indien, sieht man selten und der Banianenbaum ist ein Fremdling. Die Straücher Thurr, Kedjra, Khair, Bair, Akra (Schwalbenwurz) und Tamarisken wachsen überall. Ich habe des Dattel-Haines von Rori erwähnt, und es ist eine Volkssage, daß dieser Baum durch Mahomed Kassim ins Land gebracht wurde; er führte Datteln aus Arabien als Proviant für sein Heer mit sich, und aus deren Samen entstanden die, in diesem Theile von Sinde so haüfig vorkommenden Dattelbaüme. Durch die Einführung eines so nährenden Nahrungsmittels, hat der Muhammeder einigermaßen die Übel und Geißel seines Überfalls ausgeglichen.

Der Indus von Bukkur bis zu seiner Vereinigung mit den Pundjab-Flüssen.

Die Wasser des Pundjab, in einen Strom vereinigt, fallen bei Mittun, in Lat. 28° 55′ N. in den Indus. Von diesem

Punkte bis Bukkur verfolgt der Fluß einen südwestlichen Lauf und ist ziemlich grade in seinem Bette, aber oft durch Sandbänke getheilt. Verschiedene schmale, gewundene Arme trennen sich hier von dem Hauptstrome und da sie eine Tiefe von acht bis fünfzehn Fuß behalten, so werden sie von den Booten, welche den Indus hinaufgehen, befahren und selbst dem großen Flusse vorgezogen. Sie erstrecken sich fast durch den ganzen jezt zu beschreibenden Raum.

Der Indus ist in manchen Theilen seines Laufes oberhalb Bukkur weit ausgebreitet. Er übersteigt oft die Breite von tausend Yards und bei Mittun wurde er sogar doppelt so breit gefunden. Die Tiefe war nicht verhältnißmäßig vermindert, und betrug an einigen Stellen über sechs Faden, wärend überall vier Faden, obgleich zu einer Zeit, wo die Wasser am niedrigsten sind, gefunden wurden. Die Strömung war nicht schneller, als an den schon beschriebenen Stellen; und der eben erwähnte Schlangenlauf beweist die große Flachheit dieses Landstrichs.

Von Bukkur an wird der Indus durch eine Art Boote, die von den schon beschriebenen ‚Dundi' verschieden sind, befahren. Sie werden ‚Zohruy' genannt und sind von länglich viereckiger Gestalt, vorn und hinten abgerundet, aus dem Talibaum gebaut, und, statt der Nägel, mit Eisenstücken eingefaßt, eine Arbeit, die mit großer Sauberkeit ausgeführt wird. Das ‚Zohruy' hat auch einen flachen Boden und nur einen Mast; einige derselben sind über achtzig Fuß lang und zwanzig Fuß breit. Sie durchschneiden das Wasser schneller, als die Dundi und eignen sich, da sie vorn so geraümig sind, wie hinten, trefflich zum Transport von Truppen, sowol Reiterei, als Fußvolk. Sie sind nicht zahlreich, doch begegneten wir, auf unserer Reise nach Mittun, fünf und neünzig derselben. Ich kann, nach der Beschreibung der Boote, welche Alexander zum Transportiren seiner Reiterei gebrauchte, keine anderen, als diese Zohruys darunter verstehen; denn Arrian beschreibt sie als von runder Form und sagt, daß sie keinen Schaden litten, als die langen Fahrzeüge, bei der Vereinigung des Hydaspes und Acesines, scheiterten. Ihre eigenthümliche Bauart verdanken sie unstreitig den Stromschnellen, die sie durchschneiden müssen. Wir machten in diesen Booten die Reise von Bukkur nach Mittun, eine Entfernung von 170 Meilen auf dem Flusse, in neün Tagen.

Das Land, welches dieser Theil des Indus durchzieht, ist von der fruchtbarsten Art, vorzüglich auf dem Ostufer, wo es durch unzählige Kanäle bewässert wird, die meist an solchen Stellen des Flusses, wo er von Ost nach West fließt, gegraben sind, damit das Wasser südwärts in das Innere geführt werde. Auf dem rechten Ufer, etwa sechs und zwanzig Meilen oberhalb Bukkur, führt ein großer, schiffbarer Kanal, ‚Sinde' genannt, das Werk des Kaisers, eine große Wassermasse nach Schikarpur und Nouschera, und vereinigt sich mit dem von Larkhann. Jenseit desselben ist auf dieser Seite des Flusses der Anbau beschränkt, da die Distrikte Burdgah Ken und Murzarka, die aufeinander folgen, von wandernden und nicht seßhaften Belutschen Stämmen, die ein Hirten- und Räuberleben führen, bewohnt werden. Das Gebiet auf beiden Seiten gehört hauptsächlich zu Sinde, denn die Gränzlinie erstreckt sich auf dem rechten Ufer bis fünfzehn Meilen von Mittun und gränzt an das Gebiet des Seik; und auf dem linken Ufer endigt es weiter abwärts in Lat. 28° 33′ N., fünf und zwanzig Meilen oberhalb Subzul. Es ist jedoch auf dem linken Ufer ein Streifen Landes, der einen Theil von dem Gebiete des Daudputra-Haúptlings Bhawul Khan bildet; und der Distrikt unmittelbar unterhalb des Gebietes dieses Haúptlings in Sinde heißt Ubaro und wird von Duhrs und Muhrs, welche die Urbewohner des Landes und unter dem Namen Sindis bekannt sind, bewohnt.

Die Stadt Schikarpur, welche zwei und zwanzig Meilen von Bukkur, am Indus liegt, ist bei weitem die größte Stadt in diesem Landstrich, ja in Sinde, denn sie übertrifft die Hauptstadt Hyderabad an Größe. Das Land ist ringsum sehr fruchtbar, aber bei dem Wechsel der Herren, von den Afghanen bis zu den Sindern, hat sein Ertrag sich bis auf ein halbes Lak Rupien jährlich vermindert. Sie treibt jedoch noch einen ausgedehnten Binnen-Handel, die Mehrzahl ihrer Kaufleúte und Inwohner sind Hindus und sie hat Agenten in den umliegenden Ländern. Schikarpur ist mit einer Lehmmauer umgeben und der Gouverneur des Ortes bekleidet einen höchst wichtigen Posten und damit den Titel Nuwab. Die Stadt und der Distrikt fielen vor ungefähr acht Jahren in die Hände der Sinder und es ist der einzige unsichre Theil ihres Landes, indem die Afghanen-Familie, der er früher gehörte, haúfig Versuche zu seiner Wiedererlangung macht. Die Gränzstadt Subzul am linken Indusufer und zwölf Meilen landeinwärts, hat etwa ein Fünftheil der Größe von Schikarpur; sie hat eine Bevölkerung von fünftausend Seelen und ist auch von einer Lehmmauer umgeben. Andere Plätze von Bedeútung giebt es nicht. Mittun, oder wie es zuweilen genannt wird, Mittun Kote, hat nicht fünfzehn hundert Inwohner und seine Festung ist geschleift. Es ist etwa eine Meile vom Indus entfernt und muß nahe der Stätte einer der Städte Alexanders stehen, da er in dieser Gegend, um die Lage zu benutzen, eine Stadt erbauen ließ.

Man bemerkt sowol in diesem Theile des Indus-Laufes, als auch anderswo, daß in der unmittelbaren Nähe des Stromes keine Städte oder Ortschaften von irgend einer Bedeútung gelegen sind; was von der jährlichen Anschwellung herrührt, die, innerhalb ihrer Erstreckung, den Anbau und die Gewinnung einer Ärnte unmöglich macht. Dies rührt von der Versplitterung des Wassers her, das durch Kanäle landeinwärts geführt wird; weshalb die unmittelbare Nachbarschaft von Subzul Kote verlassen wurde, indem die große Wassermenge sich selbst von dieser Richtung einen Kanal, den Nulla bei Alore, abwärts bahnte. Der Indus ist in seinem Steigen in verschiedenen Jahren sehr veränderlich, und seit den zwei letzten Jahreszeiten hat er seine gewöhnliche Höhe nicht erreicht.

Das Volk, welches an diesem Theil des Indus wohnt, lebt auch wärend des Anschwellens in Haüsern, die acht bis zehn Fuß über den Boden erhöht sind, um die Feüchtigkeit und die durch sie erzeügten Insekten zu vermeiden. Ihre Bungalow's sind sehr klein und zierlich gebaut; sie sehen kleinen Hütten ähnlich und sind vermittelst einer Leiter zugänglich. Sie werden hauptsächlich von den Hirten bewohnt, die mit ihren Heerden so lange an den Ufern des Indus verweilen, als der Fluß es gestattet. Herodot erzählt, daß die Ägypter wärend des Steigens des Nils in kleinen Thürmen schliefen und seine Beschreibung kann auf die Ufer des Indus angewendet werden.

Das Hornvieh ist in diesem Theile des Indus außerordentlich zahlreich. Büffel sind so reichlich, daß sie nur ein Viertel des Werthes haben, wie die den Fluß weiter abwärts, und die besten kann man für zehn Realen das Stück kaufen. Hirsche, Schweine und Rebhühner sind an den Ufern des Indus in Menge vorhanden und die Wasservögel sind um Bukkur selbst in der trockenen Jahreszeit (Mai) haüfig.

Ich habe die westlich vom Indus liegenden Distrikte und die raüberischen Sitten ihrer Bewohner angeführt. Die Burdis haben die Ebene nördlich von Schikarpur bis an die Gränzen des Brahui-Landes oder Kutsch Gundava, in Besitz. Sie sind Ausgewanderte aus Kedj und Mukran und von der Belutschen-Familie Rind. Sie sind ein sanfter und schöner Menschenschlag, ähnlicher den Afghanen, als den Belutschen; sie tragen nicht die Kleidung von Sinde, sondern wickeln ein Tuch in Falten lose um ihre Stirn und lassen ihr Haar in langen Locken frei herabhangen, was ihnen ein wildes Ansehen giebt. Sie haben den Namen Burdi, nach der Sitte der Belutschen, von einem berühmten Mitgliede ihres Stammes angenommen, denn die verschiedenen Stämme sind nichts weiter, als die Nachkommen berühmter Personen. Der Hauptort der Burdis ist Duri, aber sie haben keine große Stadt. Der ganze ‚Ulus' oder Stamm wird auf zehntausend streitbare Männer geschätzt und bis ihre Haüptlinge in den Dienst des Amir aufgenommen waren, trieben sie beständig Raübereien; kleine Diebstähle werden noch begangen. Ihre Sprache ist ein verderbtes Persisch.

Die übrigen Stämme, die Djuttuis, Muzaris, Bugtis und Kulphurs, nebst mehreren anderen, unterscheiden sich nur dem Namen nach von den Burdis. Die Djuttuis finden sich in Burdgah.

Die Muzaris, deren Hauptstadt Nozau ist, erstrecken sich bis Dera Ghazi Khan, aber ihre Macht ist jetzt gebrochen, obgleich sie Heere von Kabul beraubten. Die Kulphurs und Bugtis haben die Djendari Berge, welche in der Lat. von Mittun beginnen und dem Indus parallel laufen, im Besitz.

In einem Lande, wo die Namen der Stämme beständig solchen Veränderungen unterworfen sind, ist es nicht wahrscheinlich, daß unsere Forschungen nach den, uns von den griechischen Geschichtschreibern hinterlassenen Namen, großen Erfolg haben werden. Es scheint mir indeß aus dem, was Arrian über Alexanders Zug unterhalb des Pundjab, sagt, daß wir in Bukkur oder in der benachbarten Stadt Alore das fruchtbare und volkreiche Königreich des Musikanus haben, denn es muß hier gewesen sein, wo die Griechen ein Fort zu bauen befahlen, da der Ort gut geeignet war, um die ‚benachbarten Völker‘ im Zaume zu halten. Ayin Akbari berichtet uns, daß Bukkur das alte Munsura sei, aber wir müssen uns erinnern, daß wir nicht den Namen des Distrikts, sondern des Königs haben, und die Macht und Ausdehnung seiner Herrschaft im zweiten und siebenten Jahrhundert (wie im Periplus und Schah Nameh erzählt wird) sind gut übereinstimmende Beweise seines früheren Wohlstandes und Einflusses. Muhammed bin Kassim unterjochte hier auch, tausend Jahre nach Alexander, die von den Macedoniern abgefallenen Brahminen. In Larkhanu haben wir das Land des Oxiganus, das so gepriesen wurde wegen seiner Fruchtbarkeit; und in Sehwun, Sindomana. Ich halte Larkhanu für gut bezeichnet, denn Alexander sandte die ausgedienten Veteranen seines Heeres durch das Land des Artschote und Draudji nach Carmania (Kerman); mit anderen Worten: er bediente sich des Passes von Bolan oder Kelat; die Landstraße nach beiden sondert sich ab bei Larkhanu. Das Lukki-Gebirge bestimmt das Gebiet des Sambus, Beherrschers der indischen Gebirger. Sindomana kann nicht auf Unter-Sinde bezogen werden, denn es wird immer als Pattala und sein Haüptling als Fürst der Pattalaas beschrieben; und Sinde hat, bis auf den heútigen Tag, nur Beziehung auf die Urbewohner dieses Landes und unterscheidet sie von den Belutschen und anderen Eindringlingen, obgleich sie schon lange die Religion und das Ansehen der Brahminen mit dem muhammedischen Glauben vertauscht haben. Die heútigen Bewohner der Indusufer, vom Meere bis zum Pundjab, haben keine Nachricht oder Überlieferung von dem Vordringen der Griechen; sondern sie sind unwissend und fanatisch, und ich konnte mir, nach fleißigem Forschen, nicht eine Münze oder ein Überbleibsel verschaffen, die mich bei der Untersuchung unterstützen konnten.

Ehe ich endlich den Indus verlasse und ich eben von Gegenständen des Alterthums spreche, sei es mir erlaubt, noch die Volksmeinung über den Einfluß des Stromes auf das Klima zu erwähnen. Sie glauben, daß er, wärend er niedrig ist, einen Wind errege, den aber die Schnelligkeit der Überschwemmung völlig aufhebt. Herodot sagt, daß der Nil das einzige ihm bekannte Wasser sei, das keinen Wind verursache; und er ist, vielleicht mit Recht, wegen dieser Bemerkung verlacht worden; aber es ist seltsam, daß die Ingebornen dieses Landes, ähnliche Meinungen hegen sollten. Ich glaube gewiß, daß fließendes Wasser die Ufer, an denen es vorüberfließt, abkühlt, und Sinde soll heißer werden, so wie man sich vom Indus entfernt. Ein Nordwind soll auch die Anschwellung beschleunigen; und gewiß würde er diese Wirkung haben; aber ein solcher Wind ist selten in der Regenzeit.

Der Indus von Mittun bis Attock.

Wärend unseres Vordringens auf dem Tschenab oder Akesines bis Multan, stellte ich verschiedene Nachforschungen an und sandte mehrere Leûte aus, um genaue Erkundigungen über den Indus oberhalb Mittun einzuziehen. Die Gesandschaft nach Kabul, im Jahre 1809 kam bei Aodu da Kote, etwa hundert Meilen nördlich von dem fraglichen Punkte, an diesen Fluß, und ich war bemüht, meine eigene Aufnahmen mit diesem Orte zu verbinden, und so unsere Kenntniß des Indus vom Meere bis Attock zu vollenden.

Der Strom fließt in diesem Theile seines Laufes fast von Norden nach Süden, und ist frei von Gefahren und Schwierigkeiten für die Schiffahrt. Er ist hier allgemein bekannt unter dem Namen Sinde oder Attock, und durchfließt ein Land fast wie das von mir bei Mittun beschriebene, indem er, wegen der Niedrigkeit seiner Ufer, oft weit ausgebreitet ist. Seine Breite wird nachher bedeûtend vermindert, denn bei Kakuri, wo Hr. Elphinstone ihn überschritt, gaben die Lothungen nicht mehr als zwölf Fuß bei einer Breite von tausend Yards; wärend der Indus, nach Aufnahme der Pundjab-Flüsse, mit einer genau doppelten Breite und Tiefe bei Mittun vorüber rollt.

Auf dem rechten Ufer, nahe bei diesem Punkte, nimmt die Provinz Dera Ghazi Khan das Land bis an das Gebirge ein. Sie ist ein fruchtbares Gebiet, und die Hauptstadt, welche ihren Namen trägt, ist eine der größten Städte am Indus. Sie ist von Gärten und Dattelhainen umgeben und liegt in einem sehr fruchtbaren Lande. Lange Zeit wurde sie unter die Eroberungen der Seiks gezählt, die sie bis vor Kurzem, gegen einen jährlichen Zins von neûn Lak Rupien, dem Khan von Bhawulpur verpachtet hatten; da aber der Distrikt ursprünglich nur vier Lak einbringt, so wurde jede Art von Erpressungen angewendet, und dies führte zu ihrer Zurücknahme. Da dieser Landstrich von den Besitzungen

Rundjit Singh's entfernt liegt, so ist er besorgt, ihn, ohne die Dienste seiner Truppen in Anspruch zu nehmen, nicht zu behaupten; und daher hat er Dadjil und einen Theil des Gebietes den Brahuis, seinen früheren Besitzern, unter der Bedingung des Militair-Dienstes, zurückgegeben.

Die Erzeugnisse von Damaun und der Länder im Westen des Indus werden zuweilen durch Dera Ghazi Khan gebracht und nach Utsch hinübergesetzt; aber die besuchtere Straße liegt höher hinauf und führt über die Fähre bei Kaheri, nach Multan. Der Fluß wird nicht zum Transport in irgend einem Theile des Handels gebraucht, denn die Miethe für Boote ist unmäßig und die Waaren werden ausschließlich auf Kameelen oder Büffeln fortgeschafft. Krapp (Mundjit genannt) ist an diesem Theile des Indus ein Ausfuhrartikel, und wird zur Färbung der Erzeugnisse von Bhawalpur angewendet.

Es ist bemerkenswerth, daß die verschiedenen Expeditionen, aus den oberen Provinzen des Indus in die weiter abwärts gelegenen Länder, die Flüsse des Pundjab, so weit sie gingen, dem Indus selbst vorgezogen haben; aber wir können daraus nicht schließen, daß der größere Fluß gegen die Schiffahrt geschlossen ist. Die Eroberungen Alexanders führten ihn über die Nachbarschaft des Indus hinaus; und was die Kaiser betrifft, so war ihre Residenz lange Zeit hindurch zu Lahore und mehrere ihrer Flotten gegen das untere Sinde, wurden zu Multan ausgerüstet, die immer eine Stadt von großer Wichtigkeit im Reiche gewesen ist und an einem Flusse lag, der für die inheimischen Boote so zugänglich war, wie der Indus selbst.

Der Indus wurde bei Attock überschritten und eine Nachricht davon und von der Festung findet sich in dem Werke des Herrn Elphinstone; aber die Mittel, deren sich der Maha-Radja von Lahore in den letzten Jahren bediente, um sein Heer auf das rechte Flußufer überzusetzen, und die ich von seinen Officieren erfuhr, verdienen Erwähnung. Rundjit Singh hält zu Attock eine Flotte von sieben und dreißig Booten zur Bildung einer Brücke über den Fluß, der nur zweihundert und sechszig Yards breit ist. Die Boote ankerten in dem Strome in kurzen Abständen von einander; und die Verbindung wurde durch Planken, die mit Lehm bedeckt waren, vollendet. Unmittelbar unterhalb der Festung Attock waren nur vier und zwanzig Boote erforderlich; aber an anderen Stellen in der Nachbarschaft wurden sieben und dreißig gebraucht. Solch' eine Brücke kann nur vom November bis April über den Indus geschlagen werden, weil die Schnelligkeit der Strömung in dieser Jahreszeit vergleichungsweise vermindert ist, und selbst dann scheint die Art, die Boote zu befestigen, unglaublich. Gerippe von Strickwerken aus Holzfasern geflochten, mit Steinen bis zum Gewichte von zweihundert und fünfzig Maunds angefüllt und fest mit Tauen zusammengebunden, werden von jedem Boote vier bis sechs an der Zahl hinabgelassen, obgleich die Tiefe dreißig Faden übersteigt, und diese werden beständig, um Unfälle zu verhüten, durch andere verstärkt. Eine solche Brücke ist schon in drei Tagen vollendet worden, aber sechs Tage ist die gewöhnliche Zeit; und wir erstaunen über die wunderbare Übereinstimmung dieser Bauart einer Brücke und der von Arrian im 5ten Buch, Cap. 7 beschriebenen, als Alexander über den Indus ging. Er erwähnt dort seines Glaubens in Bezug auf Alexanders Brücke bei Attock, und ausgenommen, daß die Gerippe von Flechtwerk als ‚ungeheüre geflochtene Körbe' beschrieben werden, ist die alte und neüe Art, den Fluß zu überschreiten, die nämliche.

Der Tschenab, oder Acesines, verbunden mit dem Sutledje.

Der Acesines der Griechen, oder der heütige Tschenab, fällt bei Mittun in den Indus, nachdem er vorher die Wasser des Pundjab gesammelt hat. Die Vereinigung geschieht ohne Geraüsch oder Heftigkeit, denn die Ufer sind zu beiden Seiten niedrig und der Fluß ist ausgebreitet; ein Wirbel, der das Wasser bis unter seinen gewöhnlichen Stand erniedrigt, stößt auf die Ostseite, aber er verursacht keine Gefahr. Der Eüphrat und Tigris fließen nach ihrer Vereinigung unter dem Namen ‚Fluß der Araber' in den Ocean, und die Benennung Pundjund oder ‚die fünf Ströme' ist diesem Theile des Acesines gegeben worden, aber diese Bezeichnung ist dem, jetzt an seinen Ufern lebenden Volke unbekannt, und, wie ich glaube, aus geographischer Bequemlichkeit angenommen. Die Ingebornen geben ihm fortwärend den Namen Tschenab, denn er ist der größte der fünf Ströme, und Arrian, der ihn Acesines nennt, bestätigt dieselbe Thatsache — ‚daß er seinen Namen behält, bis er zuletzt, nachdem er drei andere Ströme aufgenommen, in den Indus fällt.'

Unter dem Parallel von Lat. 29° 20' N. und fünf Meilen oberhalb Utsch nimmt der Tschenab den Garra, oder den vereinigten Strom des Bias und Sutledj (oder Hesidrus, Zadadrus und Hypasis des Alterthums) auf. Die Vereinigung geschieht auch ohne Heftigkeit, und die niedrigen Ufer beider Ströme führen zu einer beständigen Veränderung des Vereinigungs-Punktes, der nur vor einem Jahre zwei Meilen höher hinauf war. Dieser Umstand macht es schwierig, über die relative Größe dieser Ströme bei ihrer Vereinigung zu entscheiden; beide sind etwa fünfhundert Yards breit, aber der Tschenab ist reißender. Unmittelbar nuter dem Zusammenflusse ist der vereinigte Strom über achthundert Yards breit, aber obgleich er, auf seinem Laufe zum Indus, sich zuweilen zu einer noch größeren Breite ausdehnt, so erweiterte sich der Tschenab doch selten über sechshundert Yards. In diesem Theile seines Laufes ist er gleichfalls dem Wechsel unterworfen. Die Tiefe ist größer bei seinem Zusammenflusse mit dem Indus, über zwanzig Fuß; aber sie vermindert sich, stromabwärts bis auf etwa fünfzehn Fuß. Die Strömung ist schneller, als die des Indus, und beträgt etwa drei und eine halbe Meile in der Stunde. Der Tschenab ist voll von Sandbänken, aber sie unterbrechen nicht seine Beschiffung durch, Zohruys,' oder flachgebaute Boote, von denen vierzig zwischen Utsch und Mittun, eine Entfernung von vierzig Meilen und eine zweitägige Reise, vorhanden sind.

Die Ufer des Tschenab erheben sich selten drei Fuß über den Wasserrand und sie sind offener und freier von den dichten Tamarisken, als die des Indus. An dem Flusse ist grünes Rohr, nicht unähnlich dem Zuckerrohr, und ein Strauch ,Wahun' genannt, mit Blättern gleich denen der Buche. Das Land ist auch sehr angebaut und von verschiedenen Kanälen durchschnitten. Der Boden ist schlammig und sehr fruchtbar, — die Ärnten sind reich, — das Vieh ist groß und reichlich vorhanden, — die Dörfer sind außerordentlich zahlreich und von hohen Bäumen beschattet; einige von diesen sind die temporären Wohnungen von Hirtenstämmen, die von einem Orte zum anderen ziehen; aber es sind viele von bleibender Art an beiden Ufern; ihre Sicherheit ist auf keine Weise durch die Überschwemmungen des Flusses oder die des Indus gefährdet, denn die Ausdehnung des Wassers nach dieser Richtung ist übertrieben worden und erstreckt sich selten zwei Meilen von den Ufern eines jeden Flusses.

Es ist eine Eigenthümlichkeit in der Färbung des Wassers des Indus und Acesines, — ersterer ist, wie ich vorhin erwähnte, mit Schlamm beladen und von einer Lehmfarbe; der Tschenab dagegen ist von röthlicher Farbe, und nach der Vereinigung mit dem Sutledj, dessen Wasser gelb und ähnlich dem großen Strome sind, ist der Kontrast sehr merkwürdig. Auf eine ziemliche Strecke hält sich der eine Fluß an dem rechten, der andere an dem linken Ufer, wärend die Scheidungslinie zwischen beiden höchst bestimmt ist. Der Boden, welchen diese Ströme durchfließen, wird ihre Wasser färben, und scheint hinreichend über ihre Verschiedenheit Auskunft zu geben, — wenigstens kann ich keine andere wahrscheinliche Ursache angeben. Die Eigenthümlichkeit ist den Ingebornen sehr wol bekannt, die immer von dem ,rothen Wasser' des Acesines sprechen, aber keiner von den alten Schriftstellern hat diesen Umstand erwähnt.

Der einzige Ort von Bedeutung am Tschenab, unterhalb seiner Vereinigung mit dem Garra, ist Utsch. Es liegt drei Meilen westlich vom Flusse, in einer fruchtbaren Ebene, beschattet von zahlreichen Baumen und mit einer Bevölkerung von zwanzigtausend Seelen. Es verdankt ohne Zweifel seine Lage der Verbindung zweier schiffbaren Flüsse in der Nähe. Utsch besteht aus zwei gesonderten Städten, die einige hundert Yards von einander entfernt sind; jede war mit einer Mauer von gebrannten Ziegeln, die jetzt verfallen ist, umgeben. Die Straßen sind eng und, zum Schutz gegen die Sonne, mit Matten überdeckt; die Bevölkerung, obgleich zahlreich, ist sehr arm.

Das Land um Utsch ist reichlich angebaut, besonders wächst die Tabacksflanze höchst üppig, und zur Zeit der Überschwemmung ist der Landstrich eine Fläche von grünen Feldern und Rasen. Die Erzeügnisse der Gärten sind verschieden, — die Feige, die Weinrebe, der Apfel und die Maulbeere, mit dem ‚Falsa', der eine kleine Beere giebt, und dem Bedi Misk. Rosen, Balsaminen und Maiblumen erregen eine angenehme Erinnerung an die Heimath, auch sind hier mehrere, Indien fremde Pflanzen. Eine Sinnpflanze, ‚Schurmu' oder die Sittsame genannt, überraschte mich besonders; wenn man ihre Blätter berührt, so schließen sie sich und fallen auf den Stiel hinab, als wären sie gebrochen. Der Mango erreicht in diesem Boden oder Klima nicht seine Vollkommenheit und scheint sich, so wie wir nach Norden vordringen, zu verschlechtern. Indigo wird mit Erfolg angebaut. Weizen und andere Getreidearten werden dem Reiß, der hier nicht, wie in Sinde und den unteren Indus-Provinzen die Hauptnahrung des Volkes bildet, vorgezogen. Solches Getreide ist in Menge zu erhalten.

Über Bhawul Khans Land.

Das kleine Gebiet im Osten des Indus, zwischen den Gränzen des Haüptlings von Lahore und des Amirs von Sinde, gehört Bhawul Khan Daudputra. Seine Gränze gegen Norden durch den Sutledj oder Garra ist als schwankend zu bezeichnen; aber bei Bhawalpur überschreitet sie den Fluß, laüft westlich bis zu einem Ort, Namens Djulalpur und umfaßt einen Theil des Landes zwischen dem Sutledj und dem Acesines, und dem Acesines und Indus. Die Radjput-Herrschaft von Bikanir begränzt es gegen Osten. Es hat Djaysulmere im Süden, und in dem Theile, wo es sich Sinde nähert, ist, um Streitigkeiten über das Marschland zu vermeiden, ein Landstrich von vier Meilen in jedem Lande ohne Anbau gelassen.

Der größere Theil dieses Landes ist aber eine dürre Wüste von Sandbergen, die in die Flüsse hineinreichen; aber in ihrer Nähe ist das Land reich und fruchtbar und, wie andere Ufer des Indus, durch das periodische Anschwellen bewässert. Die Städte sind gering an Zahl und spärlich vertheilt; aber am Acesines sind zahlreiche Dörfer. Bhawalpur, welches auf dem linken Ufer des Sutledj liegt, hat etwa zwanzig tausend Bewohner und ist die Handels-Hauptstadt; die ummauerte Stadt Ahmedpur, weiter südlich und ungefähr halb so groß, ist die Residenz des Haûptlings, da sie dicht bei Darawal, einer alten Festung in der Wüste, ohne eine Stadt, und dem einzigen festen Orte im Lande, liegt. Darawal wird in der Geschichte von Sinde als eine, Alexanders würdige Festung erwähnt; sie wurde im Jahre der Hedjiara 931 von Mirza Schah Hussein erobert, aber eine Nachricht von der Belagerung beweist, daß ihre Lage furchtbarer gewesen ist, als ihre Stärke. Sie ist von Mauersteinen erbaut.

Der Einfluß des Haûptlings von Bhawalpur ist so beschränkt, wie sein Gebiet, da seine Macht durch die Seiks gebrochen ist und nur durch einen Vertrag, welcher Rundjit Singh, den Setledj zu überschreiten, verhindert, vor dem gänzlichen Umsturz bewahrt wird. Die Einkünfte übersteigen jährlich nicht zehn Lak (mit Ausschluß von Dera Ghazer Khan, welches eigentlich dem Seik gehört); und drei von diesen werden von den Lahore Haûptling, als Tribut für seine Länder im Norden des Sutledj, in Anspruch genommen. Doch behauptet Bhawul Khan noch einiges Ansehen und hat etwa zwei tausend reguläre Soldaten (so wie sie sind), mit einem Artilleriepark, um die Anstrengungen seiner Lehnsleûte im Felde zu unterstützen; seine gesammten Streitkräfte mögen auch über zwanzig tausend Mann betragen.

Die Daudputras sind ein Stamm Muhammeder aus dem Distrikt Schikapur, am rechten Indus-Ufer, welches sie in dem früheren Theile der Regierung Aurungzeb's inne hatten. Sie überschritten den Strom und vollendeten durch kühne Thaten die Eroberung des nun von ihnen besetzten Landes von den Dahis, Muhis und anderen Sindischen Stämmen, und sind seit fünf Generationen in Bhawalpur ansäßig. Wie der Name anzeigt, sind sie Nachkommen eines David; aber sie machen Ansprüche auf die Abstammung von der heiligen Familie des Abbas, dem Onkel Muhammeds. Die Haûptlinge des Stammes werden Pirdjuni und das gemeine Volk Kihrani genannt, auch darf die Canaille nicht ihr Recht auf dieselbe heilige Abstammung, wie ihre Herren behaupten, was einigen Schatten auf den Glanz ihrer Herkunft wirft. Der ganze Stamm übersteigt nicht fünftausend Seelen. Sie sind ein schöner und hübscher Menschenschlag, aber durch lange buschige Haarlocken, die sie über ihre Schultern herabhangen lassen, entstellt.

Bhawalpur war Kabul zinsbar, so lange diese Regierung wärte; und der Haûptling hatte den Titel Nuwab, war aber fast unabhangig. Die drei letzten Beherrscher haben, von einem Heiligen von großem Rufe in Multan, den Namen Bhawul Khan angenommen, und die Bezeichnung Nuwab ist mit der von Khan vertauscht worden, unter welchem Titel er seinen Unterthanen gewöhnlich bekannt ist. Der jetzige Bhawul Khan ist etwa dreißig Jahre alt, ein Mann von ungekünstelter Bildung, der beim Volke sehr beliebt ist, da er dem Handel und Ackerbau große Unterstützung gewährt. Er gelangte vor etwa fünf Jahren, zum Nachtheil seines älteren Bruders, der jetzt ein Amt unter ihm bekleidet, zur Regierung; aber seine Herrschaft ist befestigt und er hat eine Familie von drei Söhnen. Die Regierungsform ist despotisch und es ist kein Haûptling von einer großen Bedeûtung im Lande als der Khan selbst; die Verfassung und die Förmlichkeit seines Hofes halten selbst seine eigene Familie in bescheidener und ehrerbietiger Entfernung.

Die Manufaktur-Waaren von Bhawalpur bestehen in Lundjis, welche wegen der Feinheit ihres Gewebes berühmt sind. Die Weber sind Hindus, eine zahlreiche Klasse in diesem Lande, und sie erfreûen sich größerer Duldung in ihrem Handel, als in ihrer Religion.

Die Kaufleûte von Bhawalpur trieben einen ausgebreiteten Handel mit eûropäischen Erzeûgnissen, die sie über Bikanir und die Wüste von Kalli in Malwah erhalten, und auf dem Wege von Multan und Sein in das Durani Land senden, indem sie bei Kaheri den Indus überschreiten. Dieser Ausgang für die Erzeûgnisse Eûropa's hat sich mit der Anarchie in Kabul vermindert; und der Vorrath übertrifft jetzt, wie in manchen anderen Ländern, oft die Nachfrage. Die Hindus von Bhawalpur und in der That alle dieses Landes, sind ein höchst unternehmender Menschenschlag, sie reisen oft des Handels wegen nach Bulkh und Bochara und zuweilen bis Astrakan. Sie nehmen den Weg nach Peschawer, Kabul nnd Bamian, und über den Oxus setzend, vertauschen sie zu Bochara die Erzeûgnisse Indiens gegen die aus diesem Theile Asiens und Russlands, die jährlich von den Kaufleûten dieses Landes dorthin gebracht werden. Sie sprachen achtungsvoll von dem Uzbek-Könige und lobten Dost Muhammed von Kabul wegen des Schutzes, den er dem Handel gewährt. Die Art, den Oxus zu überschreiten, wie sie mir von diesem Volke beschrieben wurde, ist zu eigenthümlich, um übergangen zu werden. Es werden Pferde an kleine Boote gespannt und über den Strom getrieben. Die Strömung des Oxus soll an der Oberfläche weniger reißend sein, als in der Tiefe. Der Sutledj, oder vielmehr der mit ihm verbundene Strom, der Biah oder Bias, unn Garra genannt, an dem Bhawulpur liegt, ist ein schiffbarer Strom, obgleich er nicht zum Waaren-Transport dient; aber er liegt auch nicht an irgend einer wichtigen Straßenlinie, ausgenommen nach Sinde, mit welchem Lande, wie ich vorhin erwähnt habe, kein Handel aus den oberen Indus-Provinzen besteht.

Über den Namen dieses Flusses (Biah) kann ich hinzufügen, daß er eine Zusammenziehung von Bypasa ist, worin wir fast alle Buchstaben des Hypasis haben, dessen Benennung sich in den alten Schriftstellern findet.

Der Hydaspes.

Über den Hydaspes, den ich nur an seiner Mündung, oder vermischt mit den anderen Strömen des Pundjab, gesehen habe kann ich nur wenig mittheilen. Die Berühmtheit eines Stromes, an dessen Ufern Alexander den Porus angriff, führte mich an den Punkt des Zusammenflusses mit dem Acesines, einen Ort gleichfalls in der Geschichte berühmt, wegen des Unglücks, welches die Flotte der Griechen in der Gewalt und Schnelligkeit der Strömung traf.

Der Hydaspes wird von dem Volke an seinen Ufern Behut oder Bodusta, auch Djylum, genannt, und fällt in Lat. 31° 11′ 30″ N., vierzig Meilen nördlich von Tolumba, einer kleinen Stadt am Navi, in den Acesines oder Tschenab. Die Geschichtschreiber Alexanders und Timurs haben die Stromschnellen an diesem Zusammenflusse erwähnt; aber sie sind nur in den Monaten Juli und August, wenn die Ströme angeschwollen sind, vorhanden, und das Boot bei der Trimo-Fähre wird mit Schwierigkeit ein Mal des Tages hinübergeführt; die Ufer stimmen hier nur wenig mit der Beschreibung Arrians überein, sie schränken den Fluß nicht in einen engen Kanal ein, auch sind hier nirgends Felsen zur Bezeichnung der Stelle, wohin die Griechen sich mit ihrer zerstörten Flotte zurückzogen. Der Name Hydaspes ist noch in der heutigen Benennung Bedusta zu erkennen, und es giebt andere Umstände, welche die Einerleiheit bestätigen. Wir können schließen, daß beide Helden diese berühmte Stelle in diesen Monaten besuchten, obgleich Plinius angenommen hat, daß Alexander seine Reise im November begann. Der Hydaspes ist weniger reißend und zugleich ein kleinerer Strom, als der Acesines, da er an der Stelle des Zusammenflusses etwa fünfhundert Yards breit ist; nach der Vereinigung fließen die beiden Ströme eine kurze Strecke in einem, völlig eine Meile breiten und zwölf Fuß tiefen Bette, indem sie sich ohne Bewegung und nur mit geringem Geraüsche vereinigen.

Das Holz, aus dem die Boote des Pundjab gebaut werden, wird hauptsächlich von dem Hydaspes aus dem indischen Kaukasus herabgeführt, was hinreichend die von Alexander getroffene Wahl desselben zur Anlegung eines Schiffswerftes erklärt, indem er ihn den anderen Strömen vorzog, obgleich er auf jedem derselben den Indus ohne eine rückgängige Bewegung erreicht haben würde. Es giebt nur wenig Boote auf diesem Strome; etwa fünfzig werden zum Salzhandel zu Pindu, Dadun, Khun gebraucht, einige von ihnen führen fünfhundert Körbe Salz und sind über hundert Fuß lang, und wie die ‚Zohruys' gebaut, an beiden Enden abgerundet; sie führen kein Segel und können mit dem Strome in zwölf Tagen von den Minen bis Multan fahren und passiren sicher den oben beschriebenen Zusammenfluß. Wir wissen, daß die Kriegsschiffe der Griechen die größten Schwierigkeiten in der Beschiffung dieses Flusses fanden, und werden natürlich darauf geführt, das Unglück der Flotte ihrer Bauart zuzuschreiben, denn die Proviant-Boote, welche als von ‚runder Gestalt' und, wie ich vermuthe, gleich den ‚Zohruys' beschrieben worden, entgingen der Gefahr. Daß Alexander den größten Theil seiner eignen Flotte erbaute, ist gewiß, denn er begann seine Reise auf dem Hydaspes mit achthundert Fahrzeügen, und als er zuerst diesen Strom erreichte war er ganz von ihnen entblößt und die Boote, auf denen er den Indus passirte, wurden auseinander genommen und zu Lande über das Duab (das Land zwischen den beiden Strömen) gebracht. Wir hören gleichfalls von Triremen und Biremen, was auf keine Weise der jetzigen Gestalt der Boote des Indus entspricht.

Der Hydaspes und Acesines sind beide in der kalten Jahreszeit durchwatet worden, aber nach ihrer Verbindung seit Menschengedenken nie anders als mit Booten passirt. Timur schlug auf seinem Zuge nach Delhi bei der Trimo-Fähre eine Brücke hinüber; und Rundjit Singh schwamm mit einer großen Anzahl Reiter über den Hydaspes bei Sahewal, aber dieser unternehmende Haüptling hat den Indus oberhalb Attock auf dieselbe Weise überschritten. Die Kaufleüte von Khorasan reisen zu allen Jahreszeiten nach Indien, indem sie den Weg über Deru Ismael Khan, Mankera und die Sandwüste nehmen und bei Trimor, auf der Straße nach Tolumba, übersetzen. Das Land zwischen den beiden zuletzt genannten Plätzen ist verschieden von dem rechten Ufer des Hydaspes; ohne Sandhügel ist es fast ebenso dürr und wüst. Eine Decke von hartem Thon mit Haufen von Tamarisken, Khair, Lair, Kedjra und anderen solchen Straüchern, wie sie sich in dem Thurr oder der Wüste finden, erstreckt sich vom Tschenab bis zum Ravi. Es ist, außer an den Ufern der Flüsse, nicht ein Grashalm; Wasser wird aus etwa dreißig Fuß tiefen Brunnen erhalten, aber es ist kärglich und immer stinkend und schädlich, obgleich selten salzig.

Die Bevölkerung dieses Landstriches besteht hauptsächlich aus dem Hirtenstamme Kattia oder Djun, so genannt, weil sie in Gemeinden, ‚Djun,' leben; aber mit Ausnahme der Regenzeit finden sich wenige in einiger Entfernung von den Flüssen. Sie haben ungeheüre Heerden von Büffeln und Kameelen, deren Milch sie ihren Unterhalt verdanken, indem sie mit Mühe den Boden anbauen, obgleich man einige mittelmäßige, durch Bewässerung gebaute Tabacksfelder in der Nähe ihrer Wohnung sieht. Sie sind ein großer und schöner Stamm, was man einer unter ihnen bestehenden Regel, Heirathen zu verhindern, ehe die Mädchen das zwanzigste Jahr erreicht haben, zuschreiben muß; denn sie glauben, daß die Kinder einer früheren Verbindung, die unter allen übrigen indischen Stämmen so gewöhnlich ist, schwach und ungesund sind. Diese Kattia sind ein räuberisches und kriegerisches Geschlecht, und wenige von ihnen ohne Narben und Wunden; sie erstrecken sich von den Ufern des Hydaspes durch die Wüste bis Delhi und sind Urbewohner dieses Landes, die man, wie ich glaube, in den Kathai des Arrian, der sie ‚ein stämmiges, im Soldatenwesen wohl erfahrnes Volk' nennt, erkennen kann. Ich habe bemerkt, daß man dieses Volk für die Khyntris oder Radjputen gehalten hat, aber ihr Land ist weiter gegen Süden und sie hatten diesen Theil von Indien zur Zeit des Einfalls der Griechen nicht im Besitz.

In dem Raume zwischen dem Hydaspes und Ravi und ungefähr gleich entfernt von beiden Strömen, liegen die Ruinen von Schorkote bei einer kleinen Stadt dieses Namens; sie nehmen einen beträchtlichen Raum ein, sind weit größer, als Sehwun und von derselben Gestalt, nämlich ein Erdwall, umgeben von einer Ziegelmauer, und hinreichend hoch, um aus einer Entfernung von sechs bis acht Meilen gesehen zu werden. Die Volkssagen nehmen an, daß ein Hindu Radjah, Namens Schow in dieser Stadt herrschte und vor etwa tausend dreihundert Jahren von einem Könige aus ‚Wulayut,' oder den westlichen Ländern, angegriffen und durch übernatürliche Mittel überwunden wurde. Ich habe verschiedene Hindu-, und muhammedische Münzen, die bei Schorkote gefunden wurden; einige sind aus der Regierungszeit des Schah Djehan, aber eine, welche viereckig ist, hat eine auf sie geprägte menschliche Figur mit Sanskrit-Schrift. Schorkote wird von Timurs Geschichtschreiber erwähnt, und seine Lokalität führt mich dazu, es als den Ort zu bestimmen, wo Alexander seine Wunde empfing, denn er setzte, bei der Verfolgung des Malli, der sich in ‚eine befestigte, nicht weit entfernte Stadt,' deren Mauern von Ziegelsteinen waren, zurückgezogen hatte, auf das linke Ufer des Hydraotos über; und die Erzählung von dem Könige aus Westen ist, um das Geringste zu sagen, eine sehr wahrscheinliche Sage von Alexander von Mazedonien. Die Bauart des Platzes wirft einiges Licht auf die von Alexander genommene Festungen und die alten Städte am Indus scheinen Erdwälle, umgeben von Ziegelmauern, gewesen zu sein. Außer Schorkote giebt es noch einen anderen Ort von einigem Alter, etwa zehn Meilen westlich vom Hydaspes, wo er in den Tschenab fällt. Er heißt Aotsch und ist eine auf den Sandhügeln der Wüste errichtete Festung; ihr früherer Name war Nurmi Sumi ka bir. Sie ist von fünf aufeinander folgenden Lehmmauern umgeben und war bis vor fünf Jahren unbewohnt. Ich fragte, ob es sich aus der Zeit vor dem muhammedischen Einfalle datire, und erhielt zur Antwort, es gebe keine glaubwürdige Geschichte in der Welt vor dem arabischen Propheten!

Der Tschenab oder Acesines, verbunden mit dem Ravi oder Hydraotes.

Der Acesines ist der größte der Pundjab-Ströme, aber seine Größe ist übertrieben worden. Ptolemäus berichtet uns, daß er im oberen Theile seines Laufes fünfzehn Furlongs breit ist; und Arrian giebt an, daß er, nach Aufnahme der Wasser des Pundjab, den Nil übertrifft, und mit einer Mündung von dreißig Stadien in den Indus falle. Alexander führte in der Regenzeit Krieg, als diese Ströme sehr angeschwollen waren; aber zu einer Zeit, als die Überschwemmung seit zwei Monaten vorüber war, haben wir den letzteren Theil dieser Vergrößerung dadurch dargethan, daß wir den Tschenab auf eine Breite von sechshundert Yards und eine Tiefe von zwanzig Fuß beschränkt haben. Es ist, vom Sutledj aufwärts keine wahrnehmbare Verminderung in der Größe dieses Stromes, denn dieser Fluß nimmt an Tiefe zu, ohne die Breite zu vermehren, und man findet den Tschenab, südlich vom Ravi, wie ich ihn vorhin beschrieb, nur mit den seichten Lothungen von zwölf Fuß; seine Ufer sind so niedrig, daß er an manchen bis auf zwölf hundert Yards ausgebreitet ist und so groß wie der Indus erscheint. Bei der Multan-Fähre war er tausend Yards, und unterhalb seiner Vereinigung mit dem Ravi über drei Viertel Meile breit, aber dies sind Ausnahmen von der allgemeinen Gestaltung des Stromes.

Der Tschenab nimmt den Ravi oder Hydraotes unterhalb Fazilpur auf, unter dem Parallel von Lat. 30° 40′ N., fast hundert und dreißig Meilen von Aotsch nach den Windungen des Flusses, und über fünf und dreißig Meilen von Multan, in deren Nähe er, auf seinem Laufe zum Indus in ungefähr SW. Richtung vorbeifließt. Wir vollendeten die Reise von einer Vereinigung bis zur anderen, gegen den Strom, in sechs Tagen. Die Röthe seiner Wasser ist schon erwähnt und die des Ravi haben noch eine tiefere Färbung; er lauft schneller, als der Indus oder irgend einer der Pundjab-Ströme; seine Ufer sind an beiden Seiten offen, eben und durch große, mit vieler Mühe gegrabene Kanäle mit fließendem Wasser reichlich bewässert, aber an dem rechten Ufer, von Multan aufwärts, ist eine Wüste von niedrigen Sandhügeln, die keinen Anbau gestatten und das bebaute Land auf die kurze Strecke von zwei Meilen vom Flusse einschränken. Es ist jedoch ein Irrthum, zu glauben, daß diese Wüste schon bei Aotsch anfange und das Duab des Indus und Acesines einnehme; denn dieser Theil hat viele große Dörfer und ist reich und fruchtbar von einem Flußufer bis zum anderen. Die Entfernung zwischen den beiden Strömen beträgt fünf und zwanzig Meilen, auch wird es nicht eher wüste, als bis es sich unterhalb Multan über diesen Raum erweitert.

Bei Multan wird der Acesines von den ‚Zohruy' befahren, aber diese Fahrzeüge unterscheiden sich einigermaßen von den im Daud-putra Lande gebraüchlichen; sie sind kleiner, mit Kanonenlagen nicht mehr als zwei Fuß über dem Wasser, und einem Mattensegel an einem kleineren Mast. Da hier kein Handel ist, so giebt es nur Fährboote, wenn wir die wenigen, welche Salz von dem Hydaspes herabbringen, ausnehmen; wir schifften uns in einer Flotte von zehn Booten ein; noch ein Mal soviel sind an diesem Theile des Flusses nirgends aufzutreiben. Diese Fahrzeüge werden aus dem Holze von den Bergen, in denen die Pundjab-Ströme ihre Quelle haben, erbaut; dies Holz wird ‚Dyar' genannt; und der Vorrath, welchen die Überschwemmung entwurzelt und herabschwemmt, ist für alle Zwecke hinreichend, ohne daß irgend Jemand einen öffentlichen Handel damit treibt. Wärend die Boote hier von diesem Holze gebaut werden, so werden sie mit dem ‚Tali-Baum,' von dem sich einige bei jedem Dorfe befinden, ausgebessert; und obgleich dies Land nicht gut bewaldet ist, so könnte eine Armee, durch Fällen der Baüme bei den Dörfern am Flusse, sich bald einen Vorrath verschaffen und sie zu irgend einem Versammlungsort hinabflößen.

Die Ingebornen dieses Landes setzen ohne Boote, auf Haüten oder Rohrbündeln über den Fluß und man kann ganze Familien auf diese (für uns) anscheinend unsichere Weise ihn passiren sehen. Ich sah einen Mann mit seinem Weibe und drei Kindern in der Mitte des Stromes; der Vater, auf einem Schlauche sitzend, zog sein Weib und seine Nachkommen, und darunter ein Kind an der Brust, die auf Rohrbündeln saßen. Waaren, Kleider und Vermögen bilden ein Bündel vor dem Kopfe, und obgleich gewiß Alligators vorhanden sind, so sind sie doch nicht so zahlreich, um das Volk abzuhalten ein Experiment zu wiederholen, das, mindestens gesagt, nicht frei von Gefahren ist.

Der größte Theil des Landes, welches an den Acesines gränzt, wird von dem Distrikt von Multan, der, außer der Stadt dieses Namens, die neüere Stadt Schudjuabad enthält, eingeschlossen. Die Regierung wurde, als sie abhangig von Kabul war, als höchst schlecht geschildert, aber Rundjit Singh hat die Unterthanen ergänzt, die Kanäle ausgebessert und vermehrt, und das Land zu einem Grade von Wohlhabenheit und Glück erhoben, der ihm lange fremd war. Der Boden hat völlig die Arbeit bezahlt, denn seine Kraft ist so groß, daß eine Weizen-Ärnte, ehe sie ihre Körner liefert, zwei Mal als Futter für das Vieh abgemäht wird und die Ähren noch eine reichliche Ärnte geben. Die Indigo- und Zuckerärnten sind gleichfalls reich, und ein kleiner, fünf Meilen langer Landstrich, durch den wir kamen, giebt der Regierung einen Ertrag von fünf und siebenzig tausend Rupien. Das ganze Einkommen des Suba beträgt zehn Laks Rupien jährlich oder die doppelte Summe des Jahres 1809. Unter den Erzeügnissen von Multan muß ich noch die Dattelbaüme anführen, die in großer Menge bei der Stadt wachsen; sie geben eine Frucht, die geringer ist, als die arabische, aber sie wird sehr gesucht, und die Baüme, obgleich verkrüppelt, tragen sehr reichlich, da sie nicht, wie in Indien, durch die Ausziehung des Saftes oder berauschenden ‚Niva,' geschwächt werden. Ich habe, bei der Beschreibung von Bukkur, der Tradition dieses Landes in Bezug auf den Dattelbaum erwähnt; und dies wird wirklich dadurch unterstützt, daß er hauptsächlich auf dem Zuge des Mahomed bin Kassim sich findet, der, nach der Einnahme von Alore, nach Multan ging, was genau die Linie des Landes ist, wo er haüfig vorkommt.

Die Stadt Multan ist in Hrn. Elphinstone's Werk über Kabul beschrieben, aber da die Gesandschaft mit großem Mißtrauen empfangen, und ihr nicht gestattet wurde, die Festung zu sehen, so stehe ich nicht an, folgende Einzelheiten hinzuzufügen. Die Stadt Multan hat etwa drei Meilen im Umfange, ist von einer verfallenen Mauer umgeben, und wird an der Nordseite von einer ziemlich starken Festung überragt. Sie enthält eine Bevölkerung von etwa sechszig tausend Seelen, von denen ein Drittheil Hindus sein mögen; die übrigen sind Muhammeder, denn obgleich sie den Seiks unterworfen ist, so beschränkt sich ihre Zahl auf die Garnison, die nicht über fünfhundert Mann beträgt, und die Afghanen haben das Land verlassen, seitdem sie aufgehört haben zu regieren. Manche Haüser stehen offenbar auf den Ruinen anderer, sie sind von gebrannten Steinen, mit flachen Dächern erbaut und erheben sich bis zu sechs Stockwerken, und ihre Höhe giebt den engen Straßen ein düsteres Ansehen. Die Inwohner sind hauptsächlich Zeügweber, Färber. Die Seidenzeüge von Multan heißen ‚Kais,' und sind in allen Farben zu haben, von dem Werthe von zwanzig bis hundert und zwanzig Realen; sie sind weniger fein im Gewebe, als die Lundjis von Bhawalpur. Rundjit Singh hat mit großer Einsicht, seitdem er die Stadt erobert, ihre Manufaktur unterstützt, und da es kein anderes Zeüg zu seinem Durbar giebt, wie sie von allen Seik Sirdars um den Leib getragen werden, so hat ihr Verbrauch sehr zugenommen; sie werden auch nach Khorassan und Indien ausgeführt, und die Abgaben sind unparteiisch und mäßig. Nach dem letzteren Lande wird der Weg über Djaysulwur und Bikanir dem durch Sinde vorgezogen, weil der Handel besser eingerichtet ist. Der Handel von Multan ist fast derselbe, wie der von Bhawalpur, aber in einem weit größeren Maaßstabe, denn es hat vierzig Schroffs

(Goldwechsler), hauptsächlich Ingeborne von Schikarpur. Die Gräber von Multan sind berühmt; eins derselben, das des Bhawulhugg, der vor etwa fünfhundert Jahren blühte und ein Zeitgenosse des persischen Dichters Sadi war, wird für sehr heilig gehalten, aber in der Architektur wird es von dem seines Enkels Ruku i Allum übertroffen, der unter einem massiven Grabe von sechszig Fuß Höhe ruht, das im Jahre 1323 vor dem Kaiser Tughluck, als sein eigenes Grab, errichtet wurde; sein Fundament steht auf einem höheren Boden, als der Gipfel der ersten Mauer. Hier ist auch ein Hindu-Tempel von hohem Alter, Pyladpuri genannt; er ward von Thevenot, im Jahre 1665 erbaut.

Die Festung von Multan verdient eine genauere Beschreibung. Sie steht auf einem Erdhügel und ist von einer unregelmäßigen, sechsseitigen Figur, die längste Seite (gegen NW.) erstreckt sich etwa vierhundert Yards weit. Die Mauer hat an dreißig Thürme und ist hauptsächlich aus gebrannten Steinen gebaut, bis auf die Höhe von vierzig Fuß an der Außenseite; aber im Inneren übersteigt der Raum zwischen dem Boden und ihren Gipfel nicht vier bis fünf Fuß, und die Fundamente einiger Gebaüde überragen die Mauer, und können von der Ebene unten gesehen werden. Das Innere ist mit Haüsern erfüllt und war, bis zu ihrer Einnahme durch die Seiks im Jahre 1818, bevölkert, aber jetzt ist den Inwohnern nicht gestattet, hineinzugehen, und einige Moskeen und Kuppeln, die fester als die übrigen Haüser gebaut waren, sind allein noch übrig. Die Festung von Multan ist ohne einen Graben, den die Beschaffenheit des Bodens nicht anzulegen gestattete, und Rundjit Singh hat bei den Versuchen, diesem Mangel abzuhelfen, große Summen ohne Erfolg ausgegeben. Die Überschwemmung des Acesines und seiner Kanäle machen, zugleich mit dem Regen, die Gegend von Multan, selbst bei heißem Wetter, zu einem Sumpfe; die Wasser eines jeden Jahres bleiben stehen, bis die folgende Anschwellung sie mit hinwegführt. Die Mauern der Festung werden an zwei Stellen von Erddämmen geschützt. Das heütige Fort von Multan wurde etwa im Jahre 1640 von Murad Bukhsch, dem Sohne des Schah Djehan, an der Stelle des alten erbaut, und bildete nachher das Djaghir der Brüder dieses Prinzen, des unglücklichen Daro Schikoh und des berühmten Aurungzeb. Die Afghanen bemächtigten sich desselben zur Zeit des Ahmed Schah, und die Seiks entrissen es den Afghanen nach vielen Kämpfen im Jahre 1818. Das Betragen des Gouverneurs verdient Erwähnung; als er aufgefordert wurde, die Schlüssel zu übergeben und günstige Bedingungen angeboten wurden, so antwortete er, daß man sie in seinem Bauche finden würde, aber er würde sie niemals einem Unglaübigen überliefern; und er fiel tapfer an der Bresche. Sein Name, Muzoffer Khan, wird jetzt als der eines Heiligen verehrt und sein Grab liegt in einem der heiligsten Tempel von Multan. Die Mauern des Forts waren an mehreren Stellen von den Seiks niedergeworfen, sind aber seitdem völlig erneüert oder ausgebessert; sie sind etwa sechs Fuß dick und konnten von den beim Anfertigen der Mauersteine übriggelassenen Erdhügeln, welche in Kanonenschußweite von den Mauern lagen, leicht zerschossen werden.

Multan ist eine der ältesten Städte in Indien. Wir hören von ihrer Eroberung durch Mahomed bin Kassim im ersten Jahrhunderte der Hedjira und später reizte sie durch ihren Wohlstand die Ghizeischen, Gorischen und Moguliscchen Kaiser von Hindustan; aber wir haben wenig Grund, zu bezweifeln, daß sie die Hauptstadt des Malli Alexanders ist. Major Rennel hat angenommen, daß diese höher hinauf, näher den Ufern des Ravi gelegen gewesen, weil Arrian behauptet, daß die Inwohner über den Fluß schwammen; und die Autorität ist wichtig, aber Multan wird bis heüt ‚Malli than‘ oder ‚Molitharum,‘ der Ort der Moli, geschrieben, und bei Tolumba haben wir keine Ruinen, um sie als die von Major Rennel angenommene Hauptstadt zu bestimmen. Es wird ausdrücklich gesagt, daß Alexander den Ravi überschritt und, nach der Einnahme zweier Städte, seine Streitkräfte gegen die Hauptstadt der Malli führte, von wo aus er die Inwohner über den Fluß verfolgte; und da die Entfernung nur dreißig Meilen beträgt und Multan als ein Ort von hohem Alterthum bestimmt ist, so sehe ich nicht ein, warum wir, beim Aufsuchen der alten Hauptstadt, die heütige verlassen sollten. Hätten wir nicht die frühesten Zeügnisse von dem Alter von Multan, so würde schon sein Ansehen es anzeigen. Die Haüser sind auf Ruinen aufgeführt und die Stadt steht auf einem Hügel von Thon, den Materialien der früheren Wohnungen, die allmälig zerfallen sind; wie ich bei Tatta und Aotsch bemerkt habe, ein untrüglicher Beweis von dem Alterthum der Stadt. Der letzte Nuwab von Multan fand, beim Graben eines Brunnens in der Stadt, sechszig Fuß unter der Oberfläche, eine Kriegstrommel und mehrere andere Gegenstände, die von Zeit zu Zeit gesammelt wurden, aber Münzen hat man bis jetzt nicht gesehen. Multan kann einigermaßen der Beschreibung der Brahminen-Stadt und ihres Kastells entsprechen, welches Alexander eroberte, ehe er die Hauptstadt der Malli angriff, aber dann haben wir keine Stelle für die Bestimmung der Hauptstadt. Die Erzeügnisse von Multan und Bhawulpur scheinen in der Bestimmung des Landes der Malli zu unterstützen, denn Quintus Curtius erzählt uns, daß die Gesandten der Malli und Arydracan (Multan und Aotsch) ‚Kleider von Baumwolle, Leinwand oder Musselin (lineae vestis) mit Gold durchwebt und mit Purpur geschmückt, trugen;‘ und wir können sicher lineae vestis als Seidenzeüge von Multan und Bhawulpur, ‚Kais‘ und Lundji, die alle mit Gold durchwebt und am haüfigsten

von

von Purpurfarbe sind, übersetzen. Sinde wird zuerst von Virgil, der, dreihundert Jahre nach Alexanders Reise den Indus hinab, lebte, erwähnt, und ein ausgezeichneter Schriftsteller (Gibbon) versichert uns, daß sie, bis zur Regierung Justinians im sechsten Jahrhundert der christlichen Zeitrechnung, in Eúropa unbekannt war.

Die Stadt Schudjuabad ist der einzige andere Ort von Bedeútung in der jetzt bestimmten Provinz Multan. Es ist eine Stadt von etwa zehntausend Inwohnern, liegt auf einer Ebene, vier Meilen östlich vom Acesines und ist umgeben von einer schönen, dreißig Fuß hohen Mauer von Ziegelsteinen. Die Gestalt des Ortes ist länglich viereckig und die Mauer ist in gleichen Abständen durch achteckige Thürme verstärkt. Das Innere ist ganz mit Haüsern ausgefüllt, die in rechtwinklichen Straßen erbaut sind, und eine Vorstadt von Hütten umgiebt die Mauern. Das Schudjuabad Fort wurde im Jahre 1808 von dem Nuwab von Multan erbaut, und der Gemeingeist dieses Mannes erhob es in zehn Jahren zu seiner jetzigen Größe. Es liegt in einer sehr schönen Gegend, und hat den Vortheil, daß zwei weite Kanäle, mehrere Meilen ober- und unterhalb der Stadt, seine Felder bewässern. Sie wurde nach dem Falle Multan's von den Seiks erobert, und bildet jetzt die Gränzfestung des Haúptlings von Lahore, mit einer Garnison von etwa hundert Mann.

Der Ravi oder Hydraotes unterhalb Lahore.

Der Ravi ist der kleinste der fünf Pundjab-Ströme, bildet aber, in Verbindung mit ihnen und dem Indus, einen schiffbaren Kanal vom Meere bis Lahore. Er vereinigt sich mit dem Tschenab in Lat. 30° 40′ N., bei dem kleinen Dorfe Fazilschah, durch drei verschiedene Mündungen, die sämmtlich acht Fuß Wasser haben. Von Lahore abwärts behält der Ravi eine Breite von etwa hundert und fünfzig Yards, und da seine Ufer hoch und fest sind, so giebt es nur wenig Stellen, wo er weiter ausgedehnt ist. Dieser Fluß ist so gewunden in seinem Laufe, daß man keine Segel in den Booten gebrauchen kann, und eine Tagereise giebt oft nur ein direktes Fortschreiten von drei oder vier Meilen, wo die Krümmungen des Flusses das Sechsfache betragen haben. Lahore ist nur hundert und fünf und siebenzig Meilen von der Mündung des Ravi, aber auf dem Flusse übersteigt die Entfernung dreihundert und achtzig engl. Meilen.

Der Ravi ist wärend acht Monate des Jahres an mehreren Stellen zu durchwaten, doch beträgt seine Tiefe im Durchschnitt etwa zwölf Fuß, und ich bin überzeúgt, daß ein Schiff, welches fünf Fuß Wasser zieht, ihn zu allen Zeiten befahren könnte. Die inheimischen Boote ziehen nicht mehr als zwei oder drei Fuß, aber es sind die gewöhnlichen, schon beschriebenen, flach gebauten Boote. Für die Fahrzeüge ist in keiner Jahreszeit ein Hinderniß in der Schifffahrt; aber die Kaufleüte bedienen sich nicht des Ravi und die Boote werden nur zum Übersetzen gebaut. Unterhalb Lahore sind zwei und fünfzig derselben und wir fuhren in diesen Fahrzeügen aufwärts, da keine andere zu erhalten waren. Die Reise erforderte ein und zwanzig Tage und war außerordentlich langweilig. Ich bin geneigt, zu glauben, daß es der ungemeine Schlangenlauf des Flusses ist, der seine Beschiffung verhindert.

Der Ravi ist ein unreiner Strom, sehr mit Sandbänken besetzt, von denen mehrere gefährlichen Triebsand haben. Sein Zickzacklauf beweist die ebene Beschaffenheit des Landes, das er durchlaüft, doch sind seine Ufer fester und dauernder, als die des Indus oder irgend eines anderen der Pundjab-Ströme. Bei Lahore erheben sie sich zuweilen bis zu einer senkrechten Höhe von vierzig Fuß, an anderen Orten erreichen sie die halbe Höhe, und geben so dem Flusse mehr das Ansehen eines Kanals, als eines fließenden Stromes. Das an den Ravi gränzende Land ist den Überschwemmungen wenig ausgesetzt; und es ist bemerkenswerth, daß es hier keine Kanäle aus diesem Flusse für den Ackerbau giebt, wie man sie unterhalb Lahore findet. Seine Strömung beträgt etwas weniger, als drei Meilen in der Stunde. Das Wasser ist von röthlicher Farbe, wie der Tschenab; aber es ist, wie wir auf unserer Reise aufwärts bemerkten, von dem in den Gebirgen fallenden Regen, Veränderungen unterworfen. Dieser Fluß wird noch Jraoty genannt, worin wir den Hydraotes der Griechen wieder erkennen.

Die Ufer des Ravi sind offen und, von seiner Mündung aufwärts, bevölkert, aber die Dörfer von der halben Entfernung bis zur Hauptstadt, an, sind von temporärer Art, die vorhin erwähnten beweglichen Weiler des Hirtenstammes, Djun oder Kattia genannt. Von Futihpur an sind sie zahlreich und das Land ist angebaut; aber die Strecke unterhalb dieser Stadt ist entblößt von Feldern und allen Zeichen der Kultur. Der ganze Landstrich zwischen dem Ravi und Sutledj ist von derselben unfruchtbaren Art, wie an der Nordseite des Flusses bis gegen den Hydaspes hin. Salpeter wird in beträchtlicher Menge an beiden Seiten des Ravi bereitet.

Lahore ist die einzige Stadt von Bedeütung an den Ufern des Ravi, aber der Strom hat seit Kurzem ihre unmittelbare Nachbarschaft verlassen und diese alte Hauptstadt liegt jetzt an einem kleinen Arm. Die Lage von Lahore ist, in militairischer Hinsicht gut, indem sie von Multan, Peschawer und Kaschmir gleichweit entfernt; und die Beherrscher des Pundjab können so mit Vortheil ihre Unterthanen im Gehorsam erhalten. Tolumba ist eine kleine Stadt, nahe der Mündung des Ravi, mit einer Bevölkerung von etwa fünfzehnhundert Seelen; sie hat ein schwaches, gemauertes

Fort von kreisförmiger Gestalt und liegt in einem dichten Dattelhaine, zwei Meilen südlich von dem Flusse.

Das Pundjab.

Das Gebiet des Maha-radja Rundjit Sing erstreckt sich vom Sutledj bis zum Indus, von Kaschmir bis Multan und umfaßt alle die vom Pundjab, oder den fünf Zuströmen im Osten des Indus bewässerten Länder. Die Herrschaft des Maha-radja über diesen Landstrich ist befestigt; er beherrscht sowol die festen Plätze des Gebirges, als auch die Alluvial-Ebenen. So gänzlich hat die Nation der Seiks ihre Einrichtung unter diesem Haüptling geändert, daß sie, in einer Zeit von zwanzig Jahren, von einer reinen Republik zu einer absoluten Monarchie übergegangen ist. Der Geist eines Mannes hat dies bewirkt, obgleich mit heftigem Widerstande Seitens einer Religion, die vor jeder anderen Lehre, Demokratie und Gleichheit Aller einschärft.

Dieser Wechsel der Gewohnheiten ist allgemein gewesen, und der glückliche Fürst, welcher ihn hervorgebracht hat, zeichnet sich unter seinen Edlen nicht mehr aus, als diese unter ihren Untergebenen, die ihnen eine an Verehrung gränzende Hochachtung bezeigen. Es giebt jetzt keine Versammlungen zu Amritsir, der heiligen Stadt der Seiks, wo die Staats-Angelegenheiten erörtert und bestimmt wurden; und nichts von der Freiheit, welche die Nachfolger des Guru Goried, als das Unterscheidungszeichen ihres Stammes, kühn förderten. Es ist klar, daß dieser Wechsel die Kraft der Seiks lähmen wird, denn diese entsprang aus einer Religion, die frei war von den abgenutzten Dogmen des Hinduismus und der verschlechterten Mohammedismus ihrer Nachbaren, der Eüzufzys. Ihre Tapferkeit ist gleich alt mit ihrer Religion und ist auf sie gegründet. Ihre politische Größe entsprang aus ihrem Glaubenswechsel, der also revolutionär gewesen ist; aber die Seiks sind noch bei eigenthümlichen Lehren gelassen und bleiben durchaus ein Volk für sich.

Die militärischen Hülfsmittel des Pundjab sind unermeßlich; — es gewinnt mehr Getreide, als hinreichend ist für den Gebrauch seiner Bewohner, aber die Spärlichkeit der Bevölkerung verhindert das volle Maaß der Produktion; Kameele, Maulthiere, Pferde und Rindvieh sind im Überfluß vorhanden, — und alle, mit Ausnahme der kleinen Rinder, sind von vorzüglicher Art. Die Straßen gestatten, ausgenommen in den Bergen, von einem Ende des Landes bis zum anderen, Räder-Fuhrwerk. Der Indus und alle übrige Ströme sind schiffbar, wenn auch nicht beschifft; sie haben Fährboote im Überfluß und ihre Ufer bieten Material zu ihrem ferneren Bau; die Flüsse werden außerdem auch haüfig auf Schlaüchen passirt, — aber dies ist mehr im Gebirge, als in den Ebenen gebraüchlich.

Das Pundjab liegt auf der großen Straße von Kabul nach Hindustan; und ist eine Beute der Einfälle und Angriffe gewesen, die ihre Wirkungen auf das Volk gehabt und seine Gewohnheiten umgewandelt haben. Die Seiks verdanken ihre Erhebung diesem Zustande der Dinge, und haben ihre Obergewalt durch ihren kriegerischen Geist, der durch beständigen Kampf erzeugt und unstreitig durch religiösen Antrieb unterstützt wurde, erlangt. Wenige Asiaten sind tapferer, — sie sind persönlich tapfer und greifen einen Tiger oder einen Löwen zu Fuß mit dem Schwerte an. Ihre physischen Kräfte übertreffen auch weit die der Ingebornen von Hindustan; und von Jugend an werden sie in allen männlichen Übungen, die sich für einen Soldaten eignen, erzogen. Sie gebrauchen ohne Unterschied den Bogen und die Luntenflinte, sind geschickte Reiter und können sämmtlich schwimmen. Ihre Religion ist nicht so strenge in ihren Regeln für die Kasten und die Nahrung, wie die der Hindus; und die Seiks sind wie eine europäische Armee mit Lebensmitteln versehen, und essen Portionen Weise wie die englischen Soldaten. Sie unterziehen sich großen Beschwerden und die Länge ihrer Märsche ist unglaublich.

Das Pundjab beherrschte in früheren Zeiten Hindustan und wird seiner Seits durch die centrale Lage seiner Hauptstadt Lahore in Abhangigkeit erhalten. Das Haus des Timur erhob sich aus seiner Niedrigkeit auf den Thron von Delhi; und wären nicht die Briten dort, so möchte dasselbe Spiel wieder gespielt werden. Lahore ist gut zu einer Hauptstadt geeignet. Sie ist, wie schon bemerkt, gleichweit von Multan, Peschawer, Kaschmir und, ich kann fast hinzufügen, Delhi. Sie liegt in einer höchst fruchtbaren Gegend, und ein Heer von achtzigtausend Mann Reitern ist von den Hülfsmitteln in ihrer Nachbarschaft erhalten worden; wärend das Volk versichert, daß die Lebensmittel immer wohlfeiler geworden sind, als der Bedarf zunahm. Die Stadt enthält jetzt etwa achtzigtausend Menschen und wird durch eine starke Ziegelstein-Mauer und einen Graben, der vom Ravi unter Wasser gesetzt werden kann, vertheidigt; sie hat zwölf Thore und eben so viel halbkreisförmige Außenwerke. Die Form der Stadt ist oval, die Verlängerung geht von Norden nach Süden; sie hat nicht über drei Meilen im Umfange. Sie könnte, wegen der starken Bevölkerung einer Belagerung nicht widerstehen, aber sie würde große Sicherheit gegen Einfälle, wie die des Ahmed Schah und seiner Nachfolger, darbieten. Lahore ist geringer an Größe und Festigkeit, als Amritsir, welche eine Erdfestung von großer Dichtigkeit und jetzt mit Mauerwerk eingefaßt worden ist. Sie hat etwa sieben Meilen im Umfange und ist mit einem Graben umgeben. Die Bevölkerung kann auf hunderttausend Seelen geschätzt werden. Ein kleines starkes Fort, Govind-ghur genannt, worin der Maharadja seine Schätze verwahrt, liegt dicht bei Amritsir, auf der Ebene. Außer Multan und Kaschmir giebt es in dem Gebiete der Seiks keine Städte von Bedeutung.

Die geringe Zahl der Seiks in einem von ihnen beherrschten und regierten Lande, ist merkwürdig. Das Mutterland des Stammes ist das ‚Duaba' zwischen dem Ravi und Sutledj; und wenige von ihnen findet man unterhalb Lahore. Ich bin überzeugt, daß es westwärts vom Hydaspes keine Seiks giebt; und im Osten von Lahore, wo sie überwiegen sollen, bilden sie nicht den dritten Theil der Bevölkerung. Das Pundjab ist in der That, im Verhältniß zu seiner Fruchtbarkeit, ein ärmlich bevölkertes Land, obgleich es wahrscheinlich ist, daß die Bevölkerung, unter dem jetzigen Beherrscher, zugenommen hat.